HISTOIRE DE CHARLES VII

HISTOIRE

DE

CHARLES VII

PAR

G. DU FRESNE DE BEAUCOURT

TOME VI

LA FIN DU RÈGNE

OUVRAGE HONORÉ DU GRAND PRIX GOBERT PAR L'ACADÉMIE DES INSCRIPTIONS ET BELLES-LETTRES

PARIS
ALPHONSE PICARD, LIBRAIRE-ÉDITEUR
82, RUE BONAPARTE, 82

1891

V

LETTRE AUTOGRAPHE DE MARIE D'ANJOU

Bibliothèque Nationale, ms. fr. 20420, f. 61.

Mays plus vous deves savoir de ceste heure
la maladye [illegible]
personne de [illegible]
fort foible [illegible]
[illegible]
[illegible]
vous le [illegible]
[illegible]
[illegible]
[illegible]
[illegible]
de vous [illegible]
[illegible]
[illegible]
[illegible]
[illegible]
[illegible]
[illegible]
[illegible]
[illegible]
[illegible]
[illegible]
[illegible]
vous [illegible]
[illegible]
[illegible]
[illegible]
[illegible]
[illegible]
[illegible]
[illegible]
[illegible]

Marye

LIVRE VI *(Suite)*.

CHARLES VII PENDANT SES DERNIÈRES ANNÉES

1454-1461

CHAPITRE III

LA COUR EN 1454 ET 1455
L'EXPÉDITION CONTRE LE COMTE D'ARMAGNAC

Dispositions morales de Charles VII; Antoinette de Maignelais, devenue veuve, reste en grande faveur; son rôle à la cour. — Habitudes privées du Roi; soin des affaires; emploi du temps. — Conseillers influents : Dunois, Chabannes, Gaucourt, Gouffier, etc. — La Reine : ses goûts, ses habitudes, son entourage; ses enfants Charles et Madeleine; elle quitte Chinon en 1454 pour aller rejoindre le Roi à Mehun; son installation dans ce lieu, où elle tombe malade; présents faits par la Reine. — Scène d'intérieur de la cour de Mehun. — Nombreuses ambassades en 1454 et 1455; visites de princes. — La santé du Roi s'altère; les complots l'inquiètent; découverte du complot des Écossais; exécution de Robin Campbell; intrigues du Dauphin. — Charles VII se transporte à Bois-Sire-Amé; festin donné par le comte du Maine; visites du duc de Bretagne et d'un chevalier allemand. — Affaire du comte d'Armagnac; expédition dirigée contre lui; ses états sont mis entre les mains du Roi et son procès est instruit devant le Parlement.

Si nous voulons nous rendre compte des dispositions morales de Charles VII durant la dernière période de son existence, ouvrons le *Traité de la concupiscence* de Bossuet : nous y trouverons dépeint, en termes saisissants, l'état d'une âme livrée sans frein, comme l'était celle du Roi, aux entraînements des sens. « L'inconstance de la concupiscence : *Inconstantia concupiscentiæ,* voilà son propre caractère. Elle va par des mouvements irréguliers selon que le vent la pousse. Non seulement on veut autre chose malade que sain, autre chose dans la jeunesse que dans l'enfance, et dans l'âge plus avancé que dans la jeunesse, et dans la vieillesse que dans la force de l'âge...; mais encore, dans le même âge, dans le même état, on change sans savoir pourquoi; le sang s'émeut, le corps s'altère, l'humeur varie; on se trouve aujourd'hui tout autre qu'hier; on ne sait pourquoi, si ce n'est qu'on aime le changement : la variété divertit, elle désennuie; on change pour n'être pas mieux; mais la nouveauté nous charme pour un moment : *Inconstantia concupiscentiæ*[1]. »

Pénétrons dans ces mystères du cœur humain; voyons quel honteux spectacle donnait alors le prince qui avait eu l'honneur de préserver l'Église d'un schisme et qui venait d'affranchir glorieusement le territoire.

Nous avons dit que, au mois d'avril 1454, Charles VII avait perdu son premier chambellan le sire de Villequier. Le manoir de la Guerche, laissé par celui-ci à Antoinette de Maignelais, était situé entre les châteaux de Pressigny et de Preuilly. Or, le Roi passa tout l'été dans ces deux résidences, occupé à *consoler* la veuve de son favori. Il l'emmena sans doute au château de Bridoré, près des rives de l'Indre, où il se rendit ensuite. Nous le voyons abandonner à Antoinette le revenu des terres dépendant de la succession d'André de Villequier pour en jouir durant son veuvage et la minorité de ses deux fils. Peu après, il maintient à sa « très chère et bien aimée » Antoinette de Maignelais, demoiselle, veuve de feu André, seigneur de Villequier, l'autorisation, autrefois donnée à son mari, de faire venir de Poitou et de Saintonge cinq cents tonneaux de blé sans acquitter aucun droit de traite[2]. Antoinette figure dans les comptes de 1454 et 1455 comme touchant annuellement une pension de deux mille livres, « pour lui aider à entretenir son état[3]. » Or cet « état » — les contemporains nous le disent —

1. Bossuet, *Traité de la concupiscence*, chap. XXIX.

2. Lettres du 11 juillet, données à Pressigny, accordant à Antoinette la jouissance des terres et seigneuries de son mari en Normandie. — Lettres du 16 juillet, ordonnant de laisser allouer aux comptes, sur la quittance d'Antoinette, les aides accordées à son mari (ces lettres sont contresignées par Gouffier). — Le 30 octobre, Antoinette donne quittance de six cents livres pour la pension de son mari finissant le 30 septembre précédent. — Lettres du 12 décembre, confirmant en faveur d'Antoinette l'octroi fait à André de Villequier par les lettres du 9 juillet 1451. — Quittance d'Antoinette, en date du 17 décembre, de 300 l. t. dues à son mari pour ses gages de gouverneur de la Rochelle. Ms. fr. 21405, p. 122; Clairambault, 207, p. 8999; *Pièces originales*, 3013; VILLEQUIER, nº 13; Delort, *Essai critique*, etc., p. 228 : Clairambault, *l. c.*

3. État des aides ordonnées pour le fait de la guerre, pour l'année 1454-55 (oct.-sept.). Pièce originale, avec signatures autographes, qui se trouve dans le Ms. fr. 2886 (f. 7)

était un véritable état de princesse, au moins égal à celui de la Reine[1].

Il faut soulever encore un coin du voile. Antoinette ne se contentait pas du rôle de maîtresse; elle descendait à un autre rôle... C'est du moins ce qu'assure un auteur bourguignon du temps. Oubliant que son maître, Philippe le Bon, n'avait cessé de donner, sous ce rapport, les plus scandaleux exemples, il insiste sur les désordres auxquels Charles VII était livré, et nous révèle l'indigne conduite de la femme qui avait pris la place d'Agnès Sorel.

« Après laquelle Belle Agnès morte, le Roy Charles accointa en son lieu la niepce de ladicte Belle Agnès, laquelle estoit femme marriée au seigneur de Vilecler[2]; et se tenoit son mary avec elle; et elle estoit bien aussy belle que sa tante; et avoit aussi cinq à six damoiselles des plus belles du royaulme, de petit lieu, lesquelles suivoient ledit Roy Charles partout où il alloit; et estoient vestues et habillées le plus richement qu'on pooit, comme roynes; et tenoient moult grant et dissolu estat, et le tout aux despends du Roy, et plus grant estat qu'une Royne ne feroit[3]. »

Quant aux moyens employés pour peupler ce sérail, le chroniqueur ne nous les laisse pas ignorer :

et qui a été publiée, mais très incorrectement, par M. P. Clément, *Jacques Cœur et Charles VII*, t. II, p. 419 et suiv. — On trouve en outre la mention d'une somme de 2,000 l. payée la même année (Cabinet des titres, 685, f. 180 v°).

1. « Ceste damoiselle yey maintenoit estat de princesse et tout egal à la Royne. » (Chastellain, t. III, p. 18.) — « Et pour vray icelle damoiselle tenoit grand estat et plus grand que la Royne de France; et le vouloit ainsi le Roy. » (Jacques du Clercq, livre III, ch. XVIII.)

2. Il y a ici une double erreur : Antoinette était cousine germaine et non nièce d'Agnès, et sa faveur commença avant son mariage.

3. Jacques du Clercq, livre IV, ch. XXIX. — Le même chroniqueur dit (livre III, ch. XVIII) : « Et avoit toujours icelle dame de Villeclere trois ou quatre filles ou damoiselles, les plus belles qu'elle pooit trouver; et suivoient le Roy partout en moult grant estat et bobant, et tout aulx despens du Roy. » — Et ch. XXII : « Et avoit en sa compagnie les plus belles damoiselles qu'elle pooit trouver, lesquelles suivoient toujours le Roy où qu'il allast, et se logeoient toujours une lieue ou moins près de luy. » — Thomas Basin dit aussi, en parlant d'Agnès (ce qui n'est point tout à fait exact) : « Nec eam quippe solam, nec ipsa eum solum, sed cum ipsa etiam satis copiosum gregem muliercularum omni vanitatis generi deditarum... Nam quoquo ipse rex pergeret, illò etiam cum apparatu luxuque regali gregem illum advehi oportebat, ad quarum vanitates pascendas infinita quodammodo pecunia expendebatur, et longe amplior quam status reginæ consumeret (t. I, p. 313). »

« En ceste saison audit an mil quatre cent cinquante-cinq, dit-il, Mademoiselle de Villeclerc, laquelle estoit très bien en la grace du Roy, et, comme on disoit, en faisoit le Roy ce qui luy plaisoit, une jeune fille d'ung escuyer nommé Antoine de Rebreuves, demourant en la cité d'Arras, nommée Blanche, laquelle fille demouroit avecq la dame de Jenly, femme du seigneur de Jenly (laquelle dame estoit allée à la cour du Roy et avoit mené ladicte Blanche, laquelle estoit la plus belle qu'on eust peu veoir ne regarder), icelle dame de Villeclerc, si tost qu'elle vit icelle fille, pria moult de l'avoir avecq elle; mais la dame de Jenly lui respondit qu'elle la remeneroit ou la renvoyeroit à son père, et que sans le congié de son père ne l'auroit pas ; et aussy la ramena. Mais assez tost après, par le gré et consentement de son père, du seigneur de Saucourt, oncle d'icelle Blanche, et du seigneur de Jenly, Jaquet de Rebreuves, frère d'icelle Blanche, très bel escuyer, agié de vingt-sept ans ou environ, et sa sœur de dix-huit ans, mena sadicte sœur Blanche à la Cour du Roy demourer avecq icelle damoiselle de Villeclerc; et feut ledit Jacques retenu escuyer tranchant d'icelle damoiselle... Laquelle Blanche, au partir de l'hostel de son père en la cité d'Arras, plouroit moult fort, et me feut dit qu'elle dit qu'elle aimeroit mieulx qu'elle puist demourer avecq son père, et mangier du pain et boire de l'eau. Toutes voyes elle y alla; et disoit-on que son père luy avoit envoyé par exarseté (avarice) et chicheté, affin qu'elle ne luy coustast riens, ne son fils, qui estoit son aisné fils; nonobstant que ledit Anthoine estoit très riche homme et bien à l'avant, ayant de beaux heritaiges. Et assez tost après que icelle damoiselle Blanche eit esté ung peu de temps avec ladicte damoiselle de Villeclerc, la renommée couroit qu'elle estoit aussy très bien en la grace du Roy, et pareillement qu'estoit la damoiselle de Villeclerc[1]. »

Un autre auteur bourguignon, Georges Chastellain, dit aussi, à propos de la mort d'Agnès :

« Sy la prit Dieu hors de la main du Roy perdu par elle, mais ne prit pas le courage d'iceluy de vouloir persevérer toujours en celuy

1. J. du Clercq, l. III, ch. XVIII. — Il ne sera pas inutile de faire remarquer que la dame de Genlis, qui d'ailleurs joue un rôle honorable dans l'aventure que rapporte le chroniqueur, était Marie d'Amboise, sœur de Louise d'Amboise, épouse de Guillaume Gouffier; elle était donc belle-sœur du favori de Charles VII. Son mari était Jean de Hangest, seigneur de Genlis, conseiller et chambellan du Roi.

mésus; car, elle morte, en veint sus une autre, nommé la damoiselle de Villequier, et qui avoit esté nièce à ladite Agnès; et puis encore, après ceste là, en venit sus une tierce qu'on appeloit *madame la Regente*[1], preude femme toutes voies, ce disoit-on, de son corps; et puis, pour la quatriesme, mist sus une fille de patissier, laquelle fut appelée *madame des Chaperons*, pour ce que, entre toutes autres femmes du monde, c'étoit celle qui mieux s'habilloit d'un chaperon[2]. »

Enfin, un historien, né vers 1450, qui écrivait sous le règne de Louis XII, Claude de Seyssel, maître des requêtes de l'hôtel du Roi, puis évêque de Marseille, s'exprime en ces termes sur les désordres de Charles VII pendant la dernière partie de sa carrière :

« Ledict Roy Charles septiesme, après qu'il eut chassé ses ennemis et pacifié son Royaume, ne fut pas exempt de plusieurs malheuretez : car il vesquit en sa vieillesse assez luxurieusement et trop charnellement entre femmes mal renommées et mal vivans, dont sa maison estoit pleine. Et ses barons et serviteurs, à l'exemple de luy, consumoient leur temps en voluptez, danses, momeries et folz amours[3]. »

Un contemporain prétend excuser Charles VII en disant que, « pour les grands travaux que le Roy avoit faitz à reconquester la plus grant partie de son royaulme, il fut deliberé d'avoir des plus belles filles que l'on pourroit trouver, nonobstant que sa vertu estoit trop plus grant sans comparaison que son vice, car c'estoit un Roy très-illustre, très-hardy et victorieux[4]. » Ainsi la facile morale du xve siècle trouve tout naturel que le

1. On prétend que *madame la Régente* n'est autre que Blanche de Rebreuve, qui était « gouvernante » des enfants du seigneur de Genlis. — Nous lisons dans un état des laissez passer délivrés aux péages de Blois, par ordre du duc d'Orléans : « *Item*, le IIIe jour de février (1458) *pour la Régente*, quatre-vingt-deux tonneaux de vin, » etc. Est-ce de cette maîtresse qu'il s'agit ici? (Ms. fr. 26085, n° 7221.)
2. Chastellain, t. IV, p. 367.
3. *Les Louenges du bon Roy de France Louys XII de ce nom, dict Pere du peuple et de la felicité de son regne*, composées en latin par maistre Claude de Seyssel... et translatées par luy de latin en français l'an 1508. Edit. Godefroy, p. 77.
4. *Chronique martinienne*, f. 302.

souverain, pour se dédommager de ses rudes labeurs, pousse la licence jusqu'à ses dernières limites! C'était, d'ailleurs, une coutume trop habituelle en ces temps corrompus. « Les princes sont pleins de voluptés, » écrit Georges Chastellain[1]. Quel est celui qui ne donne pas, sous ce rapport, les plus déplorables exemples? Quel est celui qui n'a pas ses bâtards? La plupart s'abandonnent à ces dérèglements comme si c'était chose licite et toute naturelle. Ils croient que tout leur est permis, et ils diraient volontiers, comme Henri V dans la tragédie de Shakespeare :

We are the makers of manners,
And the liberty that follows
Our places, stops the mouths
Of all find faults[2].

Explique qui pourra les contrastes et les contradictions dont abonde la nature humaine! Ce même prince que nous voyons livré à de pareils débordements, continue — c'est un auteur bourguignon qui nous l'apprend — à tenir « heures limitées pour servir Dieu, » et « ne les rompt pour nul accident[3]. » Il conserve ses dix-huit chapelains[4], assiste régulièrement à trois messes par jour[5], se rend en pèlerinage à des sanctuaires vénérés[6], et figure encore en grande pompe dans des cérémonies religieuses[7]. Il va jusqu'à dire quotidiennement ses Heures, sans y manquer jamais[8]. La foi subsiste à travers le

1. En parlant de Charles le Téméraire : « Vivoit plus chastement, dit-il, que communement les princes ne font, qui pleins sont de volupté. » (Tome VII, p. 231.)

2. Shakespeare, *Henri V*, acte V, scène II.

3. Chastellain, t. II, p. 181. On lit dans une dépêche d'Emmanuel de Jacob, ambassadeur du duc de Milan, en date du 19 décembre 1455 : « El sabbato non retornay da la Sua Maiestà, pero che, per sua devotione, in tale dì como e stato la festa de li Innocente, fra tuto l'anno non da audientia alcuna. » Ms. Ital. 1587, f. 101. — Saint-Simon, dans son *Parallèle des trois premiers Rois Bourbons* (p. 114), a dit : « Louis XIV fut religieux aussi, et ce qui serait incroyable si les témoins n'en étaient infinis, il le fut jusque dans ses plus grands désordres et fidèle à tout l'extérieur de la religion..., et dans un pénible combat entre le scandale de ne point faire de Pâques et le sacrilège de les faire indignement. »

4. Leurs noms sont dans le registre KK 51, fol. 125.

5. « Il oyoit tous les jours trois messes : c'est assavoir une messe à note et deux basses messes. » (Henri Baude, p. 8).

6. Le 23 janvier 1453, il va en pèlerinage à Notre-Dame-de-Cléry.

7. Le 3 février 1454, à la translation des reliques de saint Martin.

8. Et disoit ses heures chacun jour sans y faillir. » (Henri Baude, p. 8.)

dérèglement des mœurs [1] : il conserve pour la sainte Vierge, pour l'archange saint Michel une dévotion particulière [2]; il ne cesse de faire de nombreuses aumônes [3] et d'accomplir des œuvres pies [4].

Autre contraste. Ce prince qui aime à se renfermer dans les châteaux où il mène une vie licencieuse, ne cesse pas pour cela de s'occuper sérieusement des affaires : la politique et l'administration portent, dans les dernières années du règne, la marque d'une main ferme et vigilante, d'une intelligence élevée et active, d'une pensée qui marche à son but à travers tous les obstacles. On peut appliquer à Charles VII ce qui a été dit de Henri IV : « Jamais la corruption de son cœur ne passa jusqu'à son esprit [5]. » Si l'on est en droit de lui reprocher par-

1. « ... ton feu fils, où jamais foy extaincte
ne se trouva... »
(Henri Baude, *Regrets et complaintes*, p. 19.)

Astezan l'appelle « le plus religieux de tous les rois. » Et Zantfliet : « Rex humilis ac Deo devotus. » (*Amplissima collectio*, t. V, col. 470.)

2. « Pour la grant et singulière affection que avons à la benoiste vierge Marie, » lit-on dans des lettres du 30 décembre 1450. — « En l'honneur de la benoiste glorieuse vierge Marie, à laquelle avons singulière affection et devocion, » lit-on dans des lettres de mars 1451. On retrouve cette formule dans plusieurs autres lettres; voir en particulier celles du 30 novembre 1449. Archives, JJ 180, nº 88. Charles VII était chanoine de N.-D. de Loches et de N.-D. du Puy, abbé et patron de N.-D. de Melun, abbé de Saint-Hilaire de Poitiers, etc. En 1440, le Roi fit construire à Amboise, dans l'église du château, une chapelle dédiée à saint Michel. (Vallet, t. II, p. 6, note 2.)

3. Sur les aumônes du Roi, voir les comptes. Cabinet des titres, 685, f. 138, 143, 148, 152, etc. « Grand aumosnier estoit, et avoit tousjours, ou qu'il allast, cousturiers et cordoanniers qui, par l'ordonnance de son aumosnier, bailloient vestemens et chausseures à tous povres. (Henri Baude, p. 8.)

D'aumosnes, biens, assez il en faisoit
Aux povres gens selon leur indigence...
(Martial d'Auvergne, *Vigilles de Charles VII*, t. II, p. 30.)

4. « Il faisoit donner argent à povres filles à marier, reparer les eglises et hospitauls, et y donner calixces, custodes et adornemens. » (Henri Baude, p. 8.)

« Vefves, mineurs n'estoient sans pourveance
A nobles honteux faisoit bailler finance,
Gentilz femmes pour leur vie et repas,
Ladres, impotens, l'aumosne et la pitance
Et d'autres biens que l'en ne sçavoit pas. »
(*Vigilles*, t. II, p. 30.)

Le 23 mars 1451, le Roi donne 300 écus pour l'achèvement de la châsse de saint Martin. Baluze, arm. 77, f. 301.

5. *La Vie du Père Pierre Coton, de la Compagnie de Jésus*, par le P. Joseph d'Orléans. Paris, 1688, in-4º, p. 143.

fois d'être inaccessible, ce n'est que par intervalles : en général, il se laisse volontiers approcher. Chastellain, dont le témoignage ne saurait être suspect, nous dit qu'il « mettoit jours et heures de besongner à toutes condicions d'hommes, lesquelles infailliblement vouloit être observées, et besongnoit de personne à personne distinctement à chascun, une heure avec clercs, une autre avec nobles, une autre avec estrangiers, une autre avec gens méchaniques, armuriers, voletiers (fabricants de traits), bombardiers et semblables gens[1]. » Il ajoute que le Roi avait souvenance de leur cas, du jour qui leur avait été fixé et que nul ne les osait prévenir[2]. Et Henri Baude raconte que Charles VII « avoit departy le temps pour entendre aux affaires de son royaume et tellement qu'il n'y avoit point de confusion, car le lundi, le mardi et le jeudi, il besongnoit avec le chancelier et son conseil, et expedioit ce qui estoit à expedier touchant la justice ; le mercredi, il besongnoit et entendoit ou fait de la guerre les mareschaulx, capitaines et autres gens de guerre ; ledit mercredi, vendredi et samedi aux finances[3]. » Le Roi ne se donnait congé que le jeudi : « et aucune fois il prenoit le jeudi, ou partie du jour, pour sa plaisance[4]. » Il ne décidait aucune matière importante qu'après délibération du conseil, faisait examiner les lettres qu'il avait à signer, et, avant d'y mettre sa signature, les lisait « de mot à mot[5]. » Il signait toutes les lettres de sa propre main[6]. Si, par importunité, on lui arrachait quelque faveur extraordinaire, il n'enten-

1. Tome II, p. 181. — Un siècle plus tard, un ambassadeur vénitien écrivait : « Di que nasce che il Re di Francia è tanto domestico con li suoi sudditi che gli ha tutti per compagni ; e non è mai escluso nessuno dalla sua presenzia : intanto che ancora i lacchè, gente vilissima, hanno ardimento di voler penetrare nell' intima camera del Re... » *Commentarii del regno di Francia*, del clarissimo signor Michele Suriano, ambasciatore veneto del 1561, dans les *Relations des ambassadeurs vénitiens*, publiés par M. Tommaso, t. I, p. 508.

2. Chastellain, t. II, p. 181.

3. Henri Baude, p. 10.

4. *Id.*, *ibid.*

5. *Id.*, *ibid.*

6. « Lesquelz gaiges (d'Étienne le Fèvre, conseiller et maître des requêtes de l'hôtel du Roi), ont accoustumé estre en rotulez en ung roole *signé de la main du Roy*, ce qu'il n'a pas esté fait durant le temps de ce dit compte, obstant la griesve maladie dudit seigneur. » 41e compte de l'hôtel (1460-61). Ms. fr. 6751, f. 5 vo.

dait pas pour cela déroger aux règles de la justice ni aux anciennes ordonnances, et quand on l'avertissait d'abus commis sous ce rapport, il les faisait aussitôt réparer[1]. Il voulait que bonne et brève justice fût faite à tous, au pauvre comme au riche, au petit comme au grand[2]. Ce qui était délibéré en conseil était exécuté sans délai et sans aucune modification. La justice avait son cours, sans empêchement ni réserve. Aussi Charles VII fut-il tenu sous ce rapport en si haute estime que, plus tard, les magistrats refusèrent de revenir sur des sentences rendues sous son règne, comme celle qui frappa Jacques Cœur[3]. Il tenait un rôle de ses valets de chambre, cuisiniers, sommeliers et autres officiers subalternes, où il consignait l'âge et les services de chacun, et, suivant le mérite ou l'ancienneté, il leur donnait quelque charge ; si certains étaient reconnus incapables de remplir eux-mêmes leur office, ils devaient le vendre à des gens compétents, et le Roi était informé du choix du remplaçant. Il signait de sa main les rôles des receveurs généraux, les états et acquits financiers, repassait chaque année, et plus souvent s'il en était besoin, « tout le fait de ses finances, et le faisoit calculer en sa présence, car il l'entendoit bien[4]. » Quand on lui soumettait une requête, il la faisait examiner ; après qu'on lui avait présenté le rapport, il renvoyait le requérant devant le ministre compétent, qui donnait son avis, « et il en ordonnoit ainsi qu'il le trouvoit par Conseil, sans lequel il ne faisoit rien[5]. » On conserve un fragment des registres du grand Conseil pour un trimestre de 1455 : il montre l'assiduité avec laquelle les séances étaient tenues et la multiplicité des affaires soumises à son examen. Non seulement le congé du jeudi, dont parle Henri Baude, n'est point observé, mais le Conseil siège parfois le dimanche, et

1. « Quelques lettres qu'il escripvit par importunité de requerans, ou autrement, il n'entendoit point deroguer aucunement à justice ne aux ordonnances anciennes, et quant il estoit adverti du contraire, le faisoit reparer. » (Henri Baude, p. 10.)
2. Henri Baude, p. 9.
3. Voir ci-dessus, t. IV, p. 132-33.
4. Henri Baude, p. 11.
5. *Id.*, p. 9.

nous voyons qu'il tint séance le jour de la Pentecôte[1]. Charles VII refusait peu de grâces quand on sollicitait son pardon[2] ; les registres du *Trésor des Chartes* conservés aux Archives l'attestent suffisamment : ils sont remplis d'innombrables lettres de rémission délivrées par la chancellerie royale.

Un ambassadeur milanais venu en France au printemps de 1455, rendant compte au duc de Milan de ce qui se passait à la cour de Charles VII, écrit : « Il n'y a personne présentement qui ait un crédit particulier sur le roi de France. Celui qui a le plus d'autorité auprès de lui paraît être le bâtard d'Orléans[3]. » C'est en effet Dunois qui, dans les dernières années du règne, est ce qu'on pourrait appeler le ministre dirigeant : rien ne se fait sans que le Roi prenne son avis, sans qu'il lui en fasse part s'il est absent[4]. L'amiral de Bueil a aussi un rôle important ; et malgré les accusations portées contre lui, malgré les tentatives faites pour lui enlever la confiance du Roi[5], il est plus en faveur que jamais. Un autre conseiller très écouté est Antoine de Chabannes, comte de Dammartin : à lui les missions confidentielles, le soin de surveiller les menées du Dauphin, d'agir quand il y a un coup à frapper, une mesure à exécuter[6]. L'influence du roi René et du comte du Maine est singulièrement amoindrie ; une certaine rivalité semble exister entre ce dernier et Dunois, dont l'ascendant excite plus d'une jalousie[7]. Le sire de Gaucourt, maître d'hôtel du Roi, est toujours fort avant dans la confiance de son maître, qui lui fait disposer un

1. Fragment d'un registre du grand Conseil, publié par M. Noël Valois ; il va du 3 avril au 19 juin 1455.

2. Henri Baude, p. 10. Cf. Martial d'Auvergne, t. II, p. 30.

3. Dépêche de Raymond de Marliani. Archives de Milan, *Dominio Sforzesco*, janvier-juin 1455.

4. Voir lettre du Roi à Chabannes en date du 25 avril 1455, dans la *Chronique martinienne*, f. 298 ; Instructions à Odet d'Aydie, envoyé au comte de Dunois, 15 mai 1456, dans Le Grand, V, f. 5.

5. Voir la savante introduction de M. Camille Favre à l'édition du *Jouvencel*, t. I, p. ccx et suiv.

6. Voir les lettres du Roi à Chabannes en date des 25 avril, 18 mai, 27 mai, 15 juin, 26 septembre 1455, et les lettres de Doriole au même, en date du 18 et 27 mai et 19 septembre 1455, dans la *Chronique martinienne*. — Doriole écrit le 18 mai : « Et me semble que chascun jour l'affection naist au Roy envers vous. »

7. Voir lettre de Doriole à Chabannes, 19 septembre 1455. *Chronique martinienne*, f. 299.

logement dans la basse-cour du château des Montils[1]. Dans l'entourage intime, les personnages le plus en faveur sont Guillaume Gouffier, qui a succédé à Villequier comme premier chambellan[2] et qui a une large part dans les bienfaits de son maître[3]; Jean de Levis, seigneur de Vauvert[4]; Antoine d'Aubusson, seigneur du Monteil[5]; Charles de Gaucourt, seigneur de Châteaubrun, qui, le 3 octobre 1454, est devenu l'époux de Colette de Vaux, demoiselle de la Reine[6].

Le Roi et la Reine, sans qu'il ait existé entre eux une grande intimité, avaient le plus souvent résidé ensemble, ou à peu de distance l'un de l'autre. En 1454, Marie d'Anjou se fixe au château de Chinon, qu'elle prend plaisir à embellir[7]. Là, elle mène une existence fastueuse. Ce n'est plus le temps où elle ne se servait que d'assiettes d'étain, où sa lingerie ne se composait que de deux ou trois douzaines de nappes et de serviettes[8] : les draps de laine ou de soie, le linge, les fourrures, les bijoux abondent maintenant dans sa garde-robe. Bien qu'habituellement vêtue de noir, la Reine supplée à cette tenue sévère par la richesse et la variété des étoffes. Elle aime les fourrures

1. « Messire Raoul de Gaucourt, conseiller du Roy, grand maistre de France, LXVIII l. XV s. pour mectre à point un hostel en la basse court des Montils, où il a coustume de loger. » Cabinet des titres, 685, f. 175. On voit par le vingt-septième compte de l'hôtel (Archives KK, 52, f. 71) que, au mois de janvier 1451, Charles VII fit bâtir une maison aux Montils pour loger ses maîtres d'hôtel, panneliers, échansons et valets tranchants. Travaux au château des Montils : Ms. 685, f. 176.

2. On a une quittance du 8 juillet 1452, où, du vivant de Villequier, il prend ce titre (*Pièces originales*, 1366 : GOUFFIER, n° 16) ; mais on ne le lui trouve donné, dans les documents, qu'à partir de 1455.

3. Il a une pension de 1200 l., plus 1200 l. « pour entretenir son estat, » et 400 l. comme sénéchal de Saintonge. Don de 1500 l. en mai 1451 ; autre don de 600 l. en la même année ; autre don de 1311 l. le 10 janvier 1455 ; autre don de 400 l. le 18 juin 1456. Cabinet des titres, 685, f. 161, 172, 174 v° ; Clairambault, 163, p. 4813, 4815 ; 161, p. 4835, 4839 ; 951, p. 163 ; ms. fr. 20683, f. 47, cf. État des aides, publié par Clément, *Jacques Cœur et Charles VII*, t. II, p. 420 et 434, et Ms. fr. 22406, f. 12.

4. Il a une pension de 1200 l. En avril 1453, il a un don de 500 l. pour avoir des chevaux. Clairambault, 172, p. 5695-99 ; Cabinet des titres, 685, f. 165.

5. Il a une pension de 600 l. Cabinet des titres, 685, f. 172 v° et 184 v°.

6. Il a une pension de 1200 livres. Clément, *l. c.*; Ms. 685, f. 181.

7. Voir le registre KK 55, aux Archives, contenant le compte de l'argenterie de la Reine du 1er octobre 1454 au 30 septembre 1455, f. 68 v°, 71 v°, 99 v°, 128.

8. Voir les comptes cités par Le Roux de Lincy, *les Femmes célèbres de l'ancienne France*, p. 431-32.

et porte ordinairement des gants de chevreau blanc[1]. Elle est entourée de ses deux plus jeunes enfants, Madeleine et Charles, et d'une jeune fille qu'elle traite comme son enfant : Louise de Laval, sœur de la nouvelle reine de Sicile (René venait d'épouser, le 10 septembre 1454, Jeanne de Laval). Elle a une maison nombreuse : dames et filles d'honneur, maîtres d'hôtels, pages, valets de chambre, etc. ; elle a douze chapelains, y compris son premier aumônier, Jean Barbedienne ; elle a son médecin, son astrologue, son peintre[2], sans parler de plusieurs fous, d'un « folet », le *Petit-Cadet,* et d'une folle, nommée Michon[3]. Elle est entourée de bêtes de toute espèce : c'est une vraie ménagerie, où figurent des chiens[4], des cerfs et des biches[5], une chèvre sauvage[6], deux levreaux[7], un étourneau,

1. *Id.*, *ibid.*, p. 443-44, 650 et suivantes.

2. KK, 55, *passim.*

3. « A ung povre fol nommé Dago, suivant la cour, que ladicte dame lui a semblablement fait bailler comptant ledit jour (2 novembre 1454) pour don par elle à lui fait, en ung escu. » — « A ung povre fol nommé Robinet, aussi suivant la court de ladicte dame, qu'elle lui a fait bailler comptant... le dixiesme jour dudit mois, pour don par elle fait à lui, x s. t. » KK 55, f. 128 et 128 v°.

« A Alizon d'Aranvilliers, laquelle, par aucun temps, avoit eue la charge d'un povre enfant nommé le *Petit Cadet*, folet de ladicte dame, xx l. t. » *Id.*, f. 11 v°.

« A Huet Breton, homme de labour, demourant près dudit Chinon, pour avoir ledit jour (7 novembre 1454) mené et conduit sur ung sien cheval, par l'ordonnance de ladicte dame, dudit Chinon à quatre lieues par delà, en une place qui est à madame de Surgières, Michon, folle de ladicte dame, pour illec demourer avecques madicte dame de Surgières jusques ad ce qu'il plaise à madicte dame l'envoler querir, xxii s. vi d. t. » *Id.*, f. 101. Cf. f. 97 et 98.

4. « A Hance Lalement, qui garde et gouverne les chiens de ladicte dame, xxvii s. vi d. t. (fol. 16 v°). » — « A Jehanne Moterelle, marchande de Chinon, pour deux aulnes de bien grosse toile achetée d'elle ledit jour (1er octobre 1454) dont a esté abillée la paillasse des chiens de ladicte dame, qui avoit esté brulée (fol. 95 v°). » — « Une aulne et demie de bien grosse toille pour alonger et acroistre la paillasse des chiens de ladicte dame (f. 101 v°). »

5. Ceux-ci ne sont pas à Chinon, mais aux Montils : « A Vincent le Musnier, garde des serf et bische que icelle dame fait tenir en la garenne des Montils-les-Tours..., pour ses gaiges (mensuels) de xxvii s. vi d. t. (f. 126). »

6. « A Jacquet Chevalier, qui garde sa chièvre sauvaige, pour don, en un escu (f. 15 v°). » — « A Jacquet Chevalier, varlet de fourierie, la somme de LV s. t. en deux escus d'or..., pour sa pension de xxvii s. vi d. t. que ladicte dame lui a ordonné avoir par chascun mois pour ses peine et salaire de gouverner la chièvre de ladicte dame (f. 124 v°). »

7. « Pour un quartier de veloux noir à tiers poil prins de luy le xxve jour dudit mois (juillet 1455) pour faire couvrir deux colliers de cuir qu'elle a fait faire pour mettre aux cols de deux levrons qu'elle fait nourrir pour sa plaisance (f. 113 v°). »

un perroquet[1], etc. On connaît les goûts de la Reine, et, de très loin, il lui arrive, tantôt deux outardes, tantôt un marsoin[2]. Son frère René, qui est venu la voir à Chinon au mois d'octobre 1454, lui envoie une hure de sanglier[3]. Elle a toujours des habitudes de luxe, une grande recherche dans les vêtements et dans tout ce qui est à son usage ; elle aime particulièrement les bijoux et les pierres précieuses, et fait venir tout exprès des ouvriers de Paris pour les polir. Son trésorier lui compte cent écus d'or par mois, « pour faire ses plaisirs et voulentez. » Elle fait de nombreuses aumônes, des offrandes aux sanctuaires où elle va en pèlerinage, et se montre très généreuse dans ses dons. Les beaux livres sont fort recherchés par la Reine : elle ne cesse d'en commander à des « escripvains » ou d'en acheter[4]. Les comptes de l'argenterie ne parlent que de ses Heures et de ses Bréviaires, mais nous savons qu'elle lisait volontiers des romans de chevalerie ou des romans de dévotion, comme le *Livre des douze périls d'enfer*, traduit et amplifié pour elle par Robert Blondel. Nous la voyons envoyer jusqu'en Espagne pour chercher « la plus belle et meilleure mule » qu'on pourra trouver. Le jeu de dames est en honneur dans son entourage, et ses enfants jouent aux cartes[5].

Charles, alors âgé de huit ans, a encore auprès de lui sa

1. « A deux jeunes compaignons qui ont apporté le XVIIe jour dudit mois (novembre 1454) dudit Saint-Aignan à Selles les estourneau et papegault de ladicte dame (f. 101 v°). »

2. « A Guillaume le Picart, serviteur de madame de Vendosme..., pour son vin d'avoir apporté à icelle dame, au chasteau dudit Chinon, deux ostardes que madicte dame de Vendosme envoya à ladicte dame (f. 127 v°). » 110 sous tournois baillés « à ung compaignon qui lui avoit apporté ung marsoin entier que Floquet, bailly d'Évreux, lui avoit envoyé (f. 11 v°). »

3. « A ung des gens du Roy de Secile qui apporta le XXVIe jour dudit mois (octobre 1454) une hure de sanglier que ledit seigneur envoyoit à ladicte dame (f. 128).

4. « A Nicolas de Vailly, clerc, la somme de XIII l. XV s. t. en dix escus d'or... pour avoir ung habillement, en faveur et recompense des services qu'il a faiz et fait chascun jour à ladicte dame tant en escriptures que autrement. » (KK 55, f. 129 v°.) — « A icelle dame le XXVIe jour dudit mois d'octobre et an (1454), pour donner à ung escrivain de lettre de forme, lequel elle fist venir de Poictiers devers elle audit lieu de Chinon pour luy escripre aucuns petits livres à sa plaisance et devocion, en VI escus (f. 13). »

5. Jeux de cartes délivrés à Charles et Madeleine de France. Comptes cités par Victor Gay, *Glossaire archéologique*, t. I, p. 286-87.

« mère de lait, » Jeanne Chevalière, et « sa gouverneresse, » Jeanne Mareschal; mais déjà il a son « maître d'escolle, » Robert Blondel, son chapelain, Pierre de Catneuil, et, pour gouverneur, un des maîtres d'hôtel de la Reine, Guy de Fromentières; il a aussi son « physicien », ses valets de chambre, ses enfants d'honneur et ses ménestrels. Le jeune Charles commence à étudier : on lui a fait une tablette carrée, « assise sur une croisée de fort boys » et tournant sur un pied, pour poser son pupitre et feuilleter plus commodément les livres en beau parchemin, richement enluminés, qui servent à son éducation[1]. Le prince a ses grandes et ses petites Heures; il monte à cheval, chasse aux cailles avec des filets; il a déjà sa cuirasse et son « harnais d'armes. » Quant à Madelaine, alors âgée de onze ans, bien qu'elle prenne des leçons d'un notable clerc, Nicolas de Vailly[2], elle a encore une belle poupée de Paris, « faicte en façon d'une damoiselle à cheval et ung varlet à pié[3]. » En mai 1454, le Roi lui a fait présent d'une haquenée noire[4], et c'est peut-être montée sur cette haquenée qu'elle

1. « A maistre Jehan Majoris, chantre de Saint-Martin de Tours, la somme de c l. t., à lui ordonnée et fait paier comptant par ledit tresorier pour les livres bien escripz en beau parchemin et richement enluminez, prins et achetez de lui pour faire aprendre en iceulx mondit seigneur esquelx monseigneur le Daulphin avoit apris à l'escolle, iceulx livres delivrez à maistre Robert Blondel, maistre d'escolle de monseigneur Charles, ainsi qui s'ensuit : c'est assavoir ung A. B. C., ungs Sept pseaulmes, ung Donast, ung accidens, ung Caton et ung Doctrinal (f. 119 v°). » — « Pour ung grant Caton que fist maistre Guillaume de Pargamo, lequel est escript en beau parchemin, de bien bonne lettre, bien et richement historié et enluminé... cent l. t. (*id.*). » — « Pour avoir fait escripre en parchemin ou dit mois (novembre 1454) unes principes pour aprendre mondit seigneur (f. 117 v°). » — « Pour une tablette carrée assise sur une croisée de fort boys et sur ung pied qui tourne à mettre dessus les poulpitres et livres ou aprant mondit seigneur (f. 70 v°). » — Quelques extraits de ces comptes ont été donnés par M. Le Roux de Lincy, dans les *Notes et appendices* de son livre *les Femmes célèbres de l'ancienne France*.

2. « A Nicolas de Vailly, clerc, la somme de XIII l. XV s. t., en dix escus d'or, que, par l'ordonnance de la Royne, madicte dame Magdelene lui a ordonnée avoir et estre payé comptant pour don par elle à lui fait ou mois de mars (1455) pour avoir ung habillement, en faveur des services qu'il a faiz et fait chascun jour à icelle madicte dame (f. 135; cf. f. 129 v°). »

3. KK 55, f. 89.

4. « A Jehan Forget, premier varlet de chevaulx du corps du Roy, la somme de VIII l. V s. t., en VI escus d'or, que madicte dame Magdelene lui fist bailler comptant... pour son vin d'avoir amené de la ville de Tours aux Montilz oudit mois de may (1454) une hacquenée noire que ledit seigneur donna lors et envoya à madicte dame pour s'en servir (f. 130). »

perdit sa ceinture, l'année suivante, en allant à la chasse avec la Reine[1].

En août et septembre 1454, une grande agitation règne à la petite cour de Chinon. On fait des préparatifs de départ. La Reine achète deux haquenées et des chevaux pour traîner ses chariots; elle fait faire un chariot neuf, que son peintre Henri de Vulcop revêt des plus brillantes couleurs; elle commande une selle pour sa mule et des harnais de cuir rouge pour les quatre chevaux de chariot; on taille les manteaux des onze demoiselles et les robes des quatorze valets servants qui doivent accompagner la Reine[2]. Mais les chemins sont mauvais; un voyage par eau serait plus facile et moins fatigant : on envoie en toute hâte à Angers demander au Roi de Sicile sa galiote pour remonter la Loire de Chinon à Tours, et de là gagner Mehun-sur-Yèvre[3]. — C'est en effet à Mehun, où réside alors Charles VII, que se rend la Reine, pour y passer l'hiver auprès de son mari[4]. Elle part dans les derniers jours de novembre; le 12, elle est à Montrichard, et se rend le 15 en pèlerinage à Notre-Dame de Nanteuil; le 23, elle est à Saint-Aignan; le 28, elle va vénérer les reliques de saint Seslier[5], près de Selles. Marie d'Anjou — suivie de toute sa ménagerie[6] —

1. « A madame Magdeleine de France, comptant, oudit mois (août 1455), qu'elle bailla et donna à ceulx qui avoient trouvés sa sainture, qu'elle avoit perdue en alant à la chasse avecques la Royne, XXVII s. VI d. t. (f. 20). »

2. KK 55, *passim*.

3. « A luy (Thibault du Mesnil) pour un aultre voyage par lui hastivement fait par l'ordonnance de ladicte dame partant dudit Chinon à Angiers devers le Roy de Cecile, afin qu'il envoyast à icelle dame sa galiote pour la mener plus legierement contremont la rivière de Loire dudit Chinon à Tours pour venir à Mehun devers le Roy nostre sire (f. 136 v°)... »

4. « A Yvonnet Rostren, chevaucheur de l'escuierie de ladicte dame, pour ung voyage par lui fait par l'ordonnance d'icelle dame partant hastivement dudit Chinon à Mehun sur Yevre devers le Roy nostre sire, porter lettre de par ladicte dame touchant son partement dudit Chinon pour venir audit Mehun et pour autres ses affaires, ouquel voyage il a vacqué, alant, attendant response et retournant devers ladicte dame à Langays-sur-Loire, depuis le premier jour de cedit mois (de novembre) jusques au x° jour ensuivant, cent s. t. (f. 136). »

5. Il s'agit évidemment de saint Eusitius. Voir Raynal, *Histoire du Berry*, t. I, p. 212-15.

6. « A Jaquet Chevalier, varlet de fourrière de ladicte dame, la somme de XXXII s. VI d. t. que ladicte dame lui a ordonnée... pour avoir fait amener par eaue en une santine (le 28 novembre 1454), la chièvre d'icelle dame dudit Selles à Vierzon (KK 55, f. 102 v°). » — « Trois quartiers de gros josselin de Bretaigne pour couvrir et mettre

ne tarda pas à arriver à Mehun. Elle y est installée le 10 décembre, car ce jour-là on joue devant elle « plusieurs farces et esbatements[1]; » aussi mal installée d'ailleurs qu'on l'était alors dans les châteaux, où l'on avait grand'peine à se préserver du froid et de la fumée[2], sans parler des rats, des souris « et autres bestes » qui pullulaient[3]. Nous ne sommes donc pas surpris de voir la Reine changer bientôt de chambre : le 15 avril, elle fait tendre des tapisseries dans un des *galatas*[4] du château, où elle va se loger « pour sa plaisance et pour avoir meilleur air[5]. » Aussi bien, c'était peut-être fantaisie de convalescente : la Reine relevait d'une grave maladie, qu'elle fit au mois de mars, et qui excita un instant de vives alarmes. Mesdames de la Rocheguyon et de Châtillon, ses dames d'hon-

à l'entour de la caige de l'estourneau de ladicte dame pour la porter dudit Selles à Chinon (28 novembre 1451), VI s. III d. t. (f. 102 v°). » — « A Estienne Boutet, garde de la tappicerie et varlet de chambre de ladicte dame la somme de XXVII s. VI d. t. qu'elle lui a fait bailler comptant par ledit tresorier ledit jour (6 mars 1455) pour le restituer de semblable somme qu'il avoit despendu et employé à venir de Chinon à Selles en apportant le papegault verd d'icelle dame (f. 108 v°). »

1. « A Jean de la Chapelle et trois autres ses compaignons qui ont joué (le 10 décembre 1451) plusieurs farces et esbatemens devant ladicte dame ou chasteau de Mehun, CX s. t. (f. 120). » — On trouve encore (f. 11) la mention suivante (23 janvier 1455) : « Trois compaignons suivant la cour, qui avoient joués farces et faiz plusieurs esbatemens par plusieurs foiz devant icelle dame... »

2. « A Jehan Jahun, menuisier dudit Selles, pour avoir par le commandement de ladicte dame ledit jour (17 novembre 1451) mis et clouez deux grandes aisses à l'entour du manteau de la cheminée de la chambre de ladicte dame en son logeis dudit Selles, pour la garder de fumer, fait quatre chassis de bois à tendre du papier pour les fenestres de ladicte chambre et fait une petite table à quatre pieds à mettre la vaisselle d'argent dessus d'icelle dame, XXV s. t. (f. 101 v°). » — « 16 février 1455. « Pour deux aulnes de toille blanche cirée, dont a esté fait un chassil mis en la chambre de retrait de ladicte dame ou chasteau dudit Mehun (f. 107). » — Le 20 novembre, pour éviter la fumée, on hausse de deux pieds la cheminée de la chambre de la Reine (f. 102); cf. f° 118, 118 v°, 120.

3. « A Jaquemin de Bergières, tappicier, la somme de XIII l. XV s. t., en X escus d'or, que ladicte dame lui a fait paier comptant (juin 1655) par ledit tresorier et qui deue lui estoit par marchié fait avecques lui par ledit tresorier, pour avoir radoubé et remis à point deux chambres de tappicerie pour icelle dame, laquelle tappicerie estoit fort endommaigée de chiens, rats, souritz et autres bestes qui l'avoient rongée (f. 112). » — La chambre de tappicerie d'or dont est tendue la chambre de « monseigneur Charles » est aussi endommagée par les rats et les souris (f. 70 v°).

4. *Galatas*, le lieu le plus élevé d'une maison, d'où on a fait *galetas*.

5. « A Guillemin Verdelet, varlet de garde de la tappicerie du Roy nostre sire, que ladicte dame lui a fait bailler comptant le XV° jour dudit mois (avril 1455) pour don par elle fait pour avoir tendue une chambre de tappicerie en ung des galatas du chasteau de Mehun où icelle dame se ala logier pour sa plaisance et pour avoir meilleur air, XXVII s. VI d. t. (f. 130 v°). »

neur, envoyèrent en toute hâte à Paris chercher le prieur des Célestins de Soissons pour la confesser, et à Angers pour en ramener maître Jacques de Blandrate, médecin du roi de Sicile; en même temps un franciscain, frère Louis La Clère, fut chargé d'aller faire des « offrandes et oblations » en divers sanctuaires. La Reine se voua elle-même à la sainte Baume[1].

Le compte de l'argenterie de la Reine, auquel nous avons fait tant d'emprunts et qui abonde en curieux détails, nous fournit encore quelques particularités intéressantes. Au 1er janvier 1455, le Roi offrit à sa femme une grande nef d'argent doré et de la vaisselle[2]; de son côté, la Reine lui fit un riche présent[3]. Marie d'Anjou n'oublie personne : elle distribue des « fleurs de Marie » d'argent et des « demys seins » d'or (ceintures d'orfèvrerie) à tout le personnel féminin; elle donne à Madame du Monteil six beaux hanaps et une aiguière; chose inouïe, elle envoie même des étrennes à la favorite en titre, à Antoinette de Maignelais! On ne le croirait pas, si on ne lisait dans le compte de l'argenterie la mention suivante : « Pour la garniture d'or d'une fontaine de cristal bien richement ouvrée tout à l'entour de menuz ouvrages à feuillages en façon de coronne, et à l'entour de ladicte fontaine a quatre gargoules d'or bien gentement faites, d'où sault l'eaue de la ladicte fontaine; et dessus le couvercle garny des mesmes ledit ouvrage; et audessus du pié de la fontaine garny à feuillage comme dessus; au dessoubz oudit pié y a quatre leons d'or bien gentemens faix qui soustiennent ladicte fontaine, *donné ledit jour en estraines à madamoiselle de Villequier*[4]..... »

1. KK 55, *passim*.

2. « Aux serviteurs du contrerolleur de l'argenterie du Roy, qui ont apporté à la Royne, avecques ledit contrerolleur, les estraines du Roy, c'est assavoir une grant nef d'argent doré et de la vaisselle de cuisine en platz et escuelles, pour don à eulx fait en deux escus, LV s. t. (f. 143). »

3. « Pour ung plumail d'or à mettre sur une salade... où avoit une pome d'or faicte richement à lozanges percées à jour, et dessus icelles lozanges petites rozettes esmaillées aux couleurs du Roy, icelle emplie de duvet rouge de plume d'autrusse et une autre pomme ronde de duvet blanc desdictes plumes d'autrusse; et dessus plusieurs petiz filetz d'or chargiez desdictes plumes de branlans, en façon de plumail bien richement et par le pié en façon d'escot à plusieurs racines, donnez au Roy nostre sire en estraine audit jour, le tout... valant IIc VII l. VI d. t. (f° 141). »

4. KK 55, f. 141. Le prix est de 95 l. 14 s. 2 d. t. -- La Reine montrait, sous ce rapport, une singulière tolérance; en voici une nouvelle preuve. On lit dans les mêmes

Le chroniqueur Georges Chastellain nous donne un petit tableau d'intérieur de la cour de Mehun. En décembre 1454, un des plus notables seigneurs de l'hôtel du duc de Bourgogne, Simon de Lalain, était venu en ambassade vers le Roi; il fut bientôt suivi par deux autres seigneurs, Jean de Croy, seigneur de Chimay, et Jean de Luxembourg, bâtard de Saint-Pol, seigneur de Hautbourdin, l'un et l'autre chevaliers de la Toison-d'Or, qui avaient voulu saluer le Roi avant de partir pour la croisade dont Philippe le Bon faisait alors les préparatifs. Charles VII, qui savait qu'ils venaient d'eux-mêmes, et « en leurs privées personnes, » les reçut d'autant mieux. Ils furent logés honorablement au château de Mehun, « et bien pensés et soignés. » Le bâtard était, s'il faut en croire Chastellain, « chevalier de si grand nom en France que toutes les terres en étoient pleines. » Or il n'y avait point encore paru, et la curiosité était très éveillée à son sujet; mais laissons la parole au chroniqueur :

« Celui desiroit le Roy fort à voir et de lui faire toute amour et bonne chière... Or furent mandés les deux chevaliers à venir devers le Roy, et furent conduits par haulx et nobles barons jusqu'en la chambre du Roy, comme du conte de Dunois, du conte de Dampmartin, du seigneur de Gaucourt, grand maistre d'hostel, du seigneur de Torsi et de pluseurs autres; et, venus devers luy, dist messire Jehan de Croy pour eux deux comment ils estoient venus droit là pour prendre congé à luy et dire adieu, comme subgès de son royaume..., et lui demander sa grace et son congé. Sy les ascouta le Roy attentivement et moult lui plut leur raison, car bel parlier estoit messire Jehan de Croy et sage chevalier; et en effet, après leur avoir fait dire que leur venue lui estoit joyeuse, les fit approchier de luy en privé, et leur fit grant chière, et les interrogeant d'une chose et d'autre, les tint en longues honorables devises touchant leur voyage entrepris, louant aucunes fois leur maistre

comptes : « A elle comptant en ses mains, le XXVIe jour d'icellui mois (juin 1455), qu'elle voult semblablement avoir et bailler manuellement à frère Jehan Rousseau pour le restituer de semblable somme qu'il avoit presté comptant à icelle dame le premier jour de may derrenier passé, *pour bailler aux filles joyeuses qui suivent la court*, lesquelles vindrent devers ladicte dame demander le may, en trois escus d'or (f° 10). »

et son haut contendement et entreprendre, et plaignant mesmes sa propre fortune qui ne lui souffroit y entendre et y labourer en personne, car se sentoit avoir gens et industrie à la bataille plus que Roy de la terre, mais ne voyoit point disposés les affaires de son royaume à ce povoir souffrir, auxquels devant toute rien (chose) autre, ce disoit-il, lui besongnoit entendre et avoir l'œil. Et faisant ses devises telles et telles, les tint en divers proupos qui moult plurent aux deux chevaliers, car estoient honorables et de fruit aux ascoutans. »

Ici le chroniqueur introduit sur la scène Mademoiselle de Villequier, qui « desiroit moult à voir ce seigneur de Haubourdin, pour cause de sa renommée du viel temps. » Elle pressa le Roi de le lui envoyer, « afin d'en avoir les devises. » Mais le bâtard devait aller à Châtellerault vers le comte du Maine, pour voir la comtesse, qui était sa cousine. Il s'excusa, promettant de rendre visite à Antoinette à son retour.

« Ce soir là, continue Chastellain, le Roy estant en son privé, et ainsi qu'il se devisoit de ces chevaliers, dont trois tout d'un ordre et d'une maison estoient par devers luy, commença à dire beaucoup de bien du seigneur de Haubourdin, disant que c'estoit un bel chevalier et bien adressié, et que tout ennemi qu'il avoit esté à son royaume par maintenir le parti des Anglès, si estoit-il sien d'ame et de cœur, et de fait moult desiroit à lui faire plaisir s'il en avoit à faire, car ne vit pieça chevalier, ce dist, qui tant lui avoit plu. Donc, pour donner gloire au maistre à qui ils estoient tous trois, dist enfin : « Saint Jehan! Saint Jehan! Beau frère est bien « mieux accompagné que nous ne sommes. Regardez quels trois « chevaliers il a droit cy, qui suffiroient pour parement d'un Roy, « car sont de mise à tout aux sens et aux armes... »

« Finablement, après les avoir fait festier en divers lieux, prirent congé de luy, leur accorda sa grace, avec tout amiable preoffrement en ce que pourroient avoir besoing de luy, et à tant les commanda à Dieu, reservé que à celui de Haubourdin ramentevoit son retour par devers luy au repasser de son voiage[1]. »

1. Chastellain, t. III, p. 15-19.

Les années 1454 et 1455 furent signalées par un mouvement considérable d'affaires, d'ambassades, de négociations de toutes sortes.

Au mois de février 1454, Guillaume de Montferrat paraît à la Cour, où le Roi le reçoit avec honneur et le comble de présents[1]; il est bientôt suivi par un ambassadeur du duc de Milan, Thomas de Reate : nous apprenons par une dépêche adressée à Sforza qu'il eut son audience le 4 mars et fut présenté au Roi par Guillaume de Montferrat[2]. Une ambassade de la République de Venise paraît être venue au même moment.

Au mois d'avril, il y eut aux Montils-les-Tours une grande affluence de princes et de seigneurs du Conseil, à l'occasion de la grande ordonnance rendue pour la réorganisation du Parlement : nous trouvons au bas de cet acte les signatures du comte d'Eu, du comte de Clermont, du connétable de Richemont, du comte de Foix, du chancelier, des archevêques de Tours (Bernard), et de Narbonne (Harcourt) ; des évêques d'Angoulême (Montberon), de Maillezais (Lucé), de Paris (Chartier), de Coutances (Olivier) et de Châlons (Soreau); du comte de Dunois, du maréchal de Lohéac, de l'amiral de Bueil, de Pierre de Brezé, des sires de Torcy, de la Tour, de Vauvert, du Monteil, de Montsoreau, etc[3].

Au mois de mai, arrivent à Montbazon Toison d'Or, ambassadeur du duc de Bourgogne, et les ambassadeurs du roi d'Écosse. Au mois de septembre, au château de Bridoré, paraît le comte de Foix, en compagnie de Pierre de Foix, vicomte de Lautrec, avec une nombreuse suite[4]; en même temps arrive un écuyer

1. On lit dans les comptes : « Monseigneur Guillaume de Montferrat, XVI^{c} LXXV l., avec une chaisne d'or, pour ses despens à Tours. — Messire Jehan d'Estouteville, chevalier, seigneur de Torcy, conseiller et chambellan, maistre des arbalestriers de France, IX^{c} III^{xx} XIII l. XV s. pour une chesne d'or prise de luy et donnée au seigneur Guillaume de Montferrat. » Cabinet des titres, 685, f. 175.

2. Dépêche chiffrée de Thomas de Reate, en date du 12 mars. Archives de Milan, *Francia dal....al 1470*.

3. Voir *Ordonnances*, t. XIV, p. 313.

4. Voir *Histoire de Gaston comte de Foix*, dans le ms. fr. 4992, f. 80. C'est à tort que l'auteur place ce voyage en 1456, et fait venir le comte à Bourges. Le vicomte de Lautrec mourut pendant le séjour qu'il fit à la Cour ; il fut enterré « en l'église de Sainte-Catherine de Barboneufve près du Breuil-Doré. »

d'écurie du duc de Bourgogne, Hervé de Meriadec. Au mois d'octobre, c'est le duc d'Orléans qui vient, au nom du duc de Bourgogne, travailler à la conclusion du mariage du comte de Charolais avec Isabelle de Bourbon. Puis c'est un nouvel ambassadeur du duc de Bourgogne, Simon de Lalain, seigneur de Montigny, qui vient au mois de décembre, à Mehun-sur-Yèvre, entretenir Charles VII du projet de croisade.

Pour la première fois depuis les premiers temps de son règne, Charles VII passe l'hiver au château de Mehun-sur-Yèvre, résidence qu'il affectionnait : c'est là qu'il avait été proclamé roi en 1422 ; c'est là qu'il devait finir ses jours. Il y reçoit au mois d'avril une ambassade du duc de Savoie, et, au mois de mai, une nouvelle ambassade du roi d'Écosse.

Dès le commencement de 1454, la santé du Roi paraît s'altérer : des indispositions assez fréquentes lui surviennent [1], et l'on s'en préoccupe au dehors [2]. Charles VII se montre fort affecté des complots qui s'agitent autour du trône et sur plusieurs points du Royaume. C'est au mois d'avril 1455 [3] que l'on découvre la conspiration des Écossais de sa garde, tramée en 1450 pendant le siège de Caen, et à laquelle se trouvait mêlé Robert Cuningham, capitaine des archers écossais [4]. Ainsi

1. En décembre 1453 : voir note ci-dessus ; en septembre 1455, voir plus loin, chapitre v.

2. On lit à la fin des instructions données par Sforza à Thomas de Reate, envoyé vers le Roi, en date du 8 janvier 1454 : « Perche questa sera havemo havuta una lettera de Novara, continente la infermitate de la Maesta del Re de Franza, como vederiti per la copia vi mandiamo, pero de passo in passo ne advisariti per la via de tucto quello circa senteriti, e sequendo el caso de la morte, stati presso dal prefato Delphino, et appresso alluy fariti quanto el caso rechiede. » Minute dans le ms. italien 1586, f. 239 v°. — Cette indisposition n'eut pas de suites, car il n'en est pas question dans les dépêches chiffrées de Thomas de Reate, en date du 12 mars, rendant compte de ce qu'il avait fait à la Cour depuis le 28 février, date de son arrivée.

3. La date est fixée par les extraits d'un Registre du Conseil publiés par M. Noel Valois, *l. c.*, p. 20. L'ambassadeur d'Écosse, dans un entretien particulier avec le Roi, à la date du 20 mai, lui disait « qu'ilz avoient entendu que aucuns de la nacion d'Escoce avoient mesprins envers lui et conspiré envers son armée et aucuns de ses chiefs de guerre et parens. » Le Roi désigna pour conférer avec eux, à ce sujet, le comte de Dunois, Pierre Doriole et Patrix Foucart, capitaine de sa garde écossaise.

4. Dans le sixième compte de Mathieu Beauvarlet (octobre 1454-septembre 1455), Robert Cuningham figure encore (Ms. 685, f. 178 v°) comme capitaine de gens d'armes à trois cents livres de pension. — On lit dans le huitième compte du même : « Foulquet Guidas, escuyer, maistre d'ostel du Roy et capitaine d'Amboise, vi^{xx} xvii l. x s.,

ceux-là mêmes à qui Charles VII avait confié le soin de veiller sur sa personne étaient mêlés à de criminels attentats ! Le Roi ne pouvait oublier le complot de 1446, tramé par le Dauphin, qui était parvenu à corrompre des archers de la garde : il résolut de sévir. Robert Cuningham, Robin Campbell, son lieutenant, et deux autres hommes d'armes de la garde écossaise, furent traduits devant le Parlement[1]. L'arrêt de la haute Cour de justice fut rendu le 8 août 1455 : Campbell était condamné à être traîné sur une claie, puis décapité et pendu ensuite au gibet de Paris[2] ; quant à Robert Cuningham et aux deux autres, ils devaient demeurer prisonniers jusqu'à plus ample information. Mais les aveux de Campbell les compromirent, paraît-il, de façon à ne laisser aucun doute sur leur culpabilité. Le roi d'Écosse et plusieurs seigneurs écossais firent des démarches réitérées en faveur de Robert Cuningham et des autres accusés, se portant garants de leur loyauté[3]. Tout fut inutile : le Roi répondit que les faits résultant de la confession de Robert Campbell et des aveux de Cuningham et de ses complices ne lui permettaient pas de leur faire grâce[4]. Par un arrêt rendu le 27 juin 1456, Robert Cuningham fut condamné à se présenter devant le Roi, avant le 15 août suivant, pour « lui

le 18 juin, sur ce qui luy est deu de la nourriture de Robert Conighan, qu'il a gardé prisonnier audit chastel depuis le 25 avril jusques au 8 juin 1455. » — « Jehan de la Gardelle, escuyer, prevost de l'ostel, XIIII l. X s., 21 may, pour conduire Robert de Conigham d'Amboise à Paris. » Ms. 685, f. 191 et 192.

1. Le 25 mai, au Conseil, « touchant le fait de Robert Coniigan, a semblé que on doit commettre maistre Philippes Gervays à recevoir et recueillir toutes manières de lettres qui viendroient audit Conigan tant touchant ses propres affaires que autres, en les mettant par inventoire et les garder par devers lui. » *Fragment d'un registre*, etc., par M. Noel Valois, p. 31.

2. Voir le texte de l'arrêt dans Du Puy, 38, f. 89. Cf. ms. fr. 5908, f. 81.

3. Lettre des seigneurs écossais en date du 15 avril 1456 ; Ambassade de Jacques II à la fin de cette année. L'Hermite-Souliers, *Inventaire de l'histoire généalogique de la noblesse de Touraine*, p. 153 ; Stevenson, *Letters and papers illustrative of the wars of the English in France*, etc., t. I, p. 335.

4. « Le Roy a esté bien desplaisant d'avoir trouvé sur eulx matière par quoy il aye convenu les mettre et constituer en arrest ; et n'y a riens fait que par grande et meure deliberacion, et après plusieurs informacions qui très fort les chargeoient et dont de leur bouche, sans aucune contrainte, ilz en ont comme partie confessé ;... et seroit le Roy plus joyeux de l'inorance des choses dessus dictes que de leur coulpe. » Réponse aux ambassadeurs d'Écosse (janvier 1457), ms. lat. 10187, f. 50, et dans Stevenson, *Letters and papers*, etc., t. I, p. 349.

requérir merci et pardon, » privé de tous ses offices, et déclaré inhabile à posséder aucun emploi ; en outre il lui fut interdit, pendant trois ans à dater du jour où il aurait imploré le pardon du Roi, d'approcher de la personne du souverain à une distance moindre de dix lieues[1].

Il y avait alors comme un mauvais vent qui soufflait sur le royaume. De fâcheuses nouvelles arrivent sans cesse au Roi : un jour, c'est de Cherbourg, où un complot a été ourdi pour livrer la ville aux Anglais[2]; une autre fois, c'est de La Rochelle, où une exécution capitale a dû être faite à l'égard d'un Breton, convaincu de trahison[3]; un peu plus tard, ordre est donné au prévôt des maréchaux d'opérer des arrestations[4]. Le Roi n'ignore pas les incessantes intrigues du Dauphin, qui persiste dans son insubordination. C'est le temps où le duc d'Alençon commence à se livrer à des menées qui devaient prendre les proportions d'un complot contre la sûreté de l'État. Enfin, le comte d'Armagnac prend une attitude qui ne tarda point, comme nous allons le voir, à se changer en révolte ouverte.

A travers ces sombres nuages qui apparaissent à l'horizon, Charles VII se transporte au château de Bois-Sire-Amé, où il réside du 27 mai au 29 septembre 1455, au milieu des réceptions, des fêtes et des divertissements.

On a conservé le souvenir d'un festin merveilleux qui fut donné par le comte du Maine, à la date du 6 juin 1455, en l'honneur de mesdemoiselles de Villequier et de Châteaubrun. La première était toujours en pleine faveur, et les princes étrangers se faisaient recommander à elle pour être bien vus du Roi[5]; la seconde était une fille d'honneur de la Reine, Colette

1. Ms. fr. 5908, f. 88. — On lit dans le 8e compte de Mathieu Beauvarlet : « Thomas Conighan, escuyer du pays d'Escoce, qui a servy le Roy en ses guerres, XXVII l. X s. pour s'en aller de tout point hors du royaume, ainsi que par la Court de Parlement a esté ordonné. » Ms. 685, f. 191.

2. Voir un document du 22 septembre 1455. *Pièces originales*, 75 : ANQUETIL.

3. Voir un document du 24 décembre 1455, Ms. fr. 26083, n° 6918.

4. On lit dans le 7e compte de Mathieu Beauvarlet (octobre 1455-septembre 1456), Ms. 685, f. 184 v° : « Messire Tristan Lermite, prevost des mareschaulx, XII l. II s. pour amener un prisonnier de Ganat à Cosne. »

5. « Item parlera ledit bailly au Roy et aux gens de son Conseil, et à Madame de Villequier, à Mgr l'Amiral, à Mgr le conte de Dampmartin, » etc. Instructions du duc de Savoie à Anjorrant Borré, bailli de Beaugency. Ms. fr. 18983, f. 24.

ou Agnès de Vaux, mariée depuis peu à Charles de Gaucourt, seigneur de Châteaubrun, fils du grand maître d'hôtel du Roi.

La table était garnie d'un dormant qui représentait une pelouse verte; sur les bords, on voyait de grandes plumes de paon avec des rameaux verts, entremêlés de violettes et d'autres fleurs. Au milieu de la pelouse s'élevait une tour argentée: elle était creuse et formait une volière, où l'on apercevait des oiseaux dont la huppe et les pattes étaient dorées. Au donjon flottaient trois bannières, l'une aux armes du comte du Maine, les deux autres aux armes de Mesdemoiselles de Villequier et de Châteaubrun. Il y eut quatre services. Le premier consistait en un civet de cerf, un quartier de lièvre, un poulet farci et une demi-longe de veau; les deux derniers plats étaient couverts d'un brouet d'Allemagne, de rôties dorées, de dragées et de grenades. A chaque extrémité de la pelouse se dressaient d'énormes pâtés, surmontés de plus petits qui leur servaient de couronne; leur croûte était argentée tout autour et dorée au dessus; chacun d'eux contenait un chevreuil entier, un oison, trois chapons, six poulets, six pigeons, un lapereau, une longe de veau hachée. Les autres services se composaient des mets suivants: une longe de veau, un chevreau, un cochon, deux oisons, deux poulets, deux pigeons, six lapereaux, deux hérons, un levreau, un chapon gras farci, un hérisson, quatre poulets dorés avec des jaunes d'œufs et couverts de poudre de duc, un esturgeon au persil et au vinaigre, un sanglier fait avec de la crème frite, une gelée moitié blanche, moitié rouge, aux armes déjà figurées au sommet des tours; une crème brûlée, garnie de poudre de duc, parsemée de graines de fenouil confites au sucre; du lait lardé, une crème blanche, des fromages en jonchée, des fraises, enfin des prunes confites. Des vins et des épices complétaient ce festin pantagruélique [1].

Au mois de juillet arrivèrent à Bourges deux notables am-

1. « Du chappellet fait au Boys sur la Mer le sizième jour de juing mil quatre cens cinquante et cinq par monseigneur du Mayne et madamoiselle de Chasteaubrun, » à la suite du *Viandier* de Guillaume Tirel, dit Taillevant, premier queux de Charles V et de Charles VI. Bibl. nat., Réserve V, 1608, pet. in-4. Cf. Le Grand d'Aussy, *Histoire de la vie privée des Français*, t. III, p. 273 et suiv.

bassadeurs du duc de Bourgogne : son chancelier, Nicolas Rolin, et son premier chambellan, le seigneur de Croy ; ils y séjournèrent pendant plusieurs semaines. Bois-Sire-Amé était à une faible distance de cette ville, où le Conseil résidait et où le Roi se transportait souvent. C'est là qu'il reçut le duc de Bretagne, qui arriva avec un nombreux cortège, où figuraient des joueurs de luth bretons qui offrirent à la Cour un spectacle inusité ; le duc fut admis à l'intimité royale au château de Bois-Sire-Amé, et repartit le 8 septembre[1]. Nous constatons encore la présence d'ambassadeurs du roi d'Écosse et du duc Sigismond d'Autriche.

C'est sans doute à ce moment que parut à la Cour un chevalier allemand du nom de Georges d'Ehingen, successivement attaché à la personne de Sigismond et d'Albert d'Autriche. Grand voyageur, il venait de parcourir la Terre Sainte, et en avait rapporté un fragment de la Sainte Couronne ; il arriva en compagnie d'un jeune gentilhomme, nommé Georges de Rampsiden, natif de Salzbourg, avec une suite de dix chevaux ; son dessein était de visiter les souverains de l'Europe, et il commençait par le roi de France[2]. Muni de lettres de recommandation de son maître le duc Albert, de l'empereur et du roi de Hongrie Ladislas, il fut reçu aussitôt par Charles VII. Il nous a laissé dans son *Mémorial* le récit du séjour de six semaines qu'il fit à la Cour du Roi. Il n'y avait alors, dit-il, aucune solennité ni aucun exercice militaire ; le Roi était un personnage sérieux et de bon âge[3]. Pendant le séjour de Georges d'Ehingen arriva un ambassadeur du roi de Castille qui venait annoncer à Charles VII qu'une grande expédition se préparait contre les Maures de Grenade, et demander que

1. D. Lobineau, t. I, p. 657-58 ; t. II, col. 1192-96.

2. *Des Schwæbischen Ritters Georg von Ehingen reisen nach der Ritterschaft.* Stuttgart, 1842, in-8°, de VII-28 p. (au tome I de la *Bibliothèque de la Société littéraire de Stuttgart*).

3. « Als wier nun an des Künges hoff kamen, geschah uns vil eer vom den frantzösischen herren und hoffgesünd ; und uff die virdernusz, so mier dem Küng virbrachten, wurden mier gantz erlich und wol von dem Küng gehalten. Esz war aber kam sunderlich ritterlich iebung an seinem hoff, dann er war ain ernstlicher Küng von guotem alter. » *L. c.*, p. 16-17.

le ban de la levée d'hommes de guerre, ordonnée à cet effet, pût être publié en France, afin que si quelqu'un, parmi les chevaliers du royaume, voulait prendre part à cette expédition, il pût le faire avec l'agrément du Roi. Ehingen et son compagnon déclarèrent à Charles VII que leur désir était de répondre à cet appel. Le Roi les y encouragea vivement, et fit présent à chacun d'eux d'un harnais de guerre complet et d'un coursier, leur donnant en outre une somme de cent écus; il leur remit des lettres de recommandation pour le roi de Castille. Georges d'Ehingen nous a conservé les portraits de plusieurs souverains de l'époque (et en particulier celui de Charles VII) qu'il fit exécuter, au retour de son voyage, sur des croquis pris d'après nature.

Il nous faut maintenant revenir un peu en arrière et montrer comment Charles VII fut amené, dans le courant de cette année, à entreprendre une expédition contre le comte d'Armagnac.

Jean V, comte d'Armagnac, avait succédé à son père au mois de septembre 1450. Le 25 novembre suivant, il rendait hommage au Roi [1]. N'étant encore que vicomte de Lomagne, il avait pris part à la campagne de Normandie et figuré avec honneur dans l'armée royale. En 1451, Charles VII l'avait employé contre les Anglais en Guyenne. Au mois de février 1452, il lui avait rendu les terres confisquées sur son père, et lui avait fait un don de dix mille écus pour lui permettre de recouvrer les domaines engagés par celui-ci. En retour de ces faveurs, le comte s'était engagé, au cas où il mourrait sans enfants mâles, à abandonner toutes ses possessions à la Couronne [2]. Jean V ne tarda pas à se signaler par une conduite tellement scandaleuse qu'elle lui attira, de la part de Nicolas V, une sentence d'excommunication.

Le comte d'Armagnac avait une sœur, Isabelle, de douze ans plus jeune que lui, célèbre par sa beauté; il s'éprit pour elle

1. Archives, J 777, n° 12.
2. Lettres du 15 avril 1452. Du Puy, 38, f. 83 v°.

d'une passion coupable : deux enfants furent le fruit de cet inceste. Charles VII résolut d'intervenir. Il employa d'abord les voies de la persuasion : à diverses reprises des « gens de grande façon et de bon entendement » furent envoyés vers le comte pour lui remontrer « le grand mal et deshonneur qu'il se faisoit, » et l'engager à renoncer à un tel scandale ; en ce cas le Roi lui promettait d'intercéder auprès du Pape et de s'employer à obtenir l'absolution pour son crime. Le comte se montra disposé à donner satisfaction au Roi et promit de cesser ses coupables relations. Sur cette assurance, Charles VII envoya vers le Pape, qui, à sa requête, consentit à absoudre le comte, moyennant qu'il s'engageât à ne point retomber dans son péché. La promesse fut faite et l'engagement pris, soit envers le Pape, soit envers le Roi [1].

Mais le comte ne tarda point à reprendre sa liaison incestueuse avec sa sœur, dont il eut encore un enfant. Et, pour couvrir son crime, il fit publier qu'il avait obtenu une bulle du Pape l'autorisant à épouser sa sœur. La bulle existait en effet : elle avait été fabriquée par un docteur en droit canon de l'église de Paris, Ambroise de Cambray, avec le concours d'un notaire apostolique [2]. Muni de ce document, le comte ordonna à un de ses chapelains de procéder au mariage. Celui-ci demanda à voir la bulle ; sinon il refusait d'accomplir la cérémonie. Le comte ne voulut point la produire, disant qu'on devait l'en croire, et menaça le chapelain, s'il persistait dans son refus, de le faire jeter dans la rivière. Le chapelain, craignant pour sa vie, céda et célébra le mariage, malgré la répugnance d'Isabelle.

A cette nouvelle, le Pape renouvela la sentence d'excommunication, en y comprenant Isabelle et tous ceux qui avaient participé au mariage.

Le Roi intervint de nouveau : il donna mission au comte de la Marche, oncle du comte, et à sa tante, Anne d'Armagnac,

1. Mathieu d'Escouchy, t. II, p. 290-91.
2. C'est ce qui résulte d'un bref de Pie II du 12 septembre 1460. Raynaldi, année 1460, § cxiii. Voir Thomas Basin, t. II, p. 282.

épouse du sire d'Albret, « seigneur et dame de grand honneur et de bon entendement, » d'aller trouver leur neveu à Lectoure, « pour lui remonstrer sa grant faulte, et comment il estoit hors de Foy et deshonoré plus que prince crestien qui oncques eust été sailly de la maison de France, » en lui disant que, s'il ne changeait de conduite, le Roi, prêtant son assistance au Pape, le chasserait si loin qu'il ne pourrait rester en aucun royaume chrétien [1]. Jean Bureau leur fut adjoint [2].

En apprenant la venue du comte de la Marche et de la dame d'Albret, le comte prit les champs, à la tête d'un certain nombre de gens d'armes, et se porta à leur rencontre : « Bel « oncle, dit-il au comte, je sais bien pourquoi vous venez en « cette marche ; vous pouvez bien vous en retourner, car, « pour vous ni pour tous ceux qui en voudront parler, ni plus « ni moins je n'en ferai autre chose ; et je veux que vous sa- « chiez que vous n'entrerez point en ma ville. »

Le comte de la Marche et la dame d'Albret furent « bien émerveillés ; » car ils se disaient que, s'ils ne pénétraient cette nuit dans Lectoure, ils se trouveraient en grand danger : à dix lieues à la ronde, il n'y avait point de lieu où ils se pussent loger. Ils insistèrent de telle façon que le comte se décida à les laisser prendre gîte à Lectoure pour la nuit.

Le lendemain, le comte de Castres, fils du comte de la Marche, alla trouver son cousin, et, « par belles et douces paroles, » le détermina à se rendre auprès de son oncle et de sa tante en leur hôtel. Il y vint accompagné de sa sœur. De vives remontrances furent adressées à celle-ci, et elle y parut sensible. Mais le comte, furieux, tira sa dague, et, sans l'intervention du comte de Castres, il en eût frappé son oncle. Puis il se retira dans le château de Lectoure, où il s'enferma avec sa sœur. Là, celle-ci reçut une lettre du comte de la Marche et de la dame d'Albret. Dans cette lettre, « bien gracieuse, » ils lui exposaient de nouveau le scandale qu'elle donnait et l'engageaient à trouver moyen de s'enfuir, lui promettant de lui

1. Mathieu d'Escouchy, t. II, p. 292-93.
2. Arrêt du 13 mai 1460. Archives nationales, X[2a] 29, f. 107 v° et suiv.

donner asile et de la traiter en bons parents. La lettre fut saisie par le comte qui, perdant toute mesure, résolut de se mettre en armes dès le lendemain pour poursuivre son oncle et sa tante.

Ceux-ci avaient à peine quitté Lectoure qu'ils virent apparaître le comte en armes. Le comte de Castres alla à sa rencontre et s'efforça d'apaiser son courroux ; il finit par l'amener à rebrousser chemin[1].

A peine arrivés près du Roi, le comte de la Marche et la dame d'Albret firent leur rapport sur la mission qu'ils avaient remplie. Les voies de la conciliation étaient épuisées : il ne restait à Charles VII qu'à employer la force.

La conduite scandaleuse du comte d'Armagnac n'était point, d'ailleurs, le seul grief que le Roi eût contre lui. Le comte n'avait point tardé à suivre les errements de son père : il s'intitulait comte « par la grâce de Dieu ; » il battait monnaie ; il agissait en souverain indépendant. Quand, en 1454, aux termes des arrangements faits à cet égard, les commissaires royaux étaient venus prendre possession du comté de Comminges, il avait protesté, disant que ce comté lui appartenait[2]. Il avait empêché l'installation de Philippe de Levis comme archevêque d'Auch, contraint les chanoines à casser son élection pour le remplacer par Jean de Lescun, et usé de voies de fait[3]. La mesure était comble : Charles VII résolut de châtier son vassal en révolte.

Il donna aussitôt l'ordre au comte de Clermont et au maréchal de Lohéac de réunir une armée sur la Loire, et chargea Chabannes d'occuper le Rouergue. Les nobles de cette province furent appelés sous les armes, et Charles VII écrivit à Chabannes d'agir sans le moindre retard. Mais le comte ayant, de son côté, adressé des lettres au sénéchal de Rouergue pour que les nobles se tinssent prêts à marcher sous ses ordres au jour où le Roi le manderait, il s'en suivit quelque hésitation :

1. Mathieu d'Escouchy, t. II, p. 293-95.
2. Voir l'acte de prise de possession, en date des 10 janvier 1454 et jours suivants. Ms. fr. 16657, f. 415-28.
3. Voir l'arrêt du 13 mai 1460.

certains seigneurs refusèrent d'obéir aux instructions royales. A cette nouvelle Charles VII envoya à Chabannes un mandement enjoignant au sénéchal de contraindre les nobles à se rendre à son appel. Chabannes répondit au Roi, de Saint-Pourçain, à la date du 22 mai : il était prêt à exécuter ses ordres; mais il n'était pas d'avis de mettre à exécution le mandement; il n'était pas en force; peu de gens de guerre étaient venus; il convenait d'attendre pour employer les moyens de rigueur.

Pendant ce temps, l'armée du comte de Clermont se formait : vingt-quatre mille combattants se trouvèrent réunis, prêts à marcher au premier signal. La Reine avait voulu s'associer à cette expédition, et avait fait armer et équiper trois jeunes écuyers de sa maison [1]. Toutes les mesures propres à assurer le succès avaient été prises. Le Roi avait fait opérer d'avance le paiement de ses gens de guerre pour un trimestre, et ordonné de veiller à ce qu'aucun excès ne fût commis. Le comte de Clermont, nommé lieutenant général, avait auprès de lui le comte de la Marche, le comte de Ventadour, les maréchaux de Lohéac et de Saintrailles, les seigneurs de Montgascon, de Blanchefort, de Torcy, d'Orval, Théaulde de Valpergue, Joachim Rouault, et nombre d'autres seigneurs et capitaines. Il envahit le comté d'Armagnac, et vint mettre le siège devant Lectoure. A son approche le comte avait pris la fuite : il s'était réfugié dans la vallée d'Aure, d'où il se retira dans des terres qu'il possédait sur les frontières de l'Aragon. Lectoure fut occupé; le comté d'Armagnac fut mis en la possession du Roi [2], tandis que Chabannes s'emparait du Rouergue et des autres seigneuries du comte [3].

1. Compte de l'argenterie de la Reine. Archives, KK 55; passage cité par M. Vallet, t. III, p. 313, note.

2. Mathieu d'Escouchy, t. II, p. 296-97; Jean Chartier, t. III, p. 50-51; Thomas Basin, t. II, p. 283-84; Valois, *Fragment d'un registre*, etc., p. 52-54; Çurita, *Anales de la corona de Aragon*, l. XVI, ch. LXVI.

3. « Mgr Antoine de Chabannes, comte de Dampmartin..., pour luy ayder à supporter les grandes charges et despenses que faire luy a convenu puis naguères pour le fait et conduite de l'armée que le Roy a derrenierement envoyée au pays de Rouergue et autres pays circonvoisins que souloit tenir le comte d'Armaignac. » Cabinet des titres, 685, f. 181.

Pendant que cette expédition s'accomplissait avec un plein succès, le comte d'Armagnac envoyait un ambassadeur au Roi pour réclamer contre l'invasion de ses États. Cet ambassadeur arriva au château de Bois-Sire-Amé dans les premiers jours de juin. Le 9, le Conseil fut saisi de la question; le 17, réponse fut donnée : le comte était sommé de remettre sa sœur entre les mains du Roi pour qu'il la plaçât en bonne et honnête garde chez des parents qui seraient désignés à cet effet; ordre lui était donné d'obéir au Roi et à sa justice; quand il se mettrait en sujétion et obéissance envers le Roi et sa justice, comme il était tenu de le faire, le Roi lui accorderait si bonne justice, en ayant égard à tout, que le comte n'aurait cause raisonnable de se plaindre[1].

L'affaire du comte d'Armagnac ne tarda pas à être portée devant le Parlement; son procès fut instruit; nous verrons plus loin la suite qui lui fut donnée.

Nous avons dit que le duc d'Alençon s'engageait à ce moment dans des menées qui devaient aboutir à un complot : le duc était en relations avec les Anglais et ne se proposait rien moins que de leur ouvrir les portes du royaume. Le comte d'Armagnac était son beau-frère, et semble n'avoir pas été étranger à ses desseins; le duc d'Alençon était en relations avec lui : un jour, il dit à un de ses confidents : « Si le comte d'Armagnac se vouloit tenir ferme à marcher de par delà, la chose se pourroit bien faire[2]. » Peu après le roi d'Angleterre faisait savoir à un envoyé du duc qu'il avait reçu un message du comte d'Armagnac : « Dites à la duchesse d'Alençon, avait ajouté Henri VI, que je secourrai son frère et que je le remettrai en ses terres[3]. »

Il faut raconter dans tous ses détails cette conspiration qui, en raison de la situation du royaume, présentait un caractère exceptionnel de gravité.

1. Valois, *l. c.*, p. 52-54 et 61.
2. Procès du duc d'Alençon. Ms. fr. 18441, f. 35 v°.
3. *Id.*, *ibid.*, f. 114.

CHAPITRE IV

LA CONSPIRATION DU DUC D'ALENÇON

1455-1456

Les débuts du duc d'Alençon; il est fait prisonnier à la bataille de Verneuil et combat vaillamment avec Jeanne d'Arc. — Sa révolte; ses intelligences avec les Anglais, avec le Dauphin, avec le duc de Bourgogne. — Il s'adonne à l'astrologie. — Premiers projets de conspiration : le duc fait venir Thomas Gillet; arrivée du héraut Huntington; mission donnée à Huntington et au héraut Pouencé, d'une part, et à Gillet, de l'autre; offres du duc aux Anglais; ses prétentions. — Accueil fait par le duc d'York et les seigneurs anglais à ces propositions. — Le duc d'Alençon envoie Pierre Fortin à Calais, au devant de Pouencé et de Gillet; il veut faire partir un autre messager; retour de Pouencé et de Thomas Gillet. — Nouvelle mission donnée à Edmond Gallet; prétentions croissantes du duc; son envoyé est reçu froidement en Angleterre; mécontentement du duc. — Il fait partir Pierre Fortin pour Calais et renvoie Gallet en Angleterre; voyage du duc à Paris; Fortin révèle sa conspiration; il rejoint le duc, qui, jusqu'au dernier moment, reste dans l'ignorance de la découverte du complot. — Ordre d'arrestation donné par le Roi; Dunois vient trouver le duc et le fait prisonnier. — Le duc est emmené en Bourbonnais; son entrevue avec le Roi; il est emprisonné et l'on instruit son procès.

I

Jean, duc d'Alençon, n'avait pas dix-huit ans quand il fut fait prisonnier à la bataille de Verneuil. L'année suivante, le duc de Bedford, passant par Le Crotoy où le jeune prince était enfermé, lui offrit de le mettre en liberté et de lui rendre tous ses biens s'il consentait à prêter serment de fidélité à Henri VI. Jean d'Alençon répondit fièrement : « Je suis ferme en mon « propos de non, en toute ma vie, faire serment contre mon « souverain et droiturier seigneur Charles, roi de France[1]. »

1. Monstrelet, t. IV, p. 211. — Voici comment s'exprime son écuyer d'écurie, Perceval de Cagny : « Et quant, en sa prison, il luy souvenoit de très grans griefs, dommages et extorcions que les anciens ennemis de ce royaume ont fait, long temps et par plusieurs foiz, à l'ostel d'Alençon dont il est le chief et seigneur, comme en avoir mis à

Quelques années plus tard, Jeanne d'Arc arrivait à Chinon. On vint prévenir le duc qui, sorti de prison après trois ans de captivité [1], chassait tranquillement aux cailles, à Saint-Florent près Saumur, tandis que les défenseurs d'Orléans luttaient en désespérés : il accourut. « Soyez le très bien venu ! » lui dit la Pucelle. « Plus il y aura de ceux du sang du roi de France ensemble et mieux ce sera [2] ! » Jeanne saluait en lui le gendre du duc d'Orléans, le prisonnier d'Azincourt, pour lequel elle avait un culte. De Chinon, elle voulut aller à Saint-Florent visiter la jeune duchesse d'Alençon ; elle ne cessa de témoigner au duc une vive sympathie, l'appelant *mon beau duc* et le réprimandant quand, suivant sa triste habitude, il proférait un gros juron. À Senlis, durant la campagne qui suivit le sacre, on vit le duc s'agenouiller auprès de Jeanne pour recevoir la sainte eucharistie [3]. Nommé par le Roi lieutenant général ayant « la charge de la Pucelle, » il fut sans cesse à ses côtés, à Orléans, à Jargeau, à Patay, à Reims ; il figura au sacre comme pair de France en remplacement du duc de Bourgogne, et ce fut lui qui arma le Roi chevalier. Perceval de Cagny, le vieil écuyer d'écurie qui avait servi son père et son aïeul, pouvait alors s'écrier avec un légitime orgueil : « Il n'est mémoire d'homme mieux renommé que lui [4]. »

Le duc d'Alençon devait, hélas ! donner un cruel démenti à la fière déclaration du Crotoy et aux belles promesses de sa

mort son besáel à la bataille de Crecy en Picardie, et moult griesvement navré et blecié son ayl qui tenoit le siège devant la ville de Hanebon en Bretaigne, et mis à mort son père à la journée d'Agincourt, et loy desherité, il ne lui chaloit à quel pris il vendist ne mesvendit ses meubles ne ses heritages, affin qu'il peult yssir et eschapper des mains de ses ennemis. Et ainsi le fist, à ce que, venu par deça, à l'aide de Dieu, il se peult monstrer et employer au service du Roy et au recouvrement de sa seigneurie. » Ms. Du Chesne 48, f. 68 v°, et Ms. fr. 20176, f. 566 :

1. Il avait été libéré le 30 octobre 1427, moyennant une rançon de deux cent mille saluts.

2. Déposition du duc d'Alençon, dans le procès de réhabilitation de Jeanne d'Arc. Quicherat, *Procès de Jeanne d'Arc*, t. III, p. 91.

3. Voir *Procès de Jeanne d'Arc*, t. II, p. 450 ; t. III, p. 73, 99 ; t. IV, p. 10-11 et suiv.

4. Perceval de Cagny écrivait en 1433 : « En son eage de XXVI ans ou environ, que il avoit quant ce cy dessus fut escript, il n'estoit memoire de homme, de quelque estat que il eust esté, mieulx renommé de luy... » Et il ajoutait : « Nostre Seigneur, par son saint plaisir, lui doint parfaire et finer ses jours honorablement ! »

jeunesse. On peut lui appliquer ce que Tacite a dit de Tibère : « Sa fin démentit ses débuts, et une vieillesse ignominieuse vint flétrir une jeunesse pleine d'honneur[1]. »

En 1440, le duc est un des instigateurs de la Praguerie, et, dans sa révolte, il ne craint point de faire appel aux Anglais[2].

L'année suivante, mêlé aux négociations entamées avec les Anglais par le duc de Bretagne, qui s'était porté médiateur, il se compromet si gravement avec les ennemis du royaume que ceux-ci lui font l'injure de le traiter comme un des leurs[3].

En 1442, il prend part à la coalition formée entre les princes du sang sous l'inspiration du duc de Bourgogne, de qui il avait reçu l'ordre de la Toison d'or[4]. On raconte que, se rendant à Nevers pour joindre le duc, et passant par Semblançay, il dit à un de ses confidents, un Anglais attaché dès 1440 à sa personne comme valet de chambre : « Voici belle place pour les « Anglais à tenir fontière ! » Et il ajouta : « Je mettrai les An- « glais en France si avant qu'il viendront jusqu'en cette place[5]. »

Personne n'ignorait les relations que le duc d'Alençon entretenait dès lors avec les ennemis du Royaume : dans les instructions données par les princes assemblés à Nevers, ils faisaient dire secrètement au Roi qu'ils savaient que les Anglais avaient fait de grandes offres au duc, et que, quoiqu'ils fussent persuadés que ce prince ne voudrait faire « que tout bien, »

1. « Cesseruntque prima postremis, et bona juventæ senectus flagitiosa obliteravit. » Tacite, *Ann.*, VI, XXXII.
2. Voir t. III, p. 123.
3. *Ibid.*, *id.*, p. 202-204.
4. *Ibid.*, *id.*, p. 212-216.
5. Procès du duc d'Alençon. Déposition de Jean Fermen, valet de chambre du duc. Ms. fr. 18441, f° 37 v°. — Ce Jean Fermen était un homme de mauvaise vie. Voici ce que dit de lui un écuyer d'écurie du duc : « Il est ung mauvais homme et de mauvaise conscience, et esté trouvé traitre quatre foys : l'une au Roy d'Angleterre, son souverain seigneur, quant il rendist Saincte-Suzanne audit seigneur d'Alençon ; l'autre qu'il cuida trahir le seigneur de Bueil, pour lors capitaine de Saincte-Suzanne, duquel il estoit de sa soulde et à ses gaiges, et voult bailler ladicte place audit seigneur d'Alençon ; l'autre parce qu'il a vendue sa fille audit seigneur d'Alençon pour en faire sa voulenté ; et la quarte si est que il a voulu trahir le Roy nostre sire auquel il a fait le serement. » Déposition de Jean Meurdrac, dit Robes. Procès, f. 94 v°. Plus loin, le témoin dit que Fermen et son maitre parlaient souvent ensemble du « fait de ribaudise. » Un valet de chambre du duc, Colinet de Thou, qui avait été pendant trente-deux ans à son service, formule les mêmes accusations contre Fermen (f. 98-99 v°).

néanmoins, vu sa pauvreté et la façon dont il était traité par le Roi, il était à craindre qu'il ne fût, par certains de ses gens, « conseillé de faire chose qui tourneroit au grand dommage et prejudice du Roy et à très mauvaise conséquence et exemples[1]. »

En 1444, quand le comte de Suffolk vint en France pour traiter avec Charles VII, le duc, qui se trouvait à Tours pendant les négociations, en profita pour entrer en relation avec lui et avec Jean Wenlock, l'un des ambassadeurs de Henri VI. Il leur remit par écrit des propositions aux termes desquelles il s'engageait, si les Anglais lui rendaient ses terres et lui comptaient une certaine somme d'argent, à leur livrer Granville, récemment recouvrée par Charles VII.

Quelques années plus tard les Anglais, pressés par les armées victorieuses de Charles VII et de ses lieutenants, parmi lesquels figurait le duc d'Alençon, évacuaient la ville d'Alençon. Jacques Haye y commandait comme lieutenant de Richard Wideville, comte de Rivers, qui en était capitaine. Le duc eut alors, paraît-il, des intelligences avec le chef anglais, et l'on cite des propos fort compromettants qu'il aurait tenus[2].

Après la descente de Talbot en Guyenne, au mois d'octobre 1452, le même Jacques Haye vint secrètement à Alençon, et entretint le duc d'un projet de mariage entre sa fille et le fils du duc d'York. Pour communiquer avec Haye, le duc convint d'un signe de reconnaissance[3].

1. Procès du duc d'Alençon. Déposition d'Edmond Gallet. Ms. fr. 18111, f. 107.

2. Un témoin entendu dans le procès, Edmond Gallet, maitre en arts et licencié en lois, rapporte que le duc, en l'envoyant en Angleterre, lui donna, entre autres instructions, la charge suivante : « Et aussy leur diroit que, depuis que le pays avoit esté redduist en l'obeissance du Roy et que la ville d'Alençon fut pareillement redduite, au partement que lesdis Anglois firent de ladicte ville d'Alençon, il avoit parlé à Jehan (*sic* pour Jacques) Haye, lieutenant dudit lieu d'Alençon, pour messire Richard Houdeville, anglois, et lui avoit dit que toutes et quantes foiz que lesdis Anglois vouldroient retourner en Normandie, qu'il leur aideroit et secourroit de ses places et pays, en lui faisant par lesdis Anglois ce qu'il avoit dit audit Jehan Haye. » Procès, *l. c.*, f° 107 v°.

3. Jean Fernen raconte que le duc lui avait dit : « qu'ilz avoient prins certaines enseignes ensemble de faire assavoir l'un à l'autre des nouvelles chascun de son parti, et les enseignes estoient que quant ledit seigneur envoirroit aucune personne devers ledit Jacques Haye ou autre, cellui qui ainsi seroit envoyé devoit prendre par le poulce ledit Jacques Haye pour enseigne ; et pareillement se ledit Jacques Haye envoiroit aucune personne devers ledit seigneur, celui devoit prendre ledit seigneur par le poulce. » Procès, *l. c.*, f. 23 v°.

C'est ainsi que le duc d'Alençon, aigri par la ruine de sa fortune ; mécontent du Roi qui, après sa rébellion de 1440, avait révoqué sa lieutenance générale, l'avait privé un moment de sa pension de 12,000 livres et avait repris Niort (tenu en gage d'un prêt fait à la couronne en 1423)[1]; jaloux du comte du Maine pour lequel il avait conçu une haine mortelle[2], préludait à la trahison dont il n'allait point tarder à se rendre coupable.

Le duc n'était pas seulement en relation avec les Anglais : il entretenait des intelligences avec le Dauphin[3] ; il était en rapport avec le duc de Bourgogne, qui, en 1449, lui fit don d'une somme de six mille francs, payable en deux années[4].

Au printemps de 1452, le duc parut un moment à la Cour. On ne l'y avait vu qu'à de très rares intervalles : aux Montils, en mai 1444, lors de la conclusion de la trêve avec l'Angleterre; à Chinon, en mars 1446. Le duc se plaignait de n'être pas traité et reçu par le Roi comme il aurait dû l'être, lui qui était « sailly de la couronne, si prochain que chascun pouvoit savoir[5]. » Bien que son attitude n'eût guère été satisfaisante, Charles VII lui faisait régulièrement payer sa pension[6]; il lui

1. La somme de 22,500 écus, due au duc, lui avait été remboursée après que la ville de Niort eut été remise en la main du Roi. On lit dans le sixième compte de Jean de Xaincoins, finissant en septembre 1444 (Cabinet des titres, 685, f. 80) : « Mgr le duc d'Alençon, IIm IIIIxx VIII l x s., restant de XXVIIIm VIIIc XXXVIII l x s. pour le fait de Nyort, que le Roy lui avoit baillé en gage jusques à plein payement. »

2. Voir Procès, f. 52 vo, 106 vo-107.

3. En 1450, après la réduction de la Normandie. Voir Thomas Basin, *Apologia*, dans Quicherat, t. III, p. 244.

4. Par lettres patentes du 18 mars 1449, le duc de Bourgogne ordonnait de lui verser une somme de trois mille francs, en déduction de celle de six mille francs à prendre en deux années ; par lettres du 2 mars 1450, le complément des six mille francs lui fut payé. Archives du Nord, B 2002, f. 169, et B 2004, f. 268 vo.

5. Mathieu d'Escouchy, t. II, p. 318. — On lit dans la déposition de Colinet de Thou, l'un des plus anciens valets de chambre du duc (Procès, *l. c.*, f. 100) : « Bien lui a oy dire plusieurs foys en general, devant ses serviteurs, qu'il avoit servi bien loyaument le Roy, mais qu'il en estoit petitement récompensé, et recongnoissoit mal les services qu'il lui avoit fais. »

6. Une pension de douze mille livres avait été attribuée au duc dès 1432. (Ms. fr. 20371, f. 60) ; elle figure dans les comptes de Jean de Xaincoins (Cabinet des titres, 685, f. 98 vo), et l'on a une quittance originale du duc, de la somme de 12,000 l., en date du 31 juillet 1453 (Ms. fr. 20373, no 29 ; cf. Ms. fr. 26128, no 71, et Archives, KK 328, f. 90). C'est donc contrairement à la vérité que le duc disait à l'un de ses confidents que sa pension avait été réduite de 12,000 à 6,000 livres (Procès, *l. c.*, f. 106 vo).

donna part, en 1449-50, aux libéralités faites à l'occasion de la campagne de Normandie[1]. Dans des lettres du mois de mai 1450, portant confirmation du rétablissement d'une foire à Argentan, le Roi, oubliant les torts du duc, rendait un public hommage aux services rendus à la couronne par ses prédécesseurs et par lui[2].

Mais rien n'avait pu désarmer le courroux du duc. Pendant le séjour qu'il fit à la Cour en 1452, dans un entretien confidentiel, il se plaignit du Roi, disant qu'il savait bien que jamais le Roi ne l'aimerait et qu'il était mécontent de lui, et il ajouta : « Si je pouvois avoir une poudre que je sais bien et la mettre « en la buée où les draps et linges du Roi sont mis, je le ferois « venir tout sec[3]. »

Comme la plupart des princes de son temps, le duc d'Alençon avait grande confiance dans les astrologues. Vers cette époque, ayant appris que maître Michel Bars, prévôt de Wastines en Flandre, était fort expert en astrologie, il le fit venir et le chargea de « calculer sa nativité, » afin d'apprendre pourquoi la fortune lui avait été si contraire, et de connaître sa destinée. Le prévôt tarda beaucoup à donner sa réponse. Enfin il fit remettre au duc un écusson d'or, de la grandeur d'un demi-écu, sur lequel était figuré un lion au milieu d'un soleil, et une certaine poudre. Celui qui possédait cet écusson et le mettait dans sa bouche avait une parole si séduisante qu'il obtenait tout ce qu'il demandait : c'était un porte-bonheur, un préservatif contre le haut-mal, la pierre, etc., un moyen infaillible

1. Le duc reçut alors 800 livres. Voir rôle publié dans *Supplément aux Preuves de Mathieu d'Escouchy*, p. 11.

2. On lit dans les considérants : « Aussi pour contemplacion et faveur de nostre dit nepveu et cousin qui, pour sa très grant loyauté monstrer et acquiter envers nous et la couronne de France, dès son treizieme age, laissa et habandonna ses pays et terres et seigneuries, qui entre celles de nostre royaume sont très grans et très notables, et si tost qu'il se peust mettre sus en armes nous a en ce, en très grans frais et despens, serviz, et mesmement à la bataille de Vernueil, allencontre de nos anciens ennemis les Anglois, en laquelle bataille il fut prisonnier d'eulx ; à l'occasion de laquelle prison il a eu souffert et porté très longtemps très grans pertes, dommages et maulx, a esté mis à rançon et finances très excessives, et depuis sa délivrance a par plusieurs fois exposé sa personne en nostre service allencontre de nosdiz ennemis, et mesmement ou recouvrement de notre pays de Normandie, et fait encores chascun jour. » Archives, JJ 180, n° 107.

3. Déposition de Jean Fermen. Procès, *l. c.*, f. 38.

d'être « agréable à toute personne. » Quant à la poudre, entre autres vertus, elle chassait le poison qui pouvait se trouver sur une table ou dans un plat. Si, ayant lavé son visage avec de l'eau à laquelle elle aurait été mêlée, on se trouvait en compagnie de quelque ennemi, le visage de cet ennemi avait une apparence si horrible qu'on n'osait le regarder ; au contraire, avait-on en face de soi un ami, son visage semblait « très plaisant, bel et clair. » Voulait-on être renseigné sur quelque affaire sérieuse, on n'avait qu'à se mettre en état de grâce par la confession, et, en allant se coucher, à saupoudrer sa tête avec cette poudre : durant la nuit on était informé en songe de ce qu'on désirait savoir. La poudre était fabriquée avec de la peau de serpents, prise au moment où ces animaux se dépouillent, et brûlée à certaines heures, suivant les constellations. L'écusson et la poudre avaient chacun douze propriétés qui en faisaient de précieux talismans[1]. Le prévôt de Wastines, se trouvant à Tours, vers 1452, donna un écusson et un peu de cette poudre à la Reine, à laquelle le duc d'Alençon avait dit tant de bien du prévôt qu'elle avait voulu le voir et lui avait demandé de calculer sa nativité. Le Roi, ayant appris ce fait, fut très mécontent : il fit même arrêter un des secrétaires de sa femme qui avait été mêlé à l'affaire[2].

Le duc d'Alençon avait, en outre, fait beaucoup de démarches pour se procurer une herbe fort rare, appelée *Martagon*, qui avait des propriétés merveilleuses : « C'est une herbe « souveraine, » avait dit le duc à l'un de ses secrétaires, « et « qui fait être en la grâce des dames[3]. » On la chercha vainement en Angleterre et ailleurs.

Le duc eut aussi des rapports avec Hance de Saint-Dié, chirurgien du roi de Sicile, qu'il avait fait venir pour soigner un mal de jambe. Se croyant ensorcelé, il l'envoya par deux fois en Lombardie dans le but de consulter un saint ermite, afin d'avoir « la compagnie de sa femme » et de se mettre « en la grâce de tout le monde. » — « Que le duc se mette en la grâce

1. Déposition de Gilles Berthelot. Procès, *l. c.*, f. 15 et suiv.
2. *Id.*, *ibid.*, f. 16-17.
3. *Id.*, *ibid.*, f. 10, v°, et suiv.

« de Dieu, répondit l'ermite, et il aura ensuite la grâce et « l'amour de tout le monde[1]. »

Nous avons dit que le duc d'Alençon entretenait des relations avec le duc de Bourgogne. Au printemps de 1453, un de ses serviteurs était à la cour du duc. Lui-même s'y rendit au mois de mars 1454 ; il fut reçu avec grand honneur, défrayé de toutes ses dépenses, comblé de dons ainsi que les gens de sa suite[2].

C'est au commencement de 1455 que le duc d'Alençon résolut de mettre à exécution le dessein qui, depuis longtemps, s'agitait dans son esprit.

Près de Domfront résidait un prêtre du nom de Thomas Gillet, âgé de trente-cinq ans. Vers la mi-carême, le duc l'envoya chercher. Gillet hésita à se rendre à cet appel : il savait que le duc, quand il avait besoin d'argent, était dans l'habitude de mettre en cause quelque riche vassal, et, sur la plus vaine accusation, de lui infliger le paiement d'une amende. Ce ne fut qu'à la réception d'un nouveau message qu'il se décida à partir pour Alençon, où il arriva la veille du dimanche de la Passion (22 mars). Le lendemain, il eut avec le duc un entretien secret. Celui-ci l'emmena dans sa garde-robe, et, après avoir soigneusement fermé les fenêtres : « Voulez-vous, lui dit-il, être de « mes gens et famille ? Je vous ferai donner de bons bénéfices « et vous ferai plusieurs autres grands biens. » — « Je ferai « volontiers tout ce que je pourrai, » répondit le prêtre. — « Tiendrez-vous bien secret ce que je vous dirai ? Je veux vous « le dire sous *Benedicite*. » Le duc prononça la formule, et

1. Déposition de Hance de Saint-Dié. Procès, f. 94 et suiv.

2. Mathieu d'Escouchy, t. II, p. 114-115. On lit dans la déposition d'Edmond Gallet : « Interrogué pourquoy il demanda plus tost audit seigneur d'Alençon se ledit seigneur de Bourgongne en estoit consentant qu'il en faisoit d'un autre, dit par son serement que ce fust pour ce que lors n'avoit gueres ledit seigneur d'Alençon avoit esté en Flandres devers ledit seigneur de Bourgongne, et pensoit qu'il lui eust parlé de ceste matière. » Procès, f. 117 v°-118. — Il est fait aussi allusion à ce voyage dans les dépositions de Jean le Conte et de Jean Meurdrac, dit Bobes (Procès, *l. c.*, f. 72 v° et 92). Le duc fut alors en relations avec André Trolop et Jacques Haye (f. 72 v°). Nous voyons par les comptes que le duc de Bourgogne donna au duc 2,000 fr. pour employer en vaisselle d'argent « et autres ses affaires, » et 500 fr. « pour la depense et deffraiement de luy, ses gens et chevaulx » pendant sept jours et demi finis le 17 mars. Archives du Nord, B 2017, f. 222 ; cf. f. 135 v°-136 v°.

Gillet répondit : *Dominus*. L'entretien commença. Pendant une demi-heure, il se passa en préliminaires. Gillet hésitait à promettre le secret avant de savoir de quoi il s'agissait : « Ce n'est « chose qui ne soit bonne, disait le duc, et que vous ne puis- « siez bien faire. » Enfin il s'engagea à ne rien révéler. Le duc, très agité, marchait à grands pas dans la chambre : « Gardez- « vous bien, répétait-il, de ne rien dire à aucun de mes gens ! » « — Il faut, continua-t-il, que vous alliez pour moi à Calais. « — Calais ? Où cela est-il ? » dit Gillet, tout étonné. — « C'est « au parti des Anglais. » — « Dans ce cas, j'aimerois mieux « aller à Rome qu'à Calais. » — « Il faut que vous y alliez. « Gardez-vous bien d'en rien dire à aucun de mes gens, car, « je vous en ferois repentir. Je vous y envoie pour que la « chose soit plus secrète, attendu que vous n'êtes pas de mon « hôtel. Revenez vers moi quand je vous manderai[1]. »

Un mois après, le duc fit appeler Gillet. « Soyez le bien venu, lui dit-il, et allez vous loger en la ville. » Quinze jours s'écoulèrent. Le duc quitta Alençon pour se rendre à Sées et à Argentan, et emmena Gillet avec lui. Au bout de trois semaines, il renvoya le prêtre en lui disant de se tenir prêt au premier signal. Vers la Saint-Jean, Gillet fut mandé de nouveau. Il suivit le duc à la Flèche, où celui-ci passa deux mois.

Un héraut anglais, Robert Holgilk, dit Huntington, ne tarda point à arriver en ce lieu. Ce héraut, attaché à la personne du duc d'Exeter, se rendait près de l'amiral de Bueil pour réclamer, au nom de Thomas Hoo, relativement à la capture d'un navire anglais. En passant par Calais, il avait été chargé par le capitaine de cette ville, Richard Wideville, d'une lettre pour le duc d'Alençon, et, sur sa demande, Wideville l'avait mis au courant de ce qu'il mandait au duc. « Je m'en vais prochainement en Angleterre, écrivait-il. Je vous prie de m'envoyer Pouencé, votre héraut, avant que je ne parte, pour recevoir les haquenées que je vous garde. Faites qu'il soit muni d'un sauf-conduit en blanc. »

Après qu'il eut pris connaissance de cette lettre, le duc fit

1. Déposition de Thomas Gillet. Procès, f. 40-41.

venir Huntington. « Le roi d'Angleterre, » lui demanda-t-il, « fait-il faire en Angleterre aucunes ordonnances de guerre? » — « On en fait, mais bien peu, » répondit le héraut. — « Com-« bien pensez-vous que le roi d'Angleterre en ait? » — « Il peut « bien en avoir trois cents. » — « Par la mort Dieu, par la « mort Dieu! » dit le duc en le prenant par la main, « j'ai, tant « canons que bombardes, coulevrines et serpentines, jusques « à neuf cent pièces toutes prêtes, et je ne cesserai d'en faire « jusques à ce que j'en aie mille. Je fais faire deux bombardes, « les plus belles du royaume, dont l'une est en métal; je les « donnerai au duc d'York, avec deux coursiers de Pouille que « Monseigneur le dauphin doit m'envoyer. » Le héraut, s'agenouillant, dit alors au duc : « Monseigneur, dites-vous ces « paroles pour m'essayer ou à bon escient? » — « Par la mort « Dieu! reprit-il, je les dis au meilleur escient. Sur l'honneur « et la foi que vous avez au roi d'Angleterre, revenez vers moi « quand vous aurez fait votre sommation à l'amiral[1]. »

Huntington revint deux jours plus tard. Le duc était parti pour Angers; il attendit son retour. Un matin, au point du jour, Pouencé alla chercher le héraut, et, par des ruelles détournées, le conduisit au logis du duc, où il pénétra par une porte de derrière. Le duc était couché, « tout nu[2], » ayant dans sa chambre deux chèvres de Barbarie. Là, en présence de Pouencé, prenant Huntington par la main, il lui fit jurer de tenir secret tout ce qu'il lui avait dit et de ne le révéler à âme qui vive, sinon à ceux qu'il désignerait, savoir : le roi d'Angleterre, le duc d'York, le comte de Rivers (Wideville), le seigneur de Welles et Jacques Haye. « Monseigneur, dit le héraut, dites-« vous ces choses pour m'essayer ou à bon escient? » — « Par « la mort Dieu! dit le duc, je le fais à bon escient. Et cette fois « je ferai un tel échec qu'il en sera mémoire à vie d'hommes. « Par la mort Dieu! il y en a d'aucuns qui ont cuidé me jouer « d'un tour, mais je leur en jouerai d'un autre au vif. » Et il ajouta : « Faites-moi le serment, ou bien je vous ferai couper « la tête ou jeter dans la rivière. »

1. Déposition de Robert Holgilk, dit Huntington. Procès, f. 56-57.
2. C'était l'habitude, au moyen âge, de coucher entièrement déshabillé.

Quand Huntington eut prêté le serment demandé, le duc lui ordonna de dire au duc d'York qu'il savait bien que les Anglais ne pourraient descendre en France cette année, parce qu'elle était trop avancée, mais qu'ils ne devaient point manquer de descendre l'année suivante ; qu'il fallait que le duc d'York lui fît compter incontinent à Bruges trente mille écus, ou tout au moins vingt mille, afin qu'il pût pourvoir à ses places, car, si le Roi savait que les Anglais dussent faire une descente, il voudrait garnir lui-même ces places, et le duc ne pourrait agir à son gré. Quand les Anglais viendraient, ils devraient amener leur roi, car sa personne faciliterait beaucoup la conquête de la Normandie ; il faudrait avoir trente mille combattants bien en point; la descente devrait être opérée dans le Cotentin ; le duc de Buckingham débarquerait de son côté à Calais pour envahir le pays de Caux et attaquer Rouen ; il convenait d'amener le plus possible d'artillerie ; quant aux « ordonnances » (bombardes, canons et coulevrines), il en fournirait assez pour combattre dix mille hommes en un jour. Le duc livrerait Domfront, où se trouverait une partie de son artillerie; il recommandait d'éviter les sièges et de se porter toujours en avant jusqu'à Angers; il se faisait fort de leur ouvrir les portes du Mans, et avait des intelligences à Rouen et à Caen. Venaient ensuite une foule de recommandations sur les mesures à prendre pour se rendre les Normands favorables : bonne discipline des troupes, suppression des impôts, révocation de tous dons antérieurs, etc. Moyennant cela, tous ceux du pays s'allieraient avec les Anglais et ne feraient nulle résistance. Quand les Anglais descendraient, le duc enverrait au-devant d'eux quelques-uns de ses gens qui feindraient d'escarmoucher; l'un d'entre eux se laisserait prendre et indiquerait la marche à suivre. « Dites au duc d'York, dit encore le duc, qu'ils fassent paix « entre eux en Angleterre, de par Dieu ou de par le diable ; s'il « veut jamais rien avoir en Normandie, il est temps ou jamais. » Il insista sur les conditions favorables où l'on se trouvait : le duc de Bretagne n'était pas homme de guerre, mais un innocent qui ne demandait que paix et amour; le roi de Sicile était mis hors de cour; il n'y avait près du Roi que Charles d'Anjou, le bâtard d'Orléans, le comte de Dammartin, le chancelier, et « un troupeau de meschans gens qui le gouvernoient. » Il ne fallait avoir aucune crainte du Roi, car il était parti pour faire la guerre au Dauphin ; son armée était partagée en trois corps : l'un à Bordeaux, l'autre en Armagnac et le troisième sous ses ordres ; s'il voulait abandonner le pays où il était pour résister à l'invasion, la Guyenne se soulèverait ; d'ailleurs, les Anglais, avant sa venue, auraient conquis tout le pays jusqu'aux portes d'Angers. « Par la mort Dieu ! » conclut le duc, « je tiendrai au « duc d'York et aux autres seigneurs d'Angleterre ce que je « leur ai promis, et serai pour eux jusques à la mort ; et, à « cette fois, je ferai un échec de quoi il sera parlé s'il ne tient « aux Anglais. »

Huntington s'agenouilla alors devant le duc et lui demanda s'il voulait être homme lige du roi d'Angleterre. — « Je ne « suis point encore avisé de cela, répondit-il ; il n'est pas « temps, et ce ne serait pas le meilleur pour le roi d'Angleterre « que je me déclarasse si tôt ; mais quand le roi d'Angleterre « sera descendu en France et aura pris une partie de mes « terres, il pourra m'envoyer sommer de demeurer en mes « terres ou de les délaisser. Par ce moyen, j'aurai bonne cause « et couleur de demander congé au Roi et d'aller demeurer en « mes terres. Si je le faisais autrement, ce me seroit charge et « déshonneur à jamais, vu que mes prédécesseurs ont toujours « servi le roi de France et sont morts à son service [1]. »

Le jour même, le duc fit remettre à Huntington une cédule pour les seigneurs anglais ; elle était écrite de sa main, mais non signée, car, avait-il dit, « en de telles matières, il n'est pas besoin qu'on connaisse mon seing [2]. » Le hérault partit aussitôt, en compagnie de Pouencé, pour remplir sa mission.

Deux mois s'écoulèrent. Le duc n'entendant parler de rien, était inquiet. Les nouvelles qui lui arrivaient de la Cour le rendaient fort « courroucé et mérancolieux. » Un jour, dans la

1. Déposition de Huntington. Procès, f. 58-61.

2. Cette cédule était conçue en ces termes : « Seigneurs, vueillés croire le porteur de costes de ce qu'il vous dira de par moy, etc. Car j'ay bon vouloir s'il ne tient à vous. A Dieu soiés. Signé : N. » Procès, f. 61 v°.

salle de son hôtel, à Essay, il se promenait à grands pas : « C'est grande pitié, dit-il à ceux qui l'entouraient, des termes « que l'on tient à Monseigneur le Dauphin. Autrefois, il m'a « écrit une lettre contenant ces mots : « Mon parrain ! mon « parrain ! ne me faillez pas au besoin, et ne faites comme le « cheval au pied blanc [1]. » Le duc se décida à faire partir Thomas Gillet pour Calais. Vers le 10 octobre, il le fit venir, et lui donna l'ordre d'aller trouver Richard Wideville, et de lui faire part de l'étonnement où il était de n'avoir aucune nouvelle. Gillet était chargé de communiquer au capitaine de Calais tout ce qu'il aurait à transmettre au duc d'York.

Il est temps plus que jamais de descendre, faisait dire le duc. Le Roi est allé en Dauphiné pour faire la guerre au Dauphin, emmenant avec lui tous ses gens d'armes ; il ne reste en Normandie que le grand sénéchal (Brezé) avec cent lances ; le connétable n'est point au pays ; si le duc d'York vient faire sa descente, personne n'y contredira : les Normands sont chargés de tailles comme jamais ils ne l'ont été ; ils sont las d'être en l'obéissance du Roi. Le duc d'York est celui que les Normands désirent avoir pour seigneur. Puis venaient une foule de renseignements, d'indications, de conseils déjà donnés en partie dans les instructions à Huntington ; mais le duc insistait sur ses prétentions personnelles. Il désirait avoir dix mille combattants afin de pouvoir résister au Roi si celui-ci, s'apercevant de « son fait, » le voulait « grever ; » il demandait, en compensation de ce qu'il faisait pour les Anglais : 1° trente mille francs pour payer son artillerie, qui lui avait coûté plus de quarante mille ; 2° trente mille francs de pension en Normandie ; 3° un duché en Angleterre, afin que, si le roi de France demeurait le maître et qu'il dût se retirer au-delà du détroit, il eût de quoi vivre ; 4° tous les deniers provenant de sa seigneurie ; 5° la moitié de tous les profits des Anglais dans le royaume durant la guerre. Depuis longtemps, on avait fait briller aux yeux du duc la perspective d'un mariage entre sa fille et le fils du duc d'York ; il n'avait garde de l'oublier : si le duc d'York

1. Déposition de Jean le Conte, secrétaire du duc. Procès, f. 80 v°.

parlait de la fille du duc, on devait lui dire qu'elle était belle fille, tantôt en âge d'être mariée ; que le duc la lui garderait, et que, quand les Anglais seraient descendus en France, on accomplirait le mariage[1].

Lorsque Thomas Gillet eut reçu toutes ces instructions, le duc lui remit une lettre de créance ; mais il lui recommanda, à voix basse, de la faire copier et d'en détruire l'original, afin qu'au besoin il pût désavouer son mandataire et jurer qu'il ne savait qui avait écrit la lettre : « car, ajouta le duc, je sais que le Roi m'a soupçonné d'avoir quelque intelligence avec les Anglais[2]. » Gillet se garda bien de brûler la lettre ; il la conserva comme une pièce à conviction, et, après son arrestation, la remit à l'archevêque de Narbonne : l'original est encore joint au manuscrit contemporain contenant le procès[3].

Thomas Gillet se rendit aussitôt à Calais près de Richard Wideville ; mais celui-ci ne voulant pas se borner à transmettre le message qu'il apportait, le fit partir pour l'Angleterre, en compagnie d'un poursuivant. Il arriva à Londres le 23 novembre, et ne tarda pas à y rencontrer Huntington et Pouencé. Quand celui-ci se trouva seul avec Gillet, ils échangèrent leurs confidences. « Monseigneur d'Alençon, dit Pouencé en pleu-« rant, est un grand fol de conduire cette matière ; jamais il « n'en viendra à chef, et il lui en mescherra. » Et Gillet de répondre, les larmes aux yeux : « Monseigneur fait mal ; c'est « contre Dieu et contre conscience. » Cette conversation, qui a peut-être été inventée après coup, est rapportée par Gillet dans sa déposition[4] ; le témoignage de Pouencé manque au procès.

Le duc d'York était alors éloigné de Londres. Huntington et Pouencé avaient longuement attendu son retour ; il arriva en-

1. Déposition de Thomas Gillet. Procès, f. 42 v° et suiv.
2. *Id.*, *ibid.*, f. 41, 45 v°.
3. Petite bande en parchemin qui a été pliée en quatre et qui porte au verso une note de la main de Gillet, f. 45 du ms. 18441. Le texte est ainsi conçu : « Signeur, etc., je me recommande à vous, et vous prie qu'en toute haste me fassez savoir de voz nouvelles ; et pensées de moy, car il est temps ; et pour Dieu metés dilgence en vostre fait, et vous aquités à ceste fois, car trop ennuie à qui atent. Et en toute haste m'envoiez argent, car vostre fait m'a cher cousté. Et à Dieu, qui vous doint ce que desirez. Escript *ubi supra*. — Le tout vostre, N. »
4. Procès, f. 40 v°.

fin, vers le 26 novembre, et, à quelques jours d'intervalle, entendit l'exposé des ouvertures faites au nom du duc d'Alençon, d'abord par Huntington et Pouencé, puis par Gillet. Ce dernier se présenta avec le signe du petit doigt, et fut accueilli avec empressement par le duc et par les seigneurs qui l'entouraient. « Plût à Dieu, lui dit le duc, que la fille de beau frère « d'Alençon fût en âge de marier, pour la donner à mon fils, « dût-il m'en coûter dix mille écus[1] ! » Dans l'audience donnée à Pouencé, le comte de Warwick avait pris le cachet portant les armes du duc et l'avait porté à ses lèvres, jurant qu'il vivrait et mourrait pour accomplir la volonté du noble prince d'Alençon, dût-il vendre et engager toutes ses terres[2].

Gillet attendit pendant un mois son expédition : on voulait, avant de lui répondre, que la session du Parlement fût close. Il eut de nombreux entretiens avec Jean Wenlock, chambellan de la reine, auprès duquel Richard Wideville l'avait accrédité. Wenlock lui dit un jour : « Les Anglais descen- « dront en France au nombre de quarante mille; la Com- « mune a octroyé les tailles pour le paiement de l'armée. » Un autre jour, il apprit du même et de Jean Cley, trésorier du duc d'York, que le roi d'Aragon et le comte d'Armagnac (beau-frère du duc d'Alençon) avaient fait offrir, par des ambassadeurs qui étaient alors en Angleterre, « que toutes et quantes fois que les Anglais voudroient descendre en France, qu'ils leur livreroient dix mille combattants[3]. »

Enfin Gillet fut reçu par le duc d'York. Le duc jura, par la foi qu'il devait à Dieu, qu'il descendrait en France à la tête de quarante mille combattants, et le chargea de dire au duc d'Alençon que la descente s'opèrerait avant le mois de septembre de l'année suivante ; il fallait seulement que le duc fît finance d'une belle place, comme Granville, pour opérer le débarquement. Le 20 décembre, Gillet fut reçu par le chancelier d'Angleterre, qui lui donna la réponse officielle : le duc d'York

1. Procès, f. 47-48.
2. Procès, f. 63.
3. Procès, f. 48 et 52.

et les autres seigneurs d'Angleterre se recommandaient à Monseigneur d'Alençon ; il aurait tout ce dont il était convenu avec Wideville. Les Anglais enverraient demander au roi de France un sauf-conduit, sous prétexte d'aller en pèlerinage à Saint-Jacques en Galice ; ils feraient dire au duc de se rendre au-devant d'eux, hors de son pays ; là serait fait l'échange des scellés. Le duc serait ensuite dédommagé de ce qu'il avait dépensé pour l'artillerie et recevrait les trente mille francs demandés[1].

Cependant le duc d'Alençon était toujours sans nouvelles de ses deux messagers. Au commencement de décembre[2], il fit partir un pauvre laboureur, Pierre Fortin, surnommé le *tors-fleux* parce qu'il boîtait, avec mission de se rendre à Calais près de Jacques Haye, et d'y attendre le retour de ses envoyés[3].

Le duc avait entendu dire que Louis Gallet, maître des requêtes de l'hôtel du roi d'Angleterre[4], se trouvant à Bruges, s'était informé jadis auprès de son fils, Edmond Gallet, si le duc d'Alençon avait des enfants, et, sur la réponse affirmative qu'il avait reçue, avait dit : « Ce serait un beau mariage que « celui du fils du duc d'York avec la fille du duc d'Alençon. » Le duc chargea un de ses secrétaires, Gilles Berthelot[5], de faire venir Edmond Gallet, qui résidait à Paris, où il suivait les cours de l'Université. Berthelot le lui amena à Essay, le 31 décembre[6].

Edmond Gallet était maître ès arts et licencié en lois ; il

1. Procès, f. 49.
2. « Environ la Nostre-Dames-des-Avans. » Déposition de Pierre Fortin. Procès, f. 21.
3. Procès, f. 21 v°. — « Ung tort ou boiteux d'emprès Damfront. » *Id.*, f. 73 v°.
4. Louis Gallet, échevin de Paris, avait été un des ambassadeurs désignés, à la fin de 1435, pour se rendre en Angleterre près de Henri VI au nom de la ville de Paris et des États de Normandie. Voir Champollion Figeac, *Lettres des rois*, etc., t. II, p. 423-41, et en particulier p. 437. Il figura en 1448 aux conférences de Louviers, avec le titre de maître des requêtes de l'hôtel du roi d'Angleterre (Stevenson, t. I, p. 224), et prit part à la plupart des conférences qui précédèrent la rupture avec l'Angleterre (*Id.*, *ibid.*, p. 226, 25.)
5. Ce Gilles Berthelot était, d'après un témoin, « homme de dissolue vie, fréquentant bordeaulz et tavernes publiquement. » Procès, f. 92 v°.
6. Dépositions de Gilles Berthelot et d'Edmond Gallet. Procès, f. 4 et 101.

croyait que le duc le mandait à l'occasion d'un procès qu'il poursuivait au sujet d'une chapelle située à Essay. Le duc l'interrogea sur le propos tenu par son père et demanda s'il avait parlé de lui-même ou d'après ce qu'il aurait entendu dire au duc d'York. Gallet répondit qu'il l'ignorait. — « Iriez-vous « volontiers en Angleterre ? » demanda le duc. Sur la réponse affirmative qui lui fut faite, le duc poursuivit : « Tiendriez-« vous secrètes certaines choses que je veux vous dire ? » Gallet le jura. « J'ai envoyé en Angleterre, dit le duc, Pouencé, « mon héraut, et un prêtre, avec charge de savoir du duc « d'York et autres de la seigneurie d'Angleterre s'ils ne vou-« droient point descendre à main armée en Normandie, et que, « s'ils le vouloient, je les aiderois et leur baillerois places et « artillerie, et me joindrois à eux [1]. »

Edmond Gallet n'était point encore parti quand arrivèrent Pouencé et Thomas Gillet. Après qu'il eut entendu leur rapport, le duc les mit en relation avec Gallet ; deux jours après il expédia celui-ci avec des lettres pour le duc d'York, le comte de Warwick, le chancelier et d'autres seigneurs. Dans ces lettres, le duc disait qu'il se donnait grande merveille de ce qu'ils étaient si lâches de courage qu'ils ne descendaient en France, étant données les grandes offres qu'il leur faisait. Gallet avait mission de demander, au nom du duc, que le roi d'Angleterre lui envoyât son scellé et lui donnât, soit le duché de Clarence, soit le duché de Bedford, soit le duché de Glocester, avec une pension de vingt-quatre mille écus, et cinquante mille écus, dont vingt-cinq mille immédiatement et vingt-cinq quand il aurait livré Granville et Domfront. Quand les Anglais seraient descendus, ils devraient donner au duc une garde de deux cents archers, soldés à leurs frais. Le fils aîné du duc d'York épouserait la fille du duc d'Alençon, et le fils de celui-ci épouserait la fille du duc d'York. Le duc faisait dire au roi d'Angleterre que la duchesse d'Alençon était grosse et devait accoucher à la fin de septembre ; il le priait de se hâter de venir, afin de tenir sur les fonts l'enfant à naître. Le duc voulait

1. Dépositions de Gilles Berthelot et d'Edmond Gallet. Procès, f. 4 v°, 5, et 101 v°.

avoir toutes les terres du comte du Maine enclavées parmi les siennes. Gallet avait en outre charge de rapporter un sauf-conduit pour Jean Fermen, valet de chambre du duc, afin que celui-ci pût se rendre vers les Anglais et toucher les sommes demandées ; il leur indiquerait comment le duc livrerait Granville et conviendrait des conditions de la descente en même temps que de l'époque où elle s'opérerait [1].

Gallet partit aussitôt. Il débarqua à Sandwich et se rendit à Londres, où il descendit chez son père, auquel il fit part de l'objet de sa mission. Louis Gallet l'accompagna chez le duc d'York. Le duc accueillit assez froidement ce nouveau messager. Il trouvait les prétentions du duc d'Alençon fort élevées ; toutefois, il se montra sensible aux propositions relatives au mariage de son fils avec la fille du duc. Il congédia Gallet, en lui disant qu'on lui donnerait réponse dans une douzaine de jours.

Ce délai écoulé, Edmond Gallet alla trouver le duc d'York, qui lui dit que le roi d'Angleterre devait venir dans deux jours pour lui ôter le gouvernement, et qu'il ne pouvait donner aucune réponse. Henri VI, une fois arrivé, envoya chercher Gallet et s'informa de ce qui portait le duc d'Alençon à agir ainsi contre son souverain. Gallet répondit que le comte du Maine était l'ennemi mortel du duc et lui faisait du pis qu'il pouvait ; que le duc de Bretagne, qui avait pris Fougères en garde comme gage d'une somme qu'il devait au duc, ne voulait pas rendre cette ville ; que le Roi s'était refusé à appuyer les réclamations du duc. Celui-ci voulait se venger à la fois du Roi, du duc de Bretagne et du comte du Maine [2].

Gallet attendit longtemps une réponse. Finalement, on lui dit que le roi d'Angleterre devait envoyer des ambassadeurs à Bruges pour traiter avec la duchesse de Bourgogne au sujet de vaisseaux anglais capturés par les Hollandais, et que le duc

1. Déposition d'Edmond Gallet. Procès, f. 105 v°, 106 v°, et 109 v°.
2. Même déposition. Procès, f. 110 et suiv. — Le duc avait dit à Gallet que « son intention étoit de soy venger du Roy, du duc de Bretaigne et du comte du Maine... Et se les Anglois ne lui vouloient aider ad ce faire, il envoiroit querir avant le Turcq qu'il ne s'en vengast. » *Id.*, *ibid.*, f. 107.

d'Alençon n'avait qu'à envoyer à Bruges deux ou trois hommes de bien, munis de ses pleins pouvoirs : ils prendraient conclusion avec les ambassadeurs du roi d'Angleterre. Gallet repartit, porteur d'une lettre de Henri VI, en date du 24 mars : le roi remerciait le duc de son bon vouloir et l'engageait à y persévérer ; il annonçait que les ambassadeurs qu'il devait envoyer à Bruges recevraient des pouvoirs pour traiter avec les représentants du duc [1].

Tandis que le duc d'Alençon attendait le retour de son envoyé, il fut prévenu que le Roi avait eu vent d'un complot tramé pour introduire les Anglais en France ; on lui écrivait « qu'il eût toujours l'œil au Roi [2]. » Vers le 18 avril, étant à Essay, il dit à son chancelier et au vicomte de Domfront : « Il « est passé un messager, allant tout battant devers le Roi, « lequel disait que les Anglais vouloient descendre à grande « armée : ils doivent descendre en Gascogne et en Bretagne, « et le roi d'Angleterre doit venir en personne, et grande quan- « tité de seigneurs d'Angleterre avec lui [3]. » Le duc s'informait à tout venant de ce qu'on disait des Anglais et répétait sans cesse qu'il avait appris que les Anglais se vantaient de descendre en Bretagne et en Normandie avec une grande armée. « Par la mort Dieu ! ajouta-t-il, tant que le Roi tiendra la con- « duite de ses gens d'armes ainsi qu'il la tient, je ne les crains « pas plus qu'un tas de poux en une chausse [4]. » Un jour, chevauchant d'Essay à Argentan, le duc posa à l'un de ses familiers la question suivante : « Qu'y aurait-t-il à faire si les « Anglais descendoient en Normandie ? » — « Monseigneur, « répondit-on, vous feriez comme vous avez eu coutume de « faire. Vous avez plus de pays et plus de places qu'autrefois, « et vous garderez mieux d'eux que ne fîtes oncques. » — « « Je suis gras et pesant, reprit le duc ; je ne pourrois faire « comme par le passé [5]. »

1. Déposition d'Edmond Gallet. Procès, f. 112 v°. Cf. Déposition de Jean Fermen, f. 32.
2. Déposition de Jean le Conte, secrétaire du duc. Procès, f. 80 v°.
3. Déposition de Jacques de Sahurs, vicomte de Domfront. Procès, f. 67.
4. Déposition de Jean le Conte. Procès, f. 75 v°-76 v°.
5. Déposition de Jean Meurdrac, dit Bobes, écuyer d'écurie du duc. Procès, f. 90.

A la même époque, étant sur le pont d'Essay, il dit à Raoul Tesson, son chancelier, en présence de tous ses gens : « Il « convient que vous alliez devers le Roi pour lui remontrer « que ses places sont mal emparées et ne sont pas tenables « contre les Anglais, s'ils descendoient. Vous lui demanderez « de m'envoyer de l'argent pour les mettre en point, de telle « manière qu'elles puissent résister aux Anglais. » Le duc voulait envoyer le vicomte de Domfront en la compagnie du chancelier; de là, le vicomte se rendrait près du comte d'Armagnac au sujet de certaine dette contractée par lui[1]. Le duc entretenait des intelligences avec son beau-frère, alors en révolte ouverte contre le Roi : « Si le comte vouloit tenir ferme « ès marches de par delà, avait-il dit à Fermen, mon entre- « prise avec les Anglais pourroit réussir[2]. »

Le duc avait envoyé son valet de chambre Jean Fermen, à Granville, pour reconnaître la place et y nouer des intelligences[3]; il envoya aussi un émissaire à Cherbourg[4]. Vers la mi-avril, Edmond Gallet revint de sa mission. Les nouvelles qu'il apportait n'étaient point satisfaisantes. Le duc fut surtout très mécontent en apprenant que les Anglais le feraient attendre jusqu'à la conférence de Bruges pour avoir de l'argent, et qu'ils ne lui donneraient que vingt-quatre mille écus; de plus, Gallet ne rapportait pas le sauf-conduit demandé pour Jean Fermen. Le duc résolut de le renvoyer en Angleterre pour le réclamer. Mais Gallet commençait à douter que ce prince fût en mesure de tenir tout ce qu'il promettait aux Anglais. Il s'informa des auxiliaires qu'il pouvait avoir : le duc lui montra un rôle où figuraient les noms de cent à cent vingt personnes sur lesquelles il fondait des espérances de concours; il nomma à son confident ceux qui devaient lui livrer Granville. « Mais, « Monseigneur, demanda Gallet, n'avez-vous pas de plus « grands seigneurs que ceux dont vous avez écrit les noms? « Monseigneur de Bourgogne ne sait-il rien? » — « Non, ré-

1. Déposition de Jean de Salurs. Procès, f. 67 v°-68.
2. Déposition de Jean Fermen. Procès, f. 35 v°.
3. Dépositions de Jean Fermen et de Thomas Gillet. Procès, f. 31, 51, 53 v°.
4. Déposition de Jean Fermen. Procès, f. 37.

« pondit le duc ; mais quand j'aurai fait ce que tu sais, le duc « de Bourgogne n'en sera point courroucé. » Et il ajouta : « Tu « serois bien ébahi, quand je l'aurois fait, si Monseigneur le « Dauphin en faisoit autant que moi[1]. » Le duc remit alors à Gallet des lettres pour le roi d'Angleterre, le duc d'York et le comte de Warwick. « Je me donne grande merveille, disait-il, de ce que vous n'entendez à plus grande diligence aux offres et services que je vous veux faire, vous priant que, en toute diligence, j'aie de vos nouvelles, ou autrement je ne serai pas content. Et gardez que chicheté ne vous fasse dommage[2]. »

Peu après, le duc partit pour Paris, où l'appelaient des affaires litigieuses, emmenant avec lui un grand nombre d'hommes de loi. Il descendit à l'hôtel de l'Étoile, situé rue de la porte Baudoyer, en face de l'hôtel de l'Ours[3]. Au bout de quelques jours, il fit venir Gilles Berthelot, l'un de ses secrétaires; il était fort en colère : « Ces gens-ci, dit-il, me veulent ôter mes « terres et mes droits pour aucuns paillards, et me tiennent « allant par le palais comme on feroit un pauvre homme. Si je « devois aller jusques en Angleterre quérir les Anglais, si « irois-je, car je ne saurois plus avoir patience. » — « Monsei- « gneur, répondit Berthelot, je vous prie de ne plus penser à « cela, car s'il plaît à Dieu, avant que vous partiez, ils vous « feront si bon appointement que vous en serez bien con- « tent. »

Le duc, pendant son séjour à Paris, fut appelé à déposer dans le procès de réhabilitation de Jeanne d'Arc : le 3 mai, il comparut devant les commissaires institués pour procéder aux informations; sa déposition est consignée parmi les documents de la cause[4].

1. Déposition d'Edmond Gallet. Procès, f. 117 v°. Le témoin ajoute : « ni s'il (le Dauphin) s'alioit avecque moy; lequel des deux il lui dist n' en est recors. »

2. *Id., ibid.*, f. 118.

3. L'hôtel de l'Ours, rue de la porte Baudoyer, était un hôtel célèbre, dont il est souvent question dans les chroniques. Voir Monstrelet, t. III, p. 141 et 264 ; Pierre de Fenin, p. 91; *Journal d'un bourgeois de Paris*, p. 71-72. — Le duc couchait à l'hôtel de l'Étoile et prenait ses repas à l'hôtel de l'Ours. Voir Procès, f. 9, 10, 26-27, 34 v°, 38, 77.

4. *Procès de Jeanne d'Arc*, t. III, p. 90 et suiv.

Cependant l'orage grondait sur sa tête; il ne devait pas tarder à éclater.

Le messager boîteux, du nom de Pierre Fortin, que le duc avait envoyé à Calais, au mois de décembre, avait été chargé, dans le courant d'avril, d'une nouvelle mission. En se rendant à Calais, il passa par Lisieux, où il rencontra un gentilhomme qu'il connaissait de longue date. Soupçonnant quelque trahison de la part du duc, il avait résolu de révéler le complot dès qu'il le pourrait; il s'ouvrit à ce gentilhomme, qui le mena à Rouen et le conduisit aussitôt chez Louis d'Harcourt, archevêque de Narbonne, qu'il trouva en compagnie du bailli de Rouen, Guillaume Cousinot. Fortin leur confia tout ce qu'il avait fait, et leur fit part du nouveau message dont il était chargé : « Faites votre voyage », lui dirent-ils; « entendez bien « tout ce qu'on vous dira, et revenez à Rouen. » Le 8 mai, Fortin était à Calais, où il vit Jacques Haye et Richard Wideville, qui le chargèrent de donner au duc les meilleures assurances. Le bruit courait à Calais qu'il y avait en Angleterre une des plus belles armées qui y eût été faite, toute prête à descendre en Normandie. Fortin repartit le 11, et alla faire son rapport à l'archevêque de Narbonne et à Brezé; de là il retourna à Domfront; puis Jean de Sahurs, vicomte de Domfront, l'emmena à Paris pour rendre compte de sa mission. Il trouva le duc dans une chambre de l'hôtel où il couchait, au moment de sortir pour se rendre à la messe; il lui fit part de ce qu'il avait su à Calais. Le duc fut très joyeux de ces nouvelles [1].

Le lundi suivant (31 mai), le duc dînait à l'hôtel de l'Ours, en compagnie de Brezé, quand Fortin entra dans la salle pour prendre son repas. Un page le vint quérir et l'emmena à l'hôtel de l'Étoile en disant à la dame du logis de le mettre en un lieu où personne ne le vît. Celle-ci, en lui apportant son repas,

1. Déposition de Pierre Fortin : Procès, f. 24-25 v°. Les détails sur les révélations faites par Fortin sont confirmées par des lettres de Charles VII, données en sa faveur, à la date du 3 novembre 1456 (Ms. fr. 5909, f. 237 v°). Plusieurs dons lui furent faits par le Roi, de 1456 à 1458. Voir Cabinet des titres, 685, f. 192; Archives, KK 51, f. 105.

dit à Fortin : « Mon ami, je ne voudrois pas qu'on vous trouvât « ici ; je ne sais pourquoi vous y êtes ni ce que vous y faites. « Il y a des gens de monseigneur d'Alençon qui sont pris. Je « vous conseille de vous en aller. » Fortin se retira en son logis, « à la Clef rouge en Grève. » Le lendemain, il se présenta à l'hôtel du duc. Il le trouva sur la porte de sa chambre. Le duc fit entrer Fortin et lui parla en particulier. « Je croyois, « dit-il, que tu t'en étois allé. Il y a de mes gens pris ; va-t-en, « de par Dieu ou de par ta mère ! » Le duc ajouta que lui-même était en état d'arrestation ; il tremblait de tous ses membres. Il voulut d'abord cacher Fortin dans une « privée » ; puis il se ravisa : « Je crois, dit-il, que c'est le mieux que tu t'en « ailles à Calais, que tu parles à Jacques Haye, et que tu lui « dise qu'ils ne bougent et ne fassent aucun semblant d'armer, « et que celui que j'ai envoyé en Angleterre ne revienne point, « car il serait pendu, et moi avec. Dis à Jacques Haye que « Jean Fermen, maître Gilles, Pouencé et Jean de Sahurs sont « faits prisonniers, et moi-même aussi, et que maître Gilles « nous a accusés. Mais je les ai payés de si belles paroles que « je m'en vais devers le Roi, et là m'excuserai bien, s'il plaît « à Dieu. »

Que s'était-il passé dans l'intervalle du voyage de Pierre Fortin à Calais et de son retour à Paris ?

Le Roi était en Bourbonnais, quand une lettre de l'archevêque de Narbonne vint lui révéler le complot du duc d'Alençon[1]. Cette nouvelle l'affecta vivement : « Je vis déplaisamment, » dit-il à ceux qui l'entouraient, « quand il faut que je me donne « de garde de ceux en qui je devrois me fier, mêmement de « ceux de mon sang[2] ! » Il fit aussitôt partir le comte de Dunois pour procéder à une enquête et prendre les mesures nécessaires. Bientôt l'archevêque de Narbonne et Brezé confirmèrent les détails relatifs au complot. Charles VII réunit aussitôt son Conseil : l'arrestation du duc fut décidée. Jean Le Boursier et Guillaume Cousinot, en compagnie d'Odet d'Aydie,

1. Instructions du 15 mai 1456, données à Odet d'Aydie, envoyé à Dunois. Fontanieu, 881, f. 4.
2. Mathieu d'Escouchy, t. II, p. 319.

bailli de Cotentin, porteur d'instructions spéciales pour Dunois, partirent le 15 mai. Dunois avait ordre d'agir sans retard; le Roi prévenait le connétable et chargeait Dunois d'aviser le comte d'Eu; toutefois l'exécution des mesures à prendre ne devait point être retardée par l'absence de ces deux princes.

Dunois arriva à Paris le jour du Saint-Sacrement (27 mai); il s'entendit secrètement avec le prévôt de Paris, Robert d'Estouteville, qui se tint prêt à lui prêter main-forte, et il plaça le sire de Mouy, avec quarante lances, près de la porte Saint-Antoine.

Tous les préparatifs étant faits, le 31 mai Dunois se rendit à l'hôtel du duc d'Alençon. Il était quatre heures après-midi; le duc, ne se doutant de rien et croyant que Dunois venait lui « faire révérence, » le reçut avec empressement. Après qu'ils eurent devisé quelque temps, Dunois, assuré que chacun avait eu le loisir de se rendre à son poste, dit au duc : « Monseigneur, « pardonnez-moi, le Roi m'a envoyé devers vous et m'a baillé « charge de vous faire son prisonnier; je ne sais proprement « les causes pour quoi. » Et, lui mettant la main sur l'épaule, il ajouta : « Je vous fais prisonnier du Roi! » A ce moment, la chambre se remplit d'hommes armés; toute résistance était impossible.

On laissa pourtant un certain répit au duc; nous avons vu qu'il put, le lendemain, s'entretenir librement avec son messager, Pierre Fortin; il eut aussi la faculté d'écrire à sa femme : « M'amie, lui disait-il, je me recommande à vous. Je suis sain « et en bon point. Ne vous souciez et croyez Jehan le Conte de « ce qu'il vous dira[1]. » Jean le Conte reçut de son maître des instructions secrètes sur ce qu'il aurait à dire, soit à la duchesse sa femme, soit à plusieurs de ses serviteurs[2]. Ayant demandé au duc « comment il se sentoit de la charge qu'on lui « donnoit, » celui-ci répondit : « Je m'en suis bien excusé, et

1. « Ledit seigneur dit à il qui parle qu'il falloit qu'il alast devers madame sa femme lui porter une lettre que ledit seigneur lui escrivit de sa main en la presence de lui qui parle. Et après les monstra audit grant seneschal en lui disant ces parolles : « Vecy une lettres que j'envoye à ma femme par cestui mon serviteur », en monstrant lui qui parle. » Déposition de Jean le Conte. Procès, f. 78.
2. *Id., ibid.*, f. 78 v°-79 v°.

« si je ne m'en étois bien excusé, j'aurois été envoyé au « Louvre[1]. »

Ce jour même (1er juin), Dunois revint près du duc : « Monseigneur, dit-il, sans ici plus faire séjour, il faut partir de « cette ville et prestement monter à cheval. » — « Je suis bien « ici, répondit le duc, et il n'est point besoin de me transporter hors de la ville. » Il dut céder pourtant et fut emmené, suivi de ceux de ses serviteurs qu'il avait désignés. En passant près de la Bastille, le duc aperçut le détachement du sire de Mouy : « Quelles sont ces gens-là ? dit-il. N'ai-je rien à craindre « pour ma vie ? » — « N'ayez garde, répondit Dunois, ce sont « les gens du Roi qui viennent pour vous mener devers lui. » On conduisit le duc à Melun, où le connétable vint procéder à son interrogatoire ; mais il répondit « qu'il diroit son fait au « Roi et non à autre. » Durant son entretien avec les commissaires royaux, il ajouta : « Quand je me trouverai devant le « Roi, je ne lui célerai rien ; je sais qui m'a baillé le bout. Il ne « faut pas croire que je sois Anglais ; oncques je ne l'ai été et « n'ai volonté de l'être ; mais il me déplaît beaucoup des « manières que le Roi tient contre moi et contre ceux de son « sang ; il ne tient autour de lui qu'un nombre de méchants « gens et de méchant état, issus de petite lignée, qui à présent « le gouvernent[2]. »

Le duc d'Alençon, sous la garde du sire de Mouy, fut conduit en Bourbonnais et enfermé dans le château de Nonette, où se trouvait alors le Roi. Celui-ci fit comparaître le duc et lui reprocha sa trahison : « Monseigneur, » répondit-il avec hauteur, « je ne suis pas traître. Il se peut que j'aie fait aucunes « alliances avec certains grands seigneurs pour recouvrer ma « ville de Fougères, que le duc de Bretagne tient encore à tort, « et duquel je n'ai pu avoir raison en votre cour. » — « Je n'ai « jamais, » dit le Roi, « refusé de faire à chacun raison et jus- « tice. Il n'étoit pas besoin, sous ombre de telles couleurs, de « prendre de semblables alliances avec mes ennemis et adver-

1. Déposition de Jean le Comte. Procès, f. 78.
2. Mathieu d'Escouchy, t. II, p. 322.

« saires. Vous ne les pouvez ignorer : j'ai les lettres signées de « votre propre main. » Le duc sollicita le Roi de le mettre en liberté. « Ce n'est pas, » dit celui-ci, « chose à jeter *en molle*, « ni à y besogner si légèrement sans grande délibération. Je « suis bien déplaisant quand il convient que je me garde de « ceux de mon sang, et je ne saurai plus en qui me fier. Sans « faute on vous fera votre procès tout au long[1]. »

Le duc d'Alençon tint prison dans le château d'Aigues-Mortes, jusqu'au jour où il devait comparaître, à Vendôme, devant la cour des pairs présidée par le Roi.

1. Mathieu d'Escouchy, t. II, p. 323-324.

CHAPITRE V

LA FUITE DU DAUPHIN

1451-1456

Attitude du Dauphin; ses intrigues; il se brouille avec le duc de Savoie. — Menacé d'une guerre avec le Dauphin, le duc de Savoie est en mauvais termes avec le Roi, qui le presse en vain d'exécuter le traité de Cleppé; négociations à ce sujet; le duc cède enfin et s'en remet à l'arbitrage du roi, qui rend sa sentence dans l'affaire des nobles. — Le duc demande au Roi de le protéger contre le Dauphin, qui repousse toutes ses ouvertures; Charles VII envoie Bresnay à son fils; conférence d'Annecy, où la pacification est opérée. — Charles VII ne cesse de surveiller le Dauphin et de mettre le duc de Savoie en demeure de remplir ses engagements; mission donnée à Dunois et à Richemont près du duc; instructions du Roi à Chabannes; le Roi s'avance en Bourbonnais pour agir à la fois contre le duc de Savoie et contre le Dauphin. — Le duc de Savoie vient le trouver à Saint-Pourçain et fait sa paix avec lui. — Inquiétudes du Dauphin à l'arrivée du Roi; il cherche de tous côtés des alliés, et se décide à entrer en négociations avec son père. — Envoi d'un cordelier; ambassade de Guillaume de Coursillon; ouvertures faites au nom du Dauphin; réponse du Roi. — Démarches du Dauphin auprès du duc d'Orléans et d'autres princes; nouvelle ambassade au Roi : Coursillon et le prieur des Célestins; exposé de la charge des ambassadeurs; entrevue particulière du prieur des Célestins avec le Roi; réponse donnée aux ambassadeurs. — Troisième ambassade du Dauphin : Gabriel de Bernes et le prieur des Célestins; échec de leur mission; lettre du Roi au Dauphin. — Louis, affolé, prend la fuite; lettre qu'il adresse de Saint-Claude à son père avant de gagner la Flandre.

Georges Chastellain, dont le témoignage est si précieux pour tout ce qui concerne le Dauphin, peint en ces termes l'attitude de ce prince à cette époque. « Il se contint en son Dauphiné, faisant bonne chière; amoit par amours; maintenoit gens d'armes; travailloit fort son pays; ses voisins visitoit, et le duc de Savoie son beau père; ploia tout à sa guise, mesmes par armes et par haute main à peu d'occasion... Ja soit ce qu'il n'estoit point d'avis d'aller devers son père, pour les doutes qu'il avoit bouté en sa teste, voulut toutevoies bien et desiroit estre en sa grace, sauf que demorer pust en liberté, sans venir à court et sans mettre changement ne mutacion en ses serviteurs[1]. »

Le Dauphin ne se contentait pas de rester en état d'insubordination à l'égard de son père; il intriguait de tous côtés; il entretenait des relations avec le duc de Bourgogne, le duc d'Alençon, le comte d'Armagnac; il était en correspondance avec le duc de Milan. Lui qui se plaignait de sa pauvreté, il se donnait le luxe d'une garde de cinquante gentilshommes, payés à raison de vingt écus par mois, sans compter les archers et les arbalétriers[2]. C'était peut-être dans l'intention de se mettre sur le pied de guerre, car à ce moment, il venait de rompre avec le duc de Savoie et se disposait à envahir la Bresse.

Le duc de Savoie se trouvait alors dans une situation fort précaire. Menacé d'une attaque de la part de son gendre, il n'était pas sans craintes du côté de la France, car il n'avait tenu aucun des engagements contractés lors du traité de Cleppé.

Durant l'année 1453, Charles VII n'avait cessé de réclamer l'exécution de ce traité[3]. Sollicité par les seigneurs savoisiens qui déclaraient n'avoir d'espérance qu'en Dieu et en lui[4], Charles VII avait, à la date du 25 juin, adressé au duc un nouvel appel : « Nous vous prions que ausditz nobles veuilliez tenir et accomplir de point en point le contenu de ladite cedule, ainsi que nous avez fait savoir et écrit que le vouliez faire. » Afin d'obtenir une prompte solution, il lui envoya de nouveau Jean Tudert, en compagnie d'un procureur des nobles savoisiens[5].

1. Chastellain, t. III, p. 53 et 55. — Thomas de Reate, ambassadeur du duc de Milan, écrivait à ce prince dans une dépêche du 28 mars 1454, en parlant du Dauphin : « Luy è homo inquieto, et cupido de nove cose, et povero. » Archives de Milan, *Carteggio Sforzesco*, 1454, dépêche chiffrée dont je dois la traduction à M. Adriano Cappelli.

2. « Distribution du payement des gens de la garde de Monseigneur pour le moys de mars IIII^c LIII fait à Valence. » Minute, Ms. fr. 21178 (non paginé). Semblable distribution pour le mois d'avril 1454. Minute, Ms. fr. 20427, f. 8-9. Semblable pour le mois de mai 1454. Ms. fr. 21178. — Chastellain nous apprend (t. III, p. 214) que le Dauphin emmena en Flandre, en 1456, quarante gentilshommes, et le ms. 21178 contient un rôle du paiement de la garde du Dauphin à la date de février 1457.

3. Voir tome V, p. 208.

4. Lettre de Jean de Seyssel, maréchal de Savoie, et autres seigneurs au Roi, en date du 26 mai. Ms. fr. 18983, n° 32. Cf. Supplication des nobles au Roi, *Ibid.*, n° 41.

5. Cette lettre a été publiée par le marquis Costa de Beauregard, dans son mémoire sur *les Seigneurs de Compey*, p. 105. — Sur l'ambassade de Jean Tudert, voir le ms. 685 du Cabinet des titres, f. 161 et 176 v°, et la déposition de Tudert dans l'édition du *Jouvencel*, t. II, p. 377.

Au mois de juillet, une conférence, où le Roi se fit représenter par Élie de Pompadour, évêque d'Alet, Gérard Le Boursier et Jean d'Aulon, fut tenue à Lyon[1]. Ces pourparlers se prolongèrent pendant l'automne, et une nouvelle conférence paraît avoir eu lieu à Lyon au mois de novembre[2]. Les difficultés résultant de l'obstination du duc à ne point remplir ses engagements se compliquèrent, dans l'été de 1453, par le refus de livrer passage aux troupes françaises qui se rendaient en Lombardie sous les ordres du roi René[3].

Tout en persévérant dans sa conduite peu loyale, le duc de Savoie prétendait conserver de bons rapports avec le Roi. Il lui envoyait de fréquents messages[4] et des félicitations au sujet de la conquête de la Guyenne[5]. Une ambassade partit à ce moment pour Genève, afin d'insister une fois de plus sur l'observation du traité[6]. A peine était-elle revenue près du Roi, que celui-ci apprit que le duc prétendait que, s'il n'avait point, ainsi qu'il s'y était engagé, rappelé les nobles bannis par lui, c'était en vertu d'une entente secrète avec Charles VII. Le Roi protesta aussitôt, par une lettre en date du 10 juin, et déclara au duc que, s'il éprouvait quelque dommage par suite de l'inexécution de ses engagements, la faute en retomberait sur lui[7]. Sur ces entrefaites, Charles VII fit partir le sire de Gaucourt, Blaise Greslé et Jean de Lornay[8]. Ces ambassa-

1. Ces ambassadeurs sont à Lyon le 5 juillet. Archives communales de Lyon, BB 5, f. 200. — Le 9 août, l'évêque d'Alet et Le Boursier sont encore à Lyon, en compagnie du grand maître (Jacques de Chabannes). *Idem*, CC 403, nos 20, 21 et 24.

2. L'évêque d'Alet et Le Boursier sont à Lyon le 8 septembre. Archives de Lyon, CC 403, nos 22, 23. Pompadour avait aussi une mission près du Dauphin (Ms. 685, f. 160).

3. Voir t. V, p. 298-301.

4. Lettre du 7 octobre 1453, apportée par Jacques de Buell; lettre du 17 novembre, apportée par Pierre d'Annecy. Ms. fr. 18983, nos 13 et 14.

5. Lettre du 24 février 1454. Ms. fr. 18983, no 10.

6. Cette ambassade est mentionnée dans la lettre du duc de Savoie en date du 27 juin 1454.

7. Même document.

8. « Me Blaise Greslé, maistre des requestes extraordinaire, IIc l. pour aller en Savoye et Allemagne en la compagnie de monseigneur de Gaucourt, grand maistre d'ostel, vers le duc de Savoye et d'autres, comme les Bernois et leurs alliez. » — « Jehan de Lornay, escuyer, conseiller du Roy, VIxx XVII l. x s. t., *Idem.* » Cabinet des titres, 685, f. 170 vo. — Il est fait mention du passage de Gaucourt par Fribourg dans les comptes du trésorier de cette ville. Archives de Fribourg, Comptes du trésorier, no 104.

deurs avaient une double mission : près du duc de Savoie et près des cantons suisses. Berne était en démêlés avec le duc Sigismond d'Autriche : ils devaient travailler à pacifier ce différend. Des conférences furent tenues à Berne, pendant les mois de juillet et d'août, sans amener de résultat[1].

Cependant le duc de Savoie s'efforçait de calmer le mécontentement du Roi. A la date du 27 juin, il lui écrivait : « Mon très redouté seigneur, veuillez croire et être certain que, par moi ni par autre, de mon sçu et consentement, jamais ne fut dit que j'eusse entendement secret avec vous ; et suis grandement ébahi d'où partent tels langages... Mais j'ai ferme espérance et confiance que la vérité a et aura plus de lieu et de puissance près de vous que de vagues accusations... Et puisque ainsi est, en vérité, que de telles paroles ne suis cause ou occasion, et que vous êtes le prince du monde en qui j'ai plus de confiance, je ne puis penser que veuilliez souffrir en aucune manière que je sois foulé ; car si bien j'avais fait chose dont raisonnablement grief ou dommage me dût advenir, j'ai ferme espérance que, sans requérir, me aideriez et secoureriez. » Le duc chargeait en même temps un de ses serviteurs de mettre le cardinal d'Estouteville, qui était alors en France, au courant de la situation, et de lui demander d'agir en sa faveur auprès du Roi[2].

Le duc de Savoie ne tarda pas à se convaincre que le Roi, auquel les seigneurs savoisiens avaient adressé un nouvel appel[3], ne se contenterait point de vaines paroles et qu'il fallait des actes : aussi, le 2 juillet, il donna des lettres patentes par lesquelles il déclarait s'en remettre à la décision de Charles VII relativement à l'affaire des nobles bannis de ses États[4] ; le 7, par d'autres lettres, il protesta de sa ferme intention de

1. Voir Liebenau, *l. c.*, p. 31-35, 95 et 97-98 ; Mandrot, *l. c.*, p. 28-30.

2. Original, Ms. fr. 18983, f. 22. Cette lettre est en copie à la Bibliothèque de l'Institut, dans le Portefeuille 514 de Godefroy.

3. Voir « Supplicacion et requeste faicte au Roy par les nobles de Savoye, » dans le ms. fr. 18983, n° 41.

4. Dans l'acte notarié du 6 août 1454. Guichenon, *Histoire de Bresse et du Bugey*, 4e partie, *Preuves*, p. 29.

rester fidèle aux engagements pris envers le Roi [1]; en même temps, il envoya des ambassadeurs, chargés de porter ces documents au Roi [2]. Le 6 août suivant, à Pressigny, Charles VII rendit sa décision : le duc était tenu de casser la sentence donnée par lui au Pont de Beauvoisin le 17 avril 1451, de rétablir les seigneurs savoisiens dans leurs biens, charges et offices, de rebâtir leurs châteaux et de payer au sire de Varembon, dans un délai de trois années, la somme de douze mille écus [3]. Le 23 août suivant, le duc donnait ses lettres de ratification [4]; le 30 septembre il déclarait, par lettres patentes, rétablir dans leurs biens, charges et honneurs les gentilshommes bannis de ses États [5].

En rentrant en grâce auprès du Roi, le duc de Savoie lui avait demandé de le protéger contre le Dauphin qui, au mois de mars, était entré en Bresse à main armée, portant le ravage dans la contrée, occupant Montluel, détruisant trente villes ou villages [6]. Charles VII y consentit. Il envoya une ambassade à la cour de Savoie et désigna Regnault de Dresnay pour aller trouver le Dauphin [7]. Dresnay devait en même temps visiter le duc de Milan qui, à ce moment (30 août), venait de conclure un traité de paix avec le duc de Savoie [8]. De son côté, le duc de Bourgogne, à la date du 1er août, désigna des ambassadeurs pour se rendre auprès du duc de Savoie et du Dauphin et travailler à la pacification [9].

Le duc de Savoie avait tout fait pour calmer l'irritation de son gendre : il lui avait envoyé une ambassade, avec mission d'offrir toutes les concessions qu'il était en son pouvoir de

1. Minute aux Archives de Turin, *Protocoli*, 94, f. 530.
2. Guichenon, *l. c.*, 1re partie, p. 79.
3. Guichenon, *l. c.*, 4e partie, *Preuves*, p. 28-30.
4. Archives de Turin, *Protocoli*, 94, f. 531 vo; *Les Seigneurs de Compey*, par le marquis Costa, p. 106.
5. Marquis Costa, *l. c.*, p. 107.
6. Mathieu d'Escouchy, t. II, p. 205; Registres des délibérations de la ville de Lyon, BB 5, f. 237.
7. Voir lettre du duc de Savoie en date du 2 septembre, citée plus loin.
8. Archives de Turin, *Trattati diversi*, mazzo V, no 9; éd. Lünig, t. III, col. 658.
9. Ambassade de Guillaume Rolin, seigneur de Beauchamp, Jean de Cluny et Guyot Pot, du 1er août au 20 septembre 1451. Archives du Nord, B 2017, f. 140 vo-141 vo et 229; B 2020, f. 179 vo.

faire[1]; ses ouvertures avaient été repoussées. A la date du 18 juillet, il écrivit au Dauphin : « Plût à Dieu, Monseigneur, que bien sussiez le bon vouloir que j'ai de vous servir et complaire, le déplaisir aussi où je suis, voyant que vous n'êtes pas content de tout ce que je puis faire, car, en vérité, de rien à moi possible je ne vous voudrois éconduire. Si vous prie et requiers, Monseigneur, que les ouvertures et offres faites par mes ambassadeurs vous plaise agréablement recevoir. Et si du tout au tout je n'accomplis votre demande, pensez que ce n'est pas pour vous vouloir aucunnement faillir; mais les choses ne sont d'elles-mêmes point faisables[2]. » Cette nouvelle démarche n'eut pas plus de succès que la précédente; il était temps que l'intervention du Roi vînt tirer le duc d'embarras.

Le 21 août, Dresnay était auprès du Dauphin et lui présentait la lettre que le Roi l'avait chargé de lui remettre. Louis répondit qu'il avait l'intention d'envoyer vers son père pour lui faire savoir comment les choses s'étaient passées; ce qui était advenu était imputable au duc de Savoie plutôt qu'à lui. Il consentit pourtant à une suspension d'armes jusqu'au 12 septembre[3]. Le 29 août, Dresnay écrivait au duc : « Soyez bon père à Monseigneur, car, par Dieu, je suis sûr qu'il sera bien bon fils, comme j'ai espérance de vous le dire bien bref plus au long[4]. »

Le 2 septembre, le duc de Savoie écrivit au Roi. Il le remerciait de son intervention dans sa querelle avec le Dauphin; cette intervention était fort nécessaire, car les choses allaient empirant, et il n'avait obtenu aucune satisfaction; il annonçait l'envoi d'une ambassade pour mettre pleinement le Roi au courant. « Je pense, ajoutait-il, que quand vous aurez tout

1. « Vous ay fait offrir et presenter tout ce qui m'est raisonnablement possible, voyre plus que povoir. » Lettre du duc au Dauphin, 18 juillet 1454. Archives de Turin, *Lettere principi di Savoia*, mazzo I, nº 89, minute.
2. Même lettre.
3. Dresnay au duc de Savoie. La Tour du Pin, 22 août 1454. Ms. latin 17779, f. 61.
4. Ms. latin 17779, f. 61 vº-62. Dans cette lettre Dresnay se plaignait des excès commis par les hommes d'armes du duc sur ses gens, et en demandait réparation.

ouï vous aurez bien grand déplaisir de ce que les choses soient allées si avant[1]. »

Le sire de Gaucourt était revenu de Bresse en compagnie de Blaise Greslé[2]. Il se rendit à Annecy, où s'ouvrit une conférence à laquelle prirent part les ambassadeurs du duc de Bourgogne[3] et des envoyés de la ville de Berne. Un accord ne tarda point à s'opérer ; il fut signé à la date du 14 septembre[4].

Durant l'année 1455, Charles VII ne cessa de poursuivre ce double but : déjouer les intrigues du Dauphin ; obliger le duc de Savoie à remplir ses engagements envers la Couronne.

Au mois de mars, il envoie Guillaume Toreau en Savoie et en Milanais : cet ambassadeur est chargé de porter à Sforza une lettre dans laquelle le Roi lui demande de ne conclure aucun traité avec le Dauphin[5], ce à quoi le duc de Milan s'engage[6]. Le 31 mars, le duc de Savoie écrit au Roi et lui envoie un ambassadeur pour l'informer de l'attentat commis par Jean de Compey contre Pierre de Menton et son fils, au moment même où le duc s'employait, conformément au traité, à ménager un accord entre Compey et les nobles bannis de la Savoie[7]. Charles VII répond, à la date du 20 avril, qu'il compte que le duc va faire de ce crime telle réparation que son hon-

1. Original, ms fr. 18983, f. 15.

2. Gaucourt passa par Lyon le 9 septembre ; il y revint le 10 octobre, après la conclusion du traité. Archives communales de Lyon, BB 5, f. 229, et CC 403, n° 46.

3. Nous les avons nommés plus haut. — Notons ici que, un peu plus tard, Guillaume Rolin fut envoyé au Dauphin (ambassade du 12 décembre 1454 au 16 janvier 1455), « pour aucunes matières secrètes dont icelui seigneur (le duc de Bourgogne) ne voult autre declaracion estre faite. » Archives du Nord, B 2020, f. 190.

4. Il se trouve aux archives de Turin, *Protocoli*, 102, f. 65-68. Le Dauphin donna le 20 septembre ses lettres de ratification. Original, Archives de Turin, *Trattati*, paquet IX, nos 16 et 17.

5. Lettre du Roi à Sforza, 18 mars 1455. Original aux Archives de Milan, *Francia, Corrispondenza con Carlo VII*, etc. ; Lettre de Sforza au Roi, 12 avril 1455, aux mêmes archives, *Francia dal... al 1470* (en minute), et Bibl. nationale, ms. ital. 1601, f. 53. — Sur les relations du Dauphin avec Sforza, voir *Lettres de Louis XI*, t. I, p. 67 et suiv. et 258.

6. « Et pertanto videndo io che tale intelligentia è molesta alle Maestà vestra, io non la faria per conditione alcuna del mondo. »

7. Le texte de cette lettre est dans les extraits d'un Registre du Conseil publiés par M. Valois, p. 7. Cf. Créance de l'ambassadeur, Johan Beguet, p. 24-25.

neur et l'honneur du Roi seront saufs[1]. En même temps il fait partir Chabannes, avec mission d'empêcher le duc de prêter l'oreille à des propositions du Dauphin, qui cherchait à obtenir son appui contre le Roi.

Le 25 avril, Charles VII écrit à Chabannes : « J'ai reçu présentement les lettres que vous m'avez envoyées de beau cousin de Dunois, lesquelles je vous renvoie ; et me semble que vous devez faire diligence ainsi que déjà vous avez commencé, car lui-même par les lettres le conseille[2]. » Chabannes réussit à contrecarrer les menées du Dauphin. Le 2 mai, il est de retour auprès du Roi[3], et lui fait part du résultat de sa mission. A la fin de mai, Jean de Lornay revient de Savoie et apporte de bonnes nouvelles des dispositions du duc[4]. C'est le moment où Charles VII entreprend son expédition contre le comte d'Armagnac et où Chabannes va occuper militairement le Rouergue. Le 31 mai, le duc de Savoie envoie trois ambassadeurs au Roi ; le 30 juin, il donne commission à son maréchal, Jean de Seyssel, de se rendre à Macon, où une conférence doit se tenir à la fin de juillet[5] pour régler définitivement l'affaire des nobles savoisiens[6]. Au mois d'août, une mission importante est confiée à Dunois et au connétable : ils partent pour Genève afin de régler toutes les questions en litige entre le duc et le Roi[7]. En même temps Chabannes est envoyé à Lyon pour diriger, s'il y a lieu, les opérations militaires. Le Roi a résolu d'agir avec vigueur contre son fils révolté. Mais, auparavant, il faut être assuré du concours ou tout au moins de la neutralité du duc de Savoie.

1. Valois, *l. c.*, p. 6.
2. Lettre publiée dans la *Chronique martinienne*, f. 208.
3. Cette date nous est fournie par les extraits d'un Registre du Conseil. Valois, *l. c.*, p. 15.
4. Lettre du Roi à Chabannes en date du 27 mai (*Chronique martinienne*, f. 209).
5. Archives de Turin, *Protocoli*, 91 f. 527 v°.
6. Voir le long mémoire dans lequel les seigneurs savoisiens exposent ce que le duc a encore à faire à leur égard pour l'exécution de la sentence du Roi. Ms. latin 17779, f. 64-71.
7. Le 22 août, le connétable contresigne des lettres du Roi données à Bois-Sire-Amé ; le 3 septembre, Dunois est à Lyon, où il est rejoint le 9 par le connétable et par Chabannes. Archives communales de Lyon, BB 7, f. 4 v°-6 v° ; CC 403, n°s 25 et 27.

Sur ces entrefaites on est avisé qu'un homme d'armes de la compagnie de Pierre de Brezé, Robert du Sel, est parti subitement pour le Dauphiné : on craint qu'il n'y ait là quelque trahison de la part du Dauphin. Le 19 septembre, Pierre Doriole, l'un des conseillers du Roi, entièrement à la discrétion de Chabannes, écrit à celui-ci : « Soyez sûr, Monseigneur, que monseigneur de Dunois, que le Roi appelle le *chasseur de marée*, et aussi monseigneur du Maine, ont fait du pis qu'ils ont pu contre vous; mais les oiseaux qui chantent la nuit ne vous ont point oublié. Et pareillement le Roi vous écrit que faites faire diligence, partout où convenablement sera possible, de trouver ledit Robert du Sel... Grâces à Notre Seigneur, le Roi est en bon point et fait bonne chère[1]. »

Charles VII avait, en effet, été pris d'une subite indisposition : elle n'eut pas de suite. Le 26 septembre, il écrivait à Chabannes : « Et à ce que nous écrivez que avez envoyé maître Pierre Burdelot par deça pour savoir au certain de l'état et disposition de notre personne, pour ce que nouvelles ont été par delà que avons aucunement été mal disposé..., nous avons deux ou trois jours été un peu mal disposé d'un côté, mais, grâces à Notre Seigneur, nous sommes très bien guéri, et aussi en bonne santé et disposition que fûmes longtemps a. » Le Roi ajoutait : « Et comme naguères vous avons écrit, sommes prêt et bien disposé pour marcher avant et faire tout ce qui seroit pour le bien des matières... Et, pour ce, ne vous donnez point de mélancolie pour doute de la disposition de notre personne, mais toujours faites et vous employez vigoureusement à l'exécution des matières dont vous avons donné charge, comme bien y avons la confiance[2]. »

Dans les premiers jours d'octobre, on attendait à Lyon le prince et la princesse de Piémont, que Dunois et le connétable avaient été chargés de ramener[3]. Le 15, ils arrivèrent, en compagnie de la duchesse de Savoie[4]. Charles VII donnait en même

1. Lettre publiée dans la *Chronique martinienne*, f. 300 v°.
2. Lettre publiée dans la *Chronique martinienne*, f. 300.
3. Archives communales de Lyon, BB 7, f. 10.
4. *Idem*, BB 7, f. 10 et 10 v° ; CC 403, n°s 26 et 28.

temps à Jean d'Aulon une nouvelle mission auprès du duc de Savoie[1], et ordonnait à son procureur général Jean Dauvet de prendre en main l'affaire des nobles savoisiens[2].

Pour être plus à portée de suivre les événements, Charles VII avait quitté le Berry dans les premiers jours d'octobre, et s'était rendu en Bourbonnais. A la date du 13 novembre, dans une réunion du Conseil, tenue à Saint-Pourçain, on examina les questions relatives à l'interprétation du traité de Cleppé, et on délibéra sur les réponses à faire aux demandes d'explication présentées à cet égard par le duc de Savoie[3]. En même temps, Jean de la Gardette, prévôt de l'hôtel, fut envoyé à Genève : il avait mission de procéder à l'arrestation de certains « Chippriens, Chipprienнes et autres estrangiers » qui dominaient à la cour de Savoie et que le duc avait abandonnés à la justice du Roi pour procéder contre eux ainsi qu'il appartiendrait[4].

Le duc ne tarda pas à se rendre à Saint-Pourçain, en compagnie de la duchesse et du prince et de la princesse de Piémont. Le 13 décembre, il y donnait des lettres par lesquelles il réglait la question de l'apanage du prince de Piémont[5]. Le 16, il confirmait les stipulations faites à Cleppé au mois d'octobre 1452 et désignait les deux cents chefs d'hôtel qui devaient jurer et garantir l'exécution du traité[6]. Le duc fit un long séjour à Saint-Pourçain[7] : il y était encore le 25 février 1456,

1. Il était accompagné de Jean Simon, avocat du Roi. Quittance de d'Aulon en date du 10 janvier 1456. *Pièces originales*, 978 : DAULON, nº 8.

2. Dauvet s'y employa à partir du 10 novembre. Envoyé par le Roi en Languedoc comme commissaire auprès des États Généraux, il laissa au prévôt des maréchaux, Tristan Lermite, le soin de poursuivre l'affaire des Savoisiens et le « procès des Cypriens. » Archives, KK 328, f. 374 vº et 376 vº.

3. Voir le texte de cette délibération dans Du Puy, 113, f. 127 vº.

4. Ce fait est établi par une lettre du Roi aux syndics, conseil et communauté de Genève, datée de Montcauquier le 23 novembre. Archives d'État de Genève, Portefeuille des pièces historiques, nº 622.

5. Guichenon, *Histoire généalogique de la maison de Savoie, Preuves*, p. 405. — Le 19 décembre, Emmanuel de Jacob, ambassadeur du duc de Milan, alors auprès du Roi, écrivait à son maître : « Li facti del duca di Savoia passerano bene. Et, passata la Epifania, la maiestà del Re retornera presso a Sancto Porsano ad una lega per mettere fine al facto de quelli gentilhomini... Lo duca et la duchessa farano le feste a Sancto Porsano. » Ms. italien 1587, f. 101.

6. Guichenon, *Histoire de Bresse et du Bugey*, 1re partie, p. 80. Cf. Archives de Turin, *Trattati*, paquet IX, nº 15.

7. Voir délibération du Conseil en date du 21 janvier. Legrand, VIII, f. 71.

date où il donna des lettres par lesquelles il s'engageait à convoquer les États de ses pays pour ratifier les conventions passées avec Charles VII[1]. Cette réunion, à laquelle Charles VII se fit représenter par l'évêque de Viviers, Chabannes et deux autres conseillers, eut lieu au commencement de mai. Le 5 juin suivant, le duc écrivait au Roi qu'il avait reçu les lettres que le comte de Dammartin et les autres ambassadeurs lui avaient apportées et annonçait qu'il avait, conformément à sa promesse, fait ratifier les traités[2].

Tandis que le duc de Savoie, poussé dans ses derniers retranchements, se décidait à céder et scellait sa réconciliation avec le Roi, dont désormais il devait être l'allié fidèle, le Dauphin voyait grossir l'orage qui allait fondre sur lui. Pris de cette « peur sauvage » dont parle Georges Chastellain[3], que justifiait non la sévérité de son père, dont l'indulgence n'avait été que trop prolongée, mais la conscience des torts irrémissibles qu'il s'était donnés, Louis cherchait de tous côtés du secours pour parer le coup qui le menaçait. Il était en relations avec le duc de Bourgogne[4], avec le duc de Bretagne[5], avec le comte d'Armagnac[6], avec le duc d'Alençon. « Mon parrain,

1. Original, ms. fr. 18983, n° 36. La veille, le Roi donnait des lettres patentes par lesquelles il déclarait qu'en faisant faire en son nom, par le connétable et par Dunois, certaines assignations, arrêts, prises, etc., il n'avait pas entendu préjudicier aux droits du duc et de ses successeurs. Lettres données au Châtelier près Ebreuil le 24 février 1456. Ms. fr. 18983, n° 45, et sans date dans le ms. fr. 5909, f. 162 v°.

2. Original, ms. fr. 18983, f. 9. — Les seigneurs savoisiens donnèrent en même temps leurs lettres de ratification. Voir lettres des 30 et 31 mai, 1er et 5 juin, dans ms. fr. 18983, n° 56 et suiv.; *Pièces originales*, 220 : BAUME (dossier 5088) ; Moreau, 1047, n° 56 ; *Hist. patr. mon.*, t. XIII, col. 259-67.

3. « Ledit Dauphin estoit jà tout estrangnier de son père, à cause du long terme que tenu s'en estoit absent, et avecques franchise qu'avoit jà longuement prise d'estre à luy mesme sans corrigeur, sy avoit il pris une peur sauvage de son père et un doute que si d'aventure il se fust trouvé devers luy, il l'eust corrigé de main mise par prison ou autrement, car avoit esté secretement averti aucunement de si faites menaces. » Chastellain, t. III, p. 52-53.

4. Un ambassadeur de Sforza à la cour du duc de Bourgogne écrivait à la date du 5 mars 1455 : « Monsignore lo Delfino ha mandato a donare ei à monsignore de Burgogna una colovrina et alchuni presenti, et li mostra grandi segni d'amore. » Archives de Milan, *Dominio Sforzesco*, janvier-juin 1455.

5. On a la trace d'une ambassade du Dauphin vers ce prince. D. Morice, t. II, col. 1680.

6. Le 9 septembre 1455, le Dauphin donnait quittance d'une somme de vingt-deux mille écus d'or reçue du comte d'Armagnac pour le prix des quatre châtellenies de Rouergue à lui abandonnées. Doat, 219, f. 95.

mon parrain, écrivait-il à ce dernier, ne me faillez pas au besoin et ne faites pas comme le cheval au pied blanc[1]. » Son humeur inquiète le faisait réputer, dans toutes les cours, pour un prince fort à redouter. Quand le duc d'Alençon avait envoyé des émissaires en Angleterre dans le dessein de nouer des intelligences avec les conseillers de Henri VI, ceux-ci avaient demandé avec anxiété si le Dauphin n'était point en Normandie; on leur avait dit que le Roi lui avait donné cette province et ils craignaient fort qu'il ne vînt s'y établir. Grande fut leur satisfaction quand ils apprirent qu'il n'en était rien[2]. En rapportant le fait à son maître, l'envoyé du duc d'Alençon ajouta que, autant qu'il avait pu s'en apercevoir, le Dauphin était l'homme de France que les Anglais craignaient le plus[3].

Si le Dauphin eût été la terreur des ennemis du royaume — terreur bien mal fondée puisqu'un jour il devait se faire leur auxiliaire — la chose ne pouvait que lui faire honneur; mais c'est avec raison que, à la cour de Charles VII, on redoutait qu'il ne fût capable de quelque mauvais coup. Dans un Conseil tenu le 18 décembre 1453 à Saint-Pourçain, auquel assistaient le connétable, le chancelier, Dunois, Chabannes, l'évêque de Coutances, et plusieurs autres notables conseillers du trône, des résolutions furent arrêtées au sujet d'une mesure arbitraire que venait de prendre le Dauphin : il avait établi un impôt sur les blés venant du royaume. Le Conseil décida qu'il convenait de faire agir les officiers royaux à Lyon, les officiers de l'archevêque et les gens du Conseil de ville, sans que leur intervention parût procéder de l'autorité du Roi, et de réclamer le retrait d'une mesure préjudiciable à toute la contrée. Si le Dauphin ne cédait pas, le Conseil estimait qu'on devait établir un droit sur les blés venant du Dauphiné[4].

Le Dauphin avait été fort ému à la nouvelle de la venue de son père en Bourbonnais. Quand il le vit s'y installer, il faillit

1. Cette lettre parvint au duc d'Alençon vers le mois d'octobre 1455. Ms. fr. 16111, f. 80 v°.
2. Procès du duc d'Alençon, *l. c.*, f. 47 v° et 49.
3. *Idem*, f. 47 v°.
4. Procès-verbal dans le Ms. fr. 15537, f. 135.

perdre la tête. Ses conseillers ne savaient plus quel parti prendre. « La continuation et la demeure du Roi par deça, lisons-nous dans un document émané de la chancellerie royale, les a mis et met en telle crainte que force leur sera de venir à la fin et conclusion qu'ils doivent, car ils ne voient plus de remède de pouvoir continuer les folies et les termes du temps passé[1]. » Louis imagina d'envoyer au Roi un Cordelier qui semblerait agir auprès de lui de sa propre initiative et sans avoir reçu de mandat officiel. Ce moyen n'ayant pas réussi, le Dauphin fit partir un de ses conseillers et chambellans, Guillaume de Coursillon, pour voir si, « par belles paroles et humbles[2], » le courroux du Roi pourrait être calmé.

Le 29 avril 1456, au château du Châtelier, Coursillon présentait la lettre de créance du Dauphin, en date du 17[3]. A son grand étonnement, le Roi, sans demander des nouvelles du prince[4], prit la lettre et la passa au chancelier, qui la lut à haute voix. S'adressant alors à l'envoyé du Dauphin : « Dites « pourquoi vous êtes venu, lui dit-il, je l'entendrai volon- « tiers. » Coursillon répondit, conformément à la rédaction préparée à l'avance : « Sire, Monseigneur se recommande à « votre bonne grâce et vous supplie le plus humblement qu'il « peut qu'il vous plaise lui pardonner de ce qu'il n'a plus tôt « envoyé devers vous. Sire, il m'a çi envoyé pour vous prier et « supplier très humblement qu'il vous plaise, en l'honneur de « Dieu et de Notre-Dame, lui pardonner toute déplaisance que « vous pourriez avoir eue à l'encontre de lui. Sire, comme « vous savez, cette chose çi a eu bien longue durée, et ne peut « être qu'il n'y ait eu des rapports sans nombre, et de bien « étranges, et par lesquels pouvez avoir eu de grandes suspec-

1. Instructions du Roi à Odet d'Aydie, bailli de Cotentin, envoyé au comte de Dunois, 15 mai 1456. Original, Fontanieu 881, f. 5.

2. Chastellain, t. III, p. 55.

3. Original dans Du Puy, 752, f. 22 ; éd. par Duclos, *Preuves*, p. 99, et par M. Charavay, *Lettres de Louis XI*, t. I, p. 72. — M. Charavay donne, avant cette lettre, une autre lettre du Dauphin au Roi, datée de Valence le 9 mars, qu'il place à l'année 1456. C'est inadmissible : la lettre n'est point de 1456 ; elle nous paraît devoir être rapportée à l'année 1447, aussitôt après le départ de Louis pour le Dauphiné.

4. Sans que onques demandast : « Comment va-il à Loys ? » ou : « Comment fait-il ? » Dont assez se tint esbay ledit messire Guillaume. » Chastellain, p. 56.

« tions, et lui de grandes craintes. Il vous supplie très hum-
« blement qu'il vous plaise, de votre grâce, vous contenter et
« assurer de lui, car il y veut mettre et son cœur et son âme.
« Et, Sire, pour non vous ennuyer, et aussi qu'il n'appartient
« point de vous présenter chose tant que on sente si elle vous est
« agréable, s'il vous plait, vous commettrez quelque homme
« féable à qui je puisse clairement parler de cette matière ; et
« puis sur ce vous pourrez aviser à votre bon plaisir[1]. »

Le Roi congédia alors l'envoyé du Dauphin, en lui disant de se rendre à Gannat, où résidaient les gens du Conseil : là il déclarerait ce qu'il avait à dire. Une fois arrivé dans ce lieu, Coursillon produisit un troisième document, également signé de la main de son maître, et contresigné par deux secrétaires : c'étaient les offres du Dauphin. En voici la teneur :

« Si c'est le plaisir du Roi, Monseigneur sera content de faire ce qui s'ensuit :

« Premièrement, fera tous serments et suretés qu'il plaira au Roi de le servir envers tous et contre tous, sans nuls excepter, et de ne tenir parti que le sien.

« *Item*, sera content de renoncer à toutes alliances, si aucunes en avoit faites, et promettra que jamais n'en fera nulles, et pareillement qu'il ne passera la rivière du Rhône, ni entrera au royaume, sans le sçu, congé et licence du Roi.

« Parmi ce, qu'il plaise au Roi, attendu les soupçons et rapports faits en cette matière, dont mondit seigneur a de grandes craintes, que, touchant sa personne et ses serviteurs, il soit et demeure à son bon plaisir et franc arbitre, sans être contraint en cette matière, sinon à sa volonté, et que de ce il plaise au Roi l'en bien assurer[2]. »

1. Cette réponse, dont Coursillon remit ensuite le texte, portait la même date que la lettre du Dauphin ; elle était signée par lui et contresignée par son secrétaire Jean Bourré. Original, Du Puy, 762, f. 21 ; éd. par Duclos (*Preuves*, p. 100), qui n'a pas respecté l'orthographe de l'original.

2. Ce document se trouve (avec les deux précédents) dans le procès-verbal de l'ambassade de Coursillon, dressé par la chancellerie royale. Ms. fr. 15537, f. 93. Cf. Duclos, *Preuves*, p. 101. — La version accréditée par Duclos et par M. de Barante, et dont l'origine doit être attribuée à Georges Chastellain, car nous la retrouvons plus développée dans sa *Chronique*, est évidemment celle du Dauphin, et par là même elle est suspecte. Le manuscrit 15537 — dont on ne saurait trop déplorer la disparition des

Il résulte de ce document que le Dauphin ne consentait à se soumettre qu'à la condition de rester en Dauphiné, si cela lui convenait, et de garder ses serviteurs : c'était un blanc-seing qu'il demandait à son père. Il n'est pas étonnant que le Roi ait trouvé ces prétentions « bien estranges[1]. »

Après mûre délibération, tant à Gannat qu'au Châtelier, où le Roi tint un conseil extraordinaire, auquel assistaient les comtes de Clermont et d'Étampes, Coursillon fut appelé devant le Roi. On avait fait venir également frère Basile, le cordelier envoyé par le Dauphin en premier lieu. Là, le chancelier donna lecture de la réponse dont le texte avait été arrêté en conseil.

Le Roi a fait examiner les lettres et instructions du Dauphin. Sur le premier point de la créance, les ouvertures sont bonnes et semblent procéder d'un bon désir. Le Roi en est très content et désirerait singulièrement que le Dauphin se voulût bien gouverner. Quand le Dauphin voudra se conduire envers le Roi comme il est tenu de le faire et de façon à ce que le Roi puisse prendre confiance et sûreté qu'il le veuille servir et obéir, et ne plus retourner aux termes du temps passé, le Roi le recevra benignement et lui fera comme bon et naturel père doit à son bon et obéissant fils. — En ce qui concerne le second point, le Roi et les gens de son conseil ont été bien étonnés, car il n'est point conforme aux lettres du Dauphin ni à ce que Coursillon a dit de sa part. En se refusant à venir vers le Roi, le Dauphin ne se met pas en l'humilité et obéissance qu'il lui doit, et ne montre pas qu'il veuille rompre avec le passé. Dans cette situation il ne pourrait accomplir son service envers le Roi et le royaume comme il est tenu, et l'esclandre et murmure causés par son éloignement ne seraient point apaisés. —

rayons de la Bibliothèque nationale — nous offre la version de la chancellerie royale, et c'est celle-là que nous suivrons ici. — D'après Chastellain, le Roi aurait insisté pour que Coursillon exposât toute sa créance verbalement ; il l'aurait ensuite congédié sèchement, et l'aurait fait attendre quatre jours en son logis, sans le mander ni lui donner de réponse ; enfin, après l'avoir reçu en audience et lui avoir fait communiquer sa réponse par son chanceller, il l'aurait renvoyé d'une façon peu courtoise. Tout ceci est démenti par le procès-verbal officiel, qui expose les faits de la manière la plus complète.

1. Instructions du 15 mai, citées plus loin.

Sur le troisième point, la condition qu'il pose n'est ni juste ni raisonnable : en voulant retenir auprès de lui ceux qui l'ont amené à tenir les termes qu'il tient, le Dauphin montre qu'il veut y persister, ce dont de plus grands inconvénients pourraient résulter en Dauphiné. « Et pour ce que, disait en terminant le chancelier, le Roi connoit bien et chacun peut connoître que Monseigneur est très mal conseillé et que ceux qui sont autour de lui y ont grande faute, le Roi, par avant votre venue, a, par bonne et mûre délibération de conseil, ordonné d'y pourvoir ; et sans charge de conscience ne pourroit plus dissimuler qu'il n'y pourvût [1]. »

Après que le chancelier eut terminé sa lecture, frère Basile s'approcha de Coursillon et l'engagea vivement à transmettre au Dauphin la réponse si favorable qui lui était faite : si ce prince ne s'y conformait point et ne rentrait dans l'obéissance, Dieu, qui est au-dessus de tout, pourrait l'en punir et cela lui porterait malheur ; en outre, la croisade contre les Turcs ne manquerait pas d'être entravée.

Coursillon demanda au Roi de lui permettre de conférer avec le chancelier, Jean Bureau et Pierre Doriole. Le Roi y consentit. « J'ai entendu par la réponse qui a été donnée, dit l'envoyé « du Dauphin, que le Roi ne prend point en gré ce que Monseigneur a fait dire qu'il ne passeroit pas le Rhône sans son « plaisir. Monseigneur, eu égard à aucunes choses qui lui ont « été dites, le croyoit faire en bonne intention et comme fils « obéissant. » Coursillon répéta qu'il était chargé de supplier le Roi de vouloir bien autoriser le Dauphin à ne point revenir près de lui pendant un certain temps et à conserver ses serviteurs.

La conversation se prolongea. Après cet échange d'observations, les conseillers du Roi vinrent rendre compte de l'entretien. « Au commencement, » leur dit le Roi après qu'il eut entendu cet exposé, « mon Conseil n'avait pas bien compris « l'offre que faisoit Louis de non passer le Rhône ; tenant « compte de ce qu'a dit Coursillon, je la prends à bon enten-

1. Ms. fr. 15537, f. 91 v°.

« dement et j'en suis bien content. Mais, au regard de l'autre « point touchant ses serviteurs, attendu que, le temps passé, « ils l'ont conseillé et maintenu en cette erreur et l'y tiennent « encore, il n'y a point de réponse à faire. »

Les paroles du Roi furent rapportées à Coursillon. On lui dit en outre : « Vraiment, ce n'est ni honnêtement ni sagement « fait de marchander ainsi à son père. Remontrez donc à Mon- « seigneur que de tous points il se soumette au Roi, car meil- « leur ni plus sûr conseil il ne pourroit trouver pour sa per- « sonne ni plus honorable pour son état. » — « Je vois bien, « répondit Coursillon, que le Roi et tout son Conseil tendent à « tout bien. Je le rapporterai à Monseigneur ; mais je sais qu'il « est en telles craintes que je doute de le persuader en si peu « de temps. »

Coursillon fut alors introduit auprès du Roi pour prendre congé. « Je prends à bon entendement, lui dit le Roi, et j'en « suis bien content, les promesses que Louis fait de non pas- « ser le Rhône sans mon consentement. Au commencement il « n'avoit pas bien été entendu. » Là-dessus l'envoyé du Dauphin fut congédié[1].

Sur ces entrefaites le Roi apprit la conspiration du duc d'Alençon. Il fit partir aussitôt le comte de Dunois pour prendre les mesures commandées par les circonstances. Le 15 mai, il lui envoya Odet d'Aydie, bailli de Cotentin, porteur de ses instructions. Le bailli était chargé en même temps d'exposer à Dunois tout ce qui s'était passé, depuis qu'il l'avait quitté, relativement au Dauphin, et de lui communiquer la réponse faite à Coursillon[2].

Le Dauphin, voyant que la démarche faite auprès de son père n'avait point eu de succès, résolut de s'adresser au duc

1. Je suis la version de la chancellerie royale, consignée dans le ms. 15537 (f. 94 v° et suiv.). J'ai le vif regret de ne pouvoir la revoir sur l'original, et d'être obligé de me contenter des notes prises autrefois sur le manuscrit. On voit que cette version dément absolument le récit de Georges Chastellain (t. III, p. 58-59), qu'on retrouve dans les *Preuves* de Duclos (p. 102-103), et qu'a suivi M. de Barante.

2. « Laquelle response, disait le Roi, est conforme à l'oppinion que mondit seigneur de Dunoys deist au Roy sur ceste matiere, derrenier qu'il partit de luy. » Instructions du 15 mai 1456. Fontanieu 881, f. 5.

d'Orléans, afin qu'il intervînt en sa faveur. A la date du 18 mai, il lui écrivit qu'il avait fait au Roi des offres « bien raisonnables » et avait reçu « bien estrange responce ; » il envoyait au duc le double de tous les documents, en le priant de se transporter le plus tôt possible auprès du Roi, ou d'envoyer vers lui, pour lui « supplier ou requérir, disait-il, au nom de la Passion de Notre-Seigneur, qu'il lui plaise de sa grâce nous octroyer les deux points dessusdits (prolongation de séjour en Dauphiné et maintien de ses serviteurs), qui n'est pas grande chose, tout considéré. » Si le Roi y consentait, le Dauphin demandait que le duc d'Orléans et les autres princes du sang fussent réunis avec le Conseil pour entendre les motifs de la « desplaisance » du Roi à l'égard de son fils. Le Dauphin se faisait fort, au plaisir de Dieu, de s'excuser tellement que Dieu, le Roi et tous les princes et seigneurs du Conseil en devraient par raison être satisfaits. Enfin, il demandait au duc de solliciter le Roi de l'entendre : « Qu'il lui plaise, lui qui est prince de justice, ne vouloir concevoir une si grande merencolie contre nous sans que premièrement nos raisons et excusations soient ouïes, qui est chose que ne se devroit dénier au plus étranger du monde[1]. »

Le Dauphin ne se contenta pas d'écrire au duc d'Orléans : il s'adressa à plusieurs autres princes du sang pour les prier de prendre sa cause en main[2]; il écrivit aussi ou fit écrire à des membres du grand Conseil[3].

En attendant le résultat de cette intervention, Louis résolut d'envoyer une nouvelle ambassade à son père pour lui faire prendre patience. Le 28 mai, Guillaume de Coursillon et Simon Le Couvreur, prieur des Célestins d'Avignon, partirent de Romans. Reçus par Charles VII le 8 juin, ils présentèrent aus-

1. Lettre publiée par M. Étienne Charavay, *Lettres de Louis XI*, t. I, p. 73, d'après l'original dans son Cabinet.

2. Cela résulte de la réponse du Roi aux envoyés du Dauphin en date du 30 juin. Voir plus loin.

3. Il y a dans Le Grand, V, f. 70, une lettre sans date adressée aux seigneurs du Conseil et donnant les meilleures assurances au nom du Dauphin ; elle se rapporte évidemment aux démarches faites à ce moment.

sitôt leur lettre de créance[1] et firent, en présence du Conseil, l'exposé de leur mission.

« Sire, dirent-ils, Monseigneur se recommande très humble-
« ment à votre bonne grâce et a été très joyeux de ce qu'il
« vous a plu avoir agréables les offres et présentations que
« naguères vous a fait faire par messire Guillaume de Cour-
« sillon ici présent; dont il vous remercie tant que plus peut.
« Et croyez, Sire, qu'il n'est chose possible en ce monde que
« Monseigneur ne veuille et désire faire, comme raison est,
« pour avoir et demeurer toujours en votre bonne grâce. Et
« pour ce, Sire, qu'il a désir de faire par effet ce qu'il vous a
« fait savoir, et plus si plus pouvoit faire, pour cette cause
« nous a renvoyés devers vous pour vous dire à part plus à
« plein son intention et bonne volonté, que nous vous dirons
« quand il vous plaira nous ouïr[2]. »

Les envoyés du Dauphin ajoutèrent qu'ils étaient chargés de renouveler les offres de leur maître. Le Dauphin était disposé à faire à son père tels serments et à lui bailler telles sûretés qu'il lui plairait de le servir envers et contre tous, et de ne conclure aucune alliance sans son congé, comme aussi de renoncer à toutes alliances contraires s'il en avait conclu, et de ne point passer le Rhône sans son consentement; mais il était déplaisant que le Roi ne lui eût point écrit, ni « mandé salut, » ni « enquis de l'état de sa personne, » et qu'il ne lui eût point fait donner de réponse écrite[3].

On demanda aux envoyés du Dauphin s'ils n'avaient point d'autre charge; ils répondirent négativement. On les pria de remettre le texte de leur créance; ils déclarèrent qu'ils ne le possédaient pas. On leur lut alors la réponse faite à Coursillon, et on leur dit que le Roi eût désiré qu'ils eussent eu des instruc-

1. Original, ms. fr. 2811, nº 27; éd. dans la *Chronique de Georges Chastellain*, t. III, p. 59, et *Lettres de Louis XI*, t. I, p. 75.

2. Ce document portait la date de Romans, 28 mai; il était signé par le Dauphin et contresigné par Bourré. Original, ms. fr. 15537, f. 3; le texte se retrouve dans Georges Chastellain, t. III, p. 60.

3. « Ce que dirent au Roy le prieur des Celestins d'Avignon et messire Guillaume de Courcillon luy presentans les lettres closes de monseigneur le Dauphin. » Copie du temps, ms. fr. 15537, f. 58; copie moderne, Du Puy, 762, f. 20.

tions écrites, afin de pouvoir en prendre connaissance; puisqu'ils ne les avaient pas, ils les mettraient par écrit et les fourniraient le jeudi suivant (c'était le lendemain 9) au Conseil.

Avant la fin de l'audience, le prieur des Célestins demanda et fut admis à entretenir le Roi en particulier[1].

Le prieur exposa que, craignant de déplaire au Roi, il n'avait pas voulu, en présence de son Conseil, lui dire le déplaisir qu'avait éprouvé le Dauphin de ce qu'il avait renvoyé Coursillon « à si crue response et encore sans escrit, » et ne s'était point informé de l'état de son fils, comme, de sa grâce, il l'avait fait jusque-là. Le Roi avait fait dire à Coursillon par son chancelier que, quand le Dauphin lui présenterait quelque requête, il ferait plus pour lui qu'il ne saurait demander; le Dauphin l'en remerciait très humblement, et renvoyait vers lui pour le supplier qu'il lui plût, de sa grâce et en l'honneur de Dieu, être et demeurer content de lui et lui accorder sa très humble requête, laquelle, tout bien considéré, semblait être raisonnable. « Sire, « ajouta-t-il, quand votre bon plaisir sera la lui bénignement « octroyer, ainsi qu'il en a parfaite confiance, vous le jetterez « hors de la déplaisance, qui ne peut être plus grande, et l'as« surerez de la crainte où il est, qui longuement, Sire, a déjà « duré[2]. »

Charles VII réunit son Conseil et fit examiner à loisir ce qu'il convenait de dire aux envoyés du Dauphin. Ce fut seulement le 30 juin que réponse leur fut donnée.

Le Roi avait reçu les lettres closes du Dauphin, ouï la créance présentée en son nom, et pris connaissance des deux instructions signées de la main de son fils : l'une contenant deux points : 1° que le Dauphin était joyeux de ce qu'il eût agréé ses offres ; 2° qu'il n'y avait chose au monde qu'il ne fît pour demeurer en sa bonne grâce; l'autre contenant quatre points relatifs : 1° aux serments et sûretés offerts par le Dauphin ; 2° au renoncement aux alliances; 3° au passage du

1. Même document.

2. Les paroles du prieur des Célestins sont rapportées par Chastellain (p. 60-62), qui place dans sa bouche les offres renouvelées au nom du Dauphin, lesquelles, d'après le document émané de la chancellerie royale, avaient été produites dans l'audience publique.

Rhône; 4° à l'agrément du Roi à l' « humble requête » du Dauphin.

La requête en question n'étant point spécifiée dans les instructions du Dauphin, le Roi a fait demander à ses envoyés en quoi elle consistait; ils ont répondu que le Dauphin l'entendait selon la teneur des instructions données à Coursillon le 17 avril précédent, savoir : 1° que le Dauphin ne fut point contraint de venir vers le Roi sinon quand il lui plairait; 2° qu'il put garder ses serviteurs auprès de sa personne et que le Roi voulût bien lui en donner l'assurance.

Les présentes offres n'étaient autres que celles déjà produites au nom du Dauphin. Le Roi y avait fait donner, par son chancelier, réponse « très bonne, douce et raisonnable; » il était satisfait de ces offres, et il désirait que le Dauphin les mît à exécution d'une façon effective.

Quant aux requêtes présentées, le Roi était étonné que le Dauphin y persistât, car elles étaient en contradiction avec ses offres et n'annonçaient point qu'il voulût se mettre en l'obéissance du Roi, comme il était tenu de le faire.

L'attitude prise par le Dauphin depuis le départ de Coursillon montrait bien qu'il ne voulait pas s'humilier devant le Roi, ainsi que son devoir l'y obligeait, et qu'il n'était pas disposé à abandonner les « étranges termes » qu'il avait si longtemps tenus. N'avait-il pas répandu partout sa première instruction — relative aux offres, — en taisant la seconde — où étaient consignées les conditions mises par lui à sa soumission, — et aussi la réponse, pleine d'aménité, que le Roi lui avait faite? N'avait-il pas adressé certaines lettres closes et instructions à plusieurs princes du sang et à des seigneurs du grand Conseil, où il disait qu'ayant envoyé vers le Roi afin de lui présenter des requêtes pour la sûreté de sa personne et celle de ses serviteurs, il avait reçu « bien étrange réponse » dont il communiquait la teneur? Or cette teneur différait essentiellement du texte authentique. N'avait-il pas supplié les princes et seigneurs de s'employer en sa faveur auprès du Roi le plus tôt possible et, au cas où le Roi n'accorderait pas les deux choses qu'il réclamait, n'avait-il pas proposé de tenir une assemblée où le Roi ferait exposer les causes de son mécontentement et où le Dauphin serait admis à se justifier?

Le Roi avait été fort étonné de toutes ces choses, car, par là, le Dauphin cherchait à se justifier des fautes et « étranges termes » du temps passé, et voulait donner à entendre que l'« indisposition » de cette matière était imputable au Roi et non à lui. Or, chacun savait le contraire, et comment le Roi avait toujours été enclin à toute bénignité. Il l'avait encore montré par la réponse récemment faite à Coursillon.

On pouvait juger par tout cela si le Roi devait être disposé à accorder au Dauphin sa requête relativement à des serviteurs qui l'avaient induit à s'éloigner de son père et à persévérer dans l'étrange conduite qu'il avait tenue et qu'il tenait encore.

Quant au prétexte allégué par le Dauphin au sujet des craintes qu'il prétendait éprouver, le Dauphin, à vrai dire, devait bien avoir crainte de l'offense dont il se rendait coupable envers Dieu, envers le Roi son père, envers toute la chose publique de ce royaume, en persistant si longuement dans sa conduite ; mais il ne devait pas avoir crainte de venir à bonne obéissance et de se confier en la miséricorde du Roi, étant considérée la grande bénignité, douceur et clémence qui étaient en lui et dont il avait toujours fait preuve, même envers ses ennemis. « Et n'est en ce monde chose, disait-on en terminant, qui tant dût assurer Monseigneur le Dauphin que de soi trouver en la bonne grâce du Roi, car, Dieu merci, il n'a point été vu jusqu'ici que le Roi ait tenu aucuns mauvais termes à ceux qu'il a reçus en sa bonne grâce et auxquels il a pardonné[1]. »

Les envoyés du Dauphin présentèrent une requête pour avoir une réponse « plus aimable » et qui pût davantage satisfaire leur maître[2]. Ce fut en vain. Loin de marcher vers un

1. Minute originale et copie du temps dans le ms. fr. 15537, f. 90 et 23 ; minute dans le ms. fr. 2811, n°s 28-31. Cf. Duclos, p. 101-13, et Chastellain, t. III, p. 62.

2. Cette requête se trouve dans le ms. fr. 15537, f. 100. Ils demandaient que tous reproches et impropères cessassent et que les paroles où l'on disait que le Dauphin voulait continuer et tenait encore les termes du temps passé fussent ôtées. Le Dauphin ne se pouvait guère mettre en plus grande servitude, sujétion et obéissance qu'il ne faisait, si ce n'était qu'il requérait de ne pas être pressé de venir vers le Roi ; et encore

apaisement, les choses s'envenimaient donc de plus en plus. Comment en eût-il été autrement? Le Roi pouvait-il se fier aux assurances du Dauphin? Ces assurances, Louis ne les avait-il pas déjà cent fois données? Sa duplicité n'était-elle pas évidente, sa mauvaise foi notoire? Charles VII ne devait se faire à cet égard aucune illusion, car il n'ignorait pas, sans doute, qu'en ce moment même le Dauphin faisait des armements, entretenait des intelligences avec plusieurs princes étrangers, et sollicitait l'assistance armée de la ville de Berne.

Cependant Louis, voulant faire traîner les choses en longueur, envoya à son père une troisième ambassade. Coursillon fut mis de côté, et c'est Gabriel de Bernes, l'ambassadeur de 1452, qui fut adjoint au prieur des Célestins. Tous deux partirent de Grenoble le 21 juillet[1], et ils arrivèrent au Châtelier le 3 août.

L'audience royale eut lieu en présence d'Alain de Coëtivy, cardinal d'Avignon, légat du Pape. Ce fut encore le prieur des Célestins qui porta la parole. Conformément aux instructions écrites qu'il avait reçues, il résuma l'état des négociations : le Dauphin avait trouvé « bien dure et bien aigre » la réponse faite à son ambassade, et elle lui avait « donné matière d'être toujours en plus grande suspection qu'il ne fut onques. » N'avait-on pas dit qu'il avait offensé Dieu, le Roi et le monde, « qui sont, en effet, toutes les villenies que l'on peut dire à un homme? » Pouvait-il être content de tels langages et être « à la paix de son cœur? » Le Dauphin avait un sincère désir d'en finir; mais, si l'on comptait pour cela sur les gens du Conseil, on attendrait bien cent ans avant d'arriver à une solution.

il leur semblait que cette réserve n'aurait pas de lieu en cas d'invasion anglaise ou autre; chacun savait que le Roi avait pardonné autrefois à aucuns seigneurs et capitaines qui étaient à sa merci et ses ennemis, et à leurs gens et serviteurs, et aussi leur avait donné de l'argent : il semblait que le Dauphin ne devait être de pire condition; s'il y avait de ses gens que nommément ils sussent être à la déplaisance du Roi, ils le rapporteraient à leur maître, qui y mettrait telle ordonnance que le Roi en serait content. Ces choses considérées, ils demandaient que le Roi leur fît une réponse plus aimable et qui pût être plus agréable au Dauphin.

1. C'est la date de la lettre de créance qui leur fut remise par le Dauphin. Original, ms. fr. 2811, nº 32; publiée dans la *Chronique de Georges Chastellain*, t. III, p. 161, et dans *Lettres de Louis XI*, t. I, p. 76.

Puisque le Roi avait toujours dit que sur cette matière il prendrait l'avis des princes du sang, le Dauphin demandait que les princes fussent saisis de l'affaire, et déclarait s'en remettre à leur jugement[1].

Charles VII fit donner sa réponse, par la bouche de son chancelier, le 20 août[2]. Il se déclarait satisfait de ce que le Dauphin lui avait fait dire relativement aux serments et sûretés, aux alliances et au passage du Rhône ; mais il persistait à repousser les conditions mises par lui à sa soumission, car ce serait « déroger et venir contre les requêtes et offres » faites par le Dauphin lui-même; et, en l'autorisant à ne pas se rendre auprès du Roi, celui-ci approuverait son absence et sa conduite dans le passé. D'ailleurs, le Roi était toujours disposé à recevoir le Dauphin en sa bonne grâce, « comme bon et piteux père doit faire à son bon et obéissant fils, » et à tout pardonner et oublier, pourvu que le Dauphin vînt vers lui sans conditions, « ainsi qu'un bon et obéissant fils doit faire envers un tel père. » Le chancelier termina ainsi : « Et pour ce que autrefois notre Saint-Père a écrit au Roi de cette matière, afin qu'il soit averti de son bon vouloir et du devoir où il se met, le Roi a bien voulu vous faire savoir cette réponse en la présence de monseigneur le cardinal ci présent ; et aussi vous veut bien faire dire que si mon dit seigneur, à cette fois, ne se met en son devoir envers le Roi, vu la douceur et bénignité que le Roi lui montre, l'intention du Roi est de faire procéder contre ceux qui ainsi le conduisent et conseillent, selon que la matière le requiert. »

Après que le chancelier eut fini, le Roi prit la parole en ces termes : « Gabriel et vous prieur, vous avez ouï la réponse que « je vous ai fait faire, qui est bonne, douce et raisonnable, et « pouvez penser qu'il n'est personne vivant qui tant veuille le « bien de mon fils le Dauphin ni qui tant désire qu'il se gou« verne bien que je fais. Et pour ce, remontrez lui ces choses,

1. Chastellain, t. III, p. 161-64.
2. Minute originale et copies contemporaines dans le ms. 15537, fol. 19, 51 et 58. — Cf. Duclos, p. 117, et Chastellain, t. III, p. 108.

« et que ces étranges termes qu'il a tenus par ci-devant ont « trop duré, afin que si, par jeunesse, au temps passé, il n'a « été si bien adverti qu'il dût, de çi en avant, lorsqu'il est en « âge de soi connaître, il redresse son fait et mette peine à « soi gouverner ainsi qu'il doit ; et s'il fait aucuns doutes ou « qu'il ait aucunes craintes ou suspections, quant il m'en « advertira, je l'en asseurrai tellement que raisonnablement « il en devra bien être content et n'aura cause de rien « redouter[1]. »

Le Roi congédia ensuite les ambassadeurs, en leur faisant remettre, avec les deux réponses par écrit, une lettre pour le Dauphin ; elle était ainsi conçue :

« Très cher et très amé filz,

« Nous avons receu les lettres que escriptes nous avez par Gabriel de Bernes et le prieur des Celestins, porteur de cestes, et avons oy ce que ilz nous ont dit et declaré de vostre part, tant en presence de nostre conseil que particulièrement à part, touchant les matières pour lesquelles les avez envoyez par devers nous ; sur quoy leur avons fait et fait faire response selon nostre plaisir et vouloir, et icelle leur avons fait bailler par escrit, ainsy que par eulx et par la teneur de ladicte response porez savoir plus à plein.

« Donné au Chastellar près Esbruelle, le XXIe jour d'aoust[2]. »

L'émotion fut grande à la cour du Dauphin quand Bernes et le prieur revinrent porteurs de ce message. Bien que — comme le remarque un auteur contemporain peu suspect — la réponse fût « benigne » et « assez raisonnable » pour que le prince en pût être content[3], il lui semblait déjà voir la menace de son père s'exécuter, et celui-ci s'avancer en Dauphiné avec ses gens d'armes, « pour l'enclore et pour prendre la souris en son trou[4]. » Sa frayeur était telle, qu'il semblait que la terre

1. Chastellain, t. III, p. 168.
2. Chastellain, *l. c.*
3. « Ja fust-il toutevoies que benigne estoit et assez raisonnable pour en estre content. » Chastellain, t. III, p. 177.
4. « Il sentoit approchier gens d'armes pour l'enclore en son Dauphiné et le Roy son père mesme venir tousjours file à file après, comme pour prendre la souris en son trou. » Chastellain, p. 178.

fût à peine assez grande pour lui offrir un abri[1]. Ses conseillers n'étaient pas moins alarmés et le poussaient aux résolutions extrêmes. On lui disait que le Roi voulait lui faire « une très mauvaise compagnie » et se proposait de lui substituer son frère, le « petit seigneur[2]. » Louis résolut de s'enfuir secrètement. Prenant avec lui quelques familiers, il partit le 30 août, et ne s'arrêta qu'à Saint-Claude, à l'entrée de la Franche-Comté, après une course de trente lieues à franc étrier. De là, il gagna le château de Nozeroy, résidence du prince d'Orange : il était désormais à l'abri d'un coup de main de Charles VII.

De Saint-Claude, où il arriva le 31, vers dix heures, et où il entendit trois messes, le Dauphin adressa à son père la lettre suivante :

A mon très redoubté seigneur.

« Mon très redoubté seigneur, je me recommande à vostre bonne grace tant et si très humblement comme je puis. Et vous plaise savoir, mon très redoubté seigneur, que, pour ce que, comme vous savez, beaux oncles de Bourgogne a intencion de brief aller sur le Turc à la deffence de la foy catholicque, et que ma voulenté seroit bien d'y aller, moyennant vostre bon plaisir, attendu que nostre Saint Père le Pappe m'en a requis et que je suis gonfalonnier de l'Église et en fiz le serment par vostre commandement, m'en voys par devers mon dit bel oncle pour savoir son entencion sur son allée, que je me puisse emploier à la deffence de la foy catholicque, se mestier fait, et aussi pour lui prier qu'il se veille emploier à trouver le moyen que je puisse demourer en vostre bonne grace, qui est la chose que je desire plus en ce monde. Mon très redoubté seigneur, je prie à Dieu qu'il vous doint très bonne vie et longue.

« Escript à Saint Claude, le darrain jour d'aoust.

« Vostre très humble et très obéissant filz.

« Loys[3]. »

1. « Se bouta en une toute excessive fraeur d'esprit, comme si la terre à peine n'eust esté grande assez pour lui donner garant. » Chastellain, p. 177.

2. « Mais il ne fut point trouvé, » dit la *Chronique martinienne* (f. 302). C'était une fausse rumeur.

3. Cette lettre, qui a été imprimée par Duclos (p. 125) et dans le recueil des *Lettres de Louis XI*, t. I, p. 77, se trouve en original signé dans le ms. 15537, fol. 1. — Il y

Le Dauphin ne séjourna pas longtemps chez le prince d'Orange. Sous la conduite du maréchal de Bourgogne, dont il avait sollicité le concours, et, avec une faible escorte, il traversa la Lorraine et le duché de Luxembourg. En proie à une frayeur mortelle[1], craignant toujours d'être poursuivi, il marcha tout d'une traite jusqu'à Louvain. Là il s'arrêta, et écrivit au duc de Bourgogne pour lui annoncer sa venue dans ses États.

en a une minute dans un manuscrit de la collection Gaignières (Fr. 20855, f. 20) qui offre une particularité curieuse. La lettre y porte la date du 2 septembre, et l'on a effacé cette date pour y substituer celle du 31 août, qui se trouve sur l'original envoyé au Roi. — Une lettre circulaire, dont le texte a été donné par Duclos, p. 120, et dans le recueil cité, p. 70, fut envoyée par le Dauphin à tous les évêques de France pour colorer sa fuite du prétexte de la défense de la chrétienté.

1. « Ne pouvoit ymaginer autre chose fors que le Roy son père queroit à le prendre et le faire expedier secretement en un sac en l'eaue. » Georges Chastellain. Voir tout le récit de la fuite du Dauphin, t. III, p. 180-92.

CHAPITRE VI

INTERVENTION DU DUC DE BOURGOGNE DANS L'AFFAIRE DU DAUPHIN

1456

La retraite du Dauphin à la cour du duc de Bourgogne envenime la situation. — Le duc accueille le Dauphin avec empressement; honneurs qu'il lui rend. — Attitude du Roi au lendemain de la fuite de son fils; circulaire qu'il envoie; mesures de défense; le Dauphiné est occupé militairement. — États du Dauphiné; discours du Roi; les états promettent leur concours et envoient une députation au Dauphin pour l'engager à la soumission. — Relations du Roi avec le duc de Savoie; instructions qu'il donne à Chabannes, envoyé près de ce prince. — Lettre du Roi au duc de Bourgogne; il reçoit deux lettres du duc. — Lettre du Roi au Dauphin. — Attitude du duc de Bourgogne; ses hésitations au premier moment; il se décide à donner asile au Dauphin. — Réponse du duc à la lettre du Roi; exposé fait par le chancelier. — Intervention du duc : envoi d'une ambassade; exposé fait par les ambassadeurs; réponse que le Roi leur fait donner. — La situation devient très tendue; dans le Conseil royal, on propose au Roi de prendre l'offensive; Charles VII s'y refuse.

Au début de son livre VI, où il raconte l'avènement de Louis XI, le chroniqueur bourguignon Georges Chastellain laisse échapper un cri de joie. Son « ennui de vivre » s'est changé en « exultation d'âme; » délivré des craintes qui l'obsédaient, il « rue au ciel par sacrifice. » C'est que la mort de Charles VII a mis un terme à une situation qui s'aggravait d'année en année; c'est que la « suspection injustement prise » qui existait depuis si longtemps, va cesser : désormais est ouverte la voie par où « longue naturelle leaulté de cœur pourra être foncièrement connue, en magnification de la gloire de Dieu et de sainte foy. » En effet, depuis le traité d'Arras, « œuvre divine et par laquelle il sembloit que toute tranquillité auroit lieu, » il s'est trouvé à peine une année où, « par sugestion de l'ennemi (le démon) envieux de l'humaine concorde, » il n'y ait eu entre le Roi et le duc « des rumeurs perilleuses, aujourd'hui l'une, demain une autre, pleines de mauvaiseté et d'espouventement, et toutes prochaines à meschief (malheur) et à playe, et de si felle (dure) et de si mauvaise condition que, plus alloient avant et croissoient leurs ans, plus se fellissoient (envenimaient) et aigrissoient les matières entre eux et se disposoient à ruyne[1]. »

Nous avons suivi pas à pas ces étapes, marquées par de passagères réconciliations, par des paix plâtrées auxquelles succédaient de nouveaux conflits. Nous sommes arrivés à un moment où la crise va devenir plus aiguë que jamais : la fuite du Dauphin, son installation dans les États de Philippe le Bon, furent, dit le chroniqueur, « matière du plus aigre et du plus perilleux brouillon qui oncques s'y trouva[2]. »

Le duc de Bourgogne était en Hollande, occupé à assiéger la ville de Deventer, quand une lettre du maréchal de Bourgogne, envoyée de Dijon à la date du 10 septembre, lui annonça le départ précipité du Dauphin[3]. Presque aussitôt, il apprit l'arrivée de ce prince à Louvain. Il donna ordre au grand bailli de Hainaut Jean de Croy d'aller lui souhaiter la bienvenue, et écrivit à la duchesse de Bourgogne de préparer le logis du Dauphin et de l'entourer de tous les honneurs qui appartenaient au fils du Roi[4]. Le duc se disposa à se rendre à Louvain, et fit partir le comte d'Étampes, « noblement accompagné, » pour saluer le Dauphin et s'excuser de ne pouvoir venir immédiatement, étant encore retenu dans ses pays de Hollande et de Frise. Louis répondit que le duc n'avait pas besoin de se

1. Georges Chastellain, t. IV, p. 5-7. — Plus loin le chroniqueur dit encore (p. 151) : « Durant l'espace de cinq ans que son fils demoura en ses pays, ne fut oncques heure ne jour qu'il n'attendist l'assaut et la guerre et à estre couru sus de tous lez du monde, et que le Roy Charles ne quist à tous lez du monde, et en empire et à l'empereur, et en Italie et en Angleterre, et en Liège et en Danemarche alliances et confederations pour courir sus à ce duc, donnant à entendre beaucoup de choses volontaires. »

2. *Id.*, *ibid.*, p. 7.

3. La Barre, *Mémoires pour servir à l'histoire de France et de Bourgogne*, t. II, p. 201, note 6 ; Gachard, éd. Barante, t. II, p. 116, note 1.

4. Chastellain, t. III, p. 198.

presser, car il savait que ses « excusations » étaient « hautes et grandes. » — « J'ai beau loisir de l'attendre, dit-il, et il ne « m'ennuie point, car je suis en bon pays et sûr, et en bonne « ville, au lieu où depuis longtemps je désirois me trouver[1]. » Le comte d'Étampes présenta les gens de sa suite, parmi lesquels étaient les seigneurs de Saveuse, de Rochefort, de Miraumont, de Roye, de Moreuil, etc. Il n'y en eut aucun dont le prince ne demandât le nom : « Soyez les bienvenus, leur dit-il; « j'ai beaucoup ouï parler de vous. » Il leur prit la main et les traita comme d'anciennes connaissances.

Le comte d'Étampes avait mission de conduire le Dauphin à Bruxelles auprès de la duchesse. Le départ s'effectua aussitôt. On arriva à huit heures du soir. La duchesse, la comtesse de Charolais et Madame de Ravestein[2], informées de la venue du prince, s'avancèrent au devant de lui jusqu'à la porte de leur logis[3]. Le Dauphin descendit de cheval, embrassa les trois princesses, qui s'agenouillèrent, ainsi que les dames et demoiselles de leur suite. Puis il prit la duchesse par le bras et voulut la faire marcher devant lui. « Monseigneur, dit la duchesse, il « semble que vous avez désir que l'on se moque de moi, car « vous me voulez faire ce qui ne m'appartient pas. » — « Non, « répondit le Dauphin, je vous dois bien faire honneur, car je « suis le plus pauvre du royaume de France, et je ne savois « où quérir refuge, sinon devers mon bel oncle et vous. » Et la grande dame qui rapporte ces détails ajoute : « Ils furent en ces paroles plus d'un quart d'heure; et, à la fin, quand il vit que Madame pour rien ne vouloit aller devant, il la prit audessous de lui et l'emmena. Et en cet état Madame le mena en sa chambre; et, au prendre congé de lui, elle s'agenouilla jusqu'à terre, et pareillement Mesdames de Charolais et de Ravestein, et puis toutes les autres[4]. »

1. Chastellain, t. III, p. 107.
2. Béatrix de Portugal, sœur de la duchesse de Bourgogne, mariée à Adolphe de Clèves, seigneur de Ravestein.
3. *Les honneurs de la Cour*, par Aliénor de Poitiers, dans *Mémoires sur l'ancienne chevalerie*, t. II, p. 166-167.
4. *Id., ibid.*, p. 167.

En attendant la venue du duc, le comte d'Étampes mena le Dauphin chasser et voler[1]. Philippe n'arriva que le 15 octobre à Bruxelles. Il s'était fait précéder par le comte de Charolais, suivi d'une escorte de trois cents chevaux, et avait chargé son roi d'armes, Toison d'Or, d'aller complimenter le Dauphin[2]. Quand celui-ci apprit l'arrivée du duc, il lui envoya plusieurs des gens de sa maison, et résolut de monter à cheval pour aller au-devant de lui. A cette nouvelle, le duc fit partir message sur message, afin de « rompre cette folie » et de supplier le prince de n'en rien faire[3]. Le Dauphin céda : il se borna à attendre le duc dans la cour de l'hôtel, en compagnie de la duchesse et de la comtesse de Charolais. Dès que Philippe l'aperçut, il mit pied à terre, et, se découvrant, il s'agenouilla; puis, s'avançant rapidement pour empêcher le Dauphin de le devancer, il lui fit le « deuxième honneur. » Mais à peine eut-il le temps de s'agenouiller : Louis le prit dans ses bras et l'accola si étroitement qu'il le mit hors d'état de s'incliner. Le duc se dégagea pourtant, et le prince, « pour effort ni pour prière, ne le put oncques faire soudre en pieds. » — « Monseigneur, « dit alors le duc, votre venue par deçà m'est une grande joie « au cœur. Je loue Dieu et vous de l'honneur et de la bonne « aventure que j'ai aujourd'hui à votre cause; et soyez aussi « bien venu comme fut l'ange Gabriel à la Vierge Marie, car « si grande joie ne reçus onques, ni tant d'honneur que une « fois en ma vie je vous ai pu voir et recevoir en mes pays, « qui vôtres sont et à votre service. » Tout ému de ces paroles, le Dauphin ne sut que répondre. Le duc était resté à genoux : « Par ma foi, bel oncle, lui dit-il, si vous ne vous levez, je « m'en irai et vous laisserai. Vous êtes le seul au monde que « plus ai désiré voir, longtemps a, et appert bien, car je suis « venu de bien loin et à grand danger. Si loue Dieu que je « vous trouve sain et en bon état, et m'est la plus grande joie

1. Chasse au vol à l'aide d'un faucon.
2. Chastellain, t. III, p. 205-206 ; Olivier de la Marche, t. II, p. 409. — Toison d'Or part le 27 septembre de Deventer pour aller vers le Dauphin et le comte de Charolais. Archives du Nord, B 2026, f. 94.
3. Chastellain, t. III, p. 207 ; Mathieu d'Escouchy, t. II, p. 331.

« que j'eus onques que la vue de votre personne. Bel oncle, « s'il plaît à Dieu, nous ferons bonne chère ensemble, et vous « conterai de mes aventures, et vous me direz des vôtres. » Les deux princes s'avancèrent ensuite jusque dans la chambre du Dauphin ; puis le duc se retira[1].

Par sa fuite soudaine, au moment où son père s'apprêtait à le contraindre à la soumission, le Dauphin avait jeté le gant. Charles VII le releva aussitôt. Du 7 au 15 septembre, des circulaires furent adressées à la Chambre des comptes, aux prélats, aux bonnes villes, au Conseil du Dauphiné, pour faire connaître l'événement et mettre en lumière les circonstances qui l'avaient accompagné[2]. En même temps, le Roi annonçait les résolutions prises : « Nous avons, écrivait-il le 11 septembre au Conseil du Dauphiné, envoyé en notre ville de Lyon nos chers et feaux cousins le sire de Lohéac, maréchal de France, et le sire de Bueil, comte de Sancerre, notre amiral, pour obvier aux inconvénients qui pourroient advenir et aux entreprises qu'on voudroit ou pourroit faire. Avec ce, nous avons intention de bref nous tirer aux marches de par delà pour donner à tout si bon ordre et provision que ce sera à votre bien, soulagement et consolation et de manière à ce qu'aucun inconvénient[3] n'en advienne. » Et il ajoutait : « Nous avons voulu vous écrire ces choses, confiants en vos bonnes loyautés, et comme à ceux qui toujours avez eu et avez désir d'aider de tout votre pouvoir à redresser et réduire en mieux les termes que notre fils a tenus par ci-devant, lesquels sont à dommage plus que nul autre, et croyons qu'ils ont été et sont à votre très grand déplaisir[4]. »

Le 7 septembre le Roi avait écrit aux habitants de Lyon pour leur annoncer l'arrivée dans leur ville du maréchal de Lohéac

1. Chastellain, t. III, p. 206-11. Cf. Mathieu d'Escouchy, t. II, p. 332-33.
2. *Catalogue des actes* (inédit).
3. M. Étienne Charavay, qui a publié ce document, met *incontinent* au lieu de *inconvenient*.
4. Original signé, *Pièces originales*, 884 : COURCILLON ; éd. Charavay, *Lettres de Louis XI*, t. I, 261-63.

et de l'amiral de Bueil, « pour aucunes choses qui très fort nous touchent, disait-il, et dont avons été avertis, afin d'y donner provision ainsi que le cas le requiert[1]. » Il convoqua pour le 15 octobre, à Vienne, les États du Dauphiné; il fit assembler ses gens d'armes sur les frontières de la Bourgogne, renforcer les garnisons des villes de la contrée, garder les passages, fermer les portes des forteresses, surveiller les allant et venant[2]. Le Dauphiné ne tarda pas à être occupé militairement, sans qu'on eût rencontré la moindre résistance.

Quittant le Bourbonnais, Charles VII s'avança dans la direction de Lyon, où il arriva le 18 octobre. De là il se rendit à Vienne, où étaient assemblés les États du Dauphiné. Dans une grande réunion, tenue sous sa présidence, il fit un long exposé de la situation[3]. Il remercia d'abord les députés d'être venus à son commandement, bien que, en cela, ils n'eussent fait que leur devoir, puisqu'ils lui avaient jadis prêté un serment de fidélité dont ils n'avaient point été déliés. Entre tous les pays de son royaume, il aimait grandement le Dauphiné; il se souvenait combien ce pays s'était toujours montré fidèle et quels bons services il lui avait rendus dans les guerres du temps passé. Ici le Roi entra dans le détail, comme s'il eût eu le récit des événements écrit sous ses yeux. Ayant ainsi conquis son auditoire, il continua en ces termes : « Il me déplait à tous « égards, et en considérant que tout le royaume est tranquille « et en paix, que vous seuls soyez vexés et accablés par les « subsides et l'entretien des gens de guerre, et en outre mal « gouvernés. Tout cela doit être imputé non seulement à mon « fils, mais à ceux qui l'ont gouverné, savoir le batard d'Ar- « magnac, qui n'est point Armagnac, mais Anglais, et ancien « ennemi de la France; et aussi le sire de Montauban, qui déjà, « par le passé, a trahi ceux de sa propre maison : ce n'est donc « pas merveille s'il cherche à trahir et à faire mal agir mon fils,

1. Archives communales de Lyon, BB 8, f. 21; éd. Charavay, *l. c.*, p. 260.
2. Chastellain, t. III, p. 220; Mathieu d'Escouchy, t. II, p. 334.
3. Le discours du Roi nous est fourni par une dépêche de Tibaldo au duc de Milan en date du 7 décembre 1456. *Lettres de Louis XI*, t. I, p. 267 et suiv., d'après les archives de Milan.

« avec lequel il n'avait rien à faire. De Capdorat et Garguesalle, je n'en veux point parler, car, étant de ce pays, ils « sont connus pour ribauds, traîtres et mauvais chiens : ils « ont été cause du détestable gouvernement du Dauphin et « de tout ce qu'il a fait de mal. Par tous ces motifs, je suis « venu pour porter remède à cet état de choses, dégrever « le pays de ses charges, mettre un terme à cette mauvaise « administration. Mon intention n'était pas d'enlever le Dauphiné à mon fils, mais de le forcer à chasser ces quatre serviteurs, auxquels jamais je n'accorderai de pardon, surtout aux deux premiers. Je suis prêt à donner au Dauphin la « provision accoutumée, savoir vingt-cinq mille francs de « pension annuelle ; je lui donnerai en outre, soit le duché de « Normandie, soit le duché de Guyenne, qui est plus proche « du Dauphiné, afin qu'il puisse vivre honorablement et avec « un état convenable. Enfin, s'il veut vivre à ma cour, je le « traiterai comme un bon fils ; s'il veut rester en Dauphiné ou « s'établir ailleurs, il pourra agir comme bon lui semblera, à « la condition de chasser ses quatre serviteurs. Je souhaite, « dit le Roi en terminant, que tout cela puisse s'arranger « promptement, et plutôt par l'initiative des gens du Dauphiné « que par d'autres moyens. »

Les États, tout en réservant la question du serment, ne se regardant pas comme engagés et préférant la passer sous silence, déclarèrent qu'ils étaient disposés à faire tout ce qui serait en leur pouvoir pour que le Dauphin se soumît aux volontés du Roi, comme la raison le commandait. Une députation fut nommée pour se rendre immédiatement auprès du Dauphin [1].

De Vienne, Charles VII se rendit à Saint-Symphorien d'Auzon, où il avait mandé les châtelains et gentilshommes du Dauphiné, qui se rendirent successivement à son appel : tous se déclarèrent prêts à lui obéir.

Il importait au Roi de s'assurer le concours du duc de Savoie. Dès le 20 août précédent, ce prince s'était engagé à ne

1. Même source.

donner aucune assistance au Dauphin[1]. A la première nouvelle de la fuite du prince, le duc en avait donné avis au Roi. Celui-ci l'avait remercié, en lui exprimant son déplaisir de ce que la Dauphine avait été laissée sans provision par son mari : « Soyez certain, beau cousin, avait-il écrit, que nous la tenons pour notre propre fille, et comme telle l'aurons toujours en spéciale amour et recommandation[2]. »

Le Roi était en correspondance avec la duchesse de Savoie, avec le maréchal de Savoie Jean de Seyssel, qui lui communiquait les nouvelles ; il avait été avisé que le duc et la duchesse se disposaient à se rendre auprès de lui[3]. Chabannes eut mission d'aller trouver le duc et de combiner avec lui les mesures de sûreté à prendre. « Parlez de nous à beau cousin de Savoie, » lui écrivait le Roi à la date du 2 novembre, « et faites envers lui tellement qu'il envoie incontinent et en toute diligence au pont de Seyssel et autres passages de son pays jusque vers les marches de Bourgogne pour savoir des nouvelles du bâtard d'Armagnac et de Garguesalle, qui sont les principaux qui ont séduit et conseillé notre fils le Dauphin à s'être allé hors du pays de Dauphiné et à tenir les termes qu'il tient, pour savoir des nouvelles de leur venue et y mettre si bonne garde que, s'ils y passent, on les prenne et on les amène par devers nous[4]. » Le lendemain, le Roi écrivait encore : « Nous sommes arrivés en cette ville de Vienne ; et combien que François de Tiersant et Capdorat soient venus par deça et de par notre fils le Dauphin aient fait défense à plusieurs villes et places qu'on nous obéit pour ce que, en bref, il leur enverroit secours, ce néanmoins les officiers, prélats et gens des villes du pays de Dauphiné sont venus par devers nous, tous très joyeux de notre venue et de ce que avons délibéré de donner provision et mettre en bonne sûreté, ordre de justice et police le fait du pays, qui en avoit bien besoin. Et afin de redresser

1. Guichenon, *Hist. généalogique de la maison de Savoie*, t. I, p. 518.
2. Original sur parchemin sans date, aux archives de Turin, *Francia, Lettere princip.*
3. Lettres insérées dans la *Chronique martinienne*, f. cccı et v°.
4. *Chronique martinienne*, f. cccıı.

les choses au mieux, ainsi que l'avons toujours désiré et désirons, nous avons été contents que ceux desdits pays envoyent par devers notre fils lui remontrer son cas, la douceur que lui avons tenue, et essayer à le réduire... En quoi nous espérons avoir pourvu et pourvoir par manière que de ce aucun inconvénient n'en adviendra et que ce sera au bien de la chose publique et de toutes les parties à qui il touche[1]. »

En apprenant la retraite choisie par son fils, on dit que le Roi aurait prononcé cette parole : « Mon cousin de Bourgogne nourrit le renard qui mangera ses poules[2]. » Ce qui n'est pas douteux, c'est qu'il éprouva un vif mécontentement : il était persuadé que la chose avait été combinée de longue date entre le Dauphin et le duc[3]. A ce mécontentement se joignait une profonde tristesse : Charles VII voyait l'héritier du trône abandonner le royaume pour chercher un asile au dehors : le cœur du père reçut un coup terrible, dont il ne devait pas se remettre[4]. A la date du 12 septembre, le Roi écrivit au duc de Bourgogne, et lui envoya Georges de Vouhec, un de ses échansons.

« Depuis les dernières lettres que nous vous avons écrites touchant le fait de notre fils, disait le Roi en substance, il nous a fait faire par ses envoyés des requêtes auxquelles nous avons donné de bouche très douce et raisonnable réponse, ainsi que par le double d'icelles pourrez voir plus à plein. A laquelle réponse il n'a pas voulu obtempérer ni obéir, mais a été si mal conseillé qu'il a toujours persévéré à dire qu'il ne vouloit point venir devers nous ni se trouver en notre présence, qui est chose bien étrange à considérer de père à fils ; et qui plus est, bien que nous lui ayons, cette dernière fois, montré plus grande bénignité que devant, et qu'il se dût réjouir de la

1. *Chronique martinienne*, f. CCCIII v°.
2. Voir Paradin, *Annales de Bourgogne*, p. 839, et Pontus Heuterus, *Rer. Burg. Libri sex*, p. 340.
3. Chastellain, t. III, p. 185-86.
4. « Ils disent que le plus grant desplaisir et regret qu'il ayt jamais eu si est quant il a sceu vostre despartement, vous cuydant avoir perdu. » Lettre de Guillaume de Poitiers et de Guillaume de Meulhon au Dauphin, en date du 22 octobre 1456. *Lettres de Louis XI*, t. I, p. 266.

réponse que nous lui avions faite raisonnablement, sitôt que ses envoyés ont été de retour devers lui, il s'en est soudain, et à l'insu de la plupart de ses gens, parti, et est allé vers le prince d'Orange et vers d'autres marches, on ne sait encore où, et a délaissé notre très chère et très amée fille, sa femme, et son pays, sans aucun ordre, dont nous avons été bien émerveillé et déplaisant. Et pour ce que, par aventure, notre dit fils, par l'enhortement et suggestion de ceux qui ainsi le conduisent et conseillent, pourroit faire des choses qui ne seroient pas à faire, et que, s'il trouvoit retenue, support ou faveur, ce seroit lui donner occasion de plus longtemps persévérer dans les termes qu'il a tenus par ci devant, ce qui seroit à notre très grande déplaisance, au scandale de la chose publique, et au dommage de notre dit fils plus que de nul autre, nous, désirant y obvier, et que notre dit fils ait occasion de se réduire envers nous comme il y est tenu et que, pour son bien et honneur, il lui est expédient de faire, nous avons bien voulu écrire ces choses aux princes et seigneurs de notre sang, et mêmement à vous, qui êtes l'un des plus grands, et qui maintes fois nous avez écrit et fait dire par vos principaux conseillers que vous avez toujours eu déplaisance des termes que tenoit notre dit fils. » Le Roi envoyait donc Georges de Vouhec, afin que le duc fût averti de ce qui s'était passé, et que, si le Dauphin allait ou envoyait vers lui, il ne lui donnât aucun retrait, support, faveur ou aide[1].

Philippe n'avait point attendu cette communication, qui lui parvint à Do' echt, en Hollande, où il était encore, pour agir auprès du Rc Dès le 19 septembre, de son camp de Welp, devant Deventer, il lui avait écrit. Bien que, à ce moment, il fût informé de la fuite du Dauphin par le messager que le prince d'Orange lui avait dépêché en toute hâte[2], il se bornait à accuser réception de la lettre, en date du 24 juillet, par laquelle le Roi l'avait mis au courant de ce qui s'était passé entre son fils et lui; il ajoutait qu'il avait reçu un serviteur du

1. Cette lettre est insérée par Chastellain dans sa *Chronique*, voir édition Kervyn, t. III, p. 201-203.
2. Voir Chastellain, t. III, p. 185.

Dauphin, qui lui avait apporté des arbalètes de la part de son maître et lui avait appris que celui-ci était très désireux de recouvrer la bonne grâce du Roi ; il demandait donc au Roi de mettre le passé en oubli, et de se contenter de recevoir la soumission que, comme fils, le Dauphin était tenu de faire à son seigneur et père[1].

Six jours plus tard, d'Utrecht, le duc fit partir une nouvelle lettre. « J'ai eu nouvelles, disait-il, que monseigneur le Dauphin de Viennois étoit allé en pèlerinage à Monseigneur Saint Claude, et de là s'étoit allé ébattre devers mon cousin le prince d'Orange en son hôtel de Vers ; et depuis j'ai eu nouvelles que mon dit seigneur le Dauphin, lui étant audit lieu de Vers, a mandé venir devers lui mon maréchal de Bourgogne, auquel il a requis le vouloir accompagner jusque devers moi, ce que mon dit maréchal ne lui a osé refuser. Et comme m'a écrit et fait savoir icelui mon maréchal, il s'en vient de tire. De laquelle chose, mon très redouté seigneur, je ne me donnois point garde et en ai été bien émerveillé, et vous en avertis, comme raison est. Et s'il est ainsi, vous savez, mon très redouté seigneur, que, pour honneur de vous, de lui et de votre noble maison, raison veut et enseigne que je lui fasse tout honneur, révérence et plaisir que pourrai bonnement, ainsi qu'il appartient et que faire le dois, et ouïrai volontiers ce qu'il lui plaira me dire et déclarer, et après le vous signifierai ; car Dieu sait que de tout mon cœur je serois désirant qu'il fût toujours en votre bonne grâce et se acquitât envers vous comme bon fils doit faire envers son seigneur et père. En quoi, de tout mon loyal pouvoir je me voudrois employer si l'opportunité s'y adonnoit, moyennant votre bon vouloir et plaisir[2]. »

Un peu avant l'arrivée du duc à Bruxelles, le Dauphin reçut à son tour une lettre de son père ; elle portait la date du 27 septembre et répondait à la missive par laquelle Louis avait

1. Original, Ms. fr. 5041, f. 11 ; édité incorrectement par Duclos, *l. c.*, p. 132-35.
2. Original, Ms fr. 5041, f. 1 ; Duclos, *l. c.*, p. 135-37.

annoncé son départ[1]. Le Roi témoignait un vif mécontentement de ce départ soudain. Si le Dauphin avait eu, comme il le prétendait, l'intention de s'employer à la défense de la chrétienté contre les Turcs, il aurait dû le faire savoir par ses ambassadeurs, ou encore mieux venir le dire en personne au Roi, comme à celui à qui, naturellement et par raison, il devait avoir recours et refuge en toutes ses affaires. « Et, ajoutait le Roi, au regard de ce que vous écrivez que vous avez intention de requérir notre beau-frère de Bourgogne qu'il se veuille employer à ce que vous veuillions recevoir en nostre bonne grâce, depuis que, de votre seule volonté, vous vous êtes éloigné de nous et tenu en Dauphiné, il n'a jamais été temps que n'ayons été disposé à vous recueillir et recevoir bénignement, comme bon et naturel père doit son bon et obéissant fils, quand fussiez venu devers nous comme êtes tenu de faire ; par quoi n'étoit pas besoin de vous donner telle peine pour une chose qui, comme dit est, en retournant près de nous et en faisant ce que devez, déjà vous étoit accordée[2]. »

Le Dauphin était moins disposé que jamais à tenir compte des remontrances paternelles. A la Cour de Bourgogne on faisait tout au monde pour lui être agréable; on lui témoignait autant de respect et d'égards que s'il eût été le Roi : jamais le duc, quelque temps qu'il fît, ne demeurait couvert en sa présence ; on ne s'occupait qu'à le distraire ; ses serviteurs étaient l'objet des plus délicates attentions[3].

Quelle attitude allait prendre le duc de Bourgogne à l'égard

1. Étienne Genevois, évêque de Saint-Paul, écrivait au Dauphin, de Grenoble, à la date du 28 septembre, qu'il avait reçu des lettres du prince à Saint-Paul le 12, et qu'il était monté à cheval, conformément à ses intentions, pour aller vers le Roi, qu'il avait trouvé à Nades le 20 septembre. « Et là luy présenté vos dictes lettres, et les reçeut benignement, et me demanda se j'avoye à dire autre creance. Je diz que non ; et pour ce ne me fist autre responce, mais envoya lesdictes lettres à son Conseil, qui ne m'a baillé autre responce que la certifficacion que je vous envoye. » L'évêque ajoutait que le comte de Dunois lui avait dit que le Roi allait partir pour Lyon, et qu'il avait « bonne volonté envers vous, jà soit ce qu'il me dist que, quant le Roy seroit venu, qu'il feroit assembler à Vienne, ou autre part près de Lyon, les trois Estaz du Dauphiné pour aviser ce que seroit affaire. » Ms. latin 17028, f. 13.

2. Texte dans Chastellain, t. III, p. 216-18.

3. Chastellain, t. III, p. 212.

du Roi ? Dès qu'il avait été avisé de la venue du Dauphin, il avait examiné avec ses conseillers ce qu'il convenait de faire. Au premier abord, dans l'entourage du duc, on s'était réjoui de l'événement : « Par mon serment, » avait dit le sire de Croy, « j'en suis bien aise, c'est tout bien qui nous vient. « Le père ne se voulut oncques fier à nous ; au moins le fils « s'y fiera cette fois[1]. » Mais, à la réception de la lettre du Roi, il avait semblé au duc que c'était un « dangereux fardeau » qu'il allait mettre sur ses épaules, et que l'issue pourrait être fâcheuse. Le chancelier et le sire de Croy en vinrent à lui conseiller de faire retourner le Dauphin vers son père le plus tôt possible, « et par tels moyens et si bons que la prudhommie en fût connue sans y mettre interprétation mauvaise ni injuste à l'égard de l'innocent[2]. » Finalement il fut décidé que, « non obstant quelconques lettres de deffense ou de requeste que le Roy lui fist au contraire de son fils, » le duc accueillerait le Dauphin « le plus hautement qu'il pourroit, » et que, après l'avoir entendu, il aviserait le Roi, en s'engageant à faire au demeurant ce qui serait bon, juste et raisonnable pour l'honneur et le bien de tous les deux[3].

Tout le monde ne vit pas d'un œil favorable l'installation du Dauphin en Brabant. Le fougueux Bourguignon auteur du *Livre des trahisons de France envers la maison de Bourgogne*, s'est fait l'interprète de ce sentiment ; il apprécie en ces termes le caractère du prince : « Lequel Louis estoit renommé d'estre plus plain de ses volontés que de raison, car il avoit par certain temps depuis son second mariage fait guerre à son beau-père le duc de Savoye et meismement à son père le Roy de France[4]. »

Cependant Georges de Vouhec, qui avait apporté le message du Roi, attendait toujours une réponse qu'on ne se pressait point de lui donner. Enfin, le 20 octobre, le duc le fit venir, et

1. Chastellain, t. III, p. 195.
2. Chastellain, t. III, p. 201.
3. *Id.*, *ibid.*
4. *Chroniques relatives à l'histoire de Belgique sous la domination des ducs de Bourgogne*, publiées par le baron Kervyn de Lettenhove, p. 228.

en présence des gens du Conseil, il lui fit remettre par le chancelier une lettre où, après avoir longuement rappelé la teneur de la missive royale et de la lettre adressée d'Utrecht au Roi par le duc, il se bornait à ajouter : « Or est vérité, mon très redouté seigneur, que le quinzième jour de ce présent mois, où j'arrivois en une ville de Bruxelles, j'ai trouvé monseigneur le Dauphin, comme le sait et vous pourra le dire plus à plain Georges de Vouhee, si c'est votre plaisir ; et au surplus, mon très redouté seigneur, en ensuivant ce que écrit vous ai, je outrai volontiers ce qu'il plaira à Monseigneur le Dauphin moi dire et déclarer, et brièvement le vous signifierai par mes gens et ambassadeurs que pour cette cause j'envoyerai tantôt par devers vous, par lesquels aussi, selon ce que j'aurai su de la volonté de Monseigneur le Dauphin, je vous ferai plus avant réponse au contenu de vos lettres[1]. »

Après qu'il eut remis cette lettre à l'envoyé du Roi, le chancelier lui dit que le duc était et serait à jamais prêt à faire, selon son bon et loyal pouvoir, ce qui pourrait plaire au Roi. Toujours, sans penser à nulle fraude ni malice, le duc avait voulu s'employer à le servir et honorer comme il y était tenu ; il ne cesserait de le faire. Mais, en ce qui concernait la venue du Dauphin, ce prince s'était rendu de son franc et loyal mouvement en la maison du duc, sans que celui-ci le sût ni n'en eût reçu à l'avance aucun avertissement ; il ne lui était pas loisible, il ne pouvait être honnête de l'en renvoyer et faire partir si tôt et tout à coup, après le long voyage qu'il venait de faire, les peines et perplexités qu'il avait eues, « en quoi il estoit tout defait et tous jus de corps et de visage. » Quand il se serait un peu refait et que son esprit serait plus calme, le duc, volontiers et de bon cœur, en toute loyauté et prudhomie, s'employerait de tout son pouvoir à mettre paix et accord entre le Roi et son fils, et, par toutes manières et voies convenables, engagerait le Dauphin à se montrer humble et obéissant envers le Roi et à se rendre auprès de lui, afin de se mettre en sa grâce et en son amour, comme bon fils doit faire envers son

1. Texte dans Chastellain, t. III, p. 222-25.

père; mais, encore une fois, il ne pouvait lui refuser de le recevoir en sa maison et en ses pays, ni le souffrir disetteux et mourant de faim, car tout le monde l'en blâmerait, et souverainement le Roi, quand il connaîtrait qu'on témoignait si peu d'amour et d'honneur à son fils aîné, héritier de sa couronne. On pourrait en faire cent mille interprétations mauvaises contre lui. Le duc priait donc humblement le Roi de vouloir bien se tenir content pendant quelque temps encore et jusqu'à l'envoi d'une ambassade qui l'entretiendrait plus en détail de cette matière et la traiterait avec lui.

Après le chancelier, le duc prit la parole : il reproduisit en substance les mêmes déclarations et pria Georges de Vouhec de le recommander humblement à la bonne grâce du Roi[1].

Dès ce moment, le duc avait fait choix d'ambassadeurs pour se rendre à la Cour de France[2] : c'étaient Jean de Croy, Simon de Lalain, Jean de Cluny et Jean le Fèvre, seigneur de Saint-Remy, dit Toison d'Or. Les lettres de créance qu'il leur remit pour le Roi et pour le Conseil portaient la date du 23 octobre[3]. Le Dauphin écrivit en même temps à son père. Comme il le lui avait fait savoir par sa précédente lettre, il était venu vers son bel oncle de Bourgogne qui, « pour l'honneur du Roi, » lui avait fait et lui faisait chaque jour « très bonne chère; » il lui avait dit et déclaré son fait bien au long, et le duc envoyait à ce sujet ses ambassadeurs au Roi. Le Dauphin manifestait ensuite son étonnement de ce que le maréchal de Lohéac et l'amiral de Bueil fussent venus à Lyon et eussent demandé au nom du Roi l'assurance qu'aucun dommage ne lui viendrait du pays de Dauphiné; il protestait de ses bonnes intentions et demandait au Roi d'être et demeurer content de lui et de son pays[4]. Les ambassadeurs du duc étaient chargés de lui parler

1. Chastellain, t. III, p. 220-21.

2. Les comptes constatent que Jean de Croy et Simon de Lalain avaient été mandés le 16 octobre. Le second quitta l'Écluse le 17 octobre pour se rendre près du duc à Bruxelles. Archives du Nord, B 2026, f. 176 et 179 v°.

3. Les ambassadeurs partirent de Bruxelles le 25 octobre et ne revinrent près du duc, à Mons, que dans les premiers jours de janvier.

4. Le Dauphin espérait toujours conserver son autorité en Dauphiné. Le 18 octobre, de Bruxelles, Jean Bourré donnait en son nom à Nicolas Erlant, trésorier du Dauphiné,

à ce sujet et de lui donner telle sûreté qui lui serait agréable[1].

L'ambassade bourguignonne arriva le 27 novembre à Saint-Symphorien d'Auzon, où était le Roi; elle eut son audience le jour même.

Les envoyés du duc exposèrent longuement les motifs qui avaient porté leur maître à donner asile au Dauphin.

« Si Monseigneur, dirent-ils, a été reçu en la maison de mon-
« seigneur le duc, le Roi, toute révérence gardée, ne doit nul-
« lement en être mécontent par les raisons suivantes : Monsei-
« gneur est fils aîné de France, et à ce titre monseigneur le duc,
« tant pour l'honneur du Roi que de la très noble maison d'où
« il est issu, lui doit révérence et honneur. En second lieu,
« Monseigneur est venu de si lointain pays comme le Dau-
« phiné petitement accompagné, ainsi que prince désolé, en
« grande frayeur, en Bourgogne, et est arrivé à Bruxelles à
« grandes journées, comme prince perdu, piteux, ébahi et dé-
« pourvu, et en tel regret et douleur de cœur que chacun peut
« concevoir. Il semble à monseigneur le duc que, s'il ne l'eût
« reçu, vu l'état, la disposition et le travail de sa personne où
« il était pour lors, et les grandes lamentations qu'il faisoit,
« que le Roi n'auroit eu cause d'être content de monseigneur
« le duc; et cela eût été charge d'honneur si grande à monsei-
« gneur le duc que jamais cette faute n'eût été réparée... Avec
« ce doit-on bien considérer qu'avant que monseigneur le duc
« n'arrivât dans ses pays de Brabant Monseigneur étoit déjà à
« Bruxelles, dont ne savoit rien monseigneur le duc, sinon en
« la manière dite... Depuis monseigneur le duc a eu plusieurs
« devises avec Monseigneur, et, selon ce qu'il a senti de lui, il
« a une merveilleuse et amère deplaisance en son cœur de ce
« qu'il s'est trouvé et se trouve en la male grace du Roi... Et

l'ordre d'assurer le paiement des gens de guerre et de ne point vendre les « galées ». Il disait à ce sujet : « J'en ay parlé à mon dit seigneur, qui m'a respondu qu'il vous prye que vous ne le trompiez point à l'apetit d'autruy, etc... et que vous ne faictes chose pour rien que on vous dye que vous pencez que ne soit bien faicte, car il s'en fye mieulx en vous que en autres. » Minute dans le Ms. fr. 20491, f. 16.

1. Original, Le Grand, IV, nº 32; éd. *Lettres de Louis XI*, t. I, p. 80-82. — Le Dauphin écrivit le même jour aux membres du Grand Conseil. *Lettres de Louis XI*, p. 83.

« en espécial Monseigneur est moult deplaisant et en grande « douleur de ce que ses humbles requêtes et supplications « n'ont aucun effet, non obstant que ses offres eussent été ac- « ceptées par le Roi.

« Monseigneur a semblablement dit et remontré à monsei- « gneur le duc que, lui étant dernièrement à Saint-Claude, par « les lettres qu'il écrivit au Roi, il lui signifia son allée par « devers monseigneur le duc pour deux causes : l'une pour le « saint voyage de Turquie en quoi Monseigneur a grand désir « de s'employer, comme il dit, du bon plaisir toutefois du Roi, « et l'autre pour requérir monseigneur le duc qu'il veuille être « moyen et intercesseur par devers le Roi afin qu'il put être « et demeurer en sa bonne grâce...

« Supplie au Roi, en toute humilité, de par monseigneur « le duc, qu'en préférant pitié et miséricorde paternelle à « rigueur, il plaise au Roi oter de son courage tout mécon- « tentement qu'il a eu par ci-devant à l'encontre de Monsei- « gneur, être content de lui, et l'avoir et tenir en sa bonne « grâce. »

Les ambassadeurs finirent en demandant au Roi de laisser aux officiers du Dauphin le gouvernement du Dauphiné, offrant au nom de leur maître de faire donner au Roi toutes les sûretés qu'il lui plairait d'exiger[1].

Le Roi fit examiner par son Conseil la requête présentée au nom du duc de Bourgogne, et, le 4 décembre, il fit donner réponse aux ambassadeurs en ces termes :

Le Roi ne méconnait point les honneurs que le duc de Bourgogne et les autres princes du royaume sont tenus de rendre au Dauphin, quand ils sont assurés que celui-ci se conduit à l'égard du Roi son père comme un bon et obéissant fils est tenu de le faire ; autrement ils ne lui doivent rien, car l'honneur qui est dû au Dauphin dépend du Roi.

Le duc de Bourgogne dit qu'il a trouvé le Dauphin « fort épouvanté, » désirant de tout son cœur demeurer en la bonne

1. Ms. fr. 5041, f. 111 ; Duclos, *l. c.*, p. 141-53. Cf. Mathieu d'Escouchy, t. II, p. 335-36, et Jean Chartier, t. III, p. 58-59.

grâce du Roi et obtenir l'octroi des humbles requêtes présentées par lui et qui ne lui ont point été accordées : le Roi est fort émerveillé de cet « épouvantement » et ne sait à quoi l'attribuer, car le Dauphin l'a toujours trouvé disposé à le recevoir en sa bonne grâce, ainsi que les réponses faites à Gabriel de Bernes et au prieur des Célestins en font foi. Il ne tient donc point au Roi que le Dauphin ne soit rentré en grâce et hors de ses doutes et craintes. Quant aux requêtes, qui ont toujours été, de la part du Dauphin, quand il a fait ses offres, présentées comme conditionnelles, le Roi n'a jamais voulu les lui accorder, car cela eût été contraire à la fois au désir de tous ceux du royaume et aux conseils du duc de Bourgogne, des princes du sang et d'autres hommes notables, qui tous ont conseillé au Roi et lui ont demandé de réduire le Dauphin à l'obéissance et de se servir de lui, aussi bien que de le pourvoir de serviteurs et conseillers notables et honorables, ayant en considération son honneur et son bien, et l'engageant à s'employer au service du Roi et du royaume ainsi qu'il est tenu et obligé de le faire par raison.

Le Dauphin annonce avoir l'intention de s'employer au voyage de Turquie. Quand le Roi a reçu la lettre, datée de Saint-Claude, où le Dauphin parlait de ce voyage, il a été fort émerveillé de ce qui poussait son fils à prendre si soudainement cette « nouvelle imagination, » dont il n'avait jusque-là rien fait savoir au Roi : il semble bien que c'est là un nouveau prétexte pour s'écarter de la soumission et pour se soustraire à l'obligation de revenir près du Roi afin de le servir et de lui obéir. Si le Dauphin avait réellement le désir d'entreprendre ce voyage, il aurait dû préalablement faire sa soumission; puis il aurait sollicité l'autorisation du Roi, sans le consentement duquel il ne peut ni ne doit faire de telles entreprises. Les Anglais menacent toujours le royaume, à la sécurité duquel il paraît que le Dauphin n'a guère songé, car, tant que la guerre avec ses anciens ennemis n'est point terminée, ce serait mettre le royaume en péril que d'en enlever la chevalerie et la noblesse. Quand le Roi, au moyen d'une paix, de longues trêves, ou autrement, aura pourvu à la sécurité de son royaume, il n'y a — ainsi qu'il l'a fait dire au Pape — Roi ni prince chrétien qui s'emploiera plus avant que lui à venir au secours de la chrétienté.

Quant à la requête du Dauphin qu'il plaise au Roi de le maintenir en sa bonne grâce et de ne rien changer en Dauphiné à l'état de choses actuel, le Roi est prêt, comme il l'a toujours été, à recevoir le Dauphin bénignement quand il se mettra en son devoir. Les mesures prises par lui en Dauphiné ont été commandées par les circonstances ; il a agi avec l'agrément et le concours de tous ceux du pays. Le Roi a consenti volontiers à ce que ceux-ci envoyassent une députation au Dauphin pour lui adresser des remontrances et essayer de le ramener à l'obéissance ; il espère que ces remontrances, et les bons conseils du duc de Bourgogne, ramèneront son fils à la soumission, et qu'il remplira son devoir envers le Roi comme il y est tenu. S'il le fait, le Roi oubliera toutes les déplaisances du temps passé, le recevra en sa bonne grâce, et le recueillera bénignement, comme un bon seigneur et père doit le faire à l'égard de son bon et obéissant fils[1].

Dans une note complémentaire remise aux ambassadeurs, on exposait que, à l'arrivée du Roi en Dauphiné, les officiers du Dauphin et les gens des trois États s'étaient rendus auprès de lui ; il leur avait fait connaître la cause de sa venue, « dont ils furent très joyeux et bien consolés. » Sur la requête présentée par eux d'autoriser l'envoi d'une députation, il y avait consenti. Cette députation devait partir prochainement ; le Roi espérait que le duc de Bourgogne mettrait tous ses soins à engager le Dauphin à se soumettre. Et, puisque le duc avait fait déclarer qu'il n'avait pas l'intention de se porter partie en cette matière pour le Dauphin contre le Roi, le Roi en était persuadé ; il prenait acte de cette offre d'intervention et priait le duc « de mettre peine, ainsi qu'il offre, à bien induire Monseigneur son fils à soy reduire, sur tout l'amour et honneur qu'il doit vouloir au Roy, qui est le chef de la maison

1. Ms. fr. 15537, f. 77 et 81 ; se trouve dans Mathieu d'Escouchy, t. II, p. 337-42, et dans Jean Chartier, t. III, p. 59-65.

de France dont Monseigneur de Bourgogne est descendu[1]. »

En congédiant les ambassadeurs, le Roi leur dit ces paroles : « Dites à votre maître que s'il m'a fait ou qu'il me fasse chose « qui me doive déplaire, il connoîtra bien que je ne l'aurai « point en gré. Et lui dites encore que tel cuide faire son « profit qui fait grandement son dommage[2]. »

Les déclarations de Charles VII n'étaient point de nature à satisfaire le Dauphin. En outre, elles devaient donner à penser au duc de Bourgogne. Ses ambassadeurs, en retournant vers lui, purent lui faire connaître les mesures que le Roi avait prises pour obliger le Dauphin à la soumission, le déploiement de forces qui se faisait, l'adhésion unanime que le Roi avait rencontrée en Dauphiné. Si, sur quelques points, tels que Grenoble et Crest, des garnisons commandées par le bâtard d'Armagnac et Capdorat tenaient encore, cette résistance ne pouvait être de longue durée. Un ambassadeur milanais venu, au nom de Sforza, remplir une mission auprès du Roi, rendant compte à son maître de ce qui se passait, disait à propos de la réponse donnée aux ambassadeurs bourguignons : « Avec cette réponse les ambassadeurs partiront aujourd'hui ou demain. Le Roi et toute la Cour ont été stupéfaits de ces ouvertures. Beaucoup disent qu'il ne peut s'écouler un long temps avant que la guerre ne soit déclarée. En causant de cela avec quelques personnes, exprimant l'avis qu'il était à craindre que le duc et le Dauphin ne s'entendissent avec les Anglais, on me répondit que cela n'aurait rien eu d'étonnant si déjà le Roi n'avait pris les devants; on ajouta que les Anglais voudraient plutôt entrer en intelligence avec le Roi qu'avec le duc de Bourgogne et le Dauphin[3]. »

La rupture avec le duc de Bourgogne paraissait donc imminente. Au retour de ses ambassadeurs, le duc fit publier dans tous ses États que chacun se mît en armes, prêt à partir

1. Le Grand, IV, f. 33.

2. Ces paroles sont rapportées par frère Jehan Massue dans ses *Marguerites historiales* (ms. fr. 955, p. 110), où l'on trouve l'analyse des requêtes des ambassadeurs bourguignons et de la réponse à eux faite.

3. Dépêche de Tibaldo. *Lettres de Louis XI*, t. I, p. 275.

au premier signal. De son côté Charles VII fit renforcer ses garnisons sur les frontières des possessions bourguignonnes et envoya des gens d'armes à Compiègne[1]. On agita même dans le Conseil royal la question de savoir si le Roi ne devait pas prendre l'offensive pour s'emparer de la personne du Dauphin et le forcer à la soumission. La majorité du Conseil semblait disposée à adopter ce parti et le Roi n'en était point éloigné; mais le seigneur de Prie, grand queux de France, en qui Charles VII avait grande confiance, fit observer qu'il pourrait en résulter de graves périls : le Dauphin était en Brabant, au cœur des possessions bourguignonnes; si l'on n'obtenait l'agrément du duc, on aurait fort à faire; ce serait dans cette contrée la destruction totale tant des sujets du Roi que de ceux du duc, car la guerre recommencerait entre eux plus forte que jamais; en temporisant, on pouvait espérer que le Dauphin finirait par reconnaître ses torts et retournerait volontairement près du Roi. Charles VII, dit Mathieu d'Escouchy, « estoit saige, prudent, discret et pitoiable, ayant compassion du povre peuple; » il « fraigny son courage et cessa son emprinse. » Mais, tout en se rangeant à l'avis du seigneur de Prie, il conservait peu d'illusions sur l'issue de cette affaire : « Louis, dit-il, est de muable conseil et légère créance : pour « quoi je doute qu'il retourne d'ici à longtemps; et n'ai nul « gré à ceux qui ainsi le conduisent[2]. »

La guerre avec le duc de Bourgogne fut évitée. Ce n'était, à vrai dire, qu'un ajournement. L'avenir restait sombre et menaçant; si la paix régnait encore, c'était une paix où déjà le bruit des armes se faisait entendre et que le moindre incident pouvait troubler.

1. Jacques du Clercq, livre III, chap. XXIII.
2. Mathieu d'Escouchy, t. II, p. 312-13.

CHAPITRE VII

MENACES DE RUPTURE AVEC LE DUC DE BOURGOGNE

Le duc de Bourgogne décide l'envoi d'une nouvelle ambassade au Roi ; il fait jurer au Dauphin d'observer le traité d'Arras. — Brouille du duc avec le comte de Charolais ; scène violente entre le père et le fils ; intervention du Dauphin ; réconciliation apparente. — Départ de l'ambassade bourguignonne ; ouvertures des ambassadeurs ; réponse que le Roi leur fait donner, après une longue attente. — Intrigues et complots à la cour ; arrestation d'Otto Castellain et de Guillaume Gouffier ; découverte d'une conjuration ourdie pour enlever le Roi. — Froideur témoignée aux ambassadeurs bourguignons ; le Dauphin est mis en la main du Roi. — Rapport présenté au duc par ses ambassadeurs ; le Dauphin envoie chercher sa femme en Dauphiné ; il s'installe au château de Genappe ; existence qu'il y mène. — Inquiétudes du duc de Bourgogne ; ses démêlés avec les Anglais qui occupent Calais ; conférences à ce sujet ; rapports alarmants qui lui viennent de tous côtés ; il visite les villes de Picardie et y est reçu avec enthousiasme.

Le 4 janvier 1457, un chevaucheur de l'écurie partait de Bruxelles, où se trouvait le duc de Bourgogne, pour porter « hastivement, jour et nuit, » des lettres closes du chancelier Rolin à Jean de Croy, bailli de Hainaut, qui, revenu tout récemment de son ambassade à la Cour de France, était retourné à Mons[1]. Quelques jours plus tard, le même chevaucheur était envoyé à Lyon ou ailleurs porter « hastivement » aux membres du Conseil royal des lettres closes du duc « touchant aucunes affaires et matières secrètes, » et rapporter la réponse[2]. Le duc Philippe se préparait à envoyer au Roi une nouvelle ambassade. Mais, auparavant, il voulut que le Dauphin lui donnât un gage. Celui-ci s'y prêta volontiers : par lettres patentes datées de Bruxelles, le 28 janvier, Louis déclarait avoir vu et fait voir

1. Archives du Nord, B 2020, f. 227.
2. Archives du Nord, B 2020, f. 229.

par les gens de son Conseil, « à grande et mûre délibération, » les lettres patentes de son père données le 10 décembre 1435, contenant le texte du traité d'Arras, et en « louer, agréer, ratifier et approuver tout le contenu, » promettant, par les foi et serment de son corps et en parole du fils de Roi, pour lui et ses hoirs et successeurs, de « tenir, garder, entretenir et accomplir de point en point, sans fraude, déception ou mal engin, » le traité et toutes les choses y contenues. Ces lettres étaient contresignées par Jean de Montauban, Jean bâtard d'Armagnac, Georges de la Trémoille, Jean de Montespedon et le secrétaire Jean Bourré. Au dessous était écrit : « Beaulx oncle Phelipe, duc de Bourgoingne, nous vous prometons, par la foy et serment de nostre corps, de entretenir et garder de point en point le traitié et apointement de la paix fait entre Monseigneur et vous, tout ainsy qu'il est cy dessus escript, sans aucunement faire ne venir à l'encontre. Et quant il plaira à Dieu que parvenons à la coronne de France, vous promettons encores baillier nos lettres patentes de telle substance que ces presentes. Escript de ma mayn. — Loys[1]. »

Sur ces entrefaites survint un incident qui causa une vive émotion à la Cour de Bourgogne et fit éclater publiquement le dissentiment qui, depuis quelque temps déjà, existait entre le duc de Bourgogne et son fils.

Le comte de Charolais, après avoir rempli à Nuremberg une mission auprès des princes allemands, était revenu à Bruxelles le 12 janvier[2]. Depuis longtemps, il voyait avec un vif mécontentement l'ascendant de plus en plus grand que les Croy prenaient à la cour de son père, où ils cherchaient à supplanter le chancelier Rolin[3]. De leur côté, les Croy s'étaient plaints au duc du mauvais vouloir qu'ils rencontraient chez le comte de

1. Original, Mélanges de Colbert, 355, nº 206 ; éd. Léonard, *Recueil des traitez*, t. I, p. 20.

2. Il était parti le 10 novembre en compagnie d'Adolphe de la Marck. Archives du Nord, B 2026, f. 210 vº.

3. « Ceulx de Cry et leur maison faisoient leur faict à part, portez et amez du duc merveilleusement ; et d'aultre part le chancelier Raulin se fit serviteur du comte de Charrolais ; et ainsi entra la maison de Bourgoingne en bande et en partialité, les uns portez du père et les autres portez du filz. » Olivier de la Marche, t. II, p. 415.

Charolais, et Philippe leur avait promis d'y mettre bon ordre[1]. A son retour, le comte s'occupa de régler la composition de sa maison. Une compétition relativement au poste de troisième chambellan se produisit entre Philippe de Croy, seigneur de Sempy, fils de Jean de Croy, et Antoine Rolin, seigneur d'Aymeries, fils du chancelier. Le comte de Charolais se prononça en faveur du second. Le 17 janvier, au sortir de la messe, le duc Philippe fit venir son fils dans son oratoire et lui enjoignit de donner le poste au seigneur de Sempy. « Monseigneur, » dit le comte, « je vous prie, pardonnez-moi, mais je ne le « pourrois faire. » — « Comment, » reprit le duc, « me déso-« beirez-vous? ne ferez-vous pas ce que je veux! » — « Mon-« seigneur, je vous obéirai volontiers, mais je ne ferai pas « cela. » Le duc, dont le caractère était fort violent, s'emporta, et, jetant au feu les ordonnances que le comte avait faites pour sa maison : « Or, allez quérir vos ordonnances, » dit-il, « car il en faut de nouvelles. » Charolais n'était pas moins irascible que son père : il éclata à son tour. « Ah! « garçon, » s'écria le duc, « désobéiras-tu à ma volonté? Va « hors de mes yeux! » En prononçant ces paroles, il tira sa dague. Son visage, d'une pâleur mortelle, s'empourpra soudain et se contracta d'une manière horrible; il jetait sur le comte des regards menaçants. La duchesse de Bourgogne, présente à cette scène, craignit que son mari ne se portât à quelque violence; toute tremblante, elle prit le comte par la main, et, le poussant devant elle, sortit avec lui de l'oratoire. Un clerc de la chapelle, qui se trouva sur son passage et auquel elle demanda d'ouvrir une porte dont il avait la clé, se jeta à ses genoux, la suppliant d'exhorter son fils à la soumission. Tandis que la duchesse, touchée de ses paroles, s'efforçait de calmer Charolais, on entendit la voix du duc qui arrivait furieux : « Mon ami, » dit la duchesse au clerc, « ouvrez-nous « bien vite; il nous convient partir, ou nous sommes morts. » La porte fut ouverte. La duchesse, tout d'une traite, se précipita avec son fils dans la chambre du Dauphin, fort surpris de

1. Voir Chastellain, t. III, p. 230-31; Olivier de la Marche, t. II, p. 414-15.

cette soudaine apparition. Elle le supplia de s'interposer. Louis y consentit. Mais le duc, courroucé de ce que sa femme avait initié un étranger aux divisions intestines de sa maison, le reçut fort mal. « Monseigneur, » dit-il, « pardonnez-moi. Je « vous prie que vous déportiez de votre requête, car je ne suis « encore en volonté de me contenter de Charolais ; mais je lui « montrerai que je suis son père et que je le pourrai bien faire « un petit valet. Tenez vous en paix. Je ferai bien avec mon « fils et aussi avec la mère, laquelle n'a de rien amendé sa « querelle. » Louis eut beau supplier, se jeter à genoux en prenant le duc à bras-le-corps, tout fut inutile. Il sortit en larmes, et alla retrouver la duchesse et le comte pour leur faire part de l'insuccès de sa tentative.

Le duc, satisfait d'être débarrassé des importunités du Dauphin, fit venir un de ses valets de chambre, et lui enjoignit de prévenir le seigneur de Croy, Jean de Croy et le seigneur de Sempy qu'ils eussent à se transporter à Hal, où, cette nuit même, il irait les rejoindre. En même temps il donna ordre de seller un cheval. Sortant de son oratoire, il se fit remettre vingt florins par le même valet de chambre ; puis, sans dire mot à personne, il piqua des deux à travers le parc, et, « comme un homme troublé contre la raison, » gagna la campagne. La nuit était venue ; à la suite d'une forte gelée, un épais brouillard obscurcissait l'atmosphère ; bientôt la pluie tomba, détrempant les chemins. Le duc, sans manteau, sans houseaux, marchait toujours devant lui, ne s'inquiétant ni du vent, ni de la tempête. Il arriva dans une épaisse forêt, où la nuit était si profonde qu'il ne pouvait plus distinguer son chemin. Il erra ainsi pendant trois heures, sans rencontrer âme qui vive. Plusieurs fois son cheval s'abattit ; son épée se brisa et le blessa à la jambe ; il fut contraint de mener sa monture par la bride et de la traîner après lui. Enfin l'aboiement d'un chien se fit entendre ; il se trouva devant la hutte d'un charbonnier, où il put réchauffer ses membres engourdis et prendre quelque nourriture. De là, au milieu de la nuit, il gagna l'habitation d'un de ses veneurs. Il y passa la journée, et alla coucher au château de Genappe, où Philippe Pot, l'un des gentilshommes de sa maison partis à sa recherche, le joignit le lendemain matin. — C'est à grand'peine qu'on parvint à calmer le duc; il fallut l'intervention du Dauphin et de la comtesse de Charolais pour obtenir qu'il pardonnât à son fils. Le comte de Charolais s'était retiré à Termonde. Philippe Pot et le maréchal de Bourgogne allèrent le chercher. Le Dauphin l'amena à Genappe, où il reçut son pardon; mais le comte dut céder aux volontés paternelles, et congédier plusieurs de ses serviteurs[1].

La mésintelligence qui s'était produite avec un tel éclat devait laisser des traces profondes. Le comte de Charolais n'attendit qu'une occasion pour prendre sa revanche. La duchesse de Bourgogne, froissée dans ses sentiments maternels, quitta une cour où elle se regardait désormais comme une étrangère, et se retira dans un monastère de sœurs grises qu'elle avait fondé près de Niepce[2]. Quant au Dauphin, il sut profiter de cet incident pour conquérir une situation importante à la cour de Bourgogne. Quelque temps après, la comtesse de Charolais étant accouchée d'une fille, ce fut lui qui tint l'enfant sur les fonds de baptême; il lui donna le nom de sa mère[3]. La filleule du Dauphin était cette Marie qui devait un jour devenir l'héritière des ducs de Bourgogne et transporter à la Maison d'Autriche la puissance territoriale si redoutable que Charles VII s'était vainement efforcé de détruire.

L'épisode que nous venons de raconter ne fit que retarder de quelques jours la reprise des relations du duc avec la cour de France. Le 8 février les mêmes ambassadeurs qui, au mois d'octobre précédent, s'étaient rendus près de Charles VII, repartirent avec une nouvelle mission. Leurs lettres de créance portaient la date du 6 : il y en avait une pour le Roi et une pour les membres du Conseil[4]. Dès le 10, un chevaucheur fut

1. Sur cet épisode, voir Georges Chastellain, qui y a consacré de longues pages, t. III, p. 250-94; Olivier de la Marche, t. II, p. 415-21; Chronique dans le ms. fr. 88, f. 113 (passage reproduit par le continuateur de Monstrelet, éd. de 1595, t. III, p. 69); Jacques du Clercq, livre III, chap. XXVI.

2. Du Clercq, livre III, chap. XXVI.

3. Chastellain, t. III, p. 297; Du Clercq, livre III, ch. XXVI.

4. Les originaux sont dans le ms. 5041, f. 15 et 10. — Jean de Croy et Simon de Lalain partirent le 10 février, en compagnie de Toison d'Or et du poursuivant d'armes Salins; ils revinrent le 14 mai. Archives du Nord, B 2020, f. 177-78 et 180.

dépêché vers Croy et Lalain, avec des lettres closes les informant de certaines nouvelles apportées par l'évêque de Toul, qui revenait d'une ambassade auprès du roi de Hongrie Ladislas et d'autres princes d'Allemagne[1]. Le lendemain, un poursuivant d'armes partit encore pour rejoindre les ambassadeurs et leur remettre des lettres closes « touchant aucunes choses pour le fait de l'ambassade[2]. »

Le duc de Bourgogne et le Dauphin attachaient une grande importance à cette mission diplomatique, qui devait décider de la nature des relations entre la cour de France et la cour de Bourgogne.

Arrivés le 8 mars au château de Saint-Priest, en Dauphiné, où se trouvait le Roi, les ambassadeurs bourguignons y furent retenus pendant plusieurs semaines. C'est seulement le 23 avril que Charles VII leur fit donner réponse.

Les ouvertures faites par les ambassadeurs avaient porté sur trois points : 1° le duc de Bourgogne ayant été informé que le Roi était satisfait qu'il s'employât auprès du Dauphin en vue d'un accord, déclarait qu'il avait communiqué avec lui à plusieurs reprises, et l'avait trouvé en toute humilité et obéissance envers le Roi et désirant en toutes choses être en sa bonne grâce ; 2° le Roi était sollicité de laisser le Dauphiné en l'état où il se trouvait au moment du départ du Dauphin ; toutefois, si le Roi voulait avoir les places entre ses mains, elles lui seraient remises ; 3° le Dauphin, étant toujours dans les mêmes dispositions, suppliait le Roi de ne plus le presser davantage relativement à ce qu'il prétendait exiger de lui, et le duc, pour le bien de la matière, conseillait au Roi d'agir de la sorte.

La réponse du Roi fut communiquée aux ambassadeurs, en sa présence, par le chancelier. En voici la substance.

I. Le Roi se souvient que, quand les ambassadeurs sont venus à Saint-Symphorien, ils ont dit de la part de leur maître que celui-ci n'avait point l'intention de se porter partie pour le Dauphin, mais seulement de s'employer à rétablir la bonne

1. Archives du Nord, B 2026, f. 250.
2. *Idem, ibid.*, f. 231.

intelligence entre lui et son père. Le Roi a accepté que la question fût posée en ces termes. Si, comme le prétend le duc, le Dauphin est en toute humilité et obéissance, et désireux de se mettre en la bonne grâce du Roi, il n'a qu'à le montrer par effet : le Roi, ainsi qu'il n'a cessé de le dire, est toujours prêt à le recevoir en sa bonne grâce et à chasser de son souvenir tout ce que, par le passé, le Dauphin a pu faire à sa déplaisance. Toutefois, depuis qu'il est en cette contrée, le Roi a su que le Dauphin tient une conduite toute différente de celle dont parle le duc. N'a-t-il pas fait mettre en prison le neveu de Malhortie, parce que celui-ci a donné ouverture de la place de Quirieu aux gens du Roi ? N'a-t-il pas voulu le faire périr[1] ? Or, le jeune Malhortie est sujet du Roi ; il a été appréhendé parce que son oncle avait obéi au Roi comme il devait le faire. Le Roi demande qu'il soit mis en liberté. Il se plaint en outre de ce que certains des gens laissés par son fils en Dauphiné se sont mis en armes pour résister à ses gens.

II. Le départ soudain du Dauphin a laissé le Dauphiné sans provision, à la merci de gens de guerre étrangers et d'un mauvais renom ; en outre le Dauphin avait enlevé la garde de certaines places à ses sujets pour la confier à des étrangers, et, depuis sa retraite, il a aliéné d'autres places pour des sommes d'argent. En raison de ces faits, le Roi ne peut obtempérer à la requête du duc. Toutefois, il se bornera à faire gouverner le Dauphiné sous sa main, et il y a laissé le même gouverneur et les mêmes officiers.

III. Le Roi est bien émerveillé des craintes que, au dire des ambassadeurs, le Dauphin éprouve, car il s'est toujours montré doux et bénin, non seulement envers ses sujets mais encore à l'égard de ses ennemis ; plusieurs fois il a demandé aux gens du Dauphin que leur maître déclarât pleinement la cause de ces peurs et craintes, promettant de lui donner telle sûreté et telle provision qu'il n'aurait plus sujet d'avoir

1. Voir sur la conduite inhumaine du Dauphin à l'égard du jeune Malhortie les détails donnés par Chastellain (t. III, p. 228). Malhortie, d'abord menacé de mort, fut mis en prison « en basse fosse, en grant povreté et misère, et y demora par longue espace et terme d'ans. »

de crainte. D'ailleurs, le Roi a l'intention d'envoyer prochainement vers le duc pour l'entretenir plus longuement de ces matières[1].

Nous avons dit que le Roi avait retenu les ambassadeurs pendant plusieurs semaines avant de leur donner réponse. De graves incidents venaient de se produire à sa cour et avaient motivé ce retard.

Dans les derniers jours de l'année 1456, le bruit se répandit que Otto Castellain, qui avait succédé à Jacques Cœur comme argentier, usait de sortilèges contre la personne du Roi, et que Guillaume Gouffier, le plus intime des familiers de Charles VII[2], qui l'avait comblé de faveurs et élevé au poste de premier chambellan, était mêlé à ces pratiques diaboliques. Tous deux étaient munis, paraît-il, de caractères ou talismans métalliques et de figures magiques, et se vantaient de conserver, quoi qu'il advînt, les bonnes grâces du Roi[3]. Charles VII n'hésita point : le 1er janvier 1457[4], il fit arrêter Castellain sur le pont de Lyon par Jean de la Gardette, prévôt de l'hôtel ; et, malgré son attachement pour Gouffier, il donna l'ordre de le faire mettre également en prison[5]. Le procès s'instruisit longuement[6]. Aucun indice n'ayant paru confirmer les soupçons contre Gouffier, il allait être mis en liberté quand il se vendit lui-même : « Capitaine, » dit-il à son gardien Jean d'Aulon, capitaine de Pierre Encise, chargé de le tirer de prison, « je « crois que le Roi me mande et j'entends que mon fait se porte « bien. Je veux être net de toutes choses avant de partir d'ici ;

1. Ms. fr. 15537, f. 29 ; copie moderne dans Du Puy, 762, f. 25.

2. Dans sa dépêche du 7 décembre 1456, Tibaldo le qualifie de « mignolo e volili camerlengo grato del Re. » *Lettres de Louis XI*, t. I, p. 260.

3. Lettres de rémission en date de décembre 1459. Archives, JJ 190, nº 14.

4. La date du 1er janvier est donnée par Chastellain (t. III, p. 295) ; mais il résulte de la mention suivante, tirée des comptes, que, dès le 30 décembre, l'arrestation était opérée : « Mº Macé Gauvigneau, notaire et secrétaire du Roy, xxvii l. x s., 30 décembre, pour aller à Rouen saisir tout ce qu'il trouvera appartenir à Otto Castelan, argentier, prisonnier. » Cabinet des titres, 685, f. 102 vº.

5. Dans des lettres des 22 février et 28 mai 1457, données comme sénéchal de Saintonge, Gouffier est encore qualifié de premier chambellan (Clairambault, 164, p. 1811 ; ms. fr. 26084, nº 6966) ; il conserva la charge de sénéchal de Saintonge jusqu'au 11 mars 1459.

6. Voir à ce sujet une note supplémentaire à la fin du volume.

« allez donc vers le Roi, et dites-lui que j'ai certains deniers « qui reposent sous moi, faits de tel art et de telle vertu que « tout ce que je puis désirer au monde je l'ai et l'obtiens « toutes et quantes fois que je veux, soit homme, soit femme, « soit un oiseau volant en l'air, soit un poisson au fond de la « rivière, soit une bête sauvage en la forêt, ou quelque chose « que ce soit. Je m'en suis joué, et j'en ai fait mon passe- « temps. Le Roi s'en moquera, je pense. Je vous prie de l'en « aller avertir de ma part, afin que je sois purifié quand je « paraîtrai devant lui [1]. » D'Aulon ne voulut pas se charger de la commission, et dit à Gouffier d'écrire ce qu'il voulait faire dire au Roi. Quand Charles VII reçut la communication : « Saint Jean ! » s'écria-t-il, « il y a au ventre d'où cela part bien d'autres choses. » Le procès d'Otto Castellain fut repris à la date du 1er mai 1459 [2]. Gouffier fut examiné de nouveau, mis à la question : finalement, il avoua tout ce dont on l'avait accusé, et « d'autres grands cas » dont il s'était rendu coupable. Il fut condamné au bannissement et à la perte de ses biens; mais le Roi, en lui retirant tous ses offices, lui laissa ses biens, et se borna à le bannir à trente lieues de sa personne. Quant à Otto Castellain, il fut convaincu de crimes horribles. Condamné au bannissement par arrêt du 6 septembre 1460, il paraît avoir été retenu prisonnier jusqu'à la mort de Charles VII [3].

L'émotion causée par l'arrestation de Castellain et de Gouffier était à peine calmée quand on découvrit un complot ourdi pour enlever le Roi au château de Saint-Priest. Les conjurés, au nombre de sept, devaient s'emparer de sa personne à une heure convenue, et l'« emmener à leur plaisir et à force où bon leur sembleroit; » quatre cents hommes armés étaient prêts à les seconder [4]. Par bonheur, l'un des conjurés, nommé Gre-

1. Chastellain, t. III, p. 205.
2. Voir note supplémentaire.
3. Voir Chastellain, t. III, p. 291-96; Chartier, t. III, p. 53-55, et note supplémentaire à la fin de ce volume.
4. Chastellain, t. III, p. 366.

sille[1], vint tout révéler au Roi, en implorant sa merci. L'affaire n'eut pas de suite; mais Charles VII en ressentit une impression de terreur dont il ne put se défendre[2].

Quelle était la main qui avait dirigé ce complot? On est à cet égard réduit à des conjectures. La coïncidence de l'événement avec la présence des ambassadeurs bourguignons excita la défiance du Roi, qui retarda leur expédition et les traita avec une grande froideur[3]. Sans attendre davantage, Charles VII, qui se tenait au courant de ce qui se passait à la cour de Bourgogne[4], résolut de trancher l'un des points qui avaient fait l'objet des réclamations du duc et du Dauphin: par lettres patentes du 8 avril, il mit le Dauphiné en sa main. Les considérants de ces lettres contenaient un blâme sévère contre le Dauphin[5].

Les ambassadeurs bourguignons, en venant rendre compte au duc Philippe de leur mission, le trouvèrent à Bruges; il était en train de faire visiter au Dauphin les villes de Flandre, où de magnifiques réceptions furent faites à l'héritier du trône[6]. Le résultat de l'ambassade était, comme le dit Georges Chastellain, « pauvre chose et de petit espoir. » Le Roi commençait à

1. On trouve dans les comptes de 1458-59 la mention suivante, qui paraît se rapporter à ce personnage : « Jehan Chenart, dit *Gresille*, escuyer, capitaine d'Embrun en Dauphiné, pour un cheval qu'il a amené au Roy à Champigny et pour sa despense VI^xx, XVII l. X s. » Cabinet des titres, 685, f. 210.

2. « De laquelle chose le Roy devint tant peureux et tant doubteux que nul jamais plus, et tellement qu'à peine le pouvoit on rassurer. » Chastellain, t. III, p. 307.

3. Voir Chastellain, *l. c.*

4. On lit dans le huitième compte de Mathieu Beauvarlet : « Guillaume Vigier, escuyer, seigneur de la Valde, XL l., 5 février, pour aller en Flandres, et LXI l. en avril pour aller à Bruges en Flandres s'informer des entreprises faites contre le Roy. » Cabinet des titres, 685, f. 192 v°.

5. Voir Duclos, *Recueil de pièces*, etc., p. 92.

6. Voir Chastellain, t. III, p. 301 et suiv.; Du Clercq, livre III, chap. XXVII. — Il arriva durant le séjour à Bruges une aventure assez piquante, que raconte le chroniqueur attitré du duc de Bourgogne. Tandis que les magistrats haranguaient le duc, en lui présentant les clés de la ville, des marchands catalans et espagnols s'avancèrent pour voir de plus près le cortège princier, poussant des cris et agitant des torches non allumées. Le Dauphin prit ces torches pour des lances et ces marchands pour des gens de guerre : « Durement en devint perplex, et, tout plein d'effroy, cuidoit certainement estre trahy, jusques à perdre toute manière et parole. Sy s'en perçut le duc et en devint tout honteux mesmes, mais leur fit dire que, de par le diable, ils s'en rallassent tout court, ou il les puniroit de corps; lesquels, confus de leur folie, le firent ainsi et s'allèrent attendre à la porte. »

rendre le duc responsable de la résistance persistante du Dauphin; il estimait que les « belles paroles » et les « grandes excusations » dont la bouche des représentants du duc était pleine n'étaient que des subterfuges couvrant de fâcheux desseins. Les ambassadeurs annoncèrent en outre à leur maître qu'une ambassade du roi de Hongrie était venue au château de Saint-Priest, dans le but de négocier le mariage de Ladislas avec une fille du Roi[1].

Ces nouvelles troublèrent fort le duc et le Dauphin. En apprenant que le Dauphiné était mis en la main du Roi, Philippe, persuadé que c'était à cause de lui que cette mesure était prise, vint trouver Louis et lui dit : « Or ça, Monseigneur, il a « plu au Roi de vous ôter votre pays de Dauphiné, qui n'est « qu'un seul pays; vous êtes aujourd'hui seigneur et prince « sans terre. Mais pourtant vous ne demeurerez point sans « pays, car tout autant que j'en ai est vôtre et je le mets « entre vos mains, et n'en veux rien réserver, fors seulement « pendant ma vie et celle de ma femme. Si vous prie qu'il « vous plaise faire bonne chère, car, si Dieu ne m'abandonne, « je ne vous abandonnerai jamais[2]. »

Le Dauphin résolut alors d'envoyer chercher sa femme, Charlotte de Savoie, qui était restée en Dauphiné, et qui jusque-là, à cause de son jeune âge, n'avait été sa compagne que de nom. A cette nouvelle, le duc de Bourgogne fit monter à cheval son roi d'armes Toison d'Or[3], pour aller incontinent informer le Roi des causes pour lesquelles le Dauphin faisait venir sa femme et le prier de ne pas prendre la chose en mauvaise part, car le prince ne le faisait qu'à cette triple fin : 1° pour l'honneur de Dieu, afin de vivre hors du péché dans l'état du mariage; 2° dans l'espoir d'avoir génération et pour se donner compagnie et consolation en sa longue adversité; 3° pour lui fournir les moyens d'existence dont elle était dépourvue. Charles VII ne fit aucune opposition : la Dauphine

1. Chastellain, t. III, p. 312.
2. *Id.*, *ibid.*, p. 308.
3. *Id.*, *ibid.*, p. 313; Archives du Nord, B 2026, f. 94 v°.

prit le chemin de la Flandre, en passant par Besançon et Metz; elle arriva dans les premiers jours de juillet. Louis, qui était alors à Louvain avec le duc [1], s'avança à sa rencontre jusqu'à Namur, et l'emmena à Louvain, où les époux passèrent leur « lune de miel » avant d'aller s'installer au château de Genappe, près de Bruxelles, que le duc de Bourgogne leur assigna comme résidence [2].

Le Dauphin allait se faire une existence nouvelle dans cette maison de chasse, où il devait résider jusqu'à son avènement au trône. Il s'y entoura de joyeux compagnons, qui lui firent passer gaiement son temps; il aimait les chiens et les oiseaux; il était passionné pour la chasse; il avait aussi des goûts littéraires : c'est à Genappe, avec le concours d'une pléiade de beaux esprits que le prince faisait venir et entretenait à prix d'or, que furent composés ces contes licencieux restés célèbres sous le titre de *Cent Nouvelles nouvelles* [3]. Il était à la fois, nous dit Olivier de la Marche, « large et abandonné, » payant grassement ceux dont il voulait se servir — y compris les espions qu'il entretenait à la cour de son père, — donnant congé à sa fantaisie à ceux dont il était las [4]. Le duc de Bourgogne pourvoyait largement à ses dépenses : il lui faisait compter une pension de trente-six mille livres, et la Dauphine touchait mille livres par mois [5].

En installant définitivement le Dauphin dans ses États, le duc de Bourgogne n'était pas sans appréhension sur les conséquences qui pouvaient en résulter pour lui. De toutes parts

1. « La court est de present à Louvain, écrivait Thierry de Vitrey au comte de Vaudemont, à la date du 1er juillet; et se aimme bien là monseigneur le Dalphin, pour ce qu'il y a belle chasse, belle voulerye, et garenne grande de conins dedans et dehors la ville. » Collection de Lorraine, VIII, n° 60.

2. Chastellain, t. III, p. 313-14; 322-27; Mathieu d'Escouchy, t. II, p. 351-52; Du Clercq, livre III, chap. XXVI. — Le Dauphin paraît s'être installé à Genappe dès la fin de juillet : le 27, le duc envoyait de Hesdin à Genappe porter des lettres closes au Dauphin et à la Dauphine (Archives du Nord, B 2026, f. 271 v°-72).

3. Voir l'édition donnée en 1841 par M. Le Roux de Lincy (2 vol. in-12).

4. Olivier de la Marche, t. II, p. 413-14 et 420.

5. Olivier de la Marche, t. II, p. 411; Mathieu d'Escouchy, t. II, p. 333. Le duc fit payer 1200 livres comptant au Dauphin pour les frais de son voyage à Namur (Archives du Nord, B 2026, f. 214 v° et 323).

il voyait surgir des difficultés et des périls[1]. Brouillé avec le comte de Saint-Pol, il s'était aliéné le connétable de Richemont, en repoussant une requête que celui-ci venait de lui adresser en faveur du comte de Saint-Pol, son beau-frère, dont les terres avaient été confisquées par le duc[2]. Il venait de perdre un allié fort précieux en la personne du duc d'Alençon qui, tout emprisonné qu'il fût, restait en intelligence avec lui[3]. Philippe s'attendait, d'un moment à l'autre, à une démonstration armée du Roi du côté des villes de la Somme. Afin de pourvoir à la sûreté de la Picardie et d'être à portée des événements, il vint s'établir dans son château d'Hesdin, qu'il s'était plu à embellir (18 juillet)[4]. D'autre part, les Anglais lui donnaient plus d'un motif de plaintes à cause des excès que, au mépris des trêves, ils commettaient sans cesse sur ses sujets : une conférence fut tenue à Oye, du 4 au 8 juillet, entre le comte de Warvick, gouverneur de Calais, et le comte d'Étampes, assisté de plusieurs conseillers du duc, pour régler les questions en litige[5]. Les négociations se poursuivirent à Calais, sans qu'on pût arriver à une solution. Quand les commissaires bourguignons vinrent à Hesdin rendre compte de leur mission, l'affaire fut examinée en Conseil[6] : on décida qu'il fallait à tout prix pacifier une querelle qui, en somme, était de minime importance et ne devait point altérer les bons rapports existant depuis longtemps entre les cours de Bourgogne et d'Angleterre. Philippe résolut donc d'envoyer de

1. « Estoit le temps bien apparent de produire dures et estranges besongnes beaucoup et de perilleuse attente, dont il ne faillit point, car plus alloit avant que plus tousjours alloit en follissant à tous lez, huy vers France, demain vers Angleterre, un autre jour en Hongrie. » Chastellain, t. III, p. 325.

2. Le comte de Saint-Pol avait abandonné le duc pour passer au service de Charles VII, et avait refusé le collier de la Toison d'or. Voir Chastellain, t. III, p. 313-17.

3. Au commencement de 1457, Pierre Gilles, écuyer, serviteur du duc d'Alençon, reçoit 43 l. pour ses dépenses à Bruxelles, où il est naguères venu, de par son maître pour matières secrètes (Archives du Nord, B 2026, f. 318 v°). En juillet suivant, May de Houllefort, écuyer d'écurie du duc, est à Hesdin, près de Philippe le Bon, et le suit à Abbeville en août; il reçoit 21 l. (*Id.*, f. 354 v°). Un autre messager apporte une lettre close (f. 357 v°). Un peu plus tard arrive Jacques du Bois, écuyer, serviteur de la duchesse d'Alençon (f. 358).

4. « Un des somptueux ouvrages de la terre » (Chastellain).

5. Archives du Nord, B 2030, f. 165.

6. Voir Chastellain, t. III, p. 317-20 et 337-38.

nouveaux ambassadeurs à Calais pour conclure un arrangement[1]. D'ailleurs l'attitude de Charles VII, fort aigri par la protection que le duc accordait à son fils rebelle, imposait les plus grands ménagements : il importait avant tout de se mettre en mesure de résister à une agression qui semblait imminente. Le comte d'Eu, sous prétexte de faire la guerre aux Anglais, n'épargnait guère les sujets du duc. Celui-ci mit en sa main les terres que le comte possédait dans ses États, et chargea le comte d'Étampes d'aller lui demander raison de sa conduite. Le comte répondit à l'envoyé de ce prince qu'il ignorait ce qui pouvait motiver ces plaintes : il n'avait rien fait contre le duc; il désavouait les « mauvais garçons » qui avaient pu, sous son nom et à son insu, commettre les excès qu'on lui reprochait. Ces excuses furent agréées et la main-mise fut levée. Mais, en s'en retournant, Robert du Quesnoy, qui avait apporté le message du comte, rencontra certains fauconniers du duc, revenant de la chasse avec leurs faucons. Ayant demandé à qui ces oiseaux appartenaient, on lui répondit que c'étaient les faucons du duc de Bourgogne. Là-dessus Robert en prit un ou deux et les emporta en disant : « Si quelqu'un y contredit, je lui couperai la gorge. » Le soir même le fait était rapporté au duc. Grand fut son courroux. Sans l'intervention du comte d'Étampes, qui amena Robert du Quesnoy à présenter ses excuses, l'affaire n'en fût pas restée là[2].

Cependant, de tous côtés, Philippe le Bon recevait des rapports sur les « journées et conventions secrètes » que tenaient, à Paris et ailleurs, les capitaines de l'armée royale[3]. Il apprit que, non seulement sur les frontières de la Picardie, mais sur celles de Bourgogne, à Langres, et sur d'autres points, des rassemblements de troupes s'opéraient. Craignant que la fidélité de ses sujets de Picardie ne fût ébranlée, il résolut d'aller visiter les villes de la contrée. Il se rendit donc à Abbeville

1. Chastellain, t. III, p. 338-39. On trouve des détails sur les relations du duc avec le comte de Warwick dans les Registres de Lille : Archives du Nord, B 2020, f. 275 v°, 276, 283, 287, 287 v°.
2. Chastellain, t. III, p. 339-42.
3. *Id.*, *ibid.*, p. 362.

(6 août), où il fut reçu avec enthousiasme ; il y réunit les notables de la ville, les interrogea sur leurs dispositions, et les engagea à persévérer dans l'attachement à leur seigneur, qui toujours avait été pour eux « bon protecteur et bon prince. » — « Monseigneur, répondirent-ils, nous vous tenons pour notre « seigneur et pour notre prince, et nous voulons vivre et mou- « rir avec vous. Rien ne pourra nous distraire de votre amour « et obéissance. » De là le duc se transporta à Amiens, où on lui fit pareille réponse ; il y célébra la fête de l'Assomption, au milieu de réjouissances assombries pourtant par la mortalité qui sévissait alors dans cette ville. Puis il alla visiter Péronne et Saint-Quentin. Partout il reçut des témoignages de l'attachement des populations ; partout on déclara « vouloir vivre et mourir avec lui et maintenir sa querelle[1]. »

Après ce voyage triomphal, le duc de Bourgogne regagna le Brabant, en passant par Genappe, où il visita le Dauphin, avec lequel il entretenait de continuelles relations. Philippe avait été avisé que le Roi se préparait à lui envoyer une ambassade : il ordonna à l'évêque d'Arras et à l'évêque d'Amiens de se rendre à Tournai au-devant des ambassadeurs.

Mais, avant d'exposer ce qui est relatif à cette mission diplomatique, il nous faut parler de l'intervention du roi de Castille en faveur du Dauphin et d'un grave événement qui vint surprendre le duc Philippe tandis qu'il visitait ses villes de Picardie : une flotte française parut dans la Manche, menaçant à la fois les côtes de l'Angleterre et de la Flandre. Il convient, pour l'intelligence des faits, de reprendre les choses d'un peu plus haut, et d'examiner quelles avaient été, dans ces dernières années, les relations de Charles VII, d'une part avec la Castille, d'autre part avec l'Écosse et avec l'Angleterre.

1. Chastellain, *l. c.*, p. 365.

CHAPITRE VIII

RELATIONS AVEC LA CASTILLE ET AVEC L'ÉCOSSE SUITE DES NÉGOCIATIONS AVEC LE DUC DE BOURGOGNE

1454-1457

Henri IV succède en Castille à Jean II ; ambassade qu'il envoie à Charles VII ; ambassade de celui-ci en Castille ; traité de Cordoue. — Nouvelles ambassades de Henri IV en France ; questions litigieuses. — Don Carlos, prince de Navarre, vient trouver le Roi pour le solliciter d'être médiateur dans sa querelle avec son père ; réponse faite à ce prince. — Intervention du roi de Castille dans l'affaire du Dauphin ; réponse donnée à ses ambassadeurs ; on agite la question de la formation d'une armée navale pour agir contre les Anglais. — Relations de Charles VII avec l'Écosse depuis 1451 ; échange d'ambassades ; affaire de la duchesse de Bretagne, Isabelle d'Écosse. — Jacques II demande à Charles VII son appui contre les Anglais. — Situation politique de l'Angleterre ; protectorat du duc d'York ; état mental et dispositions intimes de Henri VI ; ascendant de Marguerite d'Anjou sur son époux ; intelligences de la Reine avec Pierre de Brezé. — Nouvelles instances de Jacques II, qui soumet à Charles VII un plan d'attaque ; Charles VII envoie un ambassadeur en Écosse pour travailler à une pacification avec l'Angleterre ; ce projet n'a pas de suite ; nouvelle ambassade de Jacques II ; Charles VII est vivement sollicité d'agir à main armée ; il s'y refuse. — Dans l'été de 1456, Jacques II prend les armes ; il renonce à ses projets d'invasion quand la reine reprend le pouvoir, et signe avec Henri VI une trêve de deux ans. — Expédition de Sandwich. — Le duc de Bourgogne menacé d'une révolte à Liège ; arrivée de la grande ambassade française ; instructions données aux ambassadeurs ; discours de l'évêque de Coutances et de l'évêque d'Arras ; ultimatum des ambassadeurs.

Jean II, roi de Castille, était mort le 22 juillet 1454, et son fils Henri IV lui avait succédé ; le nouveau roi était âgé de vingt-neuf ans. Comme prince des Asturies, il s'était signalé par de continuelles révoltes contre son père ; comme Roi, loin de racheter ses torts, il devait s'attirer les plus sévères reproches des historiens [1]. Aussitôt après son avènement, il en-

1. Voir, entre autres historiens, Lafuente, *Historia general de España*, t. VIII, p. 406-07; Cavanilles, *Historia de España*, t. IV, p. 191.

voya une ambassade à Charles VII dans le but de renouveler les anciennes alliances entre les royaumes de France et de Castille. Les pouvoirs des ambassadeurs n'ayant pas paru assez amples, la négociation n'aboutit à aucune conclusion[1]. Au mois de janvier 1455, Jean Bernard, archevêque de Tours, Gérard Le Boursier, Guillot d'Estaing, Inigo d'Arçeo et le notaire Nicolas du Breuil partirent pour la Castille. Leurs pouvoirs portaient la date du 20 janvier[2]. Ils arrivèrent au moment où Henri IV, dont l'union avec Blanche de Navarre avait été déclarée nulle, allait épouser Jeanne de Portugal : ce fut l'archevêque de Tours qui célébra le mariage[3]. Les négociations entre les ambassadeurs et les conseillers du roi de Castille ne furent pas de longue durée[4] : le 10 juillet était signé à Cordoue un traité d'alliance entre Charles VII et Henri IV[5]. Au mois d'octobre suivant un envoyé du roi de Castille vint à Bourges. Il était porteur d'une lettre en date du 5 juillet, par laquelle Henri IV réclamait contre l'emprisonnement de marchands castillans, opéré en violation de leurs privilèges[6]. Le roi de Castille sollicitait en même temps le concours de Charles VII pour une expédition qu'il allait entreprendre contre les Mores[7].

Une nouvelle ambassade du roi de Castille vint, au mois de mai 1456, trouver le Roi au château du Châtellier. Les pouvoirs de Henri IV à ses ambassadeurs portaient la date du 10 janvier[8], et ils remirent à Charles VII une lettre de leur

1. Cette ambassade était composée de D. Juan Manuel, du docteur Ortuño Velasquez de Cuellar, doyen de Segovie, et du docteur Alfonso de Paz. Voir le *Memorial* de Diego de Valera, dans les *Cronicas de los Reyes de Castilla*, p. 4 ; *Cronica d'Alonso de Palencia*, ms. espagnol 112, f. 2 v° ; cf. Ferreras, *Histoire d'Espagne*, t. VII, p. 9.

2. Voir le traité du 10 juillet 1455, visé plus loin.

3. Cabinet des titres, 685, f. 181 v°. Voir Valera, chap. VII, p. 7, et Palencia, f. 19 et s. et 24.

4. Voir sur ces négociations le document qui se trouve dans le ms. lat. 6024, f. 51.

5. Archives J 604, n° 80 bis ; Léonard, t. I, p. 144 et suiv. ; Du Mont, t. III, part. I, p. 509 et suiv.

6. Original, ms. lat. 6024, f. 91.

7. Voir plus haut, p. 31-32.

8. Ms. lat. 5956A, f. 221.

maître, datée de Ségovie le 3 février[1]. L'ambassade avait pour but d'échanger les lettres de ratification du traité de Cordoue, et de régler certaines questions litigieuses entre les deux couronnes, telles que la possession de la Terre de Labour, d'Urtubie et de la Bidassoa, la construction d'une tour par Charles VII en vue de Fontarabie, la liberté des relations commerciales des marchands castillans, soit avec les sujets de Charles VII, soit avec les Anglais[2]. Un « appointement, » dont nous n'avons pas la teneur, fut passé à Gannat entre les ambassadeurs de Castille et les commissaires royaux[3].

Dans l'été de 1456, Don Carlos, prince de Navarre, qui, à la suite de ses longs démêlés avec le roi Jean II, son père, était passé en France, vint rendre visite au Roi[4]. Le comte de Foix, gendre du roi de Navarre, avait soutenu son beau-père, et les représentants de Charles VII en Guyenne avaient suivi son exemple. Le 3 décembre 1455 était passé à Barcelone un traité entre le roi de Navarre et le comte de Foix. Par ce traité, la succession du trône de Navarre et du duché de Nemours était assurée à Gaston IV, du chef de sa femme Éléonore de Navarre, à l'exclusion de Don Carlos. Le comte de Foix étant vassal du roi de France, « sans l'assentiment duquel, » lit-on dans l'acte de Barcelone, « il n'était ni licite ni honnête d'entreprendre cette affaire ni aucune autre d'importance[5], » le traité devrait être soumis à l'approbation de ce prince avant le 15 avril 1456 ; il serait nul en cas de non-acceptation de Charles VII. En outre, le comte de Foix devrait prêter en personne son assistance au roi de Navarre contre Don Carlos[6].

1. Original, ms. lat. 6024, f. 113.

2. Voir documents dans le ms. latin 5956A, f. 227, 233, 235 et 238 ; cf. ms. 6024, f. 110 v°-11.

3. Il est fait allusion à cet « appointement » dans les documents du ms. lat. 6024, f. 111 et 131 v°.

4. Il était question de cette visite dès l'année précédente. Voir Valois, *Extraits d'un registre du grand conseil*, p. 30.

5. « Non le seria cosa licita ne honesta de emprender el dicho negocio ni otro alguno que de importancia fuese, sin sabiduria é licencia del dicho senior Rey de Francia. »

6. Traité du 3 décembre 1455, dans *Coleccion de documentos inéditos para la historia de España*, t. XL, p. 542 et suiv. ; cf. Çurita, *Anales de la Corona de Aragon*, t. IV, f. 40-41.

Le 16 décembre suivant, le roi de Navarre envoya à Charles VII un ambassadeur pour lui offrir son alliance, à la condition que, en cas de guerre contre les Anglais, il lui fournirait un contingent de trois cents hommes d'armes et que le Roi fournirait à Jean II pareil contingent pour soutenir la lutte contre son fils[1]. Nous ne savons quelle suite reçut cette proposition, mais il n'est pas douteux que Charles VII donna son approbation au traité passé entre Jean II et le comte de Foix[2]. Celui-ci se mit aussitôt en armes, et entra en Navarre, où il réduisit Pampelune et les autres villes qui tenaient encore pour Don Carlos[3].

En venant trouver Charles VII, Don Carlos voulait se justifier du reproche qui lui avait été adressé de s'être montré partisan des Anglais et de les avoir soutenus contre les Français; il voulait aussi éclairer le Roi sur la situation qui lui était faite et solliciter son arbitrage dans sa querelle avec son père. Charles VII fit donner réponse au prince de Navarre le 5 juillet. Il déclarait qu'il ne pouvait accepter, sans le consentement des deux parties, la mission dont le prince voulait l'investir; mais, ce consentement une fois donné de part et d'autre, il s'en chargerait volontiers; il conseillait au prince de se mettre toujours « en tel devoir et en telle obéissance envers le roi de Navarre comme il appartient au fils de faire envers son père; » il l'engageait à s'adresser au roi de Castille, chef de leur maison, auquel revenait plus spécialement le soin de travailler à la pacification[4]. Pourtant, s'il en faut croire le biographe du comte de Foix, Charles VII aurait envoyé un message au comte de Foix, qui guerroyait en Navarre, pour lui demander de cesser les hostilités et de se rendre à sa cour, en toute diligence, pour s'employer à pacifier le différend[5].

1. Voir Çurita, *l. c.*, f. 41 v°-42, et Ferreras, *Histoire d'Espagne*, t. VII, p. 231.
2. Voir *Coleccion de documentos*, *l. c.*, p. 561.
3. Voir sur l'expédition du comte de Foix les détails contenus dans l'*Histoire manuscrite* de Guillaume Le Seur. Ms. fr. 4992, f. 80 v° et suiv.
4. Le texte de cette réponse est dans le ms. lat. 5956A, f. 213; cf. le document qui se trouve au fol. 223. — Observations du prince de Navarre sur la réponse du Roi, communiquées au Conseil le 14 juillet : ms. lat. 10152, f. 98. — Nouveau mémoire présenté le 19 juillet : Du Puy, 761, f. 27.
5. *Histoire manuscrite* de Guillaume Le Seur, ms. fr. 4992, f. 95 v°.

Sur ces entrefaites éclata la rupture entre le Roi et le Dauphin. Au lieu de s'employer à apaiser la querelle entre le Roi de Navarre et son fils, le roi de Castille voulut travailler à réconcilier le Dauphin avec son père[1]. Il songea un instant à s'approcher des frontières de la France afin d'agir comme médiateur; mais, appelé dans le royaume de Grenade par sa lutte contre les Mores, il dut se contenter d'envoyer une ambassade[2]. Don Juan Manuel et le docteur Alfonso de Paz arrivèrent à Lyon le 19 mai 1457; ils étaient porteurs d'une lettre de leur maître en date du 30 janvier[3]. Les ambassadeurs demandèrent au Roi que, « pour l'honneur de Dieu, le bien de son royaume et la gloire de sa très haute couronne, » il voulût bien remettre le Dauphin en sa grâce et en sa bienveillance paternelle, et le traiter, lui et toutes ses affaires, « par humaine et paternelle dilection, » afin de lui permettre de se soumettre et de faire obéissance filiale. Après plusieurs conférences, le Roi fit donner sa réponse : il remerciait très affectueusement le roi de Castille du bon et grand vouloir et de l'affection qu'il témoignait à l'égard du Roi et de sa seigneurie; le Roi avait l'intention, après le retour des ambassadeurs qu'il envoyait en Flandre, de faire savoir au roi de Castille, comme son frère et allié, l'état des choses, et le devoir dans lequel il s'était mis, de sa part, pour ramener son fils à l'obéissance; et puisque le roi de Castille, montrant la bonne amour et affection qu'il portait au Roi, avait bien voulu envoyer vers lui pour cette cause, il remettait aux ambassadeurs un exposé complet de l'affaire, afin qu'ils pussent renseigner exactement son frère et allié[4].

Les ambassadeurs castillans avaient mission d'agir également auprès du Dauphin, auquel leur maître avait écrit. Mais, après avoir pris connaissance des faits, ils se bornèrent à envoyer le roi d'armes Séville pour lui porter les lettres de

1. Voir Valera, *l. c.*, p. 17; Palencia, *l. c.*, p. 44.
2. Voir créance des ambassadeurs de Castille. Minute dans le ms. fr. 20490, f. 79. Cf. Chastellain, t. III, p. 313.
3. Original, Fontanieu, 881, f. 7; — le 7 février, l'archevêque de Séville écrivait au Roi pour lui recommander son frère Jean Manuel. Ms. lat. 6024, f. 115.
4. Réponse aux articles baillés par les ambassadeurs de Castille. Ms. lat. 5956A, f. 223.

Henri IV et lui demander en quoi ils pourraient le servir[1]. Séville se rendit à la cour de Bourgogne, où il arriva à la fin de juillet[2]. Sa mission fut sans résultat; la « grande et haute ambassade » dont il annonça le prochain envoi à la cour de Bourgogne n'y parut jamais[3].

Les ambassadeurs castillans n'avaient point seulement à s'occuper de l'affaire du Dauphin. Outre certaines questions litigieuses, toujours pendantes, il s'agissait de déterminer le contingent que la Castille devait fournir à une armée navale que Charles VII s'occupait alors à former. Le roi voulait « mettre si puissante armée sur la mer que les Anglois, par quelque entreprise, » ne pussent nuir aux sujets des deux royaumes[4]; il offrait de fournir douze nefs et trois galères, « armées, équipées et avitaillées, » et le roi Henri IV ne consentait à donner que dix nefs et six galères. Il fut convenu que les ambassadeurs soumettraient de nouveau la question à leur maître, et que celui-ci ferait connaître sa réponse avant la Saint-Martin[5]. Les ambassadeurs castillans devant se rendre en Bretagne avant de retourner dans leur pays, Charles VII les fit accompagner par un de ses conseillers, chargé de s'entendre avec le duc de Bretagne sur le contingent qui serait donné par ce prince[6].

L'appui de la Castille était nécessaire pour que Charles VII pût réaliser les desseins qu'il méditait du côté de l'Angleterre. Celui de l'Écosse, notre antique alliée, ne l'était pas moins.

Le roi d'Écosse s'était réjoui des succès remportés sur les Anglais en Normandie. Informé de la rupture des trêves par une ambassade, Jacques II avait, à plusieurs reprises, écrit à

1. Créance des ambassadeurs. Ms. fr. 20490, f. 70. Chastellain dit (t. III, p. 313) que le Roi s'opposa à ce qu'ils y allassent, et qu'ils renoncèrent à ce voyage pour ne point lui déplaire.
2. Chastellain dit qu'il trouva le duc de Bourgogne à Hesdin. Or le duc y séjourna du 18 juillet au 4 août environ.
3. Chastellain, t. III, p. 313.
4. Le 23 février 1457, Nicolas du Breuil avait été envoyé en Castille pour prendre part à une conférence où devait être discutée la question des limites des deux royaumes. Cabinet des titres, ms. 685, f. 192 v°.
5. Voir le document du ms. lat. 6024, f. 110.
6. *Ibid.*

Charles VII pour le féliciter de ses conquêtes[1]. Au printemps de 1451, le Roi envoya une ambassade en Écosse; elle se composait de Guillaume Cousinot, Guillaume de Menypeny, Pierre Droux et David Lindsay[2], et avait mission de renouveler les alliances entre la France et l'Écosse[3]. En revenant de cette ambassade, Cousinot et ses compagnons firent naufrage sur les côtes d'Angleterre, où ils demeurèrent prisonniers : le bailli de Rouen devait rester pendant trois ans aux mains des ennemis, sans pouvoir se libérer, et ne reconquit sa liberté qu'au prix d'une énorme rançon[4]. A deux reprises, en septembre 1451 et en février 1452, le roi d'armes Normandie fut envoyé en Écosse, porteur de lettres pour Jacques II et pour les ambassadeurs du Roi[5]. Dans le courant de 1451, John Creighton, fils de l'amiral d'Écosse, était auprès de Charles VII[6]. La même année, à la fin de décembre, le Roi reçut à Montils-les-Tours une lettre du roi d'Écosse, tout entière de sa main : « Beau frère, écrivait Jacques II, j'ai entendu que les Bretons parlent de marier ma sœur la duchesse au pays de Bretagne. Je vous certifie que, si ainsi étoit, plus grand déplaisir ne me pourroit-on faire. Et sur ce je vous en prie que vous ne le souffrez point, car je ne consentirai jamais que ainsi se fasse,

1. Lettres des 23 avril et 1er juillet 1450. Orig., ms. lat. 10187, nos 23 et 16; éd. Stevenson, t. I, p. 299 et 301.

2. Paiement de 1980 l. pour les frais de cette ambassade (Ms. fr. 26081, no 6539); quittance de 490 l. 10 s. t., en date du 22 juin 1451 « pour les passage, frais et despenses que faire nous convendra sur la mer » (Clairambault, 155, p. 4089); paiement à Menypeny sur son voyage d'Écosse, 55 livres. Cabinet des titres, 685, f. 144 vo.

3. Pouvoir (sans date) dans le ms. fr. 5909, f. 181 vo.

4. Pour le paiement de sa rançon, fixée à vingt mille écus, Charles VII mit un impôt sur le sel, en Normandie, pendant trois ans. Voir lettres du 4 juin 1455, aux archives de l'Eure, publiées par M. Vallet de Viriville, *Chronique de Cousinot*, p. 76. Cf. Cabinet des titres, 685, f. 188 vo et 165. Dans un rôle du 7 mai 1451 (ms. fr. 26083, f. 46), le Roi inscrivit une somme de 350 l. t. pour don à Mathurin Brisson, clerc de Guillaume Cousinot, afin de l'aider à payer sa rançon: Menypeny reçut une somme de 4,000 écus d'or dans le même but (Ms. fr. 5909, f. 169). Don de 27 l. 10 s. à Gilles du Mont, chevalier, pris avec Cousinot (Cabinet des titres, 685, f. 158). A la date du 15 décembre 1451, Henri VI donna à plusieurs des gens de la suite des ambassadeurs un sauf-conduit pour retourner en France (Carte, *Catalogue des rôles gascons*, t. II, p. 327).

5. Ms. fr. 26081, no 6539. — Quittance de Normandie en date du 14 septembre 1451. Ms. fr. 20977, f. 209.

6. Il reçut 137 l. 10 s. pour s'en retourner en Écosse. Ms. 685, f. 144.

mais veux qu'elle soit mise là où je l'ai ordonné, comme Menypeny vous le dira plus à plein[1]. »

Cette lettre, dont l'emprisonnement des ambassadeurs avait retardé la remise à Charles VII, faisait allusion à un projet de mariage entre Isabelle d'Écosse, veuve du duc François Ier, et Don Carlos, prince de Navarre. A la fin de l'année suivante, Jacques II envoya en France Thomas de Spens, évêque de Galloway, et Thomas de Cranstoun, qui furent reçus par le Roi à Moulins le 4 janvier 1453. Ils étaient porteurs d'une lettre de leur maître[2] et d'instructions où l'affaire de la duchesse Isabelle était exposée tout au long. La duchesse n'était point traitée à la cour de Bretagne avec les égards qui lui étaient dus; elle y vivait comme prisonnière, sans jouir de son douaire, de ses meubles et de ses autres biens; ses filles, les princesses Marguerite et Marie, avaient été exclues de la succession au duché de Bretagne dont le duc Pierre s'était mis en possession. Les ambassadeurs avaient charge de demander au Roi de faire remettre les jeunes princesses entre ses mains et d'obtenir que le duché fût mis en séquestre sous sa garde.

La matière était grave et délicate. Charles VII remit la décision à prendre au moment où il serait revenu à Tours. Tandis que Cranstoun retournait en Écosse, l'évêque de Galloway suivit le Roi dans la capitale de la Touraine[3], où l'affaire fut examinée par le Conseil. Le résultat ne fut point favorable aux prétentions du roi d'Écosse. Comme l'évêque de Galloway insistait sur le peu de liberté laissé à la duchesse, Charles VII l'engagea à se rendre en Bretagne pour constater par lui-même ce qu'il en était, et lui offrit d'envoyer avec lui deux de ses conseillers. Guy Bernard et Pierre Aude, porteurs de lettres du Roi pour Isabelle, allèrent rejoindre l'ambassadeur. Il fut

1. Pièce communiquée à M. Charavay par M. Charles Labussière, et donnée par lui en fac-simile dans la *Revue des documents historiques*, t. II, p. 170. On la trouve en copie dans la collection des Blancs Manteaux, ms. fr. 22333, f. 101.

2. Lettre, sans date, publiée par D. Morice, t. II, col. 1616.

3. On lit dans le quatrième compte de Mathieu Beauvarlet (ms. 685, f. 165 v°): « Thomas Aspens, evesque de Galvay en Escoce, venu en ambaxade devers le Roy de par le Roy d'Escoce, III^c XII l. X s. en avril pour sa despense — David Lindezay, escuyer du pays d'Escosse, venu avec ledit evesque, C l. *idem*. »

reconnu que la duchesse jouissait pleinement de sa liberté, mais que sa dot ne lui avait point été payée. Isabelle écrivit au Roi pour lui fournir toutes les explications désirables, le priant de rassurer le roi d'Écosse et d'employer ses bons offices pour faire opérer le paiement de sa dot[1].

On pouvait croire que Jacques II se tiendrait pour satisfait : il n'en fut rien. Dans le courant de 1453, il renvoya l'évêque de Galloway, avec mission de poursuivre ses réclamations relativement à la succession au duché de Bretagne. L'année suivante, il écrivit encore au Roi[2], et fit partir une nouvelle ambassade qui fut reçue à Montbazon le 19 mai 1454. Nous ignorons l'accueil fait aux prétentions du roi d'Écosse. L'évêque de Galloway revint encore en 1455, porteur d'une lettre de son maître en date du 28 février[3]; il fut reçu le 20 mai, à Bourges, par le Roi, et présenta l'exposé de sa charge; elle était relative à la succession au duché de Bretagne, à la situation de la duchesse Isabelle, enfin à la princesse Annebelle, qui résidait en Savoie, où elle avait été fiancée à Louis de Savoie, comte de Genève. Charles VII chargea le comte de Dunois et l'évêque de Coutances de conférer avec les ambassadeurs. Ceux-ci exprimèrent, à cette occasion, les regrets de Jacques II au sujet de la conspiration des Écossais de la garde royale, et demandèrent au Roi d'en faire justice, lui donnant l'assurance que leur maître en avait été très déplaisant, et que si les délinquants se réfugiaient en Écosse ils seraient sévèrement châtiés[4].

Dans le courant de 1455, le hérault Rothsay apporta une lettre de Jacques II, en date du 8 juillet[5]. Le roi d'Écosse annonçait à Charles VII que la rébellion du comte de Douglas avait été comprimée et que ses partisans avaient été mis à mort; le

1. Relation des ambassadeurs, dans D. Morice, t. II, col. 1618-25.
2. Original, Archives, K 69, n° 12; éd. D. Morice, t. II, col. 1611.
3. Le texte de cette lettre se trouve dans la collection du Languedoc, vol. 182; voir la brochure de M. Valois déjà citée, p. 27-28. L'évêque était accompagné de trois autres ambassadeurs.
4. Valois, *l. c.*, p. 28-29.
5. Original, ms. fr. 15537, f. 122; éd. *Spicilegium*, t. III, p. 801.

roi d'Écosse, ayant appris que les Anglais avaient mis le siège devant Berwick, s'était avancé pour secourir cette place, comptant surprendre ses ennemis; mais ceux-ci, avisés de sa venue, s'étaient mis en état de défense, et Jacques II avait dû battre en retraite; il espérait pourtant, avec l'appui de Charles VII, pouvoir renouveler sa tentative[1].

Quelle était alors la situation des affaires en Angleterre? Nous avons vu que, le 22 mai 1455, le duc d'York avait remporté une éclatante victoire à Saint-Alban[2]; son rival, le duc de Somerset, y avait trouvé la mort, ainsi que le duc de Northumberland et d'autres seigneurs du parti de Henri VI; le roi d'Angleterre avait lui-même été blessé et était tombé aux mains des rebelles[3]. Le duc d'York, maître du faible roi, le ramena à Londres; accueilli avec enthousiasme, il devint l'arbitre des destinées du royaume[4]. Peu après, Henri VI, ébranlé par cette terrible secousse, retomba malade. Dans la session du Parlement tenue du 13 au 19 novembre, le duc d'York fut une seconde fois nommé protecteur, avec cette clause que, si le roi recouvrait l'usage de ses facultés, les pouvoirs du duc ne cesseraient point pour cela, et qu'il ne renoncerait au protectorat qu'après que le Parlement aurait été consulté et aurait constaté que le roi était en état de reprendre l'exercice de ses fonctions[5]. Aussi quand, au mois de janvier 1456, Henri VI sortit de sa crise, le duc d'York conserva le pouvoir, et son attitude montra qu'il n'était point dis-

1. Voir, sur l'attaque dirigée contre Berwick, les lettres de Henri VI en date du 9 juillet, publiées dans *Proceedings and ordinances*, t. VI, p. 247 et suiv. Cf. Gairdner, Introduction aux *Paston Letters*, p. CXXVI, et préface des *Three fifteenth-century Chronicles*, p. VII.

2. Voir t. V, p. 400.

3. M. Boudot a tiré des archives de la Côte-d'Or et publié en 1836 dans le tome I de la *Revue de la Côte-d'Or et de l'ancienne Bourgogne* (p. 193-200) une « Relation de la bataille qui a esté en Angleterre le XXIIe jour de may l'an mil CCCC LV, » envoyée d'Angleterre au duc de Bourgogne. Cette relation est curieuse; elle montre quelle était à Londres l'impopularité du duc de Somerset. Voir sur la bataille de Saint-Alban, *Archaeologia*, t. XX, p. 519-23; *Three fifteenth-century Chronicles*, p. 70 et 151-52; *An English Chronicle*, ed. by Rev. Davies, p. 71-72; *Gregory's Chronicle*, dans *The historical collections of a citizen of London*, p. 198; *Paston Letters*, t. I, p. 327-34.

4. Voir *Paston Letters*, t. I, p. 333-34.

5. Voir *Rotuli Parliamentorum*, t. V, p. 284-89.

posé à l'abandonner. C'est en vain que la reine Marguerite d'Anjou, tenue à l'écart, s'efforça de ressaisir les rênes du gouvernement[1].

Un des émissaires du duc d'Alençon, Edmond Gallet, venu à Londres au commencement de 1456, révèle, dans sa déposition faite au cours du procès, quels étaient alors les sentiments intimes du roi d'Angleterre. Dans l'audience qu'il lui accorda Henri VI lui demanda en quels termes étaient le duc d'Alençon et le duc de Bourgogne. « Je pense qu'ils sont bien ensemble, » répondit Gallet. — « J'aimerois mieux, » reprit le roi, « que le duc d'Alençon et le comte du Maine « fussent bien ensemble, et que le duc d'Alençon et le duc de « Bourgogne fussent mal l'un avec l'autre; car le duc de Bour- « gogne est l'homme du monde avec lequel j'aurois le plus vo- « lontiers guerre, parce qu'il m'a abandonné dans ma jeu- « nesse, combien qu'il m'ait fait le serment, et sans que « oncques lui eusse meffait. Si je vis longuement, je lui ferai « guerre. » Et Henri VI ajouta : « Je voudrois que mon oncle « de France et ceux de son royaume eussent bonne paix avec « moi et avec ceux de mon royaume : il m'aideroit à corriger « mes ennemis, et je l'aiderois à corriger les siens[2]. » Au mois de mars suivant, donnant une nouvelle audience à Edmont Gallet, que le duc d'Alençon avait renvoyé en Angleterre, Henri VI lui posa cette question : « Quelle personne est mon « oncle de France? — Je ne l'ai vu oncques à cheval que une « fois, répondit Gallet, et il me sembla gentil prince, et une « autre fois le vis à l'abbaye d'Ardaines près Caen, où il lisoit en « une chronique, et me semble être le mieux lisant que je vis « oncques. — Je me donne grande merveille, reprit le roi, « comment les princes de France ont si grande volonté de lui « faire déplaisir..... Au fait, autant m'en font ceux de mon « pays[3] ! »

Tel était l'état d'esprit du malheureux prince. Ballotté entre

1. Voir *Paston Letters*, t. I, introduction, p. cxxv-xxviii et p. 377-78, 386-87, 392.
2. Déposition d'Edmond Gallet. Ms fr. 18441, f. 112 v°.
3. *Id. ibid.*, f. 120.

les factions rivales, condamné à servir de jouet à ceux qui se disputaient le pouvoir, il était impuissant à faire prévaloir ses sentiments personnels. Bien qu'il fût, selon le témoignage de Georges Chastellain, « pauvre de sens et de petit effet[1], » il avait une intelligence assez nette de la situation pour démêler deux choses : l'une, que la paix avec la France était alors la seule politique qui convînt à l'Angleterre ; l'autre, que c'était en s'appuyant sur Charles VII qu'il pouvait triompher de la faction Yorkiste, dont le chef ne tendait à rien moins qu'à s'emparer de la couronne. A côté de Henri VI était une princesse, française de cœur, dont l'ascendant sur son mari était très grand et qui ne cessait de le pousser dans cette voie. Marguerite d'Anjou était alors âgée de vingt-six ans, et Georges Chastellain nous la dépeint comme « un des beaux personnages du monde représentant dame[2]. » Comment le roi d'Angleterre, dont la pureté de mœurs et la fervente piété sont vantées par les contemporains[3], n'aurait-il pas ressenti un amour profond pour une femme jeune, belle, aussi séduisante par la vivacité de son esprit que par les charmes de sa personne, et qui possédait à un si haut point ce don précieux qui manquait à son époux : l'énergie du caractère[4] ?

Après le triomphe du duc d'York, la reine Marguerite avait, — tout porte à le croire — fait appel au roi d'Écosse. Des intelligences secrètes semblent dès lors avoir existé entre elle et Jacques II. Dans la session du Parlement écossais tenu à Stirling le 13 octobre, il fut question de projets d'invasion en Angleterre[5]. La reine paraît aussi s'être mise en relation avec Pierre de Brezé, qu'elle avait en grande affection[6]. Le grand

1. Chastellain, t. V, p. 230.
2. *Id.*, t. IV, p. 291.
3. Voir Blakman, *De virtutibus et miraculis Henrici VI*, dans *Duo rerum anglicarum scriptores veteres*, éd. Hearne, 1732, t. I, p. 288 et suiv.
4. Deux plumes féminines ont, en Angleterre, noblement rendu hommage à cette glorieuse mémoire : Miss Agnès Strickland (*Lives of the queens of England*, t. III (1841), p. 178-306 ; trad. en français : *Vie de Marguerite d'Anjou*. Paris, 1850, in-18), et Miss Hookham (*The life and times of Margaret of Anjou*. London, 1872, 2 vol. in-8°).
5. Voir *The acts of the Parliaments of Scotland*, t. II, p. 44-45 ; cf. Tytler, *History of Scotland*, t. III, p. 139-40.
6. Voir Chastellain, t. IV, p. 228.

sénéchal de Normandie, ancien serviteur de la Maison d'Anjou et l'un des principaux négociateurs du mariage de Marguerite, avait pour la jeune reine un vif attachement; il suivait d'un œil attentif les événements qui se passaient au-delà du détroit, se tenant prêt à agir au moment opportun[1].

Au mois de novembre 1455, le héraut Rothsay avait été renvoyé à la Cour de France avec des instructions détaillées pour les ambassadeurs d'Écosse qui s'y trouvaient encore. Charles VII était sollicité de prêter assistance à Jacques II, conformément aux traités. Les Anglais, ayant dû évacuer la Normandie et la Guyenne, concentraient toutes leurs forces contre l'Écosse, leur antique ennemie, et se préparaient à l'attaquer à la fois par terre et par mer. D'un autre côté, Douglas et ses partisans, dont la révolte avait été comprimée, avaient cherché un refuge en Angleterre, et tout indiquait qu'ils y rencontraient un chaleureux appui. Enfin, en Angleterre, une faction s'était rendue maîtresse du pouvoir : le roi Henri VI était à la merci des rebelles. Jacques II réclamait donc instamment un secours armé, sans lequel il ne pouvait résister à ses ennemis. Il était du devoir de Charles VII de lui venir en aide, maintenant que le royaume de France était en paix. En outre, le Roi était intéressé à ce que son neveu d'Angleterre ne demeurât pas plus longtemps prisonnier : il fallait l'arracher aux mains des rebelles et attaquer les Anglais par terre et par mer, jusqu'à ce que la libération de Henri VI fût opérée. Si Charles VII voulait assiéger Calais, le roi d'Écosse, pendant ce temps, attaquerait Berwick, dont les Anglais s'étaient emparés[2].

Ce plan fut soumis à Charles VII aussitôt après la venue du héraut, qui arriva le 14 février 1456 au château du Bouchet,

1. Il est fait allusion dans le Procès du duc d'Alençon aux intelligences que Brezé entretenait en Angleterre. Edmond Gallet ayant demandé au duc s'il avait congé du Roi pour envoyer des agents en Angleterre, celui-ci lui répondit « qu'il y pouvoit bien envoyer de soy, car il estoit per de France, et le povoit mieulx faire que ne faisoit le seneschal de Normandie et autres cappitaines qu'il ne lui nomma point, qui y envoyoient bien d'eulx mesmes sans congé. » Ms. fr. 18111, f. 101 v°.

2. Voir ces instructions dans Stevenson, t. I, p. 319-22; elles sont données d'après le ms. latin 10187 de la Bibliothèque nationale.

près Saint-Pourçain, et présenta au Roi une lettre de Jacques II, en date du 26 novembre[1].

Dans les premiers jours de l'année 1456, Charles VII envoya Guillaume de Menypeny en Écosse. Soit qu'il cédât à de nouvelles sollicitations de la cour de Rome[2], soit qu'il voulût protéger la reine Marguerite contre la faction victorieuse, le Roi donnait mission à son ambassadeur de solliciter Jacques II de travailler à la conclusion d'une paix perpétuelle entre l'Angleterre et l'Écosse, « pour le bien universel de la chrétienté et la défense de la religion chrétienne. » Au cas où cette alliance entre les trois royaumes ne pourrait être opérée, le Roi sollicitait le concours de Jacques II pour attaquer vigoureusement les Anglais, contre lesquels toutes les forces de la France et de l'Écosse seraient dirigées, afin de les exterminer[3]. Jacques II entra dans les vues de Charles VII, et fit tous ses efforts pour réaliser l'alliance en question[4]. La tentative fut infructueuse. Il ne restait plus qu'à mettre à exécution la seconde partie du programme : réunir les forces communes contre les Anglais. Jacques II se montrait d'autant plus disposé à agir de la sorte que les Anglais ne cessaient d'exercer leurs déprédations contre ses sujets, tant sur terre que sur mer, sans que ses réclamations réitérées fussent suivies d'effet. Le moment était favorable : l'Angleterre était plus que jamais en proie à des dissensions intestines; le duc d'York, le comte de Salisbury et leurs adhérents s'étaient mis en révolte contre l'autorité royale; on disait même que le duc voulait faire valoir ses droits à la couronne[5].

La réponse adressée au Roi par Jacques, en date du 28 juin 1456, attestait pourtant un changement dans l'attitude du roi d'Écosse. Lui qui jusque-là s'était montré favorable au parti du duc de Somerset, il se rapprochait du duc d'York : il annon-

1. Original, ms. lat. 10187, n° 31 ; éd. Stevenson, t. I, p. 317.
2. Voir au sujet de cette tentative de pacification, Raynaldi, ann. 1455, § xxvii; Ms. fr. 5041, f. 167.
3. Voir lettre de Jacques II en date du 28 juin 1456, dans Stevenson, t. I, p. 323.
4. Voir Burnett, *The Exchequer rolls of Scotland*, t. VI, p. xl, 123, 135.
5. Stevenson, t. I p. 323-26.

çait au Roi que, ayant reçu, à plusieurs reprises, des ouvertures très pressantes du duc d'York, il s'était décidé à écouter ses propositions, et lui avait promis de le soutenir dans sa querelle et d'appuyer ses droits au trône d'Angleterre[1]. Il n'en sollicitait pas moins Charles VII de s'unir à lui pour travailler d'un commun accord à exterminer leurs anciens ennemis les Anglais, « principaux perturbateurs de la chrétienté tout entière et qui étoient cause de l'impossibilité de défendre la religion chrétienne contre les Turcs. » Le roi d'Écosse envoyait donc une nouvelle ambassade pour prendre des mesures en vue d'une action combinée des deux royaumes.

Charles VII reçut ce message et la communication des ambassadeurs d'Écosse au moment où le Dauphin venait de prendre la fuite. Absorbé par cette grave affaire, il ne put donner une réponse immédiate aux propositions qui lui étaient soumises et retint longtemps l'ambassade. Jacques II, ayant appris l'événement qui jetait le trouble dans le royaume en même temps qu'il compromettait l'exécution de ses projets, écrivit à Charles VII, à la date du 9 octobre, pour le supplier de faire taire son juste courroux et de pardonner à son fils; il offrait sa médiation et, dans ce but, il envoyait un de ses secrétaires, John Kennedy, prieur de Saint-André[2]. Ce message ne parvint au Roi que le 10 janvier 1457, au château de Saint-Priest[3].

Dans l'intervalle, le 15 décembre précédent, Charles VII avait reçu une autre lettre du roi d'Écosse, apportée par l'archidiacre de Glascow et le roi d'armes Lyon; elle était datée du 13 octobre. Jacques II manifestait son étonnement de ce qu'il n'avait encore reçu aucune réponse à la demande d'une intervention armée, faite par ses ambassadeurs, qui avaient séjourné pendant deux mois à la cour de France. Les Anglais poursuivaient leurs courses et leurs déprédations; il était plus

1. « Hac igitur causa, et certis aliis nos moventibus, præfato inclitissimo duci Eboracensi promisimus ipsum in querela diademalis et coronæ Angliæ auxiliare et juvare, qui nos desuper intermissis honorabilibus personis et litteris tenerrime requisivit. » Stevenson, t. I, p. 325. — On voit par la lettre du duc d'York en date du 21 août, citée plus loin, que ce rapprochement ne fut que passager.
2. Original, ms. lat. 10187, f. 45; éd. Stevenson, t. I, p. 326.
3. Voir Stevenson, t. I, p. 327.

urgent que jamais d'y mettre un terme ; le roi d'Écosse envoyait donc une nouvelle ambassade pour requérir Charles VII, en vertu des alliances existant entre les deux royaumes et qui toujours avaient été si fidèlement observées, de lui prêter assistance[1]. A la lettre de Jacques II était jointe une lettre des trois États du royaume d'Écosse assemblés en Parlement, réclamant le secours de Charles VII contre les Anglais[2]. Les ambassadeurs avaient mission de demander au Roi d'opérer une descente en Angleterre et d'attaquer les Anglais, pendant que le roi d'Écosse agirait de son côté. Si le Roi ne pouvait entreprendre cette expédition, il était sollicité de prêter son assistance au moyen de subsides, et aussi d'artillerie, car le roi d'Écosse ne pouvait continuer longtemps la guerre à ses dépens[3].

En présence de cette mise en demeure, Charles VII ne différa pas davantage sa réponse. Tout en se réjouissant des succès remportés par le roi d'Écosse sur les Anglais et en l'en félicitant, il se refusait à lui donner un conseil relativement à une attaque dirigée contre l'Angleterre : « Nul, bonnement, en ces matières, disait-il, ne peut donner seul raisonnable conseil, s'il ne voit les choses de près. Il faut en cela avoir sa principale confiance en Dieu, et au surplus se gouverner par bon et notable conseil, selon qu'on voit le cas advenir. » Quant à l'assistance armée sollicitée par le roi d'Écosse, la situation du royaume ne permettait pas de la donner. Au temps où les Anglais occupaient la Normandie et la Guyenne, le Roi n'avait à veiller que sur certaines frontières, et si les Anglais voulaient faire de plus grands exploits, il le savait à l'avance et pouvait prendre ses mesures en conséquence. Présentement il avait à garder continuellement toutes les côtes du royaume depuis l'Espagne jusqu'à la Picardie, c'est-à-dire plus de quatre cent cinquante lieues de pays ; il lui fallait pour cela des gens d'armes en grand nombre, payés de leurs gages, ne

1. Original, ms. lat. 10187, n° 17 ; éd. Stevenson, t. I, p. 328.
2. Stevenson, t. I, p. 330.
3. Voir l'exposé de ces demandes dans la réponse de Charles VII. Stevenson, t. I, p. 332-34.

bougeant point de leurs garnisons. En Normandie, il avait de ce chef un déficit de cent mille francs, et, en Guyenne, les ressources de la contrée étaient insuffisantes d'une somme de trois cent mille francs. Il fallait aussi veiller sans cesse en Bretagne, en Poitou et en Saintonge. En outre, certains seigneurs du royaume avaient fait des entreprises contre le Roi au préjudice de son royaume et en faveur des Anglais; le Roi avait dû y pourvoir immédiatement pour prévenir les inconvénients qui auraient pu en résulter; le roi d'Écosse pouvait voir que ce n'était point sans cause qu'il se tenait sur ses gardes de tous les côtés. De plus, la grande affaire de la défense de la chrétienté, au sujet de laquelle le Pape avait envoyé plusieurs fois vers lui, exigeait que le Roi usât de ménagements, tant en ce qui concernait ses gens de guerre que ses finances. Assurément le roi d'Écosse ne voudrait pour rien que jamais, à cause de lui, quelque inconvénient pût advenir au Roi et au royaume[1].

Privé de l'appui sur lequel il comptait, Jacques II n'avait pas moins résolu de prendre les armes. Le 10 mai 1456, il avait envoyé à Henri VI une dénonciation de la trêve conclue trois ans auparavant (23 mai 1453)[2]; vers le mois de juillet[3], il était entré en Angleterre et avait porté le ravage dans les comtés du Nord[4]. Mais le changement survenu, au mois d'octobre suivant, dans la direction du gouvernement, lui fit abandonner ses projets d'invasion[5] : la reine Marguerite, après avoir réussi à emmener son mari à Coventry, s'empara du pouvoir. Le chancelier Bourchier, qui était à la discrétion du duc

1. Ms. lat. 10187, f. 47; éd. Stevenson, t. I, p. 332-51.

2. Le texte de cette lettre est publié dans *Bekynton's Correspondence*, t. II, p. 139. La trêve avait été conclue le 23 mai 1453.

3. Cette date est établie par les instructions du duc d'York au hérant Garter, chargé de remettre au roi d'Écosse la réponse de Henri VI et une lettre du duc d'York en date du 24 août. *Bekynton's Correspondence*, t. II, p. 143.

4. Voir *Appendix ad Joh. de Fordun Scotichronicon*, dans Fordun, ed. Hearne, t. V, p. 1560; *Extracta e variis chroniels Scocie* (Edinburgh, 1842, in-4°), p. 243; Réponse de Charles VII aux ambassadeurs d'Écosse, dans Stevenson, t. I, p. 332. Cf. Lesley, *De rebus gestis Scotorum*, etc., p. 307, et Pinkerton, *History of Scotland*, t. I, p. 238.

5. Ce projet est mentionné dans la réponse de Charles VII publiée par Stevenson, t. I, p. 333.

d'York, fut remplacé par William Waynflete, évêque de Winchester; plusieurs autres partisans de la reine furent pourvus de postes importants[1]. Dans les premiers mois de 1457, des négociations furent entamées entre l'Angleterre et l'Écosse : elles aboutirent à la conclusion d'un traité, signé le 6 juillet 1457, portant trêve entre les deux royaumes pendant deux années[2]. Ainsi la reine Marguerite avait repris les rênes du gouvernement, et le conflit entre les royaumes d'Angleterre et d'Écosse était momentanément apaisé. Si la faction d'York restait toujours menaçante, elle semblait avoir désarmé pour le moment.

C'est ici que se place l'expédition entreprise par Charles VII contre Sandwich. Était-elle, comme le prétend Georges Chastellain, le résultat d'une entente avec le parti de Marguerite d'Anjou, dans le but d'opérer une diversion[3]? La chose paraît douteuse : étant donnés les faits que nous venons d'établir, une telle diversion n'avait plus de raison d'être du moment que, d'une part, le roi d'Écosse avait déposé les armes, et que, de l'autre, la reine Marguerite était en possession du pouvoir. Avait-elle pour véritable objet une attaque contre les possessions maritimes du duc de Bourgogne? Ce prince semble avoir conçu des craintes sérieuses à cet égard; son chroniqueur officiel parle des mesures de défense qu'il s'empressa de prendre à la première nouvelle de cette démonstration navale[4].

1. Voir Rymer, t. V, part. II, p. 69; *Proceedings and ordinances*, t. VI, p. 333 et 365; *Paston Letters*, t. I, p. 407-408.

2. Rymer, t. V, part. II, p. 71 et suiv.; *Rotuli Scotiæ*, t. II, p. 379.

3. « Ceste emprise... se fit à certain propos et en entendement avec aucuns Anglès qui s'en cuidèrent avancier et faire prevaloir leur parti. Car tout l'espoir et le fort qu'attendoit le parti de la Royne c'étoient les Franchois... » Chastellain, t. III, p. 351. — Mathieu d'Escouchy (t. II, p. 353) et Du Clercq (l. III, ch. XXVIII) prétendent que l'expédition avait pour objet de venir en aide au roi d'Écosse contre Henri VI ou le duc d'York; mais les faits démentent cette assertion.

4. « Le duc commanda à toutes villes qui avoient des ports d'entendre à eulx et d'y avoir l'œil, car ne savoit s'ils en vouloient à lui ou non, pour cause du Dauphin, et estoient les choses entre le Roy et luy alors si estranges et de si mauvaise disposition, que ledit duc, voiant ce navire ainsi vaucrer devant ses pays et encore à tel effort et orgueil, devoit bien faire prendre garde à leur contendre et à la fin de leur emprise. » Chastellain, t. III, p. 349-50. Nous voyons par les comptes, que, le 16 août, un chevaucheur de l'écurie allait d'Amiens porter des lettres closes du duc au sénéchal de Boulogne, aux capitaines de Gravelines, Neuport, Dunkerque et l'Ecluse et au seigneur de Vere en Hollande, « par lesquelles il leur mandoit aucunes choses secrètes. » Archives du Nord, B 2026, f. 275 v°.

— Voulait-on uniquement empêcher les Anglais de ravitailler Calais, et, en faisant main basse sur tout ce qui se trouvait à Sandwich, port d'embarquement dont disposait le parti yorkiste, préparer une attaque que Charles VII n'avait cessé de méditer? Depuis la perte de la Normandie et de la Guyenne, les Anglais s'attendaient, d'un moment à l'autre, à voir assiéger Calais[1], et, au mois d'avril précédent, on avait pris des mesures pour ravitailler cette ville[2].

Quoi qu'il en soit, le 20 août 1457, une flotte nombreuse, portant quatre à cinq mille hommes, prit la mer à Honfleur. Elle avait à sa tête Pierre de Brezé, grand sénéchal de Normandie; Robert de Flocques, dit Floquet, et Charles des Marais, capitaine de Dieppe. On nomme aussi, parmi les autres personnages notables faisant partie de l'expédition, Jean de Lorraine et le bailli de Rouen Guillaume Cousinot[3]. La flotte était munie d'échelles, d'appareils de siège, en un mot de tout ce qui pouvait être nécessaire pour l'attaque des villes. On avait, paraît-il, réuni un si grand nombre de gens de guerre, que tous ne purent trouver place sur les navires. Le départ s'effectua, dit Georges Chastellain, « hautainement, en fier arroy de gens, à estendars desploiés qui vantilloient en l'air et à trompettes et clairons retentissans, comme si tous eussent été rois ou empereurs[4]. » De quel côté allait-on se diriger? Pendant plusieurs jours on tint la mer, en vue des côtes de l'Angleterre, « sans trouver aucune aventure, ni descendre en terre, par la grande importunité et contrariété du temps[5]. » Les Anglais, qui redoutaient fort le sénéchal de Normandie, ne savaient de quel côté se garder. « Et par ainsi, dit Chastellain, comme ces gens

1. Voir *Proceedings and ordinances*, t. VI, p. 231-38; *Paston Letters*, t. I, p. 392.

2. On lit dans une lettre du 1er mai, insérée dans les *Paston Letters* (t. I, p. 410) : « Yt ys seyd the sege shall com to Calix... The erle of Warwyk hath had the folks of Caunterbury and Sandwych before hym, and thanked hem of her gode herts and vytaillyng of Calix, and prayeth hem of contynuance. » — Calais était alors à la discrétion des Yorkistes, dont le comte de Warwick, capitaine de Calais, était l'un des chefs.

3. Mathieu d'Escouchy cite (t. II, p. 353) parmi les chefs de l'expédition, le maréchal de Lohéac et Joachim Rouault, qui ne paraissent pas y avoir pris part. Le continuateur de Berry (p. 175) donne encore les noms de plusieurs capitaines.

4. Chastellain, t. III, p. 319.

5. Berry, p. 175.

cy estoient estoffés d'eschelles et de tout ce qui besongnoit en tel cas, fait à penser que leur emprise devoit estre grande et de concert entendement, et que, si le beau se fust offert pour mettre à execution ce que queroient, leur descente eust esté ailleurs peut estre que ne la monstroient[1]. »

Enfin, les vivres commençant à manquer, on se décida à faire une entreprise qui pût porter dommage aux Anglais. Le 28 août, vers six heures du matin, on descendit à deux lieues de Sandwich. Seize à dix-huit cents hommes, partagés en trois corps, marchèrent en avant, étendards déployés, tandis que Brezé et le reste de ses gens s'avançaient sur Sandwich par mer. La concentration des forces s'opéra suivant le plan adopté et la ville fut occupée après une lutte sanglante. Le grand sénéchal fit alors publier que personne, sous peine de mort, ne touchât aux biens des églises; que l'honneur des femmes fût gardé; que le feu ne fût mis nulle part et qu'aucun homme ne fût tué de sang-froid. Après une journée d'escarmouches, car sans cesse de nouveaux Anglais arrivaient du dehors pour attaquer les Français, Brezé ordonna la retraite; mais il demeura pendant six heures devant le port et envoya un hérant défier les ennemis qui, au lieu de lui offrir la bataille, sollicitèrent une trêve jusqu'au lendemain. « Oncques si haut honneur ne m'advint ni si honorées trêves ne furent données, » dit le sénéchal, qui accéda à la requête, « disant grand mercy au roy d'Angleterre de l'honneur que fait avoit à un seneschal de Normandie de lui demander trêves en son propre lieu[2]. » Plusieurs navires détruits, dont trois vaisseaux de guerre; un immense butin, montant à deux ou trois cent mille livres; bon nombre de prisonniers, tel fut le résultat de ce coup de main[3].

1. Chastellain, t. III, p. 351.
2. *Id. ibid.*, p. 352-53.
3. Sur cette expédition, voir Chastellain, t. III, p. 319 et suiv.; Berry, p. 475-77; Mathieu d'Escouchy, t. II, p. 353; *Three fifteenth-century chronicles*, ed. by James Gairdner, p. 70-71, 152-53 et 160. Une chronique anglaise dit : « At the laste a knyghte of the contre called ser Thomas Kyryel drope them to the see and kylde many of them. » *An english chronicle*, ed. by Rev. Davies, p. 74. Le récit du continuateur de Berry ne permet pas d'ajouter foi à cette assertion.

Tandis que les préparatifs militaires de Charles VII sur les frontières de Picardie et l'armement d'une flotte causaient de sérieuses alarmes au duc de Bourgogne, celui-ci se vit de nouveau menacé au sein de ses propres États. Alors qu'il visitait les villes de la Somme, on lui rapporta « que les Liégeois avoient mis leurs bannières sur le marché en signe de guerre et se vouloient mouvoir contre luy et envahir son pays de Haynau[1]. » Depuis quelque temps Liège était en démêlés avec le seigneur de Fontaine, vassal du duc, relativement à la possession de Fontaine-l'Évêque, près de Charleroi, et les Liégeois avaient décidé d'entreprendre le siège de Fontaine. Philippe ne s'émut pas outre mesure de cette nouvelle : « Plût à Dieu, « dit-il, quelque affaire que j'aie autre part, qu'ils y viennent « au nombre de vingt ou trente mille et que Dieu me donne la « grâce de les voir à l'œil ! J'ai bien ailleurs à entendre, mais « je laisserois tout pour les aller combattre. » Il envoya Jacques de Harcies, avec deux cents hommes, pour occuper Fontaine et pourvoir à la défense de la place ; il donna l'ordre de mettre sous les armes les nobles du Brabant et de la Bourgogne, ainsi que les archers des villes, et de tenir son artillerie prête, et écrivit à son neveu Louis de Bourbon, qui venait d'être nommé à l'évêché de Liège, pour le mander auprès de lui. Grâce à l'énergie déployée par le duc, l'affaire n'eut pas d'autre suite[2]. Mais, à la cour de Bourgogne, les méchantes langues ne manquèrent pas de dire que l'influence française n'avait point été étrangère à cette menace de soulèvement : les Français n'étaient-ils pas coutumiers du fait et n'avaient-ils pas, de longue date, pratiqué les Liégeois[3] ?

Si le démêlé avec Liège fut promptement apaisé, un conflit plus sérieux allait éclater du côté du Luxembourg. Nous le montrerons au chapitre suivant, en reprenant l'historique de cette longue querelle où Charles VII ne devait point tarder à intervenir.

1. Chastellain, t. III, p. 365.
2. Chastellain, t. III, p. 365-68. — Sur les préparatifs militaires, en date des 25 août et jours suivants, voir les comptes : Archives du Nord, B 2026, f. 277-80 et 281.
3. Chastellain, *l. c.*

Les affaires litigieuses qui n'avaient cessé d'être agitées entre les cours de France et de Bourgogne, étaient aussi l'objet des préoccupations du duc. Au mois de mai 1457, une conférence avait été tenue à Villefranche : on y était revenu sur toutes les questions traitées dans les conférences de Paris, en novembre 1448, et de Bourges, en août 1455; un long cahier de doléances y avait été présenté au nom de Philippe le Bon[1].

C'est au milieu de toutes ces complications qu'arriva l'ambassade annoncée par Charles VII et depuis longtemps attendue[2]. Elle se composait de Richard Olivier, évêque de Coutances, Jean Le Boursier, seigneur d'Esternay, François Halle et Jean Le Roy[3]. Les ambassadeurs firent leur entrée à Bruxelles le 21 septembre.

Les instructions dont ils étaient porteurs concernaient principalement l'affaire du Dauphin. Il y avait dix ans que ce prince demeurait éloigné de la Cour; quand il était parti, en compagnie des seigneurs que le Roi avait placés auprès de lui, il avait demandé un congé de quatre mois. Durant son long séjour en Dauphiné, il avait tenu d'« étranges termes; » il avait résisté à toutes les instances du Roi pour le ramener auprès de lui et manifesté des craintes vagues que jamais il n'avait voulu préciser. Le Roi tenait à savoir en quoi consistaient ces craintes et envoyait ses ambassadeurs pour sommer le Dauphin de le déclarer. Si celui-ci se refusait à le faire, les ambassadeurs avaient charge de lui dire qu'il donnerait occasion à plusieurs de penser que ces craintes étaient imaginaires,

1. Voir Le Grand, VIII, f. 110, et Collection de Bourgogne, 99, p. 514; cf. p. 892-902.
2. Le 1er juillet 1457, Thierry de Vitrey écrivait au comte de Vaudemont : « Les ambassadeurs du Roy ne sont point encores venuz, ne il n'est nouvelle de leur venue. » (Collection de Lorraine, VIII, n° 60.) Pourtant, le 8 juillet, le duc de Bourgogne envoyait porter des lettres closes aux évêques d'Arras et d'Amiens, leur mandant de se transporter à Tournai vers certains ambassadeurs du Roi pour les conduire à Bruxelles. (Archives du Nord, B 2026, f. 281 v°). — Le 4 septembre, Georges Chastellain était envoyé de Nivelle à Valenciennes et à Cambrai au-devant des ambassadeurs; il se rendit de là à Saint-Quentin, à Péronne, et en d'autres lieux, « pour savoir et enquerir de la venue desdiz ambaxadeurs. » (*Id.*, f. 287 v°.) Le 9, Jean de Clony partit de Nivelle pour aller à Tournai vers les ambassadeurs, « lesquels doivent estre brief audit lieu de Tournay. » (*Id.*, f. 282.)
3. Paiements à l'évêque de Coutances et à Jean Le Roy. Cabinet des titres, 685, f. 192 v°.

et qu'il n'y avait là qu'un prétexte pour se tenir éloigné du Roi. Si les ambassadeurs, après avoir insisté sur ce point, n'obtenaient satisfaction, ils devaient mettre le duc de Bourgogne en demeure d'intervenir, conformément à l'offre faite par lui au Roi, et de s'employer auprès du Dauphin pour qu'il reconnût l'autorité royale.

Après s'être occupé de l'affaire du Dauphin, les ambassadeurs devaient entretenir le duc en particulier : 1° de la question du Luxembourg; 2° de la saisie des terres du comte de Saint-Pol; 3° d'affaires litigieuses concernant la ville de Tournai.

L'évêque de Coutances et ses collègues firent au Dauphin la communication dont le Roi les avait chargés en présence du duc de Bourgogne, du comte de Charolais et de tous les membres du Conseil du duc. L'évêque porta la parole :

« Très haut et très puissant prince et notre très redouté sei-
« gneur, dit-il, nous avons ici été envoyés par le Roi votre
« père, notre souverain seigneur, pour vous dire trois choses :
« premièrement le bon, doux et raisonnable vouloir du Roi
« votre père, disposant de votre noble personne ainsi qu'il
« peût le faire ; secondement vous sera dit et persuadé obéir
« à son dit raisonnable vouloir et disposition, et que ainsi le
« devez faire; tiercement serez incité par nous à déclarer votre
« volonté sur aucunes choses que le Roi désire savoir. »

En traitant le premier point, l'évêque de Coutances fit l'historique des faits accomplis depuis que le Dauphin avait quitté la Cour, et, après avoir fait ressortir les dispositions bienveillantes que le Roi n'avait cessé de témoigner à l'égard de son fils, il insista sur les droits du père et sur l'étendue de la puissance paternelle.

Dans le second point il développa les raisons qui obligeaient le Dauphin à obéir à la volonté de son père : il y était tenu en vertu du droit naturel, du droit divin, du droit canon et civil, par « le dû de toute bonne justice, » par les exemples des bons enfants, honorés pour leur soumission, et des mauvais, punis à cause de leur révolte.

Enfin, dans le troisième point, il s'étendit sur les craintes manifestées par le Dauphin et invoqua toutes les raisons qui, soit en droit, soit en fait, rendaient ces craintes sans fondement. « Veuillez donc, mon très redouté seigneur, » dit-il en terminant, » vous montrer comme bon et obéissant fils, venir « au Roi, et vous réduire vers lui, à la louange de Dieu, désir « et bon plaisir du Roi, à l'honneur et au bien de vous, salut « de votre âme, repos de votre corps, à la joie et plaisir de nos « seigneurs du sang et autres rois et princes bienveillants et « alliés de la couronne, au profit et utilité de la chose publique « et à la confusion et crainte des ennemis du royaume [1]. »

C'est à un conseiller du duc de Bourgogne, Jean Jouffroy, évêque d'Arras, qu'incomba la tâche de répondre à l'évêque de Coutances. Il le fit dans un compendieux discours, auquel certains historiens ont fait l'honneur d'une longue analyse [2], et qui brille par le luxe des citations bien plus que par la solidité des arguments : c'est une apologie complète de la conduite du Dauphin, un résumé de tous les griefs qu'il n'avait cessé d'alléguer contre son père. « Monseigneur, » disait l'évêque en terminant, « appelle Dieu pour témoin que oncques adversité ne « fit fléchir son cœur de l'amour entière de son seigneur et « père; et estime Monseigneur que les duretés qu'il porte ne « viennent pas tant seulement du courage du Roi comme d'au- « cunes particulières instigations, lesquelles lui ont ceci pro- « curé... N'est-ce pas misérable chose que d'être mis hors de « tout le sien? Plus est misérable d'y être mis sans cause et « sans dettes. N'est-ce pas chose déplaisante que le fils voie « sur soi la déplaisance du père? Plus amère est d'autant que « le père est plus noble et plus vertueux. N'est-ce pas plorable « chose de voir un fils de Roi, plus riche de tout le monde, être

1. Ce discours se trouve *in extenso*, en copie du temps, dans le ms. fr. 17517 (anc. Saint-Germ. fr. 974), f. 1-12 v°. Il est en abrégé sous ce titre : « L'effect (*alias* l'estat) en abrégé de la creance qui de bouche a esté exposée par les gens du Roy, c'est assavoir par Monseigneur de Coustances et Monseigneur d'Esternay, à très hault et très puissant prince Monseigneur le Dauphin, en la presence de Monseigneur le duc de Bourgogne et de son conseil, » dans le ms. fr. 5913, f. 14, v°, et dans le ms. fr. 15537, f. 167. Cf. Duclos, p. 185-191.

2. Barante, *Histoire des ducs de Bourgogne*, t. VIII, p. 216-21. C'est par erreur que ce discours est donné comme se rapportant à l'ambassade de 1459.

« le plus pauvre gentilhomme du monde? Plus plorable est de « voir avec la directe demeure de la suspicion du peuple, « comme s'il eût forfait énormément!... Pour Dieu, plaise « au Roi, père de bonté, dont il est renommé par tout le « monde, ne le presser plus avant, ains le laisser encore re-« poser en sûreté! Plaise au Roi avoir pour recommandé la « fame et bonne renommée de Monseigneur, et soutenir l'au-« torité de son aîné fils, considéré son âge et l'état de Ma-« dame sa femme, selon l'espoir qu'il a d'avoir lignée au plai-« sir de Dieu![1] »

Ces beaux discours n'avancèrent point les négociations. Comme cela était facile à prévoir, on discuta longuement sans pouvoir parvenir à s'entendre. Aussi, conformément à la rédaction préparée à l'avance, les ambassadeurs français firent au duc la déclaration suivante : « Monseigneur, vous savez « comment, la première fois que vos ambassadeurs vinrent « vers le Roi, vous leur donnâtes charge de lui dire que, de la « venue de Monseigneur le Dauphin dans vos états, vous « ne saviez rien, et qu'il ne pensât point que vous fissiez par-« tie avec Monseigneur le Dauphin; mais que vous aviez vou-« loir de vous employer si avant que seroit son plaisir à ré-« duire mon dit seigneur envers lui. Après ces paroles le Roi, « se confiant en vous, et pour ne pas interrompre la bonne in-« tention que vous aviez témoignée, n'a pas voulu que « d'autres princes s'en mêlassent; lesquels princes sont, « entre autres, les rois de Castille et d'Écosse. Et combien « qu'il y ait neuf ou dix mois que Monseigneur son fils est en « vos mains, toutefois le Roi n'a point connu ni aperçu au-« cune apparence de soumission, mais au contraire la volonté « de persévérer dans les termes du passé, qui ne sont ni à son « honneur et bien, ni au plaisir du Roi et de ceux de son « royaume... Et pour ce, Monseigneur, que le Roi vous a « donné à connaître qu'il a eu fiance et espérance que à la

1. Le discours de l'évêque d'Arras est, en copie contemporaine, dans les mss. fr. 5919, f. 19 v°-25; 2861, f. 187-95, et 5734, f. 76 v°-92. Il a été publié par Duclos, avec quelques retranchements, dans son *Recueil de pièces*, p. 191-215.

« réduction de mondit seigneur son fils vous vous conduiriez « et acquitteriez ainsi que lui avez fait dire et que par raison « êtes tenu de faire, il voudroit bien que cette matière prît « une bonne et brève fin. La continuation d'icelle est très « déplaisante au Roi, et il ne s'en pourroit ni devroit contenter. Aussi n'est ladite continuation selon l'ordonnance de « Dieu, au bien de la chrétienté, ni au plaisir de ceux qui « aiment l'honneur et le bien du Roi et du royaume. Pour ce, « Monseigneur, vous plaise avoir bon regard sur cette matière, par manière que inconvénient n'en puisse advenir[1]. »

Sur ces paroles les ambassadeurs prirent congé du duc, le laissant dans l'incertitude sur l'issue qui serait donnée à cette grave affaire.

1. Fragment de l'Instruction donnée par le Roi à ses ambassadeurs. Ms. fr. 15537, f. 69 v°.

CHAPITRE IX

L'AFFAIRE DU LUXEMBOURG

(1455-1458)

Alliances de Charles VII en Allemagne ; il veut s'allier avec le roi de Danemark et le roi de Hongrie. — Traité conclu avec le premier par la médiation du duc Frédéric de Bavière. — Ladislas, roi de Hongrie, revendique la possession du Luxembourg ; négociations à ce sujet avec le duc de Bourgogne ; la guerre éclate ; conclusion d'une trêve. — Ambassade de Charles VII à Ladislas ; ouvertures relatives à une alliance et au mariage de Ladislas avec Madeleine de France ; intervention du duc Sigismond d'Autriche. — Ambassade de Ladislas à Charles VII ; demande d'arbitrage au sujet du Luxembourg ; Charles VII agrée le projet de mariage. — Ladislas décide l'envoi d'une ambassade pour conclure son mariage ; état des affaires de la chrétienté ; efforts de Calixte III en vue de la croisade ; divisions dans l'empire ; grand rôle joué par le cardinal Carvajal, qui est chargé par le Pape d'assister au mariage. — Départ de la grande ambassade envoyée en France par Ladislas ; elle trouve le Roi gravement malade à Tours. — Brillante réception qui lui est faite ; audience royale ; banquet du comte de Foix. — On apprend la mort de Ladislas ; stupeur causée par cet événement ; départ de l'ambassade. — Charles VII décide de prendre en sa garde le Luxembourg ; il envoie un ambassadeur à Prague pour soutenir la candidature de son fils Charles au trône de Bohême ; élection de Georges de Podiebrad. — Déclaration faite au duc de Bourgogne, de la part du Roi ; effet produit par le message royal ; indignation des seigneurs bourguignons ; réponse donnée à l'envoyé du Roi. — Occupation d'une partie du Luxembourg par Charles VII ; le duc décide qu'il restera sur la défensive.

Depuis longtemps Charles VII tournait ses regards vers la frontière allemande. En 1445, il avait conclu des traités d'alliance avec l'archevêque de Trèves, l'archevêque de Cologne, le comte Palatin du Rhin, le duc Frédéric de Saxe et son frère Guillaume, le duc de Julliers. Entre 1451 et 1453, il avait négocié un traité avec le duc Frédéric de Bavière. Il était en relations avec Liège, dont l'évêque, Jean de Heinsberg, s'était montré favorable à la France, et avec le duc de Gueldre qui avait accepté son protectorat. Enfin un certain nombre de petits princes allemands, tels que le comte de Blanckenheim et le comte de Lutzelstein étaient alliés de la France et pensionnés sur le trésor royal. Par ces alliances multiples, il avait réussi à établir une barrière entre son royaume et l'empire, dont l'influence sur les princes électeurs se trouvait ainsi contre-balancée par celle qu'il exerçait personnellement, et à entourer le duc de Bourgogne d'un réseau de puissances prêtes à le soutenir en cas de lutte avec son puissant vassal. C'était de ce côté, plutôt encore que du côté de l'empire, que des dangers pouvaient être à redouter, car les relations avec Frédéric III, bien que peu intimes, n'avaient cessé d'être courtoises[1].

Mais cela ne suffisait point à Charles VII. Il voulut avoir pour alliés le roi de Danemark, dont le concours pouvait lui être utile, soit contre l'Angleterre, soit contre le duc de Bourgogne, et le roi de Hongrie Ladislas, jeune prince plein d'ardeur et de vaillance, qui semblait appelé à jouer un rôle important dans les affaires de l'Allemagne, et qui, héritier du duché de Luxembourg, se trouvait à ce titre en antagonisme avec Philippe le Bon.

En 1447 des pourparlers avaient été entamés avec Christophe de Bavière, roi de Danemark, par l'entremise de plusieurs princes allemands, à la fois parents de Charles VII et de Christophe[2]. La mort du prince (1448) vint couper court à ces négociations. Elles furent reprises en 1455 avec son successeur, Christiern Ier, par la médiation du duc Frédéric de Bavière, devenu l'allié de la Couronne[3]. Dès le commencement de cette année, il était question du « voyage de Danemark[4]. » Au mois de mai, le duc Frédéric de Bavière recevait une lettre de

1. On lit dans un document émané de la chancellerie royale, en date du 7 mars 1459 (Mathieu d'Escouchy, t. II, p. 406) : « En toutes les aliances que le Roy a faictes avecques autres princes, il excepte nommément l'empereur ; et, pareillement, s'il a fait paix ou trèves avec ses ennemis, il y comprend l'empereur comme son alyé. »

2. Voir Réponse aux ambassadeurs de Bourgogne en date du 7 mars 1459, dans Mathieu d'Escouchy, t. II, p. 402-403.

3. Même document, et extraits d'un registre du grand Conseil, publiés par M. Noël Valois, p. 62.

4. *Idem*, p. 58.

Christiern Ier, relativement aux ouvertures qu'il s'était chargé de lui faire, et la transmettait au Roi[1]. Le 11 juin suivant Charles VII écrivait au duc de Bavière et lui envoyait une lettre à l'adresse du roi de Danemark[2]. Le 14 mars 1456, celui-ci donnait des pouvoirs pour traiter avec les ambassadeurs de France. De son côté, Charles VII, à la date du 15 mars, donnait commission à l'évêque de Coutances, à Jean de Hangest et à Jean Le Roy de conclure une alliance avec le roi de Danemark[3].

C'est à Cologne, par la médiation du duc Frédéric de Bavière que, le 27 mai 1456, un traité fut signé entre la France et le Danemark. Il portait alliance offensive et défensive entre les deux royaumes. Le roi de Danemark s'engageait à fournir, quand il en serait requis, une flotte de quarante à cinquante vaisseaux et un corps d'armée d'au moins six à sept mille hommes contre le roi d'Angleterre ou contre ses sujets; le roi de France paierait à son allié les frais de la guerre. De son côté, il prêterait assistance au roi de Danemark si, à cette occasion, le prince éprouvait quelque dommage; les villes prises en Angleterre avec l'assistance du roi de Danemark seraient partagées. Le commerce entre les deux royaumes s'établirait suivant les lois de chaque pays. Le roi de France s'engageait à amener un rapprochement entre le roi d'Écosse et le roi de Danemark, et à obtenir du premier certaines satisfactions en faveur du second. Il en ferait autant à l'égard du roi de Suède et des villes anséatiques[4].

Le lendemain, 28 mai, le duc Frédéric de Bavière, en sa qualité de médiateur, donna des lettres reproduisant les stipu-

1. *Idem*, p. 62.
2. *Idem*, *ibid*.
3. Les lettres des deux rois sont reproduites dans les lettres du duc Frédéric de Bavière en date du 28 mai 1456, citées ci-dessous. — Paiement de 825 livres à l'évêque de Coutances, pour son ambassade. Ms. fr. 20979, f. 320; ms. lat. 17025, f. 151. On lit dans le huitième compte de Mathieu Beauvarlet (Cabinet des titres, 685, f. 192): « Mgr Richard, evesque de Constances, VIII[c] XXV l., 10 avril 56, pour un voyage en Allemagne à Cologne pour appointer avec les ambassadeurs du Roy de Dannemarc. — Messire Jehan de Hangest, chevalier, seigneur de Genly, conseiller et chambellan du Roy, V[c] L l., *id*. — M[e] Jehan Le Roy, notaire et secretaire du Roy, II[c] LXXV l., *id*. »
4. Léonard, *Recueil des traitez*, t. I, p. 56.

lations du traité[1], Christiern Ier donna ses lettres de ratification le 20 septembre[2].

L'affaire du Luxembourg a déjà attiré notre attention[3]. Nous avons vu que, par suite d'un arrangement passé avec Élisabeth de Görlitz, duchesse de Luxembourg, le duc de Bourgogne avait, en 1443, occupé le duché à main armée. Le 29 décembre suivant, il obtenait du duc Guillaume de Saxe et de la duchesse Anne d'Autriche, sa femme, la cession de leurs droits sur le duché, sauf réserve du droit de rachat du jeune Ladislas, frère de la duchesse Anne. A la mort d'Élisabeth de Görlitz (3 août 1451), le duc de Bourgogne se fit reconnaître comme souverain et réunit à Luxembourg les États du duché, qui lui jurèrent fidélité (25 octobre 1451). Philippe n'avait plus à compter qu'avec le jeune Ladislas.

Fils posthume d'Albert, roi des Romains, Ladislas était né le 22 février 1440. Il avait eu pour tuteur l'empereur Frédéric III, qui avait fait bon marché des droits de son pupille sur le duché de Luxembourg. Mais, dès la fin de 1452, nous voyons les représentants du jeune prince revendiquer ses droits et demander à ses sujets du Luxembourg un serment de fidélité[4]. Par une lettre en date du 31 décembre, Ladislas faisait part au duc de Bourgogne de la mission donnée à ses conseillers et

1. Archives nationales, J 457, n° 12. — Charles VII sut reconnaître les bons services de Frédéric. On lit dans le huitième compte de Mathieu Beauvarlet : « Mgr le conte palatin Frederich, duc de Bavière et conte de Spanheim en Allemagne, IIm IIc l., le dernier may 56, en consideration des services qu'il en a receu par longtemps au fait et conduite des alliances et confederations nouvellement prinses entre le Roy, d'une part, et celuy de Danemarche, d'autre, et pour les frais qu'il y a fait, et VIxx XVII l. X s. pour departir à plusieurs personnes qui ont travaillé esdites besognes. » Cabinet des titres, 685, f. 191 v°.

2. Original, Archives, J 457, n° 11.

3. Voir tome III, p. 306-317.

4. *Table chronologique des chartes et diplômes relatifs à l'histoire de l'ancien pays de Luxembourg*, par M. Würth-Paquet, dans *Publications de la section historique de l'Institut royal grand ducal*, t. XXX (1875), p. 26. — On voit par une lettre d'Ulrich, comte de Cilly, et d'Ulrich Eytzinger, adressée aux habitants du Luxembourg, en date du 8 juillet 1452, que le premier s'était adressé à Charles VII et lui avait demandé de protéger les gens du pays. *Choix de documents luxembourgeois inédits*, publiés par M. Van Werveke dans le t. XL des *Publications de la section historique de l'Institut royal grand-ducal* (1889), p. 200-201.

réclamait la remise entre leurs mains des villes du duché [1]. Le même jour, Ladislas confirmait les privilèges des habitants [2]. Un certain nombre de ceux-ci, répondant à l'appel de leur prince, vinrent faire obéissance à Trèves, le 21 février suivant.

Durant les premiers mois de 1453, les représentants de Ladislas entamèrent des négociations avec le duc de Bourgogne [3]; elles n'empêchèrent pas la guerre d'éclater. Profitant de la lutte qui se poursuivait entre Philippe et les Gantois, Guillaume, duc de Brunswick, agissant au nom du roi de Hongrie, entra à main armée dans le Luxembourg et occupa Thionville. Sur plusieurs points, les habitants se soulevèrent; mais l'envoi, par le duc, d'un corps d'armée, les força à déposer les armes et fit rentrer toutes les places au pouvoir des Bourguignons [4]. Pourtant Thionville resta fidèle à Ladislas. Par l'entremise de Jacques de Sierck, archevêque de Trèves, fut signée, le 8 septembre 1453, une suspension d'armes qui devait durer jusqu'au jour de la Pentecôte de l'année suivante; une assemblée était fixée à Mayence, le premier dimanche de carême, pour travailler à la conclusion de la paix [5]. Le duc de Bourgogne y envoya des ambassadeurs [6]. Ces négociations n'aboutirent qu'à des prolongations successives de la trêve [7].

Dans le courant de 1454, Louis, duc de Bavière, comte palatin du Rhin, intervint comme médiateur. Une nouvelle convention fut signée le 16 novembre, et une conférence eut

1. Cette lettre est publiée par M. Van Werveke, *l. c.*, p. 202.
2. *Publications*, etc., t. XXI, p. 28.
3. Van Werveke, *l. c.*, p. 203-226.
4. Voir extraits des auteurs contemporains donnés par M. Würth-Paquet, *Publications*, etc., t. XXX, p. 31 et suiv.; Comptes du duc de Bourgogne, aux Archives du Nord, B 2012, f. 260 v° et 261 v°. — Le 12 juillet, Philippe envoyait le héraut Charolais en ambassade vers Ladislas (B 2017, f. 121 v°).
5. Würth-Paquet, *l. c.*, p. 39 et suiv.; *Fontes rerum austriacarum, Diplomataria et acta*, t. II, p. 25 et suiv.
6. Archives du Nord, B 2017, f. 124 v° et 125 v°; cf. f. 134; B 2020 f., 182 v°, 231 v°, 237. — Les instructions donnés par le duc à ses ambassadeurs, en date du 21 février 1454, sont publiées *in extenso* par Würth-Paquet, *l. c.*, p. 53-73. Sur la conférence de Mayence, voir Würth-Paquet, p. 74-97, et Van Werveke, *l. c.*, p. 229-240.
7. *Compte rendu des séances de la Commission royale d'histoire de Belgique*, 3e série, t. VI, p. 224.

lieu à Vienne au mois de mai 1455; l'archevêque de Trèves y représenta le duc de Bavière. Par acte du 14 mai, les ambassadeurs de Ladislas et du duc de Bourgogne acceptèrent de s'en remettre à l'arbitrage du duc Louis; une assemblée devait se tenir à Spire, le 1er novembre suivant, pour régler définitivement la question en litige[1]. Au mois d'août, le duc de Bourgogne désigna des ambassadeurs pour se rendre à Spire[2].

Ladislas avait alors quinze ans. Dès l'âge de trois ans, Æneas Sylvius vantait son étonnante précocité[3]. « On devinait chez l'enfant, » dit un historien moderne, « le brillant jeune homme qui allait devenir un type d'élégance et de noblesse. Il était grand, svelte, et toute sa personne respirait une grâce aristocratique[4]. » Chacun lui présageait une haute destinée, et il était regardé dès lors comme « un des plus grands Roys de la chrestienté après le Roy de France[5]. » Rien d'étonnant donc que Charles VII eût jeté les yeux sur ce prince pour lui donner la main de sa fille Madeleine.

Le 20 août 1454 passait par Metz une ambassade française, à la tête de laquelle était Richard Olivier, évêque de Coutances, et Robert, bailli de Chaumont, lequel n'était autre que Robert de Baudricourt, le capitaine de Vaucouleurs du temps de Jeanne d'Arc. On disait qu'elle avait mission de se rendre en Allemagne pour conclure une alliance avec Ladislas, roi de Hongrie, afin de seconder ce prince dans la guerre qu'il se proposait d'entreprendre contre les Turcs[6].

Quel fut le résultat de cette ambassade? Les documents que nous possédons ne fournissent à cet égard aucune lumière; mais il n'est pas douteux que, avec le renouvellement d'une alliance entre les deux Couronnes, il n'ait été question du mariage de Ladislas avec Madeleine de France. Au mois d'août 1455, le duc Sigismond d'Autriche envoya en France

1. Bertholet, *Histoire du duché de Luxembourg*, t. VIII, *preuves*, p. LXXXII et suiv.; *Fontes rerum austriacarum*, *l. c.*, t. II, p. 13-18; Würth-Paquet, *l. c.*, p. 119-22.
2. Archives du Nord, B 2020, f. 271, 281 et suiv.
3. Voir Chmel, *Geschichte Friedrichs IV*, t. II, p. 261, note.
4. Saint-René Taillandier, *Bohème et Hongrie*, p. 58.
5. Jacques du Clercq, livre II, ch. XLIV.
6. *Chroniques de Metz*, publiées par Huguenin, p. 283.

son conseiller Jacques Trapp, depuis longtemps investi de missions auprès de Charles VII [1]. Une lettre du même prince à Charles VII, en date du 27 juillet 1456, nous apprend que, à cette époque, la négociation relative à ce mariage était entamée. Le duc Sigismond connaissait les dispositions favorables du Roi; il n'avait rien de plus à cœur que de voir promptement se conclure le mariage de la fille de Charles VII avec son cousin germain Ladislas. La chose devait être menée rapidement : tout délai serait fâcheux et plein de périls. Il savait que cette union était souhaitée, non seulement par Ladislas, mais par tous ceux de son royaume, qui le voyaient avec peine sans épouse et sans héritier. Il priait le Roi de lui faire connaître ses intentions d'une manière définitive; et si, comme il l'espérait, le Roi était disposé à faire célébrer les fiançailles, il lui demandait de fixer les jour et lieu, afin qu'il pût envoyer ses ambassadeurs. « Si cette affaire est conduite à bonne fin, ajoutait Sigismond, ce sera la confirmation de la foi orthodoxe. Les royaumes de France et de Hongrie en seront exaltés et fortifiés; moi et les autres princes de la maison d'Autriche y trouverons une nouvelle preuve de l'affection du Roi [2]. »

Vers la fin de 1456, Charles VII envoya en Allemagne Blaise Greslé, archevêque de Bordeaux [3]. Quelques mois après arrivèrent à sa cour deux ambassadeurs du roi de Hongrie : Adam de Dalstein, seigneur de Maizembourg [4], et Frédéric, seigneur de Donin [5], étaient à Lyon le 17 mai 1457. Ils apportaient des lettres par lesquelles Ladislas implorait l'intervention de Charles VII

1. Lettre de Sigismond au Roi, en date du 31 juillet 1455. Ms. fr. 20587, nº 57. — A ce moment un autre mariage se négociait pour Ladislas : il s'agissait de lui faire épouser Catherine de Portugal. Au mois de juillet 1456 on attendait à la cour de Portugal des ambassadeurs du roi de Hongrie. Voir les instructions données par le roi de Portugal à son ambassadeur envoyé à Alphonse V, roi d'Aragon, au sujet de la croisade à laquelle le roi de Portugal devait prendre part. Ms. lat. 10152, f. 100.

2. Original, Du Puy, 762, f. 135.

3. Cabinet des titres, 685, f. 102.

4. Le 15 août suivant, Ladislas nommait Adam de Dalstein prévôt de Thionville. *Publications de l'Institut royal grand-ducal*, t. XXXVI, p. 218.

5. Ils sont nommés dans les documents cités ci-dessous et dans une lettre de Charles VII à Georges de Podiebrad en date du 9 janvier 1458.

dans son conflit avec le duc de Bourgogne relativement au Luxembourg; il lui demandait de prendre le duché sous sa garde et de protéger ses sujets de toute agression, « afin qu'il ne fust diverty ou empesché de s'employer à la deffense de la foy et invasion du Turc et ennemis d'icelle. » L'ambassadeur avait mission de se plaindre au Roi de la conduite du duc Philippe. Celui-ci, lors de son voyage à Ratisbonne, s'était engagé à entreprendre la croisade de concert avec Ladislas. Confiant dans cette promesse, le roi de Hongrie avait fait de grandes dépenses : il en demandait le remboursement. Quant à l'affaire du Luxembourg, le duché, qui lui appartenait par héritage, était retenu injustement par le duc, lequel en avait chassé le comte de Gleichen et les autres représentants de Ladislas. Celui-ci sollicitait Charles VII, dont le duc de Bourgogne était le vassal, de lui prêter son appui, espérant que, grâce à son intervention, il obtiendrait satisfaction. Si le Roi acceptait de prendre le Luxembourg en sa protection et sauvegarde, l'ambassadeur avait les pouvoirs nécessaires pour mettre le pays en la main du Roi et pour lui faire rendre obéissance par les habitants. En outre Ladislas offrait, moyennant que le duc de Bourgogne en fît autant, de s'en remettre à l'arbitrage du Roi[1].

Charles VII voulut se donner le temps d'examiner l'affaire avec maturité. Il se contenta de répondre que, très prochainement, il devait envoyer des ambassadeurs au duc de Bourgogne : entre autres charges, il leur donnerait mission de s'occuper des intérêts du roi de Hongrie et de travailler à une pacification relativement à l'affaire du Luxembourg[2].

Des ouvertures paraissent avoir été faites alors, au nom de Ladislas, relativement à son mariage avec Madeleine de France. Charles VII fit savoir qu'il avait cette alliance pour agréable, et que, quand le roi Ladislas lui envoyait des ambassadeurs

1. Instructions à Adam de Dalstein (en allemand). Copie du temps, Le Grand, IV, nº 31. — Instructions du Roi à ses ambassadeurs près du duc de Bourgogne : *Hongrie*. Ms. fr., 15537, f. 70. — Réponse de Charles VII aux ambassadeurs du duc de Bourgogne, dans Mathieu d'Escouchy, t. II, p. 466. Cf. Chastellain, t. III, p. 320-21.
2. *Id. ibid.*, p. 321.

munis de pouvoir pour traiter de cette matière, il y entendrait volontiers[1].

Conformément à la promesse faite à l'ambassadeur de Ladislas, Charles VII chargea les ambassadeurs qu'il envoya, au mois de septembre, vers le duc de Bourgogne, de lui faire part des réclamations du roi de Hongrie relativement au Luxembourg; il lui demandait de cesser toute entreprise contre les places et les sujets de ce prince dans le duché, et « d'entendre à toute voie d'apaisement par tous bons et doux moyens; » si le duc ne voulait entrer immédiatement en négociations en vue d'un accommodement, les ambassadeurs le solliciteraient de faire connaître ses intentions, afin que le Roi pût en informer le roi de Hongrie; ils devaient demander une cessation d'hostilités jusqu'à ce que la notification ait été faite à Ladislas[2].

Au moment même où l'ambassadeur du roi de Hongrie arrivait à Lyon, Charles VII mandait auprès de lui Jean de Champdenier, commandeur d'Issenheim, qui résidait en Alsace où il représentait le duc Sigismond d'Autriche; il l'interrogea secrètement sur la situation du roi de Hongrie, l'étendue de ses états, les ressources dont il disposait. Peu de jours après, rendant compte de son voyage au duc Sigismond et à Jacques Trapp, conseiller de ce prince, le commandeur faisait part des dispositions favorables à l'alliance qu'il avait rencontrées chez le Roi et les seigneurs de sa cour; il insistait pour que le roi Ladislas donnât promptement suite au projet et engageait Sigismond à envoyer des ambassadeurs pour conclure cette importante affaire à l'honneur des deux rois[3].

Une nouvelle intervention de Sigismond d'Autriche ne fut point nécessaire. Assurés à l'avance du consentement de Charles VII, les conseillers de Ladislas, à la date du 22 septembre, donnèrent pleins pouvoirs à des ambassadeurs pour

1. *Id. ibid.*, p. 308.
2. Ms. fr. 15537, f. 70; Mathieu d'Escouchy, t. II, p. 460.
3. Lettre en date du 28 juin 1457. *Urkunden, Briefe und Actenstücke zur Geschichte der Habsburgischen Fürsten K. Ladislaus Posth.*, etc. herausg. von Joseph Chmel, dans *Fontes rerum Austriacarum, Diplom. et acta*, t. II, p. 177 et 178.

conclure le mariage de leur maître avec la fille du Roi très chrétien[1].

D'immenses préparatifs s'opérèrent alors pour la célébration d'un mariage que, dans toute l'Europe chrétienne, on considérait comme un événement de la plus haute importance. Chacun s'accordait à rendre hommage à la noble origine, à la beauté, aux qualités privées de la jeune princesse[2]. L'empereur et l'impératrice, les ducs de Saxe, de Bavière, de Silésie, le margrave de Brandebourg, d'autres princes encore, avaient promis de se rendre à Prague pour les noces. On devait profiter de cette grande solennité pour arrêter le plan de défense de la chrétienté contre l'invasion musulmane[3].

Arrêtons-nous un instant pour examiner la situation des affaires d'Orient à la veille de l'événement qui s'annonçait comme devant favoriser si puissamment la lutte engagée contre l'Islamisme.

L'avènement de Calixte III au trône pontifical avait été le signal d'une impulsion nouvelle donnée aux projets de croisade. Le nouveau Pape avait pris l'engagement solennel d'employer tous ses efforts à organiser la guerre contre les Turcs et à reconquérir Constantinople; son serment avait été répandu par milliers d'exemplaires dans toute l'Europe[4]. « Réunir toutes les forces de l'Occident chrétien contre le Croissant; secourir la Hongrie, exposée aux plus grands périls; construire et armer une flotte pontificale, telle était la triple tâche qui s'offrait à lui[5]. » Il s'y consacra avec ardeur. En notifiant son avènement à Charles VII, il lui annonçait l'intention de poursuivre

1. *Urkundliche Beiträge zur Geschichte Böhmens und seiner nachburländer im Zeitalter Georg's von Podiebrad*, par Palacky, dans *Fontes rerum austriacarum, Diplomatoria et acta*, t. XX, p. 113-14.

2. Voir lettre d'Æneas Sylvius à Ladislas en date du 1er octobre 1457 (éd. de Nuremberg, n° 353; éd. de Bâle, n° 339). Æneas, dans son *Historia Bohemica*, parle en ces termes de la future reine de Hongrie : « Verum nobilissimo regi quæ coire merito posset, nulla dignior visa est Magdalena, Caroli regis Franciæ filia, tum propter ætatem convenientem, egregiam formam, pudicos mores, tum propter sanguinis excellentiam, raramque nobilitatem et majorum ejus late gloriam. » Æneas Sylvius, *Historia Bohemica*, cap. LXIX.

3. Palacky, *Geschichte von Böhmen*, t. IV, part. I, p. 410.

4. Voir le texte dans *Spicilegium*, t. III, p. 797.

5. Pastor, *Histoire des Papes*, t. I, p. 323.

l'expulsion des infidèles, non seulement de Constantinople, mais de l'Europe entière[1]. Dès le 15 mai 1455, Calixte III lance une bulle de croisade, où le départ des croisés est fixé au 1er mars suivant. Des légats sont désignés pour se rendre dans les différentes contrées : le cardinal Carvajal en Allemagne et en Hongrie ; le cardinal de Cusa en Angleterre et en Allemagne ; le cardinal de Coëtivy en France[2]. Le noble vieillard déploie une infatigable activité. Dans les premiers mois de 1456, il prépare l'envoi d'une flotte, qui met à la voile le 6 août 1456[3]. Parmi les princes auxquels le Pape s'adresse pour les presser de le seconder, Charles VII est au premier rang. De nombreux brefs lui sont adressés dans le courant de 1456[4]. Au début, le vieux pontife paraît confiant dans les promesses du Roi ; mais bientôt il s'étonne de ses lenteurs ; il s'indigne des obstacles qu'il rencontre pour la publication de la bulle de croisade et la levée du décime. Le Pape s'adresse aussi à son légat, qu'il réprimande de son peu de zèle[5].

Si le cardinal de Coëtivy se montrait inégal à la grande mission que Calixte III lui avait confiée, le cardinal Carvajal faisait preuve d'un zèle admirable. « Nos efforts sont à la hauteur d'un pareil légat et le légat est à la hauteur de nos efforts, » disait Ladislas dans une lettre au Pape[6]. A peine arrivé à Vienne, Carvajal s'était adressé à Charles VII pour lui exposer ce qu'il faisait pour la défense de la chrétienté ; il employait les arguments les plus pressants afin de le décider à agir[7]. Le légat avait fait convoquer la diète hongroise à Bude et emmené Ladislas en Hongrie pour le mettre à la tête de la résis-

1. « Inter cætera autem intendimus circa oppressionem Turcorum et aliorum infidelium omnes vires et conatus nostros adhibere, ut illi immanissimi hostes christiani nominis, non solum à civitate Constantinopolitana, quam nuperrime occupaverunt, sed a finibus Europæ penitus expellantur. » *Spicilegium*, t. III, p. 797. — Cf. lettre des cardinaux, en date du 15 avril 1455. Original ms. lat. 11831, nº 9 ; éd. *Spicilegium*, t. III, p. 797.

2. Voir Pastor, t. I, p. 321-25. Le 8 septembre 1455 Calixte III attacha de sa main la croix à l'épaule des cardinaux Carjaval et de Coëtivy.

3. Voir les détails donnés par Pastor, *l. c.*, p. 333 et suiv.

4. *Spicilegium*, t. III, p. 799 et 800 ; Raynaldi, ann. 1456, §§ 3, 43 ; Pastor, t. I, p. 350 et suiv.

5. Pastor, t. I, p. 351-52.

6. Pastor, t. II, p. 302.

7. Voir cette lettre dans d'Achery, *Spicilegium*, t. III, p. 804.

lance. Sur ces entrefaites, Mahomet II marcha sur Belgrade avec une armée formidable, et il ne fallut rien moins que les efforts de Carvajal, de saint Jean de Capistran, et surtout de Jean Hunyade, pour sauver la Hongrie. Deux victoires mémorables, remportées par Hunyade sous les murs de Belgrade (14 et 21 juillet), forcèrent Mahomet à la retraite. Ces succès ranimèrent l'ardeur des défenseurs de la Foi. Ladislas, à la tête de quarante mille hommes, s'avança jusqu'à Belgrade, en compagnie de son conseiller le comte de Cilly. Mais les divisions qui régnaient parmi les seigneurs hongrois et le meurtre du comte de Cilly empêchèrent cette expédition d'aboutir[1].

A la nouvelle des victoires de Belgrade, le Pape écrivit à tous ses légats pour leur enjoindre d'exhorter les princes chrétiens, et en particulier « son très cher fils en Jésus-Christ l'illustre roi de France, » à rendre des actions de grâces à Dieu et à s'employer à détruire la puissance musulmane[2]. Il envoya ses félicitations au cardinal Carvajal[3]; il écrivit à Charles VII pour le presser d'autoriser la publication de la bulle de croisade et l'engager à prendre part à la lutte contre les Turcs[4]. Charles VII se décida enfin à entrer dans les vues du Pape : le 10 avril 1457, dans un bref adressé à Carvajal, Calixte III annonçait que, conformément aux arrangements pris avec le Roi de France pour la levée du décime, celui-ci s'était engagé à fournir une flotte d'au moins trente galères[5]. Le même jour, le Pape écrivait à Ladislas pour le solliciter de se mettre en campagne[6]. Mais les divisions qui régnaient dans l'empire, la vieille querelle entre Frédéric III et Ladislas, plus vive que jamais, paralysaient tout[7]. Pour triompher de ces obstacles, le Pape s'adressa à l'empereur et au roi de Hongrie[8]. Enfin,

1. Voir Pastor, t. II, p. 361-83.
2. Theiner, *Vetera monumenta historica Hungariam sacram illustrantia*, t. II, p. 281.
3. Theiner, *l. c.*, p. 282.
4. Raynaldi, ann. 1456, § 3; Wadding, *Annales minorum*, t. XII, p. 380.
5. Theiner, *l. c.*, p. 287.
6. Theiner, *l. c.*, p. 288.
7. Voir Æneas Sylvius, *Epistolæ*, éd. de Nuremberg, nos 252, 271, 270, 282.
8. *Id.*, *ibid.*, nos 315 et 385 (éd. de Nuremberg); nos 331 et 371 (éd. de Bâle).

voulant mettre Charles VII en demeure de lui prêter un concours efficace, il lui envoya la rose d'or, et accompagna cet envoi d'un bref très chaleureux[1].

Telle était la situation au moment où l'alliance de Ladislas avec Madeleine de France semblait devoir favoriser les desseins du Souverain Pontife, en amenant entre Frédéric III et Ladislas un rapprochement indispensable pour le succès de la croisade, rapprochement auquel le cardinal Carvajal employait tous ses efforts[2]. Le Pape comptait beaucoup sur cet événement pour arriver à la pacification ; il avait chargé Carvajal d'assister au mariage à titre de légat du Saint-Siège, et d'agir activement auprès des princes qui devaient se trouver réunis pour cette solennité[3].

L'ambassade envoyée par le roi de Hongrie à Charles VII, signalée par les chroniqueurs comme « la plus belle et la plus grande qui oncques vint en France[4], » se composait de l'archevêque de Colocza et de Ladislas Paloczy, représentants de la Hongrie ; de Rüdiger de Stahrenberg, d'Oswald Eyczinger, et de Jacques Trapp, conseiller du duc Sigismond, représentants de l'Autriche ; de l'évêque de Passau, de Zdenek de Sternberg, d'Henri de Michalowic, de Burian Terczka et de Henri de Lipa, maréchal de Bohême, représentants de la Bohême ; du seigneur de Rodemach, d'Adam de Dalstein et du prévôt de Trèves, représentants du Luxembourg. Des dépenses considérables avaient été faites pour donner à cette ambassade toute l'importance et toute la pompe qui convenaient en une

1. Original, ms. fr. 20117, nº 20 ; éd. Raynaldi, année 1457, § 52.

2. Voir brefs du Pape à Carvajal, 1er et 16 octobre 1457. Æneas Sylvius, *Epistolæ*, éd. de Nuremb., nos 354 et 351 ; *Opera*, nos 339 et 330.

3. Voici comment s'exprimait Calixte III, dans un bref à Carvajal en date du 1er octobre 1457 : « Verum cum novissime nobis relatum sit, dictum Hungarie et Bohemie regem circa festum sancti Martini proxime futurum, decrevisse Bohemiam petere, ut sibi sponsam suam, carissimi filii nostri Karoli regis Francie natam, conduci faciat, et cum eadem *ibidem* solemnes nuptias celebret, pro qua jam fertur oratores misisse. Committimus tibi, et harum serie mandamus, ut omnibus aliis posthabitis, ad ipsum regem quam celerrime te conferas, ejusque nuptias, tam sui quam dicti regis Francie consideratione, nostro et Apostolice Sedis nomine, ut dignum est, tua presentia honores. » Voir la lettre tout entière dans Kaprinai, *Hungaria diplomatica*, 1767, in-4º, t. I, p. 239, et dans les *Œuvres d'Æneas Sylvius*, épître 339.

4. Olivier de la Marche, t. II, p. 408.

aussi solennelle occurrence. Les ambassadeurs étaient accompagnés d'un grand nombre de seigneurs et de dames ; leur suite comprenait sept cents chevaux ; vingt-six chariots étaient chargés de vaisselle, de joyaux et de riches habillements pour les présents à faire à la jeune princesse et aux seigneurs et dames de la Cour[1].

Partie de Prague le 10 octobre[2], l'ambassade fut accueillie avec grand honneur. A Amboise, des seigneurs de la Cour vinrent la recevoir et la conduisirent à Tours, où elle fit son entrée le 8 décembre[3]. Une notable députation, où figuraient les comtes de la Marche, de Vendôme, de Foix, de Dunois, l'archevêque de Tours, les évêques de Coutances et du Mans, le chancelier de France, le marquis de Saluces et le jeune Philippe de Savoie, qui résidait alors à la Cour, s'était portée à sa rencontre. Ce fut le chancelier Jouvenel qui, dans une harangue latine, souhaita la bienvenue aux envoyés de Ladislas[4].

L'ambassade hongroise arrivait à Tours dans un moment critique. Le Roi venait de tomber malade, et la gravité de son état causait de vives alarmes[5]. Le bruit de sa mort se répandit dans le royaume ; il parvint à la petite cour de Genappe, où il fut accueilli avec une joie que le Dauphin ne prit pas la peine de dissimuler[6]. Les ambassadeurs durent attendre dix jours

1. Chartier, t. III, p. 74-75 ; Chastellain, t. III, p. 369 ; Du Clercq, l. III, ch. xxx ; Chronique allemande dans Senckenberg, *Selecta juris et historiarum*, 1739, t. V, p. 35, 38 et 49 ; *Fontes rerum austriacarum*, *Diplomataria et acta*, t. XLII, p. 203 ; Palacky, *Geschichte von Böhmen*, t. IV, partie I, p. 418 ; Ad. Bachmann, *Georgs von Podiebrad Wahl, Krönung und Anerkennung*, dans *Archiv für oesterreichische Geschichte*, t. LIV, p. 69.

2. Palacky, *l. c.*, p. 417.

3. Voir Relation allemande de l'ambassade, citée plus loin, et les chroniqueurs français.

4. Chartier, t. III, p. 76-79 ; Chastellain, t. III, p. 369-71 ; Continuateur de Monstrelet, t. III, f. 72 v°.

5. « En ce temps fut le Roy Charles de France si griesvement malade à Tours en Touraine, que l'on cuida qu'il deust mourir ; et furent faictes en plusieurs lieux de son royaume processions et prières à Dieu, afin qu'il lui envoyast santé. Et tantost après il reposa et fut gueri. » Continuateur de Monstrelet, t. III, f. 74. « En ce temps, Charles, Roy de France... feust sy malade que on disoit touts les jours qu'il estoit mort... » Du Clercq, l. III, ch. xxxii. Cf. Chastellain, t. III, p. 371.

6. « Comme de long temps il avoit eu desir de regner et d'avoir couronne en teste, et encore plus maintenant pour cause que son père lui tenoit la main roide, quand ce

avant que leur réception solennelle pût s'effectuer. Elle eut lieu le 18 décembre, au château de Montils-les-Tours.

Le Roi était assis sur un trône « reluisant d'or, » ayant à ses côtés les princes du sang et un grand nombre de seigneurs. Les ambassadeurs furent introduits; ils présentèrent leurs lettres de créance et firent les salutations accoutumées. L'archevêque de Colocza porta la parole. Dans un pompeux discours latin, il s'étendit longuement sur l'affinité de lignage existant entre Charles VII et le roi son maître, sur l'antique et singulière amitié qui, de tout temps, avait uni les rois de Hongrie et de Bohême à la très chrétienne Maison de France. Le roi Ladislas, désirant renouveler ces alliances, envoyait dans ce but ses ambassadeurs; il les avait chargés de demander au Roi la main de sa fille. Par ce mariage, les liens qui unissaient deux si nobles et si puissants rois se trouveraient resserrés et renouvelés. Et quand une étroite concorde serait établie entre eux, personne au monde ne serait en état de leur nuire. « Sire Roi, dit en terminant l'archevêque, tu es la colonne de la chrétienté et mon souverain seigneur le roi Lancelot en est l'écu; tu es la très chrétienne maison, et mon souverain seigneur en est la muraille [1]. » Le chancelier Jouvenel des Ursins répondit à l'ambassadeur.

Les ambassadeurs sortirent ensuite du château et se rendirent dans une grande salle, richement décorée, qui avait été construite dans le jardin. Ils y trouvèrent les dames et demoiselles de la Cour, se livrant à la danse. Non loin était un pavillon fermé, où se tenaient la Reine et sa fille Madeleine. A l'arrivée des ambassadeurs, les portes du pavillon s'ouvrirent, et la Reine parut, conduisant la princesse, sur laquelle se portèrent tous les regards : sa grâce et sa beauté excitèrent

vint que le mal de la jambe lui estoit pris et duquel on le jugeait en peril, fit à tout lez calculer sur le mal de son père pour savoir s'il en pourroit eschapper sans mort. En quoy plusieurs laborans rapportèrent par jugement et certifièrent que non, et mirent terme prefix dedens lequel les influences de là sus demonstroient sa fin. Sy le certifièrent si très à l'estroit, et tant et tellement y adjousta foy le Dauphin qu'à peine lui sembloit la chose estre de necessité qu'ensi ce fist. » Chastellain, t. III, p. 446-48.

1. Georges Chastellain, t. III, p. 371-72, et Jacques du Clercq, l. III, ch. XXXII. Cf. Ms. latin 11414, f. 23-24 v°.

une satisfaction générale. La nouvelle du mariage fut annoncée au son joyeux des trompettes, et l'ambassade reprit le chemin de la ville[1].

Le 22 décembre, un banquet, où l'on s'efforça d'égaler et même de dépasser les splendeurs du fameux banquet du Faisan, donné en 1454 par le duc de Bourgogne, fut offert aux ambassadeurs par le comte de Foix. On dressa douze tables dans l'abbaye de Saint-Julien de Tours; sur chacune il y avait cent quarante plats d'argent, qui furent sept fois renouvelés pour sept services successifs, et sept entremets suivirent les sept services. Les dames de la Cour prirent place à côté des seigneurs de l'ambassade. Après le quatrième service, on apporta « mystérieusement » sur la grande table un paon vivant, « afin de faire vouer ceux qui vouer voudroient. » Ce paon était placé sur un navire, et avait à son cou les armes de la Reine; autour du navire étaient blasonnées les armes des dames et demoiselles de Marie d'Anjou. Jacques Trapp, qui était près de mademoiselle de Villequier, voua « que pour l'amour de la damoiselle emprès laquelle il estoit assis, jamais il ne seroit à table, ne à diner, ne à souper, jusques à ce qu'il eust fait armes pour l'honneur d'elle[2]. » Un chevalier hongrois qui était placé près de mademoiselle de Châteaubrun (Marie de Gaucourt), voua aux dames et au paon que, un mois après son retour, il romprait en son honneur deux lances à fers émoulus et que, à son exemple, il ne s'habillerait jusque-là que de noir[3]. Le banquet fut suivi de danses, où figurèrent les belles jeunes filles qui étaient venues pour faire cortège à la jeune reine[4].

Une autre fête, qui devait suivre la cérémonie des fiançailles, se préparait, sous les auspices du comte du Maine, quand

1. Ces détails nous sont fournis par une relation allemande de l'ambassade tirée du *Copey-Buch* de Vienne et publiée dans *Fontes rerum austriacarum, Diplomataria et acta*, t. VII, p. 125 et suiv.

2. Chastellain, t. III, p. 376.

3. Les filles d'honneur de la Reine s'habillaient volontiers de noir, à l'exemple de leur maîtresse.

4. Chartier, t. III, p. 74; Chastellain, t. III, p. 373-76; Continuateur de Monstrelet, t. III, f. 73; Du Clercq, l. III, ch. xxx; Relation allemande de l'ambassade, *l. c.*; *Histoire de Gaston, comte de Foix*: Ms. fr. 4192, f. 90 v°, etc.

éclata, comme un coup de foudre, une nouvelle qui frappa tout le monde de stupeur : le roi Ladislas avait été emporté par une mort subite[1] ! Les ambassadeurs, dans la relation de leur voyage, racontent que, quatre ou cinq nuits auparavant, Charles VII avait eu un songe : il avait rêvé que son épée était brisée en deux tronçons. Inquiet de ce présage, il en avait fait part à son entourage. Le comte du Maine, tirant l'épée royale du fourreau, lui dit : « Voyez, Sire, l'épée est entière ! » — « Oh ! reprit le Roi, quand il nous vient un songe, c'est que Dieu « veut nous envoyer quelque épreuve. Ce rêve signifie, j'en « suis sûr, un grave événement. » D'autre part, durant deux nuits, la princesse Madeleine avait rêvé que le roi Ladislas lui apparaissait et qu'il était mort. Elle fut si frappée que la Reine et les dames de son entourage s'en aperçurent à sa mine bouleversée, à sa tristesse, à ses plaintes sur ce que ses vêtements lui pesaient. « Qu'est-ce que cela ? lui dit la Reine. Vous « devriez être joyeuse ! C'est aujourd'hui jour de fête ; les étran- « gers viendront sans doute ; il faut vous parer. » Peu après la Reine revint trouver sa fille : « Si votre robe vous est trop « lourde, lui dit-elle encore, mettez-en une noire. » — « Oh ! répondit la princesse, le rêve pourrait bien être vrai ! »

« Grande fut l'affliction qu'apporta ce message, continue la relation des ambassadeurs. Ce fut parmi les Français une lamen-

1. Sur la mort de Ladislas, voir Kaprinai, *Hungaria diplomatica*, t. I, p. 211-268, Dissertatio VI : *De obitu Ladislai postumi regis Hungariæ*, et *Zeugenverhör über den Tod König Ladislaw's von Ungarn und Böhmen im Jahre 1457. Eine kritische Zusammenstellung und Würdigung der darüber vorhandenen Quellenangaben*, von Franz Palaky. Prag, 1856, in-4. — Malgré tout ce qu'ont pu dire à cet égard plusieurs auteurs contemporains, il est avéré que Ladislas fut emporté par la peste et qu'il ne périt pas victime d'un empoisonnement. — Parmi les témoignages les plus considérables en faveur de la mort accidentelle, il faut citer celui de Johann Rote, secrétaire de Ladislas, écrivant le 20 décembre à Æneas Sylvius : « Magna est varietas sermonum, quo genere mortis fatum obierit. Ego vero etsi scio, nemini prorsus me cedere oportere habitudine notitiæ hujusce rei, qui quam creberrime apud regem etiam ægrotantem sim versatus : tamen silendum potius esse dico hoc tempore, quam loquendum, cum sciam rem illam in dies magis clarescere. An adolescentem regem robustissimum, nullum prorsus vel doloris indicium sentientem, cum quo die lunæ precedente mortem usque ad noctis horam tertiam summa postrema et facili lætitia fui, XXXVII horarum intervallo aliquod genus mortis naturalis prosternere potuisset ? Ante quem vel minimus quisque ex ejus familia, neque post eum ullus, etiam eorum qui ei ægrotanti quotidie astitimus, aut aliorum quispiam minimæ sortis hoc genere mortis interiit. »

tation générale. On ne voyait plus personne dans les rues, naguère remplies de monde. Les enfants qui se rencontraient pleuraient en criant : « Hélas ! le roi Ladislas est mort. » Le roi de France étant malade, personne n'osait lui apprendre la nouvelle. Ses conseillers, qui doutaient encore, dépêchèrent des exprès en Allemagne pour aller aux informations. Mais bientôt arrivèrent les messagers du duc Sigismond, confirmant la triste vérité. La Reine, aussitôt informée, recommanda aux ministres, à tous les officiers royaux de garder le silence, de peur que le Roi, instruit de l'événement, ne fût frappé à mort [1]. » Chastellain dit également : « Si fut avisé que ceste mort du Roy Lancelot lui seroit celée encore par aucuns jours, de peur qu'il n'en rechust arrière en son mal, car moult craignoient son dueil et le demener qu'il en feroit, et que la parversité d'une telle aventure ne lui devenist matière de mort ; et pour tant lui voulurent-ils celer le meschief jusques il seroit fort au dessus du danger... Et l'on avoit fait deffense, sur peine capitale, que nul au monde ne s'avançast de lui faire semblant de riens, ne homme, ne femme, jusques il seroit heure et conclu par les seigneurs du sang [2]. »

La Reine fit en secret tout préparer pour la célébration d'un service solennel dans l'église Saint-Martin. « Environ huit cents écussons, aux armes des cinq pays de notre roi, » dit la relation des ambassadeurs, « avaient été fabriqués en deux jours, dont trois cents furent suspendus partout dans l'église. La nuit, au chant des Vigiles, on disposa cinq cents hommes, tout de noir habillés, tenant chacun un grand cierge dans la main. Le lendemain, pour l'office des morts, tous les autels furent tendus de noir et ornés des écussons des cinq pays, et lesdits cinq cents hommes portaient chacun les mêmes écussons suspendus à leur cierge. Les seigneurs de l'ambassade et tous les gentilshommes furent rangés d'un côté du chœur ; de l'autre côté se placèrent les conseillers du Roi, le frère de la Reine, et beaucoup de princes et de grands personnages, tous vêtus

1. Relation allemande de l'ambassade.
2. Chastellain, t. III, p. 381.

de noir ainsi que leurs serviteurs, et la figure voilée jusqu'aux yeux. Tout cet appareil causait une telle impression de tristesse que le cœur le plus endurci en eût été ému. On avait également dressé un catafalque haut de quatre toises, sur lequel brûlaient environ trois mille cierges[1]. » Ce fut seulement le 30 décembre, au lendemain de la cérémonie, que Brezé, qui « savoit manier le Roi mieux que nul autre, » se rendit au château des Montils, et, avec tous les ménagements possibles, lui annonça le fatal événement. Charles VII manifesta une vive émotion ; toutefois, il « prit patience en son adversité, disant que puisqu'il plaisoit à Dieu qu'ainsi en fust, force lui estoit bien de le tolerer et de le prendre en gré[2]. » Le 31, les ambassadeurs hongrois allèrent prendre congé ; ils offrirent au Roi quatre chevaux blancs conquis sur les Turcs, et partirent le lendemain, comblés de présents[3], après avoir remis à Madelaine tous les dons que lui destinait leur maître.

Avant de quitter Tours, les ambassadeurs de Ladislas avaient demandé à Charles VII de prendre en sa garde le duché de Luxembourg. Il fut convenu que tout se passerait comme si le roi de Hongrie était encore vivant[4]. Par lettres du 8 janvier 1458, Charles VII, en considération de l'antique alliance de la Couronne avec les rois de Bohême et de Hongrie, et de son affinité avec Ladislas, qui avait recherché la main de sa fille, déclarait prendre en sa garde la ville de Thionville et les autres villes du duché de Luxembourg. Thierry de Lenoncourt, bailli de Vitry; Tristan Lermite, prévôt des maréchaux, et Jean de Veroil étaient chargés de se rendre dans le Luxembourg et d'y faire exécuter cette ordonnance[5]. Ils partirent aussitôt. Le 1er février suivant, ils dressaient un procès-verbal constatant qu'ils avaient fait apposer les panonceaux et bâtons royaux aux

1. Relation allemande de l'ambassade.
2. Chastellain, t. III, p. 381-82.
3. Ces présents étaient d'une valeur de plus de trente mille livres.
4. « Si le congé prendre estoit piteux à oïr et voir du costé des Hongres, aussi estoit-il lamentable aussi et plein d'amertume du costé du Roy, qui tout ce paroffroit à eux et à leurs affaires et aux affaires du deffunt, tout aussi comme s'il vivoit. » Chastellain t. III, p. 382.
5. *Ordonnances*, t. XIV, p. 445.

portes des villes, châteaux et forteresses de Rodemach, Hesperange, Boulay, Richemont, Neuerbourg, Cronemberch, Useld, Esch, Montmédy, etc., et fait proclamer par cri public la mise du duché de Luxembourg sous la protection du Roi[1].

En recueillant l'héritage de Ladislas en ce qui concernait le Luxembourg, Charles VII nourrissait un dessein plus ambitieux : il songeait à briguer pour son second fils la succession au trône de Bohême. Thierry de Lenoncourt était chargé de se rendre à Prague à la réunion des États de Bohême ; il emportait des lettres pour les États et pour Georges de Podiebrad, en date du 9 janvier. Le Roi leur notifiait la décision qu'il avait prise à l'égard du duché de Luxembourg et accréditait auprès d'eux son ambassadeur[2]. Lenoncourt accompagna la grande ambassade de Ladislas, qui arriva le 14 février à Prague. Le 27 s'ouvrit la diète. Dès le lendemain, communication lui fut donnée des propositions du roi de France. Charles VII promettait, si son fils était élu roi de Bohême, de racheter à ses frais tous les domaines hypothéqués de la Couronne et aussi les domaines du clergé ; il s'emploierait à rattacher à la Bohême le duché de Luxembourg ; vu le jeune âge de son fils, il pensait qu'il convenait d'attendre que celui-ci eût atteint sa seizième année pour se rendre en Bohême : pendant quatre ans le royaume serait donc administré par un gouverneur, lequel devrait être Georges de Podiebrad. Le Roi était entré en négociations avec le roi de Pologne : si son fils était nommé, il pourrait épouser une fille de Casimir[3].

Malgré l'accueil favorable que rencontra, auprès de certains membres de la Diète, la proposition de Charles VII relative à l'union du Luxembourg à la couronne de Bohême, la candi-

1. *Publications de... l'Institut*, etc., t. XXIII, p. 212, et t. XXXI, p. 10.

2. Ces deux lettres ont été publiées par Palacky, *Fontes rerum austriacarum*, l. c., t. XX, p. 122 et 123.

3. Palacky, *Geschichte von Böhmen*, t. IV, part. II, p. 29 et suiv. ; Tomek, *Histoire de la ville de Prague* (en tchèque), t. VI, p. 292 et s. (Nous devons à l'obligeance de M. L. Leger, professeur au Collège de France, les renseignements tirés de ce dernier ouvrage) ; Bachmann, *l. c.*, p. 73 et 88-92. Cf. *Fontes rerum austriacarum, Diplomataria et acta*, t. XX, p. 126, 129 et suiv. ; t. XLII, p. 208 et suiv. ; Æneas Sylvius, *Hist. Bohemica*, cap. LXXII.

dature de son fils Charles n'avait aucune chance de succès. De nombreux compétiteurs se présentaient : les députés des princes de la Maison d'Autriche, du duc de Saxe, du roi de Pologne firent valoir les droits de leurs maîtres. Mais un courant irrésistible se manifesta, au sein de la Diète, en faveur de Georges de Podiebrad : le 2 mars, il fut élu par acclamation[1].

Après le départ de l'ambassade hongroise, Charles VII envoya au duc de Bourgogne Raoulin Regnault, un de ses écuyers d'écurie, pour lui faire savoir qu'il prenait le Luxembourg en sa garde. Dans sa lettre, que Georges Chastellain qualifie de « bien estrange et assez minatoire sous un couvert style[2], » le Roi signifiait qu'il avait pris en sa garde la ville de Thionville, le seigneur de Rodemach et ses places, avec toutes les autres villes, terres et seigneuries qui étaient en l'obéissance du feu roi de Hongrie ; il déclarait toutefois qu'il n'entendait pas que, en raison de cette garde, aucune entreprise fût faite contre le duc et contre ceux de ses sujets qui étaient en son obéissance dans le duché de Luxembourg, et il demandait à Philippe d'agir de même[3].

Le duc de Bourgogne n'avait pas vu sans alarme grossir l'orage qui s'élevait du côté du Luxembourg. Au moment où les ambassadeurs de Ladislas se rendaient à la cour de France, le comte de Vernembourg, poursuivant les hostilités contre les partisans du roi de Hongrie, venait de mettre le siège devant la ville de Malburg. Philippe envoya en toute hâte un messager pour lui enjoindre de lever incontinent le siège[4]. Puis il fit

1. Palacky, Tomek et Bachmann, *ll. cc.* Cf. *Fontes rerum austriacarum, Diplomataria et acta*, t. XX, p. 133-135 ; t. XLII, p. 213.
2. Chastellain, t. III, p. 380.
3. Lettre visée dans la réponse du duc de Bourgogne, citée plus loin. On lit dans la réponse faite aux ambassadeurs de Charles VII en décembre 1459 que le Roi fit signifier au duc que, à la requête des ambassadeurs de Ladislas, il avait pris en sa garde tous ceux qui, dans le duché, obéissaient au feu roi de Hongrie, et qu'il n'avait agi ainsi que parce que le duché était resté sans seigneur, « et que son intencion n'estoit que de le tenir jusques il y eust Roy esleu oudit royaume de Behaingne, duquel icelluy duchié est membre. » Bibl. royale de Bruxelles, ms. nº 11487-88.
4. Fin novembre. Archives du Nord, B 2026, f. 300 vº.

partir pour Tours son roi d'armes Toison d'Or[1], avec une mission qui, vraisemblablement, consistait surtout à observer ce qui se passerait pendant le séjour des ambassadeurs hongrois, et à en faire part à son maître. A la même époque le duc se mit en relations avec les ambassadeurs du duc de Saxe, qui étaient alors à Nuremberg[2].

Quels que fussent les témoignages de regret prodigués par Philippe au sujet de la mort soudaine de Ladislas[3], il ne fut pas sans se réjouir, au fond du cœur, d'un événement qui venait si à propos le délivrer de ses craintes. Quand Raoulin Regnault arriva à Bruges et présenta la lettre du Roi, il le reçut en présence des seigneurs de sa Cour et des membres de son Conseil. « Mais, dit l'historien bourguignon[4], pour ce que ses lettres estoient longues et drues d'escriture, les bailla à son chancelier; et, appelant le seigneur de Croy, les fit lire tout au long. » Nicolas Rolin, durant la lecture, accompagna les passages les plus saillants de hochements de tête et de sourires moqueurs, en lançant des coups d'œil à son maître. « Si se percevoit bien chascun alors, au samblant qu'ils monstroient, que les lettres n'estoient point de bon goust, mais aigres et de dure digestion. » Un sourd murmure s'éleva parmi les barons, qui ne savaient encore quelle attitude prendre, mais qui regardaient l'envoyé du Roi d'un fort mauvais œil.

La lecture terminée, le duc prit à part son chancelier et le sire de Croy dans l'embrasure d'une fenêtre, et leur dit : « Je « ne sais ce que me demande le Roi, ni ce qu'il se demande « lui-même de quérir contre moi ces questions foraines qui « ne lui compètent en rien, si ce n'est par volonté oblique. « Vraiment toutefois, s'il me quiert par là il me trouvera par

1. A la date du 1er décembre. Archives du Nord, B 2030, f. 181. — Toison d'Or ne revint de cette mission que le 2 mars.
2. Archives du Nord, B 2020, f. 305 vo.
3. Voir Chastellain, t. III, p. 383-84 : « Le duc pour ceste mort se vesti de noir et tint chambre par aucuns jours sans vuidier dehors, remenant au conte souvent son cousin le Roy deffunt par manière de complainte, là ou se monstra prince de bonne nature et de bon sens, car ne fut onques homme qui en tirast un mot autre que honneste et de grant los à lui, ne en quoy on peust percevoir que aise fut de sa mort. »
4. Chastellain, t. III, p. 390.

« çà. Le pays de Luxembourg ne lui est en rien sujet ; il n'est « pas de son royaume ; il n'y a ni querelle ni titre, sinon la « convention qu'il a prise avec feu beau cousin le roi Lance- « lot, duquel lever la querelle, maintenant qu'il est mort, « n'est point honnête, ce me semble, sinon que volonté le « meuve sur moi plus que raison. A quoi je ne saurois que « dire, sinon que je défendrai le mien et mettrai Dieu et mon « bon droit au front de mes ennemis. Mais je voudrois bien « qu'il plût au Roi me laisser en ma paix en gardant la sienne, « car sans que j'encommence jamais contre lui (ce dont Dieu « me défende !), je deffendrai, assailli, à l'aide de Dieu, mon « honneur et ma querelle. » Puis il fit approcher l'envoyé du Roi, auquel le chancelier demanda s'il avait quelque charge spéciale à communiquer au duc. Regnault répondit que non, priant seulement qu'on voulût bien l'expédier sans retard. Nicolas Rolin prit alors la parole : « Le Roi, dit-il, écrit à Mon- « seigneur tout à plein sur le fait de Luxembourg et sur « l'alliance faite entre lui et feu le roi Lancelot (que Dieu ab- « solve !), et signifie beaucoup de choses touchant cette « alliance. Vos lettres ne portent nulle créance sur vous, et « pourtant Monseigneur s'avisera de répondre au Roi et lui « répondra par écrit ; et aussi vous serez temprement déli- « vré[1]. »

Selon d'autres chroniqueurs, le duc aurait adressé lui-même la parole à Raoulin Regnault : « Je voudrois bien savoir, » lui aurait-il dit, « si le Roi veut tenir la paix qui fut faite à « Arras entre lui et moi ; car, au regard de moi, je ne la bri- « serai pas ; mais dites-lui que je lui prie qu'il me fasse savoir « sa volonté ; et me recommanderez à sa bonne grâce, car je « sais bien qu'il y en a en son Conseil qui ne m'aiment « guère[2]. »

Après que Regnault se fût retiré, le duc de Bourgogne tint conseil avec le comte de Charolais, le comte d'Étampes, Adolphe de Clèves et les seigneurs de sa cour, et leur commu-

1. Chastellain, t. III, p. 390-91.
2. Continuateur de Monstrelet, t. III, f. 74 ; J. du Clercq, l. III, ch. xxxii.

niqua le message apporté par l'écuyer du Roi. Ce fut un cri général d'indignation. « Comment, disait-on, le Roi veut lever la « querelle d'un homme mort, avec lequel l'alliance n'a jamais « été consommée ! C'est malséant à un roi de France. Est-ce « ainsi que le Roi reconnaît l'amour et les grands services de « Monseigneur au temps passé ? Maintes fois on nous avait dit « qu'il en seroit ainsi ! Par Dieu, jamais bien ne nous fera et « les apparences en sont bonnes. Plût à Dieu que les choses « fussent encore en leurs vieux termes ! L'orgueil des Français « ne seroit pas si grand qu'il est à présent. Au moins si la for- « tune leur est bonne, qu'ils nous laissent en paix avec la « nôtre, nous qui ne leur demandons rien ! Si nous avons ici « Monseigneur le Dauphin qui, contraint, est venu s'y rendre, « que ne l'ont-ils gardé eux-mêmes ! Quel bien nous en est « venu ? quel avancement ? quel profit en avons-nous ? Depuis « qu'il est entré ici, oncques paix ne nous fut, oncques biens « ne nous vinrent, mais toujours querelles et contentions « entre le Roi et Monseigneur. Nous-mêmes nous sommes « tombés en division tantôt avec sa venue. De lui nous n'a- « vons ni amour, ni familiarité, pas plus que de ses gens. « Même il défend à ceux-ci de converser avec nous, ce qui « n'est pas bon signe, et il ne les laisse venir ni à nos joutes, « ni à nos fêtes. Monseigneur lui fait tout l'honneur et lui rend « tout l'amour qu'il peut et lui complait jusqu'au pied baiser ; « et, à l'aventure, quand une fois il sera au dessus de ses be- « sognes, il le reconnaîtra aussi peu que son père. Les Fran- « çais sont tous tels : il n'y convient avoir foi nulle, au moins « en cette maison, laquelle ils haïssent plus que les Sarrasins. « Dont, au fort, il faut être reconforté, car trop plus vaut être « envié que plaint[1]. »

Ainsi s'exprimaient tous les seigneurs de la cour du duc, jeunes et vieux, unis dans un même sentiment, en présence de ce message royal « portant aucunement deffiance ouverte et menace d'ennemi[2]. »

1. Chastellain, t. III, p. 391-93.
2. *Id.*, *ibid.*, p. 393.

A la date du 1er février, le duc remit à Raoulin Regnault sa réponse à la lettre du Roi. Elle était brève et hautaine. A la suite d'une ouverture du Roi sur la même matière, laquelle était de tout autre nature, il avait déjà envoyé à ce sujet Toison d'Or, qui était encore auprès du Roi. L'affaire était de grand prix et de haute importance ; elle touchait grandement son honneur ; il voulait en délibérer avec maturité ; après cela il en écrirait plus amplement au Roi[1].

Cependant l'exécution des ordres du Roi n'avait point tardé. A cette même date du 1er février, on l'a vu, les étendards royaux étaient arborés sur bon nombre de villes du duché de Luxembourg. En même temps, Floquet vint, à la tête d'un corps d'armée, s'établir à Thionville, où il fut reçu avec enthousiasme. De là il se porta sur Luxembourg, où il demanda, au nom du Roi, que les portes lui fussent ouvertes ; mais les lieutenants du duc de Bourgogne faisaient bonne garde : ils avertirent leur maître du danger où ils se trouvaient, et celui-ci envoya aussitôt des renforts ; non pas, dit son chroniqueur officiel, dans l'intention d'entrer en guerre avec le Roi, mais pour défendre la ville et la garantir contre des envahisseurs qui n'y avaient nul titre. Chastellain ajoute que, en faisant occuper Thionville, le gouvernement royal avait voulu fournir au duc de Bourgogne une occasion de commencer les hostilités, estimant que, « en chaleur et mouvement de sang, il se mespasseroit premier sur les gens du Roy, et qu'alors le Roy, qui n'avoit sçu trouver excuse legitime pour lui mouvoir guerre, maintenant parvenu à ses fins, lui imputeroit l'infraction de la paix[2]. » Pendant ce temps, Toison d'Or était toujours à la cour de France, et le duc ne cessait de correspondre avec lui[3]. Philippe envoya aussi un message aux ambassadeurs de Ladislas

1. Original, ms. fr. 5041, f. 3 ; éd. *Histoire de Bourgogne*, t. IV, *preuves*, p. CCXXVI.
2. Chastellain, t. III, p. 393-94.
3. Lettres closes envoyées par un chevaucheur le 18 décembre 1457 ; autres lettres envoyées en date des 18 janvier et 1 février 1458. Archives du Nord, B 2026, f. 305 ; 2030, f. 213 et 214 v°.

au moment où ils reprenaient le chemin de la Bohême[1]. Dès le 15 janvier, il avait pris des mesures pour résister à une attaque du Roi, si elle se produisait[2]; mais il entendait rester sur la défensive. Son « Indiciaire », qui ne manque jamais de lui donner le beau rôle, nous dit que, tout injurié et tout menacé qu'il fût, poursuivi par devant et par derrière, le duc « tousjours dissimuloit et souffroit, sur espoir que Dieu pourverroit en tout, et que les proposemens du Roy et des hommes se changeroient en quelque bon ploy, meilleur que les apparences[3]. » Mais l'attente de Philippe devait être trompée : le procès du duc d'Alençon allait envenimer les choses encore davantage, et faillir entraîner une rupture ouverte entre le Roi et le duc.

1. Le 15 janvier, Fusil, poursuivant d'armes, partait de Bruges porteur de lettres closes du duc pour les ambassadeurs de Ladislas, « lesquels l'en dit estre devers le Roy, par lesquelles ledit seigneur leur rescript aucunes choses secrètes dont autre recitacion ne doit estre faicte. » Archives du Nord, B 2030, f. 211.

2. Le 28 janvier, un chevaucheur de l'écurie partait de Bruges pour porter « hastivement » trente-deux lettres closes adressées par le duc « à plusieurs seigneurs et nobles des pays d'Artois et Picardie touchant matières secrètes. » Archives du Nord, B 2030, f. 213 v°.

3. Chastellain, t. III, p. 395.

CHAPITRE X

LE PROCÈS DU DUC D'ALENÇON

(1456-1458)

Instruction du procès ; le duc déclare ne relever que de la Cour des pairs ; Charles VII consulte le Parlement ; sur l'avis de ce corps il convoque les pairs à Montargis. — Sommation adressée au duc de Bourgogne ; mécontentement de ce prince ; il envoie Toison d'Or au Roi. — Exposé de l'ambassadeur ; Charles VII autorise le duc à se faire représenter par une ambassade ; préparatifs de guerre faits de part et d'autre ; désignation d'ambassadeurs par Philippe ; dispositions du duc et de son entourage. — Sommation adressée au duc de Bretagne ; attitude prise par le nouveau duc ; il refuse de comparaître. — Délai apporté à l'ouverture du lit de justice ; Charles VII le transfère à Vendôme. — Arrivée du Roi dans cette ville ; ouverture du lit de justice ; première audience. — Interrogatoire du duc d'Alençon ; examen de la procédure. — Discours de Jean Lorfèvre, l'un des ambassadeurs bourguignons ; réponse de l'évêque de Coutances. — Discours du duc d'Orléans en faveur de son gendre ; discours de l'archevêque de Reims. — Sentence de condamnation ; elle est signifiée au duc d'Alençon.

Aussitôt après l'arrestation du duc d'Alençon, Charles VII avait ordonné de procéder à une enquête sur les faits à sa charge. L'instruction du procès commença le 14 août 1456. Le Roi avait désigné à cet effet un maître des requêtes, Gérard Le Boursier, quatre conseillers au Parlement, Jean de Sauzay, Jacques Nynart, Guillaume de Corbie et Joachim Jouvelin, et Jean de Longueil, lieutenant criminel de la prévôté de Paris [1]. Les dépositions recueillies furent accablantes pour l'inculpé. Il fut établi que le duc avait offert au gouvernement anglais de lui faciliter la conquête de la Normandie ; qu'il avait mis

1. Ils sont nommés dans le Procès. Ms. fr. 18441, f. 21, 56, 67, 72, 82 v° et 89. — Jean Le Boursier figure, avec Gérard Le Boursier, Jouvelin et Longueil, parmi les commissaires qui procédèrent à Rouen le 22 octobre 1456 (f. 101).

ses places à la disposition de l'ennemi, et qu'il avait envoyé des émissaires dans plusieurs villes pour y pratiquer des intelligences en vue de les livrer aux Anglais. Près de deux années s'écoulèrent pourtant[1]. Le duc avait décliné la compétence des premiers juges et refusé de répondre juridiquement à leurs interrogatoires, prétendant que, en sa qualité de prince du sang, il ne relevait que de la Cour des pairs. On avait perdu de vue les formalités à remplir pour procéder contre un pair de France. Le Parlement fut consulté : Jean Tudert, conseiller et maître des requêtes de l'hôtel du Roi, posa les questions à résoudre. Après avoir consulté les registres contenant les procès de Robert d'Artois, de Jean de Montfort et de Charles, roi de Navarre, le Parlement donna sa réponse, à la date du 20 avril 1458. Tout pair de France, accusé d'un cas criminel, devait être jugé par le Roi en personne, assisté des pairs de son royaume, d'autres hauts personnages, prélats et nobles, et de gens de son grand Conseil ; non seulement les pairs de création ancienne, mais les princes en possession de nouvelles pairies devaient être convoqués ; si certains pairs se refusaient à répondre à la convocation, le Roi devait procéder en leur absence ; sa présence au procès était indispensable : jamais le Roi ne s'était fait remplacer par un délégué[2].

Conformément à l'avis du Parlement, une ordonnance royale, rendue à Montrichard le 23 mai 1458, convoqua à Montargis, pour le 1er juin, les pairs de France et les princes du sang tenant pairie[3]. Mais le Roi n'avait point attendu jusque-là pour adresser une sommation au duc de Bourgogne, doyen des pairs[4]. Philippe se trouvait alors à Gand, où les habitants,

1. Le 6 mars 1458 un ordre de paiement était donné pour verser à Guillaume de Menypeny, conseiller et chambellan du Roi, la somme de 1200 l. « à lui ordonnée par ledit seigneur en ceste presente année, pour la garde de la personne de Monseigneur d'Alençon, estant en arrest. » Ms. fr., nouv. acq. 3613, nº 850.

2. Archives nationales, X1a 1481, f. 1 vº ; Du Tillet, *Recueil des rangs des grands de France*, p. 68-70.

3. Le P. Anselme, *Histoire généalogique*, t. III, p. 258.

4. Le duc de Bourgogne s'attendait à cette sommation. C'est sans doute en prévision de l'attitude qu'il devrait prendre que, le 21 mars 1458, il envoya, « sur affaires secrètes, » des lettres closes au prince d'Orange, au marquis de Rothelin, au comte de

voulant lui faire oublier les fâcheux souvenirs de 1458, l'avaient reçu avec les plus grandes démonstrations de respect. Ce fut là que, le 13 avril, un huissier du Parlement se présenta, et l'ajourna à comparaître le 1er juin, à Montargis, au lit de justice tenu par le Roi [1]. « Avez-vous charge, de la propre bouche du Roi, « de venir ici? » demanda le duc. — « Oui, Monseigneur. — Ah! « vraiment! Mais savez-vous bien certainement qui vous « devez ajourner en propre personne, et Monseigneur le Roi « vous a-t-il commandé de le faire ainsi? — Certes, Monsei- « gneur, oui, le Roi me l'a commandé de bouche et m'a dit ces « mêmes paroles; et, pour tant, je vous supplie très humble- « ment qu'il vous plaise à moi pardonner, car de main d'au- « trui je ne l'eusse osé entreprendre. — Véritablement, reprit « le duc, il me poise que le Roi ne me l'a fait savoir plus tôt « et de plus longue main, car le jour est bien bref, et pour « aller en une telle assemblée où le Roi doit avoir tous ses « pairs, il sied bien de l'accompagner comme il appartient. Je « ne vis oncques le Roi; je voudrois aller devers lui bien « accompagné et le mieux que je pourrai. Donc, s'il me l'eût « fait savoir plus tôt, peut-être que j'y fusse mieux allé en « point que je ne le pourrai maintenant. Mais, puisqu'il lui « plaît que ainsi en soit, je me disposerai à y aller le mieux « que je pourrai. » Le duc se tut un instant; puis, se tournant vers l'huissier, il poursuivit : « Quant à ce qui est du Roi, je « ne me plains pas de lui, et je n'espère en lui que tout bien ; « mais de vous autres (gens du Parlement), je me plains à « Dieu et au monde des torts, injures et rudesses que vous « m'avez fait et me faites tous les jours, tant en mon honneur « comme en mes seigneuries, volontairement et par haine. « Mon intention est de ne le plus souffrir. Je me vengerai une « fois si je puis, et je prie Dieu qu'il me donne de tant vivre

Joigny, au seigneur d'Arguell, au seigneur de Couches et à d'autres chevaliers du duché et de la comté de Bourgogne. Archives du Nord, B 2030, f. 221. — Au commencement d'avril, les cinq chevaux de guerre du duc sont conduits de Gand à Courtray. *Id.*, *ibid.*, f. 239.

1. En même temps arriva à Gand Pierre de Nory, écuyer d'écurie du duc d'Alençon. Archives du Nord, B 2030, f. 317.

« que j'en puisse prendre vengeance à l'appétit de mon cœur. « Je ne le dis pas ici que je ne veuille bien que cela leur soit « rapporté, car vous-même vous en êtes, et à cette cause je « vous le dis. » L'huissier, tout interdit, resta muet. On le reçut, toutefois, avec courtoisie. Il repartit au bout de trois jours, après avoir été festoyé par l'évêque de Toul et les autres conseillers du duc[1].

Cependant Philippe résolut d'envoyer Toison d'Or, en toute hâte, pour savoir au juste ce qu'il en était et si le Roi persisterait dans son intention[2]. L'ambassadeur avait mission de s'adresser à sa propre personne et de lui faire observer que, aux termes du traité d'Arras, le duc n'était susceptible, sa vie durant, d'aucun ajournement et ne devait se rendre aux mandements royaux que suivant son plaisir; que, au contraire, il était exempt de « telles hauteurs, » et qu'il espérait que le Roi ne voudrait enfreindre les conditions du traité, car il ne le tolérerait point. Si le Roi persistait à exiger la présence du duc, l'ambassadeur devait objecter que, pour un prince d'une telle importance, le délai était bien court, eu égard à un si lointain voyage, entrepris pour aller vers un souverain qu'il n'avait jamais vu; en outre, le duc avait, dans son pays, de sérieuses affaires auxquelles il lui convenait d'avoir l'œil, et il n'avait pas, aussi facilement que beaucoup d'autres, la liberté de se mouvoir. Aussi priait-il le Roi qu'il lui plût, tenant compte de ces difficultés, de le dispenser de son voyage, ou, tout au moins, de lui donner un délai convenable pour s'y préparer. Que si l'on demandait à l'ambassadeur quelle compagnie son maître comptait amener, il devait répondre que le duc mènerait quarante mille combattants pour servir le Roi, s'il en était besoin, et que jamais il n'entrerait au royaume à moins[3].

1. Chastellain, t. III, p. 418-19.

2. Il partit de Gand le 2 mai et revint le 1er juin. Archives du Nord, B 2030, f. 198 vo. Le 1er mai, le duc envoyait des lettres closes au comte de Warwick, « touchant aucunes affaires secrètes. » (*Id.*, *ibid.*, f. 226 vo.) Le 27 mai, il envoya une ambassade à Calais, qui y séjourna jusqu'au 1er juillet. (*Id.*, *ibid.*, f. 235 vo et 245; cf. Rymer, t. V, part. II, p. 80.)

3. Chastellain, *l. c.*, p. 420-121.

Toison d'Or arriva, « ferrant battant[1], » au château des Montils, et fit à Charles VII l'exposé de sa charge. Le Roi répondit qu'il consentait à ce que le duc de Bourgogne ne se « travaillât » pas pour cette journée, et à ce qu'il se bornât à envoyer une notable ambassade pour le représenter et « décorer la congrégation des pairs de France[2]. »

Charles VII avait songé à mettre en cause le comte d'Armagnac en même temps que le duc d'Alençon; il pensait que ces deux princes avaient, d'un commun accord, tramé la conspiration; aussi avait-il fait tenir en prison, sans les mettre à mort, tous ceux qu'on avait pu saisir comme ayant trempé dans l'affaire. Soit que les révélations ne fussent point assez probantes, soit qu'il eût abandonné ce dessein, le Roi résolut de n'agir que contre le duc d'Alençon; il estimait que le duc de Bourgogne n'était point étranger au complot, et il avait la volonté bien arrêtée, si ce prince se trouvait compromis, de le dénoncer devant le lit de justice pour le faire condamner avec le duc d'Alençon. C'est du moins ce que prétend le Bourguignon Georges Chastellain, dont il est impossible de contrôler le témoignage[3].

Dans cette prévision Charles VII, voulant, en cas de rupture avec le duc de Bourgogne, être en mesure de faire face aux éventualités, convoqua le ban et l'arrière-ban dans tout son royaume, et le fit publier jusque dans les villes de la Somme, engagées en vertu du traité d'Arras. De son côté, le duc, sans attendre la réponse que Toison d'Or devait lui apporter, fit également publier le ban et l'arrière-ban dans tous ses états, et se disposa à se rendre à Montargis en grand appareil. Les préparatifs militaires se firent donc de toutes parts, à la grande stupéfaction des populations qui redoutaient de voir revenir les horreurs de la guerre[4].

1. On voit par les comptes que Toison d'Or reçut un cheval en compensation de celui qu'il avait « perdu et affolé » dans son voyage vers le Roi. Archives du Nord, B 2030, f. 318 v°.
2. Chastellain, *l. c.*, p. 420-21.
3. Chastellain, t. III, p. 422-423.
4. *Id.*, *Ibid.*, p. 421. — Le 8 mai, de Gand, le duc envoya de nouvelles lettres closes « à plusieurs notables hommes, chevaliers et escuyers des pays, duché et conté

Au retour de Toison d'Or, le duc de Bourgogne désigna aussitôt les ambassadeurs qui devaient se rendre à Montargis : la lettre de créance qu'il leur remit portait la date du 2 juin[1]. Il allait se mettre en route pour Arras, où il avait convoqué ses chevaliers et écuyers, quand un refroidissement le mit soudain aux portes de la mort. Le seigneur de Croy, qui s'était rendu en pèlerinage à Notre-Dame de Hal, fut rappelé, et trouva son maître « qui n'avoit ni sens, ni parole, ni signe pour y espérer vie[2]. » La duchesse de Bourgogne, absente de la cour depuis la querelle du duc avec son fils, accourut à la hâte; quand elle arriva, son mari était hors de danger : la vigoureuse constitution de Philippe avait triomphé du mal[3].

A peine remis de sa maladie, le duc écrivit lettre sur lettre aux ambassadeurs qu'il avait envoyés en France[4].

Un soir, s'entretenant familièrement avec le sire de Croy et quelques autres, il s'exprima en ces termes : « Je ne sais ce « que le Roi me demande, et ce qui le meut d'être ainsi ennemi à lui-même, ni de faire de ses amis et serviteurs des ennemis; car, si la paix ne lui est chose précieuse et moult délitable, il ne peut avoir guerre avec moi qu'elle ne lui soit ennuyeuse : il ne m'ôtera rien de ma félicité que je ne lui fasse « un grand écart en la sienne. Dieu lui donne bon conseil et à

de Bourgogne. » (Archives du Nord, B 2030, f. 228.) Le même jour il ordonnait de faire publier des lettres patentes dans ses pays du nord, « afin que incontinent et à toute diligence tous ceux qui ont acoustumé de servir (*sic*) les armes s'apprestent et disposent pour estre montez, armez et habillez souffisamment, chascun selon son estat, et se tiengnent prestz pour partir quand il les mandera. » (*Id.*, *ibid.*, f. 228 et 229.) — Le 13 mai, de Bruxelles, le duc envoyait aux habitants de ses villes de Flandre des lettres par lesquelles il demandait « lui vouloir prester certaine quantité de tentes et pavillons et icelles lui envoyer incontinent en la ville d'Arras, pour soy aidier ou voyage qu'il a entencion de faire brief devers le Roy en armes, accompaignié de ses feaulx vassaulx, subgectz, fieus et arrière fiefz de ses païs et seigneuries. » (*Id.*, f. 229 vo-30 vo.)

1. Toison d'Or, revenu le 1er juin, repartit dès le 2 avec les autres ambassadeurs du duc. Voir Archives du Nord, B 2030, f. 173 vo, 198 vo, 199 vo, 201 vo, 205, 227 vo, 233 vo, 270; 2031, f. 73; 2040, f. 141. — L'original de la lettre du duc est dans Du Puy, 762, f. 141. — Elle ne fut remise au Roi que le 22 août, à Vendôme.

2. Voir Chastellain, t. III, p. 442-43.

3. Le 11 juin, le duc écrivait à sa femme et à son fils pour les mander près de lui; le même jour il leur envoyait une autre lettre, annonçant qu'il « estoit en meilleur point et disposicion. » Archives du Nord, B 2030, f. 236 vo.

4. Lettres des 13 juin, 21 juin, 6 juillet, 27 juillet. Archives du Nord, B 2030, f. 237, 238, 242 vo, 245 vo.

« moi de bien ouvrer! Mais, s'il me contraint à faire ce que je « ne voudrois, je lui montrerai par effet ce qu'il portera contre « son gré, car je lui menerai quarante mille combattants en « barbe, payés pour trois mois, et puis après pour trois ans, si « besoin est, et sans faire engagement ni emprunt, combien « que j'aimerois mieux employer mon bien ailleurs[1]. » Le duc convoqua les principaux seigneurs de son Conseil et ses chefs de guerre, et recueillit l'opinion de chacun. Appelé à donner son avis, le comte de Charolais s'excusa d'abord, à cause de sa jeunesse. Enfin il prit la parole : « Certes, dit-il, je suis bien « jeune et ne vis oncques rien. Si me convient mal en parler « beaucoup, car ce m'est la plus grande matière qui oncques « vint devant moi, et la plus à peser. Le Roi est puissant à « merveille et est de grande conduite, et n'y a roi au monde « aujourd'hui qui tant fasse à craindre. Si n'en saurois que « dire qui bien y sied; mais, s'il plait à Monseigneur moi en- « voyer en France et que besoin le contraigne à cela, j'irai, « avec ce qu'il lui plaira me donner de gens, jusque devant « Paris, et de là je ne retournerai jamais devers lui que premier « je n'aie traversé le royaume d'un bout à l'autre. Et m'en ad- « vienne ce qui plaira à Dieu! » Le comte de Charolais avait été élevé par sa mère dans des sentiments favorables aux Anglais, et ses sympathies secrètes éclataient : les paroles qu'il prononça furent accueillies par les plus chaleureux applaudissements du duc et de ses conseillers[2].

En même temps qu'il avait envoyé une sommation au duc de Bourgogne, Charles VII avait fait partir un de ses maîtres des requêtes, Bertrand Brissonnet, pour aller trouver le duc de Bretagne, et le mettre en demeure de se rendre à Montargis[3].

Arthur de Bretagne, comte de Richemont, venait, par suite de la mort de son neveu Pierre, survenue le 22 septembre 1457, de ceindre la couronne ducale. Il n'en avait pas moins conservé la charge de connétable. A la fin de 1457, Charles VII l'avait

1. Chastellain, t. III, p. 424-25.
2. Chastellain, p. 426.
3. Un ajournement fut également envoyé au comte de la Marche à la date du 30 mars 1458. Archives, P 1360[2], cote 1770.

invité à se rendre à Tours pour la réception de l'ambassade de Ladislas, et Richemont se disposait à partir quand il apprit la mort de ce prince. Le voyage s'effectua pourtant. Le nouveau duc arriva près du Roi au mois de février, et passa un mois à sa cour. Mais il ne fit point l'hommage accoutumé : on lui demandait l'hommage lige ; il s'y refusa, disant qu'il devait consulter à ce sujet les états de son duché. En venant requérir le duc de comparaître comme pair de France, l'envoyé du Roi ne le trouva donc pas dans de favorables dispositions. Après avoir pris connaissance de la lettre du Roi et avoir fait examiner l'affaire, il fit donner, le 11 mai, à Brissonnet une réponse par écrit[1]. Le duc de Bretagne déclarait qu'il trouvait la missive royale aussi étrange pour le fond que pour la forme. Un tel ajournement avait sujet de l'étonner après les paroles que le Roi lui avait adressées à son départ. De tout temps il avait servi le Roi et son royaume bien et loyalement ; il était son connétable, et tenu, en raison de cet office, de se rendre au mandement du Roi. Mais, comme duc, le Roi savait et il était assez notoire que l'obéissance qu'il pouvait lui demander ne s'appliquait qu'à deux cas seulement : le cas d'appellation pour deni de droit (pourvu qu'il fût dûment requis et en délai suffisant) ; le cas de faux et mauvais jugement fait par son parlement. Le présent ajournement était donc chose nouvelle et qui ne s'était jamais produite. Le duché de Bretagne n'avait rien de commun avec le fait de la pairie de France ; ses prédécesseurs avaient déclaré qu'ils n'étaient point pairs de France, et qu'ils ne faisaient et n'étaient tenus de faire à ce titre aucune redevance ni obéissance. Son intention n'était donc point de comparaître comme pair ni à Montargis, ni ailleurs.

Cependant le lit de justice convoqué pour le 1er juin ne s'ouvrait pas. Bon nombre de conseillers au Parlement s'étaient rendus à Montargis, où ne tardèrent point à arriver les ambassadeurs du duc de Bourgogne. Quel pouvait être le motif de ce retard ? Était-ce la crainte des conciliabules du duc avec les Anglais, à Calais, que le Roi connaissait par ses émissaires,

1. Le texte se trouve dans D. Morice, t. II, col. 1720.

dont l'un, le roi d'armes Normandie, fut arrêté à ce moment par les gens du duc[1] ? Était-ce, comme l'affirme Georges Chastellain, pour se donner le temps de réunir les preuves de complicité du Dauphin et du duc de Bourgogne dans la conspiration du duc d'Alençon[2] ? Était-ce simplement, comme le disent Jean Chartier et les documents émanés de la chancellerie royale, à cause d'une épidémie qui sévissait dans la contrée ? Toujours est-il que, par lettres données à Beaugency le 20 juillet, le lit de justice de Montargis fut renvoyé à Vendôme à la date du 12 août[3].

Charles VII se rendit dans cette ville en compagnie de son second fils, le duc de Berry, du duc d'Orléans et du comte d'Angoulême. Il fit son entrée le 21 août, à la tête d'un brillant cortège, suivi des archers de sa garde, de ses officiers et de ses cranequiniers. Monté sur un cheval bai, de moyenne hauteur, dont la selle était garnie d'or, il était armé d'un corset recouvert d'une robe de couleur sanguine à plis, et portait de vastes houseaux ; son chapeau était surmonté d'une riche bague[4].

Plusieurs réunions des pairs ecclésiastiques et des membres du Parlement eurent lieu à Vendôme. Le 26, le Roi tint son lit de justice, où les pairs laïques et les seigneurs qui avaient été convoqués siégèrent pour la première fois.

Charles VII prit place sur son trône. A ses pieds était le comte de Dunois, grand chambellan, remplaçant le connétable que le Roi avait tenu pour excusé. A sa droite étaient Charles de France, duc de Berry, le duc d'Orléans, le duc de

1. Voir Chastellain, t. III, p. 10, p. 428. — Normandie fut emprisonné au château de Lille. Le 25 août, le poursuivant d'armes Pontarlier le reconduisit vers le Roi, par ordre du duc. Archives du Nord, B 2030, f. 252 v°. — Le 30 août, le duc envoyait d'Arras à Guy de Roye et aux maires et échevins de Saint-Quentin des lettres closes par lesquelles il leur mandait d'être sur leur garde, « pour ce que aucunes gens de guerre de l'armée du Roy veullent venir descendre sur la rivière de Somme. » (*Id.*, f. 253 et 2034, f. 119.) Le même jour, des lettres étaient envoyées à Péronne, Amiens et Abbeville.

2. Chastellain, t. III, p. 428.

3. Archives, X[1a], 8605, f. 190. — Ces lettres ont été publiées dans l'*Histoire généalogique* du P. Anselme, t. III, p. 201, et dans le t. XIV des *Ordonnances*, p. 469.

4. J. du Clercq, t. III, ch. XXXVII. — Charles VII fut logé au prieuré du Temple. Voir dans le ms. 685 du Cabinet des titres, f. 211 v°, l'indication des travaux faits en la chambre où le Roi prenait ses repas et à l'église du château de Vendôme.

Bourbon et le comte du Maine; les comtes d'Eu et de Foix, qui venaient d'être promus à la pairie; les comtes d'Étampes, de Vendôme et de Laval; puis, sur un autre banc, les comtes d'Angoulême et de la Marche. Au-dessous d'eux prirent place les trois présidents au Parlement : Yves de Scepeaulx, Robert Thiboust et Élie de Tourettes; le sire de Gaucourt, grand-maître de France; le sire de Bueil, amiral de France; Nicole de Giresme, grand prieur de France; Philippe de Savoie; le marquis de Saluces; les quatre maîtres des requêtes : Gérard Le Boursier, Jean Tudert, Henri de Marle et Georges Havart; Mathelin Brachet, sénéchal de Limousin; le seigneur de Rambures; Gilles de Saint-Simon, bailli de Senlis; deux conseillers du Roi : Denis d'Auxerre et Laurent Patarin; enfin trente-quatre conseillers au Parlement. — A la gauche du Roi étaient : le chancelier Jouvenel des Ursins, assis à ses pieds, en face de Dunois; les six pairs ecclésiastiques : Jean Jouvenel des Ursins, archevêque-duc de Reims; Antoine Crespin, évêque-duc de Laon; Guy Bernard, évêque-duc de Langres; Guillaume de Hellande, évêque-comte de Beauvais; Geoffroy Soreau, évêque-comte de Châlons; Jean de Mailly, évêque-comte de Noyon; puis Guillaume Chartier, évêque de Paris; Élie de Pompadour, évêque de Viviers; Étienne de Cambray, évêque d'Agde; Richard Olivier, évêque de Coutances; Louis d'Albret, évêque d'Aire; Philippe de Gamaches, abbé de Saint-Denis. Et au dessous : Louis, seigneur d'Estouteville, grand bouteiller de France; Bertrand, seigneur de la Tour; Jean d'Estouteville, seigneur de Torcy, grand maître des arbalétriers; Jean de Levis, seigneur de Vauvert, premier chambellan; Antoine, seigneur de Prie, grand queux de France; Bertrand de Beauvau, seigneur de Précigny; Antoine d'Aubusson, seigneur du Monteil, bailli de Touraine; Guillaume Cousinot, bailli de Rouen; Gautier de Perusse, seigneur des Cars. Sur un autre banc : les quatre trésoriers de France : Bureau, Chevalier, Hardouin et Berard; Pierre Doriolle et Pierre de Refuge, généraux des finances; Tristan Lhermite, prévôt des maréchaux, et Jean de la Gardette, prévôt de l'hôtel du Roi; enfin, trente-quatre conseillers au Parlement, les deux avocats et le procureur général Jean Dauvet. Cinq greffiers assistaient la Cour des pairs[1].

Le duc d'Alençon était au milieu de la salle, sur une basse escabelle à quatre pieds.

Un tapis semé de fleurs de lis s'étendait dans toute la salle, dont les sièges et bancs étaient recouverts de draps également fleurdelisés[2].

A l'ouverture de la séance, le chancelier se leva et ordonna aux huissiers d'appeler le duc de Bourgogne, le duc d'Anjou, le duc de Bourbon et le comte de la Marche, pairs de France, qui n'étaient point présents, et de s'informer s'ils ne s'étaient pas rendus à l'appel du Roi. Les huissiers sortirent et vinrent annoncer que ces pairs étaient absents, mais qu'ils s'étaient fait représenter par des ambassadeurs, lesquels furent introduits[3].

L'accusé fut amené devant le Roi, et l'on procéda à son interrogatoire.

Plusieurs séances furent employées à cet interrogatoire et à l'examen de la procédure. Le duc d'Alençon ne chercha pas à nier les faits : il confessa tous ses torts[4].

Dans la séance du 24 septembre on entendit les ambassadeurs du duc de Bourgogne[5].

1. On trouve l'assiette du Parlement à Vendôme dans les manuscrits fr. 5738, f. 17 ; 5913, f. 93 v° ; 2861, f. 179, et dans la *Chronique des ducs d'Alençon* (ms. fr. 19860 et Du Chesne 48, f. 127 v°). — Elle a été publiée assez incorrectement dans le *Ceremonial françois* de Godefroy, t. II, p. 418, et dans l'*Histoire généalogique* du P. Anselme, t. III, p. 262.

2. On conserve au musée de Vendôme une miniature, reproduction de l'original qui se trouve à la Bibliothèque de Munich et sert de frontispice à une traduction de Boccace. Cette curieuse peinture est l'œuvre de Jean Foucquet, et représente le jugement du duc d'Alençon. Elle a été décrite par M. Vallet de Viriville, en 1855, dans la *Revue archéologique*, t. XII, p. 511-13, et par M. A. Duvau, qui en a donné une photographie dans le t. XIII du *Bulletin de la Société archéologique... du Vendomois* (1874), p. 132 et suiv.

3. Ce détail est donné par Jacques du Clercq, l. III, ch. XXXVII ; mais il faut faire observer que le duc de Bourbon et le comte de la Marche sont mentionnés dans l' « Assiette » citée ci-dessus, et qu'ils furent certainement présents à Vendôme.

4. Thomas Basin prétend que, pour s'excuser, le duc déclara que c'était en faveur du Dauphin et par ses conseils qu'il avait tramé le complot avec les Anglais. Voir t. I, p. 323.

5. Voici comment s'exprime Georges Chastellain (*Exposition sur vérité mal prise*, au t. VI des *Œuvres*, p. 385) sur l'accueil fait à l'ambassade du duc : « Oncques ambassade de prince ne fut si froidement traitée comme estoit lors celle qui y estoit de par

Ce fut Jean Lorfèvre, président du Luxembourg, qui porta la parole. Il prononça un long discours, émaillé de textes tirés des livres saints, du droit romain, de Senèque, de Virgile, et autres auteurs de l'antiquité. Invoquant de nombreux exemples de clémence empruntés à l'histoire romaine, il conjura le Roi de faire grâce au duc d'Alençon. Quatre raisons devaient disposer le Roi à la miséricorde envers le duc. La première était la « hauteur, excellence et sublimité de l'état de sa dignité et majesté royale ; » la seconde, la « proximité du sang et lignage ; » la troisième, les bons services rendus à la couronne par les ancêtres du duc d'Alençon et par lui-même, depuis Crécy jusqu'à Verneuil ; la quatrième, le caractère du duc. Ici l'orateur plaida les circonstances atténuantes : « Sire, dit-il, « ceux qui ont conversé et hanté souvent avec Monseigneur « d'Alençon peuvent avoir connaissance, tant par son langage « que par sa conduite, que en lui a toujours plus eu de né- « gligence et simplesse que d'activité et mauvaise malice. A « gens de telle condition, Sire, la loi est plus douce et plus mi- « séricordieuse et moins rigoureuse que aux autres. Et d'autre « part, Sire, si par quelque soudaine mélancolie Monseigneur « d'Alençon avoit présumé et voulu faire chose à vous préju- « diciable, toutefois, Dieu merci, l'effet ne s'en est point en- « suivi. » Le duc de Bourgogne sollicitait donc la clémence royale : « De rechef, Sire, il vous supplie, en telle humilité et « de cœur que plus peut, que votre très noble plaisir soit « étendre les yeux de votre très ample et piteuse miséricorde « sur Monseigneur d'Alençon et sa maison, lui pardonner, re- « mettre et abolir tout ce qu'il peut avoir mépris, méfait ou « offensé à l'encontre de vous, et lui garder son honneur, sans « lequel cœur de noble homme ne peut vivre. Sire, privés et « étrangers, sujets et voisins, amis et ennemis connaissent

lui, et par la reception de qui se pouvoit percevoir clairement quelle amour il (le Roi) avoit envers elle ni envers celui de qui estoit transmise ; et là où le procureur royal, presens tous les princes et pairs, touchant plusieurs articles graves et pesans, chargea icestui duc de desobéissance, et lui imputa plusieurs grans cas, cuidant le confondre et faire animer contre lui toute la congregation des seigneurs, avec très froid et très povre exploit en autres matières après la demeure de six mois. »

« par expérience votre charité et humanité, votre miséricorde « et puissante bonté. Pour Dieu, Sire, n'en veuillez exclure ni « débouter votre très humble parent, mais faites que, avec les « autres, il puisse dire ce qui est écrit par David le Psalmiste « (Ps. LXXXIII) : *Misericordias Domini in æternum cantabo;* « toujours et à jamais je louerai les miséricordes de mon Roi, « mon prince et mon seigneur[1]. »

Le cardinal de Coutances répondit le 14 septembre[2] à l'ambassadeur bourguignon. Le Roi, en raison même de sa majesté royale, est tenu de faire justice, car c'est par la justice que règnent les rois. Si le duc d'Alençon est parent du Roi, d'autant plus est-il tenu au bien du Roi et du royaume et d'autant plus l'a-t-il offensé en faisant ce qu'il a fait. Que si les ancêtres du duc ont rendu des services à la couronne, il n'a point suivi leur exemple, et de même que les enfants ne doivent porter le forfait du père, aussi ne doivent-ils profiter de ses bonnes actions. On veut excuser le duc en disant qu'il a bien montré qu'il n'est point sage, mais simple; il a bien apparu du contraire, et que par grande malice et trop grande subtilité il a voulu procéder en cette matière. Son procès le montre clairement. Le délit a été parfait, accompli et consommé en tant que la chose le regardait, et il n'a point tenu à lui qu'elle n'ait sorti son effet. Pour quoi il est digne de punition comme si le cas était advenu. La loi le veut et ordonne ainsi. « Et pour conclusion et « réponse, dit en terminant le cardinal, le Roi vous fait dire « qu'il fera en cette matière par l'avis des princes et seigneurs « de son sang et autres, et ceux de son Conseil qui sont près « de lui. Il eût bien désiré que Monseigneur de Bourgogne y « eût été, pour avoir son bon conseil; et tant en fera que Mon-

1. Ce discours se trouve en copie du temps dans les mss. fr. 5943, f. 11; 5738, f. 1; 2861, f. 180. On le trouve inséré dans une *Chronique des ducs d'Alençon* (ms. fr. 19866 et volume 48 de Du Chesne, f. 125 et s.), qui contient un récit fantaisiste de la conspiration du duc. Enfin, j'en possède une copie du temps, à la suite de laquelle se trouve la réponse de l'évêque de Coutances (in-fol. de 5 pages pleines). Il a été donné par Georges Chastellain (t. III, p. 408-74) et par Du Clercq (t. III, ch. XXXVII), dont j'ai vérifié la version sur les manuscrits.

2. Cette date se trouve dans la copie contemporaine en ma possession; elle est confirmée par un document des archives de Dresde (*Wittenberger Archiv, Luxemburgische Sachen*, I, f. 171-74), qui contient l'analyse des deux discours et le résumé de la sentence.

« seigneur de Bourgogne et tout le monde en devront être « contents[1]. »

Le duc d'Orléans voulut élever la voix en faveur de son gendre. Il divisa son discours en trois points : « En toutes grandes « matières auxquelles on doit donner conseil, trois choses sont « à regarder : la première qui est celui qui consulte ; la seconde « qui est celui à qui on donne le conseil ; la tierce quelle est la « chose que l'on conseille et la manière de la conseiller. » Il ne faisait « qu'apporter une petite chandelle pour donner clarté entre tant de grandes et notables opinions. » Tout d'abord il protesta de son dévouement à la couronne : « Comme le chien « est trouvé couché aux pieds de son maître, je demeurerai « toujours loyalement aux pieds de votre obéissance, prêt de « faire en tout ce que je devrai mon loyal devoir... Je connois « que vous êtes mon souverain ; et quand je pense bien que « c'est à dire de ce mot *souverain*, il faut qu'il porte quelque « grande chose ; car vous n'êtes que un homme comme moi, « de chair et d'os, sujet aux dangers, périls, adversités, mala-« dies et tribulations de ce monde comme moi et tous autres « hommes, et dont avez eu et essuyé beaucoup en votre jeu-« nesse : en quoi Dieu montroit qu'il vous aimoit et chatioit « pour le connoître et vous guerdonner de grands biens et « honneurs en votre plus grand âge, ainsi qu'il a fait ; car, « passé a long temps, nuls de vos prédécesseurs n'ont eu le « royaume si entier en leurs mains comme vous l'avez..... Et « êtes appelé très chrétien Roi qu'il (Dieu) vous a mis pour « être au royaume de France comme son lieutenant et repré-« sentant sa présence ; par quoi tous François sont tenus de « vous servir, obéir et conseiller loyaument. » Le duc d'Orléans rappelait la mort de son père, sa longue prison, le secours qu'il avait trouvé dans sa querelle chez le père du duc d'Alençon, l'affection qu'il avait pour celui-ci et qui l'avait amené à lui donner sa fille unique en mariage. « Et combien, ajouta-t-il, « qu'il ait dit en la présence de tous ceux qui sont ici présents

1. La réponse de l'évêque de Coutances se trouve en copie du temps dans les mss. fr. 5043, f. 13 v° ; 5738, f. 9 v° ; 2861, f. 182 v°. Cf. Chastellain et Du Clercq.

« qu'il a eu fiance et amour à moi plus que à nul autre, toute-
« fois le me montroit-il mal quand il vouloit faire perdre Nor-
« mandie, en quoi m'eût fait perdre de ma terre qui a valu
« dix mille livres de rente, et par ce eût pu ensuivre la des-
« truction du royaume et de nous tous François si nous fus-
« sions venus en la main des Anglais. » Ici le duc emprun-
tait, selon la coutume du temps, le voile d'une allégorie pour persuader au Roi de faire passer la miséricorde avant la justice; il la développa longuement. Comme conclusion, il demanda cinq choses : que la vie du duc d'Alençon fût sauve, soit en ce qui concernait son corps, soit en ce qui concernait son âme; que, pour la sûreté du royaume, il fût emprisonné et par là empêché de mal faire; que ses places et pays fussent mis en la main du Roi; qu'il fût pourvu honorablement au sort de sa femme et de ses enfants; que ceux de ses serviteurs qui n'avaient point été trouvés en faute fussent traités avec faveur. Il termina par ces paroles : « Cette opinion que j'ai ici dite en si notable
« audience, je la veux avouer en conscience devant Dieu, en
« loyauté envers vous, mon seigneur, en mon devoir envers le
« royaume, et en mon honneur devant tout le monde. Et avec
« ce j'appelle en témoignage tous ceux qui l'ont ouïe au jour du
« jugement, devant Notre Seigneur, qui connaîtra en quel pro-
« pos, intention et courage sont dites toutes opinions[1]. »

Les pairs ecclésiastiques avaient, par acte notarié en date du 18 septembre, fait toutes réserves relativement à leur participation au jugement. Ils déclaraient que leur présence à la Cour des pairs n'entraînait aucune autorité, adhésion ou opinion dont on pût se prévaloir et qui impliquât une responsabilité quelconque en cas de condamnation à la peine capitale[2]. Jean Jouvenel des Ursins, archevêque de Reims, à titre de premier des pairs de France, prit la parole le 8 octobre. Après avoir rappelé la protestation des pairs ecclésiastiques, il déclara qu'en présence du sentiment presque unanime qui se

1. Le discours du duc d'Orléans se trouve dans le Recueil des poésies du duc : Ms. fr. 1104 f. 49, et dans le ms. fr. 5738, f. 23. Il a été publié en bonne partie par M. Aimé Champollion-Figeac, *Louis et Charles d'Orléans*, p. 368-79.
2. Du Tillot, *Recueil des rangs des grands de France*, p. 65.

manifestait pour l'exécution formelle de la loi *quisquis*, il était de son devoir d'exhorter le Roi à préférer miséricorde à rigueur de justice.

« Mon souverain seigneur, dit-il, cette matière est si haute et « si grande que matière peut être, et, par la confession de Jean, « duc d'Alençon, le cas par lui commis et perpétré est si « damné et détestable que cas peut être; et, supposé qu'il ne « confesse pas qu'il eût aucune volonté d'attenter à votre per- « sonne, toutefois, si son intention et ce qu'il avoit entrepris « fussent venus à effet contre vous et votre royaume et vos « sujets, d'innumérables maux et inconvénients en fussent « advenus..... Ce que je dis de présent n'est point par forme « d'opinion, mais par manière d'une exhortation piteuse. Mes- « sire Jean, duc d'Alençon, est un de vos membres princi- « paux; il vous a bien servi et ses prédécesseurs aussi; il a « été prisonnier à la bataille de Verneuil, où, par votre ordon- « nance et commandement, il était allé; pour se racheter de la « main de vos ennemis, il a mis tout son meuble, vendu et « engagé sa terre de Fougères. Et n'est doute qu'il a grande- « ment mespris, délinqué et failli. C'est un de vos membres; « ne le rejetez ou deboutez de tout point. Il est bien malade, « mais vous le pouvez guérir; il reconnoît sa faute et se sou- « met à votre miséricorde... Considérez les services de ses « prédécesseurs où vous devez avoir grand regard, dont l'un « mourut à la bataille de Poitiers où le roi Jean fut pris; son « aïeul aussi, en plusieurs et diverses manières, fit de beaux « services; son père mourut en la bataille d'Azincourt; et en « la conquête de Normandie fut offert audit messire Jean, duc « d'Alençon, par le roi Henri d'Angleterre, que, s'il vouloit tenir « son parti, il lui laisseroit toutes ses terres. Mais lui, qui étoit « jeune enfant, n'en voulut rien faire, et aima mieux abandon- « ner tout le sien et garder sa loyauté envers vous que soi « mettre en sujétion de vos ennemis... Et depuis se mit en « armes avec Jeanne la Pucelle, et fut à votre sacre, et vous fit « chevalier.

« Et si ne fut oncques réputé bien sage; et sembleroit que, « combien que le cas soit grand et détestable, et digne de la

« punition dont je vois plusieurs être d'opinion, aussi « semble-t-il, tout considéré, que lui devez faire miséricorde « et la préférer à rigueur de justice; et, en ce faisant, ferez « comme Roi très chrétien, piteux et miséricordieux. Il la vous « requiert, et la demandent Madame sa femme et ses enfants; « et si le cas est si grand et sa volonté mauvaise, toutefois « il n'y a eu aucune perfection, ni foi ou promesse faite à « vos ennemis; et si aucune en avoit faite elle étoit condition- « nelle si on lui faisoit ce qu'il demandoit, laquelle chose on « ne lui voulut oncques accorder; et son fait, ce semble, n'étoit « qu'une fantaisie et forcennerie pour cuider soi venger ou « faire déplaisir à aucun particulier, sans bien penser à l'in- « convénient qui en pourroit advenir à vous et à vos sujets. « Et de tant que son cas seroit plus mauvais de tant en seroit « votre miséricorde plus grande, laquelle vous pouvez faire; « et, si le faites, vous ensuivrez la vertu et la puissance divine « dont vous êtes lieutenant et vicaire en terre. »

Cette argumentation était appuyée d'exemples de l'antiquité et de force citations des livres saints. L'archevêque conclut en ces termes : « Et crois que, tout considéré, vous serez plus « honoré et prisé de faire miséricorde et de la déclarer que pro- « céder et donner la sentence rigoureuse dans l'arrêt en cette « matière... Et si vous avez aucune volonté (ainsi que je crois « que votre plaisir aucunement s'incline) à user en partie d'au- « cune miséricorde, vous la devriez faire et déclarer en la pro- « nonciation de l'arrêt, même tant au regard de la personne « dudit duc d'Alençon comme des biens, en la faveur de ladite « dame et de ses enfants. Et vous plaise, mon souverain sei- « gneur, prendre en gré ce présent avertissement, en me par- « donnant si j'ai dit aucune chose qui vous doive déplaire[1]. »

Le moment était venu de rendre la sentence. Dans la grande salle, richement ornée, le Roi reprit place sur son trône. A côté de lui, il y avait un siège vide, celui du Dauphin; sur un autre siège s'assit le second fils du Roi. Puis, les pairs, les

1. Ce discours se trouve dans le ms. fr. 2701, f. 116 v°; il a été publié, avec certaines incorrections, dans l'*Histoire généalogique* du P. Anselme, t. III, p. 263 et suiv.

prélats, les seigneurs se groupèrent de chaque côté suivant l'ordre assigné à chacun. Les portes étaient ouvertes, afin que chacun pût entendre la sentence. Les ambassadeurs du duc de Bourgogne n'avaient point été appelés et aucun siège n'avait été réservé pour leur maître; on les avait prévenus que, s'ils désiraient être présents, ils seraient placés; mais ils préférèrent se tenir à l'écart. « Le Roy, dit Georges Chastellain, assis triumphamment en la manière devisée, qui moult estoit belle chose à voir, tout le monde se disposa à silence. Le chancelier de France, soy levant sur pieds et tournant le visage devers le Roy, lequel il reverendoit le genoul en terre, et puis retournant le visage à tout le monde, commença à pronuncier la sentence[1]. »

Elle contenait un exposé complet de la conspiration, et se terminait par une condamnation formulée en ces termes: « Vues et visitées par nous et notre Cour, garnie de pairs et d'autres à ce appelés, les charges, informations et confrontations des témoins faites à l'encontre dudit Jehan d'Alençon, ensemble ses confessions et autres choses contenues au procès bien au long, et à très grande et mure délibération, et considéré ce qui faisoit à considerer en cette partie, nous, par l'avis de notre dite Cour, garnie comme dessus, avons dit, déclaré, disons et déclarons par arrêt ledit d'Alençon être crimineux de crime de lèse majesté, et comme tel l'avons privé et debouté, privons et deboutons de l'honneur et dignité de pairie de France et autres ses dignités et prérogatives, et l'avons condamné et condamnons à recevoir mort et à être exécuté par justice; et avec ce avons déclaré et déclarons tous et chacun des biens dudit d'Alençon être confisqués et à nous competer et appartenir, sauf toutefois réservé à nous de faire et ordonner sur le tout ainsi que bon nous semblera. Et déclare le Roi son plaisir être tel, c'est à savoir que, au regard de la personne de messire Jehan d'Alençon, il plait au Roi que l'exécution d'icelle soit différée, et la diffère le Roi jusques à son bon plaisir. » Quant aux biens, ayant en souvenir les services

1. Chastellain, t. III, p. 478.

rendus par les ancêtres du duc et espérant que ses enfants se conduiraient comme bons, vrais et loyaux sujets; en faveur et contemplation des requêtes que lui avait adressées le duc de Bretagne, oncle du duc, le Roi, déclarait que les biens du duc d'Alençon demeureraient à sa femme et à ses enfants, sauf l'artillerie et les harnais et habillements de guerre. Il retenait pourtant, pour les incorporer à son domaine, la vicomté d'Alençon; les châtellenies de Domfront et de Verneuil; les châtellenies, terres et seigneuries dépendant du duché d'Alençon ou sur lesquelles le duc pouvait avoir des droits; la châtellenie de Semblançay en Touraine; les revenus de ses terres sises en la châtellenie de Tours, et les droits appartenant au duc, comme comte du Perche, sur la seigneurie de Nogent-le-Rotrou[1].

Aussitôt après le prononcé de la sentence, des copies de ce document furent mises en circulation. Un des assistants courut au logis du duc d'Alençon, et le trouva à table. « Quelles nou- « velles? » demanda le duc. — « Monseigneur, lui répondit-on, « prenez votre patience en Dieu et le remerciez : vous êtes « jugé à mort. » Le duc, se levant, joignit les mains en les levant vers le ciel, et murmura : « Loué soit Dieu, mon créa- « teur, de tout! Et puisque mourir en convient, j'aime autant « tôt que tard, et prendrai en gré la mort[2]! » Les « grosses larmes » qui lui coulaient des yeux, au témoignage de Georges Chastellain, qui raconte cette scène, furent promptement essuyées quand il apprit que la clémence royale s'était étendue sur lui. Bientôt parut le président Élie de Tourettes, assisté de Jean Bureau et de plusieurs membres du Parlement et du Conseil, qui fit au duc la notification officielle de la sentence.

Le duc d'Alençon fut enfermé au château de Loches, sous la garde de Guillaume de Ricarville[3]; il y resta jusqu'à la

1. L'original de l'arrêt de condamnation est aux Archives de la Loire-Inférieure, sous la cote E 221; on le trouve, en copies du temps, dans les mss. fr. 2861, f. 172; 5913, f. 3; 1278, f. 180; il est inséré dans la *Chronique de Jean Chartier,* t. III, p. 91-110.

2. Chastellain, t. III, p. 488.

3. Voir Instructions à Guillaume de Ricarville, dans le ms. fr. 2861, f. 183 v°.

mort de Charles VII. Gracié par Louis XI aussitôt après l'avènement de ce prince (11 octobre 1461), il devait se révolter contre lui, subir de nouveau une condamnation capitale (14 juillet 1474), et mourir misérablement deux ans plus tard.

CHAPITRE XI

POLITIQUE DE CHARLES VII EN ALLEMAGNE
LA GRANDE AMBASSADE DU DUC DE BOURGOGNE

1458-1459

Intervention de Charles VII en Allemagne ; envoi d'une ambassade à l'empereur et aux ducs Albert et Sigismond d'Autriche ; situation de l'empire ; caractère de Frédéric III. — Poursuite des desseins du Roi sur le Luxembourg ; mission donnée à Thierry de Lenoncourt près du duc Guillaume de Saxe ; accueil favorable qu'il reçoit. — Nouvelle ambassade de Lenoncourt ; envoi d'ambassadeurs par le duc de Saxe ; exposé présenté par eux au Roi ; traité portant cession du duché de Luxembourg à Charles VII. — Conséquences de cet acte ; dispositions du duc de Bourgogne et du Dauphin ; ils comptent sur la mort prochaine du Roi, vu son état maladif, pour les délivrer de leurs embarras. — Le duc désigne des ambassadeurs pour se rendre à la cour de France. — Venue à Bruxelles d'un conseiller au Parlement ; mauvais accueil qui lui est fait ; paroles menaçantes du duc. — Arrivée de la grande ambassade à Montbazon ; discours prononcé par Jean de Croy au nom du Dauphin et au nom du duc ; double réponse faite au nom du Roi ; insistance des ambassadeurs pour obtenir des explications plus catégoriques ; déclaration de Charles VII.

En présentant son fils Charles comme candidat au trône de Bohême, Charles VII montrait qu'il entendait jouer un rôle dans les affaires de l'Allemagne. L'élection de Georges Podiebrad fut accueillie par les princes électeurs avec une vive indignation. Leur mécontentement ne fut pas moindre quand ils virent Mathias Corvin monter sur le trône de Hongrie. De profondes divisions existaient toujours au sein de la maison d'Autriche. Charles VII résolut d'intervenir comme médiateur entre l'empereur Frédéric III, son frère Albert et son cousin Sigismond : il donna mission à Jean, seigneur de Fenestrange, maréchal de Lorraine, et à Jean de Champdenier, commandeur d'Issenheim[1],

[1] Son vrai nom paraît avoir été Jean Bretonneau. Voir lettres du mois d'avril 1459. Archives, JJ 188, n° 70.

de se rendre en Allemagne et d'agir auprès de Frédéric et d'Albert en faveur de Sigismond, dont les droits étaient méconnus. Ces ambassadeurs étaient chargés en même temps de travailler à réconcilier Sigismond avec les Cantons suisses, alliés du Roi, auprès desquels celui-ci s'employait dans le même but; ils avaient pour instructions d'engager Sigismond à ne point hésiter à se mettre en possession de l'Alsace, du Landgau, du Brisgau et de toutes les terres situées sur les rives du Rhin, si ces seigneuries venaient à lui échoir, sans s'inquiéter des charges dont elles étaient grevées. Le Roi promettait de le soutenir énergiquement et de l'aider de ses deniers. Enfin, les ambassadeurs avaient mission de ménager une alliance de la maison d'Autriche avec le duc de Calabre, qui gouvernait le duché de Lorraine, et avec les autres princes et seigneurs dont les possessions avoisinaient la Lorraine[1].

Quelle était alors la situation de l'empire? Un rapport détaillé, que Champdenier adressa à ce moment au Dauphin, donne à cet égard de curieux détails[2].

Georges Podiebrad venait de se faire couronner à Prague (1er mai). Mathias Corvin voulait en faire autant à Bude; mais les nouvelles de Turquie l'avaient obligé à ajourner la cérémonie : les Turcs s'étaient emparés des possessions du despote de Rascie et avaient traité avec les héritiers de ce prince; ils s'étaient portés ensuite sur les frontières de la Hongrie et assiégeaient une place qui était la clé du royaume. Mathias Corvin et le cardinal Carvajal avaient à la hâte rassemblé tout ce qu'ils avaient pu se procurer de troupes pour repousser cette nouvelle invasion; mais le contingent dont ils disposaient était faible : personne ne se mettait en branle pour suivre les Hongrois, « par dépit de ce qu'ils avaient élu roi un homme de si basse condition. » Il était donc à prévoir que les Turcs

1. Voir le texte des instructions données aux ambassadeurs. *Fontes rerum austriacarum, Diplomataria et acta*, t. II, p. 302-304.

2. Ce rapport, en date du 8 juin 1458, se trouve dans le ms. fr. 15537, f. 165; il a été publié assez incorrectement par Duclos, *Recueil de pièces*, etc., p. 167-71. — Il résulte de ce document que deux messages avaient été précédemment envoyés au Dauphin. Champdenier, en s'adressant ainsi à l'héritier du trône, voulait indirectement le pousser à se réconcilier avec son père.

feraient des progrès en Hongrie et obligeraient Mathias à conclure une trêve. « Ainsi, écrivait Champdenier, sera la chrétienté en grand péril, car l'empereur et les ducs Albert et Sigismond d'Autriche, qui sont tous trois en cette ville de Vienne et devroient résister audit Turc, sont en grand débat chaque jour, jusqu'au couteau traire à soi tuer, pour la succession du feu roi Lancelot. L'empereur dit qu'il doit avoir tout le gouvernement de la duché d'Autriche, comme l'aîné; chacun des deux autres dit qu'il ne doit avoir que le tiers comme chacun d'eux. » Les ambassadeurs s'étaient efforcés de les mettre d'accord; jusque-là ils n'avaient pu y parvenir, à cause de la grande ambition de l'empereur. « Au fort, ajoutait Champdenier, nous avons tant fait, comme le Roi nous avait commis, que nous avons accordés et joints ensemble les ducs Albert et Sigismond; et ledit Sigismond a recouvré tout le pays que tenoit ledit Albert près de Bâle, où vous fûtes autrefois; et crois que, si le Roi y veut tenir la main, il aura ledit pays pour peu de chose. Dont l'empereur est très mal content, car il croit que nous avons ceci fait. Nous avons été violentés et injuriés par ces gens cette semaine, et en péril de mort. »

Voici le portrait que Champdenier traçait de Frédéric III. « En vérité, quand j'avise ses conditions, tant plus j'y trouve à redire, car c'est un homme endormi, lâche, morne, pesant, pensif et mérencolieux, avaricieux, chiche, craintif, qui se laisse plumer la barbe à chacun sans revenger, variable, hypocrite, dissimulant, et à qui tout mauvais adjectif appartient, et vraiment indigne de l'honneur qu'il a. » Champdenier montrait au Dauphin les heureuses conséquences qui pouvaient résulter de sa réconciliation avec son père : « Et si Dieu, par sa grâce, donnoit que le Roi, vous et Monseigneur de Bourgogne fussiez en bonne intelligence, je ne doute point que la très chrétienne maison de France en bref eût en main et l'empire, et les royaumes de Hongrie et de Bohême, et l'honneur de secourir la Foi, laquelle, si par le Roi et vous n'est secourue, assez aura affaire; et sais que plusieurs grands seigneurs et presque tout le commun peuple d'Allemagne s'attendent que ainsi advienne et le désirent. » Champdenier ajoutait en terminant que l'impératrice avait mis en avant le double projet d'un mariage entre le roi de Portugal et Madeleine de France, et entre la sœur de ce prince et le duc de Calabre, se faisant fort que si Charles VII était disposé à réaliser ces alliances, le roi d'Aragon consentirait à assurer, sans conditions, au duc de Calabre sa succession au trône de Sicile.

La mission remplie par Fenestrange et Champdenier se poursuivit à Innsbruck, où, le 16 août 1458, le duc Sigismond passa, en leur présence, un acte aux termes duquel il faisait remise à la duchesse Éléonore d'Écosse, sa femme, des droits qu'il possédait sur le comté de Kyburg, et sur un certain nombre de villes, châteaux et seigneuries des cantons de Zurich, Thurgovie et Saint-Gall, et même sur Fribourg en Uechtland. Les ambassadeurs français devaient se rendre dans ces seigneuries, en compagnie d'un conseiller du duc Sigismond, pour y recevoir, au nom de la duchesse, le serment de fidélité des habitants[1]. Tous ces domaines devaient être mis sous la protection de Charles VII[2]. On voit que la politique qui avait inspiré l'intervention en Suisse et en Alsace n'était point abandonnée[3].

La lettre de Jean de Champdenier au Dauphin nous ouvre des horizons nouveaux sur les desseins de Charles VII en Allemagne. Malheureusement de tels plans étaient chimériques : l'obstination du Dauphin dans sa révolte et sa constante opposition à tout ce qu'entreprenait son père paralysait les efforts de la diplomatie royale. Tant que Charles VII ne l'aurait pas forcé à la soumission, tant qu'il n'aurait pas détruit ce foyer d'intrigues qui, de la Cour de Bourgogne, se répandait de tous les côtés, il se trouverait réduit à l'impuissance : les plus beaux plans devaient rester à l'état de projets, sans pouvoir être mis à exécution.

C'est dans l'espoir d'arriver enfin à imposer sa loi au Dau-

1. *Denkschriften der K. K. Wiener Akad. der Wissenschaften. Philos. histor. Classe*, t. IX, p. 273.
2. *Fontes rerum Austriacarum*, *l. c.*, p. 303.
3. Voir Mandrot, *Étude sur les relations de Charles VII et de Louis XI avec les Cantons suisses*, p. 39-42.

phin et au duc de Bourgogne que Charles VII poursuivit la réalisation de ses desseins sur le Luxembourg. Ce qu'il n'avait pu faire, de concert avec Ladislas, au moyen du mariage de ce prince avec Madeleine de France, il voulut le faire par une alliance avec le duc Guillaume de Saxe, dont la fille aurait épousé Charles de France, en lui transmettant les droits de la duchesse sa mère sur le Luxembourg.

Aussitôt après l'élection de Georges Podiebrad comme roi de Bohême, Thierry de Lenoncourt, l'ambassadeur de Charles VII à la diète, avait écrit au duc Guillaume de Saxe et à la duchesse Anne que, conformément aux ordres de son maître, il allait se rendre auprès d'eux pour leur porter l'expression de la profonde condoléance du Roi au sujet de la mort du roi Ladislas; il ajoutait qu'il comptait se transporter à Coblenz et demandait que des envoyés du duc et de la duchesse vinssent, le mercredi après les Rameaux (29 mars), y conférer avec lui. Soit qu'il eût été retenu à Prague par l'enquête qu'il voulut faire relativement à l'élection de Podiebrad, soit qu'il craignît que Podiebrad, — qui venait d'offrir au Roi de lui céder, moyennant finances et la conclusion d'une alliance, tout le duché de Luxembourg — ne fût informé de cette négociation, Lenoncourt ne se rendit point à Coblenz; il se fit représenter par Philippe de Sierck, prévôt de l'église de Trèves. Les envoyés saxons annoncèrent au prévôt que le duc leur maître était tout disposé à négocier le mariage de sa fille Marguerite avec le fils du Roi, et qu'il se proposait d'envoyer dans ce but une ambassade en France[1].

Instruit de ces dispositions favorables, Charles VII donna, à la date du 8 mai, une lettre de créance à Thierry de Lenoncourt pour le duc Guillaume de Saxe[2]. Après avoir exprimé au duc et à la duchesse la douleur que Charles VII avait ressentie de la mort de Ladislas, l'ambassadeur entama les négociations. L'accueil le plus empressé lui fut fait, et l'on se réjouit vivement

1. Ces détails sont tirés de l'exposé fait à Charles VII, le 3 mars 1459, par les ambassadeurs saxons (Lünig, *Codex Germaniæ diplomaticus*, t. III, col. 1705-1706); des instructions données par le duc de Saxe à ses ambassadeurs, et du rapport de ceux-ci (Archives de Dresde, *Wittenberger Archiv*, *Französische Sachen*, f. 21 et 29).
2. Original aux Archives de Dresde, *Urkunden*, nº 7620.

de ce que le Roi paraissait disposé à soutenir les droits de la duchesse Anne. Lenoncourt repartit avec une lettre où le duc Guillaume exprimait au Roi sa gratitude, et, en attendant l'envoi de son ambassade, lui demandait de prendre en main la défense de ses droits sur le duché de Luxembourg[1].

Tandis que Lenoncourt entamait cette négociation, dont le but secret était d'amener le duc et la duchesse de Saxe à céder à la couronne de France leurs droits sur le Luxembourg[2], le duc de Bourgogne s'efforçait d'obtenir de Charles VII qu'il renonçât à la garde du duché. Le Roi n'était nullement disposé à se départir de la politique qu'il avait adoptée; mais, voulant gagner du temps, jusqu'à la conclusion des arrangements à intervenir avec le duc et la duchesse de Saxe, il répondit aux ambassadeurs de Philippe, venus à Vendôme pour le procès du duc d'Alençon, que son intention n'avait point été de conserver cette garde au delà du terme où le duc de Saxe, héritier de la couronne de Bohême en vertu des droits de sa femme, en aurait obtenu la paisible possession, et qu'il y renonçait aussitôt après les fêtes de Pâques de l'année suivante[3].

Cependant l'ambassade annoncée n'arrivait pas. Charles VII voulut presser la solution de la question. Il résolut de renvoyer le bailli de Vitry vers le duc de Saxe : la lettre de créance qu'il lui remit portait la date du 7 novembre[4].

Sur ces entrefaites Lenoncourt reçut une lettre du duc de Saxe. Guillaume s'excusait du délai que divers voyages et des affaires urgentes l'avaient contraint d'apporter au départ de son ambassade; mais elle arriverait certainement à la cour de France pour le carnaval; le bailli était chargé de prier son

1. Projet de lettre du duc de Saxe, aux Archives de Dresde, *Wittenberger Archiv, Luxemburgische Sachen*, I, fol. 188.

2. « Longtemps auparavant que les gens desdis duc et ducesse arrivassent devers le Roy, il (le duc de Bourgogne) fut averti que le bailly de Vitry estoit allé en Allemaigne, nommement devers ledit duc de Saxe, affin de traictier avec luy touchant lesdis duchié et conté, et tant faire que lesdis duc et ducesse voulsissent transporter au Roy iceulx pays. » Réponse du duc de Bourgogne aux ambassadeurs de Charles VII, décembre 1459. Ms. de Bruxelles, nº 14187-88.

3. Exposé du 3 mars 1459, *l. c.*, col. 1768; Réponse du duc de Bourgogne.

4. Original aux Archives de Dresde, *Urkunden*, nº 7619.

maître de ne point s'offenser de ce retard[1]. Lenoncourt se rendit aussitôt près du Roi pour lui communiquer cette lettre, et repartit avec des déclarations dont il devait remettre la teneur au duc de Saxe. Le Roi faisait savoir que, sollicité à plusieurs reprises par le duc de Bourgogne de donner main levée de la garde du Luxembourg, il avait différé sa réponse, espérant recevoir l'ambassade annoncée; mais que, sur les nouvelles instances des ambassadeurs du duc, venus à Vendôme, il avait déclaré qu'il ne prolongerait pas cette garde au delà de Pâques. Le Roi espérait que d'ici là, le duc de Saxe lui aurait envoyé son ambassade, et qu'il aurait trouvé une solution conforme à son honneur et à l'intérêt de ses sujets du Luxembourg[2].

Lenoncourt arriva à la cour du duc Guillaume vers le milieu de décembre. La mise en demeure qu'il apportait[3] décida le duc et la duchesse de Saxe à donner satisfaction au Roi. D'ailleurs ils y étaient poussés par tous les princes leurs parents et alliés, auxquels, dans une assemblée tenue à Bamberg, la question avait été soumise, et qui avaient émis l'avis qu'il fallait résister au duc de Bourgogne et pour cela avoir recours au roi de France[4]; ils y étaient également encouragés par les démarches des seigneurs Luxembourgeois, qui leur avaient envoyé une députation[5]. Par un acte passé le 2 janvier 1459, le duc et la duchesse désignèrent des ambassadeurs pour se rendre à la Cour de France et y faire à Charles VII la cession de leurs droits sur le duché de Luxembourg[6]. Le 6, le duc re-

1. Lettre datée de Cobourg, 24 novembre. Archives de Dresde, *Wittemb. Archiv, Luxemb. Sachen*, f. 153.

2. *Declaracio dicendorum per dominum ballivum Vitriaci ex parte christianissimi Regis Francorum domino Guillermo duci Saxonum*. Archives de Dresde, *l. c.*, f. 163.

3. Mémoire remis par Lenoncourt le 19 décembre 1458. Archives de Dresde, *l. c.*, f. 157 et suiv.

4. C'étaient Jean et Albert de Brandebourg le landgrave de Hesse, les représentants des archevêques de Trèves et de Mayence, de Frédéric, électeur de Saxe, et de Frédéric, électeur de Brandebourg. Instructions du duc à ses ambassadeurs en France, citée par Van Werveke, *Definitive Erwerbung*, etc., p. 14.

5. Instructions, etc. *l. c.*, p. 15.

6. Original aux Archives de Dresde, *Urkunden*, n° 7599; publié par Bertholet, t. VIII, *Preuves*, p. LXXXVII, et Wurth-Paquet, *Publications*, etc., t. XXXI, p. 24.

mit à ces ambassadeurs leur lettre de créance[1]. Ils étaient au nombre de trois : Pierre Knorre, prévôt de Wetzlar ; Jean Shenck de Humen, capitaine de Kœnigsberg, et Jean Siffridi, chancelier du duc Guillaume.

Le 3 mars 1459, les ambassadeurs saxons étaient reçus au château de Montbazon, où se trouvait alors Charles VII. Ils lui présentèrent une requête tendant à ce qu'il continuât à tenir le Luxembourg en sa garde et à ce qu'il prêtât son appui au duc et à la duchesse de Saxe pour soutenir leurs droits tant contre le roi de Bohême que contre le duc de Bourgogne[2]. A l'appui de cette requête, ils firent un historique des faits et des négociations depuis la mort de Ladislas, et un exposé des droits de la duchesse Anne sur le duché de Luxembourg ; ils insistèrent sur les liens de parenté qui unissaient entre eux les princes allemands : le marquis de Bade et son frère l'archevêque de Trèves étaient alliés à la maison de Brandebourg ; le marquis de Brandebourg et ses frères à la maison de Saxe et à la maison de Bavière ; les comtes de Wurtemberg à la maison de Bavière ; les ducs de Saxe avaient contracté des alliances avec les maisons d'Autriche, de Hesse et de Brandebourg. Tous ces princes étaient unis, soit par ces alliances matrimoniales, soit par des traités ; ils avaient pour alliés l'archevêque de Mayence et le roi de Danemark, marié à une fille du marquis Jean de Brandebourg. Leurs relations de parenté s'étendaient jusqu'en Italie, où le marquis de Mantoue avait épousé Barbe de Brandebourg et où Galéas-Marie Sforza était fiancé à une fille du marquis de Mantoue. Après avoir fait ressortir l'importance de ces alliances, les ambassadeurs saxons revenaient à Charles VII, dont ils célébraient la puissance, qui déjà avait franchi la mer, et qui, selon le mot de l'Écriture, s'étendrait *a mari usque ad mare,* — même sur les côtes septentrionales et au delà jusque dans les royaumes de Danemark, de Suède, de Norwège et de

1. Archives de Weimar. Cité par Van Werveke, *Definitive Erwerbung*, p. 16. Le texte se trouve dans *Acta legationis*, etc. Ludewig, *Reliquiæ manuscriptorum*, 1731, in-8, t. IX, p. 727.

2. Requête des ambassadeurs, en date du 3 mars 1459. Ludewig, *l. c.*, p. 708 et suiv. ; Lünig, *Codex Germaniæ diplomaticus*, t. II, col. 1704 et suiv.

Gothie, — si le Roi gagnait l'amitié des princes sus mentionnés, dont les possessions allaient des frontières de la France à ces contrées lointaines. Le discours des ambassadeurs se termina par cette pompeuse péroraison : « Rien ne vous sera plus facile, à la condition que notre illustre Maison ne soit pas pour vous comme une inconnue et une étrangère. Surpassez par l'abondance de vos bienfaits la grandeur des espérances qu'elle met en vous ; alors, de la mer à la mer, dans cette région qui sera presque votre domaine, les illustres princes que nous avons nommés se réjouiront, vous aimeront et vous honoreront; ils espéreront à l'ombre de vos ailes; ils tressailleront de joie en disant : *Vive notre Roi et seigneur de France! Qu'il règne heureusement!* Que Celui dans les mains duquel résident toute la puissance et tous les droits des royaumes vous accorde cette faveur, et, quand vous aurez heureusement achevé votre règne terrestre, qu'il vous admette pour toujours dans le royaume éternel[1] ! »

Les brillantes perspectives que les ambassadeurs saxons faisaient luire aux yeux de Charles VII répondaient trop bien à ses vues personnelles pour qu'il hésitât à accepter les propositions qui lui étaient faites. Aussi, le 16 mars, il donnait ses pouvoirs pour traiter[2], et le 20 mars, dans le monastère de Saint-Martin de Tours, étaient passés, entre les conseillers du Roi (l'évêque de Coutances, le seigneur de Torcy et Pierre Doriole) et les représentants du duc de Saxe, plusieurs actes aux termes desquels le duc Guillaume et la duchesse Anne cédaient à Charles VII, pour lui et ses héritiers et successeurs, moyennant une somme de cinquante mille écus d'or, tous leurs droits sur le duché de Luxembourg et les comtés de Chiny et de la Roche. Dix mille écus devaient être payés au moment de la prise de possession; les quarante mille restant seraient versés à la date du 1er mai 1461. Le Roi aurait jusqu'à cette époque la faculté de renoncer au traité, en prévenant six mois avant

1. Ludewig, *Reliquiæ manuscriptorum*, t. IX, p. 707-36, et Lünig, *Codex Germaniæ diplomaticus*, t. II, col. 1701 et suiv.
2. Original aux Archives de Dresde, *Urkunden*, n° 7606.

l'expiration du délai, et, dans le cas où il renoncerait au bénéfice du traité, les dix mille écus lui seraient remboursés[1].

Quelles allaient être les conséquences de l'acquisition du duché de Luxembourg par Charles VII? N'allait-elle pas entraîner une rupture définitive avec Philippe le Bon? Six semaines avant la signature des traités du 20 mars 1459, une ambassade bourguignonne avait paru à la cour de France; elle était venue reprendre les négociations à peine interrompues par le procès du duc d'Alençon.

Les ambassadeurs envoyés par Philippe à Montargis et à Vendôme y avaient séjourné pendant trois mois. Ils avaient pu étudier de près les dispositions de Charles VII et de ses conseillers. Ils avaient su que plusieurs de ceux-ci, estimant qu'il était impossible d'arracher le Dauphin à la retraite choisie par lui et de le contraindre à la soumission, engageaient vivement leur maître à le deshériter et à désigner pour successeur son second fils Charles[2]; mais ils avaient pu constater aussi que la santé du Roi était fort ébranlée et qu'il paraissait atteint d'un mal incurable[3]. De son côté le Dauphin avait ses espions, qui le mettaient au courant de tout ce qui se passait à la Cour. Déjà ses familiers lui conseillaient de se rapprocher de la frontière et de se tenir prêt à marcher sur Reims pour s'y faire sacrer[4]. Louis, dont l'unique préoccupation avait toujours été de se mettre en possession du pouvoir, sentait croître chaque jour son impatience de régner; il consultait sans cesse des astrologues, et leur faisait faire des calculs pour savoir si son

1. Originaux aux Archives de Dresde, *Urkunden*, nos 7607 et 7608. Éd. Lünig, *l. c.*, col. 1702; Bertholet, *Histoire du duché de Luxembourg*, t. VIII, *preuves*, p. XCIII; Würth-Paquet, dans *Publications*, etc., t. XXXI, p. 40; Du Puy, 157, f. 31; Moreau, 432, f. 207. Cf. Van Werveke, *l. c.*, p. 20-21.

2. Voir Chastellain, t. III, p. 441. Cf. Thomas Basin, t. II, p. 3 et 20. — Le comte de Foix, dans son rapport à Louis XI, en date du 6 août 1461, déclare que Charles VII ne voulut jamais rien faire au préjudice des droits du Dauphin. Duclos, *Recueil de pièces*, etc., p. 210.

3. « Lui attribuoit-on mal incurable en une jambe qui toudis couloit et rendoit matières incessamment, qui le mettoit à fin. » Chastellain, *l. c.*, p. 444.

4. Chastellain, *l. c.*, p. 445.

père pouvait échapper au mal qui le rongeait[1]. Quand on lui rapportait que la mort était inévitable et que le terme fatal était proche, il ne se sentait pas d'aise : il semblait, dit Chastellain, « languir en l'expectation de l'heure promise, tellement que toutes oreilles en estoient pleines et tous les pays embus de ceste mort future. » Sa joie était si indécente qu'elle excitait le blâme de plusieurs, qui « lui imputoient à mauvais sang sa manière de faire et de soy esjoïr ainsi en la mort de son père, publiquement et comme tout desnaturé[2]. » Le duc de Bourgogne lui-même ne put s'empêcher de ressentir quelque éloignement pour un prince qui donnait un tel scandale ; il trouvait avec raison qu'il n'était point honnête « de béer si publiquement sur la mort d'un homme, et par especial du fils au père[3]. » Mais il n'en continua pas moins de « complaire à son hôte en paroles, » ainsi que le constate Chastellain, « de porter la charge de sa folie, en laquelle il ne l'osa rompre, » et, « par reverence de sa hautesse, » de le laisser parler et agir en toute liberté. En attendant qu'une mort prochaine vînt délivrer le duc de ses soucis, il voyait chaque jour Charles VII fortifier sa puissance par de nouvelles alliances, et même par des traités passés avec les communautés voisines de ses propres états ; mais il lui fallait tolérer les menaces de rupture et dissimuler son courroux, se préservant le mieux qu'il pouvait contre le péril imminent d'une guerre ouverte[4].

Au mois de décembre 1458, le duc écrivit à l'évêque de Coutances et au comte de Dunois, sans doute pour leur faire part de l'intention où il était d'envoyer au Roi une nouvelle ambassade[5]. Après s'être entendu avec le Dauphin, auquel il envoyait

1. Chastellain, *l. c.*, p. 446.
2. *Id.*, *ibid.*, p. 447-48.
3. *Id.*, *ibid.*, p. 449.
4. *Id.*, *ibid.*, p. 450. — A partir de la fin de 1458, nous allons être privés de la précieuse source d'informations que nous offrait la chronique de Georges Chastellain. Le fragment retrouvé en 1842 par le major Renard, et publié intégralement en 1861 par M. Kervyn de Lettenhove, s'arrête ici, et le récit du chroniqueur ne reprend qu'à l'avènement de Louis XI.
5. Le 18 décembre, Pontarlier allait porter des lettres closes à l'évêque et à Dunois, étant vers le Roi. Archives du Nord, B 2030, f. 280, et 2040, f. 141 v°.

de fréquents messages [1], il désigna, à la date du 8 janvier, des ambassadeurs pour se rendre à la cour de France : c'étaient Jean de Croy, seigneur de Chimay; Jean, seigneur de Lannoy, et Toison d'Or [2].

Sur ces entrefaites arriva à Bruxelles un conseiller au Parlement, Guillaume Blanchet, chargé d'une mission du Parlement de Paris. Un meurtre avait été commis par un habitant de la châtellenie de Cassel, vassal du seigneur de Thil ; condamné par arrêt du Parlement, le meurtrier avait été protégé par le bailli du duc, et la sentence rendue contre lui n'avait pu recevoir son exécution. Irrité de ce mépris de justice, le Parlement avait, conformément à l'avis du Roi, décidé qu'un de ses membres irait porter plainte au duc. Arrivé le 9 février 1459, Guillaume Blanchet alla trouver l'évêque de Toul, qui le conduisit vers Philippe, auquel il présenta ses lettres et fit l'exposé de l'affaire. Sous divers prétextes, on différa pendant plusieurs semaines de donner réponse à l'envoyé du Parlement. Blanchet protesta : « J'ai charge de la Cour, dit-il, d'é« crire au Roi et de lui faire savoir si j'ai obtenu satisfaction, « afin que, dans le cas contraire, il saisisse de l'affaire les « ambassadeurs qui se rendent auprès de lui. » On lui dit que le Roi serait obéi comme souverain, mais que le duc de Bourgogne ne supporterait point, quoi qu'il pût advenir, de se laisser ainsi fouler et contraindre. Si sous ce prétexte, ou à cause du Dauphin, ou pour tout autre motif, le Roi voulait lui faire la guerre, il était prêt : il avait ses gens, son artillerie, son argent ; les gens du Roi ne sauraient sitôt partir que le duc et son armée ne fussent en avant des agresseurs, à plus de dix lieues. On ajouta que le duc n'était pas content du Parlement, qui retenait toutes les affaires de Flandre sans leur donner de solution. Blanchet répliqua avec fierté qu'il n'y avait nulle justice en Flandre ; que, à l'exemple du duc, les juges y mariaient les filles contre leur gré, et que les officiers don-

1. Lettres closes envoyées au Dauphin les 1er et 10 décembre et 5 janvier. Archives du Nord, B. 2030, f. 275 v° et 280 v° ; 2031, f. 93 v°.
2. Archives du Nord, B. 2031, f. 73 v°, 94, 97 v°.

naient leur adjonction pour des causes insoutenables. Cependant l'affaire traînait toujours en longueur; Blanchet voyait qu'on se moquait du Roi et du Parlement. Enfin le duc lui fit dire qu'il consentait à révoquer le bailli de Cassel. Mais le conseiller au Parlement ne se tint pas pour satisfait : c'était là « une obéissance fourrée, et non pas pure et absolue. » Dans une audience donnée à Blanchet, le duc lui dit qu'il n'avait point remis sa demande par écrit et qu'on ferait de même pour la réponse à y donner. « Je m'ébahis, ajouta-t-il, comment « vous avez été si hardi de me venir sommer, de par le Roi et « la Cour, en mes pays, qui ne sont en rien sujets du Roi et « du royaume. Je veux bien obéir au Roi ; mais, au regard de « la Cour, je répute tous ceux qui sont en icelle mes haineux « et ennemis mortels, car ils font à mes gens et officiers tant « de torts et de griefs que merveille, et ils en usent toujours « avec moi plus par volonté que par raison. Par quoi il n'est « pas étonnant si à leurs arrêts je ne veux obéir. Je me suis « par plusieurs fois plaint au Roi et lui ai fait remontrer qu'ils « sont mes ennemis mortels. N'était l'honneur du Roi, je vous « montrerois qu'il m'en déplaît[1]. » Là dessus Blanchet prit congé : il quitta Bruxelles le 25 février.

Cet incident montre à quel point la situation était tendue : la moindre étincelle pouvait mettre le feu aux poudres.

Pendant ce temps, les ambassadeurs bourguignons étaient arrivés au château de Montbazon, où résidait alors le Roi. Le jour même, 9 février, ils furent admis à l'audience royale, et présentèrent leur lettre de créance[2]. Ils remirent aussi au Roi une lettre de son fils, en date du 22 décembre : « J'ai reçu, écrivait-il, les très gracieuses lettres que par les ambassadeurs de bel oncle de Bourgogne il vous a plu naguère de m'écrire, dont j'ai été et suis tant joyeux que plus ne pourrois en louer et gracier Dieu et Notre-Dame, et vous en remercie si très humblement comme je puis. Par lesquelles vos lettres, mon très

1. Procès-verbal de Guillaume Blanchet, aux Archives nationales, J 1039, n° 9 ; cf. Le Grand, vol. VIII, f. 120.
2. Lettre en date du 8 janvier 1459. Original, Ms. fr. 5041, f. 37.

redouté seigneur, et les avertissements que par icelles il vous plaît de me faire, me suis enhardi d'oser envoyer devers vous pour pourchasser mon fait[1]. »

Ce fut Jean de Croy qui porta la parole. Il avait une double mission à remplir : l'une au nom du Dauphin, l'autre au nom du duc ; de là deux discours, prononcés dans la même audience.

« Sire, » dit l'ambassadeur dans son premier discours, « votre « très humble et très obéissant fils nous envoie par devers vous en « la plus grande humilité que en ce monde faire se peut. Il nous a « chargé de vous dire que le plus grand désir qu'il puisse avoir en « ce monde, après son salut, est de recouvrer votre bonne grâce et « de demeurer en icelle, et de faire chose qui vous soit plaisante et « agréable. Et quand il pense et considère qu'il est né de si haute « maison comme de la très chrétienne maison de France, procréé « de si noble et vertueux prince comme vous, son seigneur et père, « et qu'il se voit éloigné de votre grâce, cela lui est si mortel dé- « plaisir qu'il n'est chose en ce monde à lui possible, honnête et « licite, qu'il ne voulût faire et accomplir pour retourner en votre « bonne grâce et la recouvrer. Et, pour venir à cette fin, il nous « envoie par devers vous pour vous supplier, en toute humilité, « que, par votre bénigne grâce et par votre grande clémence et « bonté, il vous plaise le recevoir en votre grâce, en votre amour « et à votre service, en lui accordant par votre bénignité les deux « points dont autrefois il vous a très humblement fait supplier, « qui sont de sa venue et de ses gens. »

Jean de Croy protesta tout d'abord contre les accusations formulées à l'égard du Dauphin. Jamais ce prince ne voudrait rien faire qui fût au déplaisir du Roi et au préjudice du royaume : s'il avait, ne fût-ce qu'en pensée, telle volonté « désordonnée et dénaturée, » la mort lui serait préférable ; le Roi ne devait point s'en fier à ces « sinistres rapports, » pas plus

1. Cette lettre se trouve en copie moderne dans Le Grand, VIII, f. 217. Nous n'avons pu en retrouver l'original. Elle a été publiée par Duclos, p. 151, et par M. Charavay (*Lettres de Louis XI*, t. I, p. 81), avec la date fautive de 1458. Voir à ce sujet une note supplémentaire à la fin du volume.

qu'aux sentiments qu'on prêtait au Dauphin à l'égard de certains conseillers et serviteurs du trône ; il devait ôter de son cœur tout ce qui pouvait éloigner son fils de sa grâce et de son amour. Si le Dauphin avait fait quelque chose qui pût déplaire au Roi, il en implorait le pardon : le jour où il plairait au Roi de lui pardonner et de l'en avertir, il ferait « du plus triste et déplaisant fils de Roi qui vive, le plus joyeux. »

Arrivant aux « supplications et requêtes » du Dauphin, Croy demandait que, pour faire cesser les mauvais langages qui couraient et qui portaient atteinte à l'honneur du prince, le Roi lui rendît le Dauphiné : il le gouvernerait tellement qu'on n'aurait cause d'être mécontent de lui. En second lieu, le Roi était sollicité d'accorder à son fils une provision convenable.

« Vous savez, Sire, dit-il, que Monseigneur vient de la très noble « et très chrétienne maison de France, si prochain que votre fils « aîné et héritier, et qu'il est déjà âgé de trente-six ans, qui est « à bien vivre la moitié de son âge ; il est marié à dame de haute « et noble maison ; il vous supplie que, pour l'honneur de la cou- « ronne de France, il vous plaise avoir regard à son fait, et lui « donner provision telle que à votre fils aîné appartient, et de quoi « lui et Madame sa compagne puissent tenir leur état et supporter « leurs charges. Et y mettra peine toute sa vie de vivre en la « grâce de Dieu, notre benoît Créateur, et en la vôtre, Sire, qui « êtes son seigneur et père, qui sont les deux choses sur toutes « riens que son cœur plus désire[1]. »

1. Ms. fr. 17517, f. 19-20 ; Bibl. royale de Bruxelles, nº 7211, f. 215. — Le 13 février, l'évêque de Coutances, Jean Tudert et Étienne Le Fèvre vinrent trouver en leur hôtel à Tours les ambassadeurs bourguignons, et leur demandèrent des explications au sujet des prétentions du Dauphin. Ils reçurent la note suivante, qui se trouve dans le ms. de Bruxelles, f. 218 vº : « Pour declairer ung point qui est contenu ou second article des paroles que les ambaxadeurs ont dit touchant monseigneur le Daulphin, où il est dit que mon dit seigneur requiert au Roy qui luy plaise accorder les deux points dont autrefois luy a fait supplier et requerir, qui est de sa venue et de ses gens, l'entendement est tel que requiert au Roy qui puist demourer en sa franchise et passer encores ung peu de temps jusques à ce qu'il soit hors d'aucunes craintes et ymaginacions qui encores l'occupent et travaillent, et qu'il plaise au Roy son seigneur et père estre contant de ses serviteurs, et que mon dit seigneur se puist servir de eulx pour ce qui les a plus accoustumez et a leurs services plus aggreables que ne auroit d'autres nouveaulx qui luy pourroient survenir, desquelx il ne auroit point si plenière ne famillière congnoissance. »

Jean de Croy, reprenant la parole au nom du duc de Bourgogne, s'exprima en ces termes :

« Sire, votre très humble et très obéissant serviteur et parent « Monseigneur de Bourgogne a vu les réponses que vous avez faites « aux points et articles dont vous ont parlé à Vendôme ses gens « et ambassadeurs, et trouve par icelles qu'ils ont bien peu profité. « Monseigneur de Bourgogne a su que, après que ses gens ont été « ainsi délivrés, votre procureur, Sire, en la présence des princes « et seigneurs de votre sang et autres, l'a chargé publiquement de « plusieurs désobéissances, et, après aucuns cas particuliers, a dit « que en quinze jours l'on n'auroit pas récité lesdites désobéis- « sances. Par lesdites réponses et ce qu'a dit votre procureur, Monsei- « gneur craint que vous ne soyez indigné contre lui, car il ne « pourroit croire que vous lui eussiez voulu refuser si raisonna- « bles requêtes, ni le souffrir charger par votre procureur si gran- « dement, si vous eussiez été content de lui. Et pour ce, Sire, que « Monseigneur de Bourgogne ne sait au vrai ce qu'il en est, il « envoie présentement devers vous à deux fins : l'une pour vous « montrer clairement et ouvertement quel il a été, quel il est, et « quel il veut demeurer envers vous; l'autre pour savoir de vous « si c'est votre bon plaisir lui faire déclarer si vous êtes indigné « ou mal content de lui, et les causes pour quoi. Monseigneur de « Bourgogne nous a aussi chargés, Sire, de vous déclarer en cette « partie tout son courage et sa pensée, sans vous rien céler. Et « vous supplie, en toute humilité, que votre très noble plaisir soit « de aucunement lui faire savoir du vôtre, car par ce les entende- « ments seront éclaircis, et tout en pourra mieux valoir. »

L'ambassadeur exposa alors dans quelles conditions le traité d'Arras avait été signé ; comment le duc l'avait conclu « pour l'honneur et révérence de Dieu, pour l'amour naturelle qu'il avait à la très noble maison dont il étoit parti, pour pitié et compassion du pauvre peuple ; » quelles avaient été les heureuses conséquences de ce traité pour le royaume : « N'avez- « vous pas, Sire, recouvré icelui votre royaume, en vertu de « ladite paix, des mains de vos ennemis, en telle manière que « aujourd'hui le tenez plus entier que n'ont fait vos très

« nobles progéniteurs depuis trois cents ans ? N'êtes-vous pas « par elle le prince le plus honoré, craint et obéi que l'on « sache ? C'est elle, Sire, qui mettra votre très glorieuse re« nommée, à l'exaltation de votre très chrétienne maison, en « la perpétuelle mémoire des hommes, par les histoires et « chroniques véritables qui s'en feront à votre louange ; et « sera par ce votre nom magnifié autant et plus que nul de « vos prédecesseurs. » Aussitôt la paix faite, le duc de Bourgogne a ôté de son cœur toute rancune, tout déplaisir, toute injure, toute offense et malveillance, et s'est employé entièrement à aimer le Roi, à l'honorer, à le servir et à lui obéir, sans avoir égard au passé. Bien qu'il ne fût point tenu de faire la guerre aux Anglais, il l'a faite à ses dépens, tant sur mer que sur terre ; il a procuré le recouvrement de la ville de Paris, opéré par ses gens. Combien de bonnes villes et places n'a-t-il pas fait rentrer dans l'obéissance ! Ses vassaux ont pris part à la conquête de la Normandie. Tout cela, il l'a fait de bon cœur, et il eût volontiers fait davantage si le Roi l'en eût requis et si cela eût été en son pouvoir. Il est toujours disposé à servir le Roi, à le chérir, à l'honorer, à lui obéir, et il le sera jusqu'à la mort, si par tort évident il n'est contraint à faire le contraire.

Abordant la seconde partie de son argumentation, Croy posa cette question : Le Roi est-il mécontent du duc et pour quel motif ? Bien que le duc n'ait rien fait qui puisse lui faire craindre d'avoir encouru l'indignation du Roi, celui-ci ne doit point s'étonner qu'il ait des doutes à cet égard. Le Roi n'a-t-il pas cherché partout des alliances contre lui : en Danemark, à Liège, à Berne, avec le roi Ladislas, l'empereur, les électeurs de l'empire et d'autres princes d'Allemagne ? Ne négocie-t-il pas, pour lui nuire, une trêve avec les Anglais ? Si ces alliances se font par l'ordre du Roi ou de son sçu, il est clair qu'il n'est pas content du duc ; et quand il plaira au Roi de lui faire connaître les causes de ce mécontentement, il espère répondre de telle façon que le Roi s'apercevra qu'il a été accusé à tort et le tiendra en sa bonne grâce.

Bien que le duc ne sache point pour quel motif le Roi doive être mécontent de lui, on lui a donné à entendre que le Roi avait vu d'un mauvais œil la retraite du Dauphin à sa cour et le séjour de ce prince dans ses pays. Le duc répond à cela que plusieurs des alliances susdites ont été faites avant la venue du Dauphin; qu'il n'a cessé de s'employer à ménager un rapprochement; que le Dauphin, depuis lors, n'a rien fait qui puisse déplaire au Roi, et qu'il ne fera rien de semblable, car tout son désir est de servir le Roi et de lui obéir comme un fils doit faire à l'égard de son père.

On dit encore que le Roi est mécontent de ce que, à son insu, le duc a conclu des trêves avec les Anglais; le duc ne croit avoir encouru aucun blâme sous ce rapport, car, après le traité d'Arras, alors que pour rendre service au Roi il faisait la guerre aux Anglais, les gens d'armes du Roi, au lieu de le protéger, se sont jetés sur ses pays, où jusque-là ils n'avaient jamais paru, et ont commis tous les excès imaginables, rançonnant ses sujets, auxquels ils ont extorqué plus de cent mille écus comptant. Sur les plaintes faites par le duc au Roi, celui-ci répondit qu'il n'était pas en son pouvoir d'y remédier pour lors. Le duc a donc été amené à conclure des trêves avec les Anglais, car ce lui eût été trop grande charge de leur faire la guerre et d'avoir affaire en même temps aux gens du Roi. Il ne les a prises d'ailleurs que pour le Boulonois et une partie de l'Artois, et à trois mois de dédit. Depuis, il a plu au Roi de faire le mariage de la fille du roi de Sicile avec le roi d'Angleterre. Le duc fut alors averti que cette alliance se faisait contre lui, et qu'on devait donner la Hollande et la Zélande en dédommagement de la Normandie, qui devait revenir à la Couronne avec toutes les terres qui en dépendaient. Le surplus des terres et seigneuries du duc devait être conquis par le Roi et par les Anglais. On voulait ainsi détruire entièrement le duc. Celui-ci se décida alors à prendre des trêves avec les Anglais pour tous ses pays, à un an de dédit. Doit-on le charger pour avoir agi ainsi? Certes non, car s'il ne voulait tout mettre en aventure, il ne pouvait s'en passer à moins.

On dit encore qu'une des causes du mécontentement du Roi tient à ce que ni lui ni son Parlement ne sont obéis dans les pays du duc. Le duc proteste contre ce qu'a dit à cet égard, à Vendôme, le procureur du Roi, en présence des princes; il demande que le Roi ordonne à son procureur de faire remettre au duc par écrit l'énumération des charges formulées contre lui, et il y répondra de telle manière que le Roi, les princes, en présence desquels il a été accusé, et tous verront que cela a été sans cause et contre raison.

Prenant alors l'offensive, l'ambassadeur bourguignon poursuivit en ces termes :

« Hélas ! Sire, si l'heure et le temps étoient que plaintes et do-« léances dussent être ouvertes et déclarées, mon dit seigneur a « trop mieux cause de soi plaindre et douloir que nul autre. Vous « pouvez considérer premièrement, Sire, si le traité de la paix qu'il « a avec vous est fourni et accompli. Sire, certes il est clair que « non. Et néanmoins mon dit seigneur a toujours souffert et dissi-« mulé sans se plaindre ou douloir, espérant que, par trait de « temps, tout se parferoit, ce qui n'est encore advenu.

« D'autre part pensez, Sire, si mon dit seigneur de Bourgogne a « cause de soi douloir des manières que on tient envers lui et les « siens. Votre cour de Parlement ne veut entendre à vider chose « qui soit pour lui ou pour ceux qui sont à lui... Si ses armes, son « nom ou sa devise sont mises ou peintes par votre royaume, « tantôt ils sont percés et vilainement souillés. Si ses gens écrivent « leurs noms ou devises, l'on peint par-dessus gibets par dérision. « Quand ils passent par votre royaume, chacun, et singulièrement « vos gens et officiers, les fuit. En votre propre hôtel, ils n'en trou-« vent qui veuillent converser avec eux, et les communs langages « de plusieurs des vôtres sont l'un à l'autre : « Tu est plus traître « que un Bourguignon ! »

« Hélas ! Sire, Monseigneur de Bourgogne est issu de votre très « chrétienne maison et votre prochain parent, comme chacun sait. « Et, grâces à Notre Seigneur, entre les autres princes de votre « royaume il a puissance de vous servir et le vouloir. L'honneur « que Dieu lui a donné et les biens entièrement, il les tient à avoir « au moyen de la très noble couronne de France. Si est chose bien « étrange que, au propre lieu dont il tient et répute avoir les hon-« neurs et biens terriens de quoi aujourd'hui il jouit, il est à lui et « aux siens tenu autres manières qu'à nuls autres princes ni à « leurs serviteurs. Il est assez émerveillé d'où vient la cause, car,

« à la vérité, elle ne vient de lui ni des siens, parce qu'il ne sera « pas trouvé que, depuis le traité de la paix, mon dit seigneur ni « les siens aient fait à vous et aux vôtres sinon tout honneur, tout « service, et se démontrer tels qu'ils doivent et sont tenus d'être.

« Pour conclusion, Sire, mon dit seigneur vous supplie en toute « humilité que votre très noble plaisir soit de l'avoir en votre très « noble grâce, et le tenir et lui faire comme à votre parent et ser- « viteur. Et, au plaisir de Dieu, vous le trouverez toujours bon, « vrai, franc, loyal, humble et obeissant ; et si aucune chose avez « en votre cœur qui vous meuve à être mécontent de lui (qui lui « seroit le plus grief deplaisir que en ce monde lui puisse advenir), « plaise vous, Sire, le déclarer et le lui faire signifier, car il espère, « au plaisir de Dieu, vous bailler tel apaisement que serez et « demeurerez content, et que percevrez que n'aurez cause de le tenir « hors de votre bonne grâce[1]. »

Le lendemain de l'audience royale, Toison d'Or remit au chancelier le texte des deux discours.

Le 7 mars suivant, en présence du Roi, qu'entouraient le duc d'Orléans, le duc de Bretagne, le comte du Maine et les autre seigneurs et membres du Conseil, une double réponse fut donnée aux ambassadeurs bourguignons.

En ce qui concernait le Dauphin, voici ce que Charles VII faisait répondre.

Le Roi n'a cessé de faire savoir au Dauphin que tout son désir était qu'il se voulût « redresser, venir et réduire envers lui comme bon et obéissant fils est tenu faire envers son bon seigneur et père, » et que, moyennant cela, le Roi était toujours disposé à le recevoir et à le traiter « en toute faveur et douceur, » et à mettre en oubli toutes les déplaisances passées. Il n'a demandé qu'une chose, savoir que le Dauphin vînt devers lui pour lui obéir et servir le royaume et la chose publique, accompagné de gens notables, ainsi qu'il appartient à son état. Quant aux deux requêtes présentées par le Dauphin, le Roi y a déjà fait répondre à plusieurs reprises. Il y a douze ans que le Dauphin est éloigné du Roi ; accéder à ses requêtes, en lui

1. Ms. fr. 17517, f. 20 v°-24 ; Bibl. royale de Bruxelles, n° 7244, f. 251 v° et suiv.

accordant un délai pour son retour, serait approuver sa longue absence et ses torts, et mécontenter les princes du sang et les notables du royaume, qui tous ont manifesté le désir que le Dauphin revînt résider près de son père. Le Roi ne peut donc que répéter ce que plusieurs fois il a fait dire : le Dauphin doit revenir auprès de lui. Si le Dauphin conserve encore ces « peurs et craintes » dont tant de fois il a parlé, le meilleur moyen de les dissiper est de venir s'entretenir avec le Roi : il peut le faire en toute sécurité et avec tels gens qu'il lui plaira d'amener, et, après cette explication, il sera libre de rester ou de s'en retourner si bon lui semble. Quant aux rapports qui auraient été faits au Roi contre le Dauphin, le Roi n'a pas coutume d'ajouter foi légèrement à de tels rapports. Le Dauphin sollicite le pardon du Roi s'il a fait quelque chose où celui-ci ait pris déplaisir : le Roi est toujours prêt à pardonner et à oublier le passé, quand son fils viendra vers lui comme il doit le faire. Si le Roi a mis en sa main le Dauphiné, c'est parce que le Dauphin est parti soudainement, laissant plusieurs places aux mains d'étrangers et de gens mal famés; à ce sujet, le Roi ne peut que répéter ce qu'il a déjà dit : quand le Dauphin viendra près de lui et lui obéira, ainsi qu'il est tenu de le faire, le Roi le pourvoira si bien et si grandement qu'il en devra être content[1].

En ce qui concernait le duc de Bourgogne, le Roi faisait répondre, article par article, aux plaintes et aux insinuations contenues dans l'exposé des ambassadeurs.

Le duc se plaint de ce que les réponses faites à ses ambassadeurs, durant leur séjour à Vendôme, étaient peu concluantes : ce qui a été dit à Vendôme aux gens du duc, l'a été au nom du Roi, conformément aux avis et délibérations des princes du sang et d'autres notables membres du Conseil; la réponse était bonne et raisonnable, et telle que le duc en aurait dû être content.

Le duc se plaint des accusations formulées contre lui par le

1. Ms. fr. 17517, f. 26-28 ; Bibl. royale de Bruxelles, n° 7241, f. 240. Éd. *Jean de Reilhac*, etc., t. I, p. 42-46.

procureur général, en présence des princes du sang : le Roi, ayant été averti que, en plusieurs cas particuliers, les arrêts de son Parlement, ses mandements et les ordres de ses officiers n'avaient point reçu d'exécution dans les terres et seigneuries que le duc possède dans le royaume, fit dire et remontrer aux ambassadeurs, par son procureur général, certains de ces cas, afin d'en avertir le duc pour y donner et y faire donner par ses gens telle obéissance qu'il est tenu de faire.

En ce qui concerne le traité d'Arras, le Roi sait les grands biens qui, en tous royaumes, adviennent au moyen de la paix ; aussi, pour l'honneur et révérence de Dieu, et pour le soulagement de son peuple, quand des ouvertures de paix lui furent faites, il y donna libéralement son assentiment, oubliant toutes choses passées, et sans vouloir y épargner du sien, bien qu'alors il eût déjà recouvré une grande partie de sa seigneurie et qu'il n'y eût pour lui aucune nécessité de conclure ce traité.

Quant aux services rendus par le duc en faisant la guerre aux Anglais, le Roi avait confiance que, après le traité d'Arras, le duc s'emploierait contre ses ennemis, comme tous les princes de son sang sont tenus de le faire ; il se souvient de l'armée levée alors par le duc ; si celui-ci lui eût communiqué ses intentions, le Roi lui aurait indiqué ce qui lui semblait le plus utile, et s'y fût tellement employé, tant de ses gens que de sa personne, qu'il eût pu s'en suivre un grand bien pour le royaume. Paris a été occupé par le connétable et par le comte de Dunois, à la tête d'une armée royale, et, grâce aux dispositions favorables de la population ; il est vrai que le seigneur de l'Isle Adam et autres, avec des gens du duc, au nombre de six à sept cents, s'y comportèrent honorablement : aussi le Roi en fut-il alors très content. Quant à la conquête de la Normandie, le Roi ne se souvient pas qu'il y soit venu des gens de la part du duc ; il reconnaît pourtant que, en la compagnie des comtes d'Eu et de Saint-Pol, parents, sujets et serviteurs du Roi, plusieurs chevaliers, écuyers et autres sujets du Roi, tant de Picardie que d'ailleurs, vinrent combattre à ses propres dépens, et se comportèrent bien et honorablement à sa satisfaction.

Le duc déclare que, depuis la conclusion de la paix, il n'a cessé de chérir et honorer le Roi : celui-ci sait quels amour, charité, service, honneur et obéissance le duc de Bourgogne et les autres princes du sang doivent avoir envers lui; aussi n'a-t-il jamais voulu ni ne voudrait-il faire chose pour laquelle le duc aurait raisonnablement cause d'avoir autre volonté envers lui que celle qu'il doit avoir.

Le duc se plaint des alliances contractées par le Roi et dit qu'il a été avisé que ses « haineux » ont poussé le Roi à prendre de telles alliances contre lui. Le Roi est bien émerveillé de ce que, contrairement à la vérité, le duc ait été ainsi avisé de ces choses. Toutes bonnes alliances et confédérations sont bien requises entre les rois et princes souverains. Si le Roi a fait alliance avec le roi de Danemark, il ne sera pas trouvé que, dans le traité, il soit fait mention d'aucune chose contre le duc ni à son préjudice; au contraire, comme proche parent et sujet du Roi, cette alliance peut être à son avantage, aussi bien qu'à celle des autres princes du sang, et cela doit être chose agréable à tous les princes et seigneurs du royaume de voir un si puissant prince que le roi de Danemark devenir l'allié du Roi.

Si le prévôt des maréchaux a été à Liège, ce n'est pas pour y chercher des alliances contre le duc, mais pour un fait particulier concernant la justice et intéressant l'honneur du Roi. Celui-ci n'avait pas besoin d'envoyer à Liège pour contracter des alliances, car les Liégeois ont toujours eu le Roi et la couronne de France en grand honneur, amour et révérence, et plusieurs fois ont offert de le servir contre ses ennemis.

En s'alliant avec la communauté de Berne, le Roi n'a rien fait qui fût préjudiciable au duc.

Quant à l'alliance avec le roi Ladislas et au mariage de ce prince avec Madame Madelaine, il n'a été fait aucune alliance et point n'en était besoin, car, de grande ancienneté, il y a eu des alliances perpétuelles entre les royaumes de France et de Bohême; et, pour le mariage, chacun sait qu'il n'est pas défendu, entre princes chrétiens, de traiter du mariage de leurs enfants, car par ces mariages plusieurs biens adviennent souvent. Rien, dans le traité entre le Roi et le duc, n'empêche le Roi d'agir ainsi. Parmi les princes chrétiens, il n'y avait point alors de plus grand mariage que celui-là, et dont vraisemblablement il pût résulter plus de biens et d'honneur, notamment en vue de la défense et de l'exaltation de la Foi. Le Roi n'a point su d'ailleurs qu'il y eût publique inimitié entre le roi de Bohême et le duc.

Si le Roi s'est allié avec l'empereur, les princes électeurs et les autres princes d'Allemagne, il s'est conformé en cela à ce qui a été fait de tout temps; et, dans ces alliances, il n'a rien été stipulé qui fût au préjudice du duc.

Le duc prétend que le Roi veut faire des trêves générales avec les Anglais dans le but de lui nuire : le duc peut se rappeler les bons termes dont le Roi a usé à son égard lors de la conclusion de la trêve de 1444, où ses ambassadeurs furent présents, où lui-même a été nommément compris comme les autres princes du sang. Le Roi ne cherche point présentement à conclure de trêve avec les Anglais; mais, ayant été plusieurs fois exhorté par le Pape et par les légats envoyés en France à conclure la paix ou une trêve avec les Anglais, en vue de la défense de la Foi, il a toujours déclaré que, pour l'honneur de Dieu principalement, il était disposé à y entendre par tous bons et raisonnables moyens.

En ce qui concerne l'asile donné au Dauphin, le Roi a déjà répondu au duc; mais, bien que celui-ci ait déclaré qu'il s'emploierait volontiers à ramener le Dauphin à l'obéissance, le Roi ne s'est point aperçu que, depuis le temps que ce prince est entre ses mains, il en soit résulté quelque bon effet.

Le duc prétend s'excuser relativement aux trêves conclues par lui avec les Anglais; mais il ne peut ignorer que, par suite des malheurs de la guerre, les gens d'armes du Roi commettaient alors, à son vif déplaisir, de grands excès, tant dans ses pays que dans les autres contrées du royaume. Le Roi y a mis ordre dès qu'il l'a pu. Et supposé que certains excès aient été commis dans les pays du duc, ce n'était point un motif suffisant pour conclure des trêves avec les ennemis du royaume sans le congé du Roi. Jamais, lors de la conclusion du mariage de la fille du roi de Sicile avec le roi d'Angleterre, il n'a été question des arrangements dont parle le duc; le Roi s'étonne que celui-ci ait ajouté foi et qu'il persiste à croire à des choses aussi contraires à la vérité. S'il avait des doutes à cet égard, il devait s'adresser au Roi, pour être éclairé, et non point prendre des trèves préjudiciables au Roi et à la chose publique.

Le duc demande que le procureur général du Roi lui fasse connaître les faits produits à sa charge à Vendôme, en présence des princes du sang, déclarant qu'il aura réponse à tout: le Roi a reçu des plaintes relativement à l'exécution des arrêts de son Parlement et les a fait communiquer à Vendôme aux ambassadeurs du duc, afin d'obtenir satisfaction; ce n'est pas la première fois que de telles réclamations ont été produites, sans que le duc y ait fait droit. Le Roi écrira à son procureur général et fera dresser un état de ces plaintes et doléances, qu'il communiquera au duc par une ambassade qui sera envoyée à cet effet.

Le duc se plaint du Parlement: le Roi s'est enquis à Vendôme auprès des membres de sa Cour, qui ont déclaré qu'il y a eu autant et plus de causes expédiées pour les pays du duc que pour les autres contrées du Royaume; néanmoins, le Roi mandera derechef à son Parlement de faire bonne et brève expédition de justice relativement aux causes du duc et de ses sujets.

Le duc prétend que le traité d'Arras n'a point été exécuté: il semble au Roi que le duc n'a point de plaintes à formuler à cet égard. Le Roi n'a rien fait qui soit contraire au traité. Au duc d'aviser si, de sa part, le traité a été bien observé. Le duc devrait bien se souvenir des paroles qui furent dites lors du mariage de feue Madame Catherine avec le comte de Charolais.

Le duc se plaint des injures qu'il prétend avoir été faites tant à lui qu'à ses gens: de telles choses doivent déplaire à tous princes, et quand elles viennent à leur connaissance, ils en devraient faire punition; mais, d'ordinaire, elles sont faites par des gens de mauvaise volonté et de petite réputation; et bien qu'il ait été souvent dit et fait plusieurs choses graves contre la personne du Roi, il s'abstient d'en parler pour le moment.

Quant à la requête faite au Roi par le duc de le tenir en sa bonne grâce et à l'assurance qu'il donne de sa fidélité, le duc peut assez connaître par expérience que, depuis le traité d'Arras, le Roi lui a tenu bons et raisonnables termes, comme il appartient de faire à l'égard d'un bon parent et serviteur. Le Roi serait bien joyeux que le duc se gouvernât toujours tellement envers lui qu'il eût cause de continuer, et de l'avoir et tenir en sa bonne grâce[1].

Les ambassadeurs bourguignons ne se tinrent pas pour battus : le lendemain, 8 mars, Toison d'Or présenta en leur nom au chancelier et aux membres du Conseil une cédule dans laquelle ils déclaraient n'avoir point reçu de réponse aux deux points qui avaient fait le principal objet de leur ambassade; ils demandaient donc à connaître à cet égard la volonté et le bon plaisir du Roi[2].

Le 11 mars, Charles VII leur fit donner la réponse suivante :

« Depuis la reponse faite, de par le Roi et en sa présence, à vous messire Jean de Croy, seigneur de Chimay, messire Jean de Launoy, gouverneur de Hollande, et Toison d'Or, conseillers et ambassadeurs de monseigneur de Bourgogne, vous avez baillé une cédule, par laquelle dites que vous avez été envoyés devers le Roi pour deux points : l'un pour ouvertement et clairement lui faire déclarer quel a été monseigneur de Bourgogne, quel il est, et quel il veut demeurer envers le Roi; l'autre pour savoir si le Roi est indigné et mécontent de mon dit seigneur de Bourgogne et les causes pourquoi; et que, si le Roi a aucune chose au cœur qui le mouve à être mécontent de mon dit seigneur de Bourgogne, que son plaisir soit le declarer et le lui signifier. Et dites que auxdits deux points, qui sont la principale cause de votre venue, n'a rien été répondu;

1. Ms. fr. 17517, f. 13-18, Doat, IX, f. 356; 74. Éd. Mathieu d'Escouchy, t. II, p. 395-414; *Histoire de Bourgogne*, t. IV, *Preuves*, p. CCXXX-XXXIV; *Jean de Reilhac*, etc., t. I, p. 48-58.

2. Cette cédule se trouve dans le ms. fr. 17517, f. 24 v°.

par quoi vous suppliez au Roi que sur ce vous puissiez savoir son vouloir et bon plaisir.

« Pour répondre à laquelle cédule le Roi vous fait dire que, par les réponses qui vous ont été baillées, vous pouvez bien voir et connaître que, à chacun desdits deux points dont vous parlez, et à tous les articles que vous avez baillés par écrit, a été bien et suffisamment répondu de par le Roi; et néanmoins, pour ce que requérez avoir plus ample déclaration sur le contenu en votre dite cédule, le Roi enverra devers monseigneur de Bourgogne aucuns de ses conseillers, pour lui faire savoir sur ce son vouloir et intention, et pour connaître si monseigneur de Bourgogne est et veut être par effet envers le Roi tel que vous avez dit et baillé par écrit[1]. »

La situation restait toujours aussi tendue; et le ton de plus en plus péremptoire des déclarations de la chancellerie royale montrait bien que Charles VII était décidé à en finir : il était évident que, si le duc de Bourgogne ne lui donnait pas satisfaction, le Roi n'hésiterait pas à l'y contraindre par la voie des armes[2].

1. Ms. fr. 17517, f. 18. Ce document est inséré dans la *Chronique de Mathieu d'Escouchy*, t. II, p. 414-15; il se trouve aussi dans l'*Histoire de Bourgogne*, t. IV, *Preuves*, p. CCXXXIV, et dans *Jean de Reilhac*, etc., t. I, p. 58.

2. « Jà soit ce que le duc de Bourgoingne euist faict et envoyé par escript au Roy plusieurs notables remonstrances, en se humiliant, il ne avoit eu que rigoureuse reponse; et sur chascun article que le duc avoit envoyé par escript, on luy avoit respondu par escript très poignamment. Pour quoy on craignoit que ledit Roy ne voulust esmouvoir guerre contre le duc. » Jacques du Clercq, l. III, ch. XLIV.

CHAPITRE XII

POLITIQUE DE CHARLES VII EN ITALIE
L'OCCUPATION DE GÊNES. — LE CONGRÈS DE MANTOUE

1454-1459

La paix de Lodi et la ligue entre les puissances de l'Italie ; appréciation de Sforza sur cette ligue ; elle est dirigée contre la France. — Ambassades de Charles VII en Italie ; ouvertures qui lui sont faites par les Génois ; Gênes est menacée par Alphonse V. — Relations de Charles VII avec Sforza ; le duc de Milan joue un double jeu. — Le duc de Calabre revient en France avec mission de proposer la cession de Gênes à la France ; traité passé par ce prince avec les députés génois ; il reçoit le gouvernement de Gênes. — Démarches de Sforza pour parer le coup qui le menace ; ambassades de Tibaldo ; rapports adressés par l'envoyé milanais. — Nouvelles ambassades de Tibaldo ; vaines protestations de dévouement faites par Sforza. — Suite des négociations des Génois avec Charles VII ; traité définitif passé à Aix par le duc de Calabre et ratifié à Beaugency par Charles VII. — Nouvelle attaque d'Alphonse V ; il meurt sur ces entrefaites ; échec du parti hostile à la France à Gênes. — Cosme de Médicis agit auprès de Sforza en faveur de la France ; Sforza se déclare pour le fils bâtard d'Alphonse V. — Mort de Calixte III ; Pie II donne l'investiture à Ferdinand ; démarches de Charles VII en faveur de la maison d'Anjou ; elles n'obtiennent aucun succès. — Intrigues de Sforza à Gênes ; une ambassade napolitaine vient offrir le trône des Deux Siciles à la maison d'Anjou ; popularité du duc de Calabre à Gênes ; il envoie une ambassade à Sforza, dont l'attitude devient de plus en plus hostile. — Tentative des Génois rebelles, réprimée par le duc de Calabre. Ce prince s'embarque pour le royaume de Naples. — Pie II convoque un congrès à Mantoue ; il se rend dans cette ville ; impossibilité où il se trouve d'ouvrir le congrès ; arrivée des ambassadeurs bourguignons ; ouverture du congrès. — Charles VII envoie des ambassadeurs à Venise et à Mantoue ; négociations avec la république de Venise ; elles échouent. — Arrivée des ambassadeurs français à Mantoue ; discours prononcés par les ambassadeurs et par le Pape ; lettres du Pape au Roi ; clôture du congrès.

Si l'on veut avoir la clé des événements qui s'accomplirent en Italie durant les dernières années du règne de Charles VII, il faut remonter à la paix de Lodi et aux traités qui en suivirent la conclusion.

On a vu que l'expédition du roi René en Lombardie s'était terminée par une paix entre Sforza et les Vénitiens, signée à

Lodi le 9 avril 1454[1]. C'était un traité particulier, auquel les autres puissances italiennes étaient invitées à adhérer dans un délai déterminé. « Ce traité inattendu, par lequel deux des puissances belligérantes dictaient la loi au reste de l'Italie, à leurs alliés comme à leurs ennemis, sans les avoir consultés, causa d'abord autant de mécontentement que de surprise[2]. » Le marquis de Montferrat et le duc de Savoie qui, pour jouir du bénéfice de la paix, devaient renoncer à leurs conquêtes, ne cédèrent qu'à la force. Le pape Nicolas V qui, au mois de novembre 1453, avait réuni à Rome un congrès pour travailler à la pacification de l'Italie, se montra offusqué d'un acte accompli sans sa participation[3]. Le roi d'Aragon manifesta un profond mécontentement. Cosme de Médicis lui-même, l'ami de Sforza, lui fit de vives remontrances. Et pourtant, cette paix bâclée, qui soulevait tant de murmures, allait devenir la loi de l'Italie et entraîner des conséquences que nul alors ne pouvait prévoir!

La République de Florence céda la première : le 23 avril, elle donnait son adhésion à la paix de Lodi[4]. La République de Gênes suivit son exemple. Le marquis de Montferrat adhéra le 17 juillet, et le duc de Savoie le 30 août[5]. Le même jour une ligue était formée entre le duc de Milan et les républiques de Venise et de Florence, dans le but de garantir mutuellement leurs possessions[6]. Nicolas V adhéra à son tour le 3 septembre. Il fit plus : il envoya le cardinal Capranica auprès d'Alphonse V, pour l'engager à donner son adhésion. Ce prince, par un acte en date du 26 janvier 1455, dont le Pape se porta garant, conclut une ligue de vingt-cinq ans avec le duc de Milan et les républiques de Florence et de Venise, sur la base des traités passés les 9 avril et 30 août de l'année précé-

1. Du Mont, *Corps diplomatique*, t. III, part. I, p. 207.
2. Sismondi, *Histoire des républiques italiennes*, t. IX, p. 420. Cf. Perrens, *Histoire de Florence depuis la domination des Médicis jusqu'à la chute de la République*, t. I, p. 162-64.
3. Voir Pastor, *Histoire des Papes*, t. II, p. 271-75.
4. Du Mont, *Corps diplomatique*, t. III, part. I, p. 202. Cf. Ms. italien 1603, f. 104 et suiv., et 137 et suiv.
5. Du Mont, *l. c.*, p. 211 et 216.
6. Du Mont, *l. c.*, p. 221.

donte[1]. Nicolas V approuva le traité (25 février), et ordonna des réjouissances publiques à cette occasion[2].

Nous avons, au sujet de la paix de Lodi et de la ligue qui la suivit, une curieuse appréciation donnée par Sforza lui-même, quelques années plus tard, dans des instructions à l'un de ses ambassadeurs en France : « Comme dans cette affaire le roi d'Aragon — lequel se trouvait alors, non seulement notre ennemi, mais ligué avec les Vénitiens — devait intervenir, il a paru expédient d'en venir à une ligue générale dont notre seigneur le Pape a été fait le chef principal... De plus, comme il paraissait que cette paix et ligue ne serait point destinée à une longue stabilité, vu la haine que la susdite majesté du roi d'Aragon nourissait contre nous, il fut, par l'intermédiaire de quelques-uns de la ligue, fait une alliance de parenté entre Sa Majesté et nous. A toutes ces choses nous nous sommes porté non volontairement, mais par force, afin de pourvoir à la sûreté de notre État... C'est uniquement pour avoir été partisan et serviteur de la très chrétienne maison du Roi de France que nous avons été amené à conclure lesdites paix, ligue et parentés. Toutes ces choses furent faites, non par manque de considération envers personne au monde, ni avec des desseins injurieux, mais uniquement pour le salut de notre État[3]. »

Le traité de Lodi était donc devenu, au commencement de 1455, une ligue entre les princes italiens, ayant à la fois pour but d'assurer la paix de l'Italie, afin de permettre de se consacrer à la lutte contre les Turcs, et de garantir le maintien et la sécurité des possessions respectives des divers États. Or, il est facile de constater que cette ligue, destinée en apparence à favoriser une croisade qui, malgré les efforts de la Papauté, resta toujours à l'état de projet, était surtout dirigée contre la France. Elle était le signe de la réaction qui se manifestait à

1. Ms. italien 1587, f. 10.
2. Theiner, *Codex diplomaticus*, etc., t. III, p. 378. Pastor, *l. c.*, t. II, p. 278.
3. Instructions, sans date, données à un ambassadeur à la Cour de France. Ms. italien 1588, f. 3 et suiv. — Du rapprochement des documents, il résulte que ces instructions doivent être placées à la date du 24 mai 1460.

la suite de l'expédition manquée du roi René, des échecs subis à Milan, à Gênes et dans le royaume de Naples; elle attestait la crainte que chacun éprouvait de voir Charles VII, une fois délivré de tout souci du côté de l'Angleterre, reprendre ses projets interrompus en Italie.

Le Roi se préoccupait de ce qui s'agitait parmi les puissances italiennes. Au mois de mars 1455, il envoya un de ses secrétaires, Guillaume Toreau, au duc de Milan[1]. Vers le même temps un autre ambassadeur partit, chargé d'une mission près du Pape, du roi d'Aragon et de la république de Florence[2].

En signant le traité du 26 janvier 1455, Alphonse V avait stipulé que la république de Gênes ne serait point comprise dans la ligue[3]. Sa vieille rancune contre les Génois ne tarda pas à se manifester par des actes : une flotte, commandée par le marquis de Villamarino, parut dans le golfe de Gênes et jeta l'alarme dans les Deux rivières. Le doge Fregoso, se voyant ainsi menacé, fit des ouvertures secrètes à la France et prit Antoine de Chabannes pour intermédiaire. C'est ce qui résulte d'une lettre de Charles VII, qui écrivait à Chabannes le 27 mai 1455 : « En tant que touche le fait de Gênes, dont nous écrivez, nous avons bien reçu les lettres que le bailli de Sens (Dresnay) nous a écrites sur ce, et nous a semblé que on ne peut rien perdre à ouïr ceux qui pour cette cause doivent venir vers vous[4]. » Sforza, qui redoutait toujours une nouvelle intervention du Roi en Italie[5], ne fut pas sans avoir vent de la

1. Lettres de Charles VII à Sforza, en date du 18 mars 1455. Archives de Milan, *Francia, Corrisp. con Carlo VII*, etc.

2. « Au Galays de Belouen, pour ung voyage par luy fait devers le Pape, le Roy d'Arragon, ceulx de Florence et ailleurs. » État des aides pour 1454-55. Ms. fr. 2886, f. 6 v°. Cf. Clément, *Jacques Cœur et Charles VII*, t. II, p. 422.

3. De leur côté le doge de Gênes et le Conseil des Anciens avaient déclaré, le 14 mai 1454, qu'ils n'entendaient pas ratifier les articles de la paix entre le duc de Milan et la seigneurie de Venise en ce qui concernait le roi d'Aragon, et ne voulaient pas déposer les armes contre lui s'il ne rendait pas Castello dans l'île de Sardaigne. Archives de Gênes, *Materie politiche*, mazzo 12.

4. Lettre insérée dans la *Chronique Martiniane*, f. 299.

5. Voir dépêche de Nicodème de Pontremoli, 6 mai 1454 (Buser, *Die Beziehungen der Mediceer zu Frankreich*, p. 389); dépêche de Sforza à son ambassadeur à Naples, 17 décembre 1454 (*Id.*, p. 390-91).

chose. Nous avons une lettre que le doge de Gênes lui écrivit, à la date du 29 juin : il s'excusait de ne l'avoir pas informé plus tôt d'un dessein qui se tramait pour livrer Gênes au Roi de France. Ce projet n'ayant pu aboutir, les conjurés avaient trouvé moyen de se mettre en possession du château de Savone. Il fallait se mettre en garde contre cette entreprise. Le doge ne doutait pas que le duc de Milan n'en fût aussi déplaisant qu'il l'était lui-même ; il indiquait les mesures à prendre de concert pour en prévenir les conséquences[1]. Était-ce un jeu joué ? C'est possible. Toujours est-il que Fregoso était alors menacé dans son pouvoir par les menées de factieux qui agissaient sous l'impulsion de Villamarino ; grâce à un habile stratagème, il parvint à parer ce coup (28 juillet)[2]. Un armistice ayant été conclu entre Alphonse V et la république de Gênes[3], la flotte napolitaine ne tarda pas à se retirer.

Sur ces entrefaites, un des condottieri que la paix de Lodi avait condamné à l'inaction prit les armes pour son propre compte : l'agression de Jacopo Piccinino, survenue au lendemain de l'élection de Calixte III, troubla l'Italie pendant plus d'un an, et nécessita l'intervention de Sforza[4].

Tout en se défiant de Charles VII, le duc de Milan cherchait à entretenir avec lui d'amicales relations. Ayant reçu des plaintes sur les intelligences qu'il entretenait avec le Dauphin, Sforza avait protesté avec énergie et fait les plus chaleureuses déclarations de soumission à la maison de France, dont son père avait été le constant serviteur[5]. Dans une autre lettre, en date du 23 juillet, il assurait de nouveau le Roi de son dévouement et le remerciait d'avoir eu pour agréable la paix conclue en Italie[6]. Au mois de novembre, il lui envoya un ambassadeur chargé d'expliquer les motifs qui l'avaient porté à signer avec le roi d'Aragon un traité indispensable à la tranquillité de

1. Archives de Gênes, *Litterarum*, 18, à la date.
2. Voir Sismondi, *Histoire des républiques italiennes*, t. X, p. 68-69.
3. Archives de Gênes, *Materie politiche*, mazzo 13. Cf. Raynaldi, ann. 1455, § 36.
4. Voir Pastor, t. II, p. 331-38.
5. Lettre du 12 avril. Archives de Milan.
6. Ms. italien 1601, f. 107.

l'Italie et de protester que rien n'était changé dans ses dispositions à l'égard de la très glorieuse maison de France[1]. Charles VII répondit par une lettre, en date du 19 décembre, où il se bornait à dire qu'il estimait que ce traité n'avait point été fait sans cause, et qu'il était satisfait de ce que Sforza n'entendait pas se départir du « bon et entier vouloir » qu'il avait envers lui et envers la maison de France[2].

Mais tandis qu'il faisait à Charles VII ces belles protestations, Sforza tenait un tout autre langage à son ambassadeur près du roi d'Aragon : une dépêche adressée à Antoine de Tricio nous révèle le fond de sa pensée. « Dites à Sa Majesté, écrivait-il, que de France on nous a informés que, lorsqu'on y a connu les négociations qui ont précédé la conclusion de l'alliance avec Sa Majesté, le Roi de France a été instamment pressé par le duc René, le duc d'Orléans et beaucoup d'autres d'envoyer de ses gens pour faire l'entreprise d'Italie. Cela a décidé le Roi à mander près de lui le duc de Savoie, qui est allé le trouver, accompagné de sa femme et de ses enfants... Il faut que Sa Majesté soit bien informée de ce qui se passe à Gênes. Une révolution y paraît imminente ; le fils du duc René s'emploie dans ce sens, ce qui lui fait prolonger son séjour en Italie. Nous avons été avisés récemment que les bannis de Gênes se sont réunis en un certain lieu, et sont résolus à se donner au diable et à courir tous les risques plutôt que de rester où ils en sont. Le doge de Gênes se soutient encore. Nous pratiquons continuellement et les bannis et le doge, et nous cherchons à les apaiser le mieux possible, pour gagner du temps, afin que cet État ne tombe pas aux mains des Français, ce qui ne serait ni l'affaire de Sa Majesté ni la nôtre. Les Français ne s'étant donnés ce mouvement que sur le seul soupçon de l'alliance qui se négociait, Sa Majesté doit et peut bien de-

1. Ambassade d'Emmanuel de Jacob : instructions dans le ms. italien 1601, f. 171. — Le 29 octobre, Sforza avait écrit au duc de Bourgogne, le mettant au courant des affaires d'Italie, de son alliance avec le roi d'Aragon, des mariages qui allaient affermir cette alliance, et lui proposant la conclusion d'un traité. Archives de Milan, *Borgogna dal... al 1475*.

2. Original à Milan, dans la Bibliothèque du marquis Trivulci. — Voir le rapport d'Emmanuel de Jacob à Sforza : Ms. italien 1587, f. 101.

viner dans quelles dispositions et de quelle humeur ils seront quand ils auront appris la conclusion du traité. Mais nous n'en prenons pas grand souci, parce que nous estimons que nous avons, sans comparaison, beaucoup plus gagné par l'alliance intime avec Sa M. que nous n'avons perdu en renonçant à l'amitié des Français comme nous l'avons fait. Car, après tout, s'ils entreprenaient de nous porter dommage, nous trouvant les premiers devant eux à la frontière, il nous suffirait de faire une gaillarde défense, sentant nos épaules appuyées sur Sa M., qui, nous n'en doutons pas, dès qu'elle nous verrait aux prises, viendrait à notre aide avec toute sa puissance, comme nous le ferions nous-même sans aucune réserve pour Sa M. C'est pourquoi désormais nous entendons et voulons que notre État soit sien et qu'il en puisse disposer comme du sien propre[1]. »

Les menées de Sforza ne tardèrent pas à venir à la connaissance de Charles VII. Par une lettre en date du 5 décembre, il l'avait mis en demeure de faire réparer un attentat contre l'autorité royale commis dans le comté d'Asti[2]. Le 12 février 1456, il lui écrivit de nouveau. Ayant appris que des rassemblements de troupes se faisaient à Alexandrie pour envahir certains pays voisins, et notamment les États du duc de Savoie, le Roi lui envoyait deux ambassadeurs pour se plaindre à ce sujet et s'enquérir de l'exactitude du fait[3]. Sforza s'empressa de protester de ses intentions pacifiques à l'égard du duc de Savoie

1. Dépêche du 28 novembre 1455. Ms. italien 1587, f. 94. Cette curieuse dépêche a été reproduite par Buser, *Die Beziehungen der Mediceer zu Frankreich*, p. 392-98. — Je dois de vifs remerciements à M. le comte de Circourt, qui a bien voulu m'aider dans l'interprétation de ces dépêches italiennes, dont l'intelligence n'est point toujours facile ; sa compétence en ces matières m'a été d'un grand secours, et sa vieille amitié m'a été une fois de plus bien précieuse.

2. Lettre, traduite en italien, aux archives de Milan (*Francia*). Cette réclamation donna lieu à un échange de correspondances entre Sforza et Regnault de Dresnay ; le duc de Milan finit par s'exécuter. Lettres de Sforza à Dresnay : 14 janvier, 24 février et 8 mars ; de Sforza au Roi : 25 janvier ; de Dresnay à Sforza : 14 et 21 février. Lettres de Jean de Carreto, marquis de Finale et de Spineta de Carreto à Sforza, 21 et 22 janvier, etc. Archives de Milan, *Dominio Sforzesco*, janvier-février 1456 ; *Lettere missive*, vol. XXXIV, f. 8, 8 v°, 10 et 20 v°.

3. Original, dans la bibliothèque du marquis Trivulci, à Milan ; copie du temps aux archives de Milan, *Francia, Corrisp. con Carlo VII*, etc. — Ces ambassadeurs étaient Raoulin Regnault et Nicolas du Breuil.

et de son dévouement envers la maison de France[1]; il écrivit au Roi une longue lettre, remplie des assurances les plus chaleureuses[2].

Depuis la rentrée en France du roi René, son fils Jean, duc de Calabre, était resté à Florence, investi du commandement des troupes alliées. La conclusion de la paix de Lodi et des traités qui la suivirent avaient mis un terme à son rôle, ainsi qu'il le constatait dans une lettre à Sforza en date du 18 décembre 1455[3]. Il reprit le chemin de la France au mois de mars 1456. Mais son séjour en Italie n'avait point été inutile : il revenait avec mission de demander à Charles VII, au nom du doge de Gênes, de prendre en main le gouvernement de la République. Déjà, quelques mois auparavant, le Roi avait reçu des ouvertures de Jean-Philippe de Fiesco, amiral de Gênes, qui lui avait proposé de remettre la ville et la seigneurie en son obéissance, et, à la date du 22 septembre 1455, Charles VII avait répondu qu'il était tout disposé à s'entendre avec lui à ce sujet[4]. Le duc de Calabre reçut de Charles VII un mandat spécial pour traiter avec les Génois[5], et, le 24 mai 1456, il passait, au nom du roi de France, avec Baptiste Grimaldi, chevalier de Saint-Jean de Jérusalem, et Antoine Grimaldi son frère, mandataires de Pierre de Campo Fregoso, doge de Gênes, un acte aux termes duquel la seigneurie de Gênes était transmise à Charles VII, dont le duc de Calabre serait le lieutenant[6]. Le 8 juin suivant, Fregoso accré-

1. Mémoire rédigé par Cicho de Calabria, chancelier de Sforza. Bibl. nationale, ms. italien 1604, f. 202.

2. Lettre en date du 8 mars. Ms. italien 1587, f. 109.

3. Lettre aux archives de Milan, citée par Lecoy de la Marche, *le roi René*, t. I, p. 287-88.

4. Lettre de Charles VII. Original aux archives de Milan, *Francia, Corrisp. con Carlo VII*, etc. Le Roi envoya à Fiesco Jean Vigier pour suivre la négociation. — Cette lettre a été publiée dans la *Revue des documents historiques*, t. VII (avril-mai 1880), p. 69, par M. Étienne Charavay, qui lui donne la date fautive de 1457.

5. Lettres sans date, dans le ms. fr. 5909, f. 161.

6. Cet acte, resté jusqu'ici inconnu, a été révélé par M. Gustave Saige, conservateur des archives du prince de Monaco, qui en a trouvé une analyse dans les archives dont il a la garde et qui lui ont fourni la matière d'une belle publication : *Documents historiques relatifs à la principauté de Monaco depuis le quinzième siècle*. Voir t. Ier (Monaco, 1888, in-4o), p. CL-LII.

ditait un ambassadeur auprès de Charles VII[1]. Le 17 juillet, dans une lettre pressante, il lui exposait les dangers que les attaques réitérées du roi d'Aragon faisaient courir à la République et implorait son secours[2]. Le Roi s'empressa de donner une sanction aux arrangements pris par le duc de Calabre : par des lettres du 6 septembre, le jeune prince reconnaissait avoir reçu le gouvernement de la seigneurie de Gênes, déclarant qu'il n'en userait que pour le bien et l'honneur du Roi, et qu'il le lui remettrait quand ce serait son plaisir[3].

Le duc de Milan, secrètement informé de ce qui se préparait à Gênes[4], n'était pas sans inquiétude : il résolut d'envoyer un ambassadeur à la cour de France. Le 4 juin, il donnait à Thomas Tibaldo des lettres de créance pour Charles VII et pour les principaux membres du Conseil[5]. Tibaldo était censé venir pour s'occuper de ses intérêts et pour presser l'exécution des promesses que Charles VII lui avait faites autrefois[6]. A peine arrivé à Gannat, où résidait le Conseil pendant le séjour du Roi dans les châteaux du Bourbonnais, l'envoyé milanais s'empressa d'adresser à son maître une longue dépêche chiffrée, où il le mettait au courant de tout ce qui avait été fait par le duc de Calabre et des projets de ce prince, qui se disposait à partir pour la Provence et à se rendre ensuite, à la tête d'une flotte, à Gênes, où Fregoso devait arborer les bannières royales et livrer le Castelletto[7]. Au retour de son ambassadeur, Sforza s'empressa d'écrire à Fregoso pour lui demander de ne se lier par un

1. Lettre au Roi. Archives de Gênes, *Litterarum*, à la date.
2. *Id.*, *ibid.*
3. Du Puy, 760, f. 65.
4. Le 16 mai 1456, Angelo Acciajuoli écrivait à Sforza : « Questo caso de Genova m'a dato de grande dispiacere et pensiero... Per aviso de la S. V. il duca de Kalavria ha tenuto simile pratica con gli usciti, e credo che ancora duri, monstrando loro che se quella terra viene nelle mani del Re de Francia, eglino potrano stare a casa loro. » Archives de Milan, *Dominio Sforzesco*, mai-juin 1456.
5. Ces lettres sont ou reproduites ou mentionnées dans les registres des Lettres missives, aux Archives de Milan, vol. XXXIV, f. 65-67.
6. Le 20 avril, Tibaldo écrivait de Milan à Cosme de Médicis : « E avisove como io intendo volere andare o mandare in Franza per quelle cose mie e promesse che ho da la maestà del Re. » Archives de Florence, *Archivio mediceo*, Filza XI, nº 521. — Le 19 avril, les Florentins écrivaient au Roi pour accréditer Tibaldo auprès de lui. Mêmes archives, *Signori. Carteggio. Missive. Reg. I cancell.*, vol. XXXIX, f. 100.
7. *Extracta de zifra.* Archives de Milan; *Francia dal...al 1470.*

traité définitif avec aucun prince étranger et de ne faire aucune innovation dans ses États avant la fin de l'année. Il paraît qu'il en obtint la promesse[1]. Sans révéler le traité secret passé avec le duc de Calabre, Fregoso soumit au Conseil des Anciens, le 12 novembre, les conditions auxquelles Charles VII offrait de prendre la défense et la protection de la République[2].

Le duc de Milan, voulant pénétrer les desseins de Charles VII, renvoya Tibaldo à sa cour[3]. Celui-ci, sur sa route, s'empressa de donner à son maître les nouvelles qui lui parvenaient[4]. A son arrivée à Lyon, il lui adressa, en date du 7 décembre[5], une longue dépêche, où il lui rendait un compte détaillé de tout ce qui se passait et des dispositions où il avait trouvé le Roi et ses conseillers. C'était le moment où le Dauphin venait de s'enfuir et où Charles VII prenait possession du Dauphiné. Interrogé par les seigneurs du Conseil sur la situation de l'Italie[6], l'ambassadeur répondit que jamais union entre frères n'avait été plus complète que celle qui existait entre le duc de Milan, les Vénitiens et les Florentins, et que les trois puissances pouvaient être réputées comme n'ayant qu'une seule tête et une seule âme; qu'il en était de même avec le roi d'Aragon, et que le duc de Milan avait constamment à son service douze mille cavaliers, prêts à exécuter ses ordres. Voici ce que di-

1. Saige, *Documents historiques*, etc., p. CLIII. — Le 25 octobre 1456, Fregoso écrivait à Sforza en lui envoyant deux ambassadeurs. Archives de Gênes, *Litterarum*, n° 9, f. 401 v°.

2. Saige, *Documents historiques*, etc., p. CLII-LIII.

3. Lettres de créance pour le Roi et ses conseillers, en date du 10 novembre. Archives de Milan, *Lettere missive*, XXXIV, f. 161 v°; *Francia dal... al 1470*.

4. Lettre du 18 novembre. « Io sequiro ogi il camino mio et passarò la montagnia, e trovarò il Re, segondo se dice, tra Lione e Vienna. Sabbato passat, a XIII del presente, passò per qui uno messo di Mre de Calavria et va a Zenoa con uno fasso de lettere a molti particulari citadini pur circha la praticha usata, a la quale non dorme el prefato duca. Et aspectasse che per quà debiano passare quatro citadini de li principali de Zenoa, li quali vano al prefato duca per farlo venire inanti e avisarlo sel duxe non farà quanto l'ha promeso, che loro citadini lo exequirano. » Archives de Milan, *Francia dal...al 1470*.

5. Cette dépêche, qui est aux Archives de Milan (*Francia dal...al 1470*), a été publiée par M. Étienne Charavay (*Lettres de Louis XI*, t. I, p. 267-77); malheureusement la copie n'a pas été collationnée avec assez de soin sur l'original, et le texte est parfois incorrect.

6. Tibaldo dit à ce propos : « E zerchano molto più per subtile che non me fereno l'altra volta. »

sait Tibaldo relativement aux desseins de Charles VII sur Gênes : « On ne parle plus ici de Gênes ; mais toute l'affaire est laissée entre les mains de Monseigneur de Calabre, qui a finances prêtes, dit-on, et son monde réuni autour de lui. Il n'y a plus qu'à voir si le doge veut dire son dernier mot. Et moi je dis que, si le doge ne le fait pas maintenant, il le fera plus tard, quand il verra qu'il ne peut plus se soutenir, ce qui ne me paraît pas devoir être dans bien longtemps, car il ne saurait durer, étant haï de tout ce qu'il y a de citoyens et de ses partisans même : c'est pourquoi je présume qu'il fera le saut un jour ou l'autre... On dit ici que l'on doit faire passer quelques gens d'armes vers Asti ; mais je crois que jusqu'à présent ce ne sont que des bruits. Et, comme je l'ai dit, j'espère que ces gens-ci auront tant d'affaires pour leur propre compte qu'ils ne pourront s'occuper de celles du prochain. » Tibaldo mettait soigneusement son maître au courant de tout ce qui concernait l'affaire du Dauphin, et l'engageait à envoyer quelqu'un vers le duc de Bourgogne pour savoir ce qui se disait et se faisait à sa cour, et, « à l'occasion, lancer quelque gibier à poursuivre ; car, ajoutait-il, les travaux des autres font notre affaire. »

Le duc de Milan ne négligeait aucun moyen de conserver les bonnes grâces du Roi. Ayant appris qu'il avait perdu un de ses médecins, dont il faisait le plus grand cas, Sforza, qui possédait deux traités du savant docteur, les fit transcrire avec luxe et les envoya à Charles VII, avec une lettre très gracieuse[1]. Tibaldo, de retour à Lyon le 3 février 1457, se rendit au château de Saint-Priest, où résidait le Roi. Celui-ci se montra très sensible à cette attention : dans sa dépêche du 14 février, l'ambassadeur s'étend très longuement sur le plaisir que le Roi avait éprouvé à feuilleter le beau manuscrit ; il donne des nouvelles de la Cour, où l'on était encore sous l'émotion causée par l'arrestation de Castellain et de Gouffier. Le bruit avait couru que mademoiselle de Villequier allait être emprisonnée ; mais il n'en était rien : la maîtresse du Roi était encore en grande faveur. A la vérité, mademoiselle de

1. Ms. Italien 1604, f. 207.

Villequier avait été fort affligée de l'affaire de Gouffier, avec lequel elle était intimement liée[1]. L'influence du comte de Dammartin et de ses amis était en baisse et pâlissait devant le crédit du comte de Dunois. On attendait au milieu de mars le roi René, le duc d'Orléans, le comte de Foix, le duc de Bourbon, le comte du Maine, le duc de Calabre et d'autres seigneurs; le comte de Nevers venait d'arriver, et l'on disait qu'il venait ménager un accommodement entre le Dauphin et son père. Le duc de Savoie avait renoncé à toutes les alliances qu'il pouvait avoir avec le duc de Bourgogne et avec Berne[2].

Dans un rapport secret, adressé à ce moment au duc de Milan par un capitaine placé sous les ordres du duc de Calabre, on lui faisait savoir que ce prince se préparait à se rendre à Gênes à la tête d'une puissante armée[3].

Tibaldo revint le 27 avril de sa mission près de Charles VII; dès le lendemain Sforza le faisait repartir[4]. Le Roi, qui était au courant de tout ce qui se passait à Milan[5], n'ignorait pas les intrigues du duc. Le 20 juin 1457, il lui écrivit pour se plaindre de sa conduite envers le duc de Savoie[6]. Sforza répondit le 16 juillet par une longue lettre, où il se déclarait prêt à faire tout ce que le Roi désirait; mais, tout en manifestant l'intention de rester en bons termes avec le duc de Savoie, il déclarait que, si ce prince protégeait ses sujets rebelles, il en subirait les conséquences[7]. Charles VII le remercia de lui avoir répondu aussi amplement, demandant que, si quelque difficulté survenait, elle fût résolue amiablement par des arbitres[8].

1. « Perche erano una cosa medesima. » Dépêche du 14 février.
2. Archives de Milan. *Francia dal... al 1470.*
3. *Id., ibid.*
4. Lettre de créance pour le Roi, en date du 28 avril. Archives de Milan, *Lettere missive*, XXXIV, f. 216 v°.
5. « Certificandove che sono cussi bene informati particularmente de le cose de là como mi. » Dépêche de Tibaldo du 7 décembre. *Lettres de Louis XI*, t. I, p. 268.
6. Lettre traduite en italien. Archives de Milan, *Francia, Corrisp. con Carlo VII.*
7. Archives de Milan, *Lettere missive*, XXXIV, f. 287 v° et suiv.
8. L'original de cette lettre, qui se trouvait à Milan, aux Archives d'État, fut envoyé à Vienne le 20 décembre 1830, pour être placé dans la bibliothèque de l'empereur d'Autriche : c'est ce qui résulte d'une note que nous avons trouvée aux Archives de Milan, dans le portefeuille : *Francia dal... al 1470.* Il y en a une copie moderne (avec lacunes) dans le portefeuille *Francia, Corrisp. con Carlo VII*, etc.

Mais bientôt de nouveaux griefs amenèrent de nouvelles plaintes. Dans une lettre du 30 octobre 1457, nous voyons Sforza se défendre d'avoir écouté des propositions d'alliances qui auraient pu déplaire au Roi et protester énergiquement contre les insinuations faites contre lui à cet égard; il s'excusait dans les termes les plus humbles de songer à faire quoi que ce fût qui pût offenser la très chrétienne maison dont, à l'exemple de son père, il avait été et serait toujours le fidèle serviteur[1].

La situation de Gênes, toujours menacée d'une attaque du roi d'Aragon, était fort précaire. Au mois de mars 1457, huit notables seigneurs, qui avaient été chargés de poursuivre les négociations entre le doge et Charles VII, s'adressèrent à ce prince pour le supplier d'y mettre un terme en prenant la République sous sa protection : ils ne doutaient pas que le doge ne fût disposé à accomplir les conditions posées par le Roi, si celui-ci prenait résolument la chose en main; tout le monde à Gênes le désirait. Baptiste Doria, lieutenant de Benoît Doria, capitaine de la flotte génoise, était envoyé au Roi pour tout combiner avec lui[2]. Charles VII reçut en même temps une lettre de Benoît Doria, accréditant son lieutenant auprès de lui[3]. De son côté, Pierre de Campo Fregoso écrivit au duc de Calabre, à la date du 27 avril, pour lui faire part des armements du roi d'Aragon et le supplier de venir à son secours[4].

Jean d'Anjou employa l'année 1457 à faire ses préparatifs. Le 7 février 1458, à Aix en Provence, était passé avec lui, à titre de lieutenant général du Roi et de gouverneur du duché de Gênes, le traité définitif par lequel Pierre de Campo Fregoso déclarait se soumettre à Charles VII. La seigneurie de Gênes était transférée à la France; les droits et privilèges des Génois étaient maintenus, dans les conditions qui avaient été stipulées

1. Original, à la Bibl. nationale, ms. fr. 10238, f. 69; copie du temps aux Archives de Milan, *Lettere missive*, XXXIV, f. 324 v° (au f. 327 se trouve une version italienne, à la suite du texte latin).

2. Lettre du 18 mars 1457. Original dans le ms. fr. 10238, f. 71.

3. Lettre du 1er avril. *Id.*, *ibid.*, f. 187.

4. Archives de Gênes, *Litterarum*, 18, à la date.

en 1396, lors de la cession faite à Charles VI[1]. Ce traité fut signé de nouveau à Beaugency le 25 juin suivant, et un acte passé entre les ambassadeurs de Gênes et les commissaires désignés par le Roi fut revêtu le même jour de l'approbation royale[2]. Dans l'intervalle, le 11 mai, le duc de Calabre avait fait son entrée à Gênes et reçu le serment de fidélité des habitants. Lui-même avait juré de respecter les lois et les privilèges des Génois, en même temps que les statuts et privilèges de la banque de Saint-Georges[3].

Au moment où la République de Gênes passait sous la domination de Charles VII, Alphonse V préparait contre elle une nouvelle attaque. Son amiral, Bernard de Villamarino, qui avait hiverné à Porto-Fino avec vingt vaisseaux, reçut un renfort de troupes d'élite, avec des armes et des munitions; le duc de Calabre venait à peine de débarquer quand la flotte napolitaine vint bloquer Gênes. Le nouveau gouverneur avait dix galères et un certain nombre de gens de guerre; mais sa situation ne laissait pas d'être critique. Menacé du côté de la mer, il avait à lutter contre un parti de mécontents, secrètement soutenu par le duc de Milan : Jean-Antoine de Fiesco, Raphael et Bernabò Adorno s'avançaient par les montagnes, à la tête d'un corps de troupes, et, dans Gênes, Pierre Spinola et ses partisans se tenaient prêts à leur donner main forte[4]. Déjà le duc de Calabre avait fait ses préparatifs de défense, quand

1. Ce traité est inséré dans les lettres confirmatives de Charles VII en date du 25 juin suivant. Voir plus loin.

2. Le 8 avril, le doge donnait des pouvoirs aux ambassadeurs envoyés à Charles VII. Les actes passés à Beaugency sont en originaux aux Archives de Gênes, *Materie politiche*, mazzo 13, et aux Archives nationales, en duplicata, J 498, nos 31 et 35. Voir Du Mont, *Corps diplomatique*, t. III, part. 1, p. 245 et suiv. — Le 25 juin, également, Charles VII donna des lettres où il déclarait avoir pour agréable le don, à lui fait par les Génois, de la ville et seigneurie de Gênes, et avoir reçu le serment de fidélité prêté en leur nom (Duplicata aux Archives nationales, J 498, no 33). — Le 13 juin précédent, Charles VII écrivait à Dreux Budé pour se faire envoyer le double du traité de 1396 (J 476, no 16).

3. Voir Sismondi, t. X, p. 74-75. — Dès le 7 mai, le doge écrivait aux habitants de Novare pour leur annoncer la soumission de Gênes à la France, et leur recommander la fidélité à Charles VII. Archives de Milan, *Potenze estere*, *Genova*. — Le 27 mai, Pierre Spinola, l'un des chefs des dissidents, dans une lettre *ex galea supra portum Janue*, racontait à Sforza l'entrée des Français. *Ibid.*

4. Sismondi, t. X, p. 75-76.

une nouvelle imprévue vint jeter le désarroi parmi ses ennemis : Alphonse V était mort le 27 juin, à la suite d'une courte maladie[1]. Aussitôt, la flotte napolitaine se dispersa, et la mort imprévue de Raphael et de Bernabò Adorno, survenue sur ces entrefaites, força leurs troupes à battre en retraite.

La mort d'Alphonse V allait rouvrir toutes les complications un moment apaisées par la ligue contractée en janvier 1455. Quelques semaines auparavant Cosme de Médicis, qui exerçait à Florence un ascendant sans partage, prévoyant la mort prochaine d'Alphonse V et du Pape, traçait à Nicodème de Pontremoli, l'ambassadeur de Sforza, le plan de conduite qui lui semblait devoir être suivi. Le duc de Milan devait rester l'arbitre de la politique française en Italie. Les Français n'avaient rien de mieux à faire que de s'allier secrètement avec lui, d'affermir leur domination à Gênes, de s'assurer le concours de la république de Lucques et du duc de Modène, d'attendre la mort d'Alphonse V et de Calixte III, de ménager l'élection d'un pape disposé à soutenir les droits de la maison d'Anjou, et de marcher d'un commun accord à la conquête du royaume de Naples[2].

Si Alphonse V avait perdu la popularité dont il avait joui durant de longues années, la maison d'Anjou conservait un prestige qui devait favoriser le triomphe de ses prétentions. Mais un obstacle se dressait en face d'elle. Sforza lui était hostile ; il exerçait sur les Florentins une influence prépondérante ; il était en relations assidues avec le Dauphin, dont toute la politique consistait à contrecarrer les desseins de son père ; il encourageait à Gênes les mécontents et les poussait à prendre les armes. Alphonse V était à peine mort qu'il prit résolument en main la cause de son fils bâtard, Ferdinand, auquel était échu en partage le trône de Naples. Celui-ci rencontra cependant un adversaire déclaré en la personne du vieux pape Calixte III, autrefois tout dévoué au roi d'Aragon ;

1. Voir dépêche d'Antoine de Tricio sur la mort d'Alphonse V. Naples, 27 juin 1458. Ms. italien 1588, f. 88.
2. Voir dépêche de Nicodème de Pontremoli en date du 24 mai 1458. Ms. italien, 1588, f. 74.

il refusa de reconnaître Ferdinand, et, par une bulle en date du 12 juillet, déclara le royaume de Naples dévolu au Saint-Siège. Il ne dissimula même pas ses sympathies pour la maison d'Anjou et chercha à rallier Sforza à sa politique, lui offrant, s'il s'employait à la conquête du royaume de Naples, de lui faire restituer ses possessions des Abruzzes et de la Pouille, et même d'y ajouter d'autres territoires. Loin de répondre à ces avances, Sforza déclara qu'il soutiendrait de tout son pouvoir le fils naturel d'Alphonse V.

Sur ces entrefaites, Calixte III disparut de la scène (6 août); il fut remplacé sur le trône pontifical par Æneas Sylvius, qui prit le nom de Pie II. Le nouveau pape, tout entier à ses projets de croisade, allait se montrer l'antagoniste résolu de la maison d'Anjou. Sollicité par Charles VII et par le roi René de conférer à cette maison l'investiture du royaume de Naples et de recevoir l'hommage de René, il répondit qu'il regrettait que le trône fût occupé par un autre prince, mais qu'il ne pouvait le lui enlever sans nuire aux intérêts de l'Église, surtout en un moment où il fallait pacifier les États chrétiens pour courir à la défense de la Foi contre les Turcs (27 novembre 1458). Peu après il donna l'investiture à Ferdinand, se bornant à ajouter cette formule : « sauf les droits d'autrui[1]. »

Le duc de Milan, tout en donnant de belles paroles au roi René, en le félicitant sur la prise de possession de Gênes par son fils au nom de Charles VII, et en protestant de ses bonnes dispositions à l'égard de la maison de France[2], ne cessait d'agir dans un sens tout opposé à la politique royale. A une lettre de Charles VII, lui signifiant l'occupation de Gênes et lui reprochant d'encourager les mécontents dans cette ville[3], il répondit par ses banales déclarations de bon vouloir et de dévouement[4]. Le Roi ne se tint pas pour satisfait : il lui envoya

1. Voir Lecoy de la Marche, *le roi René*, t. I, p. 289-91, et t. II, p. 287.
2. Voir la lettre de René à Sforza en date du 8 juin. Ms. italien 1588, f. 70; éd. Lecoy de la Marche, *l. c.*, t. II, p. 283.
3. Lettre du 16 juin. Original, dans la Bibliothèque du marquis Trivulci à Milan.
4. Lettre apportée par Roualin Regnault, visée dans une lettre de Charles VII. Ms. ital., 1605, f. 160. Cf. Cabinet des titres, 685, f. 212.

un de ses conseillers, Jean d'Amancier[1], avec mission de lui faire savoir qu'il prenait en main les intérêts de son beau-frère, le roi René, dans le royaume de Naples, et de lui demander de prêter assistance au duc de Calabre dans son gouvernement de Gênes. Le Roi comptait sur Sforza pour aider le roi René à recouvrer son royaume, et réputerait comme fait à lui-même ce qu'il ferait à cet égard; il avait également confiance que le duc de Calabre recevrait de lui « faveur, aide, plaisir et courtoisie » pour tout ce que celui-ci aurait à faire à Gênes; il dénonçait en même temps les agissements du marquis de Finale, vassal de Sforza, qui, au mépris de son serment et des avertissements donnés, se montrait hostile au duc de Calabre[2].

Charles VII envoya en même temps un ambassadeur à la république de Florence, qui lui avait récemment adressé de chaleureuses félicitations sur l'occupation de Gênes, se déclarant prête à le seconder[3], pour l'informer de ses desseins dans le royaume de Naples et lui demander de ne prêter aucune assistance au fils d'Alphonse V. Miles d'Illiers, doyen de Chartres, ambassadeur du Roi, avait mission de se rendre ensuite auprès du Pape pour le solliciter de ne point donner l'investiture à Ferdinand, excommunié par son prédécesseur[4]. Le gonfalonier de justice demanda un délai pour consulter l'assemblée des notables; trois jours après une délibération était prise. La République protestait de son attachement envers la maison de France; elle faisait grand cas du duc de Calabre qui, pendant son séjour à Florence, s'était montré sage, modeste, plein d'aménité et de bienveillance; mais elle était liée envers

1. Il est nommé *Johanno da Mansi* dans le document cité note suivante, qui est traduit en italien. L'ambassade de Jean d'Amancier est mentionnée dans le ms. 685 du Cabinet des titres, f. 211 v°.

2. Instructions données à Vendôme le 3 septembre 1458; lettre sans date (évidemment du même jour). Ms. italien 1588, f. 137-38.

3. « Si qua vero per nos fieri poterunt quo vestrum sive ejus (le duc de Calabre) respiciant commodum aut dignitatem, suadeat sibi vestra sublimitas nos ea letis animis egregio studio facturos. » Lettre du 26 juillet 1458. Archives de Florence, *Signori. Carteggio. Missive. Reg. I. Cancell.*, XLI, f. 30.

4. Procès-verbal de la réception de Miles d'Illiers, 4 octobre 1458. Archives de Florence, *Signori. Legazione e commissarii. Risposte d'oratori*, I, f. 19 v°. Éd. Desjardins, *Négociations diplomatiques*, etc. t. I, p. 82 et suiv.

la maison d'Aragon par un traité auquel elle ne pouvait manquer, sans violer la foi jurée : elle demandait donc au Roi de se contenter de ce qu'elle pourrait faire, tout en sauvegardant son honneur[1]. L'ambassadeur eut beau insister; l'évêque de Marseille, qui arriva ensuite, au nom du roi René, eut beau déployer toute son éloquence pour obtenir le concours de la République, tout fut inutile : les Florentins déclarèrent qu'ils se considéraient comme liés et n'entendaient point se soustraire aux engagements contractés[2].

C'était là la politique officielle de Florence. Mais elle avait une politique occulte : à ce moment même le grand citoyen qui avait conquis dans ses conseils une place si importante paraît avoir fait auprès du duc de Milan les plus pressantes démarches pour le rallier à la cause de René et de son fils, lui rappelant ses obligations envers la maison d'Anjou, ses griefs contre le roi d'Aragon, lui faisant observer que le représentant de cette maison était dans une situation désespérée et l'exhortant à ne point ressusciter un mort[3].

Ni les remontrances de Charles VII, ni les conseils de Cosme de Médicis n'exercèrent la moindre influence sur la conduite de Sforza. En répondant à Médicis, il allégua ses engagements antérieurs et fit ressortir les avantages qu'il avait à maintenir Ferdinand à Naples[4]. Tandis que Charles VII s'occupait activement de soutenir le duc de Calabre à Gênes et lui envoyait des renforts[5], le duc de Milan donnait asile aux Génois révoltés et encourageait leurs menées. Charles VII lui écrivit de nouveau, à la date du 21 novembre, pour lui reprocher sa conduite[6]; il envoyait un ambassadeur, Guillaume Toreau, chargé en

1. Desjardins, *l. c.*, p. 86-89.

2. *Id.*, *ibid.*, p. 89-90. — La réponse faite à l'évêque de Marseille est du 21 octobre ; or, le 14, deux ambassadeurs étaient désignés pour se rendre à Naples auprès de Ferdinand (Archives de Florence, *Signori. Legazione e Commissarii, Carte di correro*, VI, f. 162), et d'amples instructions leur étaient données pour s'entendre avec lui (*Id.*, *Signori. Leg. e Comm. Elezioni*, etc., XV, f. 8-10).

3. Voir *Rerum Italicarum Scriptores*, t. XXI, col. 701-703, en note.

4. *Id.*, *ibid.*, col. 703-706.

5. Mesures prises en novembre et décembre 1458 dans ce but. Voir dixième compte de Mathieu Beauvarlet, dans le ms. 685 du Cabinet des titres, f. 212 v° et 213.

6. Lettre en italien. Ms. italien 1605, f. 102.

même temps de se rendre près du duc de Savoie et du marquis de Montferrat[1]. Les intrigues de Sforza portaient leurs fruits, car Pierre de Campo Fregoso commençait à causer de sérieux embarras au duc de Calabre, et s'attirait de vifs reproches de ce prince[2]. C'est en vain que, de son côté, le roi René écrivait à Sforza pour lui reprocher son attitude hostile, à laquelle il ne voulait pas croire[3].

Au commencement de 1459, le duc de Calabre reçut une ambassade des seigneurs napolitains. Après s'être adressés en vain au roi de Navarre, successeur d'Alphonse V dans le royaume d'Aragon, ils venaient lui offrir de le mettre en possession du royaume de Naples, à l'exclusion de Ferdinand. Jean d'Anjou était tout entier à son gouvernement de Gênes, où il commençait à conquérir une popularité justifiée par son noble caractère et par son habile politique. De Chinon, où il était auprès de Charles VII, Bertrand de Beauvau écrivait à ce moment : « Hier arriva un chevaucheur de monseigneur de Calabre, et aujourd'hui est arrivé un de ses gens, nommé André de Marcy, qui est homme de bien, lequel m'a dit que la ville de Gênes et la seigneurie sont en la plus grande paix et union qu'ils furent passé a cent ans, et que monseigneur de Calabre est le mieux voulu que oncques prince fut[4]. » Cette heureuse situation ne devait pas tarder à être troublée par les intrigues de Sforza.

Charles VII ne négligeait rien pour assurer la tranquillité de Gênes. Il voulut profiter des bonnes dispositions que lui témoignait le nouveau roi d'Aragon pour mettre la Seigneurie à l'abri de toute agression de ce côté. Jean II, aussitôt après

1. « Guillaume Thoreau, notaire et secrétaire du Roy pour un voyage, le penultiesme novembre, devers les ducs de Bourbon et de Savoye, le prince de Pymont, le m^is de Montferrat, le comte Francisque et le bailly de Sens, leur porter lettres closes, vu^xx l. » Cabinet des titres, 685, f. 212.

2. Lettre du duc Jean à Campo Fregoso, en date du 27 novembre. Archives de Gênes, *Litterarum*, 21, à la date.

3. Lettre en date du 18 décembre. Original, Archives de Milan, *Potenze estere, Napoli*.

4. Lettre de Bertrand de Beauvau au président de la Chambre des comptes d'Angers. Original, Archives nationales, P 1334[7], f. 50 v°. Passage reproduit par M. Lecoy de la Marche, *le roi René*, t. I, p. 202, note 2.

avoir réuni la couronne d'Aragon à celle de Navarre, avait envoyé vers le Roi pour solliciter son alliance[1]. L'ambassade arriva à Vendôme, au mois de novembre 1458, et Charles VII accueillit favorablement cette ouverture[2]. Le mois suivant, il désigna des ambassadeurs pour se rendre à la cour du roi d'Aragon[3] et leur donna pleins pouvoirs pour conclure un traité d'alliance[4]. Dans les instructions qu'il leur remit, il recommandait expressément que les Génois fussent compris dans le traité, et chargeait ses ambassadeurs de régler toutes les questions en litige entre le roi d'Aragon et Gênes[5]. Le traité d'alliance entre les royaumes de France et d'Aragon fut passé à Valence le 27 juin[6]. Si Charles VII n'obtint pas tout ce qu'il demandait en faveur des Génois, il amena pourtant Jean II à consentir à une trêve qui assurait leur sécurité[7].

Au mois de janvier 1459 parurent à la cour de Charles VII, à Tours, des ambassadeurs de Milan, Venise, Florence et autres états de l'Italie[8]. Vers le même temps, l'évêque de Marseille et Jean Cossa furent envoyés à Milan par le duc de Calabre pour faire une suprême démarche auprès de Sforza. Ils lui rappelèrent l'antique alliance qui unissait sa famille à la maison d'Anjou : son père, Attendolo, était mort en combattant pour le roi René ; lui-même avait perdu ses états dans le royaume de Naples en luttant en faveur de ce prince ; le duc de Calabre le suppliait, au nom de ces souvenirs, de soutenir ces mêmes droits qu'il avait défendus les armes à la main et de préférer à une alliance nouvelle, d'un caractère exclusivement politique,

1. On a une lettre du roi d'Aragon à Charles VII en date du 12 octobre 1458, reçue le 17 novembre. Ms. latin 10152, f. 107.

2. De Tours, vers la fin de décembre 1458, Charles VII envoya un chevaucheur porter des lettres closes au roi d'Aragon. Cabinet des titres, 685, f. 212.

3. C'étaient le comte de Foix, Jean Bureau, Jean Tudert et Antoine d'Isome. Sur l'ambassade du comte de Foix, voir ms. fr. 4192, f. 66 v° et suiv. — Paiements aux ambassadeurs : Archives, KK 51, f. 113 v° et 115 ; Bibl. nat., *Pièces originales*, 2891 : TUDERT ; 1685 : LENONCOURT ; Ms. fr. 26086, n° 7328.

4. Lettres sans date. Ms. fr. 5909, f. 251 v°.

5. Ces instructions sont dans le ms. latin 6024, f. 116.

6. Voir Çurita, t. IV, f. 61 v°-62 ; Du Chesne, vol. 107, f. 306 v°.

7. Sur les négociations poursuivies à ce sujet, voir Du Puy, 760, f. 81 et 91.

8. Paiement de 825 l. t. pour vaisselle ouvrée donnée aux ambassadeurs. Ms. fr. 20980, f. 1.

une alliance de près d'un demi-siècle, que sanctionnaient de vieilles affections et qui lui vaudrait une juste reconnaissance. Le jeune duc lui offrait d'épouser une de ses filles, alors destinée au fils de Ferdinand, beaucoup plus jeune qu'elle ; il promettait de rendre à Sforza tout ce qu'il avait possédé dans le royaume de Naples, et d'y ajouter de nouveaux territoires ; il s'engageait à suivre en tout ses conseils[1].

Ces propositions ne trouvèrent aucun crédit auprès du duc de Milan ; à de vaines protestations de dévouement, il mêla même des reproches amers sur ce que l'entreprise sur Gênes lui avait été dissimulée ; il déclara que, quels que fussent les droits des prétendants à la couronne de Naples, il ne se permettait pas de les juger, et que sa conduite ne pouvait être dictée que par les traités qu'il avait signés. La ligue conclue en 1455 entre tous les États de l'Italie ne lui laissait plus de choix. Si la maison d'Aragon était attaquée dans le royaume de Naples, il se voyait obligé à la défendre. L'Italie entière, liée par la même ligue, embrasserait également la cause de Ferdinand. Il invitait donc le duc de Calabre à réfléchir sérieusement avant de se lancer dans une entreprise qui serait probablement au-dessus de ses forces. Par la même raison, il n'était plus à même d'accueillir la proposition de mariage qui lui était faite : sa fille était promise à Alphonse, fils de Ferdinand ; quels que fussent les événements, il resterait fidèle à l'engagement contracté[2].

Sous le masque de cette prétendue fidélité aux traités, Sforza cachait l'hostilité la plus invétérée. Il avait accueilli dans ses états Pierre de Campo Fregoso qui, sous prétexte qu'on ne remplissait pas les engagements contractés à son égard, avait quitté Gênes ; il lui facilitait les moyens de rassembler des troupes avec l'argent que lui faisait passer Ferdinand, et il l'autorisait à mettre à leur tête l'un des capitaines les plus renommés de son armée, Tiberto Brandolini. Une invasion nouvelle se préparait contre Gênes, et le fils bâtard

1. Voir Simonetta, dans *Rerum Italicarum scriptores*, t. XXI, col. 692.
2. *Id.*, *ibid.*, col. 693-94 ; cf. Sismondi, t. X, p. 97-99.

d'Alphonse V devait envoyer une flotte pour bloquer la ville.

Sur ces entrefaites Sforza reçut un nouveau message de Charles VII. Le Roi avait reçu récemment un ambassadeur de Gênes, Bonarel de Grimaldi : cet ambassadeur s'était plaint de ce que Pierre de Campo Fregoso lui avait enlevé une de ses places, qu'il avait mise au pillage. Le Roi réclamait à ce sujet : « Et pour ce que, écrivait-il, comme l'on dit, icelui de Campo Fregoso est de par vous porté et favorisé — dont sommes fort émerveillé, et est chose bien étrange que veuilliez soutenir icelui de Campo Fregoso et ainsi travailler et molester ledit Bourronel et autres nos sujets, ce que ne pourrions bonnement souffrir ni tolérer, — nous vous prions et requérons que ces choses veuilliez faire réparer. » Le Roi envoyait à Sforza son bailli de Berry, le sire de Maupas[1].

Les menées hostiles du duc de Milan ne tardèrent pas à produire leurs résultats. Tandis que le duc de Calabre s'affermissait de plus en plus dans son gouvernement de Gênes, s'occupant de pourvoir à la défense de Monaco[2], obtenant la soumission du marquis de Finale[3], se mettant en relations avec le roi d'Angleterre Henri VI[4], travaillant même à la défense de la chrétienté en Orient[5], une attaque se préparait dans l'ombre[6]. Au moment où Villamarino, avec douze galères,

1. Lettre du 31 janvier 1459. Original aux archives de Milan, *Francia, Corrisp. con Carlo VII*, etc. — Dons faits à Grimaldi : Archives, KK 51, f. 100 v° et 109 v° ; Rôle du 16 mars 1459, *Pièces originales*, 1685 : Lenoncourt.

2. Mandement du 19 avril 1459. Saige, *Documents historiques relatifs à la principauté de Monaco*, t. I, p. 297.

3. Traité du 18 avril 1459. Du Mont, *Corps diplomatique*, t. III, part. I, p. 261.

4. Lettre du duc de Calabre à Henri VI, en date du 4 avril. Archives de Gênes, *Litterarum*, 21, à la date.

5. Lettres du duc à Charles VII, au roi René, au duc de Bourgogne, en date du 1er mars. Même source.

6. Sforza était persuadé que Charles VII n'agirait pas à main armée en Italie, et se donnait libre carrière. Un de ses agents lui écrivait de Carpentras, à la date du 27 août : « Dice effectualiter che è certo de Francia non verrà in lo Reame o altra parte di Italia exercito nullo, ch'ello Re non vole spendere al beneficio de altri, et anche perche pigliando la impresa di Italia, come fosse intricato, sirria molestato da le parti de quà dal suoi emuli ; et ch'ello Re non farra may altra impresa in Italia excepto che de lettere et ambasciatori... Dice anchora non essere signore nullo in quella corte che non li despiacia la impresa de Genova, excepti el duca et lo bastardo d'Orliensi, et Carlo de Angio, per lo interesse pretendono havere in Italia, et che fra el dicto bastardo et Carlo è tenuta, per invidia più che per altro, divisione granda, la quale nocerà alla decta impresa. » Archives de Milan, *Francia dal... al 1470*.

paraissait devant Gênes, Pierre de Campo Fregoso, secondé par Jean-Antoine de Fiesco, tentait un coup de main. Il comptait sur la connivence des habitants : les Génois ne bougèrent pas. Fiesco fut tué ; ses partisans s'enfuirent ; Fregoso fut contraint de regagner la Lombardie. Le duc de Calabre, acclamé par le peuple, vit son pouvoir fortifié par cette agression. Une nouvelle tentative, faite le 13 septembre, fut encore plus fatale à ses adversaires : Fregoso y perdit la vie, et le duc de Calabre, qui s'était porté à sa rencontre à la tête de toute sa garnison, rentra triomphalement dans Gênes[1]. Jean d'Anjou pouvait se croire désormais à l'abri de toute attaque : il se décida à tenter la conquête du royaume de Naples; le 4 octobre il s'embarquait, abandonnant sa brillante situation pour une entreprise pleine de périls, et dont l'insuccès pouvait être doublement fatal à la France.

Au moment même où le duc de Calabre faisait voile vers le royaume de Naples s'ouvrait le congrès de Mantoue.

La défense de la chrétienté contre les Turcs était la préoccupation constante de la papauté. Si Pie II avait adopté, en Italie, une politique différente de celle de son prédécesseur, il n'était pas moins zélé que Calixte III pour la croisade. Dès le 13 octobre 1458, il avait adressé à tous les souverains un solennel appel pour se rendre à une grande assemblée qui devait se tenir le 1er juin de l'année suivante, soit à Mantoue, soit à Udine, afin de combiner les mesures à prendre[2]. Il s'était adressé en particulier à Charles VII, et lui avait fait de pressantes sollicitations[3]. Charles VII avait répondu qu'il convoquerait à ce sujet une assemblée de prélats de son royaume et qu'il transmettrait au Pape leur délibération[4]. Quand Miles d'Illiers était venu à Rome, au mois de novembre, Pie II avait adressé au Roi un nouveau bref, que l'évêque de Conserans

1. Voir Sismondi, t. X, p. 102-105.
2. Raynaldi, ann. 1458 (Pii II, ann. I), §§ 14 et 15 ; Voigt, *Enea Silvio de' Piccolomini*, t. III, p. 20.
3. Bref du 24 octobre 1458. *Æneæ Silvii Epistolæ*, nº 399. Raynaldi, *l. c.*, § 16; VII, 311.
4. *Æneæ Silvii Epistolæ*, nº 400.

fut chargé de lui remettre[1]. Charles VII se montra disposé à entrer dans les vues du Pape et écrivit à ses alliés les rois de Castille, d'Écosse et de Danemark, et au roi d'Aragon, leur demandant de se joindre à lui pour envoyer des ambassadeurs au congrès[2].

Le Pape quitta Rome le 22 janvier 1459 pour se rendre à Mantoue, qu'il avait choisi pour lieu de réunion du congrès. Il s'avança à petites journées à travers l'Italie, s'arrêtant à Pérouse, à Sienne, à Florence[3], et parvint le 27 mai au terme de son voyage. Grand fut son désappointement à son arrivée à Mantoue : non seulement aucun des souverains qu'il avait convoqués pour le 1er juin n'était présent, mais ils n'avaient envoyé aucun ambassadeur. Le 1er juin, à l'issue d'une grande messe solennelle, Pie II prononça un discours où il ne dissimulait pas son mécontentement. Le même jour, il envoya une circulaire à tous les princes et leur adressa des lettres spéciales pour les exhorter à se faire représenter au congrès[4]. Plusieurs semaines se passèrent dans l'attente. Les nouvelles qui arrivaient au Pape n'étaient point encourageantes[5]; une vive opposition se manifestait au sein du Sacré Collège, où l'on faisait tout au monde pour engager Pie II à renoncer au congrès et à retourner à Rome[6]. Le Pape résista et continua

1. Bref du 5 décembre 1458. Original, ms. fr. 20117, n° 22.

2. « Et pour ce que nostre Saint Père a puis naguaires envoyé l'evesque de Conzerans, son ambaxeur, devers le Roy touchant la journée qu'il a entreprise pour convoquer les princes au lieu de Mantoue touchant la deffense de la foy, le Roy semblablement, pour l'amour et affection qu'il a audit Roy d'Arragon, luy a bien voulu communiquer tout ce que nostre Saint Père luy a fait savoir en ceste partie et la response que le Roy a sur ce faicte à nostre dit Saint Père par ledit ambaxeur... Et seroit le Roy bien joyeux que, en ladicte matière, luy, le Roy de Castelle, auquel semblablement il en a escript, et pareillement le Roy d'Arragon eussent bon entendement et se joingnissent ensemble leurs ambaxades pour tirer ung mesme chemin et se employer en tout ce que semblera estre au bien de la deffense de la foy, de l'expulcion des ennemis d'icelle, et au bien de toute la chrestienté; et autant en a fait savoir le Roy aux Roys de Dampnemarche et d'Escosse, qui sont ses aliez, pour faire le semblable. » Instructions du 16 mars 1459. Ms. latin 6024, f. 116-19.

3. Voir sur ce voyage les détails circonstanciés donnés par Pastor, *Histoire des Papes*, trad. fr., t. III, p. 44 et suiv.

4. Pastor, *l. c.*, p. 56. Le bref à Charles VII porte la date du 8 juin. Pastor, édition allemande, t. II, p. 600.

5. Le 3 avril, l'évêque de Conserans retournait vers le Pape; il était porteur d'une lettre du comte de Dunois. Cabinet des titres, 685, f. 213.

6. Voir Pastor, *l. c.*, p. 57.

ses démarches auprès de l'empereur, du roi de France, du duc de Bourgogne et des autres princes de la chrétienté[1].

Le 3 mai, il avait félicité Philippe le Bon de ce qu'il devait venir en personne au congrès[2]; mais l'attente du Pape fut trompée : le duc de Bourgogne se borna à envoyer des ambassadeurs, qui arrivèrent le 18 août; c'était son neveu, le duc de Clèves, Jean Jouffroy, évêque d'Arras, et Jean de Croy, seigneur de Chimay[3]. Le 20, ils furent reçus en consistoire public, et l'évêque d'Arras prononça un discours; mais le duc de Clèves partit au bout d'un mois, sans même attendre l'ouverture du congrès[4]. Le duc de Milan et les ambassadeurs de Venise s'étant enfin décidés à répondre aux appels réitérés du Souverain Pontife, Pie II ouvrit le congrès à la date du 26 septembre. Il prononça un éloquent discours, et mit aussitôt en délibération la grande question qui avait motivé la réunion de l'assemblée. Les 27 et 30 septembre, deux séances furent consacrées à l'étude des mesures à prendre en vue de la croisade[5].

Charles VII n'avait pas montré plus d'empressement que l'empereur et les autres souverains à envoyer ses ambassadeurs à Mantoue[6]. Il poursuivait la réalisation de ses desseins

1. Voir Pastor, t. III, p. 58 et suiv. Voigt, t. III, *l. c.*, p. 47 et suiv.; Raynaldi, ann. 1459.

2. Bref publié par Theiner, *Monumenta vetera historica Hungariam illustrantia*, t. II, p. 326.

3. Ils partirent de Bruxelles le 10 juin. Archives du Nord, B 2034, f. 95 et suiv. Voir sur l'ambassade bourguignonne, Mathieu d'Escouchy, t. II, p. 376-93.

4. Le 24 septembre, d'après le chroniqueur Mantouan Schivenoglia. *Racolta di cronisti e documenti storici Lombardi*, t. II, p. 139; cf. Mathieu d'Escouchy, t. II, p. 393, note.

5. Voir Pastor, t. III, p. 72 et suiv.

6. Mathieu d'Escouchy dit (t. II, p. 294) que, parvenus à Lyon, les ambassadeurs apprirent l'arrivée des ambassadeurs bourguignons à Mantoue, et qu'ils attendirent pour continuer leur route que Miles d'Illiers, envoyé pour savoir le résultat de cette ambassade, fût revenu. Il est certain que Miles d'Illiers fut envoyé à l'avance : cela résulte d'un rôle du 16 mars 1459 (*Pièces originales*, 1685 : LENONCOURT). — Le 11 septembre, le Roi donnait des instructions à ses ambassadeurs sur ce qu'ils devraient faire dans le cas où les ambassadeurs du duc de Bourgogne auraient, en particulier ou en public, entretenu le Pape des dissentiments existant entre le Roi et le duc, et produit des accusations contre le Roi, soit au sujet du traité d'Arras, soit au sujet du démêlé avec le Dauphin, soit au sujet de l'affaire du Luxembourg. Enfin le Roi prévoyait le cas où le Pape parlerait de mettre un capitaine général à la tête de l'armée de la croisade et donnait son sentiment à cet égard. Collection de Touraine, 28[2], f. 103; éd. *Jean de Reilhac*, etc., t. I, p. 79.

en Italie, et cherchait à se rendre les divers États favorables. Il ne pouvait compter sur le duc de Milan, dont l'attitude devenait de plus en plus hostile, mais il espérait avoir l'appui des républiques de Florence et de Venise. Des démarches pressantes étaient faites auprès de la première, et un ambassadeur avait été envoyé à la seconde au mois de mars[1]. Charles VII résolut d'envoyer à Venise une ambassade solennelle[2]. En même temps, le comte d'Angoulême fut chargé de se rendre à Asti pour suivre les choses de près. Il arriva dans cette ville vers le 31 août[3], en compagnie de Jean de Chambes et de Georges Havart, désignés pour aller à Venise.

Après six semaines de séjour à Asti, les deux ambassadeurs se mirent en route[4]. Le bruit courait en Italie que Charles VII voulait négocier le mariage de sa fille avec le neveu du duc de Modène[5]. Chambes et Havart, évitant Milan, où ils se bornèrent à envoyer un hérant pour remettre à Sforza une lettre du Roi[6] et lui annoncer qu'ils le visiteraient au retour[7], s'arrêtèrent à la cour du marquis de Ferrare, qui les festoya pendant trois jours; ils arrivèrent à Venise le 21 octobre. Dans l'audience que le doge leur donna le surlendemain, ce fut Havart qui porta la parole[8]. Le doge les remercia en termes chaleureux, disant qu'il était plus joyeux de la venue de l'ambassade du Roi que de celle d'aucune autre ambassade qui eût paru à

1. Le 27 mars, le Sénat donnait réponse à Jean d'Amancier, ambassadeur de Charles VII. *Deliberazioni secrete del Senato*, LXX, f. 179, cité par M. P. M. Perret, *L'Ambassade de Jean de Chambes à Venise*, dans la *Bibliothèque de l'École des chartes*, t. L (1889), p. 561, note.

2. Le 12 août, Angelo de Amelia écrivait de Carpentras : « El dice que el Re de Francia a electe quatre ambasatorii al quali manda a Vinetia. » Archives de Milan, *Francia, dal... al 1470.*

3. Le 31 août, Carlo Cacherano écrivait : « Lo conte d'Angulema, cum li altri compagni, li quali sonno ambassatori del Re de Franza, veneno in Ast. » Même source.

4. Le 8 septembre, Charles VII avait fait partir un messager porteur de lettres pour Chambes et Havart. Cabinet des titres, 685, f. 213 v°.

5. Lettre de Cacherano, *l. c.*

6. Cette lettre, en date du 28 août, fut remise à Sforza le 11 octobre; elle est en original aux Archives de Milan, *Francia, Corrisp. con Carlo VII*, etc.

7. Nous suivons la curieuse relation de Jean de Chambes, publiée en 1842 par M. Eugène de Stadler dans la *Bibliothèque de l'École des chartes*, t. III, p. 186 et suiv.

8. « Monseigneur de la Rosière luy dit nostre creance en latin, bien et honorablement et en hault stille, et parla bien demye grosse heure. » Relation, *l. c.*, p. 188.

Venise depuis trente ans. « Je le dois être, ajouta-t-il, car c'est « le Roi des rois et très chrétien, et nul ne peut sans lui[1]. » Le 25, le sénat de Venise délibéra sur les ouvertures faites au nom de Charles VII; elles portaient sur quatre points : 1° rappel des anciennes alliances entre la couronne de France et la république de Venise; 2° occupation de Gênes par la France; 3° entreprise sur le royaume de Naples; 4° conclusion sur les propositions d'alliances faites par le précédent ambassadeur. Le sénat témoignait de son attachement à la maison de France; il avait vu avec plaisir la domination royale s'établir à Gênes, et ne ferait rien qui pût y mettre obstacle, ainsi qu'il en avait donné l'assurance à plusieurs reprises au duc de Calabre; il était tout disposé à s'unir au Roi, dont les entreprises étaient certainement dirigées dans un esprit de sagesse; il serait toujours disposé à faire tout ce qui pourrait augmenter la gloire et la puissance de la maison de France et serait à la fois utile et honorable pour le royaume et pour la république.

Les ambassadeurs trouvèrent cette réponse « belle et honorable, » mais ne leur donnant point une satisfaction suffisante; ils demandèrent qu'on précisât davantage. Le doge leur dit qu'il fallait pour cela convoquer une plus nombreuse assemblée. « Et ont été depuis assemblés mille à douze cents gentilshommes, écrivait Jean de Chambes le 28 octobre, et nous dit que eussions patience, et que dimanche nous fêteroit et montreroit les dames, puisque je les voulois voir, et y feroit venir la duchesse, nonobstant que ce ne soit pas la coutume. » Mais les ambassadeurs voyaient bien qu'on « délayoit à faire la seconde réponse en attendant les nouvelles de ce que feroit

1. Ce que le doge de Venise disait aux ambassadeurs de Charles VII, les envoyés de la République l'avaient dit au congrès de Mantoue : Voici ce qu'on lit dans une lettre de Nicolas Petit au chancelier Jouvenel, sur la réception de l'ambassade française à Mantoue : « Je vouldroye avoir le double de la proposicion que ont fait les Veniciens, car ilz se sont monstrez gens de grant façon, en louant le Roy nostre souverain seigneur, disant que bonne conclusion en ceste matière ne se pourroit prendre sans lui et autres ses aliez; disans oultre au Pape : « Tu es homme, né en pouvreté et ne scez que c'est « de telz besongnes que de vouloir faire bataille au Thurcq en la manière que tu le « prens; mais est besoing actendre la deliberacion du grant Roy et autres, sans lesquelz « riens ne se peut faire. » Dont le Pape feust fort indigné. » *Spicilegium*, t. III, p. 806. L'original de cette lettre est dans le ms. f. 17044, f. 162.

monseigneur de Calabre. » Cette réponse vint pourtant le 5 novembre. Dans une seconde lettre, Jean de Chambes écrivait : « Le mercredi sept de novembre, partîmes de Venise, car lundi eûmes notre réponse, belle et honorable, et dont sommes bien contents[1]. » Sans doute l'ambassadeur, en bon diplomate, ne donnait point ici le fond de sa pensée : nous avons la délibération du sénat, en date du 2 novembre ; elle était conçue dans les termes les plus vagues, éludant toute explication, soit sur l'appui que la République prêterait au Roi s'il voulait se venger de ceux qui semaient le trouble à Gênes, soit sur l'attitude qu'elle prendrait relativement à l'entreprise dans le royaume de Naples[2]. La mission des ambassadeurs avait complètement échoué.

Les choses avaient été combinées de façon à ce que le résultat de cette ambassade fût connu au moment où les ambassadeurs envoyés au congrès arriveraient à Mantoue. Nous voyons par la relation de Jean de Chambes que, partis le 7 novembre de Venise, lui et son collègue étaient le 12 à Vérone, où ils reçurent des lettres des autres ambassadeurs, et qu'ils joignirent ceux-ci le 14, au moment de leur entrée dans Mantoue.

Jusqu'ici l'Italie avait seule été représentée au congrès, et les résultats obtenus par le Pape avaient bien peu répondu à ses espérances. L'ambassade bourguignonne était partie ; les représentants de la France et de l'Allemagne n'avaient pas encore paru. A la fin d'octobre seulement arriva une ambassade du duc Albert d'Autriche, qui ne se manifesta que par l'insolence de son orateur[3]. Puis vinrent des ambassadeurs du duc Guillaume de Saxe. Le duc Sigismond d'Autriche arriva

1. *Bibliothèque de l'École des chartes*, t. III, p. 193.
2. Les ambassadeurs avaient présenté la chose comme étant à l'état de projet : « Subjunxerunt tamen quod sacra magestas domini sui, ob affectionem quam nobis gerit, mallet potius circa hoc pro magna parte desistere quam prosequi contra nostram intentionem. » Perret, *l. c.*, p. 565.
3. Dans sa première audience, il resta la tête couverte, et son discours ne fut qu'une série d'épigrammes ; une autre fois, parlant au nom de Sigismond d'Autriche, il rappela les épîtres amoureuses composées jadis par le Pape pour Sigismond. Voigt, *l. c.*, p. 77-78 et 100.

en personne le 10 novembre. Enfin, le 14 novembre, les ambassadeurs de France firent leur entrée, accompagnés des ambassadeurs du roi René, du duc d'Orléans et du duc de Bretagne.

L'ambassade française se composait de Jean Bernard, archevêque de Tours; de Guillaume Chartier, évêque de Paris; de Miles d'Illiers, évêque nommé de Chartres; de Guillaume Cousinot; de Thomas de Courcelles, le trop célèbre docteur de l'Université de Paris; du secrétaire Nicolas Petit, avec une suite nombreuse.

Elle ne fut point reçue immédiatement. « Notre saint Père, écrivait Nicolas Petit au chancelier Jouvenel, avait assigné jour pour l'audience accoutumée, qu'on appelle consistoire public; mais, pour ce qu'il étoit très mal disposé, il a différé jusqu'à un autre jour, et s'est fait excuser bien grandement, disant que son intention est de ouïr bien au long le proposant et de parler après. Et crois que la proposition sera moult belle, à ce que j'en puis concevoir, et se divise en deux parties, dont la dernière gît en pointe. Et crois que notre dit saint Père aura matière pour lever les oreilles[1]. »

Ce fut le 21 novembre que les ambassadeurs français furent reçus en consistoire. « Là, raconte Jean de Chambes, lui fîmes la révérence, où il y avait grande presse; lui baisâmes le pied, la main et la joue. Et après monseigneur de Tours lui bailla les lettres du Roi, qu'il fit lire publiquement, et après monseigneur de Paris fit la proposition bien et honorablement[1]. » — Nicolas Petit nous donne un aperçu de ce discours : « Et a proposé monseigneur de Paris très élégamment l'espace de deux heures et plus; et a pris son thème, *more Galliæ : Secundum nomen tuum, sic et laus tua in fines terræ,* lequel il a divisé en deux parties. Et reste la partie dernière pour la fin des matières : car, selon ce que notre Saint Père se gouvernera, tels termes en proposition finale lui seront baillés. Le proposant a

1. Lettre de Nicolas Petit, *l. c.* — Le discours de Guillaume Chartier se trouve dans le ms. latin 8576, f. 178-187 v°. Voigt cite (p. 84 note) des « Propositiones legatorum regis Franciæ factæ in conventu coram S. D. N. Pio II, » qui se trouvent dans le ms. latin 215 de la Bibliothèque de Munich.

farci sa collation d'autorités tant de la sainte Écriture, sans oublier le droit canon, que d'autres auteurs, *artes poeticæ*, et toujours selon la disposition de la matière... Il s'est montré homme de grande audace en élevant le Roi et ses progéniteurs, remontrant aussi le courage que toujours a eu le Roi au bien de l'Église, laquelle a été honorée et affermie par lui, et, du temps présent, en rejetant le schisme, voulant vivre comme Roi très chrétien sans vouloir gloire mondaine à lui être attribuée. Après ce, en continuant sa matière, a parlé du royaume de Naples et du fait de Gênes, faisant fin à sa proposition, rendant obéissance tout ainsi qu'il a été accoutumé[1]. »

Après Guillaume Chartier, trois autres orateurs prirent successivement la parole : un ambassadeur du roi René, un ambassadeur de Gênes, et un docteur allemand, au nom de la maison d'Autriche.

Pie II répondit aussitôt à l'évêque de Paris et aux autres orateurs : « Notre Saint Père, écrivait Nicolas Petit, divisa sa réponse en six points : le premier touchant sa personne, ainsi que monseigneur de Paris l'avoit pris, et peu s'y arrêta ; le second touchant le Siège Apostolique, sur quoi longuement demeura, et allégua toutes choses servant à la louange dudit Siège, tendant à ses fins, en résumant par deux fois : *Arbitramur omnes principes catholicos Ecclesiæ Romanæ et Sedi Apostolicæ debere esse subjectos ;* le tiers point touchant le bon vouloir et affection que le Roi a envers l'Église romaine, et mêmement au bien des matières présentes ; et sur ce commença à louer et montrer les grands faits des rois de France, et du temps de Charles le Grand, Louis premier et autres, disant comment l'Église romaine a été honorée et préservée par les très chrétiens rois, descendant au Roi, le louant et magnifiant bien grandement, et que sans lui ne peut être rebouté le Turc ; pareillement en louant le royaume, faisant diverses descriptions *Franciæ et Galliarum*, dont vient l'imposition de

1. Lettre de Nicolas Petit, *l. c.*, — Le discours dont le texte se trouve reproduit dans le *Spicilegium* (t. III, p. 820-23) ne contient pas tout ce dont parle l'ambassadeur et ne suit pas le même ordre dans l'exposition.

ce nom *François*, louant l'Université de Paris sur toutes autres, faisant mention des belles églises et des monastères du royaume; le quatrième touchant le fait du roi de Sicile, en la faveur du Roi : et quant à ce les Catalans furent tous ébahis quand notre Saint Père commença par ces mots : *pro parte carissimi in Christo filii regis Renati, Siciliæ ac Jerusalem regis illustris;* ceux qui étoient pour le parti de Don Ferrando vouloient rompre l'audience, mais notre Saint Père leur imposa silence et ne les voulut point ouïr. Le cinquième, touchant le fait de Gênes, en quoi déclara l'avoir en singulière recommandation, et telle que le domaine et patrimoine de l'Église; le sixième et dernier fut l'obéissance et révérence filiale, dont lui et ses frères messeigneurs les cardinaux rendoient grâce. »

Un consistoire spécial fut tenu le 30 novembre pour entendre l'exposé que les ambassadeurs français devaient présenter relativement à l'affaire du royaume de Naples. Ce fut Guillaume Cousinot qui porta la parole. Il se plaignit de ce que le Pape, en transportant l'investiture du trône de Sicile de la maison d'Anjou à la maison d'Aragon, s'était montré oublieux des services rendus au Saint-Siège par la couronne de France; il supplia Pie II de revenir sur ce qu'il avait fait en faveur de Ferdinand, de donner l'investiture au roi René et de recevoir son hommage[1]. Le Pape ne répondit pas aussitôt à ce discours : une indisposition lui fit ajourner le nouveau consistoire, qui ne fut tenu que quelques jours plus tard. Malgré le mauvais état de sa santé, Pie II prononça un discours qui ne dura pas moins de trois heures. Il reprit tout l'historique de la question, expliquant longuement les motifs qui avaient déterminé sa conduite. Tout en réservant les droits du roi René, il déclara qu'il ne pouvait se départir de l'attitude qu'il avait prise. En terminant, il s'éleva en termes très vifs contre la Pragmatique sanction : le Roi de France ne comprenait pas sans doute les funestes conséquences de cet acte, qui portait atteinte à l'autorité du Siège apostolique, à l'unité et aux libertés de l'Église; le Pape espérait que les ambassadeurs l'éclaireraient à cet

1. Voir ms. latin 17050, f. 28 et suiv.

égard et le feraient rentrer dans la voie lumineuse de la vérité[1].

La discussion se poursuivit. Les ambassadeurs répondirent au Pape, insistant sur les droits du roi René, sur les avantages qui résulteraient pour le Saint-Siège de l'appui qui lui serait donné; ils défendirent le Roi de l'accusation d'avoir voulu, par la Pragmatique, attenter aux privilèges du Siège apostolique, protestant de son constant dévouement à l'égard du Souverain Pontife, déclarant qu'il pourrait examiner encore une fois la question et prendre une décision avec maturité[2]. Le Pape reprit la parole, puis ramena la question à son point de départ: la croisade contre les Turcs. Il fit faire des propositions par ses orateurs: une assemblée serait convoquée le 24 juin de l'année suivante, où seraient appelés les rois de France et d'Angleterre unis[3], et le duc de Bourgogne, afin de chercher à rétablir la paix entre les princes et de réunir toutes leurs forces contre les Turcs; d'ici-là une nouvelle décime serait levée pour pourvoir aux plus pressants besoins de la défense. Les ambassadeurs répondirent que nul n'était plus disposé que le Roi à secourir l'Église; ils admettaient le projet d'une assemblée des princes chrétiens, mais ils ne pouvaient rien préciser à cet égard sans avoir consulté le Roi; en ce qui concernait la levée d'une nouvelle décime, ils déclaraient n'avoir point d'autorisation pour formuler une opinion[4].

Pie II, redoutant les interprétations fâcheuses qui pourraient être données au Roi sur ses paroles, s'était empressé de lui écrire: par un bref en date du 12 décembre, il lui donnait l'assurance que ses ambassadeurs avaient été reçus avec les plus grands honneurs; qu'il avait écouté patiemment leur exposé en faveur du roi René, et que, en leur répondant, il n'avait rien dit qui fût contre l'honneur des rois de France et contre

1. Ce discours se trouve dans *Spicilegium*, t. III, p. 811-20; il est reproduit dans la chronique d'Adrien de But, p. 367-94.
2. *Spicilegium*, t. III, p. 820-22.
3. « ... Inter excellentissimos principes christianissimum Franciæ et serenissimum Angliæ reges confoederatos. » *Spicilegium*, t. III, p. 809.
4. *Spicilegium*, t. III, p. 809.

le sien propre; il s'était borné à venger le Saint-Siège d'injustes attaques[1].

Les conférences avec les ambassadeurs français n'avaient pas beaucoup plus avancé les choses que celles tenues avec les princes italiens et leurs représentants; il en fut de même des conférences avec les ambassadeurs allemands; on renvoya à deux diètes, fixées, l'une à Nuremberg le 2 mars, l'autre à Vienne le 30 mars, les décisions à prendre, de concert avec les légats du Saint-Siège.

Le 14 janvier 1460, le Pape clôtura le congrès par une grand'messe, par un discours et par la publication d'une bulle annonçant la guerre contre les Turcs et en fixant la durée à trois années. Le 10 janvier, il avait adressé un nouveau bref à Charles VII, pour lui exprimer ses regrets de n'avoir pu donner satisfaction à ses requêtes, et l'assurer de ses bonnes intentions à l'égard du roi René; il annonçait l'envoi d'un légat qui le représenterait à la réunion fixée au 24 juin[2].

1. Raynaldi, ann. 1459, § 69.
2. Theiner, *Monum. Ung.*, t. II, p. 366.

CHAPITRE XIII

POLITIQUE DE CHARLES VII EN ANGLETERRE SUITE DES DÉMÊLÉS AVEC LE DUC DE BOURGOGNE

1458-1459

Marguerite d'Anjou au pouvoir ; elle se réconcilie un moment avec le duc d'York ; ouvertures faites par ce prince au Roi, qui les repousse. — Relations du duc de Bourgogne avec le parti Yorkiste ; menaces d'invasion des Anglais. — Double négociation ouverte par le gouvernement anglais avec Philippe le Bon et avec Charles VII ; Wenlock et Gallet à Mons, puis à Rouen ; leurs propositions sont transmises au Roi ; réponse qu'il y donne ; intelligences secrètes de Wenlock avec la duchesse de Bourgogne. — Philippe le Bon fait ses préparatifs pour résister à une attaque de Charles VII ; la guerre paraît imminente. — Naissance de Joachim, fils du Dauphin ; lettre du Dauphin à son père ; réponse du Roi. — Affaire du Luxembourg ; Charles VII agit comme seigneur du duché ; échange des ratifications du traité ; le Roi songe à donner le duché à son fils Charles ; adhésion du duc Guillaume de Saxe à ce dessein. — Démarches multipliées du duc de Bourgogne à la Cour de France ; ambassade de Toison d'Or ; le duc apprend que le bailli Longueval veut introduire à Amiens des gens du Roi ; mission du comte d'Étampes ; arrestation du vidame d'Amiens. — La situation en Angleterre : la guerre recommence entre les deux partis ; défections dans l'armée Yorkiste, qui se disperse ; triomphe de la reine ; expédition de Somerset à Calais ; il échoue et reste bloqué à Guines. — Retour de Toison d'Or de son ambassade ; au moment de le faire repartir, le duc apprend l'envoi d'une ambassade de Charles VII ; arrivée de l'évêque de Coutances. — Discours de l'évêque de Coutances et de l'évêque de Tournai ; réplique faite au nom du Roi ; réponse du duc sur l'affaire du Luxembourg. — Déclaration des ambassadeurs au Dauphin ; réponse de ce prince.

Nous avons vu que, au mois d'octobre 1456, Marguerite d'Anjou avait réussi à reprendre possession du pouvoir[1]. Les rivalités ne cessèrent point, mais, durant quelque temps, elles ne dégénérèrent point en lutte ouverte. La reine tenait son mari éloigné de Londres, afin de le soustraire à la domination du duc d'York. Au commencement de 1458, une tentative eut

1. Voir plus haut, p. 143-44.

lieu pour réconcilier la reine et le duc. Dans un grand conseil tenu à Londres le 14 février, un arrangement intervint, et la paix fut assurée pour une année[1]. Le comte de Warwick, l'ami du duc de Bourgogne, restait maître des forces navales ; il en profita pour détruire une flotte de vingt-huit vaisseaux espagnols qui croisait dans la Manche[2]. Sans cesse les Anglais redoutaient de voir Charles VII opérer une nouvelle descente sur leurs côtes[3]. Vers le mois de mai, le duc d'York fit des ouvertures à Charles VII, lui promettant de grands avantages s'il consentait à le soutenir dans sa querelle avec la reine ; ces propositions furent repoussées[4]. Au mois de juin, des conférences furent tenues à Calais entre le comte de Warwick et des ambassadeurs du duc de Bourgogne[5], qui ne tarda pas à envoyer une ambassade en Angleterre[6]. Il est fort probable que, dès ce moment, une convention secrète fut passée par le duc avec le parti Yorkiste. Les pourparlers entamés à Calais et à Londres se poursuivirent à Bruges, au mois d'août[7]. Il n'était bruit alors en France que d'une descente des Anglais sur les côtes de Cotentin et sur d'autres points : nous voyons Charles VII prendre des mesures énergiques pour repousser cette invasion[8].

Ici se place une négociation assez obscure, poursuivie par les Anglais à la fois avec le duc de Bourgogne et avec

1. Voir Gairdner, Introduction aux *Paston Letters,* t. I, p. CXXXI-XXXIII ; cf. Jean de Wavrin, éd. de Mlle Dupont, t. II, p. 187.

2. 29 mai 1458. Voir Gairdner, p. CXXXIII et 428-29. Cf. Du Clercq, l. III, ch. XL.

3. Voir *Paston Letters,* t. I, p. 425 ; cf. p. CXXXII ; Brequigny, 83, f. 57 ; *Proceedings and ordinances,* t. VI, p. LXXXII et 295.

4. Rapport du comte de Foix à Louis XI, 6 août 1461, dans Duclos, *Recueil de pièces,* etc., p. 217-18.

5. Le 14 mai, Henri VI donnait des pouvoirs au comte de Warwick et à d'autres ambassadeurs (Carte, *Rolles gascons,* t. II, p. 442) et un sauf-conduit aux ambassadeurs du duc (Rymer, t. V, part. II, p. 80). Ceux-ci furent employés à cette négociation du 27 mai au 1er juillet (Archives du Nord, B 2030, f. 235 vº et 245). Le 3 juin ils étaient à Calais (*Paston Letters,* t. I, p. 428), où, sous prétexte du renouvellement des trêves, ils agitèrent des questions politiques (Chastellain, t. III, p. 427-28).

6. Sauf-conduits de Henri VI en date du 12 juillet 1458. *48th Report of the Deputy Keeper,* p. 428 et 429.

7. Sauf-conduits de Henri VI en date du 20 août. *48th Report,* p. 429.

8. Document en date du 10 août 1458, publié par Delisle, *Histoire de Saint-Sauveur-le-Vicomte,* p. 345 ; Lettres de Charles VII du 29 août. Archives, K 69, nº 28

Charles VII. Le 29 août une ambassade débarquait à Anvers; elle se composait de Jean Wenlock, ancien chambellan de la reine, qui, après la bataille de Saint-Alban, s'était jeté dans le parti Yorkiste, et de Louis Gallet, maître des requêtes de l'hôtel de Henri VI[1]. Après avoir visité le duc de Bourgogne, elle avait mission de se rendre à Rouen pour s'y rencontrer avec des représentants de Charles VII[2]. Le duc de Bourgogne reçut les ambassadeurs anglais à Mons, à la fin d'octobre[3]. Le bruit courait qu'ils venaient lui faire des propositions d'alliance et négocier le triple mariage de la fille du comte de Charolais et des princesses de Bourbon et de Gueldre avec les fils du roi d'Angleterre, du duc d'York et du duc de Somerset[4]. De Mons, les ambassadeurs, munis d'un sauf-conduit que leur apporta Maurice Doucereau, serviteur de Pierre de Brezé[5], se mirent en route pour la Normandie.

Les négociations s'ouvrirent à Rouen, au mois de décembre, entre Wenlock et Gallet, et les commissaires désignés par Charles VII, savoir Louis d'Harcourt, archevêque de Narbonne, Pierre de Brezé et Jean Le Boursier. On examina les moyens d'arriver à une pacification. Les ambassadeurs anglais se déclaraient disposés à traiter de la paix « par tous bons moyens honorables et raisonnables ; » ils proposaient, pour y parvenir, de conclure plusieurs mariages : ceux de la fille du Roi et des filles du duc d'Orléans et du comte du Maine, avec le fils du roi d'Angleterre et des fils des ducs d'York et de Somerset ; ils demandaient que, en vue de faciliter les négociations, on conclût une trêve, soit d'un an, soit de deux ou trois ans, à la volonté des deux princes.

1. Carte, *Rolles gascons*, t. II, p. 312 ; *48th Report*, p. 429.

2. Le 26 octobre, on porte de Vendôme un sauf-conduit à Jean Wenlock, à Rouen ; le 3 novembre, le Roi envoie un message à Pierre de Brezé et à Jean Le Boursier. Cabinet des titres, 685, f. 212 v°.

3. Le 24 octobre, le duc écrivait de Mons pour qu'on y fît venir les ambassadeurs, qui étaient alors à Bruxelles. Archives du Nord, B 2030, f. 267 v°. Cf. Jacques du Clercq, l. III, ch. XL.

4. Rapport adressé à Charles VII, publié par Stevenson, t. I, p. 361 et suiv. Cf. Jacques du Clercq, *l. c.* ; le chroniqueur dit que ces propositions furent écartées par le duc.

5. Mandat de paiement à Doucereau, pour son voyage, en date du 31 octobre 1458. Stevenson, t. I, p. 358.

L'affaire fut portée devant le Roi et mise en délibération, au sein de son Conseil, le 31 décembre 1458. On décida que, pour répondre au désir exprimé, à plusieurs reprises, par le Saint-Siège, il était à propos d'entrer en négociations, dans le but d'arriver, « par toutes bonnes, honorables, licites et raisonnables voies, » à la conclusion d'une paix finale. Le Roi faisait dire aux ambassadeurs anglais qu'il consentait à examiner les propositions relatives aux mariages; que, bien qu'il trouvât un peu étrange la proposition concernant la trêve, il ne refusait point de l'accueillir, et que, quand « il verroit des gens ayant désir, vouloir et pouvoir de icelle paix trouver et traiter, il ne refuseroit nuls moyens raisonnables de parvenir à icelle. » Cette réponse fut transmise aux ambassadeurs anglais le 15 janvier 1459[1].

Wenlock et Gallet retournèrent en Angleterre par Boulogne[2]. Avant de s'embarquer, ils écrivirent au duc et à la duchesse de Bourgogne pour les mettre au courant de leurs négociations avec le Roi. En même temps Wenlock recommandait au duc « qu'il gardât et entretînt Monseigneur le Dauphin, sans soi en défier pour chose quelconque; » il l'assurait que « ceux de la partie de France désiroient beaucoup plus avoir trêves entre les deux royaumes que ne faisoient ceux de la partie d'Angleterre. » Le motif en était, selon lui, que, « si lesdites trêves étoient prises, le passage des Anglois seroit rompu de venir à l'aide de Monseigneur le duc, si besoin et

1. Les documents concernant ces négociations sont les suivants : 1° « Copie des articles dont Wanelok envoya le double à Monseigneur de Bourgogne. » Ms. fr. 5041, f. 130; éd. Stevenson, t. I, p. 300-77; 2° Rapport de l'archevêque de Narbonne. Ms. fr. 4054, f. 170; 3° Délibération du Conseil à Tours, le 31 décembre 1458. Baluze, Armoire I, vol. XVII, f. 11; éd. La Roque, *Histoire de la maison d'Harcourt*, t. III, p. 525; 4° Rapport présenté au Roi par un de ses agents à la cour du duc de Bourgogne. Ms. fr. 5044, f. 34; éd. Stevenson, t. I, p. 361-69.

2. On lit dans la chronique de Jacques du Clercq (l. III, ch. XLII) : « Audict an aussy cinquante huict, environ la Chandeleur, revinrent les ambassadeurs d'Angleterre qui avoient esté devers le Roy de France pour cuider trouver alliance à luy par mariage ou treves; et avoient mené plusieurs hacquenées en esperance de les donner; mais la Royne ne voullut parler à eulx, ne homme de son royaulme ne de sa cour prendre nulle de leurs hacquenées; ains s'en retournèrent sans riens faire et ne passèrent point la ville de Rouen. » — Les ambassadeurs anglais avaient été défrayés largement pendant leur séjour à Rouen : c'est ce qui résulte d'un ordre de paiement de 200 l. en date du 20 mars 1459. *Pièces originales*, 405 : BONNAIRE.

nécessité lui en étoit pour guerre ou autrement. » — La duchesse de Bourgogne répondit à Wenlock qu'elle et son mari étaient tout disposés à poursuivre les négociations quand le roi d'Angleterre et le duc d'York leur enverraient des personnes habiles à conduire de telles matières, mais qu'il ne devait s'attendre à recevoir aucune communication jusqu'à ce qu'elle fût mieux informée des intentions du roi et du duc[1].

Charles VII avait fait accompagner les ambassadeurs par son hérault Maine, chargé de rapporter la réponse du gouvernement anglais. A leur arrivée à Londres, loin de travailler à la pacification, les ambassadeurs mirent tout le monde en émoi par l'annonce que Charles VII préparait une armée pour assaillir l'Angleterre[2]. Cependant, au mois de mars, il était encore question de la venue d'une ambassade en France[3]. Mais c'était avec le duc de Bourgogne que les négociations devaient se poursuivre[4], et, dès ce moment, le duc avait résolument pris parti en faveur des Yorkistes et contre la reine. La lutte s'établissait, là comme ailleurs, entre la politique française et la politique bourguignonne.

Au début de l'année 1459, tandis que ses ambassadeurs sont encore auprès de Charles VII, nous voyons le duc de Bourgogne prendre ses mesures dans l'éventualité d'une rupture.

1. Rapport présenté à Charles VII. Stevenson, t. I, p. 363 et suiv.

2. « Ilz ont tout esmeu la coste depuis le north jusques à west, disans que l'armée de France se preparoit de y venir à puissance. » Même rapport, *l. c.*, p. 367. — Le voyage du hérault Maine est également mentionné dans un rôle du 10 mars 1459 (*Pièces originales*, 1685 : LENONCOURT), et dans une quittance du 19 janvier 1459 (Ms. fr. 26085, nº 7193).

3. On lit dans le rôle du 10 mars 1459 : « A lui (Maine) la somme de IIIIxx x l. t., que ledit seigneur lui a ordonné pour ung voyaige *qu'il fait presentement en Engleterre*, pour porter le sauf-conduit aux embassadeurs qui doivent venir dudit pays devers ledit seigneur. » — Les démêlés sur mer entre les deux pays étaient alors continuels. Nous voyons que, le 25 mai, Georges de Vouhec fut envoyé en Normandie pour faire la restitution de marchandises prises aux Anglais sur mer (Cabinet des titres, 685, f. 212), et que, le 22 juin, Henri VI délivrait un sauf-conduit à des marchands normands allant en Angleterre traiter de la rançon d'un Anglais fait prisonnier dans la Tamise près de Queensborough et emmené à Dieppe (*48th Report*, p. 436). Un peu auparavant, des navires anglais avaient été capturés sur la Gironde. La chose occasionna de longs débats. (Ms. fr. 26085, nº 7277 ; *Additional charters*, au British Museum, nº 4085 ; *Pièces originales*, 471 : BOURSIER (le), nº 46 ; 2517 : ROCHEFOUCAULD (la) ; 417 : BOULENGIER.)

4. Sauf-conduit de Henri VI à deux conseillers du duc de Bourgogne, en date du 10 avril 1459. Carte, *l. c.*, t. II, p. 314 ; *48th Report*, p. 434.

Les bruits qui lui viennent de France; certains vers qui circulent jusque dans son hôtel, et où l'on fait allusion aux projets hostiles du Roi[1]; les avis qu'il reçoit secrètement[2], tout l'engage à se tenir prêt. Au mois de février, le duc Louis de Bavière et le comte de Wurtemberg viennent le visiter à Bruxelles, où ils séjournent pendant quinze jours[3]. Philippe est en correspondance avec l'évêque de Liège et avec l'archevêque de Cologne[4]. A peine ses ambassadeurs sont-ils de retour, que, craignant une attaque du côté du Luxembourg[5], il mande auprès de lui ses deux plus intimes conseillers : Antoine de Croy, qui était alors en Picardie[6], et Jean de Croy, revenu à Mons après son ambassade[7]. Le 15 avril, un chevaucheur de son écurie porte, en toute diligence, des lettres closes aux nobles et aux bonnes villes du duché de Luxembourg, « afin qu'ils fussent sur leurs gardes pour aucunes nouvelles qui lui étoient survenues[8]. » Le 24, nouvelles lettres closes à plusieurs chevaliers et écuyers du même duché, pour leur ordonner de se mettre en armes, le plus secrè-

1. Le poète, qui n'était autre que Georges Chastellain, mettait ces paroles dans la bouche du Roi (Voir *Œuvres*, t. VI, p. 217-18) :

> Boutte où tu veux feu, en paille ou en feurre,
> Petit je crains ton fier bras sagittaire.
> Mais je vivrai Roy regnant solitaire
> S'il plaist à Dieu qu'en vain je ne labeure.

2. Pendant le séjour des ambassadeurs en France, le duc correspond sans cesse avec eux (lettres des 7 et 27 février, 3 mars) et communique au Dauphin et au comte de Charolais les nouvelles qu'il reçoit. Archives du Nord, B 2034, f. 103, 107, 109, 113 v°, 114.

3. Du 22 février au 7 mars 1459. Archives du Nord, B 2034, f. 110 v°, 111, 114.

4. Le 23 février, deux secrétaires du duc sont envoyés vers ces deux princes. *Id.*, *Ibid.*, f. 106 v° et 107.

5. L'Artésien Jacques du Clercq se fait l'écho des bruits qui couraient au retour des ambassadeurs (l. III, ch. XLIV) : « Et disoit-on qu'ils avoient peu ou neant besoingnié, et que jà soit ce que le duc de Bourgoingne euist faict et envoyé par escript au Roy plusieurs notables remonstrances, en se humiliant, il n'avoit eu que rigoureuse response; et sur chascun article que le duc avoit envoyé par escript on lui avoit respondu par escript très poignamment. Pour quoy on craignoit que ledict Roy ne voulsist esmouvoir guerre contre le duc. »

6. Lettres des 27 et 29 mars, 5 et 8 avril, mentionnées dans les comptes. Archives du Nord, B 2034, f. 114 v°-117 v°.

7. Lettres portées « hastivement » de Bruxelles, par lesquelles le duc lui mande « incontinent venir devers lui pour parler à lui d'aucunes choses secrètes. » B 2034, f. 120.

8. Archives du Nord, B 2034, f. 119.

tement possible, et de le venir servir quand il les manderait[1]. Le même jour, le duc appelle à lui tous ses baillis de Flandre. Apprenant que les Liégeois ont envoyé une ambassade au Roi, il écrit à l'évêque de Liège de se rendre auprès de lui[2]. Enfin, il fait contracter en Bourgogne un emprunt de vingt mille écus d'or[3].

Au mois de mai, la guerre paraît imminente[4]. Le duc s'attend à recevoir une déclaration du Roi relativement à la violation du traité d'Arras et à la non-exécution de certaines modifications apportées au traité lors du mariage du comte de Charolais avec Catherine de France : il ordonne à son chancelier de se transporter à Dijon, et d'y prendre tous les documents permettant d'élucider la matière et de s'opposer aux prétentions du Roi[5]. En même temps, il fait déposer dans les archives de son palais ducal un duplicata de l'original des lettres apostoliques qu'il vient d'obtenir du Pape, et par lesquelles Pie II renouvelait les déclarations de ses prédécesseurs contre les infracteurs du traité d'Arras[6]. Le 5 juillet, Philippe mande Toison d'Or, et lui donne l'ordre de se rendre auprès de Charles VII, au sujet de l'affaire du Luxembourg[7]. Le 12, il appelle tous ses baillis de Flandre et de Hollande, comme

1. Archives du Nord, B 2031, f. 120 v°.

2. *Id.*, *ibid.*, f. 120 et 120 v°.

3. *Id.*, *ibid.*, f. 123 et 123 v°. — Le 5 juin, le duc donne l'ordre de faire escorter jusqu'à Bruxelles le clerc qui apporte les 20,000 écus. *Id.*, f. 128 v°.

4. Le 16 mai, le duc envoie « hastivement » porter des lettres closes au seigneur de Renti, gouverneur du Luxembourg, et à Guillaume de Saint-Seine, son lieutenant, « touchant aucunes nouvelles du costé de France. » Le 25, il écrit pour renvoyer du 8 au 25 juin, « obstant aucunes affaires qui lui estoient survenues, » la journée qui devait se tenir relativement à un différend entre deux seigneurs de sa cour. Archives du Nord, B 2031, f. 127 v° et 125.

5. Lettre du duc à Nicolas Rolin, en date du 11 juin. Le Grand, VIII, f. 137.

6. Voir lettres de Gérard de Plaine du 21 mai (Collection de Bourgogne, 99, p. 516). La bulle de Pie II, datée de Sienne, 10 avril 1459, est aux Archives nationales, J 251, n° 42, et dans la collection Du Puy, 493, f. 161.

7. Fusil, poursuivant d'armes, va le 5 juillet de Bruxelles à Abbeville porter des lettres closes à Toison d'Or, lui enjoignant d'aller incontinent vers le Roi, « pour aucunes matières secrètes. » Le 10 juillet, Toison d'Or part pour « pourter hastivement lettres closes au Roy pour aucunes affaires et matières secrètes. » — Le 24 juillet, le duc envoie des instructions à Toison d'Or, étant devers le Roi, « pour le fait des pays de Luxembourg et conté de Chiny. » Archives du Nord, B 2031, f. 123 v°-124, 134, et 137.

s'il s'agissait d'une prise d'armes[1]; il correspond sans cesse avec le Dauphin[2].

Sur ces entrefaites, un événement d'une certaine importance s'accomplit à Genappe : Le 27 juillet, la Dauphine mettait au monde un fils[3]. Le duc fut parrain de l'enfant, et ordonna à cette occasion des réjouissances publiques[4]. Le Dauphin s'empressa d'écrire à son père : « Mon très redouté seigneur, disait-il, vous plaise savoir qu'il a plu à notre benoît Créateur et à la glorieuse Vierge, sa mère, délivrer cejourd'hui au matin ma femme d'un beau fils; et le remercie très humblement de ce que, par sa clémence, il lui a plu si bénignement me visiter et donner connaissance de ses infinies grâces et bontés. Lesquelles choses, mon très redouté seigneur, je vous signifie en toute humilité, afin de toujours vous donner à connaître mes nouvelles, et mêmement quand elles sont bonnes et joyeuses, comme raison est et tenu y suis[5]. » Le même jour, le Dauphin fit part de la nouvelle à son frère, à sa sœur la princesse de Piémont, aux princes du sang, à l'évêque et à la ville de Paris, au Parlement, à la Chambre des comptes, à plusieurs seigneurs et à toutes les bonnes villes du royaume[6].

Charles VII reçut froidement la communication du Dauphin : « Très cher et très amé fils, » lui écrivit-il de Champigny, à la date du 14 août, « nous avons reçu vos lettres, par lesquelles

1. Archives du Nord, B 2034, f. 185.

2. 20 juin et 8 juillet : lettres portées à Genappe. — 19 juillet : lettres « touchant certaines nouvelles survenues du costé de France. » — 23 juillet : autres lettres « touchant matières secrètes. » *Id.*, *ibid.*, f. 130, 132 v°, 135, 137.

3. Sur cette naissance, voir Du Clercq, livre III, chap. XLVII, et le *Livre des trahisons*, dans la Collection des chroniques belges, p. 229. — L'enfant mourut le 29 novembre suivant.

4. Lettres du duc, en date du 27, envoyées à ses baillis de Termonde, Gand, Bruges, etc., pour leur signifier l'accouchement de la Dauphine, « afin qu'ils en fassent la solennité qu'il est accoustumé de faire en tel cas. » Archives du Nord, B 2031, f. 136. Réjouissances en Bourgogne : Collection de Bourgogne, 21, f. 99. Cf. Du Clercq, l. III, ch. XLVII.

5. Original, ms. fr. 15537, f. 2; *Lettres de Louis XI*, t. I, p. 101.

6. Voir *Lettres de Louis XI*, t. I, p. 105-109; Mss. fr. 20491, f. 91 v°; 20127, f. 10-12 v°. — Les comptes du duc de Bourgogne mentionnent l'envoi de chevaucheurs dans toutes les directions pour porter ces lettres. Archives du Nord, B 2031, f. 138-39. — Les habitants de Bourges renvoyèrent la lettre du Dauphin au Roi; « pour ce que, disaient-ils, en nostre temps n'avons veu advenir le cas pareil, et que cette chose nous est nouvelle. » *Lettres de Louis XI*, t. I, p. 281.

nous faites savoir que, le vingt-septième jour du mois de juillet dernier passé, notre très chère et très amée fille la Dauphine fut délivrée d'un beau fils. Nous nous donnons bien merveille que par avant ne nous avez aucune chose notifiée de sa grossesse, car, combien que ne soyez par devers nous comme dussiez être et que de tout notre cœur le désirons, ainsi que plusieurs fois le vous avons fait savoir, ce nonobstant que vous n'en eussiez averti, nous eussions volontiers envoyé devers elle pour y faire et garder[1] les formes et solennités en tel cas requises et accoutumées en la maison de France. Et nous semble bien que désormais seroit temps que vous avisassiez de vous conduire et redresser envers nous comme y êtes tenu et que, pour votre bien et honneur, devez sur toutes choses désirer[2]. »

Le ton de cette lettre montre assez que Charles VII était décidé à en finir. Un agent de Sforza, bien placé pour être informé de ce qui se passait en France, lui écrivait à la date du 2 juillet: « Le Roi a l'intention de faire la guerre au duc de Bourgogne[3]. »

C'était toujours l'affaire du Luxembourg qui semblait devoir mettre le feu aux poudres. Philippe n'ignorait pas que Charles VII était désormais — comme les ambassadeurs Saxons l'écrivaient à ce prince à la date du 11 avril — « le vrai seigneur du duché et des comtés[4]; » il avait dû être informé de la nomination faite par Charles VII d'Adam de Dalstein comme

1. Il faut évidemment ici *garder*, au lieu de *regarder*.

2. Copie faite au XVIIIe siècle sur l'original appartenant à M. d'Hérouval, dans le ms. fr. 15537, f. 4. J'ai publié en 1875 ce texte (qui diffère essentiellement de celui donné par Duclos (p. 184) avec la date de *Compiègne*, 7 août), dans *le Caractère de Charles VII* (*Revue des questions historiques*, t. XVII, p. 422).

3. Lettre d'Angelo de Amella, datée de Carpentras. Archives de Milan, *Francia dal... al 1470*. — Le même écrivait le 12 août, au sujet du Dauphin: « Dello acordo del Dalfino dico non n'è facto niente, ne spera se faccia, perche el Dalfino vorla tornare nel Dalfinato et non passare per terra del Re, che non se fida, et lo Re non vuol rendere el Dalfinato, el quale tene tucto a sua mano perche non se fide del figlio. » Il paraîtrait qu'à ce moment il y eut des négociations secrètes, car, dans une lettre de Carlo Cacherano, en date du 31 août, nous lisons: « Anchora intendo como in el secreto la pace del Dalphino al Re suo padre se debia concludere, et lo duca de Borbon et certi altri signori de Franza andarono dal Dalphino si la pace se concludeta. »

4. Lettre du 11 avril. Archives de Dresde, *Wittenb. Archiv, Luxemb. Sachen*, I, f. 189.

prévôt de Thionville[1], et de Geoffroy de Saint-Belin comme gouverneur du duché de Luxembourg[2], aussi bien que de l'envoi d'une nouvelle ambassade à la cour de Saxe. Le 24 avril, le Roi avait fait partir Thierry de Lenoncourt et Nicolas du Breuil[3], chargés d'une double mission : ils devaient opérer le paiement de dix mille écus sur les cinquante mille, conformément au traité du 20 mars, et rapporter les lettres de ratification du duc et de la duchesse de Saxe. Le 31 mai, à Coblenz, en présence des ambassadeurs, Antoine Raguier, trésorier des guerres, comptait les dix mille écus à Pierre Knorre et aux autres représentants du duc Guillaume[4]; le 23 juin, le duc et la duchesse donnaient leurs lettres de ratification[5]. Nous avons une lettre sans date, mais qui fut écrite à ce moment par le duc Guillaume à Charles VII. Il le remerciait, en son nom et au nom de sa femme, d'avoir pris leur cause en main; si le Roi n'avait interposé sa puissance pour venger leur injure, nul autre ne s'en serait chargé; il avait appris avec joie que le Roi songeait à donner le duché de Luxembourg à son fils Charles. « Si quelque jour, disait-il, votre illustre fils, mon très cher cousin, est incorporé parmi les princes de la nation allemande, moi vivant, je n'aurai de repos que je n'aie mis à exécution, Dieu aidant, tout ce que je pourrai concevoir pour la gloire de Votre Majesté et l'extension de sa domination[6]. » Les relations

1. Lettres du 21 avril, où le Roi prend le titre de duc de Luxembourg et comte de Chiny et de la Roche. Original aux Archives de Clairvaux. Éd. *Publications de la section historique de l'Institut royal grand ducal de Luxembourg*, t. XXXVI, p. 123.

2. Il est fait allusion à cette nomination dans le mémoire sur l'affaire du Luxembourg, remis aux ambassadeurs de Charles VII quelques mois plus tard, et qui est cité à la fin de ce chapitre.

3. Lettre au duc de Saxe, datée de Razilly le 24 avril. Original aux Archives de Dresde, *Urkunden*, nº 7010.

4. Reçu des 10,000 écus. *Publications*..., t. XXXI, p. 50.

5. *Publications*..., *l. c.*, p. 51.

6. « Etiam augebat cummulum gaudiorum nostrorum quod Majestas vestra de illustrissimo consanguineo nostro serenissimo Karolo nato celsitudinis vestre cogitavit illud ipsum aliquando ducem Luczelburgensem perficiendum. Ea propter christianissam Majestatem vestram obnixe oro quatenus prefatam intencionem ad beneplacitum suum aliquando prosequi dignetur. Confido ego in Deo quod, si aliquando predictus illustris natus vester consanguineus meus carissimus gremio principum nationis Germanice incorporaretur, me vivente non quiescerem donec id totum quod et pro Majestatis vestre et dominacionis sue amplitudine et gloria fideliter mente concepi, exequerer. » Archives

de Charles VII avec le duc de Saxe se poursuivirent dans le courant de cette année. Après avoir reçu la ratification du traité du 20 mars, le Roi donna à son tour ses lettres confirmatives[1]. Le 6 septembre, il écrivait au duc pour le remercier du zèle que lui et la duchesse sa femme témoignaient en faveur de la Couronne et lui annoncer l'envoi de la ratification du traité[2].

On a vu plus haut que Toison d'Or avait été envoyé à la cour de France. Quel allait être le résultat de son ambassade? Le duc de Bourgogne était décidé à suivre jusqu'au bout la voie des négociations. Le 13 août, il faisait partir son héraut Pontarlier, avec des lettres pour l'évêque de Coutances et le comte de Dunois : le héraut avait charge de rapporter la réponse[3]. A ce moment le duc reçut un message du duc de Milan qui, en rompant avec Charles VII, cherchait à nouer des relations avec tous les adversaires de ce prince[4].

A travers ses perplexités sur l'attitude que va prendre le Roi, le duc apprend tout à coup que le bailli de Charles VII à Amiens, Arthur de Longueval, d'accord avec quelques habitants de cette ville, se prépare à y introduire des gens de guerre. Philippe envoie à la hâte son neveu, le comte d'Étampes, pour déjouer le complot. A l'arrivée du comte, le bailli se jette dans un petit bateau sur la Somme et parvient à s'échapper. Le comte d'Étampes fait appréhender le vidame d'Amiens, Jean d'Ailly, son beau-frère, qui était l'époux d'une fille bâtarde du duc, et l'envoie à celui-ci, lequel fait mettre le vidame en prison. Grand émoi à la cour de Bourgogne : on se demande quel peut être le motif de cet emprisonnement. Le vidame était besoigneux; il devait de grosses sommes au comte du Maine; on redoutait qu'il ne se laissât entraîner, pour se libérer, à céder

de Dresde, *Wittenberger Archiv*, *Luxemb. Sachen*, I, f. 231. — La réponse du Roi à cette lettre est du 6 septembre 1459. Original aux Archives de Dresde, *Urkunden*, n° 7641.

1. 11 août 1459. Original aux Archives de Dresde, *Urkunden*, n° 7637.
2. Original aux Archives de Dresde, *Urkunden*, n° 7641.
3. Archives du Nord, B 2034, f. 151 v°.
4. *Id.*, *ibid.*, f. 193.

à ce prince son château de Picquigny. Le comte d'Étampes s'empressa de mettre à Picquigny une forte garnison[1].

La lutte qui se poursuivait en Angleterre entre les partis rivaux avait son retentissement dans les relations de Charles VII et de Philippe le Bon. Le duc avait sans cesse les yeux tournés de ce côté[2]. Or, dans le courant de l'année 1459, de graves événements vinrent modifier la situation. La guerre civile se ralluma. Lord Audley, envoyé par la reine Marguerite pour procéder à l'arrestation du comte de Salisbury, père du comte de Warwick, fut battu à Bloreheath (23 septembre). La reine prit les armes, entraînant son mari à la tête de ses troupes. De leur côté, le duc d'York, le comte de Salisbury, le comte de Warwick, accourus de Calais, marchèrent contre la reine. Le 12 octobre, les deux armées étaient en présence, et l'on n'attendait que le moment d'en venir aux mains. Sur l'initiative de Marguerite, une proclamation fut lancée au nom de Henri VI, promettant le pardon aux rebelles; cette proclamation produisit un effet inespéré. André Trolop, l'un des capitaines venus de Calais en compagnie du comte de Warwick, abandonna l'armée Yorkiste et se rangea sous la bannière du Roi avec son corps de troupes, livrant le plan des confédérés. La débandade se mit dans leur camp : jetant leurs étendards, ils s'enfuirent de tous côtés. Le duc d'York, avec son second fils, le comte de Rutland, gagna le pays de Galles; son fils aîné, le comte de March, et les comtes de Salisbury et de Warwick prirent la route du Devonshire, où ils s'embarquèrent pour Guernesey, et firent voile ensuite vers Calais[3]. Aussitôt la reine

1. Voir Du Clercq, l. III, ch. XLVI. — Le 22 juillet, le duc envoyait des lettres closes au comte d'Étampes sur la prise du vidame d'Amiens. Archives du Nord, B 2034, f. 136 v°; cf. f. 142 v°. — Le mois suivant il fit un don de 60 livres à Yolande, batarde de Bourgogne, *vidamesse d'Amiens*. *Id.*, *ibid.*, f. 192.

2. Le 22 mai, le duc envoie à Gravelines pour savoir « au vrai » des nouvelles d'Angleterre; le 8 juillet, il écrit au capitaine de Gravelines et à plusieurs seigneurs de la frontière, « touchant aucunes nouvelles qui lui sont survenues du côté d'Angleterre. » Archives du Nord, B 2034, f. 127 et 133 v°.

3. Le duc de Bourgogne se mit aussitôt en rapport avec le comte de Warwick. Une conférence eut lieu à Gravelines, où le duc envoya le maréchal de Bourgogne et le seigneur de Lannoy. Le 5 novembre, Charolais, maréchal d'armes de Brabant, se rendait à Calais auprès de Warwick et fut employé à cette mission jusqu'au 5 décembre. Deu-

assembla le Parlement à Coventry. Le 20 novembre, le duc d'York et ses partisans étaient déclarés traîtres à la couronne; le commandement de la flotte était donné au duc d'Exeter; le jeune duc de Somerset remplaçait Warwick comme capitaine de Calais. Bientôt une expédition fut entreprise pour aller occuper cette ville : le duc de Somerset partit en compagnie de lord Roos et de lord Audley. Mais Warwick était déjà arrivé à Calais : Somerset se vit refuser l'entrée du port; il prit terre à Scale's Cliff, et alla s'installer à Guines. Une cruelle humiliation l'attendait : à peine était-il débarqué que les commandants de ses navires allèrent offrir leurs services au comte de Warwick, auquel ils livrèrent les seigneurs lancastriens restés à bord, qui furent décapités. Le duc de Somerset se trouva enfermé à Guines; lord Audley était aux mains de Warwick; lord Roos avait pu gagner la Flandre. Si la reine Marguerite avait réussi à se rendre maîtresse du pouvoir, le parti Yorkiste restait redoutable : il disposait de la flotte, et il avait pour lui la force qui réside dans la sympathie populaire [1].

En revenant de son ambassade auprès de Charles VII, Toison d'Or n'avait rapporté aucune nouvelle satisfaisante [2], et le duc de Bourgogne s'apprêtait à le faire repartir pour la France [3], quand il apprit que Charles VII se disposait à lui

xième compte de Robert de la Bouverie, aux Archives du Nord, B 2040, f. 155 v°. — Nous sommes privés, à partir de ce moment, d'une précieuse source d'informations : le premier compte de Robert de la Bouverie, receveur général des finances du duc de Bourgogne, allant du 1er octobre 1459 au 30 septembre 1460, est en déficit aux Archives du Nord. Nous n'avons pour nous renseigner que les rares mentions du compte suivant se rapportant à des faits antérieurs.

1. Sur les événements accomplis en Angleterre, voir *An english Chronicle*, ed. by Rev. Davis, p. 81-84; *Will. Wyrcester annales*, dans Stevenson, t. II, p. [771-72]; Jean de Wavrin, t. II, p. 191-96 et suiv.; Jacques du Clercq, l. IV, ch. I. Cf. Gairdner, Introduction aux *Paston Letters*, t. I, p. CXXXIV-XXXVI; Turner, *History of England*, t. III, p. 215-22.

2. Le 21 juillet un chevaucheur allait porter des instructions à Toison d'Or, étant à Champigny près du Roi; ce chevaucheur revint le 2 septembre. Archives du Nord, B 2034, f. 137 et 140 v°.

3. Toison d'Or, mandé par le duc pour aller vers le Roi, part de son hôtel d'Abbeville le 3 novembre; il arrive à Bruxelles, où le duc le retient, à cause de la venue des ambassadeurs de France, jusqu'au 6 décembre. Archives du Nord, B 2040, f. 131.

envoyer une ambassade. Le Roi avait désigné, comme chef de cette ambassade, Richard Olivier, cardinal-évêque de Coutances, que nous avons vu deux ans plus tôt chargé d'une mission analogue ; il était accompagné par Jean du Mesnil Simon, bailli de Berry ; François Hallé, premier valet tranchant du Roi, et Jean Le Roy, l'un de ses secrétaires[1].

Le 21 décembre l'évêque de Coutances prononça un long discours[2]. Reprenant l'argumentation développée par les ambassadeurs du duc de Bourgogne, au mois de février précédent, il divisa sa harangue en trois points : Que doit être le duc envers le Roi? Qu'a-t-il été? Quelle conduite le Roi entend-il que le duc tienne à son égard?

« Or donc, Monseigneur, dit-il, j'ai à vous dire et déclarer premièrement quel vous êtes envers le Roi et ce que lui devez. Et, pour particulariser ce premier point, je considère que vous êtes en trois grandes singularités et spéciales qualités envers le Roi notre souverain seigneur : la première, que vous êtes issu de la très digne et très chrétienne Maison de France et attenez le Roi en prochaineté de lignage; la seconde, que vous avez été issu deux fois pair de France, et comme duc de Bourgogne et comme comte de Flandre; la troisième, que vous êtes vassal du Roi à cause de plusieurs grandes et notables seigneuries et fiefs que tenez dans le royaume. Par raison de la première, vous devez honorer le Roi naturellement; par raison de la seconde, vous le devez aimer et être uni avec lui inséparablement; et, par raison de la troisième, vous le devez servir et obéir. »

L'évêque développa longuement le premier point. Sur le second, tout en reconnaissant les services rendus par le duc et en le félicitant de la gloire qu'il s'était acquise, il revint

1. Le 17 novembre, de Chinon, le Roi annonçait aux habitants de Tournai l'envoi de son ambassade vers le duc. Archives de Tournai.

2. Ce discours, qu'on a toujours confondu avec celui que le même prélat prononça lors de sa première ambassade, en septembre 1457, ne se trouve, à notre connaissance, que dans le ms. 7243-51 de la Bibliothèque royale de Bruxelles, aux folios 285-307.

sur les motifs de plainte que le duc avait donnés au Roi : il avait reçu le Dauphin dans ses États; il avait conclu des trêves avec les Anglais sans l'assentiment du Roi; il avait méconnu, dans celles de ses seigneuries qui dépendaient du royaume, l'autorité du Roi et du Parlement. Le premier point touchait à l'honneur paternel du Roi; le second à son autorité royale; le troisième à sa souveraineté et à sa justice. Et comme preuve à l'appui, l'évêque apportait par écrit l'énumération de vingt-huit attentats commis par les Anglais, à l'ombre des trêves, contre les sujets du Roi; de vingt-deux cas d'excès, de vingt-neuf cas de désobéissance, de treize entreprises contre l'autorité du Roi et de son Parlement.

Arrivant au dernier et principal point de son discours, l'évêque poursuivit en ces termes :

« Monseigneur, le Roi veut et désire de tout son cœur que vous connaissiez clairement, et en toute douceur, amour et charité, sa vocation et la vôtre. Vous êtes son prochain parent, issu de la Maison royale : faites-lui donc honneur et révérence en toute humilité et bonté du cœur. Vous êtes, sous lui et sous sa digne Couronne, en excellente dignité de pairie, et par deux fois : soyez donc joint et uni avec lui inséparablement, en vraie amitié et parfaite union, gardant l'ordre de majorité et minorité par entre vous, ainsi qu'il appartient. Vous êtes son sujet et vassal, très puissant et très honorable : veuillez donc le servir et lui obéir, et lui donnez conseil, confort et aide en toutes choses, ainsi que raison est. Et pour abréger, veuillez, mon très redouté seigneur, être au Roi, par effet, à toujours, bon et vrai parent, franc et loyal, pair humble et obéissant vassal, afin qu'il vous trouve et soyez envers lui tel que lui avez fait dire par vos ambassadeurs, c'est assavoir qu'il vous trouvera bon, vrai, franc, loyal, humble et obéissant, car tel est le vouloir et intention du Roi que par effet vous soyez envers lui, et tel vous trouver toujours le désire de tout son cœur. Et afin que toutes occasions de mécontentement et doléances soient totalement rejetées, faites en outre que, sur toutes les choses ci-dessus touchées, soit par vous donné bonne provision et apaisement, ainsi que les matières le requièrent, et que le Roi en soit content. Car je suis certain que, cela fait, et en vous mettant et en faisant votre devoir envers lui, ainsi que le devez et êtes tenu de le faire, vous trouverez le Roi si bon, si doux et si raisonnable envers vous que par raison en devrez être content. Et Dieu veuille que ainsi soit! »

Ce fut l'évêque de Tournai[1] qui répondit à l'évêque de Coutances. Voici la substance de son discours[2].

Le duc de Bourgogne remercie le Roi de ce qu'il lui plaît de le tenir pour « son très humble parent et parti de sa très chrétienne maison. » Le duc est en effet issu de la maison de France par trois fleurs de lis, et son duché de Bourgogne lui est venu par quatre Marguerites, lesquelles représentent les quatre vertus cardinales : prudence, force, tempérance et justice[3]. Le Roi ne trouve pas que le duc l'ait honoré et « révérencé » comme il le doit en recevant le Dauphin dans ses pays et en l'y retenant : le duc déplore que le Roi ait cette imagination, car, autrefois, il s'est fait excuser à ce sujet, protestant qu'il n'avait rien su de la venue du Dauphin jusqu'à son arrivée et l'affirmant par serment ; ce que le duc avait fait, il l'avait fait pour l'honneur du Roi, car l'honneur rendu au Dauphin est un honneur rendu au Roi. Si, par suite de sinistres rapports, le Dauphin se trouve éloigné du Roi, le duc espère que, par la

1. L'évêque de Tournai était alors Jean Chevrot ; mais il était à la veille de permuter avec Guillaume Fillastre, évêque de Toul, qui jouait alors un rôle prépondérant dans les conseils du duc de Bourgogne ; c'est donc évidemment celui-ci qui a dû prononcer le discours.

2. Ce discours se trouve dans le ms. 7243-51 de la Bibliothèque de Bruxelles, fol. 307 v°-310. Nous l'avons rencontré également dans un manuscrit acquis par nous et qui contient d'autres documents, relatifs à la même ambassade, qu'on chercherait vainement ailleurs. Ce manuscrit, derelié et incomplet, se compose de huit cahiers cotés de A à I (le cahier G est en déficit) ; il est de format in-4°, et son écriture est de la fin du XVe siècle.

3. Marguerite de France (Madame d'Artois), mariée au comte Louis de Flandre l'ancien ; Marguerite de Brabant, mariée au second comte Louis de Flandre ; Marguerite de Flandre, mariée au duc de Bourgogne Philippe, frère de Charles V ; Marguerite de Bavière, épouse du duc Jean. — L'orateur, après cette digression sur l'origine du duché de Bourgogne, ajoutait : « Ces quatre Marguerites sont les quatre vertus cardinales, c'est assavoir, prudence, force, attemperance et justice, qui regardent la conduite des affaires terriens, et les trois nobles fleurs de liz sunt les trois vertus théologales, assavoir foy, esperance et carité, qui regardent la conduite de l'âme ; » et, sur ce thème, il brodait fastidieusement deux pages durant. Tout le discours est rempli de semblables développements oratoires. Il ne contient pas moins de *trente-sept pages pleines* dans notre manuscrit.

grâce de Dieu, le Roi, mieux informé, sera content de son fils. Le duc n'a rien épargné, d'ailleurs, pour persuader au Dauphin de complaire au Roi; il n'est point las de continuer et de s'y employer de très bon cœur, avec l'aide de Dieu; il conseille au Roi d'user envers son fils de douceur et prudence plutôt que de rigueur : s'il plaît au Roi de lui témoigner sa clémence, le Dauphin fera ce que requiert l'amour paternel.

Le duc ne nie pas que le Roi soit son chef, ni qu'il ne lui doive amour et union; mais il n'admet pas que cet amour ait été refroidi par les trêves qu'il a prises avec les Anglais; il a protesté et proteste encore contre les accusations dont il a été l'objet à cet égard. Comment peut-on lui reprocher ce qui est plutôt à sa louange? Il n'a pris ces trêves que pour les pays voisins de Calais, et à trois mois de dédit, afin de demeurer intact pour pouvoir servir le Roi, s'il eût plu à celui-ci, « comme, par sa très ardente amour, il désiroit et encore le désire faire. » C'est parce que le duc fut averti que le mariage du roi d'Angleterre se faisait contre lui, et pour partager ses terres avec les Anglais, qu'il a dû prendre les moyens de préserver ses sujets : en cela il n'a fait chose qui soit à reprendre et qui doive déplaire au Roi. En concluant des trêves avec les Anglais, il a constamment excepté les sujets du Roi, et n'a donc nui en rien aux intérêts du royaume. D'ailleurs, en vertu du traité d'Arras, il est dispensé de servir le Roi, et libre de faire la guerre à ses ennemis, si cela lui plaît, tant dans le royaume qu'au dehors.

On prétend que le Roi est seigneur et que le duc est son sujet, à cause des belles et notables pairies et autres seigneuries qu'il tient de la Couronne. Le duc reconnaît cette souveraineté; mais, s'il doit obéissance et service, c'est dans les limites de son exemption. On veut obliger le duc à respecter les arrêts du Parlement; mais le Parlement ne remplit pas les conditions de la justice : les réformes promises par le Roi, qui, pour les opérer, devait appeler le duc et les autres princes du sang, n'ont jamais été faites; mais la juridiction du Parlement ne s'étend point hors du royaume. Le duc ne saurait donc tolérer les empiètements que font chaque jour les seigneurs de cette Cour : c'est une usurpation sur sa seigneurie.

Le Roi prétend être honoré par le duc comme un fils à l'égard de son père, et il entend qu'il lui obéisse comme un sujet obéit à son seigneur. Mais le Roi oublie que, aux termes du traité d'Arras, le duc n'est tenu de faire foi, hommage ou service ni pour les terres qu'il tient présentement du royaume de France, ni pour celles qui lui doivent échcoir dans le royaume, soit en vertu du traité, soit par succession. Le duc entend demeurer inséparablement uni au Roi ; il le supplie de le tenir toujours en sa bonne grâce. Ce n'est pas de son côté, au plaisir de Dieu, que viendra la rupture ; il reconnaît que le Roi est seigneur et souverain de son royaume ; mais le Roi ne peut ignorer le privilège de son exemption.

Si les gens et officiers du duc ont commis des actes dignes de répréhension, le duc veut les faire réparer, tant et si avant qu'il appartiendra, et tant en faire que par raison le Roi devra être content.

« Si vous plaise très révérend père en Dieu et vous, très « honorés seigneurs, dit l'évêque en terminant, faire au Roi « sur tout tel rapport que la bonne paix et concorde, la bonne « amour et union que Dieu a mis en ce royaume y puisse « toujours persévérer; car c'est celle sans laquelle on ne peut « salut acquérir; témoin saint Paul qui dit : *Pacem sequamini* « *cum omnibus, sine qua nemo videbit Deum.* C'est la chose dont « se glorifioit ce grand roi Assuérus, car, combien qu'il fût tant « puissant que nul n'étoit pareil à lui, il ne vouloit oncques « toutefois abuser de sa puissance ; mais en bénigne clémence « et tranquillité de paix conduisit toujours ses sujets. »

Les ambassadeurs de France répliquèrent à l'évêque de Tournai [1]. Le duc de Bourgogne n'avait pas de motifs suffisants pour prendre des trêves avec les Anglais ; il ne pouvait conclure ces trêves sans le congé du Roi ; le traité d'Arras n'autorise pas le duc à se servir de ceux de ses sujets qui habitent le royaume soit au dedans soit au dehors, car l'article en question doit s'entendre d'une guerre licite et même entreprise par

1. L'analyse de cette réplique est donnée dans le manuscrit de notre Cabinet.

l'autorité ou congé du souverain. Les trêves générales de France et d'Angleterre, dans lesquelles était compris le duc, étaient conclues quand le duc a fait sa trêve particulière, et elles furent faites en vue du mariage : d'où il résulte que le traité de mariage n'était point fait avec l'intention de nuire au duc et que celui-ci n'avait aucun besoin de prendre trêve avec les Anglais. De même que, en vertu du traité d'Arras, le Roi ne peut faire traité ni paix avec les Anglais en dehors du duc, de même le duc ne peut le faire en dehors du Roi : or ladite trêve est une paix à temps. Le Parlement est une notable cour, pourvue par le Roi de gens notables, ainsi qu'il pouvait le faire de sa seule autorité et sans le concours de princes du sang ou d'autres.

Les discussions se poursuivirent longuement entre les ambassadeurs et les conseillers du duc, sans apporter au débat aucun élément nouveau : c'étaient, de part et d'autre, les mêmes reproches, les mêmes dénégations. Plus on discutait, moins on était près de s'entendre[1].

1. Notre manuscrit donne ici une « Duplicque de par mondit seigneur le duc Philippe. » Il ne sera pas inutile d'en donner une brève analyse. Le Roi reproche au duc d'avoir donné asile à son fils; le duc estime qu'en recevant le Dauphin, il a rendu par là « un bien grand service » au Roi et au royaume : si par désespoir le Dauphin se fût retiré en pays étranger ou dans l'hôtel d'un prince « qui n'eût pas été si serviteur ou bienveillant du Roi, » il en fût résulté quelque inconvénient; le duc est donc à louer et non à reprendre. N'a-t-il pas engagé le Dauphin à laisser le Dauphiné venir aux mains du Roi, « sans travail ou coûtage? » N'est-ce pas grâce à l'intervention de ses ambassadeurs, munis des pouvoirs du Dauphin, que les États ont cessé leur opposition et que les capitaines ont ouvert leurs places? Le duc n'a cessé de conseiller au Roi et il lui conseille encore de rendre le Dauphiné à son fils. D'autres, qui ne sont point si proches du trône, ont reçu de grands biens et honneurs : il semble que le Roi ferait bien d'en faire autant et même davantage pour le Dauphin. Et quant au séjour du Dauphin à sa cour, pendant deux années, et aux insinuations produites à ce sujet, le duc répond que le Dauphin est en pleine liberté d'aller, de venir, et d'être où il lui plaira; il ne répute pas que le Dauphin est en son hôtel, mais que lui-même est en l'hôtel du Dauphin.

Au sujet des trêves prises avec les Anglais, le duc maintenait que les gens du Roi, formés en grandes compagnies, se jetaient sur ses pays, et que ceux qui leur résistaient étaient poursuivis en Parlement et obligés parfois de prendre des lettres de rémission; il rappelait qu'il n'était point tenu à demander le congé du Roi, car, en vertu du traité d'Arras, il était exempté de toute sujétion : « de sa personne, il n'y avoit point de souverain en France durant la vie du Roi. » Quant à l'interprétation que le Roi prétendait donner à certains articles du traité, c'était, en cas de différend, un débat à porter devant le Pape ou le Concile général, auxquels le Roi et le duc s'étaient soumis.

Le duc revenait avec détail sur l'affaire du mariage de Marguerite d'Anjou; aux dénégations qui s'étaient produites sur ce que ce mariage avait été conclu contre lui, il

L'affaire du Luxembourg fut débattue dans un mémoire spécial, où la question était traitée à fond.

Le duc contestait le droit que le Roi prétendait avoir sur le duché de Luxembourg qui, ainsi que lui-même l'avait reconnu, était une dépendance du royaume de Bohême. Or, Georges Podiebrad avait été élu roi de Bohême, et l'empereur, duquel ce royaume était tenu en fief, avait approuvé son élection. Le duc n'avait point eu connaissance que le duc et la duchesse de Saxe eussent revendiqué le duché de Luxembourg comme héritiers du roi Ladislas, ni qu'ils eussent contesté l'élection de Georges Podiebrad, qu'ils avaient au contraire reconnu comme roi de Bohême. Quant à l'acquisition du duché de Luxembourg par le Roi, le duc était convaincu que celui-ci n'avait point agi en cela de son chef, car il le savait être si franc et si honorable qu'il ne l'eût jamais fait, mais qu'il avait cédé aux conseils de certains « haineux et malveillants » du duc, qui avaient voulu trouver matière à un conflit entre le Roi et le duc. D'ailleurs, le duc et la duchesse de Saxe n'avaient point qualité pour vendre le duché de Luxembourg : pour que le traité de cession pût être valable, il eût fallu qu'il fût fait

opposait les faits. Le mariage de la fille du roi de Sicile avec le comte de Nevers était arrangé et le traité passé ; déjà le duc et la duchesse se disposaient, de Dijon où ils étaient, à envoyer chercher la jeune princesse pour la célébration des noces, quand on mit en avant le mariage d'Angleterre. Le duc et le comte de Nevers, sachant que c'était le vouloir du Roi, qui le leur fit signifier, s'inclinèrent et supportèrent patiemment leur injure. Mais, depuis ce temps, le duc s'aperçut bien, en maintes manières, qu'on travaillait à l'éloigner de la bonne grâce du Roi. Le duc fut alors informé que le mariage se traitait et se faisait contre lui ; il en fut averti par un homme qui avait alors en l'hôtel du Roi aussi grande autorité et connaissance des secrets conseils et affaires privées qu'aucun autre conseiller du trône. Point n'était besoin de le nommer : il l'avait été au Roi, à Caen, en présence du comte de Dunois.

Le duc repoussait tous les autres reproches qui lui avaient été adressés au sujet de la conclusion de ses trêves avec les Anglais : « Monseigneur le duc n'est pas à comprendre comme aucuns autres princes, car, à cause des nobles pairies qu'il tient, il lui est licite de faire guerre à ses ennemis de sa propre autorité, comme on l'a vu par expérience du temps de ses prédécesseurs ducs de Bourgogne et comtes de Flandre, et il ne voudroit à son pouvoir laisser diminuer les droits et prérogatives de ses pays et seigneuries ; il ne voudroit aussi entreprendre contre l'autorité du Roi, ni préjudicier à icelle. »

Enfin une longue énumération était faite des griefs du duc contre le Parlement ; on insistait sur tous les excès commis contre l'autorité du duc et dont il n'avait jamais pu obtenir réparation. — Notre manuscrit ne nous donne pas la fin de cette « Duplique, » à cause de la lacune qui s'y trouve. Le reste du manuscrit (cahiers D-J) est rempli par des mémoires rédigés postérieurement pour établir les droits de Marie de Bourgogne sur les diverses parties de ses États.

par l'autorité de l'empereur et que celui-ci y eût donné son consentement ; le duché était inaliénable, comme membre inséparable de la couronne de Bohême. En acceptant le transport, le Roi aurait pu être noté de vouloir entreprendre sur le duc, qui est son parent et très humble serviteur : il n'est point admissible que le Roi ait voulu le faire. Le duc se confiait en la bonté du Roi et était persuadé qu'il se déporterait de l'acceptation par lui faite et laisserait le duc jouir en paix du duché de Luxembourg, comme il devait le faire ; de son côté le duc, conformément à ce qu'il avait fait dire à Vendôme par ses ambassadeurs, serait toujours prêt, quand le Roi en aurait besoin et qu'il l'en requerrait, à le servir, non seulement en raison du duché, mais de toutes ses autres terres et seigneuries. Le duc repoussait donc les motifs allégués au nom du Roi relativement à l'acceptation du transport ; il réclamait que restitution lui fût faite de Thionville et des autres places du Luxembourg autrefois occupées par lui. Le duché lui appartenait à titre de bonne et juste gagerie, et les lettres de gagerie portaient que le duc n'était tenu de le rendre qu'au duc de Luxembourg, roi de Bohême. Or, le roi de Bohême actuel le réclamait comme membre de son royaume et en avait requis la délivrance par lettres patentes dont copie avait été envoyée au Roi. Il n'était donc point au pouvoir du duc de remettre le duché aux mains du Roi, comme celui-ci le demandait. Si le Roi persistait dans ses prétentions, il devrait tout d'abord s'adresser à l'empereur et obtenir de lui confirmation du transport dont il se prévalait ; et d'un autre côté il devrait s'adresser au roi de Bohême pour avoir son consentement et lui réclamer les lettres de gagerie qu'il devait avoir pour les remettre au duc en temps et lieu. Le Roi pourrait alors demander au duc de lui restituer le duché de Luxembourg moyennant finances ; il le trouverait disposé à accueillir ses offres. Si le Roi ne se rendait point à ces raisons, le duc espérait qu'il voudrait bien prendre journée pour traiter l'affaire à l'amiable, de façon à ce qu'on pût arriver à une bonne et fructueuse conclusion [1].

1. Ce mémoire se trouve à la Bibliothèque royale de Bruxelles, dans le ms. 11187-88, où il remplit les folios 36 à 51 v°.

Les ambassadeurs de Charles VII avaient été chargés de faire au Dauphin une déclaration ; ils la formulèrent en ces termes le 22 décembre :

« Mon très redouté seigneur, vous savez que, par plusieurs « fois, tant par les ambassadeurs que vous avez envoyés vers « le Roi que par ceux de Monseigneur de Bourgogne envoyés « à Saint-Symphorien d'Auzon et dernièrement à Montbazon, « et aussi à nous autres en cette ville de Bruxelles, vous avez « toujours dit et fait savoir au Roi que vous lui deviez hon- « neur et obéissance pour faire ce qu'un bon fils doit à son « seigneur et père ; mais que l'on vous avoit fait certains rap- « ports qui vous avaient donné des craintes, et que vous sup- « pliiez le Roi de vous laisser en votre franchise et de patienter « jusqu'à ce que ces craintes fussent dissipées. Le Roi nous a « chargés de savoir de vous si le temps que vous avez demandé « pour vous rassurer et vous mettre hors de ces craintes est « écoulé. Le Roi désire le savoir, et ce n'est pas merveille, car « il y a douze ou treize ans que vous ne fûtes en la présence « de votre seigneur et père.

« En outre, mon très redouté seigneur, le Roi nous a com- « mandé de vous remettre en mémoire le grand devoir, et plus « que devoir, en quoi il s'est mis envers vous. Vous savez, « Monseigneur, que le Roi a toujours désiré et voulu que vous « vinssiez devers lui, et mêmement accompagné des gens de « votre hôtel, tels que bon vous semblera, pour deux causes : « l'une parce que, sur toutes choses, il vous désire voir pour « son plaisir et délectation ; l'autre pour votre bien et grand « honneur. Et aussi il lui a toujours semblé que la plus conve- « nable manière pour dissiper les peurs et craintes, si vous en « avez aucunes, est de les lui dire et déclarer. Et le Roi a été « content que, cela fait, vous puissiez demeurer ou vous en « retourner, avec ceux de votre compagnie, où bon vous sem- « bleroit[1]. »

En présence de cette déclaration, le Dauphin se décida à

1. Ce document se trouve dans le ms. fr. 15537, f. 107, et, en copie moderne, dans Le Grand, vol. VIII, f. 147.

faire un pas en avant. Il formula ses prétentions dans un mémoire portant ce titre : « Effet des choses de quoi Monseigneur se contenteroit. »

Le Dauphin offrait premièrement de « requérir pardon, » — bien qu'il n'eût en rien offensé le Roi, et qu'il l'eût été, et qu'on lui eût ôté son pays de Dauphiné, — moyennant qu'on lui restituât son pays et qu'on lui rendît sa pension de vingt-quatre mille livres ; et en outre que le Roi lui promît qu'on n'entreprendrait rien contre sa personne ni contre ses serviteurs. — En second lieu, malgré le juste mécontentement qu'il avait à l'égard de plusieurs des officiers et serviteurs du Roi, le Dauphin offrait, si ceux-ci se voulaient employer pour ses besognes et affaires, « de bien pardonner et d'ôter toute rancune et malveillance qu'il pourroit avoir contre eux, » et de leur donner toutes les assurances qu'ils demanderaient. — En troisième lieu, le Dauphin offrait, « pour obtenir la bonne grâce du Roi, pour laquelle il n'est rien à lui possible qu'il ne voulût faire, » de le requérir, par lettres signées de sa main, « en toute révérence et humilité, » comme il appartenait, qu'il lui pardonnât toute déplaisance et malveillance qu'il pourrait avoir eue contre lui ; et, si cela ne suffisait pas, d'envoyer la Dauphine en personne pour solliciter le pardon du Roi. Enfin, si le plaisir du Roi était qu'il requît lui-même le pardon, il consentait à faire, à genoux, cette requête à celui que le Roi députerait vers lui[1].

1. Ce document a été publié par Duclos, dans son *Recueil de pièces*, p. 156-58. Il ne peut se rattacher aux négociations de 1456, et me semble devoir être placé à ce moment. Il n'est pas douteux — les lettres du 13 décembre 1459 et du 29 janvier 1460, que nous citerons plus loin, le montrent suffisamment — que le Dauphin eut alors l'intention de se rapprocher de son père. La lettre du Dauphin à son « très chier et amé cousin, » que M. Charavay (*Lettres de Louis XI*, t. I, p. 83) place au mois de décembre 1458, nous semble devoir se rattacher également à l'ambassade du mois de décembre 1459.

CHAPITRE XIV

RUPTURE IMMINENTE ENTRE CHARLES VII ET PHILIPPE LE BON

1460

Succès de la politique royale en Allemagne, en Angleterre et en Italie ; le duc de Bourgogne, menacé de toutes parts, compte sur la mort prochaine de Charles VII. — Lettre de Philippe au Roi ; lettres du Dauphin à son père ; envoi de Toison d'Or ; réponse du Roi à cet ambassadeur. — Ambassade des Liégeois ; Charles VII les prend sous sa protection. — Relations de Charles VII avec la reine Marguerite par l'intermédiaire de Brezé ; celui-ci rend compte au Roi des négociations avec la reine ; mesures prises en faveur de celle-ci. — Brusque revirement des affaires en Angleterre : défaite de la reine à Northampton. — Le duc de Bourgogne est toujours menacé du côté du Luxembourg ; Charles VII envoie une ambassade aux princes allemands ; instructions qu'il donne à ses ambassadeurs ; exposé de leur mission. — Nouvelle ambassade de Toison d'Or ; délibération sur la conduite à tenir à l'égard du duc ; préparatifs militaires. — La bataille de Northampton vient suspendre l'exécution de ces desseins ; ambassade de la reine Marguerite à Charles VII ; réponse du Roi. — Intrigues de Sforza en Italie ; efforts du Roi pour obtenir le concours de la République de Florence ; démarches auprès de Sforza et auprès des autres États italiens. — Sforza essaie de se justifier et envoie un ambassadeur au Roi ; réponse de Charles VII. — Succès de la campagne du duc de Calabre dans le royaume de Naples. — Concours financier donné par Charles VII au roi René ; ambassade du duc de Bretagne en Italie pour soutenir les droits du duc d'Orléans sur le duché de Milan. — Nouvelles plaintes adressées par Charles VII à Sforza ; relations de Sforza avec le duc de Bourgogne et avec le Dauphin ; traité passé entre Sforza et le Dauphin. — Le duc de Bourgogne envoie une nouvelle ambassade au Roi ; elle est contremandée ; voyage secret du bâtard de Bourgogne à Paris ; délibération du conseil du Roi à ce sujet ; arrestation du prévôt de Paris. — Triomphe inattendu de la reine Marguerite.

L'année 1460 semblait devoir être décisive. L'issue de la vieille querelle entre Charles VII et Philippe le Bon allait dépendre des événements qui s'accompliraient au dehors. Les chances paraissaient favorables au succès de la politique royale. En Allemagne, le Roi avait l'appui du duc Guillaume de Saxe, et son ascendant sur les princes allemands ses alliés augmentait chaque jour. En Angleterre, la reine Marguerite, secrètement soutenue par la France, avait réussi à triompher des menées hostiles du duc d'York : le duc et ses partisans étaient en fuite, et le Parlement les avait mis hors la loi comme rebelles. En Italie, malgré la vive opposition de Sforza, la domination française s'affermissait à Gênes, et le duc de Calabre marchait résolument à la conquête du royaume de Naples.

Mais si l'horizon devenait de plus en plus menaçant pour le duc de Bourgogne, celui-ci avait un allié sur lequel il comptait : la mort. Les adversaires de Charles VII n'ignoraient point que sa vie était sérieusement menacée. Les avertissements à cet égard leur venaient de tous côtés. Au milieu de l'année 1460, un ambassadeur accrédité par le duc de Milan auprès du Pape écrivait à son maître, au sortir d'une audience : « En ce qui concerne le projet d'entretenir de bons rapports avec le duc de Bourgogne et avec le Dauphin, et pareillement avec le roi d'Angleterre, sans faire aucune démonstration, de crainte d'irriter les Français, Sa Sainteté l'approuve, et m'a dit en parlant avec moi de cette matière : « Otto, je suis in-« formé que le roi de France est très gravement malade, et en « péril de mort[1]. » La nouvelle était connue à la cour de Bourgogne aussi bien qu'à la cour de Milan : on savait que Charles VII était vieux avant l'âge, accablé d'infirmités, et que ses jours étaient comptés[2].

Après le départ de l'évêque de Coutances, Philippe le Bon avait écrit au Roi dans les termes les plus humbles, le priant de prendre en gré la réponse qu'il avait faite à ses ambassa-

1. « Otto, havea informatione che la maestà del Re di Franza stasseva molto gravata d'infirmità, et in periculo de morte. » Dépêche du 15 juin 1460, *ex Balneis Petrioli*, signée par Otto de Carreto et deux autres ambassadeurs milanais. Archives de Milan, *Dominio Sforzesco*, juin 1460.

2. On lit dans la même dépêche : « Si che tale intelligentia in quel caso saria stata opportuna, ma dapoi e guarito ; pur gli pareria che col Dalfino si dovesse strengere bene, essendo lo Re vecchio et infermo, e da credere debia vivere puoche, et al quello regno ha purà succedar dicto Dalfino. » — Le 3 juillet 1460, Louis de Laval, gouverneur de Gênes, écrivant à Louis Doria, commandant de la flotte envoyée dans le royaume de Naples, l'assurait de l'empressement que Charles VII témoignait pour le recouvrement du royaume, et il ajoutait : « Nisi in adversum valetudinem incidisset. » Archives de Gênes, *Letterarum*, 22, à la date.

deurs. « En vérité, disait-il, je ne désire rien tant que de faire chose qui vous soit plaisante et agréable, et j'ai la ferme espérance que, étant bien informé, vous serez content de moi. » Quant aux doléances qui, sur plusieurs cas particuliers, lui avaient été présentées, il y avait fait répondre pertinemment, et il se proposait d'envoyer prochainement au Roi des ambassadeurs, ainsi qu'il l'avait annoncé. « Mon très redouté seigneur, disait-il en terminant, qu'il vous plaise me mander et commander tous vos bons plaisirs, pour les accomplir, comme raison est, à mon pouvoir et à l'aide de Dieu le Tout-Puissant[1] ! »

Quelques semaines auparavant, le Dauphin avait envoyé une lettre à son père : faisant droit au reproche que le Roi lui avait adressé lors de la naissance de Joachim, il s'empressait de faire part d'une nouvelle grossesse de la Dauphine. Charles VII l'avait remercié de cette communication. A la date du 13 décembre, le Dauphin reprit la plume. Il avait reçu les lettres qu'il avait plu au Roi de lui écrire; il l'en remerciait très humblement; il annonçait que la Dauphine avait déjà plusieurs fois senti remuer son enfant. « De quoi, disait-il, je sais que serez bien joyeux. » Et il finissait par la formule habituelle : « Mon très redouté seigneur, vous plaise m'avoir et tenir toujours en votre bonne grâce et me mander et commander vos bons plaisirs, pour les faire et accomplir à mon pouvoir, priant le benoit fils de Dieu qu'il vous ait en sa sainte garde et vous donne très bonne vie et longue[2]. »

Le 29 janvier 1460, le Dauphin écrivit de nouveau à son père : « J'ai reçu, disait-il, les lettres que, de votre grâce, il vous a plu de m'écrire, et ouï la créance que l'évêque de Coutances et vos autres ambassadeurs m'ont dite de par vous, dont et de la bonne souvenance qu'il vous plaît avoir de moi, vous mercie tant et si très humblement comme je puis. » Louis chargeait les ambassadeurs de rapporter au Roi « aucunes

1. Lettre du 29 janvier 1460; Original, ms. fr. 5041, f. 7; éditée incorrectement par Duclos, p. 217.
2. *Lettres de Louis XI*, t. I, p. 116.

choses » qu'il leur avait dites; il priait le Roi de les croire et de l'avoir toujours en sa bonne grâce, « qui est, ajoutait-il, la chose en ce monde que plus je désire [1]. »

Peu de jours après, Toison d'Or partit pour la France [2]. Le 4 mars, au château de Chinon, il remettait à Charles VII les lettres du duc et du Dauphin. Le Roi était au courant de toutes les intrigues qui s'agitaient à la cour de Bourgogne. A ce moment, Brezé, en lui donnant des nouvelles d'Angleterre, lui écrivait : « C'est merveille des mystères qui se jouent en Flandre [3]. » L'ambassadeur du duc fut reçu très froidement. On lui fit attendre sa réponse jusqu'au 27 mars; elle était conçue en ces termes : « Toison d'Or, le Roi a reçu les lettres que vous lui avez apportées de par monseigneur de Bourgogne, et ouï ce que vous lui avez voulu dire, et aussi vous a fait ouïr en son Conseil. Et, en ce qui touche la journée que monseigneur de Bourgogne requiert être tenue à Paris, le quinzième jour de juin prochain, pour le fait du duché de Luxembourg, le Roi y aura avis et délibération avec les gens de son Conseil, et sur ce fera savoir à monseigneur de Bourgogne son vouloir. Mais, au regard des matières qui touchent ses droits, les faits de son royaume et sa souveraine justice, il n'a point intention d'en journoyer [4]. »

Sur ces entrefaites arriva à la cour de France, en grande pompe, une ambassade des Liégeois [5].

Depuis longtemps Liège était en démêlés avec le duc de Bourgogne, qu'elle regardait comme son plus mortel ennemi [6]. En 1456, Philippe, ayant forcé Jean de Heinsberg à résigner son évêché, avait imposé aux Liégeois pour évêque son propre neveu, Louis de Bourbon, alors âgé de dix-huit ans. Le jeune

1. Original, ms. fr. 2811, nº 47; *Lettres de Louis XI*, t. I, p. 119.
2. Il partit le 8 février et revint le 3 avril. Archives du Nord, B 2040, f. 139 vº.
3. Lettre du 24 février. Éd. par M. Quicherat, *Œuvres de Thomas Basin*, t. IV, p. 359.
4. Copie du temps, ms. fr. 5041, f. 51.
5. L'ambassade se composait de trente chevaux. Voir Adrien de Vieux-Bois et Zantfliet, dans *Amplissima collectio*, t. IV, col. 1240, et t. V, col. 500.
6. « ... Quod eos acerbissimo ac sævissimo odio insectare Burgundiones ab antiquo sciret. » Thomas Basin, t. I, p. 295.

prince n'avait pas tardé à entrer en conflit avec les bourgmestres, qui s'emparèrent du pouvoir. Des tentatives de réconciliation furent faites, mais sans succès. Enfin, en janvier 1460, Louis de Bourbon revint à Liège, et, d'un commun accord, il fut décidé qu'on s'en remettrait à l'arbitrage de Charles VII [1].

Le Roi n'avait cessé de traiter les Liégeois avec faveur. Dès le mois d'août 1458, il avait reçu d'eux des ouvertures [2], et il avait comblé de présents leur envoyé, qu'il avait armé chevalier [3]. La nouvelle ambassade ne fut pas moins bien accueillie : le Roi la fit festoyer par son fils, et la traita libéralement [4]. Les Liégeois ne venaient pas seulement solliciter l'arbitrage de Charles VII dans leur querelle avec Louis de Bourbon : ils avaient mission de lui demander de les prendre sous sa sauvegarde et de leur concéder certains privilèges; on disait même qu'ils devaient proposer leur alliance contre le duc de Bourgogne, avec promesse de livrer le Dauphin à son père. Quoi qu'il en soit du bruit répandu alors, et qui causa une certaine émotion à la cour de Bourgogne [5], les Liégeois obtinrent ce qu'ils demandaient : par lettres données aux Roches-Tranchelion le 17 avril, Charles VII, ayant en mémoire le « bon et grand vouloir » que de tout temps le peuple de Liège avait pour lui et pour sa couronne, et voulant le protéger contre tous ceux qui pourraient le troubler dans la jouis-

1. Voir sur les démêlés de Louis de Bourbon avec les Liégeois, *Louis de Bourbon, évêque-prince de Liège*, par Ed. Garnier (Paris, 1860, in-8°), et *Histoire du diocèse et de la principauté de Liège pendant le quinzième siècle*, par l'abbé Daris (Liège, 1887, in-8°).

2. Lettre des Liégeois à Charles VII, en date du 17 août 1458. Ms. fr. 5040, f. 22.

3. Don à Jean de le Bouverie, chevalier du pays de Liège. Archives, KK 51, f. 114. — Dès cette époque les Liégeois demandaient l'arbitrage de Charles VII. Voir Adrien de Vieux-Bois, *l. c.*, col. 1238.

4. Adrien de Vieux-Bois, *l. c.*, col. 1240. — Dons aux ambassadeurs liégeois : Ms. fr. 20683, f. 49.

5. « Voix courut et fame que les Liégeois, du vivant du Roy Charles, avoient fait compact avecques ledit Roy de prendre et luy livrer son fils le Dauphin entre ses mains, avecques plusieurs autres articles bien grands, contraires et minatoires sur le duc de Bourgongne. Comme vray est, ils avoient alliance avecques ledit Roy, et y avoit grand entendement entre eux. » Chastellain, t. IV, p. 69. — Adrien de Vieux-Bois fait aussi allusion à ce bruit ; il dit (col. 1247) que Louis XI, parvenu au trône, se montra fort hostile à l'égard des Liégeois, parce qu'il était persuadé qu'ils avaient pris l'engagement de le livrer à son père.

sance de ses droits, le prenait en sa garde et protection, et désignait comme gardiens les baillis de Vermandois et de Vitry[1].

C'était un nouveau coup droit porté au duc de Bourgogne. L'alliance de Charles VII avec Henri VI et Marguerite d'Anjou en aurait été un autre, plus décisif encore, si elle avait pu s'effectuer. Thomas Basin dit en termes formels que le Roi poursuivait ce dessein, et qu'il cherchait à détacher l'Angleterre de l'amitié de Philippe le Bon pour l'attirer à la sienne[2]. Autant les sentiments personnels de Henri VI le portaient vers Charles VII, autant il avait peu de sympathie pour le duc de Bourgogne[3]. Quant à la reine Marguerite, devenue maîtresse du pouvoir et n'épargnant aucun effort pour s'y maintenir[4], elle sentait combien l'appui de Charles VII pouvait lui être utile. Mais, en même temps, elle devait craindre de froisser le sentiment national, toujours très hostile à la France. Pour favoriser le rapprochement qu'il méditait, Charles VII ouvrit les ports et les villes de la Normandie à tous les Anglais munis d'une autorisation royale[5]. Marguerite était en relations continuelles avec Brezé. « La reine votre nièce, écrivait celui-ci au Roi à la date du 24 février 1460, m'a

1. *Ordonnances*, t. XIV, p. 492. — Par d'autres lettres Charles VII accorda aux Liégeois les facilités commerciales qu'ils demandaient. Voir Adrien de Vieux-Bois et Zantfliet.

2. « Licet in treuga diu cum Burgundionum duce idem Henricus vixisset, fœdus tamen cum eo ipse Carolus quoddam habere inchoavit, et, ut eum ab amicitia ducis Burgundionum abstraheret, ad amicitiam secum coeundam pellexit. » Thomas Basin, t. I, p. 296.

3. Voir notre tome IV, p. 154-55, et ci-dessus, p. 137.

4. Nombreuses mesures prises pour se défendre contre les rebelles, en date des 10, 16, 20 et 22 février, 26 mars et 14 avril 1460. Rymer, t. V, part. I, p. 91, 93, 95; 48th *Report of the deputy Keeper*, p. 440 et 443; Stevenson, *l. c.*, t. II, p. 512. — Henri VI avait alors à sa solde des navires de Venise et de Gênes. Voir Stevenson, t. II, p. 516-17, et document publié par Gairdner, *l. c.*, p. CXLIX.

5. Thomas Basin, t. I, 297. — Un peu plus tard, le 3 février 1461, Charles VII fit publier en Normandie, à son de trompe, des lettres patentes par lesquelles il déclarait « son plaisir estre tel que, par tout le pays de Normandie et les ports de mer d'icelui fussent laissés paisiblement descendre tous Anglois et Angloisches, de quelque estat qu'ils feussent et en tel habit que bon leur sembleroit, tenants et adherants le party du Roy Henry d'Angleterre et de la Royne sa femme, sans aucun sauf-conduit avoir de lui, et de les laisser converser par tout son royaume. » *Livre des faits advenus au temps du roi Louis XI*, dans le *Panthéon littéraire*, p. 240.

fait savoir par Doucereau que j'allasse incontinent devers vous pour vous parler de ceux qui doivent venir et lui faire savoir de vos nouvelles au certain. Ce qu'elle demande, c'est que vous ayez bon vouloir envers le roi votre neveu et elle. Elle m'a mandé aussi que je mette toute la peine que je pourrai à gagner le navire du comte de Warwick, et que, en toutes façons que je pourrai le grever et faire dommage, je le face; car, ainsi qu'il lui semble, cela servira beaucoup à son fait et à la matière pour quoi elle entend envoyer les gens de par deça. Et, pour ce, j'ai commencé à faire habiller le navire, et me semble que, si c'est votre plaisir, ledit Warwick s'en sentira. Je voulois vous dire aussi les choses secrètes qu'elle m'a mandées, par quoi vous eussiez connu le bon vouloir qu'elle a eu et a envers vous, qui n'est pas peu de chose. » Brezé ajoutait qu'il n'était ni possible ni raisonnable de communiquer directement avec la reine, sans l'intermédiaire de Doucereau, car, disait-il, « si les lettres étoient prises, il ne faudroit autre procès pour la faire mourir : si ceux qui sont à elle et de son côté savoient son intention et ce qu'elle a fait, ils se joindroient avec les autres pour la faire mourir... Je vous supplie donc, Sire, que d'autres que maître Étienne Chevalier ne voient cette lettre, ni aussi ce que Doucereau vous montrera, pour les dangers qui en pourroient survenir à votre nièce, dont trop seriez déplaisant, et si vous en seroit grand dommage. » Dans un *Post-scriptum*, Brezé se recommandait en ces termes à son maître : « Sire, ne soyez envieux du bien que votre neveu et votre nièce vous font dire de moi, car vous savez que je suis un gentil chevalier[1]. »

Le duc de Somerset, après sa tentative infructueuse sur Calais, était resté à Guines, et se tenait prêt à aller trouver

1. L'original de cette lettre, qui a été publiée par M. Quicherat (Thomas Basin, t. IV, p. 358-60), est dans le ms. fr. 20428, f. 15. Nous avons aussi un mémoire envoyé par Brezé, et qui reproduit les termes de cette lettre : ms. fr. 20490, nº 95 ; cf. Le Grand, VIII, f. 239. C'est sans doute pour faciliter ces relations secrètes que, le 9 avril 1460, un sauf-conduit était délivré à certains marchands normands se rendant en Angleterre, « in the *Grace Dieu*, of Rouen, and the *Michielle*, of Normandy (*48th Report*, p. 441), et que les 18 et 22 juin d'autres sauf-conduits étaient encore délivrés à des marchands normands (*Id.*, p. 442).

Charles VII, qui lui avait envoyé un sauf-conduit[1]. La reine n'avait point perdu tout espoir de se rendre maîtresse de Calais, car, le 5 juin, des pouvoirs étaient donnés au duc de Somerset pour recevoir la soumission des rebelles qui rentreraient dans l'obéissance[2], et Brezé s'occupait activement de réunir la flotte qui devait agir contre Warwick. Le 8 juin, il envoyait au Roi une lettre qu'il avait reçue de l'évêque de Salisbury[3], et députait vers lui le messager (lequel paraît avoir été Simon Gallet[4]) porteur de cette lettre. « Il vous plaira le ouir, disait-il, et me faire savoir ce qui sera votre plaisir. Et vous souvienne, Sire, que autres matières ont été perdues par faute de les conduire à leur droit et secrètement[5]. »

Mais les événements allaient bientôt couper court à ces négociations et faire évanouir les espérances conçues de ce côté. Le comte de Warwick avait été en Irlande s'entendre avec le duc d'York ; à peine revenu à Calais, il lança un manifeste[6], en son nom et au nom du duc d'York, du comte de March et du comte de Salisbury. Ce manifeste, adressé à l'archevêque de Canterbury, primat du royaume, et à la chambre des Com-

1. Lettre de Brezé à Étienne Chevalier, en date du 28 juillet, citée plus loin.

2. Lettres données à Coventry. *48th Report*, p. 442.

3. M. Vallet de Viriville a mentionné, dans son *Histoire de Charles VII* (t. III, p. 395, note), un rapport de Doucereau sur une entrevue que l'agent de Brezé eut à Calais avec l'évêque de Salisbury, rapport qui se trouve dans le ms. fr. 15537, f. 215, aujourd'hui disparu de la Bibliothèque nationale. Je ne puis que citer le passage reproduit par M. Vallet, en regrettant de n'avoir plus la possibilité de recourir à ce document. « *Item* me dit ledit evesque que ledit Mgr le grant seneschal estoit le chevalier du monde qu'il desiroit plus veoir, tant pour ce qu'il fut cause et moien des treves et du mariage du Roy et de la Reine d'Angleterre que pour les services qu'il a oy dire qu'il a fait au Roy ; et aussi de la bonne et belle guerre qu'il a fait à Sandwich, dont il est plus grant memoire en leur pays que de chose qui y fut faicte depuis la descente du duc Guillaume, et mesmement que tous les prisonniers qu'il avoit eu entre ses mains se louoient tant de sa gentillesse et courtoisie que merveilles. »

4. « Simon Galet, du parti anglois, la somme de huit vingt quinze livres tournois que le Roy nostre sire luy a ordonnée, c'est assavoir C. l. t. pour avoir esté devers ledit seigneur pour aucunes matières secrètes à Chinon et aux Roches, et LXXV l. t. pour son defray de ce qu'il a vacqué et demouré par aucun temps ou pays de Normandie depuis qu'il avoit esté depesché dudit seigneur auxdictes Roches, desquelles choses icellui seigneur n'a voulu ne veult autre declaracion estre faicte ne acquict baillé fors ce present role. » — Rôle du 19 janvier 1461. Ms. fr. 20683, f. 50.

5. « Plaise vous, ajoutait-il, expedier le messagier, lequel a fait troys voiages, et n'a eu que XXIIII escuz. » Original, de la main de Brezé, Ms. fr. 20128, f. 17.

6. Voir le texte de ce manifeste dans *An english chronicle*, p. 86-90 ; cf. Gairdner, *l. c.*, p. CXL-41.

munes, était un violent réquisitoire contre le gouvernement de Henri VI. Les lords y faisaient allusion à un déploiement de forces qui s'opérait en France, et qui, selon eux, était une menace pour l'Angleterre[1]. Sur ces entrefaites était arrivé à Calais un légat du Pape, chargé de travailler en Angleterre à la réconciliation des partis et de prêcher la Croisade ; c'était François Coppini, évêque de Terni[2]. Loin de se conformer aux instructions de Pie II, Coppini se mit à la disposition des lords rebelles et accepta de leur servir d'intermédiaire auprès de Henri VI. Le 26 juin, le légat s'embarquait, en compagnie des comtes de Warwick, de March et de Salisbury, et arrivait à Sandwich, avec mission d'aller trouver de leur part le roi d'Angleterre, de l'assurer de la sincérité de leurs sentiments à son égard et à l'égard du royaume, et de ménager leur rentrée en grâce[3].

En débarquant à Sandwich, les lords furent accueillis par l'archevêque de Canterbury, entouré d'une foule enthousiaste qui alla grossissant jusqu'à leur entrée triomphale dans Londres (2 juillet). A peine arrivé, Coppini adressa au roi d'Angleterre une longue épître, où il déclarait se porter médiateur et lui demandait d'accueillir favorablement la requête des lords[4]. Mais l'intervention du légat ne fut pas nécessaire : le sort des armes trancha la question. Le 10 juillet, l'armée royale était mise en déroute à Northampton ; Henri VI tombait au pouvoir des rebelles et était emmené à Londres. La reine Marguerite s'enfuyait avec son fils dans le pays de Galles[5]. Le roi d'Écosse, venu à son secours, était tué devant Roxburg le 4 août.

1. « Heryng also that the Frensche King makethe in hys land grete assemble of his peple, whyche ys gretely to be drad for many causes. »

2. Pie II lui avait donné cette mission par un bref du 10 janvier 1460. Raynaldi, ann. 1460, §§ 15-16 ; Theiner, *Mon. Vet. Hibern.*, p. 423.

3. Voir lettre des lords à Coppini. Calais, 25 juin 1460. *Original Letters*, ed. by sir H. Ellis, 3d series, t. I, p. 82-88.

4. Cette lettre est publiée par sir H. Ellis, *l. c.*, p. 89-97, avec la date du 3 ; elle a été traduite, avec la date du 4, par M. Rawdon Brown, *Calendar of State papers*, etc. *Venice and Northern Italy*, t. I, p. 89-91.

5. Le 26 juillet, de Rouen, l'archevêque de Narbonne et Brezé écrivaient à Étienne Chevalier : « Depuis naguaires n'avons point escript au Roy des nouvelles d'Angleterre, pour ce que il n'en est venu riens de certain ; car tout ce qui en est venu par deça c'est de Calaiz ; or, comme savez assez, ilz ne sont pas des deux costés. Posé que, pour cer-

De tels événements ne pouvaient manquer de causer une vive satisfaction à la cour de Bourgogne. Philippe se mit aussitôt en rapports avec le parti vainqueur : le maréchal de Bourgogne et le sire de Lannoy firent voile vers l'Angleterre[1], et Henri VI désigna des commissaires pour traiter avec les ambassadeurs du duc d'une prolongation des trêves[2].

Il était temps que le triomphe du parti Yorkiste en Angleterre vînt opérer une diversion en faveur du duc de Bourgogne, car il était toujours menacé du côté du Luxembourg.

Charles VII n'avait rien négligé pour soutenir ses prétentions sur ce duché. Au printemps de 1459, un changement notable était survenu dans l'état des choses. Le duc Guillaume de Saxe avait conclu un accord avec Georges Podiebrad et l'avait reconnu comme roi de Bohême ; des arrangements matrimoniaux avaient accompagné le traité[3]. Charles VII s'était ému de ce rapprochement, mais il avait été promptement rassuré par les déclarations que le duc Guillaume avait chargé le bailli de Vitry de lui transmettre[4]. A la fin de 1459, une conférence entre les princes allemands s'était tenue à Coblenz, et le Roi

tain, le Roy est ès mains du conte de Warouik, et la Royne est vers les marches de Galles, son fils avecques elle, accompaignée du duc d'Excestre et de grant nombre de gens. La grosse tour de Londres tient encore pour elle, le sire de Scalles dedans et d'autres grans seigneurs. » Original, Ms. fr. 20487, f. 64. — Le 31 juillet, Brezé écrivait au même : « J'ay pieça envoyé l'omme que vous savez devers vous ; à ce sourvint ung Anglois lequel le Roy d'Angleterre avoit envoyé deux fois devers moy avant que derrenièrement je alasse devers le Roy, lequel a esté ou champ où le Roy a esté prins ; et ay fait mettre par escript la fourme et la manière comme la besongne s'est portée, et envoye tout devers le Roy ; vous le verrez et cognoistrez comment le legat de nostre Saint Père y a ouvré, et aussi comment ceulx en qui le Roy d'Angleterre avoit plus de fience l'ont trahy mauvaisement. Ledit Anglois a parlé à la Royne depuis, laquelle et sont filz sont en seureté. Je feusse party aujourd'huy à aller devers le Roy ; mais je attendray toute ceste sepmaine, pour savoir se je auray nulles nouvelles de Doulcereau et autres que j'ay envoyez devers ladicte dame. » Original, Ms. fr. 20428, f. 17 *bis*.

1. Du Clercq, livre IV, ch. XIV.

2. Pouvoir en date du 1er octobre 1460. Brequigny, 83, f. 58.

3. Traité passé à Eger, le 25 avril 1459, par l'entremise du marquis Albert de Brandebourg. — Albert, fils de l'électeur Frédéric de Saxe, avait été fiancé à Zdenka, fille de Georges Podiebrad ; une des filles de Guillaume l'avait été à son fils Hyenick ; enfin, une fille d'Albert de Brandebourg, gendre de l'électeur Frédéric, l'avait été à Henri, autre fils de Podiebrad.

4. Lettre du bailli de Vitry au duc Guillaume, en date du 29 septembre 1459. Archives de Dresde, *Wittenberger Archiv, Luxemb. Sachen*, I, f. 251.

y avait envoyé Lenoncourt. Celui-ci avait été l'objet des démonstrations les plus empressées : le duc Guillaume et le marquis Albert de Brandebourg avaient demandé à devenir les alliés de Charles VII, à être de son Conseil, à lui prêter serment ; le comte palatin du Rhin — alors en guerre avec l'archevêque de Mayence, le duc Louis de Bavière et le comte Ulric de Wurtemberg — avait sollicité l'appui du Roi, et n'avait pas tardé à lui adresser sa requête par un ambassadeur ; tous les princes avaient assuré le bailli qu'ils étaient prêts à seconder le Roi dans ses desseins sur le Luxembourg [1].

D'un autre côté, le duc Sigismond d'Autriche et sa femme Éléonore s'étaient adressés à Charles VII pour le prier d'intervenir de nouveau auprès des Cantons suisses, avec lesquels ils étaient toujours en démêlés, malgré les efforts que le Roi n'avait cessé de faire pour apaiser ce différend [2].

Au commencement d'avril 1460, Charles VII désigna des ambassadeurs pour se rendre en Allemagne. Thierry de Lenoncourt, bailli de Vitry (l'un des « gardiens » de la principauté de Liège), et son lieutenant, Jean de Veroil, étaient chargés de se rendre auprès de l'archevêque de Trèves, de l'évêque de Metz, du comte palatin, des ducs Albert et Sigismond d'Autriche, du duc Guillaume de Saxe, du marquis Albert de Brandebourg, du marquis de Bade et du comte Ulric de Wurtemberg. Charles VII leur avait remis des lettres de créance pour chacun de ces princes [3]. Ils devaient les remercier des bonnes dispositions qu'ils lui témoignaient, et communiquer à certains d'entre eux la proposition faite par le duc de Bourgogne pour la tenue d'une journée où serait discutée l'affaire du Luxembourg, proposition sur laquelle le Roi ne s'était point encore prononcé ; ils devaient s'employer à paci-

1. Voir instructions données par Charles VII à ses ambassadeurs en Allemagne, en date du 6 avril 1460, citées plus loin.

2. Lettres du duc et de la duchesse, en date du 24 octobre 1459. Archives de Vienne, ms. nº 411, f. 401 et 401 vº. Communication de M. Armand d'Herbomez. — Voir, sur l'intervention de Charles VII près des cantons suisses, Mandrot, *Étude*, etc., p. 43 et suiv.

3. La lettre du Roi au duc Guillaume de Saxe, datée de Chinon le 5 avril 1460, se trouve aux archives de Dresde, *Wittenb. Archiv, Luxemb. Sachen*, I f. 255.

fier le différend existant entre le comte palatin et ses adversaires, et intervenir au nom du Roi comme médiateur, si ceux-ci s'y prêtaient; ils étaient autorisés à conclure une alliance avec le duc Guillaume de Saxe et avec le marquis Albert de Brandebourg, conformément aux propositions faites à Coblenz par le docteur Knorre, conseiller du duc de Saxe; ils devaient enfin demander au duc Guillaume de se faire représenter à la journée projetée, si le Roi consentait à la tenir, et d'obtenir de son nouvel allié le roi de Bohême qu'il confirmât la cession du duché de Luxembourg au Roi. A leur retour, les ambassadeurs devaient passer par Thionville, pour voir les nobles Luxembourgeois qui avaient prêté serment au Roi, et les habitants de la ville, et leur faire part de la proposition du duc de Bourgogne, en les assurant que, quelle que fût la décision du Roi à cet égard, il les aurait pour recommandés, comme ses bons et loyaux sujets, et tiendrait les promesses qu'il leur avait faites[1].

Lenoncourt revint de son ambassade le 22 avril[2]. Il n'avait pu, à cause de la guerre qui existait alors entre les princes allemands, remplir complètement sa mission; mais il avait visité l'évêque de Metz, qu'il avait trouvé dans d'excellentes dispositions[3], et le comte palatin Frédéric, qui se disposait à marcher contre le duc Louis de Bavière[4], l'archevêque de Mayence et le comte Ulric de Wurtemberg, et qui aurait préféré à l'offre de médiation du Roi un secours de gens de guerre. Le comte palatin avait reçu très gracieusement les

1. Ces instructions, données à l'Isle-Bouchard le 6 avril, se trouvent en original dans le vol. V de la collection Le Grand, au fol. 14; elles ont été publiées par M. Quicherat, t. IV des *Œuvres de Thomas Basin*, p. 349-57, avec la date fautive de 1459, qu'il fallait entendre du vieux style. Pâques étant tombé le 25 mars en 1459, et le 13 avril en 1460, l'erreur s'explique facilement. M. le comte de Reilhac a commis la même erreur en reproduisant ce document : *Jean de Reilhac*, etc., t. I, p. 73-77, et M. Van Werveke, qui aurait dû y échapper par le contrôle des pièces si nombreuses qu'il a eues entre les mains, y est tombé également, dans son mémoire : *Definitive Erwerbung des Luxemburger Landes*, etc., p. 21.

2. Relation de l'ambassade, dans la collection Le Grand, vol. V, f. 8.

3. Il a très bon vouloir envers le Roy; et tenons pour certain que si le Roy avoit à faire de luy ou de ses places, il le trouveroit prest comme l'un de ses vassaulx et subgetz. »

4. Louis le Noir, duc de Bavière et de deux Ponts, cousin germain de Frédéric.

ambassadeurs[1], et les avait engagés à se rendre en Souabe où, sous les auspices du marquis de Bade, investi de cette mission par l'empereur, devait se tenir le 9 juin une assemblée pour travailler à la pacification. Voulant déférer à ce désir, les ambassadeurs s'étaient rendus près du marquis de Bade, qui les avait retenus pendant quatorze jours, en attendant la réunion projetée, laquelle n'avait pu se tenir. Une autre « journée » ayant été fixée à Francfort, au 8 juillet, sur l'initiative des archevêques de Trèves et de Cologne, les ambassadeurs, après avoir consulté le comte palatin, avaient eu le projet de s'y rendre ; mais ils avaient dû y renoncer, vu l'ajournement de la réunion. Le marquis de Bade avait dissuadé les ambassadeurs d'aller trouver les autres princes d'Allemagne pour remplir auprès d'eux la mission dont le Roi les avait chargés : ces princes étaient ou mêlés à la guerre, ou adhérents de ceux qui l'avaient engagée ; en allant visiter les uns, ils donneraient prétexte aux autres de penser que le Roi les favorisait moins. Les ambassadeurs s'étaient donc résolus à ne point aller vers le duc Guillaume de Saxe, alors en lutte avec le duc de Bavière Louis le Riche[2], allié du comte palatin, et à se borner à lui faire remettre par un chevaucheur la lettre et les instructions du Roi, en demandant réponse. Le duc de Saxe leur avait envoyé un long mémoire, où étaient discutées, point par point, et péremptoirement réfutées, les allégations contenues dans la réponse du duc de Bourgogne aux ambassadeurs envoyés vers lui au mois de décembre précédent. Le duc Guillaume faisait savoir au Roi que, s'il lui plaisait de donner à son fils Charles le duché de Luxembourg, il pouvait requérir l'empereur de le reconnaître comme duc ; mais que, quelle que fût la réponse de Frédéric III, une simple réquisition suffisait, et que le Roi pouvait passer outre[3]. Dans sa lettre aux ambassadeurs,

1. « Il nous donna à disner en son chasteau de Heidelberch, bien honorablement, et, par chascun jour que fusmes devers luy, nous envoyoit au disner de son vin en quatre grans potz d'argent, et au soupper autant. »

2. Louis le Riche, de la branche de Landshut.

3. Ce mémoire, très détaillé, se trouve dans le ms. fr. 5040, f. 161 ; il a été publié parmi les *Preuves* de l'*Histoire de Bourgogne*, t. IV, p. CCXXVIII-XXIX, avec la date fautive de 1457.

le duc Guillaume exprimait l'avis que le Roi ne devait point accepter de tenir la « journée amiable » proposée par le duc de Bourgogne, car son expérience lui démontrait que de telles assemblées ne produisaient guère de résultats, et que ceux qui les demandaient ne le faisaient que pour gagner du temps et en tirer profit aux dépens de la partie adverse[1].

Charles VII n'avait point attendu le retour de son ambassade pour prendre une décision à l'égard du duc de Bourgogne.

Au mois de juin, Toison d'Or avait reparu à la Cour[2]; il venait tenter un dernier effort pour conjurer une rupture imminente. Au moment même où il retournait auprès de son maître, une importante délibération était prise. Le 26 juillet, le comte du Maine posait au Conseil cette question : « Que doit-on conseiller au Roi sur ce qu'il a à faire, en cette présente année, touchant monseigneur de Bourgogne? » Deux jours furent employés à la discussion, à laquelle prirent part le comte de la Marche, le maréchal de Lohéac, le comte de Dammartin, Étienne Chevalier et Pierre Doriole. Il fut résolu que, vu les désobéissances dont chaque jour le duc de Bourgogne se rendait coupable dans les pays de l'obéissance du Roi, et ses entreprises contre l'autorité et la justice royales, au mépris de la souveraineté que le Roi était tenu de maintenir; vu les trêves qu'il avait prises avec les Anglais, la faveur qu'il leur témoignait sous ce prétexte, et le préjudice qui en résultait pour la chose publique; vu que le duc ne voulait obéir aux commandements à lui faits par le Parlement ou par les officiers royaux, ni donner réparation au sujet des rébellions et désobéissances constatées pourtant par les enquêtes faites à ce sujet, le Roi avait matière suffisante et juste pour procéder contre lui par la voie des armes, afin de le contraindre à l'exécution des lettres, mandements et ordonnances royaux dans les pays dépendant du

1. Relation des ambassadeurs. — Le duc Guillaume faisait savoir au Roi, en même temps que, « obtemperant à la voulenté et bon plaisir du Roy, » il avait pacifié le différend entre le marquis Albert de Brandebourg et le duc de Bavière Louis le Riche, et que, quand les articles de la paix seraient rédigés, il les lui enverrait, « affin qu'il sache ou nay le fondement, demené et yssue de ladicte guerre. »

2. Toison d'Or partit de Bruxelles le 8 juin et y revint le 3 août. Archives du Nord, B 2040, f. 139.

royaume et des arrêts du Parlement, et à donner réparation de tout ce qui avait été fait au mépris de la souveraineté royale. Tout d'abord le Roi devait assurer la sécurité de ses provinces, tant en Guyenne qu'ailleurs. Ensuite, il avait à désigner les compagnies d'ordonnances dont il pourrait se servir et à fixer le nombre des gens de guerre qu'il ferait assembler; il devait faire apprêter son artillerie et tout ce qui serait nécessaire pour être en mesure d'exécuter son dessein, quelque résistance que le duc voulût opposer; car autrement les conséquences en retomberaient sur lui, et il en résulterait une guerre générale, ce qui pourrait entraîner de graves inconvénients pour le Roi et pour son royaume[1].

Mais sur ces entrefaites était survenue la bataille de Northampton : la déroute du parti de la reine Marguerite venait empêcher ou tout au moins retarder l'exécution de ces mesures.

A peine arrivée dans le pays de Galles, où elle avait cherché un refuge, Marguerite envoya un de ses chapelains à Charles VII pour le supplier d'avoir pitié d'elle et de son fils, de les envoyer chercher et de leur donner asile dans son royaume; elle demandait qu'un sauf-conduit lui fût délivré. Charles VII mit l'affaire en délibération dans son Conseil. Après une longue discussion, il fut décidé qu'un ambassadeur serait envoyé à la reine pour l'engager à ne point quitter l'Angleterre et à y tenir aussi longtemps que cela lui serait possible. Si pourtant la fortune se déclarait contre elle, le Roi la recevrait volontiers. Le sauf-conduit demandé fut dressé à la date du 20 octobre[2]. Mais l'ambassadeur envoyé en Angleterre[3] ne put remplir sa mission : lorsqu'il arriva dans le pays de Galles, Marguerite en était partie et avait gagné l'Écosse. Quant au duc de Somerset, qui avait appris à Guines la ruine de son parti, il séjourna quelque temps à Montivilliers, puis à Dieppe, attendant l'issue

1. Ms. fr. 5042 f. 32; éd. *Histoire de Bourgogne*, t. IV, *Preuves*, p. CXXXV.
2. Ce document se trouve dans le ms. fr. 20417, nº 23.
3. Le 13 décembre 1460, Jean Le Boursier, général des finances, certifiait avoir fait bailler à maître Bertrand Briçonnet, secrétaire du Roi, « unes brigandines, que le Roy nostre dit seigneur nous a escript et chargié de lui faire bailler pour soy habiller et aler en la compagnie de Mgr de Genly et autres que le Roy envoye sur la mer. » *Pièces originales*, 513 : BRIÇONNET.

des événements, et regagna l'Angleterre sur un navire fourni par Charles VII, lequel pourvut largement à ses besoins[1]. Le duc partait avec une lettre pour Marguerite, où le Roi donnait l'assurance qu'il était disposé à la soutenir. Peu après un ambassadeur fut envoyé vers le jeune roi d'Écosse pour solliciter son concours en faveur de la reine; le Roi écrivait encore à sa nièce et lui faisait remettre un nouveau sauf-conduit[2].

Il y avait en Italie un prince qui suivait d'un œil attentif les événements qui s'accomplissaient en Angleterre, espérant que la lutte des partis y causerait à Charles VII d'assez graves embarras pour le forcer à détourner son attention des affaires italiennes. Ce prince n'était autre que le duc de Milan. Sforza considérait le triomphe du duc d'York comme fatal pour Charles VII, le parti Yorkiste étant intimement uni au duc de Bourgogne et au Dauphin, et devant, une fois maître du pouvoir, contracter avec eux une alliance[3]. Tandis que, en Angleterre et en Allemagne, Philippe le Bon et le Dauphin travaillaient à combattre l'influence de la France, Sforza s'y employait de son côté avec une infatigable ardeur.

Voyons donc ce qui se passait en Italie, où Charles VII poursuivait l'exécution de ses desseins.

Au commencement de 1460, Charles VII avait envoyé une ambassade à la République de Florence pour la déterminer à

1. On lit dans un rôle du 19 janvier 1461 : « A Monseigneur le duc de Sommerset, anglois, la somme de quatorze cens livres tournois, que le Roy nostre sire lui a ordonné estre baillé par manière de don, tant pour son deffray qu'il a demeouré à Monstiervilliers, atendant son passaige, que pour les advitaillemens de la nef où il a passé dudit lieu de Monstiervilliers en Angleterre. » Ms. fr. 20683, f. 51.

2. Ces détails sont tirés d'une lettre, en date du 6 août 1461, dans laquelle le comte de Foix exposait à Louis XI ce que son père avait fait pour Marguerite. Voir ce document dans Duclos, p. 229 et suiv. — Le second sauf-conduit, en date du 6 décembre 1460, est en original dans le ms. fr. 20101, nº 13.

3. « Per quella novita quali è succeduta nel reame d'Ingleterra havera la soa M^ta da fare assay ad diffendere le cose sue senza mettere mane ale altre. Existimandose pur che quel conte de Varvich et duca de Diorch, quali hanno preso il Re d'Inglitèrra et la Regina cum tuta la S^ria di quelle reame, debano pigliare intelligentia col duca de Bergogna e Dalphino, de li quali sonno intrinsici amici, et tuti insieme dare voglia a la prelibata M^ta de lo Re di Franza, secundo la copia de le littere sonno state portate di la, quale me ha date dicto Cosmo et io le mando à la V. ill. S. » Dépêche d'Angelo de Rubeis à Sforza. Florence, 13 août 1460. Archives de Milan, *Dominio Sforzesco*, 1460, janvier-décembre.

se déclarer en faveur du roi René[1]. La maison de France était l'héritière des droits de la maison d'Anjou sur le royaume de Naples; c'était son propre intérêt qui était en jeu. Aucun traité ne pouvait constituer, au profit d'un usurpateur, un droit qu'il n'avait jamais eu. Déjà le succès couronnait les efforts du duc de Calabre. Si les Florentins et le duc de Milan persistaient dans leur attitude équivoque, ils auraient à redouter le juste courroux du Roi, qui se disposait à envoyer en Italie des forces imposantes. Les Florentins répondirent par la même fin de non-recevoir qu'ils avaient déjà opposée à Charles VII et au roi René : quel que fût leur attachement pour le roi de France et pour le duc de Calabre, ils étaient liés par les traités. Les ambassadeurs insistèrent en vain, disant que ces traités avaient été passés avec Alphonse en vue de la lutte contre les Turcs; qu'ils ne liaient point la République à l'égard de Ferdinand; que le Roi, dont la puissance s'augmentait chaque jour, avait l'adhésion de tous les princes du sang; que le roi d'Angleterre venait de solliciter son alliance, et qu'ils devaient être persuadés que le Roi ne négligerait rien pour soutenir la cause du roi René : tout fut inutile. Les Florentins persistèrent dans leur refus, déclarant qu'ils n'auraient d'autre politique que celle des états italiens confédérés. La même réponse fut faite le 25 juin suivant à des ambassadeurs du roi René[2].

C'est à Milan que se trouvait le nœud de la difficulté. Charles VII voulut essayer de le trancher. Le 24 mars 1460, il écrivit à Sforza pour se plaindre à la fois de ce qu'il favorisait à Gênes les complots du parti hostile à la France et de ce qu'il entravait par tous les moyens en son pouvoir l'entreprise du duc de Calabre. « Dont nous sommes émerveillé, disait-il, attendu les plaisirs, honneurs et biens qui ont été faits autre-

1. L'ambassade fut reçue le 2 mars 1460; la réponse définitive lui fut donnée le 7 mars.

2. Archives de Florence, *Signori. Legazione e commissarii. Risposte d'oratori*, I, et *Cancelleria*, XLII, f. 13 v°. Cf. Desjardins, *Négociations*, etc., t. I, p. 96-100. — Les registres de Florence sont remplis de la correspondance que la République de Florence entretenait à la fois avec Jean d'Anjou et avec Ferdinand d'Aragon, qui avait toutes ses sympathies. *Signori. Carteggio missive. Reg. I Cancell.* XLII, f. 10 v°, 35, 74 v°, 76 v°, 95, — et f. 14; 14 v°, 32, 50, 90, 108, 109 v°, 122 v°, 126 v°, 137 v°, 139, 143.

fois par ceux de la maison d'Anjou à vous et aux vôtres, qui sont bien notoires. Et, pour ce que cette matière touche l'honneur de nous et de la maison de France, nous vous en avons bien voulu écrire notre volonté qui est telle, car notre intention est de porter aide et soutenir notre beau frère de Sicile et notre neveu de Calabre à la recouvrance du royaume de Naples. Et ne pourrions ni voudrions réputer pour amis et bienveillants ceux qui leur feroient au contraire ; par quoi vous prions que vous veuillez déporter de leur donner aucun empêchement, mais leur aider comme raison est et qu'il nous semble que raisonnablement êtes tenu de faire[1]. » Le Roi chargeait Regnault de Dresnay de remettre cette lettre au duc de Milan. En même temps il fit partir plusieurs ambassadeurs chargés de se rendre en Savoie, à Venise et à Rome[2].

Loin de faire droit aux plaintes de Charles VII, Sforza envoya un ambassadeur à Ferdinand, avec lequel il ne tarda pas à s'allier par un traité[3]. En répondant au Roi, à la date du 12 mai, il protestait de la sincérité de ses intentions : si le Roi était informé de la vérité en ce qui concernait les affaires de Gênes et du royaume de Naples, il était persuadé que Sa Majesté aurait de lui l'opinion favorable qu'elle devait avoir d'un serviteur dévoué ; tel il avait été, tel il était, tel il voulait demeurer toujours[4] ; il se proposait d'ailleurs d'envoyer au Roi

1. Original, à la Bibl. nationale, ms. ital. 1588, f. 46 ; éd. par le comte de Reilhac, *Jean de Reilhac*, etc., t. I, p. 59, note 5, avec quelques incorrections, et la date fautive de 1459.

2. Le 18 avril, un agent de Sforza lui écrivait d'Alexandrie que Guillaume Toreau venait de passer par cette ville, revenant de Venise, et que Guillaume Cousinot et Nicolas Petit traversaient Alexandrie. (Archives de Milan, *Francia dal... al 1470.*) Le 13 juin, l'archevêque d'Auch traversait Tortona, se rendant vers le Pape, avec une suite de vingt-quatre chevaux (*Id.*, *ibid.*). Dans une lettre du 17 juin, il est question d'un ambassadeur français à Venise (*Id.*, *Dominio Sforzesco*, 1460, janvier-décembre). On voit par un rôle du 19 janvier 1461 que le Roi envoya, au mois de mai de l'année précédente, des ambassadeurs vers le Pape, les Vénitiens, les ducs de Bourbon et de Savoie, le prince de Piémont et autres. (Ms. fr. 26083, f. 49.)

3. Pouvoir en date du 16 avril 1460 ; traité passé à Castello Nuovo le 2 août suivant. Archives de Milan, *Leghe, Paci*, etc., f. 598 vº et 600 vº.

4. « Respondo che se alla Maestà Vestra fosse stata esposta et reserita la verità delle predicte cose de Zenoa et del Reame come sonno passate et passano, me rendo certissimo che la Maesta Vestra havesse de me quello bono concepto et oppinione quali debia havere de caduno devoto servitore suo ; quale continuò so stato et so, et delibero perpetuò essere. »

un ambassadeur pour lui faire un exposé complet, qui serait de nature à lui offrir pleine satisfaction[1]. Le 24 mai, il donnait à Emmanuel de Jacob d'amples instructions, contenant une longue apologie de sa conduite : il avait gardé, partout et toujours, la plus stricte neutralité en ce qui concernait l'affaire de Gênes ; tout ce qui était survenu en Italie, depuis l'expédition du roi René en Lombardie, ne serait point arrivé si ce prince n'était pas parti ; Sforza aurait vivement désiré que René pût recouvrer le royaume de Naples ; il avait agi conformément aux traités et à la décision du Pape ; il se soumettait avec confiance au jugement du Roi, auquel il faisait remettre copie de la ligue entre les États italiens[2]. Dans un paragraphe spécial, répondant aux plaintes que Charles VII lui avait fait adresser sur ses relations avec le Dauphin et avec le duc de Bourgogne, Sforza déclarait qu'il était vrai qu'il avait reçu à deux reprises un chambellan du Dauphin, Gaston du Lyon, mais qu'il n'avait noué aucune intelligence avec ces princes, et s'était borné à donner au Dauphin le conseil de se réconcilier avec son père[3].

Charles VII ne fut pas dupe des mensongères assurances du duc de Milan. Nous avons la réponse qu'il fit à son ambassadeur : « Le Roi a fait voir ce que Manuel de Jacob a dit de bouche et depuis baillé par écrit à son Conseil... Et, bien que le comte Francisque — c'est ainsi qu'à la cour de France on appelait toujours le duc de Milan, — par ce qu'il a fait dire et bailler par écrit, s'efforce de s'excuser en plusieurs manières sur ce que le Roi lui a fait dire par le bailli de Sens, toutefois le Roi a bien connu, et par effet, que, depuis que sa ville et seigneurie

1. Archives de Milan, *Francia dal... al 1470*. — Il y a dans le même portefeuille deux copies de la même lettre en latin. A la date du 22 mai, le duc de Milan faisait transcrire la réponse faite à Dresnay et à Guillaume Toreau sur les affaires de Gênes pour l'envoyer au doge de Venise. Mêmes archives, *Dominio Sforzesco*, janvier-décembre 1460.

2. Ce curieux document se trouve aux archives de Milan, dans le portefeuille *Francia dal...*, et à la Bibliothèque nationale dans le ms. italien 1588, f. 3 et suiv.

3. Cette partie des instructions de Sforza ne se trouve qu'à Milan ; elle a été donnée d'une façon incomplète par M. Charavay au t. I des *Lettres de Louis XI*, p. 323. — Cf. lettre de Sforza au Dauphin du 15 mai 1460, en réponse à la communication que Gaston du Lyon était venu lui faire. *Idem, ibid.*, p. 322.

de Gênes est en ses mains et que Monseigneur de Calabre, son neveu, y est allé de par lui, ledit comte Francisque n'a pas jusqu'ici tenu les termes qu'il aurait dû envers le Roi et sa seigneurie. Touchant le royaume de Naples, il n'a pas tenu bons termes à Monseigneur de Calabre, depuis son allée audit royaume pour la réduction d'icelui, ainsi qu'il dût avoir fait en ensuivant le bon vouloir que ses prédécesseurs ont eu au roi de Sicile et à la maison d'Anjou. Le Roi eût bien voulu que ledit comte s'y fût autrement gouverné, et désireroit bien encore que dorénavant il montrât par effet, tant au regard de la seigneurie de Gênes que du royaume de Naples, le bon vouloir qu'il se dit avoir envers le Roi, le roi de Sicile et Monseigneur de Calabre[1]. »

La lutte menaçait donc de s'engager, au nord de l'Italie, contre cet allié de la veille devenu l'ennemi du lendemain. Dans le sud, elle se poursuivait entre les prétendants au trône de Naples avec un succès croissant pour le duc de Calabre. Tout d'abord, la Campanie presque entière s'était soulevée en sa faveur ; dans les Abruzzes, une grande partie de la noblesse avait pris les armes, et l'on avait vu Hercule d'Este, enrôlé avec son contingent au service de Ferdinand d'Aragon, passer sous la bannière de Jean d'Anjou : c'était partout un entraînement irrésistible. En peu de temps le duc de Calabre avait été maître de la Pouille et des Abruzzes. Piccinino, qui ne cherchait qu'une occasion de tirer l'épée, lui offrit ses services[2], et, malgré les efforts de Sforza pour le retenir, arriva dans les Abruzzes avec sept mille hommes. Aussitôt Sforza et Pie II envoyèrent des troupes au secours de Ferdinand. Une grande bataille fut livrée à Sarno le 7 juillet 1460[3]. Ferdinand

1. Original, signé J. DE REILHAC, aux Archives de Milan, *Corrisp. con Carlo VII*, etc. — Sur la réception faite à Jacob, voir une lettre de Sforza à son ambassadeur, en date du 20 juillet. Minute aux Archives de Milan, *Dominio Sforzesco*, 1860, janvier-décembre, et en copie à la Bibl. nationale, Ms. ital. 1649, f. 2.

2. Le traité avec Piccinino fut passé le 28 janvier 1460. Lettre de Sforza à Georges de Annone. Archives de Milan, *Dominio Sforzesco*, février 1460.

3. Le même jour le duc de Calabre faisait part à la République de Florence et au duc de Milan de sa victoire. Archives de Florence. *Signori. Carteggio. Responsive. Copiari*, III, f. 94 ; Bibl. nat., ms. italien 1619, f. 4.

y fut battu; il s'enfuit à grand'peine; toute son armée demeura prisonnière, et Simonetta, le commandant des troupes pontificales, resta sur le champ de bataille. De toutes parts on vint faire adhésion au duc de Calabre. Si le jeune prince avait marché résolument sur Naples, où s'était retiré son rival, il était maître de la situation. Malheureusement il suivit les perfides conseils du duc de Tarente, qui lui persuada d'entreprendre le siège des petites villes de la Campanie; et, malgré une autre victoire, remportée par Piccinino sur Alexandre et Bosio Sforza (27 juillet), l'été se passa sans qu'un résultat décisif eût été obtenu[1].

Charles VII avait accordé au roi René, pour soutenir son fils, une somme de cinquante-cinq mille livres[2]. Dans la seigneurie de Gênes il obtint un important résultat : Savone se donna à lui, et il confirma aux habitants les privilèges octroyés jadis par Charles VI[3]. Mais le gouverneur de Gênes, Louis de Laval, se plaignait toujours des menées hostiles du duc de Milan, et demandait que le Roi envoyât un contingent de troupes à Savone[4]. Charles VII ne pouvait agir à main armée contre Sforza; il résolut d'employer les voies diplomatiques. Au mois de juillet une ambassade partit pour le nord de l'Italie; elle était envoyée au nom du duc d'Orléans, du comte d'Angoulême et du duc de Bretagne, et allait proposer au duc de Modène, marquis de Ferrare, et à la République de Venise, de former, avec ces princes, une ligue contre le duc de Milan. Les ambassadeurs devaient

1. Voir Sismondi, *Histoire des Républiques italiennes*, t. X, p. 111 et suiv.

2. Cette somme devait être levée sur les pays de Languedoïl, en sus de l'aide pour le paiement des gens de guerre. Lettres d'octroi en date du 5 juin 1460 dans le compte de James Louet. Archives, KK 246; *Œuvres du roi René*, publiées par le comte de Quatrebarbes, t. I, p. 135-39. Le fait était connu en Italie dès le mois d'avril : le 30, Angelo de Amelia l'annonçait à Sforza (Archives de Milan, *Francia dal... al 1470*). Le 20 mai, il lui écrivait de Carpentras : « In questo parte se commenza ad perdere ogni speranza che Re Renato posse may obtenire il reame, perche non ha possuto havere del Re de Franza succurso de gente o de gran somma de denari, come credeva, che solamente numeravit cinquanta milia franchi... » (*Idem, ibid.*).

3. Lettres du mois de mars 1460. *Ordonnances*, t. XV, p. 183.

4. Lettre de Louis de Laval à Dresnay, en date du 27 mai 1460. Archives de Gênes, *Litterarum*, 22, à la date. Mêmes plaintes dans une lettre du roi René, en date du 14 juillet.

tout d'abord se rendre auprès du duc de Modène pour se concerter avec lui; ils avaient mission d'offrir à la République de Venise un corps de sept à huit mille chevaux et de trois ou quatre mille archers. Le but à atteindre était de détrôner Sforza au profit du duc d'Orléans; la République de Venise obtiendrait Crémone, le Bresciau et la Bergamasque, avec ce qu'elle possédait déjà du duché de Milan; le duc de Modène aurait Parme; le comte Jacques Trivulce, qu'on voulait employer à cette guerre, aurait Plaisance, à moins qu'on ne préférât lui donner une somme d'argent. Si les États dont on sollicitait le concours ne voulaient pas s'engager dans une guerre, les princes demandaient qu'ils gardassent au moins la neutralité. Un ambassadeur du Roi accompagnait les envoyés des princes[1].

A la date du 26 juillet, Charles VII adressa une nouvelle plainte au duc de Milan. Cette fois, il s'agissait d'entreprises contre le duc de Savoie, faites par un seigneur savoisien en révolte, Jacques de Valpergue, qui se vantait d'avoir l'appui de Sforza[2]. Sforza répondit en protestant de ses dispositions amicales envers le duc de Savoie; il avait déjà envoyé à deux reprises vers ce prince; il ne donnerait aucune assistance à Valpergue, qui ne demandait d'ailleurs qu'à se soumettre. Sforza profitait de l'occasion pour repousser les accusations dont il était l'objet auprès du Roi relativement à un secours armé qu'il aurait envoyé à Ferdinand, à une attaque dirigée contre le duc de Savoie par Guillaume de Montferrat et Robert Brandollino, à de prétendues menées à Gênes : tout cela était faux; si le Roi voulait en avoir la certitude, il n'avait qu'à envoyer un agent impartial pour faire une enquête. Au cas où l'on trouverait le contraire, il consentait à ce que le Roi n'ajoutât plus foi à ses paroles[3].

1. Instructions données à Tours, le 6 juillet 1460, à Guy de Brilhac, Le Galois de Rougé, Jean de Rouville et Jean d'Estampes. Archives de la Loire-Inférieure, Armoire A, cassette F, n° 14; Ms. fr. 2714, f. 146; Fontanieu, 123-124.

2. Original aux archives de Milan, *Francia, Corrisp. con Carlo VII*, etc.

3. « Et se la trovara el contrario, son contento che allora la Maiestà Vostra non dagli più credito ne fede a le mie parole. » Copie du temps et minute latine aux Archives de Milan, *Dominio Sforzesco*, 1460, janvier-décembre; copie moderne à la Bibl. nationale, ms. ital. 1649, f° 5.

Pendant que le duc de Milan renouvelait à Charles VII ces mensongères protestations, il se mettait en relations avec le Dauphin et avec le duc de Bourgogne, et chargeait son envoyé de conclure avec le premier un traité d'alliance dont il emportait le texte[1]. Déjà, au printemps, Sforza avait reçu un ambassadeur du duc de Bourgogne, venu pour le remercier de l'accueil empressé fait par lui à l'ambassade bourguignonne envoyée l'année précédente à Mantoue[2]. Quant au Dauphin, il ne cessait de presser le duc de Milan de s'allier avec lui, et lui envoyait message sur message pour l'y décider[3]. Chose curieuse, à son chambellan Gaston du Lyon il adjoignit ce même Jacques de Valpergue contre les entreprises duquel Charles VII protestait ; il alla même jusqu'à faire des garanties à accorder à ce personnage une des bases du traité d'alliance à conclure[4]. Les 26 et 27 août, Sforza donnait ses pouvoirs[5] et ses instructions[6] à Prosper de Camulio. L'ambassadeur emportait le traité prêt à signer, car les conditions en avaient été longuement discutées avec les représentants du Dauphin, et son maître lui recommandait de le lui rapporter promptement, signé et scellé[7]. Camulio avait mission également de remettre une lettre de créance au duc de Bourgogne, et de se conduire à son égard conformément aux avis du Dauphin ; il devait chercher

1. Nous avons trouvé aux archives de Milan un texte italien du traité, portant la date du mois d'août. *Francia dal... al 1470.*

2. Instructions à Antoine Haveron, docteur en decret, protonotaire apostolique, etc., conseiller du duc de Bourgogne, en date du 28 avril 1460. Texte français et traduction italienne aux archives de Milan, *Borgogna.*

3. Voir *Lettres de Louis XI*, t. I, p. 120, 202-03, 301-305, 307, 310, 322-324.

4. Le 3 juin 1460, de Genappe, le Dauphin écrivait à Sforza pour confirmer les pleins pouvoirs donnés par lui à ses bien aimés conseillers Jacques de Valpergue, son chambellan, et Gaston du Lyon, son premier écuyer tranchant, « negociandi, tractandi et concludendi que inter vos et nos per supradictum Guastonem tractata fuere. » Il lui demandait en même temps de protéger Jacques de Valpergue contre le duc de Savoie, qui portait le ravage sur ses terres. *Lettres de Louis XI*, t. I, p. 120, d'après l'original aux archives de Milan.

5. *Mandatum ad Prosperum de Camulis.* Original, Archives de Milan, *Dominio Sforzesco,* portefeuille d'août 1460.

6. Archives de Milan, *Francia dal... al 1470 ;* éd. *Lettres de Louis XI*, t. I, p. 324-26.

7. « Vogli li capituli et contracto sia facto per mano de notaro et possa sottoscripti per man propria de Monsignore Delphino. »

à pénétrer ses intentions secrètes[1], et s'informer soigneusement de tout ce qui concernait, soit le Dauphin, soit le duc de Bourgogne, soit les affaires d'Angleterre et de France, pour en faire l'objet d'un rapport détaillé[2].

L'ambassadeur milanais arriva le 23 septembre, et fut accueilli avec empressement. Dès le 29 septembre, le duc de Bourgogne répondait à Sforza[3].

Le Dauphin dit à Camulio que toute sa confiance était fondée sur le duc de Milan et sur le duc de Bourgogne, et que lui et Philippe comptaient sur l'appui de l'Angleterre ; il se montrait tout disposé à traiter avec Sforza, qui ne devait pas faire moins pour lui, comme Dauphin, que quand il serait roi de France ; il se déclarait partisan de Ferdinand d'Aragon contre le duc de Calabre ; si Sforza désirait avoir Asti, Vercelli et d'autres territoires, le Dauphin serait enchanté qu'il les obtînt : tout agrandissement de la puissance du duc lui devait être plus agréable que s'il s'agissait de son intérêt propre ; il avait envoyé un ambassadeur au Pape pour obtenir son intervention auprès du duc de Savoie.

Camulio fut reçu en audience privée par le duc de Bourgogne, qui manifesta un vif désir de s'allier au duc de Milan, et qui fit inviter secrètement l'ambassadeur à se fixer à la cour de Bourgogne. Il conféra longuement avec le seigneur de Croy, alors en possession d'une influence prépondérante, et fut instruit par lui de tout ce qui concernait l'alliance du Dauphin et du duc et les affaires d'Angleterre ; le duc avait la plus haute estime pour le Dauphin et faisait tout ce qu'il voulait ; pour lui complaire, un ambassadeur venait d'être envoyé à la cour de Savoie. Camulio apprit qu'une descente des Anglais en France devait s'opérer au mois de mars suivant[4] ; que les Vénitiens étaient en grandes négociations avec Charles VII ; que

1. « Però te sforza presto concludere et sigillare et venire via, sforzandote de intendere ben la mente, disposicione et penseri suoy. »

2. « Avisandone integramente del stato et condicione d' esso monsignore Delphin et monsignore de Bergogna, et de le cose de Ingllitera et de Franza, tanto particularmente quanto sia possibile, et cossi de ogni altra cosa che tu senteray della, » etc.

3. Original aux archives de Milan, *Borgogna*.

4. « Me disse como li cavalli et arcieri de Anglia ad marzo erano per passare in Franza. »

le Dauphin et le duc étaient hostiles au roi René, et ne désiraient rien tant que Sforza enlevât Gênes à l'influence française.

Le Dauphin eut plusieurs entretiens avec l'ambassadeur, auquel il témoigna la plus grande confiance, lui prodiguant les assurances de sa bienveillance à l'égard du duc de Milan, s'informant minutieusement de tout ce qui concernait la personne de ce prince[1]; il approuva le projet de conclure un traité secret, sans l'intervention d'aucun notaire, mais revêtu seulement de sa signature et de son sceau.

Camulio donnait tous ces détails à son maître, dans une dépêche en date du 2 octobre, où il lui annonçait qu'on était occupé à rédiger l'acte[2].

Le résultat fut promptement obtenu : dès le 6 octobre, un traité était conclu et revêtu de la signature du Dauphin[3]. Louis faisait une ligue avec le duc de Milan, qu'il appelait son « très cher oncle[4]. » Les deux princes s'engageaient mutuellement à se soutenir contre tous ceux qui pourraient leur porter préjudice[5]. Le Dauphin promettait de soutenir les droits du duc de Milan. S'il en était requis, il lui fournirait, dans un délai de deux mois, quatre mille chevaux et deux mille fantassins, à ses propres dépens, soldés pour une année[6]. Le Dauphin déclarait que le traité ne portait aucun

1. « Me domandi molto studiosamente de vuy, de vostro barba, et tute le condicione vestre. »

2. Archives de Milan, *Borgogna*.

3. Original aux archives de Milan ; éd. *Lettres de Louis XI*, t. I, p. 326-30. Ce traité se trouve dans Lünig, *Codex Italiæ diplomaticus*, t. III, col. 622, et dans Du Mont, *Corps diplomatique*, t. III, part. I, p. 267.

4. « . . . Illustrissimum ac excellentissimum principem avunculum nostrum carissimum. »

5. Dans le texte italien, il y avait : « Ma questo non se intende contro il suprascritto serenissimo et christianissimo Carlo, al presente Re de Franza, et patre d'esso prefato Monsignore Dalfino, perche a la Soa Maiestà ha portato et continuamente porta singularissimo amore et affectione, devotione et summa reverentia. Et seria semper in adiuto et difexa del honore, stato et beni de la Soa Maiestà, perche per sua gratia, benignità et clementiã se tenne essere singularmente amato da quella. » Dans le traité du 6 octobre, aucune réserve n'est faite à l'égard de Charles VII.

6. Dans le texte italien, cette clause ne devait avoir son effet qu'après la mort de Charles VII, et le duc de Milan s'engageait, de son côté, à mettre à la disposition du Dauphin, pour l'aider à se mettre en possession du trône, six mille cavaliers et quatre mille fantassins. En outre, le nombre des gens de guerre que fournirait le Dauphin était égal à celui des forces que le duc mettrait à sa disposition.

préjudice à la ligue entre les divers États italiens, qui demeurerait intacte. La présente ligue était perpétuelle et obligatoire pour les successeurs des deux princes. Le Dauphin déclarait enfin comprendre dans le traité son conseiller et chambellan Jacques de Valpergue, dont les terres étaient détenues injustement par le duc de Savoie ; le duc de Milan serait tenu de le protéger et de le défendre[1].

Sforza, aussitôt informé par son ambassadeur des bonnes dispositions du Dauphin à son égard, l'en remercia par une lettre en date du 23 octobre[2]; et, au retour de Camulio, le 6 décembre, il fit dresser procès-verbal de la ratification par lui faite du traité passé avec le Dauphin. Les témoins jurèrent de n'en point révéler la teneur[3].

Le duc de Bourgogne et le Dauphin avaient à la Cour de France leurs espions, qui les tenaient au courant de tout ce qui se passait. Mais l'envoi d'une ambassade n'était point inutile, soit pour conjurer le péril d'une rupture toujours à craindre, soit pour être mieux informé de la situation des choses. A la fin d'octobre, le duc de Bourgogne se disposait à renvoyer Jean de Croy en France[4]. En même temps il fit partir un ambassadeur qui devait agir à la cour de Savoie, de concert avec un envoyé du Dauphin, conformément aux intérêts de ce prince[5]. Le 12 novembre, Toison d'Or partit pour se rendre vers le duc d'Orléans et ensuite vers le Roi[6]. Le 18, Philippe envoyait un poursuivant d'armes porter des lettres closes à Charles VII[7]. Le même jour l'évêque de Tournai, Jean de Croy, Simon de Lalain et Antoine de Rochebaron étaient désignés pour aller en ambassade à Bourges[8]. Ils ne tardèrent pas à se

1. Les clauses relatives à la perpétuité et à Valpergue ne se trouvaient pas dans le texte italien.
2. Texte publié par M. Charavay, *Lettres de Louis XI*, t. I, p. 330.
3. *Lettres de Louis XI*, t. I, p. 331.
4. Lettres du duc à Jean de Croy, en date des 30 octobre et 16 novembre. Archives du Nord, B 2040, f. 161 v° et 163.
5. Le 12 octobre, Anthune, poursuivant d'armes, part avec Jean Boudault et Jean Meurin, se rendant près du duc de Savoie pour les affaires du Dauphin. *Id., Ibid.*, f. 144-45.
6. *Id., Ibid.*, f. 141 v°.
7. *Id., Ibid.*, f. 150.
8. *Id. Ibid.*, f. 151 et 151 v°. Cf. Jacques du Clercq, l. IV, ch. XIV.

mettre en route. Mais, sur des nouvelles qui parvinrent au duc, il envoya en toute hâte (4 décembre) un chevaucheur pour joindre ses ambassadeurs et leur donner l'ordre de ne point poursuivre leur chemin[1].

Que s'était-il produit dans l'intervalle? On avait appris à la cour de France que le bâtard de Bourgogne était venu, sous un déguisement, à Paris, où il y avait passé un jour et une nuit[2], et que le comte d'Étampes devait y venir à son tour, « en habit dissimulé. » On avait été fort ému de cette nouvelle. Le 14 novembre, le conseil royal mit en délibération les décisions à prendre. Il fut convenu que le maréchal de Lohéac se rendrait à Paris et procéderait à une enquête auprès des conseillers au Parlement qui avaient dénoncé le fait; s'il constatait que l'entreprise était en voie de réalisation, il ne devait point hésiter à procéder à l'arrestation du comte d'Étampes; il le mettrait en lieu sûr et préviendrait aussitôt le Roi. Le maréchal serait porteur de quatre lettres closes contenant en substance les décisions du Conseil : pour le Parlement, la Chambre des comptes, les Généraux de la justice et les Conseillers de la ville de Paris; il aurait de pleins pouvoirs comme lieutenant et gouverneur des « pays de par delà, » sans aucune réserve relativement à la charge du seigneur de Torcy, qui était absent; d'autres pouvoirs lui seraient donnés pour agir à l'égard de l'Université de Paris et pour lui permettre de pourvoir aux éventualités[3].

Le duc de Bourgogne avait sans doute été informé par ses espions de la mission donnée au maréchal de Lohéac, et il voulait attendre pour voir quel en serait le résultat. Il apprit bientôt que le maréchal était venu à Paris, et que, de concert avec Jean Bureau, il avait procédé à une enquête, dont le ré-

1. Archives du Nord, B 2040, f. 106 et 108 v°.

2. Voir *Livre des faits advenus au temps du Roi Louis XI*, dans le *Panthéon littéraire*, p. 238.

3. Cette délibération fut prise dans un Conseil où se trouvaient le duc de Bourbon, le comte du Maine, le comte de la Marche, le chancelier, l'évêque de Coutances, le maréchal de Lohéac, l'amiral de Bueil, le comte de Dammartin, le sire de Montsoreau, Guillaume Cousinot, Étienne Le Fèvre, Jean Bureau, Pierre Doriole et Étienne Chevalier. Ms. fr. 6040, f. 213.

sultat avait été l'arrestation du prévôt de Paris, Robert d'Estouteville[1]. L'envoi de l'ambassade bourguignonne fut ajourné.

L'année 1460 allait se fermer sur un événement bien inattendu, et qui allait déjouer toutes les combinaisons des adversaires de Charles VII. La reine Marguerite d'Anjou, à la nouvelle que le duc d'York s'était fait proclamer l'héritier du trône, au préjudice du fils d'Henri VI (9 novembre), avait repris les armes. Elle avait quitté l'Écosse et était entrée en Angleterre. Sur son chemin les comtés du nord s'étaient soulevés; le duc de Somerset, lord Clifford, le comte de Northumberland et d'autres seigneurs lui avaient amené d'importants renforts. Le duc d'York avait marché contre elle et avait livré bataille à Wakefield, le 30 décembre. Il avait été battu et avait perdu la vie ainsi que son second fils; son armée était détruite; ses partisans étaient prisonniers, et plusieurs avaient été mis à mort[2]. Le triomphe de la reine était complet.

1. *Livre des faits*, etc., p. 239. L'arrestation fut faite sous couleur d' « aucunes injustices ou abus qu'on lui mettoit sus qu'il faisoit en exerçant son office. » Le chroniqueur ajoute que les recherches faites dans les papiers du prévôt de Paris n'amenèrent aucune découverte compromettante.

2. Les historiens anglais donnent d'affreux détails sur ces exécutions et sur le meurtre du jeune fils du duc d'York, Edmond, comte de Rutland, tué par lord Clifford.

CHAPITRE XV

CHARLES VII ET PHILIPPE LE BON SOUS LES ARMES

1461.

Le comte de Charolais fait faire, par le comte de Saint-Pol, des ouvertures au Roi. — Le Dauphin envoie un ambassadeur ; réponse de Charles VII ; dispositions secrètes de Louis ; ses prétentions ; confidences qu'il fait à l'envoyé du duc de Milan. — Nouvelle ambassade de Wast ; paroles du Roi. — Nouveau message du comte de Charolais ; suites de cette négociation. — Attitude du duc de Bourgogne et du Dauphin à la nouvelle du triomphe de la reine Marguerite en Angleterre ; leurs relations avec les Yorkistes ; victoire de la Reine à Saint-Alban ; les Yorkistes en déroute. — Le duc de Bourgogne envoie des ambassadeurs à Charles VII ; dispositions secrètes du duc ; il est en froid avec le Dauphin. — Démarches de la reine Marguerite auprès du Roi ; changement soudain dans sa situation ; Édouard d'York est proclamé roi ; défaite de Marguerite à Towton. — La situation en Italie ; relations du Dauphin avec Sforza, les Florentins, etc. ; empressement de Sforza à l'égard du Dauphin ; négociations poursuivies par le duc de Bretagne et par le Roi ; elles n'aboutissent pas ; mauvaise tournure des affaires à Gênes ; le gouverneur français évacue la ville et se retire dans le *Castelletto*. — Charles VII envoie une flotte pour secourir la reine Marguerite et se prépare à la guerre contre le duc de Bourgogne. — Inquiétudes de ce prince, qui, dans l'attente d'une mort prochaine du Roi, garde l'expectative ; il voit ses pays envahis et l'Angleterre menacée d'une attaque ; il se dispose à soutenir au besoin Édouard d'York ; le Dauphin et le duc sollicitent une descente des Anglais en France. — Préparatifs de guerre, interrompus par l'état désespéré de Charles VII. — Dernières relations de Charles VII avec l'Italie, l'Aragon, la Castille, l'Allemagne et l'Écosse ; ambassade des princes d'Orient et de Marguerite d'Anjou.

Charles VII était venu passer à Bourges l'hiver de 1460-1461. C'est là qu'il vit arriver le comte de Saint-Pol, chargé d'une mission du comte de Charolais. Louis de Luxembourg briguait alors l'épée de connétable, et, pour se mettre bien en cour, il s'était vanté que, si le Roi voulait avoir le Dauphin à sa discrétion et hors des mains du duc de Bourgogne, « il le luy livreroit par les cheveux et par les tresses en sa main, qui que le voulsist defendre[1]. » Le comte de Charolais sollicitait l'appui du Roi contre les favoris de son père, Antoine et Jean de Croy, avec lesquels il était plus que jamais en lutte ouverte. Il demandait, au cas où il serait chassé de l'hôtel de son père, si le Roi consentirait à le recevoir. Si celui-ci était, comme on le disait, dans l'intention d'envoyer une armée en Angleterre pour secourir la reine, il en prendrait volontiers le commandement. Brouillé depuis longtemps avec son père, Charolais était intimement lié avec le jeune duc de Somerset, ce qui le faisait incliner vers le parti Lancastrien[2].

Charles VII porta l'affaire devant son Conseil. Il fut répondu que le Roi avait le comte de Charolais en sa bonne grâce ; que, si ce prince venait pour rendre quelque service à lui ou à la chose publique, il le recevrait volontiers ; que le Roi n'était point encore décidé à donner son appui à la reine d'Angleterre, mais que, le cas échéant, il lui confierait volontiers le commandement de l'armée, et qu'il le remerciait « du bon et grand vouloir qu'il avoit. » Le comte de Saint-Pol avait reçu une mission verbale ; la réponse qui lui fut faite demeura également verbale. Le Roi fit connaître ses intentions par son chancelier, en présence du comte du Maine, de Brezé et de Cousinot. Craignant que le jeune comte ne voulût user de voies de fait contre les Croy ou contre d'autres serviteurs du duc de Bourgogne, il insista à cet égard auprès du comte de Saint-Pol, et lui dit en

1. Chastellain, t. IV, p. 417. — Au témoignage du chroniqueur, Louis XI conçut, à cause de cela, une haine mortelle contre le comte de Saint-Pol : « J'ai lettres de luy et vive voix, disait-il plus tard au duc de Bourgogne, qui preuvent sa conspiration contre moy et ma personne, et dont justice me vengera, à l'aide de Dieu, non pas ma main ne mon courroux. » *Id., ibid.*, p. 418. — Il est assez curieux de rapprocher le passage de Chastellain d'une dépêche de Prosper de Camulio, en date du 28 juillet 1461, où on lit : « Inter li squaderni da domino Hyarles, figliolo del duca de Bergogna, ad Monsre de Croui, era interposto che Monsre de Croui dovesse havere dicto che Dom. Hyarles, figliolo del duca de Bergogna, prenderia el Delfin et lo metteria in mane del Re de Franza, etc. ; quale cose so par alcuna volta havere percusso l'animo al Delfino... »

2. Ce fait nous est révélé par les dépêches de Prosper de Camulio, ambassadeur du duc de Milan auprès du Dauphin. Nous avons trouvé aux archives d'état de Milan ces curieuses dépêches, en grande partie chiffrées, dont nous devons la transcription, et pour quelques-unes, non encore traduites, l'interprétation, à M. Adriano Cappelli, habile et obligeant archiviste attaché à ce précieux dépôt. Elles sont au nombre de quarante-cinq, et vont du 5 février au 28 juillet 1461.

termes exprès : « Pour deux royaumes tels que le mien, je ne « consentirois un vilain fait[1]. »

Sur ces entrefaites, Charles VII reçut une lettre de son fils ; elle était datée du 13 décembre, et lui fut remise par Jean Wast, seigneur de Montespedon, premier valet de chambre du prince[2]. Le Dauphin avait été informé par Geoffroy Levrault, serviteur du comte du Maine, que le Roi s'était montré étonné qu'une communication indirecte eût été faite par son fils au comte du Maine : si le Dauphin, avait-il dit, voulait lui demander quelque chose, il n'avait qu'à envoyer un messager spécial, porteur de lettres et instructions : « Qui m'a été et est, écrivait Louis, la plus grande joie qui me pût advenir de connoître que votre plaisir est que je m'adresse à vous. » Là-dessus, le Dauphin s'était empressé de faire partir son premier valet de chambre, porteur de lettres de créance, d'instructions, et aussi d'une lettre de la Dauphine, avec mission spéciale de celle-ci[3].

Wast arriva à Bourges, en compagnie de Levrault, le 3 janvier 1461. Charles VII s'entretint longtemps avec lui en particulier, et ensuite en présence de l'évêque de Coutances et de plusieurs de ses conseillers[4]. Il lui donna réponse, de sa propre bouche, le 10 janvier.

Après s'être plaint, d'un ton ferme mais paternel, de ce que le Dauphin persistait à ne pas vouloir se trouver en sa présence et à ne pas venir le servir et s'employer aux affaires du royaume ; après avoir exprimé le vif désir qu'il éprouvait de le voir à ses côtés, pour partager le fardeau du gouvernement et avoir l'honneur qui lui reviendrait s'il se voulait employer au

1. Ces détails sont tirés d'une relation faite après la mort de Charles VII, et sur l'ordre de Louis XI, par un conseiller du feu Roi, qui paraît être Étienne Le Fèvre. Elle se trouve dans le Ms. fr. 2895, f. 130, et a été publiée assez incorrectement par Duclos, dans son *Recueil de pièces*, p. 230-37.

2. *Lettres de Louis XI*, t. I, p. 133.

3. « Auquel j'ay chargé vous dire aucunes choses, se s'est vostre plaisir. » *Idem, ibid.*, p. 333. — Le bruit se répandit aussitôt en Flandre que le Dauphin allait se rapprocher de son père ; des marchands gênois qui étaient à Bruges écrivaient à Gênes « como lo accordio tra Re di Francia e lo signore Dalfino si stringe forte, et che di là non si dubita che l'accordio se facia. » Lettre adressée à Sforza, en date du 1er janvier 1461. Archives de Milan, *Francia*, etc.

4. Étienne Le Fèvre, Jean de la Réaute et Jean du Mesnil-Simon. Réponse du Roi, citée plus bas.

bien de l'État, le Roi ajouta : « Je vois bien que à traiter cette « matière par messages, elle ne pourroit venir à bonne con- « clusion; et vous même m'avez dit que la relation que lui ont « faite les messagers qu'il a envoyés devers moi a été en « bien grande partie cause des craintes et doutes qu'il dit « avoir. Sans parler l'un à l'autre, je ne pourrois bonnement « entendre son intention ni à quoi tient son cas; aussi il ne « pourroit entendre mon intention et le vouloir que j'ai de le « bien traiter. Je suis père et il est fils, et chacun sait que de « lui doit venir l'obéissance; et néanmoins, pour le désir que « j'ai que cette matière se redresse à son bien, je fais ce qu'il « devroit faire : car il me devroit requérir de venir devers moi, « et je le admoneste qu'il y vienne, afin qu'il déclare fran- « chement son cas, comme le fils doit à son seigneur et père, « aussi que je lui dise et déclare mon intention et le vouloir « que j'ai envers lui. Et pour ce, vous lui direz que je désire « et veux qu'il vienne devers moi, car j'ai intention de lui dire « chose, pour son bien et pour le bien de la chose publique du « royaume, que je ne voudrois lui écrire ni dire à autre; et me « semble que, quand il aura parlé à moi, il connoîtra bien « qu'il ne doit point avoir les doutes et craintes qu'il dit avoir; « et afin qu'il n'ait cause de y faire aucun doute, je promets « ici en parole de Roi, en la présence de ceux de mon Conseil « qui ici sont, que s'il veut venir devers moi, lui et ceux de « son hôtel qu'il vouldra amener avec lui y pourront venir « et être sûrement, et quand il m'aura déclaré son courage et « connu mon intention, s'il s'en veut retourner là où il est, ou « ailleurs où bon lui semblera, il le pourra faire sûrement, lui « et ceux de sa compagnie, ou demeurer si c'est sa volonté. « Mais j'ai bien esperance que, quand il connoîtra mon vou- « loir, il sera plus joyeux et content de demeurer que d'aller « ailleurs. Et suis bien joyeux que vous, Wast, qui êtes privé « de lui, soyez venu par deçà, afin que le puissiez mieux acer- « tener et lui rapporter les choses dessus dites [1]. »

1. Ms. fr. 20602, f. 221; Du Puy, 751, f. 1 v°; Le Grand, VIII, f° 242; Fontanieu, 123-124; éd. Duclos, *l. c.*, p. 219. — Cette réponse fut communiquée par Charles VII

Quel était le dessein du Dauphin en se mettant de nouveau en relations avec son père? Les dépêches de Prosper de Camulio, l'ambassadeur accrédité par le duc de Milan à la petite cour de Genappe, nous le laissent entrevoir. Toutefois, il ne faut point oublier que souvent Camulio ne doit la connaissance des faits qu'aux confidences du Dauphin, et que le Dauphin ne lui dit que ce qu'il veut lui dire, arrangeant au besoin les choses à sa guise.

En envoyant au Roi l'un de ses plus intimes confidents[1], le Dauphin cherchait à tirer le meilleur parti de la situation. Son attitude à l'égard de son père allait dépendre de l'issue de la lutte engagée en Angleterre : si le parti Yorkiste était vainqueur, le Dauphin paraissait disposé à se rapprocher du Roi[2]. D'un autre côté, le duc de Bretagne, qui poursuivait en Italie, en faveur du duc d'Orléans, ses négociations avec la République de Venise et le duc de Modène, lui avait fait des avances et des offres de deniers[3]. Peu satisfait de Sforza qui, malgré le traité du 6 octobre, refusait de donner à son protégé Jacques de Valpergue les avantages qu'il réclamait en sa faveur[4], le Dauphin était entré en intelligence avec le duc d'Orléans et avec le roi René[5]. Louis se demandait même s'il n'interviendrait pas en personne dans les affaires italiennes. Aussi s'efforçait-il de faire persuader à Sforza, par l'intermédiaire de Prosper de Camulio, que son intérêt était d'abandonner Ferdinand d'Ara-

aux princes du sang et en particulier au duc de Bourbon : lettre du 3 février (sources manuscrites ci-dessus).

1. « Che he il più fido chel habia, equale a Gaston, » dit Camulio dans sa dépêche du 5 février 1460. Chastellain dit (t. III, p. 214), en parlant de Wast : « Son premier vallet de chambre de viel temps, qui estoit son tout et son seul secré, et signoit mesmes toutes lettres en son nom. »

2. C'est du moins ce que suppose Camulio : « Io sun in qualche opinion che se Varuick vince, Dalfin se rendera caro al Re de Franza. » Dépêche du 5 février.

3. « Dux Britannie et multi altri de casa de Re de Franza gli fan de le offerte assai de dinari et de ogni altra cosa. Et in omnibus el responde tanquam nihil habentes et omni possidentes, et se fa beffe de tali offerte. » Dépêche du 17-28 février.

4. Une dépêche chiffrée de Camulio, en date du 23 février, est remplie tout entière des réclamations du Dauphin en faveur de Jacques de Valpergue.

5. « El me intrò in questo ragionamento che l'he vero che l'ha parentato cum lo duca de Orliens et cum dux Lotoringie. » Dépêche de février, en chiffres.

gon pour soutenir Jean d'Anjou[1]. Il estimait qu'en s'employant en faveur du duc de Calabre, il aurait un moyen assuré de se réconcilier avec son père, fort mécontent de l'attitude prise par le duc de Milan[2]. Il avait donc accueilli avec empressement les ouvertures du comte du Maine, et avait chargé Wast de demander tout d'abord deux choses : 1° que le Roi lui donnât le Dauphiné, avec la provision convenable pour un fils de France, en y ajoutant les terres voisines du Dauphiné contiguës aux possessions du duc de Bourgogne; 2° que le Roi s'engageât à laisser le duc de Bourgogne en paix[3].

L'envoyé du Dauphin avait été reçu par le Roi avec la plus grande courtoisie, et festoyé par les seigneurs de son entourage[4]; mais il n'avait point trouvé à la cour le comte du Maine, qui y avait alors une influence prépondérante, et c'était le comte de Foix qui avait été chargé de lui faire connaître les intentions du Roi. D'après les confidences du Dauphin à Camulio, le Roi avait donné deux réponses : la première par écrit, générale, contenant les plus belles paroles et assurances que l'on pût imaginer[5], mais, en ce qui concernait le duc de Bourgogne, une fin de non-recevoir[6]; la seconde verbale : le Roi, alors même que le Dauphin ne voudrait pas revenir près de lui[7], consentait à lui donner, avec le Dauphiné, les terres voisines du Dauphiné et de la Bourgogne; il lui donnerait en outre Gênes et Asti, et le gouvernement du duc de Savoie, mais à la

1. « Puro honor et vero ben de Vostra Signoria gli pareria meglio che Vostra Signoria se strengesse de parentato cum dux Lothoringie che con el Re Ferrando... » Même dépêche.

2. « Perchè se reconciliaria per questo modo facilmente con el Re de Franza, el qual se he cossi sdegnato de questo come de altra cosa che habbi fatto Vostra Signoria contra el duca de Lorena. » Même dépêche.

3. Dépêche du 11 mars.

4. « In grandissime carteze dal Re et extreami honori da li cortesiani. » Dépêche du 5 février.

5. « ... de le più belle parole et offerte che fu mai possibile de visar... Et, volendo Delfin andare una volta dal Re, el dice el Re haver cose da dirgli da solo a solo, et chel sera il più contento chel fussi mai, et similia. » Dépêche du 11 mars.

6. « Sed al proposito de dicto duca, verbum nullum. Tamen non monstra el Re de farne caso. » Même dépêche.

7. Ceci est en contradiction formelle avec tout ce qu'on sait des intentions de Charles VII.

condition que le Dauphin favoriserait en Italie le duc Jean[1] et seconderait les vues du Roi[2].

Le comte du Maine, absent lors de la venue du message envoyé sur son initiative, s'était excusé auprès du Dauphin, l'engageant à poursuivre la négociation, promettant ses bons offices, assurant le prince qu'il obtiendrait tout ce qu'il désirait, qu'il serait le maître du Roi, et que l'ascendant du comte de Dammartin serait anéanti[3].

Wast avait longtemps séjourné à la Cour. Nous avons vu que la réponse officielle lui avait été donnée le 10 janvier; or, il ne revint près de son maître que le 7 février[4]. Le Dauphin hésita beaucoup sur le parti qu'il devait prendre. Quelques jours après, il fit venir Camulio : « Prospero, lui dit-il, je voudrais que tu me résolve cette question : Si le Roi me mande « en Italie pour favoriser le duc Jean et s'opposer au duc de « Milan et que je prenne parti pour le Roi, et qu'en même « temps je fasse une ligue avec le duc de Milan, qui est con- « traire au Roi, comment pourrai-je m'en tirer? » L'ambassadeur milanais répondit d'une manière évasive, disant qu'avant tout le Dauphin devait s'entendre avec son maître[5]. Peu après,

1. « Che se pur el non vol el Delfin andar dal Re, el Re è contento de dargli certe terre chi confinan Delfinato al duca de Bergogna ; et vole dargli Zenoa cum Ast, et insieme cum el Delfinato lo governo de duca de Savoya, al quale Delfin aspira multo. Et questo ad ciò chel favorisca in Italia el duca Johanne. » Même dépêche, passage en grande partie chiffré.

2. C'est sans doute ainsi qu'il faut entendre ce qui suit : « Et multe altre cose circa ciò opportune, cum multi designi facti in questo proposito al modo de Franza. » Même dépêche.

3. « ... Et non dubite Delfin che obtenira tutto..., chel sera lo maistro de Re, et che Donmartin sera anullato. » Même dépêche.

4. C'est ce qui paraît résulter de la dépêche de Camulio en date du 11 mars.

5. « Heri el mando per me et mi condusse in loco seperato, et disseml : « Prospero, « io vorria intendere da te che tu me solvessi questa questione : se Re de Franza mi « manda in Italia per favorir duca Johanne et contrariar a duca di Milano, et io prendo « partito cum el Re de Franza et facio liga cum el duca de Milan chi reguarda al reverso de « Re de Franza, como posso salvar? » Al che io, cum quella modestia mè fu possibile, resposi che havendo Vostra Signoria lo proposito reverente à Delfin et disponendo pur Delfin de haver a far in Italia, chel principale concepto si dovesse far Delfin seria intendersi cum Vostra Signoria, percio che se Re de Franza lo mettesse in questi cimbali a mal fin per questa via, el faria intender la prudentia sua ; sin autem Re de Franza lo mettesse in questo a bon fine come Delfin facesse meglo Re de Franza ne resteria più contento. Et che io non dubitava niente che quando Delfin deliberassi pur de acceptar partito in Italia, facendo liga cum la Signoria Vostra, gli faria intendere le cose facile et le difficile. » Dépêche du 17 février.

comme s'il eût voulu laisser Camulio dans l'incertitude sur le résultat de la mission de Wast[1], le Dauphin ajouta : « Mais il me semble que tous ces desseins s'en vont en fumée[2]. » Pourtant Louis se sentait plus que jamais porté à entrer en accommodement avec son père. D'une part, il voyait le duc de Bourgogne et le comte de Charolais en complète mésintelligence; d'autre part, les espérances fondées sur l'Angleterre s'étaient évanouies avec le triomphe de la reine : il lui semblait que la nécessité le forçait à se rapprocher du Roi[3]. Il répugnait d'ailleurs à vivre toujours aux dépens du duc de Bourgogne, dont il n'entendait pas être l'obligé[4].

Sur ces entrefaites, le comte de Saint-Pol fit demander au Dauphin de lui envoyer un de ses plus intimes confidents, ayant à lui communiquer des choses d'une haute importance sur son accommodement avec le Roi. Le Dauphin envoya au comte son secrétaire Jean Bourré, qui revint quelques jours plus tard, avec l'assurance que le comte de Saint-Pol et le comte du Maine feraient auprès du Roi, en faveur du prince, des choses admirables[5].

Louis n'avait pas attendu la réponse du comte de Saint-Pol pour renvoyer son ambassadeur vers son père. Wast partit vers le 4 mars[6].

Dans sa dépêche du 13 mars, Prosper de Camulio donnait à son maître, sur la situation des choses, les détails suivants : « Le Dauphin est en actives négociations pour se réconcilier

1. Les détails circonstanciés donnés plus haut se trouvent dans une dépêche postérieure, en date du 11 mars.

2. « Al retorno del suo messo da Re de Franza, me confirmo la incertitudine ut supra, et dissemi che gli pareva quelli pensieri esser fumo. » Dépêche du 17 février.

3. « Io, considerando tutto, dubito forte que, occurendo dal un canto questa discordia et la ruina de le speranze se havevan de Anglia, etc., dal altro canto invitando lo partito grasso de la compositione dal Re de Franza al Delfin, la necessità non strenga esso Delfin a prender lo partito del Re de Franza, in al quale, como per altre scrivo a Vostra Signoria, el me monstra a la bella destesa de inclinar non solamenti assai sed volunteri. » Dépêche chiffrée des 3-4 mars.

4. « Tamen chel non haverà mai epso Delfin havuto denaro dal duca de Bergogna, chel non renda semper chel possi. » Dépêche du 23 février-4 mars.

5. « Dice faram per Delfin a piè de Re mirabilia. » Dépêche du 11 mars.

6. « In questa hora ho inteso como el Delfin manda duca de Bergogna lo suo chi fu al Re de Franza per prender la expedicion necessaria de remandarli al Re de Franza ; et va via hoggi. » Dépêche chiffrée du 4 mars.

avec le Roi de France; il lui renvoie son ambassadeur. Je crains que la chose ne finisse par un accommodement. D'une part, le Roi de France est depuis longtemps malade, et, pour un père qui touche à la vieillesse, recouvrer son fils est une grande consolation, surtout quand les affaires de l'État sont d'un poids si lourd. D'autre part, le Dauphin sent la nécessité d'une solution; sa patience est à bout, voyant la mauvaise situation où il se trouve et les affaires d'Angleterre ne point donner l'espoir d'une prochaine conclusion. Je ne serais point étonné que, renonçant à la résolution où il a été jusqu'ici, il ne se décidât à passer en France... Les conditions de l'accord avec son père sont les suivantes, d'après ce qu'il m'a dit *in fide vera principis* : le Roi lui donnerait Gênes et le comté d'Asti; il aurait le gouvernement de l'État du duc de Savoie; le Dauphiné lui serait restitué, et l'on y joindrait des terres voisines contiguës de celles du duc de Bourgogne. Si on ne lui accorde point ces conditions, le Dauphin ne quittera pas sa retraite. Le Roi de France a offert Gênes, Asti, et les autres avantages territoriaux; mais il a laissé entendre ouvertement que le Dauphin devrait empêcher toute relation entre le duc de Savoie et Ferdinand, et favoriser la cause du roi René. La difficulté gît en certaines affaires de juridiction, concernant le duc de Bourgogne, mais qui paraissent devoir s'arranger[1]. »

L'ambassadeur du Dauphin avait une double mission, l'une officielle, l'autre secrète. Nous ne pouvons donner ici que ce qui concerne la première; la seconde nous échappe désormais[2].

Wast était porteur de deux créances rédigées à l'avance; il en donna lecture au Roi le 20 mars.

Le Dauphin avait reçu avec peine la réponse du Roi, car il s'attendait à ce qu'elle fût tout autre; il se voyait plus éloigné de ce qu'il demandait qu'au temps où Coursillon lui apportait de bonnes paroles; il n'avait jamais d'ailleurs refusé de venir vers le Roi, mais il avait requis qu'on n'usât pas pour cela de

1. Dépêche du 13 mars.
2. Les dépêches de Camulio sont muettes à cet égard.

contrainte, car c'était cette contrainte qui engendrait la peur; il se plaignait de la publicité donnée à la réponse que le Roi avait faite à Wast; enfin il demandait que, mettant en oubli les choses passées, le Roi pourvût à son fait[1].

Dans le second document, le Dauphin déclarait n'avoir vu, dans ce que son père avait dit à Wast, que deux choses à relever : la première, que le Roi déclarait qu'il aimait mieux que l'absence du Dauphin fût imputée à celui-ci qu'à lui; la seconde, que Wast lui ayant demandé en quel lieu le Dauphin pourrait se fixer, le Roi avait répondu que, s'il était absent de la Cour, les mécontents se retireraient toujours près de lui, et qu'ainsi « l'aigreur seroit plus forte que devant. » Le Dauphin demandait qu'on ne lui fît pas la réponse faite jadis à Coursillon, savoir que le Roi acceptait ses offres, mais n'entendait rien à ses demandes. « Sire, concluait Wast, vu que la chose « a si longuement duré, il me semble que au moins ne pourriez « vous que de l'essayer et le pourriez faire sûrement en fai« sant deux choses : l'une, assurez vous bien de lui de toutes « les craintes que vous pourriez faire sur cette matière; et « l'autre ne lui baillez chose que vous lui puissiez ôter le len« demain au matin, si vous vous en repentez; et se vous le « faites, on ne pourra jamais dire qu'il ait tenu à vous[2]. »

Le Roi fit à Wast, le 21 mars 1461, la réponse suivante :

« J'ai ouï ce que hier vous me dîtes de par mon fils le Dau« phin, et aujourdui j'ai vu ce que m'avez baillé par écrit tou« chant ladite matière, laquelle chose j'ai fait lire en la pré« sence de ceux de mon Conseil qui sont ici; et ne me puis « trop émerveiller de ce que vous dites que mon fils a pris la « réponse que je vous avois faite l'autre fois si étrangement, « et qu'il en avoit été courroucé et déplaisant; car il sembloit « bien aux seigneurs du sang et aux gens de mon Conseil que « ladite réponse étoit si douce, si gracieuse et si raisonnable « qu'il s'en devoit bien réjouir et contenter, et l'avoir pour « agréable.

1. Ms. fr. 15537, f. 87.
2. *Id.*, *ibid.*, f. 18.

« Vous avez touché deux points ès choses que vous m'avez « dites; et me semble que c'est toujours le vieil train, et que « mon fils veut que j'approuve son absence et les termes qu'il « tient de ne vouloir venir devers moi, qui seroit nourrir l'er- « reur qui a été longtemps en ce royaume, où l'on disoit que « je ne voulois pas qu'il y vînt, laquelle chose, comme chacun « peut assez savoir, ne vint oncques de moi, et eusse été bien « joyeux que de piéça il y eût été pour s'être employé avec « les autres au recouvrement de ce royaume et debouter les « ennemis d'icellui, et avoir sa part en l'honneur et ès biens « comme ils ont eu. Et ce que j'ai désiré sa venue par devers « moi n'est pas tant pour moi comme pour lui; car, combien « que ce me seroit bien grande joie et plaisir qu'il y fût et de « le voir et parler à lui, toutefois, principalement je l'ai désiré « et désire pour le bien et honneur qui lui en peut advenir; et « quand il y seroit et que j'aurois parlé à lui, et dit et déclaré « des choses que je ne lui écrirois ni manderois par autre, je « crois qu'il en seroit bien joyeux et content, et n'auroit ja- « mais volonté de s'en retourner; et si ainsi étoit qu'il s'en « voulût retourner après que j'aurois parlé à lui, faire le pour- « roit sûrement, ainsi qu'autrefois je vous ai dit. Et aussi, si « ainsi est qu'il n'y veuille venir, mais se absenter toujours « de ma présence, ainsi que jusqu'ici il a fait, j'aime mieux « qu'il le face de soi même et par son vouloir et l'avis de ceux « qui le conseillent, que y bailler mon consentement. Et m'es- « bahis bien dont lui viennent ces peurs et craintes dont vous « avez parlé; car il me semble que, en si long temps qu'il a été « absent d'avec moi, il a eu assez d'espace pour se devoir as- « surer et aviser à son cas. Dont peut venir ceci? C'est une « chose bien merveilleuse[1] qu'il refuse à venir devers celui « dont les biens et honneur lui doivent venir; et d'autre part il « défuit, éloigne et ne veut voir mes bons et loyaux sujets qui « se sont si honnorablemement et vaillamment employés ès « grandes affaires de ce royaume et à résister aux entreprises

1. On a effacé cette phrase, soulignée dans la minute : « Et fault dire que c'est une droicte deablerie. »

« des anciens ennemis d'icelui et des autres qui l'ont voulu « grever, et, pour les grands services qu'ils ont faits, sont de « loyauté bien éprouvés; desquels, pour les termes qu'il leur « tient et qu'il ne vient point devers moi, il ne peut avoir leur « amour, ainsi qu'il auroit s'il étoit avec moi et qu'il parlât et « fréquentât avec eux comme il appartient, et dont je m'ac- « quitte.

« Mes ennemis se fient bien en ma parole et en ma sûreté, « et, quand je les ai eus à ma volonté et que même ils étoient « abandonnés de ceux de leur parti, chacun sait que je ne « leur ai pas fait cruauté. Et maintenant mon fils ne se fie « pas en ma sûreté pour venir par devers moi! En quoi il me « semble qu'il me fait petit honneur : car il n'y a si grand sei- « gneur en Angleterre, combien qu'ils soient mes ennemis, qui « ne s'y osât bien fier, et serois bien déplaisant que sous ma « sûreté il lui fût fait quelque chose qui lui fût préjudiciable. « Et quand j'aurois ce vouloir, pensez-vous que je sois si im- « puissant et mon royaume si dépourvu que je ne l'eusse « bien là où il est? Que vous en semble-t-il? Vous dites que je « prenne sûreté de mon fils, telle que je voudrai, sur les choses « dont vous m'avez parlé. Je n'en ai pas eu grand besoin jus- « qu'ici, et encore ne vois-je point qu'il soit nécessité de le « faire, Dieu merci!

« Et quant à la provision que avez requise pour lui, comme « autrefois je vous ai dit, quand il viendroit devers moi pour « faire son devoir, voire moins que devoir, et soi employer au « bien de la chose publique ainsi qu'il appartient, je ferois en- « vers lui et lui donnerois telle et si bonne provision qu'il de- « vroit être bien content. Et si je le faisois ainsi que le re- « querez, ce seroit nourrir l'éloignement qu'il a eu si long- « temps d'avec moi, et je ne le ferai point. Et quand les sei- « gneurs du sang et les gens des trois États de ce royaume se- « roient à present devers moi, je pense qu'ils ne le me con- « seilleroient pas; et s'ils le me conseilloient, ores si aimerois- « je mieulx qu'ils le fissent d'eux-mêmes que d'y bailler mon « consentement. Et est affaire à ceux qui le conseillent et

« tiennent en ce train de lui bailler ladite provision, et non pas « à moi[1]. »

Malgré l'état maladif dans lequel il était tombé[2] et qui faisait à tout moment répandre le bruit de sa mort[3], Charles VII avait trouvé assez d'énergie pour répondre de sa propre bouche à l'envoyé du Dauphin et lui faire entendre ce langage à la fois plein de fierté et de tendresse paternelle.

Peu de temps après le départ de Wast, un messager du comte de Saint-Pol arriva à Mehun; il était porteur de lettres de son maître et du comte de Charolais. Le conflit entre ce prince et les Croy devenait de plus en plus intense[4]; le comte avait eu une vive altercation avec Antoine de Croy et avait demandé à son père de faire procéder contre lui; la cour de Bruxelles était tenue en suspens par cette querelle[5]; dans les premiers jours de mars, l'affaire avait été portée devant le Conseil[6]. Le Dauphin gardait la neutralité entre le duc et le comte, mais il en résultait certains froissements qui faisaient supposer que Louis serait amené à se rapprocher de son père[7].

1. Cette réponse a été donnée par Duclos (p. 113-117), qui la place par erreur en 1456. Nous l'avons publiée textuellement, en 1875, dans le *Caractère de Charles VII* (*Revue des questions historiques*, t. XVII, p. 427-29), d'après la minute originale conservée dans le Ms. 15537 de la Bibliothèque nationale (f. 55), malheureusement aujourd'hui disparu.

2. Camulio écrivait le 3 mars au duc de Milan : « El he novelle qui come el Re de Franza he stato sel di malato gravemente. »

3. On lit dans une lettre de Johanne de Aymis et de Abraham Ardizzi, adressée d'Alexandrie à Sforza le 12 janvier 1461 : « Gla tri di passati s'è continuata novella chel Re de Franza è passato de questa vita. » Archives de Milan, *Francia dal... al 1470*.

4. Voir Du Clercq, l. IV, ch. XVIII.

5. « Monsignor de Charolois, figliolo de lo ill. sign. duca de Bergogna, ha havuto contra de Monsignor de Croui parole mortale, et ha domandato al padre de procederli contro per via del consiglio..., et ancora tengano quella corte in grandi balancio. » Dépêche de Camulio du 5 février. — « El mi par intender che dal duca de Bergogna al figliolo sii discordia maior che io non credeva. » Dépêche du 3 mars.

6. Dépêche de Camulio du 11 mars.

7. « Signor mio, écrivait Camulio le 13 mars, io trovo qui puoche o menor guerra dal duca di Borgogna al figlolo come se sia dal Delfin al Re de Franza, ne gli mancha, salvo bandirlo in tanto; che per quello vado intendendo el Delfin sta ancipite tra l'uno et l'altro; et he ne jà accaduto qualche gelosietto, chi sonno par de quelle chi neccessitan la pace dal Re de Franza al Delfin. » — Dans une dépêche du 28 juillet, revenant sur le passé au moment où il allait saluer le nouveau Roi, Camulio écrivait : « Non me dementico che ho qualche volta veduto el Delphin in fastidio del duca de Bergogna et el duca de Bergogna zeloso del accordio se tractava dal Delfin al Re de Franza. »

Le comte de Charolais demandait au Roi de vouloir bien expliquer certaines paroles dites au comte de Saint-Pol, et qui lui semblaient « troubles et obscures. » Charles VII fit examiner la requête par son Conseil; Guillaume Cousinot et Jean Bureau furent chargés de rédiger la réponse, qui fut portée au comte de Saint-Pol par le seigneur de Genlis. La négociation se poursuivit. Genlis revint vers la Pentecôte avec une lettre du comte de Saint-Pol. Le Conseil se réunit à Mehun dans le logis du comte du Maine pour rédiger la réponse. Quand cette réponse fut soumise au Roi, elle ne lui parut point satisfaisante. « J'ai été averti, dit-il, que tout ce « que fait faire le comte de Charolais, par l'intermédiaire du « comte de Saint-Pol, n'est qu'une fiction et un personnage joué « entre le duc de Bourgogne et son fils. » Le Roi fit corriger la réponse à donner au comte de Saint-Pol et qui fut portée par le seigneur de Genlis. L'affaire en resta là[1].

Le démêlé du comte de Charolais avec les Croy et avec son père, n'était pas uniquement, à la cour de Bruxelles, l'objet des préoccupations. La lutte entre la reine Marguerite et le parti Yorkiste y était suivie avec anxiété. A la première nouvelle du triomphe de la Reine, le Dauphin était accouru près du duc de Bourgogne pour conférer avec lui[2]. Bientôt était arrivée une lettre du comte de Warwick, à laquelle Philippe s'était empressé de répondre[3], et il avait envoyé une ambassade à Londres, dans le but apparent de renouveler les traités de commerce[4]. Le duc s'employait en même temps auprès de sa nièce la reine régente d'Écosse, pour empêcher qu'un secours fût donné à Marguerite[5]. De son côté, le Dauphin avait en Angleterre un de ses chambellans, le seigneur de la Barde, par l'intermédiaire duquel il correspondait avec les Yor-

1. Mémoire cité, dans Duclos, p. 234-36.
2. Archives du Nord, B 2040, f. 169.
3. 13 janvier 1461. Archives du Nord, *l. c.*
4. Sauf-conduit de Henri VI, en date du 26 janvier, à Thibaut de Neufchastel, Jean de Lannoy et autres. Rymer, t. V, part. II, p. 102. Cf. Archives du Nord, *l. c.*, f. 155 et 175.
5. Cette ambassade, à la tête de laquelle était Louis de la Gruthuse, était partie dès le 11 décembre 1460. Archives du Nord, *l. c.*, f. 154 v°-55, et 175.

kistes[1]. Henri VI était toujours à Londres, où l'on prétendait qu'il jouissait d'une entière liberté[2]. L'évêque de Terni, légat du Pape, continuait à travailler activement en faveur des rebelles[3]. Warwick avait écrit au Pape pour le rassurer sur l'issue de la lutte : avec l'aide de Dieu et le concours du roi d'Angleterre, qui était animé des meilleures dispositions, il espérait avoir la victoire ou une « belle paix ; » il demandait le chapeau de cardinal pour le légat, ce qui augmenterait son prestige[4]. Warwick s'était mis également en rapport avec Sforza[5]. On se préparait à la lutte contre la reine, et l'on comptait mettre sur pied avant peu une armée de cent cinquante mille hommes[6].

Cependant la reine Marguerite avait convoqué à York les lords de son parti. Le 20 janvier, ceux-ci prenaient l'engagement solennel de la soutenir et lui demandaient de donner son approbation à certains articles rédigés par eux à Lincluden le 5 janvier[7]. Le 22, une proclamation était lancée au nom de la Reine et du prince de Galles[8]. Le 2 février, une nouvelle bataille était livrée, où les Yorkistes avaient l'avantage ; mais cette victoire laissait les choses en suspens. Le 12 février, de pleins pouvoirs étaient donnés au jeune duc d'York pour la

1. Dès le 15 septembre 1460, Henri VI délivrait un sauf-conduit au seigneur de la Barde, pour retourner sur le continent (*48th Report of the deputy*, etc., p. 441). Le 23 janvier 1461, il donnait un nouveau sauf-conduit à ce personnage, « ad partes exteras transeundo, » (Carte, *Rolles gascons*, t. II, p. 349 ; *48th Report*, p. 447.)

2. Lettre de François Coppini, légat du Pape, au moine Lorenzo, en date du 9 janvier. Brown, *Calendar of state Papers, Venice*, etc., t. I, p. 92-94.

3. Lettre de Coppini au moine Lorenzo, *l. c.* Autre lettre du même, en date du 9 janvier ; *Id.*, p. 94. Lettre d'Antonio della Torre, *Id.*, p. 95. — Ce Coppini, qui joua un rôle actif en Angleterre et eut une large part dans les événements, — où il se montra l'agent de Sforza bien plus que le représentant du Pape — fut plus tard rappelé par Pie II : poursuivi pour ses concussions et pour l'abus qu'il avait fait de sa qualité de légat, il fit une confession entière de ses torts ; privé de l'épiscopat, il mourut obscurément, quelque temps après, dans un couvent de Bénédictins.

4. 11 janvier. Archives de Milan, *Dominio Sforzesco*, janvier 1461 ; cf. *Calendar, l. c.*, p. 96.

5. *Calendar, l. c.*, p. 97.

6. Lettre d'Antonio della Torre à Sforza, Londres, 9 janvier. *Calendar, l. c.*, p. 95-96.

7. Original, portant la signature des lords, Ms. fr. 20488, f. 23 ; éd. par M. Quicherat, *Œuvres de Thomas Basin*, t. IV, p. 357.

8. Ms. latin 11892, f. 187.

lutte contre les partisans de la reine, qualifiés de rebelles[1]. Warwick, resté seul à Londres avec le roi d'Angleterre, l'emmena avec lui en marchant contre la reine. Le 17 février, malgré l'infériorité de ses forces, il livrait bataille à Saint-Alban et subissait une défaite complète. Le malheureux Henri VI, abandonné à quelque distance du théâtre de l'action, fut recueilli par les vainqueurs[2] et mené vers la reine et son fils, alors âgé de sept ans, qu'on lui fit armer chevalier. Le comte de Warwick s'enfuit dans le pays de Galles. Le légat Coppini, terrifié, croyant la partie perdue[3], gagna la Hollande à travers mille périls[4]. Les deux plus jeunes fils du duc d'York furent emmenés en Flandre, pour y être placés sous la protection du duc de Bourgogne[5].

De telles nouvelles jetèrent la consternation à Bruxelles et à Genappe[6]. Craignant toujours quelque démonstration hostile du côté de la France, Philippe se décida à envoyer l'ambassade que, trois mois auparavant, il avait contremandée : le 14 mars, Jean de Croy et Simon de Lalain partaient pour Mehun, et Pierre de Goux allait joindre en Bourgogne Antoine de Rochebaron pour se rendre à Sancerre, où une conférence devait se tenir avec des commissaires du Roi[7].

A ce moment, l'ambassadeur accrédité par Sforza auprès du

1. Rymer, t. V, part. II, p. 103.

2. On lit à ce sujet dans une dépêche de Camulio, en date du 13 mars. « Lo Rei era posto longi de li uno miglio sotto uno arboro, unde se rideva et canteva ; et, essendo voce de la rupta del conte de Varvich, ritenne supra sua fede li doi principi che gli eran stati lassiati a la guardia. Assai tosto vennero lo duc de Sambreret et li vencitori a salutarlo, a quali il fece bon vulto et se ne andò cum loro ad Albano a la Reina. »

3. Coppini écrivait le 23 avril suivant, de Malines à Georges Nevill, évêque d'Exeter, lord chancelier : « What great confusion we were all in! How intense our terror! What gross abuse and insult were heaped on us by the mob when, at the least engagement, fatal to your party, we quitted him (Edouard d'York). » Lettre traduite du latin dans le *Calendar* de Brown, t. I, p. 107.

4. Il écrivait le 20 février, en débarquant, qu'il était arrivé, après bien des périls, et qu'il avait failli être pris en mer par les Français. Brown's *Calendar*, p. 98.

5. Voir *An English Chronicle*, ed. by Rev. Davis, p. 109; Brown's *Calendar*, t. I, p. 104 et 109 ; *Chronique abrégée*, dans Godefroy, p. 356 ; Wavrin, t. II, p. 305.

6. Le 9 février, le duc communique au Dauphin les nouvelles d'Angleterre ; le 16, les nouvelles d'Écosse. Archives du Nord, B 2040, f. 171 et 172.

7. Départ de Croy, Lalain et Goux : 14 mars. Archives du Nord, B 2040, f. 151 ; cf. f. 156 v°-57 et 174. Dès le 26 février il était question de cette ambassade dans une lettre à Sforza, écrite *ex Vischils*. Archives de Milan, *Bergogna*, etc.

Dauphin se rendait de Genappe à Bruxelles. Le 16, il avait une audience du duc de Bourgogne; le 18, il s'entretenait longuement avec Antoine de Croy. Nous pouvons, grâce à Camulio, nous rendre compte des dispositions où l'on était alors à la cour de Bourgogne. Laissons-le raconter son entretien avec Croy, dans une dépêche au duc de Milan, en date du 23 mars.

« Monseigneur de Croy m'a donné à entendre clairement que l'accord du Dauphin avec le roi de France ne se fait ni du gré ni de l'aveu du duc de Bourgogne. Tout au contraire, ce prince se lamente de ce que, ayant, dès le principe, reçu le Dauphin dans ses états, et lui ayant fait hommage comme futur roi de France en même temps que comme Dauphin, il n'en a recueilli qu'un ressentiment implacable du Roi, qui est venu s'ajouter aux anciens griefs; d'un autre côté, les affaires d'Angleterre, de l'issue desquelles dépend pour le duc la paix ou la guerre, étant encore en suspens, il ne lui paraît pas honnête de faire au Roi de telles avances. Mgr de Croy trouve que le Dauphin semble n'avoir point apporté dans cette affaire toute la circonspection et la réflexion que devrait avoir un prince de sa qualité. Il a gardé envers le duc le plus complet silence sur le fait de Gênes et sur les offres concernant l'Italie. Mgr de Croy ne croit pas qu'il y ait là rien de réel; mais si la chose était telle, il ne lui semble pas honnête qu'elle ait été tenue secrète. Mgr de Croy ne pense pas, d'ailleurs, que la paix se fasse entre le Dauphin et le Roi, et m'a dit que son frère était l'un des ambassadeurs envoyés par le duc de Bourgogne au Roi, dans le but, je suppose, de tirer à clair le fond des choses [1]. Le Dauphin a, paraît-il, été indisposé contre le duc de Bourgogne, à cause de la tiédeur que les ambassadeurs envoyés par ce prince au duc de Savoie ont témoignée pour ses intérêts. L'accord tacite qui règne entre le Dauphin et Monseigneur de Charolais est encore une des causes qui ont refroidi ce grand amour entre le Dauphin et le duc qui existait au début. En outre, le Dauphin ayant dépensé largement, surtout en aumônes, sans compter avec sa bourse, se trouve aux prises avec une grande gêne; il n'a du duc de Bourgogne que deux mille ducats par mois, et cela semble le mettre dans la nécessité de faire la paix avec le Roi.

1. « Credo lo per intendere et cavare de cave subterranea. »

« Mgr de Croy m'a dit que le duc de Bourgogne avait été très sensible à la visite que Votre Seigneurie lui a fait faire ; il estime que, les choses étant ce qu'elles sont, le duc de Bourgogne ne peut espérer, du vivant du Roi de France, ni bons offices ni paix solide, pas plus que du vivant des ducs de Bretagne et d'Orléans ; que, d'autre part, Votre Seigneurie ne peut rien attendre de bon du Roi, mais qu'elle doit, au contraire, être assurée que le Roi lui nuira de tout son pouvoir ; que, par conséquent, la nature des choses doit porter Votre Seigneurie et le duc de Bourgogne à se tenir étroitement unis. Tout cela m'engage à demeurer ici jusqu'à l'arrivée des nouvelles d'Angleterre. Elles sont attendues de jour en jour, ou très bonnes ou très mauvaises, car les choses en sont au dernier coup à jouer sur l'échiquier[1]. Toute la substance des paroles de Mgr de Croy se résume en ceci : si le duc de la Marche, fils du duc d'York, et le comte de Warwick perdent la partie, il faut s'attendre à un mouvement offensif du Roi de France, et alors il faudrait, par tous les moyens, se rendre le Dauphin favorable[2].....

« On a su ici que le Roi réunissait en Gascogne des gens d'armes et des navires ; à quelle fin, on l'ignore. Tout porte à croire qu'il espère avoir Calais, à la faveur de la reine d'Angleterre. Et, en raison de ces desseins sur Calais, le duc de Bourgogne va se rendre dans une ville que l'on nomme Saint-Omer, sous prétexte d'y célébrer la fête de la Toison, et il a ordonné que tous ceux qui l'accompagnent soient en armes. Il sera là aussi plus à portée des choses de l'Angleterre. Mgr de Croy m'a dit que, quelle que soit la résolution du Dauphin, si le duc de Bourgogne est poussé à faire la guerre, il aura, tant en chevaux qu'en gens de pied, cent mille hommes[3]. »

Cependant la reine Marguerite ne négligeait aucun moyen d'affermir sa victoire. Elle fit partir Doncereau, le serviteur de Brezé qui était constamment à ses côtés, en compagnie d'un jacobin, avec mission de solliciter de Charles VII un prêt de quatre vingt mille écus et le prompt envoi d'une armée[4]. C'est

1. « Le quale se aspectano grandemente bone o grandemente triste, in pochi di, perchè è reducta la cosa a joco de puoche tavole. »

2. « Et me è paruto che su tutto el suo parlare havere inteso questa substancia che sel duca de la Marichie, figliolo del duca de Jorch, et conte de Varvick perdano, reputa dubitare de qualche nocumento del Re de Franza..... (*sic*) et gli parira tunc, omnibus modis, de retener in bona el Delfin. »

3. Archives de Milan, *Francia dal... al 1470.*

4. Lettre du comte de Foix à Louis XI, 6 août 1461. Duclos, p. 244-45.

sans doute à ce moment, que, voulant récompenser le grand sénéchal de Normandie du dévouement qu'il lui témoignait, elle lui donna les îles de Jersey et de Guernesey, dont Brezé resta seigneur pendant plusieurs années. L'occupation du château de Montorgueil par Jean Carbonnel, un de ses lieutenants, paraît avoir eu lieu au début de 1461 [1].

Mais le triomphe de la reine devait être éphémère. La face des choses ne tarda point à changer. Le 27 février, Édouard d'York faisait son entrée dans Londres, en compagnie du comte de Warwick; il avait trente mille hommes sous ses ordres. Le 4 mars, il se faisait proclamer roi à Westminster. Le 13, il quittait Londres à la tête de son armée et s'avançait contre la reine. Le 27 mars, un premier engagement sans importance avait lieu à Ferrybridge. Le 29, les deux armées étaient en présence à Towton : celle d'Édouard comptait près de quarante-neuf mille hommes, celle du duc de Somerset soixante mille. La lutte allait être acharnée, car, des deux côtés, l'ordre avait été donné de ne faire aucun quartier. La bataille se prolongea, à travers la nuit, jusqu'au lendemain. L'arrivée du duc de Norfolk, avec des troupes fraîches, décida la victoire en faveur des Yorkistes. Les pertes furent égales de chaque côté : trente-sept mille hommes environ restèrent sur le champ de bataille. « Ce fut, dit un historien anglais, la plus grande, la plus meurtrière et la plus décisive de toutes les batailles que les Anglais aient jamais livrées, soit sur leur sol, soit sur le continent [2]. »

Pendant que les événements survenus en Angleterre portaient un coup fatal aux desseins de Charles VII à l'égard du duc

1. *An account of the Island of Jersey*, by the Rev. Phil. Falle, to which is added notes and illustrations, by the Rev. Edm. Durell (Jersey, 1837, in-8), p. 55-56 et 293-94; *A constitutional history of Jersey*, by Charles Le Quesne (London, 1856, in-8), p. 122-23; *Série chronologique des gardiens et seigneurs des îles normandes*, par Julien Havet, dans la *Bibliothèque de l'École des chartes*, t. XXXVII, p. 220. — Je dois la communication de l'ouvrage du R. Durell à l'obligeance de M. J. Havet.

2. Turner, *History of England during the middle ages*, 2e éd., t. III, p. 249. — Le professeur Cyril Ransome a donné en juillet 1889, dans l'*English Historical Review* (t. IV, p. 460-66), une étude stratégique sur la bataille de Towton, accompagnée d'un plan.

de Bourgogne, la fortune ne lui était pas moins contraire en Italie, où il avait à lutter contre un ennemi acharné en la personne du duc de Milan.

Depuis la conclusion du traité du 6 octobre, Sforza se tenait en relations assidues avec le Dauphin. Gaston du Lyon, premier écuyer tranchant de ce prince, était venu le trouver, en compagnie de Camulio, pour la ratification du traité. D'importants avantages territoriaux étaient offerts au duc [1], qui manifestait le plus grand empressement à servir les intérêts du Dauphin. Bientôt arriva un nouvel ambassadeur : Baude Meurin, secrétaire du Dauphin, avait mission de s'employer, tant auprès du duc de Milan que de la République de Florence, en faveur de Jacques de Valpergue. Le 24 décembre, Sforza donnait réponse à l'ambassadeur. Il exposait longuement tout ce qu'il avait fait pour donner satisfaction au Dauphin ; il confirmait les arrangements pris avec Gaston du Lyon avant la conclusion du traité : en cas de mort du Roi, il mettrait toute sa puissance à la disposition du Dauphin, pour l'aider à prendre possession du trône, et l'aiderait également à soumettre le Dauphiné ; il s'était efforcé de seconder les intentions du Dauphin en ce qui concernait le gouvernement de la Savoie ; mais il ne voulait pas entrer en guerre avec le duc, qui était compris dans la ligue entre les états italiens, et qu'il fallait ménager pour qu'il ne se jetât point dans les bras du roi de France ou des Vénitiens ; il avait mis secrètement de l'argent à la disposition de Valpergue, et tenait un corps de troupes tout prêt afin que celui-ci pût s'en servir au moment opportun ; il avait envoyé plusieurs ambassades au duc de Savoie, tant pour lui exprimer son déplaisir du traitement infligé à Valpergue que pour lui faire sentir les conséquences d'une rupture avec le Dauphin [2].

1. « Alla parte del respecto che te ha monstrato tanto graciosamente havere soa illustrissima signoria al nostro stato, et la offerta te ha facta de quelle tre terre, etc. » Instructions de Sforza à Camulio en date du 24 décembre 1460. *Lettres de Louis XI*, t. I, p. 339.

2. Réponse à Baude Meurin, 24 décembre 1460. Archives de Milan. Éd. par M. Charavay, *Lettres de Louis XI*, t. I, p. 341-44.

En même temps, Sforza renvoya Prosper de Camulio à la cour de Bourgogne, avec d'amples instructions sur la conduite qu'il devrait tenir, tant à l'égard du Dauphin que du duc de Bourgogne. L'ambassadeur était également chargé de se rendre auprès du duc d'York et du comte de Warwick, et de leur faire part du traité qu'il avait conclu avec le Dauphin; il devait féliciter le légat des résultats qu'il avait obtenus et qui intéressaient non seulement le roi Ferdinand et lui, mais l'Italie tout entière[1]; il devait, si le Dauphin avait pour agréable la teneur du traité souscrit et ratifié par lui, en demander la ratification en due forme[2].

Après avoir rempli sa mission auprès du duc de Milan, Baude Meurin se rendit à Florence, où on lui donna audience le 24 janvier 1461. Il venait demander au nom du Dauphin que la République agît auprès du duc de Savoie comme alliée de ce prince, lequel était compris dans la ligue entre les États Italiens, pour obtenir la réalisation des desseins du Dauphin, soit au sujet du paiement intégral de la dot de la Dauphine, soit en vue de soustraire le duc à l'influence d'indignes conseillers. La République de Florence ne devait pas trouver mauvais que le Dauphin intervînt dans les affaires de la Savoie pour y rétablir l'ordre et y faire respecter la justice. — Les Dix de la Balie se bornèrent à répondre que la République ne s'offenserait point de son intervention, et que, en toute occasion, elle s'empresserait de lui donner un large concours[3].

De Florence, l'envoyé du Dauphin se rendit auprès du Pape et de la république de Venise[4]. Il allait s'y rencontrer avec les ambassadeurs du Roi, dont la diplomatie n'était pas moins active que celle de son fils.

1. « In quele cose delle qualle se ne trova non solamente Re Ferdinando et nuy obligati, sed tutta Italia de queilli che habiano voglia de ben vivere. »
2. Instructions du 24 décembre 1460. Archives de Milan. Éd. *Lettres de Louis XI*, t. I, p. 337-41.
3. Voir *Négociations de la France avec la Toscane*, par Ern. Desjardins, t. I, p. 105-108; *Lettres de Louis XI*, t. I, p. 344-47.
4. Dépêche de Prosper de Camulio du 27 février. — Baude Meurin séjourna en Italie jusqu'au mois de juillet. Voir lettre de Sforza au Dauphin en date du 13 juillet. *Lettres de Louis XI*, t. I, p. 353.

Nous avons vu que, au milieu de l'année 1460, le duc de Bretagne avait envoyé une ambassade à la république de Venise. Cette ambassade avait été reçue le 10 octobre par le Sénat vénitien, qui lui avait fait une réponse dilatoire[1]. Le duc de Bretagne vint trouver le Roi pour poursuivre, d'accord avec lui, l'exécution de ses projets. Les bruits les plus alarmants circulaient à cet égard en Italie. On disait que le duc était nommé lieutenant-général d'une armée de cent mille hommes que le Roi se disposait à mettre sur pied. Était-ce pour l'envoyer en Italie ou pour agir contre le duc de Bourgogne? On l'ignorait[2]. Durant les premiers mois de 1461, ce fut un perpétuel échange d'ambassades : vers Noël, un ambassadeur de la république de Venise partait pour la cour de France[3]; le mois suivant, Charles VII envoyait des ambassadeurs à Venise, à Gênes, et à Rome vers le Pape et les cardinaux français[4]; en même temps, une ambassade du duc de Savoie venait négocier le mariage du fils aîné du prince de Piémont avec la fille du duc d'Orléans[5]. Sur ces entrefaites, une nouvelle ambassade du duc de Bretagne revint d'Italie : les négociations ne paraissaient pas prendre une tournure favorable[6]. Le duc de Bretagne déployait pourtant une grande activité : il avait fait des ouvertures au duc de Bourgogne et au Dauphin, et avait offert quatre mille écus à ce dernier[7]; au retour de ses ambassadeurs, il envoya vers le Roi pour prendre ses instructions. Charles VII répondit qu'il fallait agir en Italie par la douceur plutôt que par la violence; que, les affaires de France n'étant point prospères pour le moment dans cette

1. Archives de Venise, *Senato, Deliberazioni secrete*, XXI, f. 21. — Communication de M. P.-M. Perret.

2. « Dixe che duy mesi passati quando se partirono dal Re era a la corte il duca de Bertagna, il quale era facto capitano generale del Re et che gli eranno tutti li altri capitani. Et chel Re apperechiava armata de homini c^m ; ma non se sapeva se dovessero passare di quà, o andare contra il duca de Bergogna. » Lettre écrite d'Alexandrie à Sforza le 12 janvier 1461. Archives de Milan, *Francia dal... al 1470*.

3. Lettre écrite d'Annone à Sforza, 8 janvier. *Idem, ibid.*

4. Lettre écrite d'Alexandrie à Sforza, le 12 janvier; lettre écrite de Plaisance le 11; lettre écrite d'Alexandrie le 16.

5. Dépêche de Camulio, en date du 6 février.

6. Dépêche de Camulio des 13-15 mars.

7. Même dépêche.

contrée, il convenait que le duc de Bretagne se tînt tranquille; l'année suivante, les choses pourraient prendre une tournure meilleure et l'on serait à même d'agir plus efficacement[1]. Le Roi paraissait alors peu disposé à soutenir le duc de Calabre, en faveur duquel le roi René sollicitait un secours armé[2] ; il opérait une concentration de forces autour de Paris et faisait revenir des troupes de Gênes[3].

Les menées de Sforza ne devaient pas tarder à produire leurs résultats dans cette ville. Il dirigeait les fils d'une vaste conspiration et avait passé un traité avec les mécontents[4]. En l'absence du duc de Calabre, le gouvernement était aux mains de Louis de Laval, qui n'avait ni la capacité ni le prestige du jeune duc; aussi les Génois avaient-ils député un ambassadeur au Roi pour demander l'envoi d'un « sage gouverneur[5]. » Charles VII avait fait partir Jean de Chambes pour tâcher de rétablir l'ordre[6]. Cet ambassadeur est à peine arrivé qu'une sédition éclate. Le 9 mars, un citoyen obscur appelle les Génois aux armes. Durant la nuit, l'émeute aboutit à une révolution. La ville entière se met en armes. Louis de Laval, sans même chercher à réprimer l'émeute, se retire dans le Castelletto. Aussitôt Paul Fregoso, archevêque de Gênes, arrive à la tête d'une troupe de paysans. Prospero Adorno pénètre

1. Ces renseignements étaient donnés par le Dauphin à Camulio; celui-ci les consignait dans une dépêche des 23-26 mars, en ajoutant : « Insuper me disse el Delfin chel duca de Bertagna è malato de una fistula in la gamba, et una altra se ne dubita in la testa, et che quanto a le speranze che gli da el Re de Franza per l'anno futuro, che credo sia la oppinione de meglіori facti del duca Johanne et de la Regina de Inglіterra. »

2. « Era a pie de Re uno oratore de Re de Sicilia che se chiama Be (Beauvau), chi rechede auxilio per duca Johanne, et era fin a li non ben veduto et mal contento, dicendo apertamente che duca Johanne sta in malo puncto. » Dépêche du 11 mars.

3. « Lo Re di Franza ha mandato tutte le suoi gente nelle confine di Parixe ad quelli che erano in Lionexe. » Lettre à Sforza en date du 22 janvier. — Autre lettre du même jour, annonçant que les troupes de Beauvau à Gênes ont eu l'ordre exprès « de passare le monte et de andare dal Re a le magiore giornate che sia possibile. » Archives de Milan, *Francia dal... al 1470.*

4. « Ho veduto la copia de capitoli V. Ill. S. ha facti et tractati fra li magnifici signori Genesi e mi. » Lettre de Bosio Sforza au duc de Milan (10 janvier). Archives de Milan, *Dominio Sforzesco,* janvier 1461.

5. « Dice insuper Delfin che dicto suo oratore (Wast) gli ha ditto che a pie di Re era uno oratore de Zenoa per richeder a Re uno savio retore. » Dépêche de Camulio du 11 mars.

6. Rapport à Sforza, en date du 29 janvier 1461. Archives de Milan, *Dominio Sforzesco,* janvier 1461.

en même temps dans la ville. Les deux factions rivales en viennent aux mains. Les Adorni semblent un moment vouloir faire cause commune avec le gouverneur. Mais un agent de Sforza intervient : il ménage un rapprochement entre l'archevêque et Adorno ; celui-ci est proclamé doge le 12 mars. Adorno se mit aussitôt en rapport avec le duc de Milan, pour obtenir son concours afin de chasser les Français. Sforza envoya de l'argent, des troupes, de l'artillerie, et Louis de Laval fut assiégé dans le Castelletto[1].

Charles VII avait l'âme trop fortement trempée[2] pour se laisser abattre par le double échec que sa politique venait de subir et en Angleterre et en Italie. Au moment où le triomphe du parti Yorkiste portait un coup terrible à ses desseins, il se disposait à envoyer une flotte pour seconder la reine Marguerite et à agir contre le duc de Bourgogne, qui lui avait donné un nouveau grief par le serment qu'il venait de prêter au Dauphin comme futur roi de France[3]. Indépendamment de la démonstration navale qui se préparait, des armements considérables étaient opérés sur les frontières de la Picardie. Philippe était informé que, sous prétexte de faire lever le siège que les Anglais de Calais avaient mis devant Hames, des gens d'armes du Roi étaient au moment d'entrer dans ses pays[4]. Fort ému

1. Voir Sismondi, *Histoire des républiques italiennes*, t. X, p. 127 et suiv. Dans une lettre du 19 mars, Bartolomeo et Marco Doria donnaient à Charles VII tous les détails sur cette révolution : Original, Le Grand, vol. IV, f. 43 ; publié par M. Quicherat dans son édition de Thomas Basin, t. IV, p. 361 ; cf. *Cronica di Bologna*, dans Muratori, t. XVI, col. 730 et suiv., et Cagnola dans *Archivio storico italiano*, t. III, p. 153-55. — Dès le 12 mars, Adorno annonçait son avènement à Ferdinand d'Aragon, au Pape, à Cosme de Médicis, etc. (Archives de Gênes, *Litterarum*, 21). Le 13, une lettre collective de l'archevêque Fregoso et d'Adorno était adressée au duc de Milan (même source).

2. « Che pur è de grande mente, » écrivait Camulio dans une dépêche du 15 avril.

3. « Item, qual che suspicion de guerra con el duca de Bergogna, per sdegno invecclato et novamenti concepto per rispecto del sacramento fece el duca de Bergogna al Delfin, jurandolo per el re de Franza et per consequenza per suo signor. » Dépêche de Camulio du 4 avril.

4. 25 avril. Envoi de lettres closes à Philippe, bâtard de Brabant, à Claude de Toulongeon et autres, au sujet des nouvelles qui lui sont survenues « que grant nombre de gens de guerre de l'armée du Roy veullent descendre en ses païs soubz umbre de vouloir lever le siège mis par ceulx de Calais devant la forteresse de Hames. » — 20 avril. Envoi d'un chevaucheur pour aller de Cassel, jour et nuit « en la ville de Boulloingne et

de ces nouvelles, le duc se rendit en toute hâte à Saint-Omer, où devait se tenir l'assemblée de l'ordre de la Toison d'or[1].

La nouvelle de la victoire d'Édouard d'York avait rempli de joie le Dauphin, dont la bannière avait été arborée dans les rangs de l'armée Yorkiste[2]. Il n'avait pas éprouvé une moindre satisfaction en apprenant le soulèvement des Génois : tout ce qui pouvait abaisser les princes de la maison d'Anjou, auxquels il portait une haine mortelle, leur attribuant sa brouille avec le Roi, était de nature à le réjouir[3]. Son ambassadeur venait de revenir de la cour de France, où le parti du roi de Sicile était plus puissant que jamais[4], et il ne semblait plus se soucier de recouvrer les bonnes grâces de son père. D'ailleurs, les prédictions des astrologues le rassuraient : plus que jamais ceux-ci affirmaient que la mort du Roi était inévitable, à moins d'un miracle, et que le terme fatal ne devait pas dépasser le mois d'août[5]. Dans cette occurrence, le Dauphin n'avait qu'une chose à faire : attendre patiemment le dénouement et se tenir fermement uni au duc de Bourgogne[6].

ès marches d'illec environ, pour savoir et enquerir de la venue et descente desdiz gens de guerre, pour en rapporter response et certaines nouvelles à mon dit seigneur en sa ville de Saint-Omer. Archives du Nord, B 2040, f. 178 v° 179.

1. « Tamen, in la suspicion de guerra, se va passo passo et copertamente fin a qui, et el duca de Bergogna se approxima a Cales, sutto calore scritto per la dicta lettera. » Dépêche de Camulio du 4 avril.

2. Voir Thomas Basin, t. I, p. 301, et t. II, p. 232. C'était Jacques d'Estuer, seigneur de la Barde, qui se trouvait à Towton.

3. « El di sancto de Pascha, el Delfin mandò per mi ad festigiare, como se sole in tale di, et, inter lo rasonare, me disse che l'era quatro di chel havera novelle de Zenoa, et, per l'odio grande che l'ha al duca Johanne et tutta sua linea, quale reputa essere quella che lo ten lo squaderno con lo Re de Franza, sua signoria non me poteva celare lo piacere ne haveva, dicendomi che non più tosto me l'haveva dicto per respecto de li di alieni da le cose mondane. » Dépêche de Camulio du 9 avril.

4. « La cui parte è quella che governa al presente el Re de Franza. » Dépêche de Camulio du 15 avril.

5. Un envoyé de Sforza lui écrivait de Saint-Omer, le 8 mai, en *Post scriptum*. « Dapoy parlato con alcuni astrologhi et maxime con uno Valente che he religioso et prelato, el dice, et cossi ha dicto già in scripto gran tempo al duca de Bergogna, che el Re de Franza in questa state porta grandissimo periculo de morte, et se ne campa sarà più tosto miraculo che corso de natura, et circa agusto se vederà l'effecto. » — Coppini, dans une dépêche au Pape en date du 1er juin, dit la même chose : « Affirmant propter eclipsim futuram presenti mense imminere maximum periculum Regio Capiti, etc. » Archives de Milan, *Francia*, etc.

6. Le duc était dans les mêmes dispositions : Au mois d'avril, il fit au Dauphin un don supplémentaire de 1,200 l., « en consideracion des grans charges et affaires qu'il a à

Philippe, lui aussi, ne cherchait qu'à gagner du temps[1]. Jean de Croy et Simon de Lalain revinrent à ce moment de leur ambassade. Non seulement ils n'avaient rien obtenu, mais Charles VII avait refusé de leur donner audience[2]. Camulio écrivait à Sforza le 15 avril : « Les soupçons du duc de Bourgogne à l'égard du Roi vont toujours croissant, surtout à cause des armements de terre et de mer que fait ce prince, et qui augmentent de jour en jour. Le duc de Bourgogne paraît redouter que, sous prétexte d'une attaque contre Calais, on ne se jette sur ses pays. » Le 19 avril partait un nouvel ambassadeur : c'était un conseiller et maître d'hôtel du duc, Michaut de Changy[3]. Deux autres ambassadeurs, Antoine de Rochebaron et Pierre de Goux, étaient toujours en France. Le 2 mai, le duc tint à Saint-Omer la fête de la Toison d'or, où l'on remarqua l'absence du duc d'Orléans, et où, comme pour lancer un défi à Charles VII, Philippe fit occuper par un chevalier la place du duc d'Alençon[4]. Des instances avaient été faites par Camulio pour que la Toison d'or fût donnée à Galeas Marie Sforza ; mais le duc de Bourgogne ne voulait pas se brouiller avec son neveu d'Orléans. L'ambassadeur milanais fait à ce sujet ses doléances à son maître[5]. Tout émerveillé qu'il soit de

supporter et conduire, tant à cause de la despense ordinaire de son hostel et de Madame la Daulphine, comme autrement. » (Archives du Nord, B 2040, f. 236.) Peu après le Dauphin contracta un prêt de dix-huit mille florins du Rhin, que lui fit Sforza. En donnant quittance, le 2 juin, Louis s'engageait à le rembourser « dedans six mois après que nostre appointement sera fait avec Monseigneur (le Roi), ou que nous parviendrons à la couronne de France, lequel que plus tost adviendra. » (*Lettres de Louis XI*, t. I, p. 140, note.)

1. C'est ce que constatait Coppini en écrivant au Pape : « Ex hoc pendent plurimarum actiones et tepescunt opera. » Dépêche citée. — Coppini s'était mis en relations avec le Dauphin, duquel il obtint la promesse de l'abolition de la Pragmatique Sanction.

2. « Io son stato questa mattina con monsignore de Croui, el quale me ha dicto che suo fratre, ambassatore del duca de Bergogna non ha facto nulla. » Dépêche de Camulio du 16 avril. — « Il quale suo fratello e misser Simon de Lalain erano ambassatori al Re de Franza et se ne sonno ritornati senza havere havuta audienza. » Dépêche du 28 avril.

3. Archives du Nord, B 2040, f. 150 et 178.

4. Voir Du Clercq, l. IV, ch. XXV.

5. « Non hanno electo el conte Galeazo per rispecto del duca de Orliens. » Dépêche du commencement de mai. — Pourtant, en faisant l'appel des chevaliers, on n'avait pas donné au duc d'Orléans le titre de duc de Milan ; « Non gli fo dato il solito titulo de Milan, al che me riguardo con bono ochio el duca de Bergogna. » Dépêche du 9 mai.

la splendeur de la fête, Camulio ne peut s'empêcher de formuler un blâme sur l'attitude du duc : « Le duc de Bourgogne, dit-il, est tout entier à ses dévotions; il laisse la pensée et le soin des affaires à des serviteurs chez qui ne se trouve pas l'instinct surnaturel des princes et qui ne peuvent par conséquent porter dans cette direction la vigilance et la prévoyance que Dieu accorde aux souverains[1]. » Ailleurs il formule cette appréciation : « Le duc de Bourgogne est un fleuve profond, dont le cours ne se révèle pas à la surface[2]; » et il constate que tous les princes, le duc de Clèves, le comte d'Étampes et jusqu'au bâtard de Bourgogne, ont pris parti pour le comte de Charolais contre le duc, qui, dit-il, « se fait vieux et ne brille pas par la sagesse[3]. »

Tout en correspondant avec les ambassadeurs qu'il entretenait à Bourges[4], le duc de Bourgogne surveillait attentivement les mouvements de l'armée royale qui occupait l'Artois[5]. Il chargea le seigneur de Créquy et Toison d'Or de se rendre secrètement sur les lieux pour faire une enquête[6], et envoya des lettres closes à Pierre de Louvain, Regnault de Giresme, et autres capitaines, pour leur demander compte de leur présence en armes sur ses terres[7]. Il était en relations avec Édouard d'York, toujours menacé d'une descente des Français en Angleterre[8] : on disait qu'une armée de vingt mille hommes avait été embarquée en Normandie et faisait voile dans la direction du golfe de Bristol; son but était de provoquer un soulève-

1. Dépêche du 9 mai.
2. Dépêche des 23-26 mars.
3. « Nam el duca de Borgogna e pur antiquo et non ben savio. » Même dépêche.
4. 8 mai : lettres closes portées aux ambassadeurs étant à Bourges; 23 mai : autres lettres à Rochebaron, Goux et Changy. Archives du Nord, B 2040, f. 181-182 v°.
5. « A Cressy, poursuivant d'armes de mondit seigneur, pour estre allé hastivement (9-12 mai), par l'ordonnance de Mgr de Drueil, de la ville d'Abbeville en la conté d'Eu, et ailleurs en Normandie, pour enquerir et savoir des gens de guerre de France pour en rapporter nouvelles; lequel Mgr de Drueil l'envoya devers mondit seigneur en sa ville de Saint-Omer, atout lettres closes touchant lesdiz gens de guerre de France. » Archives du Nord, B 2040, f. 181 et 181 v°.
6. Archives du Nord, B 2040, f. 156 et 156 v°.
7. *Id.*, *ibid.*, f. 201.
8. Sur les dispositions prises à ce sujet, voir ms. fr. 26087, n°s 7503 et 7512; *Pièces originales*, 22 : ALBIGES; 474 : BOURSIER (le), n° 54.

ment dans le pays de Galles en faveur de la reine[1]. Bientôt le bruit courut qu'une bataille navale avait eu lieu près des côtes de Cornouailles et que les Français avaient été battus[2]. Marguerite était toujours en Écosse, où elle négociait avec la reine-régente l'union du jeune prince de Galles avec une des princesses d'Écosse[3]. La reine-régente était Marie de Gueldres, propre nièce du duc : Philippe lui écrivit de nouveau pour rompre ce mariage[4], et le Dauphin joignit ses efforts à ceux du duc[5]. Mais ces démarches n'empêchèrent pas l'alliance de se conclure[6]. Le duc de Bourgogne attachait une telle importance au triomphe définitif d'Édouard d'York, qu'il paraissait décidé à lui porter secours dans le cas où Charles VII l'attaquerait[7]. Peut-être le duc avait-il conclu un pacte secret avec le parti Yorkiste. Ce qui donnerait lieu de le croire, c'est que, dans une de ses dépêches, Camulio nous révèle le fait monstrueux que voici, et qui rappelle le temps où Jean Sans Peur introduisait les Anglais en France : le comte de Warwick et Édouard d'York avaient été « requis » et « exhortés » par le Dauphin et le duc de Bourgogne d'opérer une descente en France ! Pour Louis et pour Philippe, tous les moyens semblaient bons quand il s'agissait de satisfaire leur haine à l'é-

1. « La armata de Francesi homini XX milia he partita de Nortmandia et ita in Anglia... Se dice han priso la via de fuori de la insula in lo gulpho de Bristolla, secondo se ha opinione per anasar quelli populi de Gales chi par se dicono amar la Regina. » Dépêche de Camulio du 2 juin.

2. Dépêche du 18 juin. Le 6 juillet, Camulio écrit : « La armata de Francesi ha ferito su la costa de Cornivoglia et ha facto alcuni danni de robaria et fuoco, et se n'he renavigata verso Nortmandia, cum ciò sia che gli mancha XVIII nave de Bertone che non eran fin a qui juncte cum la armata. »

3. Coppini parle de ces négociations dans sa dépêche du 1er juin, et Camulio également dans ses dépêches du 11 et du 18 juin.

4. Grathuse, hérault du seigneur de la Grathuse, part le 12 mai de Saint-Omer, porteur de lettres closes pour la reine d'Écosse. Archives du Nord, B 2040, f. 181 v°. — « Hic autem inclitus princeps Burgundiæ,... formidat hæc omnia et temptavit hujusmodi affinitatem impedire apud reginam Scotiæ, neptem suam. » Dépêche de Coppini du 1er juin.

5. « El Delfin et lo duca de Bergogna han mandato a la Regina de Scotia a dissuader. » Dépêche de Camulio du 2 juin.

6. Voir Du Clercq, l. IV, ch. XXIV ; Wavrin, t. II, p. 301-304. — Le 18 juin, Camulio dit : « Unde he fama habian pratica che fin a chi non se afferma per conclusa. »

7. Dépêche de Camulio du 2 juin.

gard de Charles VII ; ils n'auraient sans doute pas reculé devant un démembrement du territoire[1].

Au mois de juin, la guerre est pour ainsi dire ouverte[2]. Charles VII se dispose à lutter à la fois contre le nouveau roi d'Angleterre et contre le duc de Bourgogne. En Normandie, un mandement royal appelle sous les armes les nobles et les francs-archers[3]. Philippe put croire que l'heure de la rupture était sonnée. Nous le voyons mander à la hâte auprès de lui Antoine de Croy, qui était en Picardie[4], et envoyer des instructions au comte d'Étampes[5]. Au milieu de ces inquiétudes, le duc apprend que son fils est parti à l'improviste : il fait prévenir en toute hâte l'évêque de Tournai, chef de son Conseil, afin d'aviser aux mesures à prendre[6] ; mais il ne tarde point à être rassuré : le comte était près de sa mère au château du Quesnoy, où, le 20 juin, un chevaucheur va porter des lettres closes du duc à la duchesse et à son fils[7]. Philippe écrit lettre

1. Voici le passage en question : il se trouve dans une dépêche du 28 juillet 1461, écrite par conséquent au lendemain de la mort de Charles VII : « Resta che io scriva quello che io sento de le cose de Anglia. El me pare intendere che el conte de Varuich et domino Marichia, *quali ad rechiesta et exortacione de el Delfin andavano pensando de passare in Franza,* ha facto il voto et con sacramento jurato a li populi de fare cossi omnino como più presto Dio gli conceda gratia de la fermeza del loro stato, et per quello intendo hanno in promto gente d'arme assay per exequire questo ; da l'altro canto, *el Delfin et el duca de Bergogna, che più tosto per odio del Re de Franza che per bon voluntà verso Anglesi hortavano,* hora cessato lo riguardo et dubio del Re de Franza, voglio credere andaran commentando de conservarse Franza integra. »

2. Dépêche de Camulio du 2 juin. — Dans une dépêche en date du 18 juin, Camulio suppute longuement les chances d'une guerre entre le Roi et le duc. Tout en se prononçant pour la négative, il constate que jamais la situation n'a été plus tendue : « El he vero che dal un canto e dal altro pareno le cose esser desposte a guerra, et ogni di più. » — Camulio dit que, en prévision d'un triomphe de la reine Marguerite, le duc avait rassemblé d'admirables moyens de défense.

3. Lettres de Gérard Bureau, lieutenant général du bailli de Caen, en date du 17 juin. *Pièces originales,* 1981 : MOLLIÈRE.

4. Le 14 juin, un chevaucheur portait de Hesdin, « hastivement et à toute diligence, jour et nuit, » des lettres closes du duc au seigneur de Croy, étant à Boves, près Corbie, ou ailleurs, par lesquelles il lui mandait de venir incontinent, « pour aucunes nouvelles à lui survenues. » Archives du Nord, B 2040, f. 184 v°.

5. Le 17 juin, lettres envoyées de Hesdin au comte d'Étampes', étant à Péronne ou ailleurs, « par lesquelles mon dit seigneur lui escript aucunes choses secrètes. » *Id., ibid.*

6. Message du 22 juin, par lequel il lui fait savoir « du partement de Mgr de Charolais et aucunes choses secrètes. » *Id., ibid.*

7. Archives du Nord, *l. c.,* f. 185 v°.

sur lettre au Roi ; le 1er juillet, un chevaucheur part pour Bourges en toute diligence[1] ; le 6 juillet, autre départ[2] ; le 9, à la réception des nouvelles de France, le duc envoie chercher Simon de Lalain et communique au Dauphin et au comte de Charolais les informations qui lui parviennent[3]. Quelles sont ces nouvelles? Une lettre du Dauphin, écrite quelques jours plus tard, nous le laisse entrevoir : « Très cher et bien amé, disait-il, nous avons eu en plusieurs et diverses façons des nouvelles de Monseigneur, et toutes, en effet, disent que l'on n'y attend vie ; et pour ce, si le cas advient que vous entendez dire qu'il est trépassé, nous vous prions que incontinent vous montiez à cheval et vous en venez, vous et tous vos gens en leur habillement, par devers nous vers les marches de Reims[4]. » Il ne s'agit plus de préparatifs de guerre : les gens d'armes qui ont été rassemblés vont servir de cortège pour le triomphal voyage du sacre !

Jetons, avant de finir, un coup d'œil sur les relations de Charles VII avec les divers États pendant les derniers mois de son règne.

En Italie, le peu de succès de la campagne que poursuivait le duc de Calabre dans le royaume de Naples, et la révolte des Génois, rendaient de plus en plus problématique la réalisation de ses desseins[5]. Sachant que Charles VII n'était pas en mesure de lui imposer sa loi, Sforza continuait à le braver. Pour produire quelque impression, les lettres comminatoires que Charles VII ne cessait de lui adresser[6] auraient eu besoin

1. Archives du Nord, *l. c.*, f. 187.
2. *Id.*, *ibid.*, f. 187 v°.
3. *Id.*, *ibid.*, f. 188.
4. Lettre en minute, sans date, dans le ms. fr. 20487, f. 72 ; éd. *Lettres de Louis XI*, t. I, p. 143.
5. Au mois de mars, un citoyen d'Alexandrie rapportait à Sforza les propos tenus par un secrétaire de Jean de Chambes, que le Roi venait d'envoyer à Gênes : « In lo consiglio secreto del Re de Franza è deliberato, mandato che sia in fine la impresa del sign. ducha de Calabria, se la procede al fine che desiderano, postea mandaro lo Re grande possanza contra la V. ill. Signoria et a destructione de quella. » Lettre du 21 mars 1461. Archives de Milan, *Francia dal... al 1470*.
6. Lettre du 19 avril 1461. Original aux Archives de Milan. Voir *Pièces justificatives*.

d'être appuyées par l'envoi d'une armée; or le Roi avait assez à faire du côté de l'Angleterre et de la Flandre, et, avant de songer au duc de Milan, il fallait réprimer la révolte des Génois. Le roi René fut placé à la tête d'un corps d'armée qui comptait environ six mille hommes. Il débarqua à Savone dans les derniers jours de juin, et fut rejoint par les troupes venues du Dauphiné et du comté d'Asti. René soumit plusieurs forteresses et s'avança jusqu'à San Pier d'Arena. Au lieu d'attaquer immédiatement en faisant opérer sa flotte, il attendit, cédant aux instances des nobles Génois qui l'entouraient et lui faisaient espérer la soumission de Gênes. Le troisième jour (17 juillet), il ordonna de marcher en avant. Une lutte acharnée s'engagea pendant quatre heures. Déjà les Français occupaient les hauteurs quand des émissaires du duc de Milan arrivèrent, annonçant que Brandolino s'avançait avec sa cavalerie au secours des Génois. Une panique s'empara des troupes de René, qui commencèrent à reculer. La réserve de l'armée s'efforça vainement d'arrêter la fuite. Les paysans et les bourgeois se précipitèrent sur les fuyards; ce fut bientôt une déroute générale. L'armée fut anéantie : deux mille cinq cents hommes périrent, tandis que René gagnait ses vaisseaux. C'en était fait de la domination française à Gênes. Le Castelletto fut livré à Louis Fregoso; Savone seule resta au pouvoir de la France[1].

En Espagne, Charles VII n'avait tiré aucun parti de son alliance avec le roi d'Aragon, toujours en lutte contre le prince de Navarre Don Carlos. Celui-ci, ayant échoué auprès de Charles VII, s'était tourné vers le duc de Bourgogne et le Dauphin, avec lesquels il entretenait de fréquentes relations[2]. Il fut même question d'un traité d'alliance entre Don Carlos et

1. Voir Sismondi, t. X, p. 132-35. — Dans une lettre au Dauphin, en date du 20 juillet, Sforza, triomphant, raconte en détail l'événement. *Lettres de Louis XI*, t. I, p. 301-56.

2. Le 10 avril 1461, un serviteur du prince de Navarre arrivait à Bruges, porteur de lettres de son maître (Archives du Nord, B 2040, f. 230). On voit par une lettre du Dauphin aux États de Catalogne que ce prince était en relations avec Don Carlos, auquel il avait envoyé un de ses écuyers d'écurie, Remy de Merimont (*Lettres de Louis XI*, t. I, p. 142).

le Dauphin[1]. La réconciliation qui, au printemps de 1460, s'était opérée entre Jean II et son fils, ne fut pas de longue durée[2]. Malgré la popularité que Don Carlos s'était acquise en Catalogne, ce prince avait été arbitrairement saisi (2 décembre 1460) et interné au château de Morella, dans le royaume de Valence. La guerre recommença; le roi de Castille Henri IV prit les armes pour soutenir Don Carlos; la Catalogne tout entière se souleva. A ce moment, Charles VII envoya un ambassadeur vers le roi d'Aragon[3]. Quel était l'objet de sa mission? Nous l'ignorons. Peut-être Jean II avait-il réclamé l'exécution du traité du 17 juin 1459, et Charles VII cherchait-il à pacifier le différend. On avait redouté un moment en Catalogne une intervention de la France[4]; le soulèvement des Catalans et les succès qu'ils remportèrent obligèrent bien vite Jean II à mettre son fils en liberté : le 10 mars, celui-ci rentrait triomphalement à Barcelone, au milieu des acclamations populaires[5]. La guerre se poursuivit néanmoins, et l'on disait que Chabannes allait entrer dans le Roussillon à la tête d'une armée[6]. Enfin, grâce à l'intervention de la reine Jeanne Enriquez, la paix fut conclue entre Jean II et les Catalans (21 juin) : Don Carlos était reconnu comme primogénit d'Aragon et comme lieutenant général en Catalogne. Il ne devait pas jouir longtemps de son triomphe, car il mourut prématurément quelques mois plus tard (23 septembre)[7].

Les relations de Charles VII avec la Castille n'avaient pas eu grande importance. Pourtant nous constatons que, au commencement de 1461, un ambassadeur de Henri IV vint à Mehun pour négocier le mariage de Charles de France avec une sœur

1. Voir un projet de traité que Merimont apporta au Dauphin. Ms. fr. 20491, f. 38; cf. lettre du Dauphin dans le ms. fr. 20486, f. 76.
2. Voir *Don Carlos d'Aragon, prince de Viane*, par G. Desdevises du Dezert, p. 205 et suiv.
3. « A Jehan de la Sale, escuier, la somme de cinquante livres tournois à lui ordonnée par le Roy nostre sire pour ung voiage qu'il a fait en Aragon pour ledit seigneur. » Rôle du 13 mars 1461. Ms. fr. 26086, nº 7128.
4. *Don Carlos d'Aragon*, p. 312.
5. *Idem*, p. 313 et suiv.
6. *Idem*, p. 353.
7. *Idem*, p. 359 et suiv.

du roi de Castille. Mais Henri IV demandait que le duché de Guyenne fût donné au jeune prince, et Charles VII se refusa à disposer de ce duché en l'absence du Dauphin[1].

En Allemagne, l'affaire du Luxembourg donna lieu à un incident qui ne doit pas être passé sous silence.

Le traité passé le 20 mars 1459 entre Charles VII et le duc de Saxe portait que les quarante mille écus formant la solde de la vente du duché de Luxembourg, devraient être payés le 1er mai 1461. Charles VII s'était mis en demeure d'effectuer ce versement. Il avait même, paraît-il, obtenu, moyennant finances, la renonciation d'Élisabeth d'Autriche, reine de Pologne, sœur de la duchesse Anne, aux droits qu'elle pouvait avoir sur le duché[2]. Mais un incident imprévu s'était produit : au mois de décembre 1460, Georges Podiebrad, roi de Bohême, avait adressé aux Luxembourgeois une sommation de le reconnaître pour seigneur, et, peu de temps après, il avait notifié à Charles VII sa résolution de revendiquer la possession du duché[3]. Thierry de Lenoncourt et Nicolas du Breuil, en venant à Coblenz, le 30 avril 1461, pour s'y rencontrer avec Pierre Knorre et les autres représentants du duc Guillaume de Saxe, leur firent la déclaration suivante : le Roi est en mesure d'opérer le versement des quarante mille écus ; mais il veut attendre que la question soulevée par le roi de Bohême soit éclaircie ; il demande donc que le duc Guillaume intervienne auprès du roi de Bohême, son allié ; le Roi invite les ambassadeurs à se rendre à Vitry, pour constater que les fonds s'y trouvent et pour les déposer, d'accord avec les ambassadeurs du Roi, en mains tierces, jusqu'à ce qu'une solution ait été obtenue du roi de Bohême.

Les ambassadeurs du duc Guillaume éprouvèrent un grand embarras. Leur maître était allé faire un voyage en Terre sainte ; ils ne pouvaient le consulter ; ils se décidèrent à ac-

1. Rapport adressé par le comte de Foix à Louis XI, en date du 6 août 1461. Duclos, *Recueil de pièces*, p. 240.
2. Voir Palacky, *Geschichte von Böhmens*, t. IV, part. II, p. 80.
3. Van Werveke, *Definitive Erwerbung*, etc., p. 27 et 40.

corder aux envoyés de Charles VII un délai jusqu'au 15 juin pour le versement des quarante mille écus[1].

Dans l'intervalle, Charles VII écrivit à Pierre Knorre, à la date du 30 mai. En présence de l'attitude prise par le roi de Bohême, qui était venu jeter le trouble dans l'exécution du traité du 20 mars 1459, il lui demandait de se rendre auprès de lui, avec un autre représentant du duc Guillaume, pour trouver une solution qui sauvegardât à la fois les intérêts et l'honneur des parties contractantes[2].

Nicolas du Breuil se rendit à Coblenz au jour fixé, et remit à Pierre Knorre la lettre du Roi. Grande fut la perplexité des représentants du duc de Saxe. Ils déclarèrent qu'ils étaient venus en bateau, nullement équipés pour un si long voyage; ils n'avaient point, d'ailleurs, les instructions nécessaires, et devaient aller les demander aux lieutenants de leur maître; ils réclamèrent donc un délai jusqu'au commencement d'août. Les seigneurs luxembourgeois, qui désiraient fort la conclusion définitive du traité de cession, s'employèrent auprès des ambassadeurs du duc de Saxe pour que satisfaction fût donnée au Roi, et résolurent d'envoyer des délégués à Charles VII. De leur côté, les lieutenants du duc de Saxe se décidèrent à faire partir une ambassade, et désignèrent ceux qui devaient accompagner Pierre Knorre à la cour de France[3].

La mort de Charles VII survint au milieu de ces préparatifs: le 3 août, Philippe de Sierck, prévôt de la cathédrale de Trèves, l'annonçait à Pierre Knorre[4]. C'était désormais avec Louis XI que les négociations devaient se poursuivre.

Les démêlés de Sigismond d'Autriche avec les Cantons suisses occupèrent également Charles VII dans les derniers mois de son règne. Le 24 octobre 1459, il avait reçu du duc et de la duchesse Éléonore d'Écosse des lettres accréditant un

1. Van Werveke, *l. c.*, p. 27-28, d'après documents des Archives de Weimar.
2. Lettre traduite en allemand, aux Archives de Dresde, *Wittenberger Archiv*, *Luxemb. Sachen*, I, p. 272b.
3. Van Werveke, *l. c.*, p. 29-30.
4. Cette lettre est aux Archives de Dresde, *l. c.*, p. 285.

ambassadeur auprès de lui[1]. L'année suivante, le roi d'Écosse lui avait demandé d'intervenir auprès des Suisses en faveur de sa tante Éléonore, menacée de perdre ses seigneuries[2]. Le 15 novembre 1460, Charles VII écrivit aux Cantons suisses pour se plaindre de ce que, au mépris de la foi jurée, ils s'étaient emparés de plusieurs places appartenant à la maison d'Autriche, et leur demander d'en opérer la restitution[3]. Les Confédérés répondirent longuement au Roi, exposant les torts graves que Sigismond s'était donnés à leur égard. Sur ces entrefaites, grâce à l'intervention du duc Louis de Bavière, une suspension d'armes fut conclue (10 décembre), et une assemblée fut fixée à Constance pour le mois de mai 1461. Charles VII s'y fit représenter; le 20 mai, il adressait aux Bernois un appel à la conciliation. Ses démarches furent couronnées de succès. Les conférences de Constance, auxquelles prirent part, avec le duc Louis de Bavière, des représentants de plusieurs princes d'Allemagne, du roi d'Écosse et du duc de Bourgogne, aboutirent, le 1er juin, à la conclusion d'une paix de quinze années[4].

Nous venons de mentionner les démarches faites par le roi d'Écosse auprès de Charles VII. Quelque temps auparavant, le Roi avait été choisi pour arbitre d'un différend entre l'Écosse et la Norwège[5], et les ambassadeurs des parties étaient venus à Bourges, au mois d'août, régler définitivement, de concert avec le Roi, les points en litige. La mort de Jacques II, tué au siège de Roxburgh (4 août 1460), vint rompre brusquement les négociations; mais Charles VII avait posé les bases du traité, et les conditions fixées par lui semblent avoir été

1. Archives de Vienne, ms. n° 411, f. 461. Communication de M. Armand d'Herbomez.

2. Lettre du 30 août 1460. Chmel, *Materialen*, t. II, part. I, p. 233.

3. Cette lettre, mentionnée dans la réponse des confédérés (*Amtliche Sammlung der Eidgenossichen Abschiede*, t. II, p. 301) est datée de Bourges le 15 novembre, et M. de Mandrot (p. 40) lui a donné la date de 1459; mais le 15 novembre 1459 le Roi était à Chinon, et il était à Bourges le 15 novembre 1460.

4. Mandrot, *Étude sur les relations de Charles VII avec les Cantons suisses*, p. 46-51.

5. Voir lettre de Christiern Ier à Charles VII, en date du 10 avril 1459, dans *Spicilegium*, t. III, p. 803. — Dans l'été de 1459, un ambassadeur du roi de Danemark était à Chinon (Cabinet des titres, 685, f. 209 v°). Le 2 juillet, Charles VII envoyait un poursuivant porter des lettres à Christiern (*Id.*, f. 212 v°).

acceptées par les deux États, bien que le traité n'ait pu recevoir sa forme légale[1]. En juillet 1459, un échange d'ambassade avait eu lieu entre la France et l'Écosse[2]; il s'agissait d'une réclamation au sujet du traité de novembre 1428, stipulant la cession éventuelle de la Saintonge et de Rochefort à l'Écosse[3]. Cette singulière réclamation avait été écartée[4].

La dernière ambassade reçue par Charles VII fut celle des princes d'Orient, qu'un religieux franciscain, Louis de Bologne, avait amenée en Europe pour organiser, avec le concours de ces princes, une campagne contre les Turcs. Elle se composait d'un ambassadeur de l'empereur de Trébizonde, d'un ambassadeur du roi de Perse, d'autres ambassadeurs du prince de Géorgie, du roi d'Arménie et du Prêtre Jean, roi d'Abyssinie, et arriva à Bourges au mois de mai. Charles VII était sollicité d'envoyer des gens de guerre avec son étendard: l'enseigne du roi de France, qu'ils appelaient le Roi des Rois, et un capitaine en son nom vaudraient plus de cent mille hommes. Une brillante réception fut faite à ces ambassadeurs, qui se rendirent ensuite à la cour de Bourgogne[5].

La reine Marguerite avait envoyé au Roi le duc de Somerset pour conclure avec lui un traité et contracter un emprunt[6]. A peine débarqué, ce prince fit partir une ambassade pour Bourges. Quand elle arriva, Charles VII était sur son lit de mort[7].

1. Voir Tytler, *History of Scotland*, t. IV, p. 189-91.

2. Archives, KK 51, f. 116 v°; Cabinet des titres, 685, f. 201 et 207 v°; Ms. fr. 20128, n° 179; *Pièces originales*, 1926 : MESNYPENY, n° 8; Burnett, *Exchequer Rolls*, t. VI, p. LIX-LX et 572; Pinkerton's *History of Scotland*, t. I, p. 242.

3. Voir t. II, p. 397-99.

4. Voir Tytler, *l. c.*, p. 158.

5. Voir Du Clercq, l. IV, ch. XXVII. Sur cette ambassade, voir Raynaldi, ann. 1460, §§ 101-102, et ann. 1461, §§ 35 et 36; Pastor, *Histoire des Papes*, t. III, p. 234 et suiv., et W. Heyd, *Histoire du commerce du Levant au moyen âge*, traduite par Furcy Raynaud, t. II, p. 363-64.

6. Voir une lettre de Marguerite au duc de Somerset, écrite à Edimbourg le 20 juillet. Original, ms. fr. 20855, f. 61. — Indication des pouvoirs donnés par Marguerite dans un inventaire (ms. fr. 20430, f. 65) qui a été publié par M. de Reilhac, *Jean de Reilhac*, t. I, p. 101-107; Rapport adressé à Louis XI, *id.*, p. 103.

7. Rapport du comte de Foix, dans Duclos, p. 217; Chastellain, t. IV, p. 65; Wavrin, t. II, p. 314 note.

CHAPITRE XVI

L'ADMINISTRATION DE 1454 A 1461

ROYAUTÉ, ADMINISTRATION CENTRALE, PARLEMENT, ÉTATS GÉNÉRAUX, CLERGÉ, NOBLESSE, TIERS-ÉTAT, FINANCES, ARMÉE, COMMERCE, INDUSTRIE.

Grandes réformes de Charles VII ; caractère de ces réformes. — Suppression des aliénations du domaine ; opposition que rencontrent les exceptions à cette mesure. — Libéralités à l'égard des princes du sang ; hommages rendus par les ducs de Bretagne ; procès du comte d'Armagnac. — Changements dans le personnel des grands officiers ; nouveaux éléments introduits dans le Conseil ; importance croissante du grand Conseil ; part personnelle du Roi à ses travaux. — Caractère des réformes judiciaires ; la grande ordonnance d'avril 1454 ; autres règlements pour la justice ; Parlements locaux ; grands jours ; Échiquier de Normandie. — États du Languedoc ; États de Normandie ; États de la sénéchaussée des Lannes. — Relations avec la cour de Rome ; maintien de la Pragmatique ; intervention personnelle du Roi dans les affaires ecclésiastiques ; exemptions ; confirmations de privilèges ; lettres de sauvegarde ; concessions diverses ; dons aux abbayes ; mesures prises à l'égard de l'Université de Paris et d'autres Universités. — Appels de la noblesse sous les armes ; enregistrement des fiefs et arrière-fiefs ; enquêtes à ce sujet ; anoblissements ; légitimations ; autorisations de posséder données à des étrangers ; autorisations de fortifications ; lettres de rémission. — Politique du Roi à l'égard de la Normandie et de la Guyenne ; mesures à l'égard des villes. — Administration financière : Chambre des comptes ; Domaine ; Monnaies ; répartition des tailles, etc. — Administration militaire : enquête sur le mode de paiement des gens de guerre ; l'armée en Normandie ; les francs-archers. — Situation prospère du royaume ; mesures prises pour favoriser le commerce et l'industrie.

« Il y eut en France, dans les dernières années du moyen âge, une époque de féconds travaux, où la justice, l'administration, les finances et l'organisation militaire furent entièrement réformées, où les institutions féodales furent définitivement vaincues par le pouvoir royal, où un nouveau système d'administration et de gouvernement fut fondé... Un prodigieux travail législatif s'accomplit pendant dix-huit années. Une multitude d'ordonnances sur les lois criminelles et civiles, sur la procédure, sur les impôts, sur les monnaies, sur le commerce, renouvellent la législation et forment de véritables codes... Du milieu des ruines sortent à la fois une nouvelle forme de gouvernement, la monarchie administrative, et une nouvelle société civile[1]. »

Ainsi s'exprime un historien moderne qui, tout en incriminant avec violence la personne royale, n'a pu méconnaître tout ce qui s'est fait de grand et de fécond sous le règne de Charles VII.

Nous avons suivi, d'étape en étape, ce persévérant travail de réorganisation. Nous avons montré de quelle main prudente et habile Charles VII toucha à toutes les branches de l'administration. Il faut maintenant achever cette étude et mettre en pleine lumière ces grandes réformes qui furent le point de départ d'une ère nouvelle et dont les résultats se firent sentir durant de longs siècles.

La reconstitution du pouvoir royal sur de solides bases, telle a été la tâche poursuivie par Charles VII, avec l'aide des conseillers dont il avait su s'entourer. Le principe d'autorité, si fortement ébranlé par les agitations du règne précédent, si compromis par les violences et l'arbitraire qui avaient signalé l'administration du connétable de Richemont et de La Trémoille, a reconquis toute sa force et tout son prestige. La Royauté est désormais hors de pair : toutes les oppositions, toutes les intrigues se sont évanouies en face de cette politique à la fois ferme et modérée, qui s'est imposée et qui a triomphé de tous les obstacles.

Le domaine royal a été reconstitué. Le déplorable système des aliénations, trop longtemps maintenu sous l'empire de la nécessité des temps ou de l'influence du favoritisme, a été définitivement abandonné : la royauté est revenue à la stricte observation des édits qui avaient proclamé les vrais principes en cette matière. Si certains entraînements regrettables appa-

1. Dansin, *Histoire du gouvernement de la France pendant le règne de Charles VII* (Paris, 1858, in-8°), pages 2 et 6.

raissent encore, malgré l'opposition du Parlement, la royauté reconnaît que, au-dessus des caprices ou des faiblesses du souverain, il y a une règle qui s'impose et devant laquelle tout doit fléchir : le règne de la loi a succédé au règne de l'arbitraire. Quand Charles VII, après la fuite de son fils, prit en main le gouvernement du Dauphiné, il révoqua toutes les aliénations du domaine faites dans ce pays par le Dauphin[1]. Si des exceptions se produisent, elles sont rares, et il faut que le Roi ou ses conseillers interviennent pour qu'elles puissent avoir leur effet. C'est ainsi que Charles VII, ayant donné, par lettres du 22 octobre 1458, au comte de Dunois, « en considération de ses grands et continuels services, » les seigneuries de Parthenay, Secondigné, etc., attribuées autrefois au connétable de Richemont, et qui devaient faire retour à la couronne après le décès de celui-ci, puisqu'il n'avait pas d'héritier mâle, la Chambre des comptes refusa d'entériner les lettres, et ordonna de procéder à une information sur les droits et titres et sur la valeur des biens. A la date du 6 avril 1460, le Roi adressa à ses gens des comptes une lettre missive pour leur enjoindre de remplir, sans plus de délai, la formalité de l'entérinement[2]. La même opposition se produisit au sujet des dons de biens confisqués en Guyenne, faits à Louis de Beaumont, sénéchal de Poitou, et à Antoine de Chabannes[3]. Les terres confisquées sur Pierre de Montferrant, sire de Lesparre, furent données, par lettres du 17 février 1455, à Giraud d'Albret, seigneur de Puypardin, en récompense des importants services par lui rendus[4]. Après les confiscations opérées sur le duc d'Alençon et sur le comte d'Armagnac, et la réunion au domaine de leurs possessions, nous voyons Charles VII donner

1. Lettres du 8 avril 1457. *Ordonnances*, t. XIV, p. 426.
2. Original, Moreau, 1047, n° 51. Voir le texte aux *Pièces justificatives*.
3. Sur le don fait au sénéchal de Poitou, en 1451, de terres en Guyenne, en récompense de ses services au recouvrement de cette province, voir une lettre de Dunois à la Chambre des comptes, en date du 12 juillet 1458. Ms. fr. 12763, n° 245. — Sur la confirmation en faveur de Chabannes du don de la seigneurie de Blanquefort (1er avril 1451), voir une lettre d'Étienne Chevalier à la Chambre des comptes, en date du 6 août 1455. Archives, P 2299, f. 135.
4. Archives, P 1905², cote 6900.

à Antoine d'Aubusson la seigneurie de Semblançay (20 novembre 1458)[1], et au duc de Bourbon le comté de l'Isle-Jourdain (17 mars 1461)[2].

Les princes du sang, largement pensionnés sur le trésor royal, continuèrent d'être l'objet des libéralités du Roi. Le duc d'Orléans, qui recevait, on l'a vu, douze mille livres par an pour la garde de son comté d'Asti[3], reçut en outre, par lettres du 17 septembre 1456, une somme de douze mille livres à lever en cinq années sur les habitants de ses seigneuries situées au-delà des rivières de Seine et d'Yonne[4]; il eut de plus le produit de la gabelle du sel dans ses terres et seigneuries[5]. La même faveur fut concédée au duc de Bourbon pour le grenier à sel de Moulins[6], et au comte d'Eu pour le grenier à sel de Neuchâtel[7]. Le roi de Sicile reçut, par lettres du 5 juin 1460, une somme de cinquante-cinq mille livres à lever sur les pays de Languedoil, pour subvenir aux dépenses de l'expédition du duc de Calabre dans le royaume de Naples[8]; et, de plus, Charles VII lui céda une créance de vingt-cinq mille ducats d'or sur des marchands d'Avignon[9]. Le Roi ne cessa de payer une pension à Catherine d'Alençon, duchesse de Bavière[10], et désigna en 1460 des commissaires pour régler avec cette princesse des points litigieux relatifs à la succession de son père[11]. Il accorda à Charles d'Armagnac, à titre de provision, une pension de deux mille francs sur les revenus des terres confisquées sur son frère[12].

1. Lettres visées dans le ms. fr. 21405, p. 132, et dans l'*Histoire généalogique* du P. Anselme, t. V, p. 341.
2. Archives, P 1372², cote 2020.
3. Voir t. V, p. 312.
4. Archives, K 69, n° 23.
5. Lettres des 9 novembre 1459 et 18 décembre 1460.
6. Lettres du 7 novembre 1459. Ms. fr. 5909, f. 240 v°.
7. Lettres du 13 octobre 1458. *Pièces originales*, 1089 : Eu.
8. Archives, KK 246. Voir *Œuvres du roi René*, publiées par le comte de Quatrebarbes, t. I, p. 135-39, et *Le roi René*, par M. Lecoy de la Marche, t. I, p. 294.
9. Lettres du 25 février 1461, citées par Lecoy de la Marche, *l. c.*, p. 287.
10. Voir Cabinet des titres, 685, f. 137, 148, 150, 153 v°, etc.
11. Lettres du 11 mars 1460; traité du 26 avril 1460; lettres du 15 juillet 1460. Archives, J 779, n° 5; Ms. latin 9209, n° 5; Du Puy, 527, f. 92 et suiv.
12. Voir lettres du 19 janvier 1461, confirmant à Charles d'Armagnac sa pension de deux mille francs. *Pièces originales*, 94 : ARMAGNAC, n° 252.

A l'occasion du procès du duc d'Alençon, les comtés d'Eu et de Foix furent érigés en pairies en faveur de Charles d'Artois et de Gaston de Foix. Les lettres données à cet effet portent la date du mois d'août 1458[1]. Pareille faveur fut octroyée à Charles de Bourgogne pour le comté de Nevers[2].

Les difficultés qui s'étaient produites en 1450, lors de l'hommage rendu par le nouveau duc de Bretagne, se renouvelèrent en 1458 et en 1459. Charles VII exigeait que l'hommage lige lui fût rendu, et les ducs de Bretagne prétendaient ne devoir que l'hommage simple. Le comte de Richemont, devenu duc de Bretagne le 22 septembre 1457, par la mort de son neveu Pierre, rendit hommage le 14 octobre 1458, pendant son séjour à Vendôme. Quand il se présenta devant le Roi, ayant son épée ceinte, le comte de Dunois, à titre de grand chambellan, lui adressa ces paroles : « Monseigneur de Bretagne, vous devenez « homme du Roi, mon souverain seigneur ici présent, et lui « faites hommage lige à cause de votre duché de Bretagne, et « lui promettez foi et loyauté de le servir envers tous qui « peuvent vivre et mourir. » Le comte d'Eu et Antoine d'Aubusson, constatant que le duc avait l'épée ceinte, contrairement à l'usage, s'écrièrent d'une seule voix : « Faites-lui ôter la ceinture ! » A quoi le chancelier de Bretagne, Jean du Cellier, répondit : « Il ne le fera point, car il ne le doit faire. » S'adressant alors au Roi, le duc lui dit : « Tel hommage que « mes prédécesseurs vous ont fait, je vous fais, et ne l'entends « ni le fais lige. » Le chancelier Jouvenel intervint, et fit observer au duc que ses prédécesseurs avaient rendu l'hommage lige. « Vous le dites, reprit le duc, et je dis que non; et aussi « je ne le fais point lige. » Charles VII coupa court à la discussion en disant : « Tel que vos prédécesseurs l'ont fait, vous le « faites. » Mais Richemont insista : « Voire, je le fais comme « mes prédécesseurs l'ont fait aux vôtres et à vous, et je ne le « fais point lige. » Debout, l'épée au côté, le duc fut reçu au

1. Elles ont été publiées dans l'*Histoire généalogique* du P. Anselme, t. III, p. 327 et 311. L'original des lettres en faveur du comte de Foix se trouve aux Archives des Basses-Pyrénées, E 443.

2. Lettres du mois de juillet 1459. Le P. Anselme, t. III, p. 395.

baiser; puis il prêta l'hommage lige pour le comté de Montfort. Mais il refusa de faire hommage pour la pairie. Le chancelier lui ayant demandé si, comme pair, il ne rendait point d'hommage, le duc répondit : « Je ne suis point délibéré à pré« sent de rien en faire. » Le Roi, avec sa bonne grâce habituelle, dit alors : « C'est son fait; il sait bien ce qu'il a à faire : « on doit s'en rapporter à lui [1]. »

Quand François de Bretagne, comte d'Étampes, devenu duc à son tour, se présenta, le 28 février 1459, au château de Montbazon, pour rendre hommage au Roi, la même scène se renouvela, et le Roi témoigna pareille indulgence au jeune prince qu'à son vieux connétable [2].

Nous avons raconté la campagne entreprise en 1455 contre le comte d'Armagnac, dont toutes les possessions avaient été confisquées. Jean V fut ajourné à comparaître, le 20 novembre 1456, devant le Parlement de Paris. Le 24 novembre, un jugement de contumace fut rendu contre lui, et il fut ajourné de nouveau pour le 15 mai 1457. Le comte se décida à se présenter devant le Parlement. La cause s'ouvrit le 14 mars 1458, à huis-clos. L'avocat Poignant déclina en son nom la compétence du Parlement : Jean V, comme descendant de la maison royale, prétendait être jugé par la cour des Pairs ; il excipait aussi de la qualité de clerc. Après de longs débats [3], le Parlement se déclara compétent. Il accorda à l'inculpé une provision du tiers de ses revenus, évalué à dix mille couronnes d'or, et le laissa en liberté, à la condition de résider à proximité de Paris. Mais, bien que prisonnier sur parole, le comte s'évada au mois de novembre 1459 [4] : il alla visiter le duc de Bourgogne, qui refusa de le recevoir, et le Dauphin, qui paraît lui avoir fait bon ac-

1. Acte de l'hommage dans d'Argentré, *Histoire de Bretaigne*, f. 661 v°-665 v°, et dans D. Morice, t. II, col. 1792-93 ; cf. Gruel, p. 225-26, et Cosneau, *le Connétable de Richemont*, p. 450.

2. Acte de l'hommage dans d'Argentré, f. 667-68, et dans D. Lobineau, t. II, col. 1211-13.

3. Archives, X^{2a} 28, aux dates suivantes : 14, 17 mars, 7 avril 1458 ; 8 janvier, 27, 28 février, 10 mai 1459. Cf. Dixième compte de Mathieu Beauvarlet, dans le ms. 685 du Cabinet des titres, f. 213.

4. Du Clercq, livre III, ch. XLVIII.

cueil, et de là se rendit à Noseroy, près du prince d'Orange[1]. Pendant ce temps, le Parlement poursuivait l'instruction de la cause : le 13 mai 1460, après trois édits de ban sur défaut, le premier président Yves de Scepeaulx prononça, en la grand' chambre, l'arrêt déclarant le comte d'Armagnac coupable d'inceste, de rebellion, de conspiration avec les Anglais, et criminel de lèse-majesté. Le condamné avait la vie sauve, mais il était banni à perpétuité du royaume et tous ses biens étaient confisqués[2]. Jean V alla trouver le pape Pie II, qui implora en son nom la clémence royale[3]. Mais Charles VII ne céda point à ces instances : il maintint la condamnation prononcée contre le comte, qui se retira en Aragon[4], où il vécut misérablement jusqu'au jour où Louis XI, devenu roi, lui accorda une amnistie, avec restitution de tous ses biens[5].

La charge de connétable devenait vacante par la mort du comte de Richemont, qui, tout en prenant possession du duché de Bretagne, avait tenu à la conserver. Elle fut convoitée par le comte de Saint-Pol, qui paraît même avoir voulu supplanter Richemont[6]; mais Charles VII la laissa vacante. Il ne fit pas de même pour le poste de maréchal de France dont Philippe de Culant, seigneur de Jalognes, était titulaire. A la date du 1er avril 1454, il réunit les membres de son grand Conseil, parmi lesquels se trouvaient plusieurs princes du sang, ses connétable, lieutenants, maréchal, maître des arbalétriers, amiral et autres notables gens, afin d'aviser, « chacun en droit soi et loyalement, » à pourvoir à cette vacance, et, en grande solennité, il leur fit prêter serment de le bien conseiller. « Et pour plus seurement proceder en icelle election, lit-on dans les lettres royales, après lesdiz seremens prins et receuz, ayans nous mesmes en nostre personne interrogué sur ce

1. Du Clercq, *l. c.*
2. Archives, X2a 29, f. 107 v°-118 v°.
3. Raynaldi, ann. 1460, § 110.
4. Voir *Don Carlos d'Aragon, prince de Viane*, par M. Desdevises du Dezert, p. 303 et 374.
5. Sur l'affaire du comte d'Armagnac, voir Vallet de Viriville, *Histoire de Charles VII*, t. III, p. 313-46.
6. Voir Du Clercq, l. III, ch. XXXII, et Chastellain, t. V, p. 394.

chascune part, affin qu'ilz nous nommassent celui qui leur sembloit, en leur conscience, estre plus necessaire, convenable et prouffitable pour nous et la chose publique pour avoir obtenu ledit office ; en procedant en laquelle election, combien que plusieurs notables personnes nous aient quant à ce esté nommez et grandement recommandez, toutesvoies le fort et la greigneur voix de beaucoup sont escheuz à la personne de notre amé et feal conseiller et premier escuyer de corps Poton, sire de Santrailles[1]. »

La charge de grand écuyer, délaissée par Saintrailles, passa (20 mai 1454[2]) à Tanguy du Chastel, écuyer d'écurie du Roi, neveu de son ancien conseiller et chambellan, lequel vivait encore, retiré dans la sénéchaussée de Beaucaire, où il mourut en 1458. Au décès du duc Charles de Bourbon, la charge de grand chambrier, héréditaire dans sa maison, passa à son fils Jean; mais Charles VII l'en investit par lettres spéciales[3], et, par d'autres lettres, il le maintint en possession des droits et privilèges de cette charge[4]. Jean Soreau, grand veneur, conserva sa charge jusqu'à la mort de Charles VII[5]. A côté du grand chambellan, nous avons rencontré un premier chambellan; après la mort d'André de Villequier (1er juillet 1454), ce poste passa successivement à deux autres favoris : Guillaume Gouffier, qui l'occupa jusqu'à son arrestation, en janvier 1457; puis Jean de Levis, seigneur de Vauvert. Nous trouvons ainsi, à côté de l'amiral, un vice-amiral : dans un acte du 7 mai 1454, Jean Fleury est mentionné en cette qualité[6].

Si nous examinons quels furent les éléments nouveaux in-

1. Ms. fr. 5909, f. 247.
2. Lettres visées par le P. Anselme, t. VIII, p. 489.
3. Lettres du 12 mars 1437. Archives, J 955, nº 12.
4. Lettres du 27 octobre 1458. *Id.*, *ibid.*
5. C'est à tort que le P. Anselme (t. VIII, p. 702) dit que Roland de Lescoet était grand veneur en 1457. Ce personnage était grand veneur du Dauphin, et figure à ce titre dans les comptes de ce prince dès l'année 1448. Voir *Lettres de Louis XI*, t. I, p. 224.
6. *Chartes royales*, XVI, nº 282. Cette mention a été relevée par M. Cosneau, *le Connétable de Richemont*, p. 438, note 2. Voici le passage en question : « A nostre bien amé Jehan Fleury, visadmiral de France, pour ung voyage qu'il a fait à venir dudit païs de Normandie par devers nous, par l'ordonnance de nostre très chier et amé cousin le conte de Richemont, connestable de France, pour nous faire savoir des nouvelles de l'armée d'Angleterre, cinquante livres tournois. »

troduits dans le grand Conseil durant la dernière période du règne de Charles VII, nous constatons l'influence de plus en plus prépondérante de ce qu'on appelait alors les « gens de petit estat. » En 1454, Richard Olivier, évêque de Coutances, Pierre Doriole, Étienne Le Fèvre et Henri de Marle entrent au Conseil, où ils siègent assidûment[1]; en 1455, nous voyons apparaître Charles de Gaucourt, seigneur de Chasteaubrun, François Hallé, Jean Tudert et Jean Hardouin[2]; en 1456, Denis d'Auxerre; en 1457, Georges Havart et Pierre du Reffuge; en 1460, Jean de la Reauté. Les conseillers les plus influents sont le comte de Dunois, le comte du Maine, le comte de Foix, l'amiral de Bueil, Jean d'Estouteville, Jean Bureau, Étienne Chevalier, Antoine d'Aubusson et Guillaume Cousinot.

Ce qu'il faut constater aussi, c'est l'importance croissante des attributions du grand Conseil, la multiplicité des affaires qui lui étaient soumises[3], la part personnelle que le Roi prenait à ses délibérations. Il convient de rappeler ce que dit Henri Baude à ce sujet. « Le Roy continuellement s'estudioit à trouver moyens bons au soulaigement de son peuple... Ce qui estoit délibéré en son Conseil estoit executé sans aucune dissimulation ou variacion... Quant on lui bailloit des requestes, il les faisoit prendre et veoir, et, quant on lui en avoit fait le rapport, renvoyoit les supplians où il appartenoit..., et il en ordonnoit ainsi qu'il le trouvoit par Conseil, sans lequel il ne faisoit riens. Et equipoloit-on son Conseil à une Cour de Parlement, pour les notables et grans gens qu'il y tenoit. Il avoit departy le temps pour entendre aux affaires de son royaume, et tellement qu'il n'y avoit point de confusion. Car, le lundi, le mardi et le jeudi il besongnoit avec le chancelier et son Conseil, et expedioit ce qui estoit à expedier touchant la justice. Le mercredi, il besongnoit et entendoit ou fait de la guerre

1. La nomination de Henri de Marle remontait au 29 août 1448.
2. La nomination de Jean Tudert remontait au 29 août 1448, et celle de Jean Hardouin au mois de décembre 1446.
3. Voir *Fragment d'un registre du grand Conseil de Charles VII* (mars-juin 1455), par M. Noël Valois (Paris, 1883, in-8° de 72 p., extrait de l'*Annuaire-Bulletin de la Société de l'Histoire de France*).

avec les mareschaulx, capitaines et autres gens de guerre. Ledit mercredi, vendredi et samedi aux finances. Et se trouvoient aussi les gens des finances avec les gens de guerre. Et aucune fois il prenoit le jeudi ou partie du jour pour sa plaisance[1]... Le Roy veoit chascun an et plus souvent tout le fait de ses finances et le faisoit calculer en sa presence, car il l'entendoit bien. Il signoit de sa main les rooles des receveurs generaulx, des estats et acquits d'icelles finances, et tellement s'en prenoit garde qu'il apperceust et conceust tout ce qu'on y pouvoit faire... Les lettres qu'il escripvoit estoient juridicques, et toutes les faisoit veoir et mectre au Conseil; autrement ne les eust signées. Toutes les lettres ainsi veues et expédiées il lisoit de mot à mot, et après les signoit de sa main; ne jamais n'eust cachet que la signature de sa main[2]. » Les documents viennent confirmer, sous ce rapport, les dires de Henri Baude : nous avons relevé, en dehors des lettres missives, de nombreuses lettres signées de la main du Roi.

La dernière période du règne est celle des grandes réformes judiciaires.

Thomas Basin rend un juste hommage à ce que fit Charles VII sous ce rapport : « Il honorait et aimait, dit l'évêque de Lisieux, les cours suprêmes de son royaume, et surtout cette illustre Cour du Parlement de Paris. Il apportait ses soins à y faire entrer des hommes d'un caractère intègre, d'une moralité éprouvée, d'une grande science dans le droit, et, quand quelques-uns d'entre eux venaient à manquer, il leur donnait pour successeurs des gens que ces qualités recommandaient. Il s'étudia à faire des lois et des constitutions, réforma les anciennes afin de rendre l'expédition des causes plus prompte et plus économique, faisant taire ainsi les plaintes qui s'élevaient dans le royaume sur l'interminable et dispendieuse longueur des affaires portées devant le Parlement[3]. »

1. Voir ce que nous avons dit à ce sujet, plus haut, p. 15-16.
2. *Nouvelles recherches sur Henri Baude*, par M. Vallet de Viriville, p. 10-11.
3. Thomas Basin, t. I, p. 323.

Henri Baude témoigne aussi du soin apporté par le Roi à l'exercice de la justice : « Il maintenoit et faisoit maintenir et garder justice en tous ses membres, c'est assavoir en ses Cours de Parlement, bailliages, seneschaucées, prevostez, et en sa maison. Il estoit servy en icelles, en sa Chambre des comptes, finances, guerre et ailleurs, des plus notables gens et experimentez qu'il pouvoit finer, et les mectoit ès offices selon leurs vocacions. Il faisoit tenir et observer les ordonnances faictes par lui et ses predecesseurs, et par icelles n'estoit permis aux conseillers de sesdictes Cours de Parlement d'estre frères, cousins, parens, ou affins, par quoy n'y avoit nulles bandes, partialitez ou factions en icelles... Les arrestz de ses Cours de Parlement estoient executez, et bailloit les provisions de justice au cas appartenans, et avoit la justice son cours entièrement, sans aucun empeschement, rescription ou defenses au contraire... Quelques lettres qu'il escripvist par importunité de requerans ou autrement, il n'entendoit point deroguer aucunement à justice ne aux ordonnances anciennes, et, quant il estoit adverty du contraire, le faisoit reparer... Il vouloit bonne et briefve justice estre administrée au povre comme au riche, et au petit comme au grant. Quant il vacquoit aucun office de judicature ou autre, il se faisoit informer de la souffisance de ceulx à qui il le donnoit. Il ne prenoit ni ne vouloit estre pris argent du don des offices. Quant en ses Cours de Parlement avoit vacacion de presidens ou conseillers, il escripvoit à la Court qu'ils lui escripvissent en leurs consciences les noms de trois des plus dignes et notables pour avoir ledit office, et, ce fait, en elisoit ung des trois plus souffisant et ydoyne[1]. »

Après la seconde conquête de la Guyenne, au mois d'avril 1454, Charles VII réunit autour de lui, au château de Montils-les-Tours, les membres les plus éminents de son Conseil, et fit rédiger la grande ordonnance pour la réformation de la justice.

Cette ordonnance est précédée d'un préambule remarquable. Le royaume a été opprimé et dépeuplé par les divisions et les

1. Henri Baude, *l. c.*, p. 9-10.

guerres qui sévissaient à l'époque où le Roi est venu au gouvernement. Il l'a trouvé occupé, dans sa majeure partie, par les Anglais. Depuis, « par la Divine puissance, » il a délivré des mains de ses ennemis la Champagne, le Vermandois, la Picardie, l'Ile de France et sa « bonne ville de Paris. » Il a mis un terme, par la réforme des gens de guerre, à la « grande affliction et désolation » qui régnait par suite des « roberies et pilleries. » Enfin il a, « par la grâce de Dieu tout puissant, » conquis la Normandie, le Maine et le Perche ; puis il a chassé, à deux reprises, les Anglais de la Guyenne. « Dont, ajoute le Roi, nous rendons louanges et grâces à Dieu nostre createur. Et, par le moyen desdictes guerres et divisions, la justice de nostre royaume a esté moult abaissée et opprimée, et les bonnes ordonnances de nos predecesseurs Rois de France qui avoient esté faictes sur l'entretenement et gouvernement de la justice de nostre royaume, ont esté delaissées, tant en nostre justice souveraine de nostre cour de Parlement qu'ès autres justices de nostre royaume. » Les conseillers du Parlement n'ont point été si nombreux que par le passé ; la chambre des requêtes a été abandonnée. « Considerant que les royaumes, sans bon ordre de justice, ne peuvent avoir durée ne fermeté aucune ; ayant égard aux grandes graces que Dieu nous a faictes, comme dessus est dit, dont nous le regracions et mercions ; voulant pourvoir à nos subjectz de bonne justice ; eue sur ce grande et meure deliberacion avec plusieurs seigneurs de nostre sang et lignage, et plusieurs prelatz, archevesques, evesques, barons et seigneurs de nostre royaume et les gens de nostre grant Conseil, et aucuns des presidens et autres gens de nostre dicte court de Parlement, et autres juges et prudhommes d'iceluy nostre royaume, par nous sur ce assemblez, » le Roi, en suivant les ordonnances de ses prédécesseurs, déclarait avoir fait les ordonnances, statuts et établissements qui suivent, sur le fait de sa justice.

Le Roi règle d'abord la composition du Parlement, la résidence de ses membres, la durée et la tenue des audiences, la compétence du Parlement ; il détermine la nature des causes qui seront portées devant lui, et trace aux juges la conduite à tenir ; il fixe, avec un soin minutieux, tout ce qui concerne les devoirs des avocats et des procureurs. Les plaidoiries et écritures des avocats seront taxées avec modération ; les avocats ne recevront à l'avance aucun émolument ; ils devront être brefs dans leurs plaidoiries et ne point injurier les parties. Les causes des indigents sont recommandées au zèle et à l'équité des magistrats, car, dit l'ordonnance, « est nostre Court de Parlement ordonnée pour faire droict aussi tost au pauvre comme au riche, et a le pauvre mieux besoing de briefve expedition que le riche. » Passant aux tribunaux inférieurs, le Roi rappelle les anciens règlements relatifs aux sénéchaux et baillis ; il déclare qu'il sera pourvu sans délai aux places vacantes : les nouveaux titulaires seront nommés par le Roi sur une liste dressée par les officiers royaux dans chaque sénéchaussée et bailliage ; il interdit la vénalité des officiers ; il règle ce qui est relatif aux enquêtes par commissaires, aux devoirs des greffiers civils et criminels, des notaires ; il donne à tous les officiers du Parlement des instructions pour la bonne administration de la justice ; il interdit aux juges de recevoir des dons. Enfin, pour que les procès soient abrégés et les jugements rendus plus certains, il ordonne que les coutumes, usages et styles usités dans les différentes parties du royaume seront rédigés par écrit et apportés devant lui, pour être soumis aux gens du grand Conseil et du Parlement, et revêtus de l'approbation royale[1].

Telle est, en substance, cette grande ordonnance, qui ne contient pas moins de cent vingt-cinq articles, et qu'on a appelé notre premier code de procédure[2]. « On y rencontre un ordre, une méthode et une lumière qui sont tels qu'elle peut être comparée sans désavantage aux meilleurs règlements modernes[3]. »

Il faut rapprocher de la grande ordonnance d'avril plusieurs actes en date des 15 et 16 avril 1454, par lesquels le Roi ré-

1. *Ordonnances*, t. XIV, p. 284-313.
2. Henrion de Pansey, *De l'autorité judiciaire en France*, p. 100.
3. Dansin, *Histoire de l'administration et du gouvernement de la France pendant le règne de Charles VII*, p. 147.

tablit la chambre des requêtes du palais, désigna les officiers du Parlement qui devaient en faire partie, et ordonna que les causes portées devant les maîtres des requêtes de l'hôtel seraient désormais portées devant la chambre des requêtes du palais [1]; et une ordonnance du 16 avril, fixant le rang que devaient avoir entre eux les conseillers clercs ou laïques nouvellement nommés [2].

Par lettres du 2 août 1457, Charles VII décida qu'il ne serait point déféré aux appellations interjetées quand il s'agirait de l'exécution de lettres du Roi [3].

Pour faciliter l'expédition des affaires, le Roi décida, par lettres du 3 août 1457, que les conseillers qui se trouvaient à Paris pendant les vacations pourraient procéder à l'examen des procès appointés et par écrit, pourvu qu'ils fussent en nombre suffisant, en renvoyant à la rentrée le prononcé du jugement [4]. Quelques mois plus tard, il ordonna que les présidents et conseillers emploieraient les après-dîners à l'expédition des petites causes, et leur alloua à cet effet une augmentation de gages [5].

Le jour même où il confirmait la célèbre ordonnance connue sous le nom de *Charte aux Normands*, Charles VII déclara que les causes concernant les régales, les princes du sang, et ses officiers ordinaires seraient portées devant ses Cours siégeant à Paris, nonobstant les privilèges accordés aux habitants de la Normandie [6].

Charles VII avait, par lettres du 22 mars 1449, exempté les officiers du Parlement de lever à leurs dépens des gens d'armes et de trait dans les fiefs et terres nobles qu'ils tenaient de la couronne; cette exemption fut renouvelée par d'autres lettres en date du 11 mai 1453 [7]. Les officiers du Parlement furent

1. *Ordonnances*, t. XIV, p. 276-79.
2. *Id.*, *ibid.*, p. 278.
3. Blanchard, *Compilation chronologique*, t. I, p. 272.
4. *Ordonnances*, t. XIV, p. 442.
5. Voir les lettres du 4 février 1458. *Ordonnances*, t. XIV, p. 447.
6. Lettres du 22 avril 1458. *Ordonnances*, t. XIV, p. 46.
7. *Ordonnances*, t. XIV, p. 47.

pareillement exemptés des décimes imposées sur la demande du Pape[1].

Pour prévenir les conflits qui pourraient s'élever entre le Parlement de Paris et le Parlement de Toulouse, le Roi déclara, par lettres du 14 novembre 1454, que le second devait être regardé comme ne faisant qu'un parlement avec le premier, et que les membres de l'un et de l'autre pourraient, quand l'occasion s'en présenterait, siéger soit à Paris soit à Toulouse[2]. Par lettres du 30 avril 1457, les gages des membres du Parlement de Toulouse furent augmentés[3].

Des commissaires pour la réformation de la justice furent envoyés en Guyenne et en Languedoc en 1454; leurs travaux se poursuivirent pendant deux années[4].

Des démarches furent faites en 1452 par les habitants de Poitiers pour l'installation d'un Parlement dans leur ville[5]. Charles VII n'y consentit point; mais, pour donner satisfaction aux plaintes qui lui venaient de divers côtés, il décida que des conseillers au Parlement de Paris se transporteraient dans certaines villes pour y procéder à l'examen des causes et prononcer en dernier ressort[6]. C'est ce qu'on appelait tenir les *grands jours*. Il y eut des grands jours à Poitiers et à Montferrand en 1454[7]; à Thouars et à Poitiers en 1455[8]; à Bordeaux en 1456[9]; à Orléans en 1457[10]; à Bordeaux en 1459[11].

En recevant l'obéissance des habitants de Rouen, Charles VII leur avait promis le rétablissement de leur *Échiquier* : il tint

1. Lettres du 30 avril 1457. *Ordonnances*, t. XIV, p. 433.
2. *Ordonnances*, t. XIV, p. 332.
3. Lettres mentionnées dans la Collection de Languedoc, 89, f. 321. — Il y a dans le ms. 26085, nº 7216, un état des conseillers au Parlement de Toulouse et de leurs gages, fait à Montpellier le 22 décembre 1458; cf. D. Vaissete, t. V, *Preuves*, col. 20.
4. Voir *Archives historiques de la Gironde*, t. I, p. 50; et t. II, p. 361; Archives nat., KK 52, f. 89-90; Collection de Languedoc, 109, f. 191.
5. Voir *Mémoires de la Société des antiquaires de l'Ouest*, t. VII, p. 412-13.
6. Archives nationales, X1a 1483, au 14 avril 1454, et lettres du 31 août 1454, X1a 9210, f. 4.
7. Archives, X1a 9210, f. 1 et suiv.
8. Archives, X1a 9210, f. 112 et suiv.; cf. Clairambault, 220, f. 77.
9. Archives, X1a 9211; cf. *Chartes royales*, XVI, nos 300 et 308.
10. Quittance du 8 novembre 1457. *Pièces originales*, 191 : Barbin.
11. Archives, X1a 9212.

parole : à partir de 1453 les sessions de l'Échiquier de Normandie paraissent avoir été tenues régulièrement chaque année [1].

Il y eut peu d'exécutions capitales sous le règne de Charles VII. Pourtant les conspirations ourdies en Guyenne pour livrer cette province aux Anglais exigèrent une sévère répression : c'est ainsi que, vers la fin de 1453, Pierre de Montferrand, soudan de la Trau et sire de Lesparre, pris en flagrant délit, fut mis en cause à Poitiers, condamné à mort et exécuté dans cette ville [2].

Une cause célèbre fut évoquée devant le Parlement de Paris, celle des Vaudois d'Arras. Soustraits, sur leur appel, à la juridiction du duc de Bourgogne, les Vaudois furent absous et mis en liberté, avec restitution de leurs biens [3].

Les réunions d'États se poursuivent en Languedoc avec la même régularité. Le 27 mars 1454, les États se réunissent à Montpellier ; une somme de cent vingt-six mille livres est votée, et trois mille livres sont données aux commissaires royaux [4].

En janvier-février 1455, les États, assemblés à Toulouse, votent une somme de cent seize mille livres, plus deux mille cinq cents livres pour les commissaires royaux [5].

Une nouvelle réunion fut tenue à Montpellier, au mois de

1. Lettres du 9 février 1453. *Pièces originales*, 914 : COUSINOT. Sur l'Échiquier de Normandie, voir Floquet, *Histoire du Parlement de Normandie*, t. I, p. 231 et suiv. ; *Ordonnances*, t. XIV, p. 264 ; *Chartes royales*, XVI, nos 290 et 314 ; et les volumes suivants de la Collection des *Pièces originales* : 168 : BAILLET ; 422 : BOSC (du) ; 471 : BOUNSIER (le), nos 39 et suiv. ; 513 : BRICONNET ; 914 : COUSINOT ; 1350 : GOMBAULT ; 1407 : GRESLÉ ; 1470 : HARCOURT, nos 83 et suiv. ; 2760 : SAINT-LAURENT.

2. Voir Jean Chartier, t. III, p. 49-50. Cf. Ribadieu, *Histoire de la conquête de la Guyenne*, p. 379-81. — On lit dans le cinquième compte de Mathieu Beauvarlet (1453-54) : « Louis de la Vernade, chevalier, président de Forestz, IIIc LX l. pour trois mois qu'il a vacqué au procès du feu sire de Lesparre. » Ms. 685 du Cabinet des titres, f. 174 vo.

3. Voir les détails donnés par M. Vallet de Viriville, *Histoire de Charles VII*, t. III, p. 118-22. Cf. Jacques du Clercq, l. IV, ch. VI et suiv. ; Mathieu d'Escouchy, t. II, p. 416-21 ; Registres du Parlement, aux Archives, X2a 28 et 32, *passim*.

4. D. Vaissete, t. V, p. 19 ; *Pièces originales*, 471 : BOUNSIER (le) no 43 ; 608 : CASAUX ; ms. fr. 26081, no 6992 ; ms. fr. 25967, no 313 ; ms. fr. 20436, nos 261 et 262 ; Fontanieu, 121-122, au 23 février 1454 ; Clairambault, 172, p. 5695 ; Archives, KK 328, f. 117, etc.

5. D. Vaissete, t. V, p. 19 ; *Pièces originales*, 2801 : TAULIGNAN, nos 11 et 14 ; Clairambault, 172, p. 5699 ; ms. fr. 25968, no 692 ; ms. fr. 25980, no 10 ; ms. fr. 20436, nos 263 et 264 ; Collection de Languedoc, 109, f. 191 ; Archives, KK 648, f. 162.

février 1456, sous la présidence du procureur général Jean Dauvet, assisté de Jean d'Aulon, sénéchal de Beaucaire, et d'Otto Castellain, argentier du Roi. Les commissaires royaux sollicitèrent une aide de cent trente mille livres; on leur en accorda cent seize, à la date du 1er mars. Un important cahier de doléances, en trente-deux articles, fut rédigé et transmis au Roi, qui l'examina et y répondit article par article [1].

Au mois de mars 1457, l'assemblée des États se tint à Montpellier et fut transférée à Pezenas, où, le 2 avril, cent seize mille livres, au lieu de cent mille qui avaient été demandées, furent octroyées au Roi, sous certaines conditions agréées par les commissaires royaux; dix mille livres furent votées en outre pour les frais de l'ambassade de l'année précédente et pour dons aux représentants du Roi [2].

L'année suivante, en mars, les États se réunirent à Carcassonne, et une somme de cent dix-huit mille livres fut octroyée au Roi [3].

Une nouvelle assemblée fut tenue à Montpellier, au mois de décembre 1458, et l'on y vota une somme de cent quatorze mille livres [4].

La réunion suivante des États eut lieu à Béziers le 8 décembre 1459 [5] : une somme de cent quatorze mille livres fut votée, sous certaines conditions énumérées dans un cahier de doléances que l'on fit présenter au Roi [6].

1. D. Vaissete, t. V, p. 19-20; *Pièces originales*, 7 : Acorbat; 27 : Aubusson; 192 : Bardy; 281 : Bellion; 1812 : Malenfant; 2801 : Taulignan, n° 13; 2891 : Tubert, n° 5; Collection de Languedoc, 109, f. 191; Clairambault, 172, p. 5893. — Le Cahier de doléances est publié dans les *Ordonnances*, avec les réponses du Roi, t. XIV, p. 387-409.

2. D. Vaissete, t. V, p. 20; ms. fr. 26084, n° 7051; *Pièces originales*, 2801 : Taulignan, n° 15.

3. D. Vaissete, t. V, p. 21; *Pièces originales*, 483 : Bouvier; 649 : Chaligaut, n° 5; 1513 : Herbert (dossier 34275); 2248 : Petit, n°s 73 et 74; Collection de Languedoc, 109, f. 193; Clairambault, 172, p. 5611, etc.

4. Cette réunion, dont D. Vaissete ne parle pas, est mentionnée dans divers documents. Voir *Pièces originales*, 489 : Brachet, n°s 8 et 9; 2801 : Taulignan, n° 16; cf. ms. latin 2502, n° 227.

5. Voir les lettres de commission du Roi, en date du 7 novembre. Ms. fr. 22406, n° 15.

6. D. Vaissete, t. V, p. 21; *Pièces originales*, 730 : Chebrac; 2801 : Taulignan, n° 12; 2248 : Petit, n° 80; Clairambault, 137, p. 2403; 153, p. 3911, et 172, p. 5611; Collection de Languedoc, 109, f. 195; Archives, K 69, n° 32.

Le 26 novembre 1460, les États se réunirent au Puy, sous la présidence de Jean de Bourbon, évêque du Puy ; une somme de cent quatorze mille livres fut votée[1].

Enfin, une nouvelle réunion eut lieu à Montpellier, au mois de mars 1461 : on y vota une somme de cent vingt mille livres, plus neuf mille deux cent quatre-vingts livres pour dons et épices[2].

Au début, les États de Normandie ne se réunissent pas régulièrement comme les États de Languedoc. Sur la proposition des commissaires royaux chargés d'imposer la taille des gens de guerre, Charles VII avait fixé lui-même à la somme de deux cent cinquante mille livres la taxe annuelle de la Normandie, et cette décision ne paraît avoir soulevé aucune difficulté[3].

Les démarches réitérées des Normands pour obtenir l'exécution des engagements pris lors de la capitulation de Rouen finirent par triompher des hésitations et des lenteurs du Roi : d'ailleurs, on ne lui faisait jamais appel en vain quand il s'agissait de l'exécution d'une promesse. Les Normands s'étaient montrés d'une fidélité à toute épreuve : il fallait bien les récompenser de l'empressement qu'ils mettaient à soutenir le trône.

Au mois de mai 1457 les États se réunirent à Rouen : ils votèrent une aide de trente mille livres et nommèrent des députés chargés de se rendre à Paris pour y conférer avec les représentants du Roi[4]. De là ces députés se transportèrent à Tours, auprès de Charles VII[5] ; ils obtinrent gain de cause : au mois d'avril 1458 le Roi confirma la *charte aux Normands*, qui avait été octroyée en 1315 par Louis le Hutin. Mais l'ordonnance royale contenait une clause très importante qui ne figurait ni dans la charte primitive ni dans aucune des lettres confirmatives

1. D. Vaissete, t. V, p. 21 ; *Pièces originales*, 2027 : MONTLAUR ; Ms. fr. 26086, n° 7455 ; Collection de Languedoc, 109, f. 105 v°.
2. D. Vaissete, *l. c.*
3. Lettres du 20 février 1451, citées par M. de Beaurepaire, *les États de Normandie sous le règne de Charles VII*, p. 33.
4. Beaurepaire, *l. c.*, p. 25. Voir sur ces États, *Pièces originales*, 162 : BACHELIER (dossier 3356) ; 981 : DAUVET ; 2094 : NAYE ; Ms. fr. 26085, n°s 7180 et 81.
5. Beaurepaire, *l. c.*

dont elle avait été l'objet : « Jusque là, dit le savant historien de la Normandie, M. Charles de Beaurepaire, les rois s'étaient, il est vrai, interdit la faculté de lever des tailles et des subventions en Normandie si ce n'était en cas d'utilité évidente et de nécessité urgente ; mais ils restaient les juges de cette utilité et de cette nécessité qu'ils ne manquaient jamais d'alléguer comme motifs déterminants des subsides qu'ils demandaient au peuple. Charles VII, le premier, inséra dans la charte aux Normands l'obligation, pour le Roi, d'obtenir le consentement des États[1], ce qui donnait une consécration légale à cette institution et entraînait, comme conséquence, la convocation annuelle des députés des trois ordres[2]. »

L'année même où la charte aux Normands était confirmée, il y eut à Rouen, au mois de décembre, une réunion des États. On y vota une somme totale de deux cent quatre-vingt-neuf mille six cent soixante-quinze livres, et on nomma une députation chargée de présenter des doléances au Roi. Les députés partirent au mois de février 1459, et furent reçus par Charles VII à Montbazon et à Chinon[3].

Par lettres données à Chinon le 10 novembre 1459, le Roi convoqua les États à Rouen, « pour certaines causes touchant grandement le bien de sa personne, et de ses pays et duché de Normandie[4]. » La session, fixée au 1er décembre, paraît s'être prolongée durant quatorze jours[5]. On y vota une somme totale

1. « Quod de cetero per nos aut nostros successores in dicto ducatu, in personis aut bonis ibidem commorantium ultra redditus, census et servitia nobis debita, taillias, subventiones, impositiones aut exactiones quascumque facere non possimus nec etiam debeamus, nisi evidens utilitas vel urgens necessitas id exposcat, et per conventionem et congregationem gentium trium statuum dicti ducatus, sicut fuit et consuetum tempore retroacto. » Beaurepaire, *l. c.*, p. 27.

2. Beaurepaire, *l. c.*, p. 28. Et l'historien ajoute : « Ce n'est qu'à partir de cette époque, en effet, que l'on voit se succéder leurs assemblées avec une périodicité qui ne fut guère interrompue que sous le règne de Louis XIII. » — Commynes nous montre quelle était à cet égard, de son temps, l'opinion commune. Voici ce qu'il dit dans ses *Mémoires* (t. II, p. 141). « Y a il Roy ne seigneur sur terre qui ait povoir, oultre son demaine, de mettre un denier sur ses subjectz sans octroy et consentement de ceulx qui le doibvent payer, sinon par tyrannie ou violence ? » Voir la suite jusqu'à la p. 143.

3. Beaurepaire, *l. c.*, p. 33-35 ; cf. ms. fr. 26085, n° 7215 ; *Chartes royales*, XVI, n° 338 ; *Pièces originales*, 1083 : ESTOUTEVILLE ; Archives, KK 648, f. 35.

4. Beaurepaire, *l. c.*, p. 36.

5. Par lettres du 15 mars 1460, Charles VII ordonnait de faire payer 56 l. t. à l'abbé de Saint-Wandrille pour avoir assisté à l'assemblée des États pendant quatorze jours. *Chartes royales*, XVI, n° 347.

de deux cent quatre-vingt-quatre mille huit cent livres, dont deux cent cinquante mille pour la solde des gens de guerre[1].

Les États furent convoqués pour le 1er décembre 1460; une somme de deux cent cinquante mille livres y fut votée; les États nommèrent une députation chargée de présenter au Roi un cahier des doléances : elle partit le 10 novembre et ne revint que le 20 janvier 1461[2].

Nous venons de constater que la Normandie fut dotée d'une représentation nationale. Ce que Charles VII fit en 1458, en faveur des Normands, il l'avait fait antérieurement en faveur des Gascons. En 1443, quand il avait réussi à soumettre une partie de la Guyenne, il avait donné l'ordre au comte de Foix de réunir une assemblée d'États de la sénéchaussée des Lannes : cette assemblée fut tenue à Saint-Loubouer le 11 mai 1443[3]. Ce fut, par suite de l'évacuation de la province, un fait isolé. Mais, après la seconde conquête de la Guyenne, de nouvelles réunions d'États eurent lieu dans la sénéchaussée des Lannes; en janvier 1456 à Bayonne; à Dax, de 1457 à 1459. Les États y votèrent les sommes nécessaires pour la défense du pays et rédigèrent des cahiers de doléances qui furent envoyés au Roi[4].

Malgré les persévérants efforts des papes Nicolas V, Calixte III et Pie II pour obtenir l'abolition de la Pragmatique sanction, Charles VII ne voulut jamais céder à leurs instances. Lorsque, sur la demande de Calixte III, il autorisa la levée d'une décime dans son royaume, il eut soin de déclarer qu'il n'entendait point par là porter atteinte aux libertés de l'Église

1. Voir Beaurepaire, *l. c.*, p. 36-37; *Pièces originales*, 599 : BREZÉ, nº 43; *Pièces originales*, 1491 : HAVART, nº 31; Ms. fr. 20583, nº 5; Ms. fr. 20879, nº 116; Fontanieu, 123-24, au 16 août 1460.

2. Voir Beaurepaire, *l. c.*, p. 37-43; *Pièces originales*, 1494 : HAVART, nº 35. L'aide de 250,000 l. est indiquée dans des lettres des généraux des finances en date du 4 février 1461 : Ms. fr., nouv. acq., 3624, nº 402.

3. Voir l'intéressant mémoire de Léon Cadier : *La sénéchaussée des Lannes sous Charles VII* (Paris, Alphonse Picard, 1885, gr. in-8º de 92 p., extrait de la *Revue de Béarn, Navarre et Lannes*), p. 41-43.

4. Le mémoire de Léon Cadier donne à ce sujet les détails les plus circonstanciés, et l'on y trouve (p. 77-87) le texte des cahiers des États pour les années 1458 et 1459, avec les réponses du Roi. Cf. Doat, 220, f. 87-90 vº.

gallicane[1]. Dans les contestations qui se produisirent, soit au sujet de l'élection de certains évêques, soit entre des évêques et des religieux de leurs diocèses, soit à d'autres occasions, les opposants ayant voulu interjeter appel en cour de Rome, Charles VII déclara qu'il voulait maintenir la Pragmatique et défendit qu'aucun appel fût porté devant le Saint-Siège[2]. Quand Alain de Coëtivy vint en France comme légat *a latere*, le Roi députa vers lui Jean Bastard, chantre de l'église de Paris, pour exiger de lui la déclaration que, en entrant dans le royaume, en faisant porter devant lui la croix, comme légat, et en agissant à ce titre, il n'entendait point préjudicier aux droits du Roi et du royaume, et qu'il ne ferait rien qui fût contraire à la Pragmatique sanction[3]. Charles VII alla même jusqu'à défendre d'obéir à une bulle du Pape relative à la juridiction de l'archevêque de Bordeaux et à ordonner d'ajourner les opposants à comparaître devant le Parlement[4]. Pour apprécier jusqu'à quel point fut portée l'hostilité contre la cour de Rome, il faut lire la trop célèbre protestation du procureur général Dauvet contre les discours prononcés à Mantoue par le pape Pie II, suivie d'un appel au futur Concile[5]. C'était un pas dans la voie du schisme. Pie II jugea prudent de paraître ignorer l'appel du procureur général. D'ailleurs, avant de prononcer une condamnation en forme de cet acte, il eût fallu entamer une longue procédure[6]. — Le Pape et le Roi étaient alors en démêlés au sujet de l'évêché de Tournai : Charles VII voulait le faire donner au cardinal de Coutances, et Pie II était favorable à Guillaume Fillastro, le candidat du

1. Voir lettres du 9 août 1457. *Ordonnances*, t. XIV, p. 443 ; *Œuvres de Thomas Basin*, t. IV, p. 218.

2. Voir lettres du 7 juin 1456 (*Ordonnances*, t. XIV, p. 385) ; Lettres du 9 juillet 1460 (Bulliot, *Essai historique sur l'abbaye de Saint-Martin d'Autun*, t. II, p. 273) ; Lettres du 7 juillet 1461 (*Preuves des libertez de l'Église gallicane*, t. III, part. IV, p. 159). Voir aussi les arrêts des 22 février et 23 juin 1455 contre l'évêque de Nantes (*Preuves des libertez*, t. III, part. I, p. 197 et suiv.)

3. Déclaration du 1er janvier 1457. *Preuves des libertez de l'Église gallicane*, t. III, part. III, p. 60.

4. Voir D. Devienne, *Histoire de Bordeaux*, t. II, p. 82.

5. 10 novembre 1460. *Preuves des libertez*, t. III, part. II, p. 40-44.

6. Pastor, *Histoire des papes*, t. III, p. 120.

duc de Bourgogne; ce fut ce dernier qui eût gain de cause [1].

L'intervention personnelle du Roi dans les affaires litigieuses concernant le clergé est attestée par l'extrait d'une délibération du Conseil en date du 30 mai 1455 [2]. Des plaintes très vives avaient été portées devant le Conseil au nom de l'archevêque de Bordeaux, et les membres de ce corps avaient indiqué la réponse qu'il leur semblait devoir être faite. Chaque article de cette réponse est suivi des observations du Roi, et on lit à la suite du premier, qui concerne la juridiction de la cour épiscopale et des juges ecclésiastiques : « Le Roy fait aucune difficulté en ceste response, pour ce que ceulx de son grant Conseil ne sont pas informez de quelz droiz l'arcevesque de Bordeaulx, de toute ancienneté, a acoustumé de user, ne aussi se, de toute ancienneté, il a acoustumé, ne se, de droit il lui appartient de ainsi le faire. Et, pour ce que ledit seigneur ne vouldroit rien oster à l'Église, il veult que on délibère bien cest article, afin que l'on ne face riens en cui qui soit à charge de conscience. »

Nous rencontrons de nouvelles ordonnances rendues contre les blasphémateurs [3]. N'oublions pas l'interdiction de la fête des fous, qui donnait lieu à d'intolérables abus [4]. Des mesures furent prises pour protéger le peuple contre l'exploitation des faux quêteurs [5].

En février 1455, Jean Jouvenel des Ursins, archevêque de Reims, voulant tenir un concile dans sa province, demanda l'agrément du Roi, et le pria de désigner la ville où devrait se tenir le concile. Charles VII remercia le prélat de cet acte de déférence et le laissa libre de choisir le lieu qui lui paraîtrait le plus convenable [6].

1. Voir Épîtres d'Æneas Sylvius, éd. de Nuremberg, nos 388 et 389; Raynaldi, ann. 1460, §§ 46 à 54.
2. Noël Valois, *Fragment d'un registre*, etc., p. 55-57.
3. Lettres du 4 juin 1456. Doat, IX, f. 353; Lettres du 14 octobre 1460 : Ordonnances, t. XIV, p. 408.
4. Lettres du 17 août 1445. *Thesorus novus anecdotorum*, t. I, col. 1804. Cf. *Le Moyen âge et la Renaissance*, t. I; Vallet de Viriville, *Histoire de Charles VII*, t. III, p. 62.
5. Voir ms. fr. 5909, f. 65 v°.
6. Voir la lettre de Charles VII, en date du 4 février 1455, dans Marlot, *Histoire de la ville, cité et université de Reims*, t. IV, p. 204; cf. *Actes de la province de Reims*, t. II, p. 720 et suiv.

Les lettres d'exemption accordées à des églises ou monastères sont rares pour cette période : nous n'avons rencontré qu'une confirmation d'exemption en faveur de l'abbaye de la Sainte-Trinité près Rouen (avril 1455).

Des lettres de confirmation de privilèges sont données aux religieux de Saint-Jean de Jérusalem (janvier 1454), au monastère de Saint-Jean de Sorde au diocèse de Dax (4 septembre 1454), à l'abbaye de la Sainte-Trinité du Mont, près Rouen (avril 1455), au monastère de Sainte-Colombe au diocèse de Sens (juin 1455), au monastère de Saint-Urbain, au bailliage de Chaumont en Bassigny (août 1455), à l'abbaye de Clairvaux (avril 1456), à l'abbaye de Mozac (juin 1460).

Des lettres de sauvegarde ou de confirmation de sauvegarde sont accordées à l'abbaye de Saint-Arnoul de Metz (30 juillet 1454 et mars 1456), aux religieuses bénédictines de Saint-Laurent de Bourges (mai 1455), à l'abbaye de Sainte-Geneviève de Paris (juillet 1455), à l'abbaye des Vaux de Cernay (juillet 1455), à l'église de Saint-Junien (août 1455), au monastère de Saint-Sulpice-les-Bourges (octobre 1455), à l'hôpital du Saint-Sépulcre à Paris (novembre 1455), à l'abbaye de Saint-Ambroise de Bourges (1455), aux religieuses bénédictines de Saint-Théodfrid au diocèse d'Amiens (6 juillet 1456), à l'église de Meaux (juillet 1456), à l'église d'Auch (novembre 1456), à l'église de Viviers (février 1457), au couvent de Sainte-Marie de Porte Saint-Jean, près Sens (septembre 1457), à l'abbaye de Bonneval (14 janvier 1458), aux Célestins de Paris (juillet 1459), aux Célestins de divers monastères (*idem*), aux religieuses de l'abbaye de Longchamps (avril 1460).

Des lettres d'amortissement sont octroyées en faveur de l'église de Bayeux (6 mai 1454), de l'église de Toulouse (novembre 1454), de l'église Sainte-Croix de Parthenay (avril 1456), de l'église de Noyon (août 1456), du couvent de Notre-Dame du Carmel près Melun (juin 1457), du couvent de la Clarté-Dieu en Touraine (*idem*), du collège de Saint-Girons à Toulouse (1er juillet 1457), du couvent de Notre-Dame du Carmel près Dax (26 août 1457), de l'église collégiale de Notre-Dame de Melun (mars 1458), du collège de Toulouse (avril 1458), de l'église Notre-Dame de Mehun-sur-Yèvre (mai 1458), du couvent des Franciscains de Limoges (*idem*), du couvent de Saint-Laon de Thouars (24 novembre 1459), du couvent de Notre-Dame du Carmel de Bourges (mars 1461.)

Nous n'avons à signaler que de rares autorisations données pour fortifier les abbayes : aux religieux de Saint-Étienne de Caen, le 29 mai 1455; aux religieux de la Chaise-Dieu, en juillet 1456; au chapitre de Sainte-Radegonde de Poitiers, le 27 octobre 1459.

Divers octrois ou concessions sont accordés à la Sainte Chapelle de Paris (10 mars 1453 et 27 avril (1458), à l'église Saint-Martin de Tours (mai 1454), au prieuré de Sainte-Colombe près Vienne (9 décembre 1454), aux chartreux de la Fontaine-Notre-Dame en Valois (2 avril 1455), au monastère de Sainte-Colombe du diocèse de Sens (juin 1455), à l'abbaye de Clairvaux (avril 1456), au chapitre de Notre-Dame de Loches (11 mars 1460), aux chartreux de Notre-Dame de Vauvert-lez-Paris (2 avril 1460), au chapitre de Sainte-Radegonde de Poitiers (décembre 1460).

En 1455, voulant venir en aide aux abbayes de la Normandie, dont plusieurs étaient dans une grande pauvreté, Charles VII ordonna de lever en Normandie la somme de cinq mille livres pour subvenir aux charges de ces abbayes et être distribuée « aux plus indigents et souffreteux[1]. » De nombreuses mentions sont faites dans les actes ou dans les comptes de sommes données pour la réparation des églises et abbayes[2].

Malgré la réforme opérée dans l'Université de Paris par le cardinal d'Estouteville, et les ordonnances rendues par Charles VII pour réprimer les abus qui s'étaient introduits dans son sein, Charles VII eut plus d'une fois à intervenir. En mars 1457, Calixte III avait porté plainte au Roi contre la « présomption criminelle » de l'Université qui, dans sa querelle avec les ordres mendiants, avait refusé d'obéir aux bulles pontificales : le Roi déclara qu'il ne pouvait statuer avant que

1. Voir lettres du 2 avril 1461. Original signé, Ms. fr. 20937, f. 2.
2. *Chartes royales*, XVI, n° 338; Cabinet des titres, 685, f. 174, 174 v°, etc.

les prélats de l'Église de France eussent été consultés[1]. Mais, si Charles VII déclarait vouloir maintenir l'Université dans la possession de ses privilèges[2], il n'entendait pas tolérer de sa part des empiètements de juridiction : c'est ainsi qu'il ordonna de contraindre les officiers de l'Université à révoquer les citations, monitions et censures lancées contre les fermiers et officiers des aides[3], et qu'il ajourna à comparaître, devant lui et les membres de son Conseil, les maîtres de l'Université qui avaient pris l'initiative de ces mesures[4]. Une ambassade de l'Université se rendit à Bourges au mois de novembre, et le Roi lui imposa sa loi[5]. Toutefois il déclara que les fermiers des aides qui auraient à tort intenté des procès à l'Université ou à ses suppôts seraient condamnés aux dépens[6], et il désigna comme gardien et conservateur des privilèges de l'Université le président de la cour des aides[7].

Charles VII s'occupa aussi des autres Universités du royaume : nous avons des lettres par lesquelles il rétablissait, en faveur des suppôts de l'Université d'Orléans, le privilège d'exemption de guet et de garde[8]. Nous pouvons citer aussi des lettres en faveur du collège de Foix[9].

Après la conquête de la Normandie et de la Guyenne, il semblait que Charles VII n'eût plus besoin d'appeler la noblesse sous les armes. Pourtant, nous le voyons, par lettres du 5 août 1454, données au château de Pressigny, ordonner au sénéchal de Limousin et autres de faire publier que tous

1. Voir Du Boulay, t. V, p. 617 et suiv. ; Crevier, *Histoire de l'Université de Paris*, t. IV, p. 235 et suiv.

2. Lettres du 20 mai 1459, par lesquelles il déclarait qu'en confirmant la charte aux Normands il n'avait pas entendu porter préjudice aux privilèges de l'Université. *Ordonnances*, t. XIV, p. 476.

3. Lettres du 14 juillet et 24 septembre 1460. Du Boulay, t. V, p. 636 et 640.

4. Lettres du 26 août 1460. *Id.*, *ibid.*, p. 638.

5. Déclaration du 14 novembre 1460. *Id.*, *ibid.*, p. 642.

6. Lettres du 23 novembre 1460. *Ordonnances*, t. XIV, p. 504.

7. Lettres de novembre 1460. *Id.*, *ibid.*, p. 507.

8. Lettres du 20 janvier 1450. *Les statuts et privilèges des Universités françaises depuis leur fondation jusqu'en 1789*, par M. Marcel Fournier, t. I, p. 224.

9. Lettres du 19 avril 1458, indiquées par M. Marcel Fournier, *l. c.*, t. I, p. 345.

nobles et autres vivant noblement et ayant coutume de s'armer, se mettent en état de venir le servir avant le 15 ou 16 dudit mois, et que tous les francs-archers de la région se rassemblent à Bergerac dans le même délai ; le motif apparent donné à cet appel aux armes était une descente imminente des Anglais [1]. Charles VII veillait à ce que les nobles fussent toujours prêts à se mettre en armes : par une ordonnance du 30 janvier 1455, il promulgnait un règlement, déterminant de la façon la plus précise l'équipement des nobles, et il l'envoyait à tous ses baillis et sénéchaux, avec ordre que tous les nobles, dans le délai d'un mois, comparussent devant eux « pour dire en quel habillement ils voudront ou pourront servir, » et que des registres fussent dressés portant les noms et surnoms des nobles et l'indication des conditions dans lesquelles ils se mettraient en armes. Les nobles devaient être armés comme les hommes d'armes de la grande ordonnance et recevoir la même solde [2]. Dans le cours de cette même année, à l'occasion de l'expédition contre le comte d'Armagnac, Charles VII convoqua les nobles de la sénéchaussée de Rouergue [3]. Deux ans plus tard, le Roi ordonnait que les nobles du Dauphiné se tinssent prêts à venir le servir : « Comme nous ayons entendu, de plusieurs et divers lieux, disait-il, que nos anciens ennemis et adversaires les Anglois ont fait certaine grosse armée en intencion de faire descente en aucuns lieux de nostre reaume, affin de porter dommage à noz subgiez d'icelluy, et soit ainsy que, pour resister auxdictes descentes et entreprises, et obvier à ce que nosdiz ennemis ne portent ou puissent [porter dommage, soit nécessaire] faire mectre sus et tenir prestz les nobles de nostre royaume, et semblablement ceux dudit pays du Daulphiné, affin que nous puissions nous servir d'eux se mestier en est......, vous mandons et comectons par ces presentes que vous faictes assavoir et signiffier de par nous à tous

1. Archives, K 69, n° 13.

2. *Ordonnances*, t. XIV, p. 350. Sur l'exécution de cette mesure, voir D. Vaissete, t. V, *Preuves*, col. 15-18.

3. Lettres de Charles VII à Chabannes, en date des 18 et 27 mai 1455. *Chronique martinienne*, fol. CCXCVIII v°-CCXCIX. — Voir aux *Pièces justificatives*.

et chascun les nobles dudit pays du Dauphiné qu'ils se mettent sus et en bon et soffisant estat et abillement et se tiennent pretz pour nous venir servir quant il seront par nous mandez[1]. » Le mandement royal porte la date du 22 mars 1458. Deux jours après, par une nouvelle ordonnance, le Roi faisait défendre aux nobles du Dauphiné de se rendre à l'appel du Dauphin ni d'aucun autre, quel qu'il fût, sans ses congé et licence, sous peine de confiscation de corps et de biens[2]. Au moment où fut jugé le procès du duc d'Alençon, il paraît y avoir eu une convocation du ban et de l'arrière-ban[3]. A la fin du règne, de nouveaux mandements furent lancés : en Dauphiné, et sans doute ailleurs, pour appeler les nobles sous les armes, à l'occasion de la révolution survenue à Gênes[4]; en Normandie, pour mettre en armes les nobles et les francs-archers, afin de se préparer à la guerre contre Édouard d'York et contre le duc de Bourgogne[5].

Charles VII avait prescrit d'enregistrer tous les fiefs et arrière-fiefs tenus de la couronne[6]. Après la réduction de la Normandie, il ordonna que toutes les fois que les possesseurs de fiefs en Normandie rendraient hommage, il leur serait délivré un duplicata de leurs lettres pour en poursuivre l'expédition en la Chambre des comptes[7]. Par d'autres lettres, en date du 5 août 1457, le Roi donna pouvoir aux baillis et sénéchaux de Champagne, Brie, Normandie, etc., de recevoir les foi et hommages de ses vassaux possédant des terres de cinquante livres de rente et au dessous, et aux généraux sur le fait des aides ordonnées pour la guerre ou au bureau de la Chambre des comptes de recevoir ceux des tenanciers ayant de cinquante à cent livres de rente[8]. Nous voyons encore que le 24 mars 1458,

1. Archives de l'Isère, B 2901, f. 337 v°.
2. *Id.*, *ibid.*, f. 340. Ces deux documents ont été publiés par M. de Reilhac, *Jean de Reilhac*, t. I, p. 23 et 24. Nous avons fait disparaître certaines incorrections du texte dont l'évidence aurait dû s'imposer à l'éditeur.
3. Chastellain, t. III, p. 421.
4. Lettres du 15 mai 1461. Archives de l'Isère, B 2901, f. 340.
5. Lettres du 17 juin, au nom du bailli de Caen, citées plus haut, p. 338.
6. Voir t. III, p. 458.
7. Lettres du 14 mars 1451. Texte imprimé aux Archives nationales, dans le registre P 2299, p. 108.
8. Texte imprimé, *Id.*, *ibid.*, p. 108.

le Roi donnait commission pour la recherche des biens acquis par des ecclésiastiques et des fiefs acquis par des roturiers dans la vicomté de Chatellerault et les chatellenies de Saint-Maixent, Melle, Civray et Chizé, pour en faire payer la finance et les droits[1]. Le 12 mai suivant, considérant que, en raison des nombreuses acquisitions faites depuis soixante ans par des gens d'église de terres, seigneuries et rentes, sans qu'elles aient été amorties, et aussi par des gens non nobles, donnait commission pour procéder contre ceux qui seraient reconnus débiteurs[2]. Enfin, le 22 décembre 1460, une nouvelle commission fut donnée pour faire en Berry une information relativement aux acquisitions de fiefs et pour forcer les gens d'église à abandonner, dans le délai de six mois, les acquisitions par eux faites, et les nobles à remettre la déclaration de leurs fiefs et des démembrements par eux opérés; en cas d'opposition, les possessions acquises par les gens d'église ou les roturiers devaient être mises en la main du Roi[3].

Par lettres du 19 mai 1457, Charles VII déclara que les nobles de la sénéchaussée de Beaucaire qui, suivant la coutume du pays, devaient contribuer aux tailles pour leurs biens royaux, y seraient contraints, nonobstant leur opposition[4].

Les lettres d'anoblissement délivrées par la chancellerie royale sont de plus en plus nombreuses : nous en avons relevé plus de cinquante, pour les années 1454 à 1461.

Sont anoblis pour services rendus à la réduction de la Normandie : Martin Hautin (19 mai 1454); Nassot de la Roche (26 octobre 1454); Jean Laurence et Nicolas Perotte (février 1455); Jean Doucereau (avril 1461); Thomas Helles (9 mai 1461); Pierre Helles (29 mai 1461). — Est anobli pour services rendus pendant le siège d'Orléans : Aignan de Saint-Maximin (décembre 1460). — Est anobli pour services rendus lors de la conquête de Guyenne : Falconet de Verbiger (juin 1455). —

1. Ms. latin 18380, p. 263.
2. *Chartes royales*, XVI, n° 331.
3. Ms. fr. 5909, f. 318 v°.
4. Ms. lat. 9178, f. 117.

Est anobli pour services rendus en Normandie et lors de l'expédition de Sandwich : Jean Toustain (mars 1459).

Parmi les autres personnages admis au privilège de la noblesse, nous citerons : Mathieu Beauvarlet, notaire et secrétaire du Roi et receveur général des finances (mai 1454) ; Jean Chastillon, greffier du Parlement de Toulouse (octobre 1456) ; Jean de Rochefort, juge du comté de Foix (décembre 1458) ; Guillaume Traverse, conseiller et médecin du Roi (décembre 1459); Guillaume Gauffredi, marchand à Montpellier (avril 1460); Laurent Guesdon, avocat du Roi à Rouen (mars 1461).

On peut signaler aussi le nombre croissant des lettres de légitimation. Nous en avons relevé cinquante-neuf pour la période de 1454 à 1461. Parmi les légitimés figurent : Jean de Metz, fils naturel de Jean, bâtard de Vergy et de Jeanne de Metz (octobre 1454) ; Jean de Brusac, fils naturel de Gautier de Brusac (février 1457) ; Jean, fils naturel du comte d'Angoulême (juin 1458) ; Claude de Vienne, fils naturel de Guillaume de Vienne, seigneur de Saint-Georges (décembre 1458); Benoîte La Damoiselle, fille naturelle de Jean Le Damoisel, conseiller au Parlement (septembre 1459) ; Martin Henriquez de Castelle, conseiller et chambellan (mars 1460) ; Marie, fille naturelle de Jean Hardouin, trésorier de France (septembre 1460).

Nous ne rencontrons plus de lettres concédant le droit de haute-justice ; mais des autorisations pour construction de garennes sont données à Jean d'Estouteville, seigneur de Torcy (14 décembre 1455), à Robert de Flocques, dit Flocquet (mai 1459), et à plusieurs autres ; une autorisation est donnée pour la construction d'un colombier (17 avril 1456). Nous trouvons aussi une permission de chasser le loup pendant un an (17 septembre 1459) ; mais ce privilège dut être étendu, car, en raison des accidents qui arrivaient journellement, à cause de la grande multitude des loups, principalement dans les bailliages de Sens, Troyes et Chaumont, Charles VII donna, à la date du 6 octobre 1460, des lettres par lesquelles il autorisait à prendre ces fauves par tous moyens, et déterminait la prime qui serait payée pour chaque loup ou louve, sur chaque feu des habitants demeurant à deux lieues à la ronde[1].

Les lettres données à des étrangers pour les autoriser à posséder des biens en France et à en disposer sont très nombreuses; on pourrait en citer au moins trente-quatre. Nous relèverons celles données à Jean Franberger, premier écuyer d'écurie de la Reine (avril 1454), à Patrix Foulcart, l'un des capitaines de la garde écossaise (juin 1455), à Hance Havenal du pays d'Allemagne, cranequinier du Roi (*idem*), à Pierre Castellain, visiteur général des gabelles du Languedoc (juillet 1456), à Copin de Horenort, du pays d'Allemagne, premier valet de chambre de la Reine (septembre 1456), à Jean Adam, du pays d'Allemagne, valet de chambre et orfèvre du Dauphin (novembre 1456), à Jacob Juze, brigandier, natif de Gênes, demeurant à Tours (mai 1458), à Job Houzelle, Westre Artus, et Robin Vernon, hommes d'armes écossais (*idem*), à Robin Houcere, archer de la garde écossaise (*idem*), à Pierre Caros, du royaume de Valence, maître ès arts, docteur en théologie, étudiant à l'Université de Paris (11 janvier 1459), à Gilbert Acle et Thomas Arthule, archers de la garde écossaise (mai 1459), à Martin Henriquez de Castelle (mars 1460), à Jean Havart, écossais, homme d'armes de la garde du Roi, qui se retirait à Tours à cause de son grand âge (27 septembre 1460).

Nous rencontrons encore quelques autorisations pour faire fortifier les places et châteaux. Citons celles octroyées à Jean de la Mark, pour Sedan (novembre 1455); à Jean de Marconac, chevalier de Saint-Jean de Jérusalem, pour sa commanderie de Lomethiant en Berry (juin 1457); à Guichard de Combort, seigneur du Val en Limousin (janvier 1459); à François de Vendel, seigneur de Lesbauxmaye en Poitou (février 1459); à Jean de Monternois, seigneur de Puymorin (mai 1459); à Raoullin du Blet, pour son château de Quinquempois en Berry (3 août 1459); à Mathieu de Lescun, pour ses châteaux de Hayetineau et de Louvigny dans la sénéchaussée des Lannes (novembre 1459); à Gabriel du Gros, pour son château de Lié-

1. Savoir deux deniers par loup et quatre par louve. Original, Fontanieu, 881, f. 11.

nan dans la sénéchaussée de Rouergue (10 mai 1460); à Bérard de Montferrand, pour son château de Belin (juillet 1460); à Jean, seigneur de la Rochefoucauld, sénéchal d'Angoumois, chambellan du Roi, pour son château de Verteuil (novembre 1460); enfin à Jean de Mondon, écuyer d'écurie du comte du Maine, pour son château de Cousteaux en Poitou (*idem*).

Dresser la statistique des lettres de rémission délivrées durant cette période serait chose impossible. Les registres du Trésor des chartes sont remplis de ces actes, qui se comptent par centaines, et qui concernent parfois de grands personnages comme Bertrand de Montferrand (7 mai 1454); Jean du Mesnil-Simon, bailli de Touraine, et Georges de la Trémoille, seigneur de Craon (août 1459).

En reprenant possession de la Normandie et de la Guyenne, le Roi avait à régler les conditions qui seraient faites à ses nouveaux sujets.

« Charles VII, dit M. de Beaurepaire[1], ne profita pas de ses victoires sur les Anglais pour abolir les libertés de notre ancienne province. Il sut gré aux Normands d'avoir conservé le sentiment national sous le joug de la domination étrangère et de lui avoir prêté leur appui pour l'expulsion de nos ennemis. Nulle part il n'usa de rigueur : il admit au serment d'obéissance, en se gardant de leur faire un reproche de leur conduite passée, la plupart de ceux qui, s'étant laissés entraîner par la force des événements, n'avaient point eu le courage de refuser leur concours au gouvernement de Henri V et de Henri VI... Le caractère paternel de son autorité se manifesta par un fait remarquable. Dès l'année 1439, ce prince avait renoncé à se servir des assemblées d'États pour les pays de son ancien domaine; et pourtant, trouvant cette institution établie en Normandie, il la conserva, conformément aux vœux de toute la province. »

Nous avons exposé plus haut comment Charles VII accorda aux Normands le privilège d'avoir une représentation natio-

1. *Les États de Normandie sous le règne de Charles VII*, p. 3-5.

nale et consacra leur droit de voter l'impôt. L'acte solennel par lequel cette faveur était octroyée était la confirmation de la *Charte aux Normands*, donnée par Louis le Hutin en 1315, et ratifiée, à la date du mois d'avril 1458, dans son texte primitif, sans les modifications qui y avaient été apportées par Philippe de Valois[1]. « Quand, dans Rouen, à la *convention* du clergé, de la noblesse et du peuple, réunie dans le palais des archevêques, sont apportées ces lettres royales, quelles acclamations n'entend-on pas, et avec quelle joie, avec quelle solennité le chapitre va aussitôt à Notre-Dame déposer la charte de Charles VII en son trésor, auprès de celle de Louis le Hutin[2] ! »

Ce que Charles VII fit pour la Normandie, dont les habitants lui avaient témoigné un profond attachement, pouvait-il le faire pour la Guyenne, séparée de la couronne depuis trois siècles, et où le sentiment national n'existait plus ? Lors de la première conquête, il fit preuve d'une grande libéralité ; mais la révolte, partielle il est vrai, qui se produisit en 1452, lui imposait une juste sévérité. Aussi, dans les lettres, en date du 9 octobre 1453, par lesquelles il accordait son pardon aux Bordelais, il retint en sa main leurs privilèges, se réservant d'en ordonner suivant son bon plaisir[3]. Mais peu après, se laissant toucher par les supplications des habitants, sans acquiescer à toutes leurs demandes, il leur accorda des privilèges assez étendus, et réduisit à trente mille écus la somme de cent mille écus qu'ils étaient tenus de payer[4].

Les habitants de la sénéchaussée des Lannes étaient restés étrangers à la révolte de la Guyenne. Charles VII, en 1451, les avait exemptés de tout impôt ou subside, « hors les droits anciens ou accoutumés[5]. » Après la seconde conquête de la province, le Roi nomma un sénéchal des Lannes, indépendant

1. *Nouveau coutumier général*, t. IV, p. 98.
2. Floquet, *la Charte aux Normands*, dans la *Bibliothèque de l'École des chartes*, t. IV, p. 50.
3. *Ordonnances*, t. XIV, p. 271, note.
4. Lettres du 11 avril 1451. *Ordonnances*, t. XIV, p. 270.
5. *Ordonnances*, t. XIV, p. 180.

du sénéchal de Guyenne, et appela à ce poste un capitaine écossais qui tenait garnison à Dax, dont il était capitaine : c'était Robin Petilo, qui exerçait en même temps à Dax la charge de prévôt[1], et qui devint en outre capitaine de Saint-Sever. Or, nous voyons que Charles VII prit à ce moment l'initiative d'une convocation des États particuliers de la sénéchaussée des Lannes, qui tinrent leur assemblée à Bayonne, au mois de janvier 1455. Ainsi se produisait, à l'extrémité du royaume, un fait analogue à celui qui s'accomplit un peu plus tard en Normandie. Charles VII y maintint les privilèges et les libertés du pays, en même temps que, par une sage administration, il sut rétablir l'ordre et assurer la tranquillité[2].

Quand Charles VII, après la fuite du Dauphin, mit en sa main le Dauphiné, il confirma, par lettres du 11 juillet 1457, les privilèges de cette province, et ordonna que les franchises et libertés des habitants fussent soigneusement respectées[3].

Indiquons rapidement, suivant notre coutume, les mesures prises à l'égard des municipalités, durant la dernière période du règne.

Des confirmations de privilèges sont données en faveur des habitants d'Ervy (mai 1456), de Saint-Émilion (*idem*), de Mouzon (21 janvier 1457), de Prissey (22 décembre 1457), d'Angy (avril 1458), de Nogent-le-Rotrou (juillet 1459), de Libourne (avril 1460), de Lisle en Périgord (juin 1460). Dans ces dernières lettres, l'exemption de tailles et subsides, stipulée dans la charte primitive, est supprimée[4].

Des exemptions d'impôts sont accordées aux habitants de Pont-Audemer (31 août 1455), à plusieurs villages de la sénéchaussée de Carcassonne (3 juin 1457), aux habitants de l'île de Ré (septembre 1457 et septembre 1459), aux habitants du Bas-Poitou (16 mars 1459), au village de Greux (6 février 1460), à la ville de Saint-Léonard en Limousin (24 novembre 1460).

1. Dans un reçu du 8 juillet 1453, il s'intitule capitaine et prévôt de la ville de Dax. Clairambault, 955, p. 27.
2. Léon Cadier, *La sénéchaussée des Lannes sous Charles VII*, passim.
3. Voir lettres du 11 juillet 1457. Ms. lat. 9072, f. 61.
4. Voir *Ordonnances*, t. XIV, p. 496.

Diverses concessions ou faveurs sont octroyées à la ville de Dieppe (mai 1454), aux habitants des montagnes d'Auvergne (18 juillet 1455), aux consuls de Narbonne (10 octobre 1455), à la ville de l'Ecluse en Flandre (juillet 1456), à la ville d'Eu (27 février 1461).

Des octrois d'aides pour l'entretien des villes ou la réparation des fortifications sont faits aux villes suivantes : Caudebec (2 mars 1454), Decize (*idem*), Compiègne (16 août 1454), Lyon (24 septembre 1454, 15 octobre 1455, 17 décembre 1456), Dieppe (5 mars 1455), Narbonne (10 octobre 1455), Reims (15 octobre 1455, 27 avril et 3 juillet 1456), Évreux (4 juin 1456), Caen (juillet 1456), Nîmes (13 juillet 1458), Rouen (novembre 1458 et 8 mai 1459), Alençon (8 janvier 1459), Dun-le-Roi (mai 1459), Pont-Audemer (1er avril 1459), Pontoise (27 mars 1460), Vernon (17 septembre 1460.)

Charles VII vient aussi, par des dons d'argent, au secours de certaines villes, telles que Saint-Jean d'Angely, Montbazon, La Rochelle, Lusignan, etc.

Des autorisations de fortifications sont accordées à Romaignac (5 juillet 1456), et à Champagnac (juillet 1456).

Nous rencontrons encore des lettres d'abolition données, au mois d'avril 1454, aux habitants de Saint-Macaire, pour s'être soumis aux Anglais.

En août 1456, le Roi tint à Gannat une assemblée « pour le soulagement du peuple et extirper les abus. » Charles VII y réduisit au huitième le droit d'un quart qu'il prélevait sur la vente en détail du vin [1].

Une ordonnance approuvant la sentence rendue par les commissaires royaux entre les maire et échevins de La Rochelle et le procureur du Roi, relativement à la juridiction et à la police de cette ville, fut rendue à la date du 19 décembre 1460 [2].

Des enquêtes furent faites en 1459, relativement à des « excès » commis par les consuls de Montferrant et d'Aurillac [3].

1. Archives, JJ 199, n° 209 ; Du Puy, 147, f. 176 ; Brienne, 317, f. 208.
2. Cabinet des titres, 685, f. 192.
3. Cabinet des titres, 685, f. 212.

Plusieurs ordonnances furent données pour contraindre ceux qui y étaient assujettis à l'obligation de guet et garde (16 mai 1457, 8 février 1458, 19 et 20 décembre 1460). Voulant réprimer les abus qui se produisaient, Charles VII régla, par une ordonnance spéciale, les obligations des habitants des villes à cet égard (17 novembre 1458)[1].

Charles VII eut à s'occuper de Tournai et d'Épinal, villes situées hors du royaume, mais soumises à la juridiction royale. A Tournai, les conflits étaient fréquents entre les magistrats de la ville et les officiers royaux. Après une première ordonnance, rendue à la date du 3 février 1456, Charles VII nomma des commissaires (26 juillet 1457) pour procéder à une enquête. Un règlement fut fait à la date du 9 novembre 1457, et approuvé par le Roi au mois de février suivant[2]. L'exécution n'ayant pas suivi immédiatement, Charles VII, sur la plainte des habitants, leur écrivit à la date du 25 avril 1458 pour leur annoncer qu'il enjoignait de faire, sans plus de délai, publier et enregistrer son ordonnance[3]. A Épinal, l'évêque de Metz, Georges de Bade, ayant contesté le droit du Roi de nommer le bailli et les quatre gouverneurs, parmi lesquels se trouvait l'échevin, Charles VII lui proposa de procéder à une enquête contradictoire[4]. La proposition fut agréée, et, à la date du 29 janvier 1461, le Roi annonçait à l'évêque que ses commissaires allaient partir[5].

Charles VII entretenait des correspondances avec certaines villes situées hors du royaume, soit pour leur adresser des réclamations dans l'intérêt de ses sujets, soit pour leur faire part des événements : nous avons en particulier trois lettres adressées en 1455 et 1456 aux habitants de Strasbourg[6].

Nous avons vu comment Charles VII avait apporté, dans l'administration financière, un ordre et une régularité inconnus

1. Mss. latin, 9214, n° 35, et 18390, p. 191.
2. *Ordonnances*, t. XIV, p. 450.
3. Original aux archives de Tournai ; éd. *Jean de Reilhac*, t. I, p. 27, note.
4. Lettre missive de Charles VII, en date du 18 octobre 1460. *Annales de la Société d'émulation des Vosges*, 1887, p. 382, et *Jean de Reilhac*, t. II, p. LXVII.
5. Lettre missive du 29 janvier 1461. Mêmes sources.
6. Voir aux *Pièces justificatives*.

jusqu'alors. Les revenus du domaine avaient été augmentés, grâce à la stricte observation de règles trop longtemps négligées ou méconnues, et à la vérification des titres des biens anciennement aliénés. Le produit des recettes du domaine avait été exclusivement attribué à acquitter les gages des officiers royaux, et à assurer le service des rentes et aumônes. Le produit de la taille avait été affecté à la solde des gens de guerre. Les aides, rétablies après le traité d'Arras, avaient été l'objet d'une règlementation minutieuse, et le rétablissement de la Cour des aides avait fait prévaloir le principe salutaire de la division des pouvoirs.

Par lettres du 23 décembre 1454, Charles VII édicta un règlement pour la Chambre des comptes. Tous les officiers des finances, receveurs du domaine, des aides, des tailles et des gabelles étaient tenus de rendre compte de leurs opérations; les membres de la Chambre des comptes avaient leur temps d'audience déterminé; toutes les formalités relatives à la réception des comptes des officiers de finances, aux rapports de la Chambre des comptes avec tous les comptables, étaient minutieusement réglées; un procureur du Roi était établi auprès de la Chambre des comptes, avec mission d'y exercer les fonctions remplies jusque-là par le procureur général du Parlement[1]. L'ordonnance du 23 décembre 1454 fut complétée par une autre, donnée à Bourges au mois de décembre 1460. Le Roi ordonnait, conformément aux édits de ses prédécesseurs, que la Chambre des comptes devrait vérifier et entériner les édits et déclarations concernant le domaine, les lettres de légitimation, d'anoblissement, de dons et de pensions; recevoir les hommages des possesseurs de fiefs relevant immédiatement du Roi; vérifier les baux des fermes; exercer enfin une juridiction sur toutes les affaires contentieuses se rattachant à la gestion des comptables. La Chambre des comptes était déclarée souveraine, sans ressort au Parlement ni ailleurs, et les appels de ses décisions ne pouvaient être portés que devant le Roi ou son Conseil[2]. Par d'autres

1. *Ordonnances*, t. XIV, p. 341.
2. *Ordonnances*, t. XIV, p. 510. Cf. lettres du 12 avril 1460. *Id.*, *Ibid.*, p. 489.

lettres, en date du 21 janvier 1460, Charles VII décida que les changeurs du trésor seraient tenus de rendre leurs comptes en personne à la Chambre des comptes [1].

Voulant remédier à certains abus qui se produisaient encore, Charles VII ordonna, par lettres du 30 janvier 1456, que les gages de ses officiers, les fiefs et aumônes, et autres charges ordinaires, seraient payés intégralement sur les recettes du domaine, avant tous dons qui auraient pu être faits [2].

Plusieurs règlements concernant les monnaies furent édictés, soit pour empêcher la circulation de monnaies étrangères [3], soit pour déterminer celles qui seraient tolérées [4], soit pour régler la valeur des monnaies et prescrire la fabrication de nouvelles espèces [5]. Par lettres du mois de novembre 1456, Charles VII établit une monnaie dans la ville de Laon [6]. Un règlement spécial fut promulgué pour les monnaies de Normandie [7].

La juste répartition des tailles fut l'objet d'une ordonnance spéciale, en date du 3 avril 1460. « Comme il soit venu à nostre cognoissance, disent les lettres, que, par faute de donner ordre et forme en la manière de asseoir les tailles qui ont esté par cy devant levées et mises sus pour le bien et deffense de la chose publique et souldoyement de nos gens de guerre, soient venus et encores viennent chascun jour de grandes plainctes de plusieurs de nos subjets de divers païs, tant pour justement égaler et departir la portion desdictes tailles, en general et en particulier, le fort portant le foible, ainsy qu'il appartient et que tousjours l'avons voulu et mandé..., nous, desirans pourvoir en telles matières au soulagement de nosdiz pays et subjets, et obvier à ce que telles fautes et abus ne soient doresnavant commis ne perpetrez..., par l'advis et deliberation des gens de

1. *Ordonnances*, t. XIV, p. 482.
2. *Ordonnances*, t. XIV, p. 371.
3. Lettres du 16 juin 1455. *Ordonnances*, t. XIV, p. 357.
4. Lettres des 16 mai 1451 et 7 juin 1456. *Ordonnances*, t. XIV, p. 325 et 380.
5. Lettres des 9 mai et 16 juin 1455, 7 juin 1456. *Ordonnances*, t. XIV, p. 355, 357, 383.
6. *Ordonnances*, t. XIV, p. 420.
7. Voir un document en date du 8 juillet 1456. Ms. fr. 26125, n° 63.

nostre grand Conseil et de nos Comptes, avons ordonné et ordonnons par ces presentes que doresnavant, en mettant sus les tailles et faisant les imposts des deniers qui seront mis sus en nostre royaume pour les causes dessus dictes, soit tenue et gardée la forme et manière cy après escrite. » Suivait un règlement en dix-huit articles, donnant aux élus et autres commissaires préposés à l'imposition des tailles les règles qu'ils devaient observer[1].

Plusieurs ordonnances furent rendues pour remédier aux abus qui se produisaient relativement aux gabelles[2], ou pour favoriser l'exploitation des salines[3].

Par lettres du 3 juillet 1459, Charles VII confirma son ordonnance du 19 juin 1445, relative à la juridiction des élus sur le fait des aides, tailles et gabelles, et ordonna aux généraux conseillers sur le fait des aides de s'opposer aux entreprises du prévôt de Paris, qui avait fait renvoyer devant lui plusieurs causes touchant cette matière[4].

Par suite de la mort de Jacques Jouvenel des Ursins, patriarche d'Antioche, Charles VII avait à pourvoir à son remplacement comme président de la Chambre des comptes. Dans des lettres closes datées de Saint-Priest en Dauphiné, le 19 mars 1457, il enjoignit aux conseillers de faire choix de trois candidats, afin qu'il pût procéder à la nomination, conformément aux ordonnances par lui faites à ce sujet[5]. La Chambre des comptes donna sa réponse à la date du 8 avril : elle indiquait deux hommes d'église et un laïque, ajoutant que, si le Roi lui eût posé la question de savoir s'il fallait choisir un ecclésiastique ou un laïque, elle y aurait répondu. A la réception de cette lettre Charles VII écrivit de nouveau, pour demander à la Chambre des comptes de donner son avis, lui enjoignant, au cas où elle se prononcerait en faveur d'un laïque, de dési-

1. *Ordonnances*, t. XIV, p. 484.
2. Lettres des 27 février 1451 et 30 avril 1455. *Ordonnances*, t. XIV, p. 260 et 352.
3. Lettres du 16 mars 1459. *Ordonnances*, t. XIV, p. 474. Cf. ms. fr. 5909, f. 191 v°.
4. *Ordonnances*, t. XIV, p. 477.
5. Original, ms. fr. 20855, f. 12.

gner trois candidats laïques[1]. L'affaire en resta là : il ne fut pas pourvu au remplacement de Jacques Jouvenel, et ce ne fut qu'après la mort de Charles VII, le 6 août 1461, que Richard Olivier, évêque de Coutances, fut appelé à la présidence de la Chambre des comptes.

Bien que tout ce qui concernait l'organisation de l'armée eût fait l'objet de règlements minutieux, Charles VII ne cessa de se préoccuper des améliorations à apporter, soit à la discipline des gens de guerre, soit à leur répartition dans les différentes parties du royaume, soit à leur solde. Après la seconde conquête de la Guyenne, afin d'être en mesure de résister à de nouvelles attaques des Anglais, il donna l'ordre de combler les vides qui s'étaient faits parmi les francs-archers et arbalétriers, de veiller à ce que tous fussent convenablement armés et équipés, et d'obliger les habitants des pays chargés de leur entretien à observer strictement les ordonnances faites à cet égard[2]. Dans des lettres missives adressées à la Chambre des comptes, qui paraissent être du mois de janvier 1455[3], il prescrivit une enquête sur le mode de paiement usité du temps de ses prédécesseurs, afin d'aviser aux meilleurs modes à employer. Le 30 janvier de la même année, il donnait ordre de publier l'ordonnance qu'il avait faite « pour mettre et donner ordre du fait des nobles du royaume et leur donner courage et moyen d'eulx entretenir en estat et abillement convenable, chascun selon son estat et faculté, pour venir servir toutes fois qu'ils seroient mandez[4]. » Nous pouvons constater que, dans les sénéchaussées de Beaucaire et de Nîmes, les nobles se présentèrent, et qu'on dressa un état des lances et archers qu'ils étaient en mesure de fournir[5].

1. Lettre du 29 avril. *Id.*, *ibid.* — Nous donnons le texte de ces deux lettres aux *Pièces justificatives*.
2. Lettres sans date, dans le ms. fr. 5909, f. 165.
3. Lettres missives du 27 janvier, données à Mehun-sur-Yèvre. *Chartes royales*, XVI, n° 355. Voir le texte aux *Pièces justificatives*.
4. D. Vaissete, *Histoire de Languedoc*, t. V, *Preuves*, col. 15.
5. D. Vaissete, *Histoire de Languedoc*, t. V, p. 18 et *Preuves*, col. 15. Cf. État des nobles de la sénéchaussée de Toulouse, *Id.*, *ibid.*, col. 17.

C'était surtout en Normandie qu'il était nécessaire d'entretenir une armée prête à se porter, en cas d'invasion, sur les points menacés. De nombreux actes attestent avec quelle vigilance le gouvernement royal pourvut aux besoins de la défense. Des commissaires étaient chargés de passer les montres des gens de guerre, d'assurer le paiement de leur solde, etc[1].

Dans une lettre adressée à Antoine de Chabannes, à la date du 24 décembre 1457, Charles VII annonçait l'intention de faire venir aux Montils-les-Tours, à la fin de janvier, des capitaines des pays de Normandie et de Guyenne, « pour donner ordre au fait de ses gens d'armes[2]. »

Au mois de novembre 1458, le Roi donna des instructions à Tristan Lermite, prévôt des maréchaux, relativement aux troupes qu'il avait fait rassembler en Champagne, en Beauvaisis, dans l'Ile de France et la Normandie, « pour y vivre et demourer par aucun temps. » De nombreux abus s'étaient produits : la résidence n'avait point été observée; des excès avaient été commis; les soldats s'étaient approprié les vivres sans les payer; l'équipement était défectueux. Le Roi, qui sur toutes choses désirait que ses gens de guerre fussent entretenus en bon ordre, sans opprimer ses sujets, ordonnait au prévôt des maréchaux de se transporter dans les pays où étaient logés les gens de guerre, d'y procéder à une enquête, de faire assembler au besoin les soldats dans tels lieux qui paraîtraient convenables, et de remédier à tous les abus[3].

De nouveaux règlements concernant les francs-archers furent promulgués. Dans l'ordonnance du 3 avril 1460, relative à la répartition de la taille, on lit : « Pour ce que plusieurs plaintes sont venues à cause de ce que on dit que le fait des francs archers a esté mal egallé et party par les lieux des élections de ce royaume, nous voulons que, par tous lesdiz

1. Voir *Chartes royales*, XVI, nos 277, 287; Ms. fr. 25778 (*Montres*, XV), nos 1819 et suiv.; Clairambault, *Montres*, nouvelle série, vol. V nos 37, 41 et suiv.; Ms. fr. 26082, nos 6637, 6648, 6653, 6689, 6705, 6773; 26083, nos 6700 et 6932; 26084, nos 6948, 7031, 7050, etc.

2. Voir cette lettre aux *Pièces justificatives*.

3. Ms. fr. 6909, f. 235.

esleus, ès meetes de son élection, soit egallé le fait desdiz francs archers, selon le nombre des feux et la faculté et puissance de chaque paroisse, en manière que l'une ne soit pas plus chargée que l'autre. » La même ordonnance stipulait que les paroisses ne seraient tenues de fournir aux francs-archers que leur habillement de guerre, quand le Roi les manderait pour aller en expédition, et que les élus surveilleraient les distributions de brigandines faites par les capitaines des francs-archers. Les élus devaient veiller également à ce que les archers et arbalétriers des villes fussent pris parmi les gens « habiles et souffisans, » et ne jouissent pas indûment du privilège d'exemption de tailles ou aides qui leur était attribué[1].

La marine fut, dans les dernières années, l'objet des sollicitudes royales, et le nombre des vaisseaux destinés au transport des troupes ou au commerce fut notablement augmenté[2].

Martial d'Auvergne, dans ses *Vigilles de Charles VII*, fait un tableau enchanteur de la situation commerciale du royaume à la fin du règne :

> Marchans gaignoient en toutes marchandises,
> Draps de soye et pierreries exquises,
> Voyre à planté.
>
> L'on eust ou poing or et argent porté
> Par tous pays reporté, raporté
> Si seurement, sans estre inquieté,
> Qu'on eust voulu...
>
> Celiers, greniers estoient combles et plains
> De vins, bledz, foingz, advoines et tous grains[3].

Le bourguignon Chastellain ne peut s'empêcher de constater l'état prospère où Charles VII laissait son royaume :

« Pour venir au tiers membre qui fait le royaume entier,

1. *Ordonnances*, t. XIV, p. 487-88.
2. Voir Vallet de Viriville, *Histoire de Charles VII*, t. III, p. 391-92 et 440.
3. *Vigilles de Charles VII*, t. II, p. 17.

c'est l'estat des bonnes villes, des marchans et des gens de labeur... Donc et quant entre tous autres du semblable estat ailleurs je rassieds mes yeux droit cy, ne m'est nul toutes voies de si grant prix ne de telle estime comme cestui, ne qui, en ce qui luy duit de titre, soit tout près de la perfection en son degré comme cestuy en France, quant en fait de marchandise et de mutacion de biens, en fait de diligence et d'embesognement, en fait de labeur et de sollicitude, il n'est autre ailleurs qui y approche[1]. »

Le « fait de marchandise, » comme on l'appelait alors, était l'objet des constantes sollicitudes de Charles VII. Dans des lettres du 10 juin 1455, il constatait que, « tant à l'occasion des guerres qui bien longuement durèrent en ce royaume et des mortalités survenues en plusieurs contrées d'ycelluy que des aydes et autres charges que ont eu à cause d'ycelles les sujets de nostre royaume, » la France était dépeuplée et que les anciennes et notables foires qui se tenaient avaient été ou discontinuées ou fort diminuées : pour remédier à cette situation, le Roi décida que l'exemption de l'impôt de douze deniers par livre existant sur toutes les marchandises vendues dans le royaume serait accordée pour toutes les denrées et marchandises apportées et vendues dans les foires constituées d'ancienneté dans les villes et cités à lui appartenant[2]. Pour favoriser le développement du commerce, le Roi rétablit les foires ou marchés qui se tenaient en divers lieux et autorisa l'établissement de nouvelles foires. C'est ainsi que furent rétablies les foires qui se tenaient à Sainte-Colombe-lez-Sens (mai

1. *Traité par forme d'allegorie mystique sur l'entrée du Roy Loys en nouveau règne*, dans les *Œuvres*, t. VII, p. 13-14. — Chastellain fait ici un curieux portrait des Français (p. 14-15) : « En labeur sont prompts et actifs, disposés à la peine en choses utiles, en choses necessaires, en choses honorables; ont corps agile, non charnu, non sommolent, non paresseux ne tardif, mais toujours en œuvre, soit des mains, soit du sens, soit de parole et de fait. Ès cités et ès bonnes villes, portent soin de la police, regard à la justice et l'union des bourgeois, à la tranquillité du peuple et à toute obéissance et satisfaction à leur Roy, veillent diligemment en leurs affaires, portent constamment leurs serviteurs, supploient volontairement au plaisir des seigneurs; et en toutes choses necessaires, proffitables, honorables et redevables, solliciteux sont et curieux de leur nature. »

2. *Ordonnances*, t. XIV, p. 359.

1455), et les marchés qui avaient été établis à Saint-Urbain au diocèse de Châlons (22 août 1454), à Nieuil (29 octobre 1454), à Vouillé (20 juin 1455 et décembre 1460), à Varaville (1er avril 1458). En outre, de nouvelles foires furent créées dans la baronnie de Marentin (7 mars 1455 et septembre 1457), à Vens en Languedoc (10 octobre 1455), à Saint-Denis en Vaux (18 février 1458), à Saint-Jouin de Marne (23 mars 1458), aux Moutiers sur le Lay (janvier 1459).

Une disette s'étant produite en 1455, Charles VII, pour empêcher la spéculation sur les blés, que les marchands transportaient en Angleterre et en Écosse, en interdit l'exportation[1].

La navigation des rivières était sujette à de grandes difficultés : l'administration royale employa tous ses efforts à les faire disparaître. Par lettres du 8 mars 1455, Charles VII ordonna la reprise des travaux pour rendre la rivière d'Eure navigable ; cette ordonnance montre que la navigation se faisait depuis la Seine jusqu'à une lieue près de Chartres, avec des bateaux chargés de vingt à vingt-cinq tonneaux de vin ou avec des marchandises d'un poids équivalent[2]. Le 6 octobre suivant, le Roi autorisa la construction d'un chemin de hallage le long de cette rivière ; les marchands reçurent le pouvoir d'imposer, pour les frais, un subside de quatre cents livres sur les bateaux et d'élire un procureur pour la surveillance des péages[3]. La compagnie des marchands fréquentant la Loire était chargée d'assurer la libre navigation : dans ce but, Charles VII lui avait concédé certains droits à lever sur les marchandises : ces droits furent maintenus par lettres des 2 avril 1456, 7 juin 1459 et 29 mai 1461[4]. Le Loir[5], le Maine et la Sarthe paraissent avoir été rendus navigables vers 1460, et

1. Lettre du 25 octobre 1455. *Ordonnances*, t. XIV, p. 369 ; cf. lettres du 27 novembre suivant, mentionnées par Pilate-Prevost, *Archives de Douai*, p. 217.
2. Lépinois, *Histoire de Chartres*, t. II, p. 102.
3. *Id.*, *ibid.*, p. 103.
4. Mantellier, *Histoire de la communauté des marchands fréquentant la rivière de Loire*, t. I, p. 155 et suiv. ; t. II, p. 216-17.
5. En 1457, Jean Ligeac est « commis au paiement des ouvrages pour le fait du navigage de la rivière du Loir. » Cabinet des titres, 685, f. 185 vo.

l'on s'occupa de reprendre les travaux pour la navigation du Clain[1].

Le commerce maritime, longtemps florissant en Languedoc, subissait, dans les dernières années du règne, une notable diminution : il avait fallu le génie de Jacques Cœur pour lui imprimer une vive impulsion. Charles VII reçut à cet égard, en 1456, les plaintes des États du Languedoc, et témoigna de sa ferme volonté de remédier à cette situation et de réprimer les abus qu'on lui signalait[2]. Pourtant les relations commerciales avec l'Orient n'avaient point été interrompues. Nous avons la trace de l'envoi de galères de France, du nom de *Notre-Dame*, de *Saint-Jacques* et de *Saint-Michel*, envoyées sur les côtes de l'Afrique vers 1455, et dont les patrons étaient des marchands de Montpellier[3]. Deux d'entre eux sont mentionnés dans des lettres qu'ils étaient chargés de remettre, de la part de Charles VII, au sultan d'Égypte, et aux souverains de Tunis, de Caramanie, de Bougie, de Fez et d'Oran[4].

Les relations commerciales soit avec la Castille, soit avec l'Aragon furent aussi l'objet des sollicitudes du Roi. Les premières donnèrent lieu à de fréquentes négociations[5]; les secondes, qui avaient été complètement interrompues, furent reprises en 1454, par suite d'un accord passé par les représentants des rois de France et d'Aragon et approuvé par Charles VII[6]. Grâce au traité passé avec Christiern Ier en 1457, des relations commerciales purent être établies avec le Danemark et la Norwège. Des mesures furent prises pour protéger les côtes de la Méditerranée contre les corsaires, qui y faisaient de fréquentes descentes[7].

1. Voir documents cités dans les *Mémoires de la Société des antiquaires de l'Ouest*, année 1840, p. 425 et suiv. — En 1453 Jean Boileau est « commis à l'ouvrage du navigage de la rivière de Clain passant à Poitiers. » Cabinet des titres, 685, f. 162.

2. Doléances des États de Languedoc et réponses du Roi, en date du 8 juin 1456. *Ordonnances*, t. XIV, p. 395-96 et 405-406.

3. *Ordonnances*, t. XIV, p. 395.

4. Voir le texte de la lettre au sultan d'Égypte dans le ms. fr. 5909, f. 252. Cf. Vallet de Viriville, *Histoire de Charles VII*, t. III, p. 440-41.

5. Voir ms. lat. 6024, f. 51, 66, 74, etc.

6. Lettres du 6 décembre 1454. *Ordonnances*, t. XIV, p. 335.

7. *Ordonnances*, t. XIV, p. 387 et 408.

Charles VII avait affermé à Jacques Cœur l'exploitation de mines d'argent, de cuivre et de plomb en Lyonnais et en Beaujolais. Ces mines étaient restées en chômage depuis la condamnation de l'argentier. Le Roi se décida à les faire exploiter. Par lettres du 17 janvier 1455, il donna mandat de « retenir pour lui et faire la delivrance à son procureur des mines d'argent et de plomb de la montaigne de Pampelieu, assises ou pays de Lyonnais, et de la moitié par indivis entre Jacques Cuer et Jehan Baronnatz et les enfans et heritiers de feu Pierre Baronnatz des mynes d'argent et de plomb de la montaigne de Joz sur Tarare, ou pays de Beaujolaiz, et aussi de la moitié par indivis entre ledit Jaques Cuer et lesdiz Baronnatz des mynes à cuyvre de Saint-Pierre La Palus et de Chissieu, assises audit pays de Lyonnais, » et ordonna de commettre deux officiers dont l'un aurait le gouvernement de ces mines et l'autre tiendrait le compte des recettes et dépenses[1]. Le même jour, il donnait commission à l'évêque d'Alet, Jean d'Aulon, Jean Dauvet et autres, pour procéder à l'adjudication[2], et envoyait à son procureur général des instructions détaillées[3]. Nous avons le registre de comptabilité de ces mines pour les années 1455, 1456 et jusqu'au mois d'octobre 1457, époque où elles furent rendues aux enfants de Jacques Cœur[4]. On trouve dans ce registre les plus curieux renseignements sur les conditions du travail, les produits de l'opération, la situation morale et matérielle des ouvriers, et l'on peut constater de quels soins vigilants ceux-ci étaient entourés, tant au point de vue de leur bien-être que de leur moralité[5].

1. Lettres de Jean Dauvet, en date du 21 février 1455, publiées par M. Pierre Clément, *Jacques Cœur et Charles VII*, t. I, p. 291. — Lettres de Charles VII, adressées à Dauvet, en date du 17 février. Archives, KK 328, f. 236.
2. Archives, KK 328, f. 231 v°.
3. *Id.*, *Ibid.*, f. 232. Voir le texte aux *Pièces justificatives*.
4. Archives, KK 329.
5. Voir l'intéressant article publié par M. Siméon Luce dans la *Revue des questions historiques* (t. XXI, p. 189-203), sous ce titre : *De l'exploitation des mines et de la condition des mineurs en France au quinzième siècle*. Le texte du règlement général édicté par le procureur général Dauvet y est inséré.

Le 21 mai 1455, Charles VII donna des lettres par lesquelles il exemptait d'impôts les maîtres des mines et forges à fer[1].

En ce qui concerne l'industrie, nous rencontrons encore de nombreuses ordonnances. Sont approuvés les statuts des chirurgiens de Rouen (avril 1454), de la communauté des ménestriers (2 mai 1454), des tailleurs de Caen (juin 1455), des boulangers de Dun-le-Roi (12 juin 1456), des potiers de terre de Paris (septembre 1456), des mesureurs de grains de Rouen (février 1457), des barbiers et chirurgiens de Bordeaux (26 avril 1457) et de Toulouse (avril 1457), des boulangers de Bordeaux (juillet 1457), des boulangers du Puy (17 octobre 1460)[2]. Enfin des règlements sont promulgués en faveur des drapiers de Rouen (30 octobre 1458) et de Saint-Lô (20 juin 1460)[3], et une exemption de tous subsides et charges imposés aux habitants de Tours est accordée pour dix ans aux ouvriers en drap de laine qui s'établiront dans cette ville[4].

1. *Ordonnances*, t. XV, p. 261.
2. *Ordonnances*, t. XIV, p. 285, 322, 360, 409, 413, 421, 427, 436, 440, 500.
3. *Ordonnances*, t. XIV, p. 472 et 493.
4. Archives municipales de Tours, HH, liasse I.

CHAPITRE XVII

CHARLES VII PROTECTEUR DES LETTRES ET DES ARTS

Un Roi sans lettres est « un âne couronné. » — Goûts littéraires de Charles VII; témoignages des contemporains à cet égard. — « Sages clercs » dont il était entouré : « physiciens », « astrologiens » et lettrés. — Son amour des livres ; il en fait composer ; historiographe et « croniqueurs ». — Livres dédiés au Roi ; livres achetés par lui. — Protection aux écoliers. — Enquête sur la découverte de l'imprimerie. — Travaux exécutés sous son règne ; il embellit ses demeures ; édifices religieux ; édifices civils. — Travaux de sculpture. — Les peintres du Dauphin et du Roi ; Jean Foucquet. — Orfèvres du Roi. — Tapisserie commandée par lui. — Sa chapelle ; son premier chapelain Jean Okeghem ; faveur qu'il témoigne aux musiciens.

Au quinzième siècle, en même temps qu'on regardait le Roi comme « la première personne ecclésiastique[1], » on n'imaginait point qu'il pût être étranger au mouvement intellectuel. Le poète célèbre qui, au début du règne, fut le secrétaire de Charles VII et qui joua alors un rôle considérable à sa Cour, disait à ce propos : « Si ne sçauraye reprendre celui qui dit que le Roy sans lettres est un asne couronné[2]. » C'est que Alain Chartier avait une haute idée de la royauté : « Le Roy, écrivait-il, est le livre du peuple où il doit prendre enseignement de vie et amendement de mœurs[3]. » Et encore : « Toute puissance est de Dieu et les princes sont ministres et instrumens de la saincte Providence... Si tous sont egaux humainement quant à l'engendrer et au naistre, cel qui par la loy a preeminence

1. Voir tome V, p. 200.
2. *L'Esperance ou consolacion des trois vertus*, dans les *Œuvres de maistre Alain Chartier*, p. 316.
3. *Id., ibid.*, p. 297.

de gouverner doit avoir par exercite perfection de congnoissance[1]. » Et enfin : « Le prince est la loy vive, l'ame et l'esprit des loix, qui leur donne povoir et vertu, et par son sens et adressement les vivifie. Et puisque ès loix et escriptures est la prudence et le sens humain, indigne chose est que celuy demeure non sachant qui est la vie des loix et l'adressement du sçavoir du monde[2]. »

Nous avons déjà signalé les goûts littéraires de Charles VII; il faut y revenir, et mettre en pleine lumière cet aspect de son caractère[3].

Henri Baude dit dans son *Éloge* : « En sa chambre peu de gens, et tousjours y estoit son medecin, et de ses gens et varlets de chambre honnestes, qui parloient de joyeusetés ou histoires anciennes, où il prenoit plaisir[4]. »

Martial d'Auvergne écrit, dans ses *Vigilles* :

Aymoit les clercs, gens lettrez en science,
Et si prenoit à les avoir plaisance...
Ses ennemis mesmes si le louoient
Des saiges clercs qui auprès luy estoient;
Car il avoit tousjours en compaignie
Gens fors prudens et plains de preudomye.
Et s'il sçavoit ung homme d'excellence
Expert, lettré en clergie et science
Le retenoit et faisoit conseiller.
Qui estoit cause de faire travailler
Beaucoup de gens à sçavoir et apprendre[5].

Dans ses Épîtres, Jean Jouvenel des Ursins s'exprime ainsi : En ceste manière (avec des maîtres instruits) avez, mon souverain seigneur, esté nourri; et sais que avez veu au-

1. *Id.*, *ibid.*, p. 313 et 316.
2. *Id.*, *ibid.*, p. 318.
3. On ne s'étonnera donc pas de retrouver ici quelques citations déjà faites au tome IV.
4. *Nouvelles recherches sur Henri Baude*, p. 8, et *Chronique de Jean Chartier*, t. III, p. 129.
5. *Vigilles de Charles VII*, t. II, p. 22.

tant d'histoires, tant de la Bible que d'autres, que Roy fist oncques[1]. »

Philippe de Coëtquis, archevêque de Tours, écrivant au Concile de Bâle, vantait les connaissances du Roi dans les sciences sacrées[2].

Le chroniqueur bourguignon Georges Chastellain, lui aussi, dans son portrait de Charles VII, rend hommage au lettré : « Avoit merveilleuse industrie, dit-il, vive et fresche mémoire; estoit historien grant, bon latiniste et bien sage (savant) en conseil[3]. »

Simon de Phares nous apprend que, dès le temps de sa régence, Charles VII était « amateur de science, » et qu'il avait près de lui « deux medecins expers astrologiens, lesquieux il aima moult[4]. »

Quels étaient ces « saiges clercs » et ces « medecins expers » dont le Roi aimait à s'entourer et qu'il admettait à sa familiarité? Étudions ce personnel intime qui eut sur lui une si large influence, et dont il ne se séparait guère, dans ces châteaux où il résidait de préférence, et où parfois ne se trouvaient qu'une chambre pour le souverain et une ou deux salles pour ses gardes[5].

En première ligne nous rencontrons un personnage nommé plus d'une fois dans ce livre : Gérard Machet, docteur en théologie, professeur, puis proviseur au collège de Navarre, vice-chancelier de l'Université de Paris, évêque de Castres en 1432. C'était un des hommes les plus éminents du clergé de France

1. Epître sur la réformation du royaume. Ms. fr. 2701, f. 88 v°. Cf. Épître de 1440, f. 21 : « Je scay que avez leu plusieurs hystoires et croniques ». — Voir le passage cité plus haut (p. 137), où Edmond Gallet dit que le Roi était « le mieux lisant qu'il vit oncques. »

2. « Rex noster christianissimus princeps profecto doctissimus in scripturis canonicis Veteris et Novi Testamenti, in catholicis denique gestis apostolicis pariter et exemplis. » Martène, *Thesaurus novus anecdotorum*, t. IV, col. 368.

3. Chastellain, t. II, p. 181.

4. Ms. fr. 1357, f. 152 v°.

5. « On s'étonne de la simplicité des mœurs du temps, lorsqu'on voit comment vivait et se logeait un souverain du XIV° ou du XV° siècle. Une ou deux salles basses pour ses gardes et les serviteurs, une salle haute pour les banquets et une chambre pour le Roi suffisaient à ses besoins et à ceux de son entourage. » *Le logis du Roi au château de Loches*, par M. G. d'Espinay, dans le *Bulletin monumental*, t. XXXIX, p. 562.

par la piété comme par la science. Or, s'il ne fut pas, comme on l'a dit, le précepteur du comte de Ponthieu[1], il fut, dès 1419, le confesseur du Dauphin, et resta auprès du Roi jusqu'en 1447, époque où, accablé d'infirmités, il prit sa retraite pour mourir quelques mois plus tard (17 juillet 1448).

A côté de Gérard Machet, nous trouvons Étienne de Montmoret, aumônier du Dauphin[2], puis grand aumônier du Roi jusqu'à sa mort, survenue en 1446 à l'âge de 72 ans[3], et Jean d'Aussy, sous-aumônier, qui remplaça Montmoret, devint trésorier de la sainte chapelle de Bourges, puis évêque de Langres en 1452, et mourut l'année suivante[4]. Jean Majoris, ami de Gérard Machet, maître ès arts et licencié en lois, auteur de traités de controverse théologique, précepteur et confesseur du Dauphin Louis, paraît avoir été très en faveur auprès du Roi, qui, après la retraite de son fils en Dauphiné, le conserva près de lui; il devint chanoine de Saint-Martin de Tours, et reçut à plusieurs reprises des marques de la faveur royale. Nous le voyons, en mai 1455, fournir à la Reine, moyennant cent livres tournois, six livres de classe manuscrits, richement enluminés, dans lesquels le Dauphin Louis avait appris à lire et qui devaient servir à l'instruction du duc de Berry; en juin 1460 il donne à l'église de Saint-Martin de Tours une tapisserie représentant la vie du saint, qu'il avait fait exécuter[5]. Il faut nommer encore Jean Bochart, confesseur du Roi, docteur en théologie, évêque d'Avranches en 1453[6]; Guillaume Fournier, aumônier en 1453-1454[7]; Jean Okeghem,

1. M. Vallet de Viriville. — Voir notre t. I, p. 63.
2. Voir t. I, p. 244 et 350.
3. Compte de Macé Heron, dans Godefroy, *Histoire de Charles VI*, p. 796-97; Huitième compte de Xaincoins : Cabinet des titres, 685, f. 101; cf. Ms. fr. nouv. acq. 1367, f. 46.
4. *Gallia christiana*, t. IV, col. 629; le P. Anselme, t. VIII, p. 231; Cabinet des titres, 685, f. 112, 131, 136 v°, 143 v°, 148, 150, 158, 165; Du Boulay, *Hist. Univ. Parisiensis*, t. V, p. 921.
5. Voir la notice que M. Étienne Charavay a consacrée à Jean Majoris; *Lettres de Louis XI*, t. I, p. 370-73. Cf. *Supplément aux Preuves de Mathieu d'Escouchy*, p. 15 et 28; Ms. fr. 20593, n°s 7 et suiv.; *Pièces originales*, 1810 : MAJORIS.
6. Du Boulay, *Hist. Univ. Parisiensis*, t. V, p. 886 et 921; *Gallia Christiana*, t. XI, col. 493-95.
7. Ms. fr. 10371, f. 33 v°; État des aides dans Clément, *Jacques Cœur et Charles VII*, t. II, p. 433; Cabinet des titres, 685, f. 176.

premier chapelain, que nous retrouverons en parlant de la musique ; enfin Robert Blondel, licencié ès lois et avocat, précepteur de Charles de France, duc de Berry[1].

Dès le temps de sa régence, Charles avait un « physicien » et un « chirurgien ». Le premier était Jean Cadart, maître ès arts et licencié en médecine, chanoine de Saint-Martin de Tours, d'abord médecin du Dauphin Jean, que nous trouvons attaché dès 1418 à la personne du Régent, en qualité de premier physicien. Il joua un rôle politique considérable jusqu'à son expulsion par le connétable de Richemont, en 1425. Charles VII ne l'oublia pas dans la retraite où il s'enferma, en Provence, jusqu'à la fin de ses jours, et, en récompense des services assidus rendus à sa personne dès son plus jeune âge, il lui donna une pension de douze cents florins[2]. Jean Cadart conserva toute sa vie le titre de conseiller et premier physicien du Roi[3].

Regnault Thierry, premier chirurgien du Dauphin dès 1420, était doyen de l'église collégiale de Mehun-sur-Yèvre ; il fut anobli en 1425 et resta en fonctions jusqu'à la fin du règne[4]. Jean de Jodogne, chirurgien du Dauphin dès 1418, était encore attaché à la personne du Roi quand, au mois de mars 1451, il reçut des lettres d'anoblissement[5].

En 1422, nous voyons apparaître Pierre Beschebien, maître en médecine, qui, en 1420, avait soigné le comte de Vertus dans sa dernière maladie et qui devint physicien de la Reine et, à partir de 1429, premier physicien du Roi, avec une pen-

1. 1455 : « Me Robert Blondel, licentié ès lois et advocat, maistre d'escolle de Monseigneur Charles, à xiie l. » Cabinet des titres, 685, f. 178 vo ; cf. f. 201.

2. Voir les lettres des 23 octobre 1434, citées ci-dessus, t. II, p. 103, note 1 ; cf. p. 151.

3. Voir ses quittances des 21 juillet 1437, 16 mai 1438 et 20 septembre 1439 (Clairambault, 145, p. 3115 et 3117). En 1448, Cadart touche encore une pension de 600 livres (Ms. fr. 23259, f. 11).

4. Archives, KK 53, f. 12 ; KK 50, f. 6, 78 vo, 85, 90 (cf. Jean Chartier, t. III, p. 320-21) ; KK 51, f. 120 ; MM 835, f. 226. Il avait une pension de 600 livres, qui lui avait été attribuée par lettres du 12 décembre 1422. Ms. fr. 20296, p. 6 ; Ms. fr. 23259, f. 1 et 11 ; Ms. fr. 10371, f. 9 vo, 22 vo, 33 vo ; Cabinet des titres, 685, f. 29 et suiv., 92, 94, 96, 98 vo, 109 vo, 121 vo, 125, 131 vo, 136 vo, 140 vo, 147 vo, 148, 150, 162 vo, 166, 172 vo, 179, 186 vo, etc. ; Ms. fr., 2886, f. 13, vo, éd. Clément, *Jacques Cœur et Charles VII*, t. II, p. 429.

5. Archives, JJ 185, no 79.

sion de six cents livres[1]. Pierre Boschebien était en 1435 chanoine de la Sainte-Chapelle de Bourges, et en 1439 trésorier de la Sainte-Chapelle de Paris ; il fut promu en 1443 à l'évêché de Chartres[2]. Il était conseiller du Roi[3], et resta en grande faveur auprès de lui jusqu'à sa mort, survenue en 1459.

Robert Poitevin, chanoine de Notre-Dame de Paris, maître en médecine, remplaça Boschebien comme physicien de la Reine. Il fut au congrès d'Arras, en 1435, l'un des représentants de l'Université de Paris ; en 1443 il était trésorier de Saint-Hilaire de Poitiers, et, à ce titre, chancelier de l'Université de cette ville. Nous l'avons vu assister, à leurs derniers moments, la dauphine Marguerite d'Écosse en 1445, et Agnès Sorel en 1450 ; celle-ci le désigna comme l'un de ses exécuteurs testamentaires. Robert Poitevin apparaît comme médecin du Roi depuis 1444 jusqu'à la fin du règne[4].

Le penchant qu'avait Charles VII pour les médecins habiles et lettrés, loin de décroître, augmenta avec l'âge. De nouveaux « physiciens » apparaissent d'année en année. En 1446, c'est Miles de Bregy, médecin et astrologue[5]. En 1447,

1. Par lettres du 28 avril 1429. Ms. fr. 20593, n° 45.

2. *Catalogue Joursanvault*, n° 865 ; Laborde, *les Ducs de Bourgogne*, t. III, p. 281 et 284 ; Archives, KK 56, f. 4 ; Bibl. nat., *Pièces originales*, 261 : BECHEBIEN ; Ms. fr. 20593, n°s 41 et suiv. ; Ms. latin 17181, f. 100 ; Ms. fr., nouv. acq., 1307, f. 37 ; archives LL 587, f. 5 et suiv. ; Ms. fr. 25967, n° 377 ; Du Boulay, *l. c.*, t. V, p. 911 ; *Gallia christiana*, t. VIII, col. 1184 ; Lepinois, *Histoire de Chartres*, t. I, p. 430.

3. Voir Instructions d'Eugène IV à ses ambassadeurs, dans Lecoy de la Marche, *le roi René*, t. II, p. 247.

4. Archives, LL, 388, f. 77 ; Bibl. nat., Du Puy, 762, f. 48 ; Duclos, *Preuves de l'histoire de Louis XI*, p. 32 et suiv. ; Du Boulay, t. V, p. 429 ; *Pièces originales*, 2313 : POITEVIN, et 2347 : PORTEVIN ; Bibliothèque de Tours, Collection Salmon, 1221, n° 40 ; *Catalogue Joursanvault*, n°s 166 et 866 ; D. Fonteneau, vol. XII, n° 29. Il avait une pension de 500 l. Ms. fr. 23259, f. 1 et 11 ; Cabinet des titres, 685, f. 92, 94, 96, 98 v°, 109 v°, 114, 121 v°, 134 v°, 136 v°, 140 v°, 148. — M. Vallet de Viriville a donné sur Robert Poitevin une notice biographique, accompagnée de pièces justificatives, dans la *Bibliothèque de l'École des chartes*, t. XI, p. 488-499. — C'est par erreur que la pièce où il est qualifié de médecin du Roi, dans le *Catalogue Joursanvault* (n° 866) est datée de 1427 : il faut lire 1457 (vieux style).

5. Il avait 100 l. de pension en 1446 et années suivantes. Cabinet des titres, 685, f. 99, 101, 114, 121 v° et suiv., 140 v°, 141, 163 v°, 173, 179 v° ; Ms. fr. 10371, f. 9, 23, 34 ; Ms. fr. 2886, f. 10 v°. — Le Roi lui donna une robe en 1451. *Supplément aux Preuves de Mathieu d'Escouchy*, p. 30.

c'est Yves Philippe, chirurgien, doyen de Noyon[1]. En 1450, c'est Thomas Le Franc, dit le Grec, médecin « du pays de Grèce, » qui réside continuellement auprès du Roi avec son neveu Guillaume[2]; quand il meurt, au mois d'octobre 1456, Charles VII lui fait faire de magnifiques funérailles[3]. C'est Herman de Vienne, retenu comme chirurgien, en novembre 1450, à quatre cents livres de pension, et que nous voyons peu après célébrer sa première messe[4]. C'est Guillaume Traverse, médecin du comte de la Marche, retenu comme « physicien » le 21 juin 1452, à cinq cents livres de pension; il devint premier médecin, fut anobli en décembre 1459, et comblé de faveurs[5]. C'est Pierre Malaisé, chirurgien, qui, à partir de 1455, reçoit une pension de cinq cents livres[6]. C'est Adam Fumée, docteur de la Faculté de Montpellier, dont la nomination date du 1er avril 1457, qui eut une part exceptionnelle dans les libéralités royales[7]. Enfin il faut nommer Guillaume d'Auge, que le Roi attacha comme médecin à la personne de son fils Charles. Bachelier de la nation de Normandie et maître ès arts, il se présenta le 21 février 1430, devant la faculté de médecine pour recevoir le grade de maître en méde-

1. Il avait 200 l. de pension, et reçut de nombreux dons. Comptes dans le ms. 685 du Cabinet des titres, f. 94 v°, 115, 123 v°, 128 v°, 134 et suiv., 145 v°, 151 v°, etc.; Ms. fr. 10371, f. 9, 23, 30 v°; Archives, KK 51, f. 120 v°. — On voit par les comptes (Ms. 685, f. 128 v°) qu'il accompagna Dunois au siège du Mans en 1448.

2. Thomas Le Franc eut d'abord 20 l. de gages par mois, puis 50 l. de gages par mois et 500 l. de pension. Le 19 mars 1452, le Roi lui donna l'autorisation de posséder des biens dans son royaume. Ms. fr. 10371, f. 9 v°, 22 v°, 33 v°; Cabinet des titres, 685, f. 141, 155, 156, 163 v°, 165, 173, 174 v°, 179, 189 v°; Archives, JJ 181, n° 15. — Thomas et son neveu sont mentionnés dans des lettres de rémission du 11 février 1454. Archives, JJ 182, n° 38.

3. Cabinet des titres, 685, f. 189 v°. Voir les détails donnés par Thomas Tibaldo, dans sa dépêche du 7 décembre 1456 : *Lettres de Louis XI*, t. I, p. 270.

4. « A Herman de Vienne, c l. pour luy aydier en la despense naguores faicte à la celebration de sa première messe. » Troisième compte de Mathieu Beauvarlet (1451-52). Cabinet des titres, 685, f. 157 v°; cf. f. 141, 142 v°, 155, 163 v°, 173, 175; Ms. fr. 10371, f. 8 v°, 23, 34.

5. Cabinet des titres, 685, f. 159, 162 v°, 172, 174, 178, 179, 186, 208, etc.; Ms. fr. 10371, f. 33 v°; Clément, *l. c.*, t. II, p. 435; Archives, KK 51, f. 100 et 120; Archives, JJ 188, n° 217; Archives, P 2299, f. 211.

6. Cabinet des titres, 685, f. 181, 190, 190 v°, 206 v°; Archives, KK 51, f. 120 v°.

7. Cabinet des titres, 685, f. 190 v°, 191, 198, 201, 204 v°, 207 v°; Archives, KK 51, f. 108 v°, 109 et 120; Ms. fr. 20683, f. 50.

cine. En 1437 et 1448, il fut élu doyen de l'Université et prit part aux travaux de ce corps savant, comme docteur régent, jusqu'en 1449. Dès 1451, nous le trouvons auprès du jeune Charles en qualité de médecin, gouverneur et instituteur pour les éléments littéraires[1].

Nous avons vu que l'un des chirurgiens du Roi, Miles de Bregy, était en même temps qualifié d' « astrologien ». L'astrologie était alors confondue souvent avec l'astronomie, « l'un des sept arts libéraux[2]. » Chastellain dit que Charles VII aimait à s'entourer d'astrologues : « Le Roy, de tout temps, en avoit esté sorty et les créoit fort[3]. » Dans une lettre du cardinal de Cambrai, Pierre d'Ailly, à Gerson, il est question du goût que, dès le temps de sa régence, Charles avait pour l'astrologie, et le cardinal se préoccupait des inconvénients qui pouvaient en résulter[4]. Ce prince, qu'on nous représente comme ayant eu une jeunesse frivole, aimait donc la science et la cultivait. Jean Gerson, pour le mettre en garde contre les dangers d'une telle étude, composa pour lui son *Trilogium astrologiæ theologisatæ*[5]. Cela n'empêcha pas Charles VII de s'entourer d'astrologues, parmi lesquels on peut nommer Jean des Builhoms, Germain de Thibouville, Pierre de Saint-Vallerien, Jean Collemain, Louis d'Angoule, Arnoul des Marets, dit de

1. Il avait 400 l. de gages. — Voir ms. fr. nouv. acq. 5085, nos 192 et suiv. ; Cabinet des titres, 685, f. 141, 155, 163, 186, 204 ; Ms. fr. 2880, f. 15 vo ; Sauval, *Antiquitez de Paris*, t. III, p. 348.

2. *Recueil des plus célèbres astrologues*, par Simon de Phares. Ms. fr. 1357, f. 1 vo.

3. Chastellain, t. III, p. 446.

4. « Intendo Domino Regenti scribere ut caveat a talibus superstitiosis : ad quæ motus sum ego ex iis quæ nuper audivi. Opto ut in hac scriptura vos et ego pariter concurramus : ideo rogo ut modum scribendi vitare velitis, habita collatione cum magistro S. (lisez G.) Macheti, cui recommendari cupio, rogans ut vos et ipse me recommendetis D. archiepiscopo Lugdunensi : supplicando ut velit mihi providere de aliquo loco ubi possim habitare, cum Dominus Regens venerit, a quo nuper litteras recepi consolatus valde quod super morte carorum virorum tam constanter ac fideliter consolationem dederis et acceperis prout ex metris vestris cognovi. » *Joannis Gersonii opera omnia*, t. I, col. 226.

5. *Opera*, t. I, col. 189-203. — « Veruntamen hanc ancillam suam astrologiam nonnulli tot vanis observationibus, tot impiis erroribus, tot superstitionibus sacrilegis deturpantes maculaverunt, nescientes in ea sobriè sapere ac modestè uti ; quod apud bonos et graves reddita est nedum infamis, sed Religioni Christianorum suisque cultoribus pestilens et nociva. Succurrendum igitur existimavi huic errori, præcipuè propter te princeps

la Palu, et Simon de Phares[1]. La Reine avait aussi son « astrologien » : Jean de Lorgimont, qualifié dans les comptes du titre de chevalier[2].

En même temps que des médecins et des astrologues, Charles VII avait autour de lui de nombreux lettrés, soit parmi les princes du sang, soit parmi ses conseillers et secrétaires, soit parmi les seigneurs de sa cour. On peut nommer le duc d'Orléans ; le duc Jean de Bourbon et sa femme Jeanne de France, fille du Roi ; le comte d'Angoulême ; le comte de Dunois ; le poète Alain Chartier ; le grand maître Raoul de Gaucourt ; l'amiral de Coëtivy ; l'amiral de Bueil ; le grand maître des arbalétriers Jean d'Estouteville ; le maréchal de Lohéac ; les trois frères Jouvenel des Ursins ; Bertrand de Beauvau, seigneur de Précigny ; Guillaume Cousinot ; Étienne Chevalier ; Antoine de Levis, comte de Villars ; Jean de Hangest, seigneur de Genlis ; le premier écuyer Tanguy du Chastel ; l'échanson Étienne Pelourde ; le héraut Berry ; Jacques Millet, qui composa l'épitaphe d'Agnès Sorel, et bien d'autres.

S'il aimait les savants et les lettrés ; s'il se plaisait à assister à la représentation de mystères — en 1451 on représenta devant lui, à Tours, le « mystère de Saint Charlemagne[3], » — Charles VII aimait aussi passionnément les livres, suivant en cela les traditions de ses prédécesseurs et des princes de la maison royale. Mais le malheur des temps l'avait privé des trésors rassemblés avec tant de soins par son aïeul Charles V.

La bibliothèque de nos rois, au Louvre, bien diminuée sous le règne de Charles VI, renfermait pourtant encore plus de huit cents volumes à la mort de ce prince ; l'inventaire dressé en avril 1424 par Garnier de Saint-Yon contient la mention de

Illustrissimo Delphino, qui superes unicus heres Christianissimi Regni Francorum et jure regens ipsum, quatenus seduci non possit optima indoles tua ab extranea muliere quæ mollit sermones suos ostentatione præscientia futurorum et operationis mirandorum. »

1. Voir *Recueil des plus célèbres astrologues*, par Simon de Phares : Ms. fr. 1357, f. 153 v°, 157 v°, 159 v° ; Ms. fr. 2886, f. 6 v° ; Cabinet des titres, 685, f. 143 v°, 155, 163 v°, 161 v°, etc. ; Ms. fr. 10371, f. 9, 23, 34 ; Archives, KK 51, f. 120 v°.

2. Archives, KK 55, f. 124 v°, 125, 131.

3. « Messire Estienne Chesneau, prestre, et Guillaume Joncelin, demourans à Tours, LV l., pour partie des frais et mises qu'ils ont fait pour le fait du mistere de Saint Charlemagne qu'ils ont fait jouer devant le Roy. » Cabinet des titres, 685 f. 143 v°.

huit cent quarante-trois volumes. Le duc de Bedford les acheta, moyennant la somme de 2,323 livres 4 sous parisis. La meilleure partie fut emportée, soit en Angleterre, soit au château de Rouen. A la mort de Bedford, la collection formée par Charles V fut dispersée. On n'en retrouve pas aujourd'hui à notre Bibliothèque nationale plus d'une trentaine de volumes[1].

Le duc de Berry, oncle de Charles VI, avait rassemblé dans son château de Mehun-sur-Yèvre une bibliothèque dont nous possédons plusieurs inventaires[2]. Mais cette bibliothèque ne survécut point à son possesseur : elle servit à payer une partie de ses dettes. Les livres du duc de Berry furent transportés à Paris. Deux ouvrages de choix furent offerts à la reine Yolande, et les exécuteurs testamentaires du duc présentèrent à Charles, duc de Touraine, « un très bel breviaire, bien historié et enluminé, » avec prière de le garder, s'il le désirait, pour cent soixante livres parisis, somme inférieure à la valeur du manuscrit. « Après ce qu'il ot longuement veu et advisé ledit breviaire, » le jeune prince « le retint par devers lui, en laissant entendre aux exécuteurs testamentaires qu'il ne leur baillerait point d'argent[3]. » Ceci se passait en 1416. Charles avait alors treize à quatorze ans, et ce bréviaire paraît avoir été le premier livre de sa bibliothèque. Le 20 août 1417, il donnait aux exécuteurs testamentaires de son grand-oncle une « certifficacion » attestant à la fois la réception du manuscrit et l'intention de n'en point acquitter le prix[4].

Onze ans plus tard, au plus fort de sa détresse, Charles VII, étant au château de Blois, en février 1428, envoya un de ses sommeliers de corps, nommé Wast, vers maître Pierre Sauvage, conseiller du duc d'Orléans, pour lui demander une

1. Voir *Le Cabinet des manuscrits de la Bibliothèque impériale*, par M. Léopold Delisle, t. I, p. 51-53.

2. Inventaire de 1402 : Bibl. nat., ms. fr. 11016 ; Inventaire de 1413 : Arch. nat., KK 258 ; Inventaire de 1416 : Bibl. Sainte-Geneviève, nº 451 français. M. Hiver de Beauvoir a donné en 1860 une reproduction imparfaite de l'Inventaire de 1416. Voir Delisle, *l. c.*, p. 57, et la liste dressée par les soins du savant auteur, t. III, p. 170-91 ; cf. p. 338-40.

3. Delisle, *l. c.*, t. I, p. 72 ; cf. t. III, p. 175-76.

4. Delisle, *l. c.*, t. III, p. 176.

« Bible neufve, translatée en françois, » conservée dans la bibliothèque du duc, « feignant de y vouloir lire et passer temps. » Mais le Roi garda le livre, et, en 1436, le comptable qui dressait l'inventaire de la Bibliothèque l'enregistrait pour mémoire, avec cette mention : « Laquelle Bible le Roy n'a voulu depuis rendre, pour poursuite qui en ait esté faicte. » Il finit pourtant par la restituer[1].

Ce fait nous montre à quel point Charles VII avait les goûts et aussi les *travers* des bibliophiles. Non seulement il aimait les livres, mais, de bonne heure, il s'occupa d'en faire composer. Après la Praguerie, il chargea le héraut Berry de compulser les chroniques d'Angleterre et de rédiger l'histoire du roi Richard[2]. Plus tard il fit composer par des hommes éminents, soit de son Conseil, soit de son entourage, un certain nombre de traités ou d'ouvrages d'histoire. C'est ainsi que, lors des négociations pour la trêve avec l'Angleterre, il chargea Jean Jouvenel des Ursins de rédiger un mémoire sur les droits respectifs des maisons de Valois et d'Angleterre à la couronne de France[3], et Robert Blondel de composer un traité pour établir, contrairement aux prétentions des rois d'Angleterre, le droit des rois de France sur la Normandie. Ce traité, qui porte le titre d'*Oratio historialis*, fut remis au Roi, sur les champs, dès le début de la campagne[4]. Charles VII voulut ré-

1. Laborde, *Les ducs de Bourgogne, Preuves*, t. III, p. 298, n° 6400.

2. *Armorial de France*, etc., composé par Gilles Le Bouvier, dit Berry, publié par Vallet de Viriville, introduction, p. 19.

3. « Plaise vous savoir que je Jehan Juvenel des Urssins, indigne evesque et duc de Laon, per de France, ay receu vos lettres patentes par lesquelles vous a pleu me mander et commander que je me transportasse en vos chambres des comptes, du Tresor de vos chartres et ailleurs, pour veoir les lettres et chartres qui pourroient estre necessaire à la convencion que devez avoir avec très hault et puissant prince Henry vostre nepveu et adversaire, soy disant Roy d'Angleterre, et que d'icelles feisse transsumpcions soubz seel autentique, et que je queisse toutes aultres choses servans à la matière, laquelle chose, de ma povre et petite puissance, en obeissant à vostre commandement, j'ay faicte ainsi, se c'est vostre plaisir, que pourrés veoir par ce que dessoubz est escript. » Ce mémoire se trouve dans le ms. fr. 2701, f. 57 v°. Voir l'analyse qu'en a donnée M. l'abbé Péchenard, *Jean Juvénal des Ursins*, p. 225 et suiv., et ci-dessus t. III, p. 270.

4. Ms. latin 13838. — L'*Oratio historialis* vient d'être publiée pour la première fois par M. A. Héron, pour la Société de l'histoire de Normandie : *Œuvres de Robert Blondel, historien normand du quinzième siècle* (Rouen, 1891), t. I, p. 155-201. Cf. *Notice* de M. Vallet de Viriville dans les *Mémoires de la Société des antiquaires de Normandie*, t. XIX, p. 161 et suiv., et son article BLONDEL dans la *Nouvelle biographie générale*.

pandre la connaissance de l'*Oratio historialis* : il en fit faire une traduction par un de ses clercs[1], « pour l'instruction des François presens et à venir, et mesmement de ceux qui point n'entendent latin et qui ne scavent pas aucunes gestes passées..., afin qu'ils congnoissent par les faits passez et l'apreignent à leurs enffans et autres François à venir, que jamais ils ne se doibvent fier en quelzconques traictez, seremens ne promesses d'Anglois, se ilz n'en veullent estre trompez et deceuz comme leurs bons predecesseurs l'ont esté en leur temps[2]. » Nous voyons par le Prologue que le traducteur fit son travail en 1460 et le présenta au Roi la même année : « Si supplie tant et si très humblement comme plus puis à la très grant benignité, clemence et prudence de vous mesme (qui, au temps que ceste presente translacion fut faicte, estiez en l'an XXXVIIIe de vostre règne) que icellui petit ouvrage il vous plaise benignement en bon gré recevoir, favorablement interpreter, et mon ignorance ou petitesse d'entendement pardonner[3]. »

Robert Blondel était également l'auteur d'un traité intitulé : *De complanctu bonorum Gallicorum*[4], dédié au Dauphin Charles pendant sa régence, et qui avait été traduit en vers par un clerc du nom de Robinet, lequel y avait ajouté certains développements[5]. Voici comment Robinet s'exprime dans son *Prologue* :

A son droit souverain seigneur,
Redoubté comme le greigneur,
Prince très hault et excellent
Et sur tous noble et precellent,
Charles, Dalphin de Viennois,
Duc de Berry, des Guyennois
Et de Touraine, et aussi conte
De Poitou, qui bien chiet en compte,
Très chrestian de tout le monde
Tant com il dure en la roonde,

1. Sous ce titre : *Des droiz de la Couronne de France*. Mss. fr. 4910 et 17516. Publié par M. Héron, *l. c.*, t. I, p. 295-486.
2. Héron, t. I, p. 295.
3. Héron, t. I, p. 297-98.
4. Ms. lat. 13839, f. 1-22 ; éd. Héron, t. I, p. 1-42.
5. Ms. lat. 13839, f. 23-83 ; éd. Héron, t. I, p. 47-151.

Fils unique et droit successeur
De ton père et predecesseur
Charles le noble Roy de France,
Que l'on persequute à oultrance,
Robinet, ton clerc subgetif,
De Normendie fugitif,
Povre, humble et loyal serviteur
A toy et à ton geniteur,
Qui t'ay suivi par mainte sente,
Et cestuy traictié te presente,
Honneur, seignieurie, haultesse, etc.[1]

C'était pour le Dauphin que Robert Blondel avait composé son *De complanctu bonorum Gallicorum;* c'est au Dauphin que Robinet offre sa traduction :

Ay voulu, pour toy deporter,
Ceulx aussi à qui ton fez poise,
Translater en rime françoise
Un assez beau petit traictié
Que pour toy a fait et traictié
En beau latin metriflé,
Si com il m'est notiflé,
Un tien servant de Normendie
Dont mainte personne mendie,
Maistre Robert Blondel nommé,
De bonne vie renommé...
Et tel com l'ay peu concevoir
Le deignes en gré recevoir[2].

M. Vallet de Viriville dit qu'une *Chronique de Normandie* fut écrite par le héraut Berry, et sans doute rédigée par ordre du Roi en vue de préparer la réduction de la Normandie[3]. Mais l'attribution à Berry d'une chronique normande paraît être le résultat d'une erreur[4]. On ne lui doit qu'une relation de la conquête de 1449-1450, sous le titre de *Recouvrement de la Normandie.*

1. Héron, t. I, p. 47-48.
2. Héron, t. I, p. 49-50.
3. Voir *Notice sur la vie et les ouvrages de Gilles Le Bouvier, dit Berry,* par Vallet de Viriville, dans l'édition de l'*Armorial de France* composé vers 1450 par Berry, p. 19.
4. Voir *Les Croniques de Normandie,* publiées par M. Hellot (1881), introduction, p. 19 note.

Un Poème latin sur l'arrivée de la Pucelle et ses merveilleux exploits à Orléans, paraît être l'œuvre de Robert Blondel. Comme il est transcrit à la suite du Procès de réhabilitation, il est permis de croire qu'il fut présenté à cette époque au Roi, en même temps que les mémoires et consultations rédigés sur l'ordre de ce prince[1].

Charles VII avait pour historiographe Jean Chartier, grand chantre de l'abbaye de Saint-Denis, qui reçut cette charge par lettres du 18 novembre 1437[2]. Outre sa pension de deux cents livres parisis, Jean Chartier reçut, à diverses reprises, des marques de la libéralité royale[3].

A la fin de son règne, Charles VII chargea deux de ses « chronizeurs », maître Jean Domer et maître Noël de Fribois, de rechercher et de traduire les anciens textes relatifs à l'histoire du royaume de France, « depuis la destruction de la très noble cité de Troye, jadis fondée en Frige en la partie de l'Asie qui est la principale du monde, et à finir au temps du roy Charles VIIe de ce nom, renommé le Victorieux[4]. » On lit dans le compte de l'argenterie du Roi de l'année 1458-59 : « A maistre Noël de Fribois, conseiller du Roy, qui lui avoit presenté et donné, au mois de juing, un livre intitulé et appelé l'*Abregé des chroniques de France*, avecques autres choses singulières dedans contenues, jusques au père du Roy nostre dit seigneur, pour ce LXX livres IIII sol huit deniers tournois[5]. » Le manuscrit était « couvert de veloux sur veloux cramoisy, garny de fermouers d'argent doré, armoyé aux armes de France[6]. » Des exemplaires de la chronique de Noël de Fribois sont conservés dans la Bibliothèque du Vatican et dans la Biblio-

1. Il a été publié par M. Quicherat, *Procès*, t. V, p. 24-43. Cf. Vallet de Viriville, *Histoire de Charles VII*, t. III, p. 355.
2. *Notice sur la vie et la chronique de Jean Chartier*, donnée par M. Vallet de Viriville en tête de son édition de la *Chronique*, t. I, p. VIII ; cf. p. 2. Voir sur Jean Chartier notre mémoire *les Chartier*, p. 20 et suiv.
3. Cabinet des titres, 685, f. 112 v°, 150, 152, 191 v°, 197, 200 v°.
4. Préface de la *Chronique* de Noël de Fribois. Senebier, *Catalogue raisonné des manuscrits conservés dans la Bibliothèque de Genève* (1779, in-8°), p. 356-59.
5. Archives, KK 51, f. 97.
6. *Idem.*

thèque de la ville de Genève[1]. Noël de Fribois était, dès l'année 1425, notaire et secrétaire du Roi, et nous avons rencontré son nom à plus d'une reprise. Il fut un des signataires de la Pragmatique sanction en 1438, et fit « plusieurs escriptures » à l'assemblée de Bourges, en 1452[2]. Il touchait en 1459, comme historiographe, une pension de trois cents livres. Dans le compte de Mathieu Beauvarlet pour cette même année, on lit : « A maistre Noel Fribois, conseiller du Roy, pour les mois de juillet, aoust et septembre qu'il a esté occupé touchant le fait des chroniques de France, LX livres[3]. »

Jean Domer est moins connu. Il est l'auteur d'une *Chronica Franciæ abreviata,* dont le texte paraît perdu. Il est mentionné dans le compte de l'argenterie déjà cité : « A maistre Jehan Domer, cronizeur, lequel a donné audit seigneur ung petit rolet ouquel sont escriptz plusieurs beaulx vers en latin, faisant mencion d'aucunes choses avenues en ce royaume depuis certain temps en ça, treize livres quinze sous tournois en X escus[4]. » Jean Domer était régent de France en l'Université de Paris. En 1458, le Roi le chargea de faire divers extraits dans les titres déposés soit au Trésor des chartes, soit à l'abbaye de Saint-Denis ; il avait une pension de cent vingt livres[5].

Charles VII se plaisait à recevoir l'hommage de compositions littéraires, de traductions, de manuscrits richement enluminés.

En 1448, Nicolas Astesan lui dédiait une histoire abrégée de Milan[6]. Le 1er janvier 1451, Bernard du Rosier, évêque de

1. *Noël de Fribois, Chroniqueur inédit,* par M. Vallet de Viriville, dans le *Journal général de l'instruction publique* des 19 avril et 14 mai 1856. Cf. notice sur Noël de Fribois, dans la *Nouvelle biographie générale ;* notes biographiques de M. Vallet, ms. fr. nouv. acq. 5086, nos 120 à 148, et *Athenæum français,* 1856, p. 343, 364 et 384. Voir le P. Anselme, t. I, p. 117.

2. « Noel de Fribois, conseiller du Roy, xl l. en septembre (1452), pour plusieurs escriptures faites à Bourges pour le fait de la Pragmatique. » Cabinet des titres, 685, f. 158.

3. Cabinet des titres, 685, f. 210 vo ; cf. f. 173 vo.

4. Archives, KK 51, f. 122 vo.

5. Notice de M. Vallet de Viriville, dans la *Nouvelle biographie générale.* — On lit dans le 7e compte de Mathieu Beauvarlet (1455-56) : « Me Jehan Domer, croniqueur, x l. pour sa despense à Gannat, et pour s'en retourner à Paris. » Cabinet des titres, 685, f. 181.

6. Ms. lat. 6166. Voir Delisle, *Cabinet des manuscrits,* t. I, p. 72.

Bazas, lui présentait un traité intitulé : *Miranda de laudibus Franciæ*[1]. Jean de Rovray, doyen de la Faculté de Paris et chanoine de la Sainte chapelle de Bourges, traduisit les *Stratégèmes* de Frontin, « pour sa recreation et esbatement[2]. » En 1454, le poète Jacques Millet lui dédiait sa *Destruction de Troye la grant*[3]. Une traduction du *De Bello Punico* de Léonard Aretin paraît avoir été exécutée pour le Roi par Jean Le Besgue en 1445[4]. Le 23 mai 1458, à Asti, Antoine Astesan terminait un petit poème en l'honneur de Charles VII, où il le félicitait sur l'occupation de Gênes[5].

Charles VII reçut à la fin de son règne l'hommage de deux armoriaux : l'un était un armorial de France, composé vers 1455 par Gilles Le Bouvier, dit le héraut Berry, qui s'ouvrait par une généalogie des rois de France, et contenait une suite d'estampes représentant les Neuf Preux, auxquels on en avait ajouté un dixième, savoir le connétable Bertrand du Guesclin[6]; l'autre, resté inachevé, se rapportait à l'Auvergne, au Bourbonnais et au Forez, et était l'œuvre de Guillaume Revel[7].

Les comptes, malheureusement trop rares, qui nous ont été conservés, contiennent quelques mentions de livres acquis par Charles VII. En 1452, le Roi fait payer à Guillaume Frodet, marchand de Bourges, cent-cinquante huit livres cinq sous six deniers, « pour deux livres d'Alexandre, dont l'un est ystorié[8]. » La même année il fait acheter, moyennant la somme de deux cent soixante-quinze livres, « trois beaux livres bien ystoriez qui parlent de marques des sept saiges de Romme et des faiz des Rommains[9], » et fait payer à une bourgeoise de

1. Ms. lat. 6020, f. 1-12.
2. Ms. fr. 1233; Bibliothèque royale de Bruxelles, 10777. Voir Delisle, *Cabinet des manuscrits*, t. I, p. 72.
3. Voir dans la *Nouvelle biographie générale* l'article MILET (Jacques), par M. Vallet de Viriville.
4. Ms. fr. 23086. Voir Paulin Paris, *Les Manuscrits françois de la Bibliothèque du Roi*, t. I, p. 35-37, et t. V, p. 410-22.
5. Ms. fr. 9023, f. 151-52 v° (copie d'un manuscrit de Grenoble).
6. Il a été publié en 1866 par M. Vallet de Viriville, qui en a donné une ample description (Paris, Bachelin-Deflorenne, gr. in-8°).
7. Delisle, *Cabinet des manuscrits*, t. I, p. 73. Ms. fr. 10371, f. 38 v°.
8. Cabinet des titres, 685, f. 158.
9. Ms. fr. 10371, f. 38 v°.

Bourges trente-quatre livres sept sous six deniers, « pour le livre de Lancelot du Lac[1]. » En janvier 1459, frère Jean du Castel, de l'ordre de Saint-Benoît, recevait vingt écus pour « ung role de parchemin de plusieurs beaux ditez, par lui faiz en rime à la louenge de Nostre Dame, et unes lettres myssives aussi en rime, adressant audit seigneur[2]. » Nous avons dit plus haut avec quelle satisfaction Charles VII reçut, en 1457, deux traités de son médecin Thomas Le Franc, dit le Grec, que le duc de Milan lui fit présenter. Une dépêche de Thomas Tibaldo à Sforza donne à ce sujet d'intéressants détails[3]. Le Roi acheta, moyennant sept cent neuf livres quinze sous, plusieurs livres de médecine ayant appartenu à Thomas Le Franc, et les fit remettre à Guillaume Traverse[4]. En 1459, il faisait payer trois cent huit livres à Macé Escorrier, maître enlumineur à Tours, « pour quatre cent quarante huit riches vignettes, chacune fournie d'une grande lettre d'or moulée, à feuillage et fleur, qu'il a fait faire à deux livres de chant, pour son plaisir[5]. »

Charles VII s'intéressait vivement aux études, et entretenait des écoliers dans les différentes universités. On connaît le passage de Martial d'Auvergne :

1. Cabinet des titres, 685, f. 158.
2. Archives, KK 51, f. 122 v°.
3. « A li tre del presente giunsi a Lione, e passati dui zorni andai da la Maestà del Re... Haveva facto avisare la S. V. che dicti libri seriano grate a la Sua Maestà... Me respuose il Re, molto gratiosamente, prima che'l non se recordava che M° Thomase gli havesse may parlato de dicti libri, ma che' l era ben contentissimo che' l'havesse facto tale opera, perchè li videva voluntera et have a li molto cari... Dapoi aperse li libri e volse ch'io gli mostrasse li picture e il modo de retrovarle per rubrica, e cusi gli ne lessi alcuni capituli, e tutto gli mostray, avisandove che luy e li altri suy non se satiavano de lodarli e meritamente, perchè nel vero io credo che may più non se vederessero de cussi belli ne cussi bene ornati. Dapoi ho inteso da molte che'l Re e li altre chi li vedano ne dicone le maraveglie, e che'l Re li tene continuamente in la sua camera. E l'altro zuorno, andandoli da qui il Consiglio suo, volse che li vedesseno. » Ce passage, extrait de la dépêche du 14 février 1457 (Archives de Milan, *Francia dal... al 1470*), est cité dans l'ouvrage du marquis d'Adda, intitulé : *Indagini storiche, artistiche e bibliografiche sulla libreria Visconteo-Sforzesca del Castello di Pavia*, compilate ed illustrate con documenti inediti per cura di (G. d'A.). Appendice alla parte prima. Milano, 1879, in-4°, p. 27 et suiv.
4. Cabinet des titres, 685, f. 190 v°.
5. *Id.*, *ibid.*, f. 211. Cf. dépenses pour le parchemin, la reliure et les fermoirs.

Le feu bon Roy, esmeu de bonne colle,
Tenoit des clercs et boursiers à l'escolle.
Et fut jadiz son escollier premier
Le bon evesque de Paris Charetier,
Qui en son temps fist grant fruit en l'estude[1].

Les comptes nous apprennent qu'en 1453 Charlot de la Grange, filleul du Roi, écolier à Paris, reçut cent vingt livres « pour l'entretenir aux escolles[2], » et que, l'année précédente, le Roi faisait payer cinquante-cinq livres à Jacques Millet, licentié ès lois, étudiant à Orléans, qu'il avait appelé auprès de lui en Berry[3]. A la même époque, Charles VII faisait payer cent vingt livres aux bourgeois de Poitiers, « pour leur ayder à créer et faire deux nouveaux docteurs[4]. » Un peu plus tard, il faisait un don à un bachelier en théologie « pour s'entretenir en l'estude[5]. »

Le Roi accueillit avec une grande bienveillance les Grecs qui, après la prise de Constantinople, vinrent chercher un refuge dans son royaume[6], et ce fut sous son règne que l'enseignement du grec fut inauguré, dans l'Université de Paris, par le rhéteur Tifernas[7].

Il ne tint pas à Charles VII que l'imprimerie, qui venait d'être découverte en Allemagne par Gutenberg, ne fût introduite en France. Voici ce qu'on lit à cet égard dans un manuscrit du seizième siècle :

« Le IIIe jour d'octobre mil IIIIc LVIII, ledit seigneur Roy ayant entendu que messire Jehan Guthenberg, chevalier, demourant à Mayence, pays d'Allemaigne, homme adextre en tailles de caractères de poinçons, avoit mis en lumière l'envincion de imprimer par poinçons et caractères, curieulx de tel tresor, ledit seigneur Roy auroit mandé aux generaulx de

1. *Vigilles de Charles VII*, t. II, p. 27.
2. Cabinet des titres, 685, f. 152 v°. — Cf. autre compte de 1450, f. 137 v°, et autre compte de 1453, f. 169 v°.
3. *Id.*, *ibid.*, f. 158. — C'est sans doute à ce moment qu'il lui fit composer l'épitaphe d'Agnès Sorel.
4. *Id.*, *ibid.*, f. 142 v°.
5. *Id.*, *ibid.*, f. 210 v°.
6. *Id.*, *ibid.*, f. 175, 175 v°, 184, 190, et suiv., 208 v° et suiv.; Ms. fr. 5909, f. 158.
7. Du Boulay, t. V, p. 621.

ses monnoyes lui nommer personnes bien entendues à ladite taille, et pour envoyer audit lieu secrettement soy informer de ladite forme et mannière de ladite invencion, entendre, concevoir et apprendre l'art d'icelle. A quoi feust satisfaict audit seigneur, et par Nicolas Jenson feust entrepris tant ledit voyage que semblablement de parvenir à l'intelligence dudit art et execution d'icellui audit royaulme, dont premier a fait debvoir dudit art d'impression audit royaulme de France[1]. »

Dans son bel ouvrage sur les *Premiers monuments de l'imprimerie en France au quinzième siècle*, M. Thierry-Poux, conservateur du département des imprimés à la Bibliothèque nationale, en citant ce texte, ajoute qu'il a reproduit, en tête de son choix d'impressions exécutées en France à partir de 1470, « la célèbre suite xylographique des *Neuf Preux*, avec légendes françaises, qui a été vraisemblablement gravée et imprimée à Paris vers la fin du règne de Charles VII. » Et M. Léopold Delisle dit à ce propos : « Je serais porté à supposer qu'antérieurement à l'arrivée d'Ulric Gering et de ses compagnons, Paris devait posséder quelques ateliers dans lesquels on gravait sur bois des images accompagnées de textes explicatifs, telles peut-être que la suite des Neuf Preux, avec légendes françaises, dont un exemplaire est entré dans la composition de l'Armorial du héraut Berry, telles peut-être aussi que les almanachs dont les habitants de Toul venaient s'approvisionner à Paris au commencement du règne de Louis XI[2]. »

Ce qui autorise à penser que Nicolas Janson reçut bien de Charles VII la mission dont il est parlé dans la note citée plus haut, c'est qu'il avait près de lui un orfèvre et valet de chambre du nom de Guillaume Janson. « Au mois d'octobre 1458, dit M. Vallet de Viriville, Charles, margrave de Bade, qui était

1. *Premiers Monuments de l'Imprimerie en France au quinzième siècle*, publiés par O. Thierry-Poux. Paris, 1890, in-fol., préface, p. II; cf. *De l'origine et des débuts de l'Imprimerie en Europe*, par Aug. Bernard (Paris, 1853, 2 vol. in-8), t. II, p. 273, et article JANSON, par M. Vallet de Viriville, dans la *Nouvelle biographie générale*.

2. *Épitre adressée à Robert Gaguin le 1er janvier 1472 par Guillaume Fichet sur l'Introduction de l'Imprimerie à Paris*. Reproduction héliographique de l'exemplaire unique possédé par l'université de Bâle. Paris, H. Champion, 1889, in-8 de 5 p. et 10 p. de fac-simile.

venu visiter Charles VII à Vendôme, s'en retourna en Allemagne. Le Roi lui fit divers présents, et lui donna notamment de l'argenterie, qui avait été confectionnée par Guillaume Janson. Le margrave partit ensuite avec une escorte, et retourna à Bade. Tout porte à croire que la visite du margrave de Bade se rattache, au moins occasionnellement, à l'imprimerie. Le Roi fut sans doute informé par le margrave de la découverte récemment inaugurée à Mayence. Il paraît également probable que Nicolas Janson profita du retour de l'ambassade vers le Rhin pour accomplir la mission dont il avait été chargé [1]. »

Henri Baude, dans son *Éloge de Charles VII*, parle des travaux que Charles VII fit exécuter durant son règne : « Il fit reparer, dit-il, les chasteaulx de Lesignian, Montargis, Mehun-sur-Yevre; faire les chasteaulx de Bourdeaulx, de Dacqs, Saint-Sever et Bayonne, le clochier de la Saincte Chapelle à Paris, et autres places en Normandie, Guyenne et ailleurs, à ses despens [2]. »

Dès 1421, le Dauphin avait à Tours un « maître des œuvres, » du nom de Jean Thibault, qui mourut à la fin de cette année [3], et ne paraît pas avoir été remplacé : les événements qui s'accomplirent durant la première période de son règne ne laissaient pas à Charles VII la possibilité de s'occuper d'autre chose que de la défense du royaume : avant de relever les édifices, il fallait relever la France. Ce ne fut qu'après la trêve avec l'Angleterre que les « maîtres des œuvres » eurent l'occasion d'exercer leur art, et c'est seulement à partir de 1451 ou 1452 que nous trouvons mentionné dans les comptes un nouveau maître des œuvres, du nom de Jean Aubery [4].

1. *Nouvelle biographie générale*, art. JANSON. — On voit dans un opuscule de M. C. Castellani, préfet de la Bibliothèque de Saint-Marc à Venise : *Da chi è dove la stampa fu inventata* (Firenze, 1888, in-8 de 42 p.) que Nicolas Janson a été considéré par quelques-uns comme l'inventeur de l'imprimerie : « qui librariæ artis mirabilis inventor est. » Voir p. 12.
2. *Nouvelles recherches*, etc., p. 12.
3. Grandmaison, *Documents inédits pour servir à l'histoire des arts en Touraine*, dans le t. XX des *Mémoires de la Société archéologique de Touraine*, p. 123.
4. Cabinet des titres, 685, f. 149 v°. Il est qualifié auparavant (1440 et suiv.) de « payeur des œuvres. »

En ce qui concerne les châteaux royaux, on trouve la trace de travaux exécutés par le Roi dans toutes les résidences où il séjourna, ne fût-ce que passagèrement. En 1446, il embellit Razilly, cette maison de plaisance où il passa quelques mois, et où il devait revenir faire un nouveau séjour à la fin de son règne[1]. La même année, il fit construire une chapelle et exécuter divers travaux au château des Roches-Tranchelion, où parfois il allait chasser[2]. En 1447, on travaille au château de Bois-Sire-Amé[3]. La même année, et les années suivantes, on fait des travaux aux châteaux de Chinon, de Loches, de Tours, d'Amboise et de Poitiers, au petit palais de Bourges, à l'hôtel Saint-Paul à Paris, au Bois de Vincennes, aux châteaux de Melun, de Montereau, de Creil, de Lusignan[4], etc. A la fin du règne on construit à la Salle-le-Roi en Berry un corps de logis de vingt-deux toises de longueur[5].

Mais les deux châteaux qui furent l'objet des prédilections du Roi étaient Montils-les-Tours et Mehun-sur-Yèvre. En 1450, Charles VII créa un parc dans la première de ces résidences[6], et il ne cessa de l'embellir[7]. La seconde avait été construite avec magnificence par le duc de Berry, à la fin du quatorzième siècle. Au dernier siècle, Expilly décrivait en ces termes le château de Mehun, dont quelques beaux vestiges subsistent encore aujourd'hui : « Quoique ce palais eût été ruiné par le feu du ciel, ce qui reste annonce combien il étoit magnifique. Sa situation étoit admirable. La pierre dont il étoit bâti ressembloit au marbre par sa blancheur. La chapelle a passé pour l'une des plus belles et des plus riches du royaume. On a tiré de cette chapelle les statues des douze apôtres, pour les placer

1. Cabinet des titres, 685, f. 114.
2. *Id.*, *Ibid.*, f. 100 et 114.
3. *Id.*, *Ibid.*, f. 109.
4. *Id.*, *Ibid.*, f. 93 vº, 98, 108, 120, 140, 151, 162, 172, 208, 211 vº.
5. Voir *La forêt de Haute Brune et le château de la Salle-le-Roi*, par M. Hipp. Boyer. Bourges, 1885, gr. in-8º de 111 p., avec plan (extr. des *Mémoires de la Société historique du Cher*), p. 22 et 98-101.
6. « Parceval Pelourde, escuyer, valet de chambre du Roi, IXxx XVII l. X s., qu'il avoit baillé aux gens qui ont fait les fossez, hayes, allée et boullevart d'entour le parc du chastel des Montils les Tours pour la closture dudit parc. » *Id.*, *Ibid.*, f. 143 vº.
7. *Id.*, *Ibid.*, f. 165 et 170; Archives, KK 52, f. 71. Voir plus haut, t. V, p. 73.

dans le chœur de l'église collégiale dont elles sont un des plus beaux ornements[1]. » En 1447-48, Charles VII faisait payer quarante-deux livres douze sous à Jean de Jourdainville, l'un de ses valets de chambre, « pour le reste qui lui estoit deu pour avoir mis en point le jardin du chastel de Mehun sur Èvre, entre le chastel et Bon Repos[2]. » D'importants travaux furent faits au château de Mehun en 1446-47, 1456 et années suivantes[3].

En même temps qu'il fit construire à Bordeaux le fort du Hâ et le Château-Trompette, « pour tenir le peuple de la ville en subjection[4], » Charles VII fit réparer les châteaux de Normandie[5], et en particulier le château de Cherbourg[6], et faire des travaux au port de Honfleur[7].

Les réparations aux églises furent l'objet de ses sollicitudes : il fit travailler, à partir de 1448, à l'église de Saint-Denis[8], et refaire le clocher de la Sainte Chapelle de Paris[9] ; il contribua à la réparation de l'église Saint-Florentin, à Amboise, qui avait été brûlée[10], et de l'église Saint-Sauveur d'Èvreux[11] ; il fit faire des travaux aux églises des Augustins de Paris, de Notre-Dame de Melun[12], etc.

Parmi les édifices civils auxquels on travailla sous le règne de Charles VII, on peut citer le palais du Louvre et le grand Pont, à Paris, et la grosse tour de Bourges[13].

Un des plus beaux monuments de la sculpture au XVe siècle était la sépulture du duc de Berry dans la Sainte Chapelle de

1. Expilly, *Dictionnaire géographique*, t. IV (1756), au mot MEHUN. — Voir la description donnée par M. Raynal, *Histoire du Berry*, t. II, p. 413-14, et ci-dessus, t. I, p. 215.
2. Cabinet des titres, 685, f. 120.
3. *Id.*, *ibid.*, f. 108 v°, 172, 183 v°, 185 v°, 204.
4. Berry, dans Godefroy, p. 473. Voir O'Reilly, *Histoire complète de Bordeaux*, t. II, p. 67-68.
5. Ms. fr. 26128, f. 168 et 169.
6. Ms. fr. 26083, nos 6895 et 6909.
7. Ms. fr. 20683, f. 49.
8. Cabinet des titres, 685, f. 95, 123 v°, 137, 148, 150 v°.
9. Grandmaison, *l. c.*, p. 189-90.
10. Cabinet des titres, 685, f. 111.
11. *Id.*, *ibid.*, f. 113 v°.
12. *Id.*, *ibid.*, f. 137, 150 v°.
13. *Id.*, *ibid.*, f. 108, 185 v°.

Bourges : ce tombeau, dont le musée du Cher ne conserve que des fragments, fut exécuté par ordre de Charles VII[1], et ne fut terminé que dans les dernières années de son règne[2]. De nombreux artistes y furent employés. Le Roi fit élever des monuments sur la tombe de la Dauphine Marguerite d'Écosse[3] et sur les sépultures d'Agnès Sorel à Loches et à Jumièges[4]; par son ordre, les statues de Charles V et de Charles VI furent exécutées par Guillaume Jasse et Philippe de Foncières, et placées des deux côtés de la porte du Louvre sur la Seine[5].

Dès le début du règne, nous trouvons à la cour de Bourges un peintre en titre. On lit dans le compte de l'écurie pour l'année 1423 : « A Henry d'Aubresque, paintre du Roy, demeurant à Bourges, pour avoir peint trois lances des trois couleurs que porte le Roy, c'est assavoir rouge, blanc et pers, VI livres tournois[6]. »

Au moment où parut Jeanne d'Arc, il y avait à Tours un peintre du nom de James Polvoir. Le 29 janvier 1430, le Conseil de ville était assemblé pour délibérer « sur unes lettres closes envoyées par Jehanne la Pucelle aux quatre eslus de la ville et sire Jehan du Puy, faisans mencion que on baille à Heuves Polvoir, paintre, la somme de cent escus pour vestir sa fille, et que on la lui garde[7]. » C'est ce peintre qui avait été chargé, au moment où notre héroïque Pucelle allait partir pour Orléans, de peindre ses étendards. Le treizième compte d'Hemon Raguier, trésorier des guerres, contient la mention suivante : « A Hauves Poulvoir, peintre, demourant à Tours,

1. Voir Girardot et Durand, *la Cathédrale de Bourges*, p. 61 et suiv.; Raynal, *Histoire du Berry*, t. II, p. 511 et suiv.

2. *Supplément aux Preuves de Mathieu d'Escouchy*, p. 11 et 21.

3. Hennin, *les monuments de l'histoire de France*, t. VI, p. 77.

4. Hennin, *l. c.*, p. 91; Delort, *Essai critique sur l'histoire de Charles VII*, etc., p. 208 et suiv.

5. *Description... du Louvre et des Tuileries*, par le comte de Clarac. Paris, 1853, gr. in-8°, p. 203 et 335.

6. Archives, KK 53, f. 161.

7. Quicherat, *Procès de Jeanne d'Arc*, t. V, p. 155. Ce texte avait été publié pour la première fois par M. Vallet de Viriville, dans la *Bibliothèque de l'École des chartes*, t. IV, p. 488, d'après les registres de Tours.

pour avoir paint et baillé estoffes pour un grant estandart et ung petit, pour la Pucelle, xxv livres tournois. » Cette somme fut payée en vertu de lettres de Charles VII du 10 mai 1429[1].

Ce Hames ou James Polvoir était employé dès 1421 par le Dauphin Charles. Nous lisons dans le deuxième compte de son écurie : « A Hames Poulevoir, paintre..., demourant à Poictiers, la somme de dix-huit livres..., pour avoir paint et vernissé trois lances pour mon dit seigneur[2]. » C'est peut-être James Polvoir qui fit de la Pucelle un portrait dont celle-ci parla en ces termes au cours de son procès : « Interroguée se elle avoit point veu ou fait faire aucuns ymaiges ou painctures d'elle et à sa semblance, respond qu'elle vit à Arras[3] une paincture en la main d'un Escot (*Écossais*), et y avoit la semblance d'elle toute armée, et presentoit unes lectres à son Roy, et estoit agenoullée d'un genoul[4]. »

Au mois de janvier 1431, nous trouvons Henri Mellein qualifié de peintre du Roi. Dans des lettres du 3 janvier, Charles VII, ayant reçu l'humble supplication de Henri Mellein, « à present demeurant à Bourges, contenant que, combien qu'il ait toujours continuellement obéi à son dit art en toutes les besognes qui nous sont necessaires, et encores est prest de faire, et qu'à cause de ce qu'il est convenu à supporter plusieurs grandes peines, travaux, pertes, dommages, » déclarait que, vu la bonne volonté et intention qu'il avoit de soi toujours loyalement employer en nostre service au fait de son dit art, » il serait, ainsi que tous autres de sa condition, exempt de tous aides, subsides, emprunts, permissions, subventions, guet, arrière-guet, garde de portes, et autres choses et services quelconques[5].

Nous ne rencontrons point ailleurs le nom d'Henri Mellein. Le peintre ordinaire du Roi était Conrard de Vulcop, qui est

1. Quicherat, *l. c.*, t. V, p. 258.
2. Archives, KK 53, f. 84 v° ; *Extraits des comptes royaux*, par M. Vallet, dans son édition de Jean Chartier, t. III, p. 305-306.
3. Le mot *Arras* paraît avoir été substitué par erreur à celui de *Reims*.
4. Quicherat, *Procès de Jeanne d'Arc*, t. I, p. 100 ; cf. p. 292. — Voir à ce sujet Francisque Michel, *les Écossais en France*, t. I, p. 174-75.
5. *Ordonnances*, t. XIII, p. 160-61.

mentionné dans les comptes depuis 1445. On lit dans le huitième compte de Jean de Xaincoins : « Conrart de Wulcoup, peintre du Roy, à soixante livres tournois de pension[1]. » Dans les comptes de 1446-1448, on trouve à plusieurs reprises les mentions suivantes : « Conrad de Wulcop, peintre du Roy, pour don, soixante livres[2]. » Dans un autre compte de la même année, nous lisons : « Conrart de Wilcop, escuyer, peintre du Roy, soixante livres, pour don[3]. » Il résulte de ce passage que Conrard avait été anobli. D'autres mentions de ce personnage se retrouvent dans les comptes de 1451-52 et de 1456-59[4]. En 1455, Henri de Vulcop est mentionné comme peintre de la Reine[5].

Vers 1443 vivait à Rome un peintre auquel le pape Eugène IV fit faire son portrait, qu'il plaça dans l'église de la Minerve. Il s'appelait Jean Foucquet, et était originaire de Tours. Un Florentin, du nom de Francesco Florio, parle en ces termes de ce peintre : « Que l'antiquité loue Polygnote ; que d'autres exaltent Appelle : pour moi, j'estimerais qu'il m'a été donné assez si je pouvais atteindre par mes paroles au mérite exquis des chefs-d'œuvre de son pinceau. Et ne croyez pas que ce soient là fictions de poète ; vous pouvez, pour vous en convaincre, vous procurer un avant-goût de son talent à la sacristie ou trésor de notre église de la Minerve. Là, vous aurez sous les yeux le portrait du pape Eugène, peint sur toile par Jean Foucquet. L'artiste, lorsqu'il exécuta cet ouvrage, était, à proprement parler, dans l'âge de la jeunesse. Telle est pourtant l'effigie qu'a pu produire un si jeune auteur, effigie qui fait apparaître aux yeux comme une vision de la réalité. Ce Foucquet a reçu du ciel le don de communiquer la vie aux traits humains par le moyen de son pinceau, semblable, en

1. Cabinet des titres, 685, f. 98 v°.
2. *Id.*, *ibid.*, f. 94, 95 v°, 123 v°.
3. *Id.*, *ibid.*, f. 111 v°.
4. « Conrart de Wulcop, peintre du Roy, LX livres, pour entretenir son estat. » — « Conrart de Wilcop, peintre du Roy, LX l. t. » Cabinet des titres, 685, f. 150 v°, 194 v°, 197 v°, 200 v°; Archives, KK 55, f. 103 v°. Cf. *Archives de l'art françals*, t. III, p. 369-72.
5. Archives, KK 51, f. 123 v°-126 et 128.

vérité, à un autre Prométhée[1]. » Nous avons parlé plus haut d'un portrait de Charles VII, placé par Nicolas V dans les chambres supérieures du Vatican ; ce portrait paraît avoir été fait par Bramantino, sur l'original apporté à Rome par Jean Foucquet[2].

L'artiste Tourangeau quitta Rome, au bout de quelques années, pour revenir dans sa patrie. Nous le retrouvons en France dans les dernières années du règne de Charles VII. Faut-il lui attribuer un tableau, conservé aujourd'hui au musée d'Anvers, où, représentant la Sainte Vierge, il lui aurait donné les traits d'Agnès Sorel ? La question a été fort discutée, et il est permis, croyons-nous, de la résoudre négativement[3]. Mais nous avons de Foucquet des œuvres authentiques, d'une merveilleuse exécution, qui datent de cette époque : une série de miniatures ornant un livre d'heures transcrit pour Étienne Chevalier au mois de novembre 1458, où l'on remarque un portrait de Charles VII dans l'*Adoration des mages*[4], et une autre série de miniatures ornant un manuscrit des *Nobles malheureux* de Boccace, dont le frontispice est un admirable tableau représentant le lit de justice tenu à Vendôme pour le procès du duc d'Alençon[5].

On peut s'étonner que Jean Foucquet n'ait point figuré

1. *Francisci Florii Florentini, ad Jacobum Tarlatum Castellionensem, De probatione Turonica*, apud D. Martène, *Histoire de Marmoutiers* (manuscrite) ; reproduit dans la notice sur *Jehan Foucquet* (appendice des *Évangiles* publiés par L. Curmer), p. 77 ; traduction de M. Vallet de Viriville, p. 98. Cf. l'étude de M. Vallet sur Jean Foucquet, dans la *Revue de Paris*, avril et novembre 1857, et *Archives de l'art français*, 2e série, t. I, p. 454-68.

2. Voir t. IV, p. 83, note 2. Cf. *Jehan Foucquet*, p. 100.

3. Voir Laborde, *La Renaissance des arts à la Cour de France*, t. I, p. 155-69, et additions, p. 691 ; *Jehan Foucquet* (recueil de notices sur Foucquet, par le comte Auguste de Bastard, le comte de Laborde, Vallet de Viriville, etc.), *l. c.*, p. 79, 83-93, 109-13, 123-24.

4. Sur ces miniatures, dont la plus grande partie se trouve à Francfort dans la collection Brentano, voir *Jehan Foucquet, l. c.*, p. 80-82, 105-109, 120-22, 134-41. — Au moment où ces pages s'impriment, nous apprenons que Mgr le duc d'Aumale vient de se rendre acquéreur des quarante miniatures de la collection Brentano ; lui-même l'a annoncé à l'Académie des beaux-arts, dans la séance du 10 octobre 1891.

5. Voir la notice donnée en 1858 par M. Vallet de Viriville dans la *Revue archéologique*, t. XII, p. 509 et suiv., et la notice donnée par M. Ch. L. Grandmaison dans les *Mémoires de la Société archéologique de Touraine*, t. X, p. 72-76 ; cf. *Jehan Foucquet, l. c.*, p. 94, 102-104.

parmi les peintres du Roi : à coup sûr, s'il avait fait le portrait d'Agnès Sorel, il aurait eu cet honneur, qui ne lui fut attribué que sous le successeur de Charles VII. Sa réputation ne paraît avoir été établie que dans les premières années du règne de Louis XI ; pourtant nous le trouvons mentionné au moment de la mort de Charles VII. Jacob de Littemont, qui vivait à Bourges, était alors le peintre en titre du Roi : il est nommé dans divers documents des années 1452 et suivantes[1]. Jacob fut chargé de prendre l'effigie du monarque après sa mort. Assisté de Colas d'Amiens et de Pierre Hennes, il moula le visage, et, à l'aide de cette empreinte, il modela une image en cuir bouilli, laquelle fut peinte et employée pour représenter la personne du Roi. Or, nous trouvons à ce propos, dans le compte des obsèques, une mention de Jean Foucquet : « Pour avoir moulé et empreint par deux foiz le visage dudit feu seigneur, pour servir à l'entrée de Paris, XIII l. XV s. t. Et pour le voyaige dudit Pierre Hennes de Bourges à Paris, pour apporter l'empraintе dudit visaige, y cuidant trouver Foulquet le paintre, ouquel voyaige il a vacqué trois jours, pour ce XX s. t.[2]. »

Plus encore que les peintres, les orfèvres furent en honneur à la cour de Charles VII. Dès sa régence il avait, parmi ses valets de chambre, deux orfèvres : Henri de Varlop (ou Vulcop?), et Pierre Pictement[3]. Jacques de Lyon, qui était dès lors orfèvre du Dauphin et de la Dauphine[4], devint orfèvre du Roi, et, en 1459, il avait encore part aux libéralités de son maître[5]. Nous rencontrons, à partir de 1446, Gilbert Jehan, premier orfèvre et valet de chambre du Roi, demeurant à Tours[6] ; Martin

1. Voir Bibl. nat., Ms. fr. 10371, f. 10 et 24 ; Archives, KK 328, f. 428, 435, 469.
2. Compte des obsèques, dans *Supplément aux Preuves de la Chronique de Mathieu d'Escouchy*, p. 61.
3. Archives, KK 53, f. 20 v°, 22 v°, 85, 125, 129 v°. Cf. *Chronique de Jean Chartier*, t. III, p. 303, 306, 309-310.
4. Archives, KK 53, f. 20 v°, 125, etc. Cf. *Chronique de Jean Chartier*, t. III, p. 302 et 308.
5. « Jacques de Lyon, ancien homme, orfèvre du Roy, à XXVII l. X s. de gages. » Cabinet des titres, 685 f. 206. Cf. f. 109 v°.
6. *Mémoires de la Société archéologique de Touraine*, t. XX, p. 257 ; Archives, KK 55, f. 130 v°, 141-42, 172 et suiv ; KK 51, f. 91, 92 v°, 118 v° ; *Supplément aux Preuves de d'Escouchy*, p. 10 ; Cabinet des titres, 685, f. 154.

Hersant, orfèvre du Roi et de la Reine, demeurant à Bourges [1]; Colin du Puy, orfèvre suivant la Cour [2]; Guillaume Janson et Jean Sevineau, orfèvres et valets de chambre du Roi [3].

Parmi les nombreux travaux d'orfèvrerie que Charles VII fit exécuter, il faut citer la châsse de saint Martin à Tours, en argent massif [4], dont la translation eut lieu, le 3 février 1454, avec une grande solennité, en présence du Roi [5]. Cette châsse était l'œuvre d'un orfèvre tourangeau, nommé Jean Lambert [6].

Nous avons aussi la trace d'importants travaux de tapisserie commandés par le Roi; il fit présent à la Reine, en 1452, d'une « chambre de tapisserie » représentant l'histoire de Trajan [7].

La musique fut en grand honneur à la cour de France sous Charles VII. Dès le temps de sa régence, sa chapelle était nombreuse; en 1452 on y comptait dix-huit chapelains [8]. Le Roi fit venir de Flandre un chantre du chœur de l'église d'Anvers, qui eut à partir de 1453 le titre de premier chapelain et fut placé à la tête de la musique : c'était Jean Okeghem. Ce personnage fut en grande faveur auprès du Roi qui, outre ses gages de trois

1. Archives, KK 55, f. 173 et suiv.
2. Archives, KK 55, f. 177 v°.
3. Archives, KK 51, f. 62 v° et suiv., 64 v° et suiv., 91, 91 v°; *Supplément aux Preuves de d'Escouchy*, p. 25 et 61; Cabinet des titres, 685, f. 187 v°.
4. 1445-46 : « Me Jehan Galerain, chantre et prevost de l'eglise Saint-Martin de Tours, IIIIc XLVI l. XVII s., pour ayder à faire la chasse d'argent de saint Martin. » — 1450-51 : « Les doyen, chanoines et chapitre de Saint-Martin de Tours, IIIc XII l. X s., pour la refection de la chasse de saint Martin. » — 1452-53 : « Aux tresorier et chapitre de Saint-Martin de Tours, IIc LXXV l., pour ayder à parachever la chasse du glorieux corps de monseigneur saint Martin. » Cabinet des titres, 685, f. 101, 142, 161. Cf. armoires de Baluze, 77, f. 361.
5. *Gallia christiana*, t. XIV, p. 95.
6. Voir Vallet de Viriville, *Histoire de Charles VII*, t. III, p. 329.
7. « Jehan de Neufbourg, marchand, bourgeois de Tours, VIIIc XXV l., pour une chambre de tapisserie de haute lice, houssée de soye de plusieurs sortes, à grans personnages de l'histoire de Trajan, qui fut empereur de Rome, contenant cinq grandes pièces, montant quatre cens aulnes carées, mesure d'Amiens, donnée à la Royne. » Cabinet des titres, 685, f. 151.
8. Sur la chapelle de Charles VII, voir Cabinet des titres, 685, f. 123 et suiv.; 151 v°, 162 v°, 169, 172, 178, 195 v°, 199 v°, 204 v°; Archives, KK 51, f. 125 v°-26, 129 v°. Les noms des chapelains ont été donnés par M. Fetis, dans un article de la *Revue musicale* du 25 août 1832 (t. XII, p. 234), sous ce titre : *Recherches sur la musique des rois de France*, etc.

cents livres, lui attribua une large part dans ses libéralités[1]. En janvier 1459 il lui faisait compter trente-trois écus, en récompense d'une chanson « bien richement illuminée, » offerte à l'occasion du jour de l'an[2].

Jean Okeghem fut célèbre dans son art. Voici comment un écrivain qui a consacré de longues études à l'histoire de la musique apprécie son talent : « De tous les maîtres qui s'illustrèrent dans la seconde moitié du quinzième siècle, Okeghem est celui qui exerça la plus grande influence sur le perfectionnement de l'art par son enseignement. Les plus célèbres musiciens de cette époque et du commencement du seizième siècle furent ses élèves... L'importance des travaux d'Okeghem et les perfectionnements qu'il a introduits dans l'art d'écrire les contrepoints conditionnels sont constatés par les éloges que lui accordent Glaréan, Hermann Fink, etc., ainsi que par ce qui est parvenu de ses œuvres jusqu'à nous. Si l'on compare ce qui nous reste de ses compositions avec les ouvrages de ses prédécesseurs immédiats, particulièrement avec les productions de Dufay, on voit qu'il possédait bien mieux que ce maître l'art de placer les parties dans leurs limites naturelles, d'éviter les croisements des voix et de remplir l'harmonie. Glaréan lui accorde d'ailleurs le mérite d'avoir inventé la facture des canons..., ou du moins d'en avoir perfectionné les formes[3]. » On doit à Okeghem un certain nombre de messes, qui ont été publiées ; mais on est loin de connaître toutes ses productions de ce genre, car on a retrouvé de nos jours en Italie une série de six messes, restée inconnue jusqu'ici[4]. On lui doit aussi des canons, des chants à trois et quatre voix offrant des motets composés sur des mélodies populaires, et d'autres compositions reli-

1. Voir ms. fr. 20072, n° 5038 ; Cabinet des titres, 685, f. 154 v°, 162 v°, 172 v°, 174, 178, 188 v°, 207, 210 v°; Ms. fr. 10371, f. 35 ; Ms. fr. 2886, f. 20 ; Archives, KK 51, f. 125 v°, 126, 129.

2. Archives, KK 51, f. 122.

3. Fétis, *Biographie universelle des musiciens*, article OKEGHEM, 2e édit., t. VI, p. 357-65.

4. Fétis, *Supplément et complément*, etc., publié sous la direction de M. Arthur Pougin, t. II, p. 286. Voir aussi *Notice sur un manuscrit de musique ancienne de la Bibliothèque de Dijon*, par M. Stephen Morelot dans les *Mémoires de la commission des antiquités de la Côte-d'Or*, t. IV (1856), p. 133-60.

gieuses. Nul artiste ne fut plus populaire que Jean Okeghem. On l'appelait « la perle de la musique ; » il surpassait les plus savants dans son art ; son nom devait être immortel[1]. Okeghem continua à remplir ses fonctions sous Louis XI et Charles VIII, et mourut vers 1513, âgé d'environ quatre-vingt-dix ans.

Charles VII entretenait aussi des musiciens en dehors de sa chapelle : nous trouvons dans les comptes la mention de Pierre du Chastel, maître de chant des six enfants de chœur de la Sainte-Chapelle, qui reçut en 1453 deux cent cinquante livres[2]. Il avait également autour de lui des instrumentistes : on jouait de la harpe à sa cour[3], et les joueurs de harpe et les ménestrels furent l'objet de ses faveurs[4].

1. Voir *Deploration de Guillaume Cretin sur le trespas de Jehan Okeghem, musicien*, etc., publiée par Ernest Thoinan. Paris, Claudin, 1864, in-8° (tiré à 75 ex.). On y lit (p. 35-37) :

> Hé ! Chastelain et maistre Alain Chartier,
> Où estes-vous ? Il me fust bien mestier
> Avoir de vous quelque bonne leçon ;
> Simon Greban, qui fustes du mestier,
> Que n'avez vous laissé pour heritier
> Ung Meschinot, ung Milet, ung Nesson,
> Pour hault louer le melodieux son,
> La voix, le chant et subtile façon
> De ce vaillant renommé tresorier ?
> . . . .
> Docteur le puis nommer en la science.
> Et prens tesmoings tous musiciens, se
> Jamais en fut ung aultre plus parfait.

2. Cabinet des titres, 685, f. 169.

3. « Guillaume l'Auvergnat, huissier d'armes, XXVII l. X s. t., pour avoir une robe, et pareille somme pour avoir une bonne harpe pour jouer devant le Roy. » Année 1444. *Idem, ibid.*, f. 83 v°.

4. Lettres du 8 avril 1437, exemptant d'impôts un joueur de harpe (ms. latin 6178, f. 6) ; lettres du 23 juin 1453, exemptant Jean Toulouse, ménestrel de l'hôtel du Roi, ainsi que sa famille, des aides de la ville de Rouen (*Revue de Rouen*, 1845, p. 37).

CHAPITRE XVIII

DERNIERS MOMENTS DE CHARLES VII

Charles VII livré aux femmes ; séjour dans les châteaux ; luxe croissant du Roi. — Antoinette de Maignelais, maîtresse en titre ; les femmes de l'entourage. — La Reine présente et résignée. — Le Roi préoccupé de sa femme et de son fils Charles ; soins qu'il prend de son dernier né. — Les filles naturelles du Roi ; il marie l'aînée. — Le Roi abreuvé d'amertumes par les intrigues du Dauphin ; complots et arrestations ; les conseillers fidèles et les douteux. — État maladif de Charles VII ; son mal de jambe ; à plusieurs reprises, il est en péril de mort. — Dernier coup porté par le Dauphin : la lettre à Antoinette de Maignelais ; le Roi se croit entouré de traîtres. — Dernière maladie ; symptômes alarmants ; les conseillers du trône avertissent le Dauphin ; état désespéré du Roi ; il croit qu'on veut l'empoisonner ; un abcès dans la mâchoire lui rend toute alimentation impossible ; ses dernières paroles ; sa mort ; ses funérailles. — Contraste frappant : la mort de Louis XI. — Jugement des contemporains ; jugement final.

Avant de tracer le tableau des derniers moments de Charles VII, il faut rassembler encore quelques traits qui achèveront de mettre en lumière le personnage royal, à la fin de sa carrière.

L'ambassadeur milanais Camulio, dans une de ses dépêches, écrit : « Le roi de France est entièrement livré aux femmes[1]. » — « Ce troupeau de femmes perdues, dit Thomas Basin, était une trop lourde charge pour le royaume appauvri. Car partout où allait le Roi, ces femmes le suivaient, avec un luxe et un appareil de reines[2]. » Et encore : « Il aimait la solitude, pour jouir plus librement et en paix de la société de ses femmes, et

1. « El Re de Francia protinus he in governo de femine. » Dépêche du 9 mai. Archives de Milan. — « Après ceste glorieuse recouvrance, dit Chastellain (t. IV, p. 368), le Roy s'effemina et s'oublia en pechés. » Cf. *Pii secundi Commentarii*, p. 160.
2. Thomas Basin, t. I, p. 313.

se livrer à ses passions avec le moins de témoins possible[1]. » Le scandale dépasse toutes les bornes : le Roi déshonore sa vieillesse[2].

Les dernières années s'écoulent, en effet, dans ces châteaux, demeure de prédilection de Charles VII : au Châtellier, au Vivier, à Nades, à Saint-Priest, pendant le séjour en Bourbonnais et en Dauphiné ; aux Montils-les-Tours, durant l'hiver de 1458 ; à Vernou en Touraine, au Tusseau[3], aux Montils-les-Tours[4] et à Montbazon durant l'hiver suivant ; à Razilly, à Chinon, à Champigny, au Coudray, au Rivau, dans l'été de 1459 ; à Chinon et à Razilly jusqu'au printemps de 1460 ; à

1. Thomas Basin, t. I, p. 327. — Un panégyriste du Roi convient de ses faiblesses, tout en cherchant à les excuser :

> Se cueur villain imputoit à meschief
> Le passe temps qu'avoit au cuvrechief,
> De l'ennorer et amer de rechief
> Et lui complaire,
> Aux mesdisans il n'en vueille desplaire ;
> Car tout bon cueur si doit servir et plaire
> Au noble sexe que Dieu a volu faire
> Pour soulasser
> Les vrais amans et leur temps y passer,
> Saulve l'onneur qu'il y fault compasser
> Et les affaires qu'il ne fault trespasser,
> En les amant.

(*Regrets et complaintes de la mort du Roy Charles VIIe derrenier trespassé*. Morceau publié par Vallet de Viriville, *Nouvelles recherches sur Henri Baude* (p. 17 et suiv.), et qu'il suppose avoir été composé par Henri Baude.)

2. On lit dans les *Commentaires* de Pie II, p. 163, à propos d'Agnès Sorel : » Si quis aliquando, vel confessor, vel alius auctoritate potens, regem de adulterio coarguit, negabat consuetudinem stupri se habere, verum oblectari facetiis et blandimentis fœminæ ; licere sibi, ut ceteris regibus, fatuum aliquem penes se habere, cum quo, laxandi animi gratiâ, versaretur, nec distare femina, an masculus esset ; sibique fœminam obtigisse, quæ suis deliramentis multos immisceret jocos. Atque his nugis excusari volebat. »

3. Nous trouvons dans le compte de l'argenterie, pour l'année 1458-1459, la mention suivante relative au séjour de Charles VII à Tusseau : « A Anthoinette de la Porte, damoiselle, femme de Guerin Montigné, demeurant environ Tusseau, prez Tours, que le Roy nostre dit seigneur lui avoit [donné] oudit moys de janvier pour avoir robes et abillemens à son plaisir, en faveur mesmement et pour ce que aucuns des gentilz hommes et officiers de son hostel avoient esté logiez en sa maison durant le temps que le Roy nostre dit seigneur avoit lors esté logié audit lieu de Tusseau, la somme de 50 escus d'or. » Archives, KK 51, f. 106 v°.

4. Quand le Roi allait des Montils à Tours, il était logé chez son trésorier Jean Hardouin ; cela résulte de la mention, dans le même compte, d'un don de cent écus fait par Charles VII à Tomasse, femme de sire Jean Hardouin, et à Jeanne sa fille, « pour leurs estrennes, et pour avoir robes et abillemens à leur plaisir, en faveur mesmement de ce qu'il estoit logié en l'ostel dudit tresorier à Tours. » Archives, KK 51, f. 100 v°.

Mehun-sur-Yèvre, à la Salle-le-Roi[1], à Brecy en Berry durant l'été de 1460 ; à Mehun enfin, à partir du mois d'avril 1461. Et, avec les années, nous constatons que chez le Roi le luxe va toujours en augmentant. Le compte de l'argenterie pour 1458-1459, qui nous a été conservé, offre de curieux renseignements sous ce rapport. On y voit que Charles VII se faisait faire des robes neuves, non seulement pour les grandes fêtes, mais pour la plupart des fêtes ordinaires et avec une incroyable profusion. Nous en avons dressé la liste, et nous avons trouvé, pour une seule année, jusqu'à vingt-sept robes de soie ou de velours, et cinquante robes de laine. La plupart sont des robes courtes : on ne voit mentionnées que trois robes longues, dont deux en velours et une en drap gris de Rouen, doublée de taffetas changeant, avec parements de velours violet. Nous passons sous silence les pourpoints et les « pièces à mettre au-devant de l'estomac, » les chaperons et les chausses, articles qui reviennent à chaque instant. Le Roi affectionnait la couleur verte[2] ; il portait aussi volontiers du rouge. On fourrait souvent le corps et les manches de ses robes avec des martres du pays ou des martres zibelines ; ses chapeaux étaient très richement ornés, ainsi que ses ceintures ; à l'intérieur, il portait des bonnets de drap vert ou écarlate[3].

Antoinette de Maignelais, veuve d'André de Villequier, reste jusqu'à la fin la maîtresse en titre. Elle touche annuellement deux mille livres, « pour entretenir son état[4], » et reçoit en outre divers avantages[5]. Quand en 1456, Antoinette marie sa

1. Voir sur ce château, la notice déjà citée de M. Hipp. Boyer, *La forêt de Haute-Brun et le château de la Salle-le-Roi.*

2.
Le bon seigneur, pour sa joyeuseté,
Portoit sur luy souvent quelque verdure,
Ou ès habits, en yver ou esté,
Et estoit gay pour resjouyr nature.
(*Vigilles de Charles VII*, t. II, p. 30.)

3. Archives, KK 51, *passim.*

4. Cabinet des titres, 685, f. 180 v°, 184 v°, 188, 207.

5. 1451, 12 décembre. Autorisation à Antoinette de jouir du droit accordé à son mari de faire tirer, sans acquitter aucun droit, cinq cents tonneaux de blé du Poitou et de la Saintonge (Delort, *Essai critique*, etc., p. 228). — 1456, 19 avril. Remise de quatre cents livres sur ce que Antoinette doit au Roi pour droits de rachat et

sœur Jeanne au sire de Rochefort, elle reçoit, pour favoriser ce mariage, un don de six mille écus, payable en plusieurs annuités[1]. On a dit que « Mademoiselle de Villequier » « trouva dans ses parentes ou protégées, non pas des rivales, mais des auxiliaires et des subalternes, » et l'on a nommé les dames pourvues d'emplois à la cour, « pour servir aux plaisirs du Roi[2]. » C'est là une matière fort délicate, au sujet de laquelle une certaine réserve est commandée. Cherchons cependant quelles étaient, dans les dernières années du règne, les femmes qui furent l'objet de faveurs spéciales.

En première ligne il faut nommer Mme du Monteil, cette Marguerite de Villequier, sœur du « mignon » préféré, que nous avons vu apparaître dès 1445, d'abord comme demoiselle d'honneur de la Dauphine, puis comme demoiselle de la Reine[3]. Devenue l'épouse d'Antoine d'Aubusson, seigneur du Monteil,

autres en raison de la terre de Menetou Salon qui lui a été adjugée. (D. Morice, t. II, col. 1690.) — 1456, 21 mars, et 1457, 17 septembre. Reçus d'Antoinette de la somme de 272 l. 10 s. pour la moitié des aides des îles d'Oléron, etc. (*Pièces originales*, 1791 : MAIGNELAIS, nos 8 et 9.) — Le 31 janvier 1457, le Roi fait donner à Mlle de Villequier trois lits de la maison de Jacques Cœur, dont un très grand, le meilleur de tous. (Archives, KK 328, f. 492 ; cité par M. Favre, Introduction du *Jouvencel*, p. CLXXIV.) — Autres menus objets provenant des confiscations faites sur Jacques Cœur, donnés à Antoinette. (Ms. fr., nouv. acq., 2497, f. 61.)

1. Don de 8,250 l. t. en 6,000 écus donnés à Antoinette pour l'augmentation et accroissement du mariage de Jeanne, sa sœur, avec Jean de Combourg, sire de Rochefort (24 mai 1456). Voir documents des 26 août 1456, 5 mai 1457, 15 et 20 juillet 1458, et 8 janvier 1459. Ms. fr. 2608, no 6990 ; Fontanieu, 123-24, au 5 mai 1457 ; *Pièces originales*, 1794 : MAIGNELAIS, no 10 ; *id.*, 2515 : ROCHEFORT, *id.*, 2456 : REILHAC (éd. *Jean de Reilhac*, t. I, p. 39).

2. Voici ce que dit à cet égard M. Vallet de Viriville (t. III, p. 443) : « Jeanne et Marguerite de Villequier, Jeanne de Maignelais, Jeanne et Marguerite Bradefer, Jeanne de Rosny, Colette de Vaux, dame de Châteaubrun, et beaucoup d'autres, furent par les soins d'Antoinette placées comme demoiselles d'honneur de la reine, ou mariées à des chambellans munis de places lucratives, pour servir aux plaisirs du Roi. » — Malgré la rareté des comptes, nous avons pu réunir quelques données permettant de contrôler l'assertion de notre savant devancier. Nous possédons des extraits des comptes de Mathieu Beauvarlet pour les années 1450 (octobre) à 1459 (septembre), sauf l'année 1457-58 (Ms. 685 du Cabinet des titres) ; les comptes des étrennes de 1452 à 1454 (Ms. fr. 10371) ; le compte de l'argenterie de 1459 (Archives, KK 51), le compte de l'argenterie de la Reine pour 1451-55 (Archives, KK 55), et des états de la maison de la Reine en 1447, 1452 et années suivantes dans les mss. suivants : Cabinet des titres, 685, f. 111 vo et s., Fr. 7855, p. 730 et s., Fr. 7853, f. 211 et s. ; Cabinet des titres, 953 ; archives, K 530a. C'est à l'aide de ces documents qu'il est possible de jeter un peu de lumière sur un point aussi délicat et aussi obscur.

3. Voir t. IV, p. 107 note, 177, 179.

elle touche une pension annuelle de dix-huit cents livres, et reçoit des dons incessants[1]. Sa sœur Antoinette, épouse de Jean de Levis, seigneur de Vauvert, devenu, après Gouffier, premier chambellan, qui le disputait jadis à Marguerite dans les bienfaits royaux[2], n'a qu'une pension de cinq cents livres et est plus rarement nommée dans les comptes[3].

Après Mesdames du Monteil et de Vauvert, nous rencontrons une demoiselle de la Reine, attachée dès 1447 à la personne de Marie d'Anjou : c'est Marie de Belleville. Elle était fille de Jean Harpedenne, seigneur de Belleville, et de Marguerite de Valois, fille naturelle de Charles VI et d'Odette de Champdivers. Nous avons vu plus haut que le Roi témoignait à sa sœur naturelle une grande bienveillance[4] ; il en fut de même pour Marie de Belleville. Devenue dame de la Reine en 1452, elle était alors désignée sous le nom de dame de Soubise, ayant épousé Bertrand l'Archevesque, seigneur de Soubise, chambellan du Roi. Elle reçoit quatre mille écus à l'occasion de son mariage[5] ; elle touche annuellement une pension de six cents livres ; elle a part aux étrennes du Roi en 1452 et années suivantes ; en avril 1459, elle reçoit deux cent soixante-quinze livres, « pour avoir robes et habillements[6]. » — D'autres demoiselles de la Reine, qui apparaissent à ce titre dès 1447, sont aussi distinguées par le Roi. On peut nommer : Marguerite de Salignac, devenue en 1454 l'épouse de Patrix Foulcart, l'un des capitaines de la garde

1. En 1451, 550 l. en sus de sa pension de 1800 l. ; en 1457, 400 l. ; en juillet 1457, 137 l. 10 s. pour avoir un cheval ; en 1459, 137 l. 10 s., et plusieurs dons de 100 et 200 écus, et pour ses étrennes, 900 écus d'or pour 100 marcs d'argent. Cabinet des titres, 685, f. 174, 180 v°, 189, 191, 207, 209 ; Archives, KK 51, f. 102, 102 v°, 105, 120 v° ; Clément, *Jacques Cœur et Charles VII*, t. II, p. 125. — En 1455, Mme du Monteil reçoit de la Reine, pour ses étrennes, six hanaps d'argent et une aiguière (KK 55, f. 142).

2. Voir t. V, p. 70.

3. Pension : Ms. fr. 20498, f. 80. — Dons en 1458-59 : Ms. 685, f. 209 ; Archives, KK 51, f. 103, 103 v°, 121.

4. Voir t. II, p. 566-67.

5. Rôle du 27 juillet 1459. Ms. fr. 20855, f. 11.

6. *Preuves de Mathieu d'Escouchy*, p. 257 ; *Supplément aux Preuves de Mathieu d'Escouchy*, p. 16 ; Cabinet des titres, 685, f. 156, 165, 173 v°, 181, 190 v°, 207 v°, 209 ; Ms. fr. 10371, f. 7, 12, 21, 31 v° ; Archives, KK 51, f. 108 v° et 121 ; Clément, *l. c.*, p. 424.

écossaise, et qui, dès 1447, est l'objet des faveurs royales[1]; Marie de Gaucourt, fille du grand maître Raoul de Gaucourt, demoiselle de la Reine à partir de 1451, mariée le 5 juin 1456 à Charles de Tournon, seigneur de Beauchastel[2]; Isabeau de Bournan, demoiselle de la Reine à partir de 1452[3]; Jeanne Rochelle, autre demoiselle pendant les années 1447 à 1455[4].

En dehors de la maison de la Reine, plusieurs dames ont une large part dans les dons du Roi.

C'est d'abord Agnès de Vaux, mariée le 3 octobre 1454 à Charles de Gaucourt, seigneur de Chasteaubrun, conseiller et chambellan du Roi; elle figure dans les comptes des étrennes pour les années 1452 à 1454, reçoit en 1455 un don de deux cents livres, et, en 1459, mille écus, « en faveur des services que son mari et elle ont fait à la Reine, et pour son état; » elle a, dans la même année, deux dons de cent écus, « pour avoir robes et habillements à son plaisir; » et, en 1460, le Roi lui attribue une somme de dix-huit cent livres[5].

C'est ensuite Marguerite d'Esponville, mariée vers 1457 à Mathelin Brachet, seigneur de Montagu, sénéchal de Limousin, qui a part aux étrennes en 1452 et années suivantes; reçoit en outre, en février 1454, cent trente écus, « pour avoir deux ceintures d'or à son plaisir; » en 1455, cent trente-sept livres, « pour entretenir son état, » et, en 1458-59, plusieurs autres dons, « pour lui aider en ses affaires. » Elle a en outre, pour ses étrennes de 1459, trois cent soixante-dix écus, et, en mars

1. *Pièces originales*, 2612 : SALIGNAC; Cabinet des titres, 685, f. 165, 180 v°; Ms. fr. 10371, f. 7 v°, 21, 32; Archives, KK 51, f. 112 v°, 123; Clément, *l. c.*, p. 425.

2. Ms. fr. 10371, f. 7 v°, 21, 32, 34 v°; *Chartes royales*, XVI, n° 311; Cabinet des titres, 685, f. 207, 210; Archives, KK 51, f. 110, 110 v°, 121.

3. Don de 200 l., en juillet 1459, « pour avoir robes et habillemens à son plaisir. » Archives, KK 51, f. 111. — Don de cent livres, en 1458-59, « pour son estat. » Cabinet des titres, 685, f. 208.

4. Elle reçoit 100 l. en 1451-52; et, dans le compte de l'année suivante, on trouve la mention suivante : « Jehanne Rochelle, damoiselle, qui a servi longtemps la Reyne, nc l. pour entretenir son estat. » Cabinet des titres, 685, f. 156 v° et 165. Dans le compte de l'argenterie de la Reine de 1451-55 elle figure encore parmi les demoiselles de la Reine (Archives, KK 55, *passim*).

5. Ms. fr. 10371, f. 8, 22, 33; Cabinet des titres, 685, f. 181 et 207 v°; Archives, KK 51, f. 111 v°; Ms. fr. 20498, f. 80.

de la même année, « ung gobelet à pié, couvert et fait à lettres esmaillées par dessus, aux couleurs de la devise du Roy et semé de marguerites, » sans parler d'autres dons, « pour avoir robes et habillements à son plaisir, » et « pour acheter et avoir ustensiles de menages à son plaisir, » à l'occasion de ses couches; enfin, en 1460, le Roi lui donne une somme de treize cent soixante-quinze livres[1].

C'est encore Jeanne de Rosny qui, de 1452 à 1454, reçoit de fort belles étrennes[2], et, dans les années suivantes, ne cesse d'être l'objet des libéralités royales[3]. Bien qu'elle soit qualifiée une fois du titre de « demoiselle de la Reine, » elle ne figure point dans l'état de la maison de cette princesse; elle a, à partir de 1456-57, une pension de cent livres par mois. Par lettres du 4 février 1458, le Roi lui donne douze cents écus, à l'occasion du mariage de sa sœur Catherine avec Helion de Tranchelion, maître d'hôtel de la Reine[4], laquelle reçoit peu après un don de deux cents livres[5]. En janvier 1459, Jeanne de Rosny envoie des étrennes au Roi[6], et, en septembre suivant, elle lui fait offrir, par Louis du Breuil, homme d'armes de la compagnie de Joachim Rouault, « ung blanc esprevier[7]. » La même année, elle reçoit, « pour avoir robes et habillements à son plaisir, » d'abord cinq cents livres, puis cent écus[8].

Mais la principale favorite, pendant ces dernières années, paraît avoir été une femme dont le nom n'a point encore été cité : Artuse de Fougerolles, dame de Nades.

1. Ms. fr. 10371, f. 8, 22, 33, 38 v°; Cabinet des titres, 685, f. 184, 201 v°, 207, 209, 210; Archives, KK 51, f. 104, 105 v°, 116 v°, 121; Ms. fr. 20498, f. 80.
2. Ms. fr. 10371, f. 8, 22, 33.
3. « Demoiselle Jehanne de Rosny, VIIIxx XVIII l. XV s. en mars (1452), au depart du Roy des Montils, et IXxx XIII l. X s. pour entretenir son estat. » — « IIIc l. (à Madame Marguerite de Villequier) pour la despense que luy a convenu faire à cause de Jehanne de Rosny, l'une des damoiselles de la Royne. » — « Mademoiselle Jehanne de Rosny, IIIc l. pour son estat à c l. par mois (1456-57). » — « Mademoiselle Jehanne de Rosny, VIxx XVII l. X s. pour payer un medecin qui l'avoit pensée durant sa maladie (*Idem*). » — « Mademoiselle Jehanne de Rosny, pour son estat IIIc l. (1458-59). — Même somme à deux reprises « pour son entretien. » — Même somme, « pour son estat (*Idem*). » Cabinet des titres, 685, f. 156, 189 v°, 190 v°, 208-10.
4. Fontanieu, portefeuille 123-124.
5. Mai 1459. Archives, KK 51, f. 109.
6. *Id.*, f. 121.
7. Le Roi donne à Louis du Breuil cinquante écus, à cette occasion. *Id.*, f. 113.
8. *Id.*, f. 110 v°-111.

On lit dans le compte des étrennes pour l'année 1458 : Cent cinquante-quatre escus à Madamoiselle Artuze de Fougerolles, que le Roy lui a donné pour avoir presenté audit seigneur les estrennes de par Madame de Villequier, pour avoir robes et autres habillemens[1]. » Dans le compte de l'année suivante, on trouve la mention d'un don de cent écus à Artuse de Fougerolles[2]. En 1450, le roi envoie un de ses secrétaires, Jean Rogier, à Nades, « devers Madame Artuse de Fougerolles, dame de Nades[3]. » Or, nous avons vu que le château de Nades fut l'une des résidences de Charles VII pendant son séjour en Bourbonnais dans l'été de 1450[4]. Il était là chez un de ses chambellans, Jean de Montmorin, seigneur de Nades[5], qui était devenu l'époux d'Artuse de Fougerolles. A partir de cette époque, la dame de Nades figure souvent dans les comptes[6]. Mais, en 1457-58, voici qu'elle apparaît avec le titre de « dame d'honneur de la Reine, » et que le Roi lui fait payer deux cents livres « pour la despense qu'elle a faite l'année dernière, hors de l'hostel de la Reyne[7]. » Le compte de l'argenterie pour l'année 1458-59 contient également de nombreux dons faits à la dame de Nades, « pour avoir robes et habillemens à son plaisir, » « pour acheter et payer un diamant à son plaisir[8], » etc. Aux

1. Ms. fr. 10371, f. 23 v°.
2. *Id.*, f. 39.
3. Cabinet des titres, 685, f. 181.
4. Le Roi est à Nades les 24 juillet, 10 et 13 août et 20 septembre (*Itinéraire*). Nades était voisin du Châtellier, où il résidait alors.
5. Il est nommé dans le compte de 1458-59 : « Messire Jehan de Montmorin, seigneur de Nades, chambellan du Roy, pour sa pension, VIIIxx x l. » Cabinet des titres, 685, f. 209 v°.
6. 1456-57 : « Madame Artus de Fougerollés, dame de Nades, IIc l. pour entretenir son estat. » — 1458-59 : « Madame Arture de Fougerolles, dame de Nades, pour son estat, IIIc l. » — « Madame Arthuse de Fougerolles, dame de Nades, pour sa despense, IXxx v l. XV s. » — A la même, « pour don, VIxx XVII l. X s. » — A la même, « pour ses affaires, LXVIII l. XV s. » — A la même, « pour son estat, IIc LXXV l. » — A la même, « pour son entretien, LXVIII l. XV s. » — A la même, « pour son estat, VIxx XVII l. X s. » Cabinet des titres, 685, f. 190, 207, 208 v°, 209-210 v°. Notons que, dans les extraits que contient ce précieux manuscrit, le compte de septembre 1457 à octobre 1458, et ceux du 1er octobre 1459 à la fin du règne, sont en déficit.
7. Cabinet des titres, 685, f. 108. — La dame de Nades ne figure dans aucun état des dames et demoiselles de la Reine.
8. 200 écus en novembre 1458 ; 182 l. en décembre ; 200 écus d'or en janvier 1459 ; 200 en février ; 100 en mars ; 100 en août ; 100 en septembre. Archives, KK 51, f. 104 et 104 v°.

étrennes de 1459, elle a cent quatre-vingts écus, « pour avoir de la vaisselle d'argent[1]. » La mention suivante indique une recherche particulière dans le présent : « Pour avoir refait et ressoudé audit mois (juillet 1457) une petite fueille d'or, esmaillée de vert, et icelle attachée à une plume d'or faicte à semblance de feuille de fougière, esmaillée à lettres de AA de blanc et de rouge, semée de petits bacins d'or[2]. »

En août 1459, il y a fête à la Cour, pour les noces de Marguerite Brasdefer. Le Roi, qui attribue une large part dans ses libéralités à Marguerite et à sa sœur Catherine[3], fait, à cette occasion, de riches présents aux deux sœurs, et donne des robes à quelques-unes des dames de son entourage[4].

N'oublions pas de dire qu'il y avait auprès du Roi, dans les derniers temps, un fou attitré, nommé Colart, qui avait été surnommé *Monseigneur de Laon*[5].

Que devenait la Reine pendant ces années de vie licencieuse? Elle n'était point, comme on pourrait le croire, éloignée de son mari. Elle était venue le rejoindre en Bourbonnais, à la fin de 1455, et avait passé avec lui la fête de Noël à Montluçon. Nous la retrouvons au château de Nades, en septembre 1456, et au château de Saint-Priest, en mai 1457. Durant l'hiver de 1458, elle est à Tours ou aux Montils. En 1459, elle est à Chinon et à Champigny, près du Roi. Mais elle reste en

1. Archives, KK 51, f. 121. — On remarquera que, dans les comptes, elle est toujours appelée « *Madame* Artuse de Fougerolles, » alors qu'Antoinette de Maignelais est en général appelée *Mademoiselle*.

2. Archives, KK 51, f. 63 v°. — En décembre 1458 on rembourse à Guillaume Traverse, médecin du Roi, soixante-dix-sept écus « qu'il avoit donnez sous le nom d'Artuze de Fougeroles. » *Id.*, f. 106.

3. Archives, KK, 51, f. 107, 112, 121, 122 ; Cabinet des titres, 685, f. 209.

4. Archives, KK, 51, f. 101, 104, 105 v°, 107, 112 ; Ms. fr. 6752, f. 7 v°. — On pourrait encore relever certains dons, tels que les suivants : Dans les comptes des étrennes de 1452 à 1454 figure à trois reprises Marion l'ouvrière, qui reçoit chaque année trente écus (Fr. 10371, f. 7 v°, 21 v° et 32 v°) ; dans le compte de Mathieu Beauvarlet de 1456-57, on trouve mentionnée Alizon, femme de Gerardin Le Paige, « lavandière du corps, » qui reçoit 41 l. 5 s., « pour avoir une hacquenée » (Ms. 685, f. 190) ; dans le compte de l'argenterie de 1458-59, on rencontre encore le nom d'Alizon la Pagesse, « lingière et lavandière du corps du Roy, » qui reçoit vingt écus d'or, « pour avoir une robe à son plaisir. » (KK 51, f. 107 v°.) Alizon était une débitrice de Jacques Cœur. (Voir Clément, *Jacques Cœur et Charles VII*, t. II, p. 354.)

5. « Pour six aulnes velours bleu tiers poil..., pour faire une robe à maistre Colart, fol dudit seigneur, appelé monseigneur de Laon, xxxiii l. t. » Archives, KK 51, f. 85.

Touraine et n'accompagne pas son mari quand celui-ci se transporte en Berry dans l'été de 1460. Marie d'Anjou n'ignore pas la conduite scandaleuse de son époux : elle supporte tout avec patience, sans faire entendre l'ombre d'un murmure[1].

Une lettre adressée par le Roi, le 27 mars 1456, au maréchal de la Fayette, nous le montre occupé de la prochaine venue de sa femme et de ses enfants, pour lesquels il fait préparer un logis, et inquiet de la santé de son fils Charles : « Il ne semble pas, écrit-il du Châtellier, que notre très chère et très amée compagne la Reine, ni pareillement nos enfants, puissent venir par deçà jusques vers la fin d'avril, pour ce qu'il n'est pas possible que le logis puisse être plutôt prêt... Il faudra que l'on fasse diligence, si le cas le requiert, de choisir les lieux qui sembleront être les meilleurs, car d'ici où nous sommes, nous ne pouvons pas si bien connaître les lieux plus convenables comme vous et ceux qui sont par delà peuvent faire... Nous avons parlé à maistre Guillaume Girard touchant l'état de notre fils, ainsi que nous avez écrit. Il sera bon, tandis que vous êtes par delà, que vous en enquerriez plus au vrai, car, par chose que de lui en ayons ouï ni fait ouïr, ni aussi par chose que par maître Guillaume d'Auge en ayons su, nous n'en savons que croire. Et pour ce, à votre retour devers nous, nous en pourrez dire ce que en aurez trouvé[2]. »

Charles VII avait une affection particulière pour son dernier né[3], qu'on appelait à la Cour le « petit seigneur ». Dès l'âge de quatre ans, il l'avait placé sous la direction de Guy de Fromentières, chevalier, maître d'hôtel de la Reine[4] ; à six ans, il

1. « Quæ, licet nihilominus tantum studii, gratiæ et favoris eisdem impartiri non ignoraret, easdemque frequentius simul cum ea in eodem castro seu palatio sciret hospitari, tamen patientiam præstare sibi opus erat, ita ut nec mutire propterea ausum haberet. » Thomas Basin, t. I, p. 313.

2. Original, Ms. fr. 2886, f. 1. Voir cette lettre aux *Pièces justificatives*.

3.
Vous par exprès, Charles, duc de Berry,
Qui par luy, jeune, avez esté nourry,
Ore est-il mort le bon père, et pourry
Vostre pillier...,
Qui vous aymoit de vouloir singulier.

(*Regrets et complaintes de la mort du Roy Charles VII*e, l. c., p. 20, vers 457 et suivants.)

4. Cabinet des titres, 685, f. 143 v°, 150, 170 ; Archives, KK 55, f. 118.

lui donnait un chapelain, Pierre de Cathneuil[1], et un « maistre d'école », Robert Blondel, et faisait acheter des livres pour son usage[2]. Le petit Charles avait trois ménestrels attachés à sa personne[3]. Quand, en 1460, Charles VII quitta la Touraine pour se fixer en Berry, il emmena avec lui son fils, qui fit à Bourges son entrée de joyeux avènement et donna la liberté à tous les prisonniers qui s'y trouvaient[4].

Nous avons dit plus haut que Charles VII avait eu d'Agnès Sorel trois filles naturelles, Marie, Charlotte et Jeanne. L'aînée avait été confiée à l'amiral de Coëtivy, qui la fit élever dans son château de Taillebourg. Après la mort de l'amiral, tué à Cherbourg en 1450, la petite Marie passa sous la garde d'Olivier de Coëtivy, qui devint sénéchal de Guyenne. En 1451, pendant la première campagne de Guyenne, Charles VII séjourna à Taillebourg, et les comptes mentionnent un don fait à sa fille[5]. Nous avons la trace d'un autre don en juillet 1453, pendant le séjour du Roi en Saintonge[6]. Quand elle fut en âge d'être mariée, Olivier de Coëtivy, qui, fait prisonnier par les Anglais lors de l'invasion de la Guyenne, venait enfin d'être libéré, demanda la main de Marie de Valois. Nous avons une lettre de Charles VII, adressée à Olivier le 26 mai 1458, dans laquelle il disait : « Nous avons reçu vos lettres écrites à Bordeaux le dix-huitième jour de ce présent mois de mai, faisant mention comme nos amés et féaux conseillers maîtres Jean Bureau et Pierre Doriole vous ont fait savoir que nous étions content du mariage d'entre vous et Marie qui est à Taillebourg; duquel mariage êtes de votre part délibéré d'entendre, en nous suppliant que veuillions au surplus faire procéder à l'accomplis-

1. Archives, KK 55, f. 118 v°, 119 v°.

2. Ms. fr. 2886, f. 22 et 25 ; Archives, KK 55, f. 86 v°, 87 v°, 117 v°.

3. Archives, KK, 55, f. 118, 119 ; extraits de comptes dans le *Moniteur* du 5 octobre 1851.

4. Voir lettres du mois d'août 1460. Archives, JJ 190, n°s 79 et 80.

5. « Messire Olivier de Coetivy, chevalier, senechal de Guyenne, vi^xx^ xviii l. x s. pour bailler à mademoiselle Marie, de laquelle il a la garde et gouvernement, à laquelle le Roy l'a donnée pour entretenir son estat. » Cabinet des titres, 685, f. 141.

6. « Mademoiselle Marie, demourant à Taillebourg, II^c^ LXXV l. en juillet, pour ses menues necessitez. » *Idem*, f. 105 v°.

sement d'icelui, et le plus tôt qu'il sera possible. Sur quoi vous signifions que, en faveur de vous et pour considération des services que vous et vos prédécesseurs nous avez toujours faits, dudit mariage avons été et sommes bien content. Et de la forme comment entendons qu'il soit traité avons signé certains articles, desquels avons chargé ledit maître Pierre Doriole, qui les a par devers lui, vous envoyer le double. Et, au regard de ce que requerrez que la chose soit accomplie le plus tôt que possible sera, nous avons intention, dedans la fin du mois d'août prochain venant, ou plus tôt si possible est, envoyer homme exprès par delà, avec puissance de y besogner et d'en traiter, passer et accorder les lettres[1]. » Le 28 octobre suivant, Charles VII donnait des lettres patentes dans lesquelles il exposait que son amé et féal conseiller et chambellan Olivier, sire de Coëtivy et de Taillebourg, lui avait fait remontrer que, « pour les bonnes mœurs et vertu qui sont en la personne de notre chère et amée fille naturelle Marie de Valois, et principalement pour le grand désir et affection qu'il a de soi approcher de nous et plus être en notre bonne grâce, » il désirait avoir en mariage ladite Marie, si c'était le plaisir du Roi. Celui-ci, ayant en considération les grands, louables et continuels services rendus par feu Tanguy du Chastel, oncle d'Olivier, et par l'amiral son frère, ayant aussi égard à ce que feu Prégent de Coëtivy, par ordre et commandement à lui fait, avait pris ladite Marie étant enfant et l'avait menée au château de Taillebourg, où, tant durant la vie de l'amiral que depuis, elle avait été « nourrie et alimentée, » déclarait consentir au mariage et donner à Marie une dot de douze mille écus d'or, à payer en six années; il abandonnait en outre à Olivier et à Marie les terres et seigneuries de Royan et de Mornac en Saintonge, pour eux et leurs descendants[2].

Le 3 novembre, par deux lettres missives, Charles VII notifia

1 Ms. fr. 20178, f. 164 v°; édité *Jean de Bethac*, etc., t. I, p. 28-29. — Cf. acceptation du mariage par le Roi, en date du 13 mai 1458. Ms. fr. 20178, f. 165 v°.
2. Ces lettres ont été publiées par M. Vallet de Viriville, *Recherches historiques sur Agnès Sorel*, dans la *Bibliothèque de l'École des chartes*, t. XI, p. 480.

à Olivier et à Marie son consentement à leur union[1]. Enfin, par lettres données à Vendôme au mois de novembre, il avoua Marie pour sa fille naturelle et lui donna le nom de Valois, avec les armes de France modifiées par la barre indiquant la bâtardise[2]. Une somme de seize cent cinquante livres fut remise par le Roi à sa fille, « pour avoir robes et habillement à son plaisir le jour et fête de ses noces[3]. » Le contrat de mariage fut passé le 25 novembre 1458, en présence de Pierre Doriole, conseiller du Roi et général des finances, délégué par son maître pour le représenter.

La dame de Taillebourg fut une tendre et fidèle épouse, comme l'attestent ses lettres, qui nous ont été conservées et qui tracent une charmante peinture de son intérieur[4]. Il n'en fut pas de même de sa sœur Charlotte : mariée en 1462 à Jacques de Brézé, dont elle eut cinq enfants, elle fut surprise un jour en flagrant délit d'adultère, et poignardée, ce qui donna lieu à un long procès criminel[5]. Quant à la troisième fille naturelle de Charles VII, Jeanne, après avoir été promise à Prégent Frotier, baron de Preuilly, qui l'avait élevée, elle fut mariée, par contrat du 23 décembre 1461, à Antoine de Bueil, fils de l'amiral[6].

« Les dernières années de Charles VII, dit M. Vallet de Viriville, furent abreuvées d'amertumes. Un mal moral, inéluctable, parvint jusqu'à son cœur à travers ses gardes[7], à travers

1. Ces lettres, conservées dans les Archives du duc de la Trémoïlle, ont été publiées par M. Marchegay, *Lettres de Marie de Valois, fille de Charles VII et d'Agnès Sorel, à Olivier de Coëtivy, seigneur de Taillebourg, son mari* (Les Roches-Baritaud, 1875, gr. in-8°), p. 31 et 32. — On trouvera la première parmi les *Pièces justificatives.*

2. Archives, JJ 187, n° 142 ; éd. Marchegay, *l. c.*, p. 30.

3. Archives, KK 51, f. 100 et 108. Cf. Marchegay, *l. c.*, p. 33-34 et 49-51.

4. Voir le recueil de M. Marchegay. Marie de Valois avait reçu une éducation très soignée (*Bibliothèque de l'École des chartes*, t. XVI, p. 2 et 6).

5. Voir *Procès criminel intenté contre Jacques de Brézé*, par Douet d'Arcq. *Bibliothèque de l'École des chartes*, t. X, p. 211 et suiv.

6. *Recherches historiques sur Agnès Sorel*, par Vallet de Viriville. *Bibliothèque de l'École des chartes*, t. XI, p. 486-87.

7. Voici quelle était, dans les dernières années du règne, la composition de la garde du Roi : vingt-cinq archers de corps, avec deux capitaines ; trente et un hommes d'armes et cinquante et un archers de la garde écossaise, avec un capitaine ; vingt-sept archers de la garde, avec un capitaine ; enfin, vingt-quatre cranequiniers allemands, dont douze armés et douze non armés, et quatre fourriers. Les archers du corps couchaient tout armés dans le logis du Roi.

ses courtisans, qui l'entouraient avec un soin non moins jaloux que ses satellites. Ce mal fut la véritable cause qui le fit mourir avant le terme assigné par les lois de la nature. Le Roi avait pour ennemi son propre fils, le Dauphin... Louis multiplia les pièges autour du Roi, séduisant les villes, subornant les domestiques de son père, sachant, de loin, resserrer chaque jour les mailles d'un réseau dans lequel il investissait le Roi et la couronne... A chaque ride qui paraissait au front de Charles VII, au fur et à mesure que ses cheveux blanchissaient, il perdait un serviteur, un dévouement, puis un autre, et livrait, pour ainsi dire, autant de transfuges à son futur successeur[1]. » Les rares données que nous possédons nous montrent que, sur divers points du royaume, des complots se trament dans l'ombre; de nombreux prisonniers sont faits; des procès instruits, des exécutions capitales ordonnées[2]. Mais c'est surtout autour du trône que les intrigues se nouent, que les délations abondent, que des craintes de trahison viennent assombrir l'âme du Roi et lui faire soupçonner ceux qu'il croyait les plus fidèles[3]. Si l'on veut savoir quels étaient ceux que le Dauphin avait su gagner, on n'a qu'à étudier les documents des premiers mois de son règne : à côté des nombreuses

1. Vallet de Viriville, *Histoire de Charles VII*, t. III, p. 452-54.

2. Emprisonnement par le maire de Poitiers, en juin 1457, de Colas Jurasson (Ms. fr. 26081, n° 7080); Complot à Caen, la même année (Ms. fr. 22469, p. 25); Criminel de lèse-majesté emprisonné à Granville, en avril 1458 (Ms. fr. 26085, n° 7163); Prisonniers criminels à Rouen en 1457 et 1458 (Ms. fr. 26085, n°s 7150 et 7230); Arrêt contre un nommé Forestier, 17 février 1459 (Ms. fr. 2899, p. 8); Enquête faite en 1459 sur une conspiration contre le Roi (Cabinet des titres, 685, f. 212 v°); Informations faites en juillet et septembre 1459 au château du Coudray, à Chinon, contre Julien de Vienne, fils de feu Guillaume de Vienne : relations avec des émissaires du Dauphin (Ms. fr. 20491, f. 77; Cabinet des titres, 685, f. 210); Nombreuses arrestations en 1459 (Cabinet des titres, 685, f. 210, 210 v°, 212 v°); Emprisonnement de Thomas Nore, écossais (Ms. 685, f. 209 v°-210); Emprisonnement de Henri Radefort, écossais, homme d'armes de la garde du Roi (Ms. 685, f. 210, 210 v°); Procès et exécution de Pierre Acart, dit Mallesemulles, arrêté à Bayonne en avril 1460 (Ms. fr. 20083, f. 51; Vallet de Viriville, t. III, p. 427 note 2).

3. Voici ce que Camulio écrivait à ce sujet, dans une dépêche du 18 juin 1461 : « Ha pur el Delfin quale he apto come figliolo et futuro Re de Franza a subverter Tutta la casa del Re de Franza, et ultra tra el Delfin et el duca de Bergogna ha de le occulte bene dispositioni de signori che Stan in Francia, et quanto per il Re de Franza, se non he il conte de Humaine et lo conte de Fois, del resto de che se debiano fidar ne altar lo Re de Franza non se fae utimo de qui (*sic*). » Archives de Milan.

disgrâces ou destitutions dont sont l'objet les personnages le plus avant dans l'intimité de son père, tels que le comte du Maine, le comte de Foix, Dunois, Brezé, Chabannes, le chancelier Jouvenel des Ursins, l'amiral de Bueil, le grand maître Gaucourt, le maréchal de Lohéac, le grand maître des arbalétriers Jean d'Estouteville, Cousinot, Étienne Chevalier, etc., il y a des faveurs significatives témoignées à Richard Olivier, évêque de Coutances, à Jean Bureau, à Joachim Rouault, à Doriole, à Dauvet, au trésorier Bérard, aux secrétaires Jean de la Loère et Jean de Reilhac, au receveur général Beauvarlet. Enfin la maîtresse en titre, Antoinette de Maignelais, reçoit de Louis XI une pension de six mille livres.

Dans le portrait qu'il trace de Charles VII, Thomas Basin écrit : « Il était sobre et tempéré, ce qui contribua beaucoup à sa bonne santé ; il fut rarement malade, parce qu'il observait fidèlement le régime que les médecins lui avaient prescrit[1]. » Pourtant, dans les dernières années, sous l'empire du « mal moral » qui le rongeait, et par suite de ses mœurs licencieuses, sa santé s'altéra et déclina rapidement.

Dès l'automne de 1455, Charles VII avait été « un peu mal disposé d'un côté[2]. » Cette indisposition n'eut pas de suites ; mais, au mois de décembre 1457, le Roi tomba malade, et d'une façon si grave que l'on put craindre qu'il n'en reviendrait pas. Après avoir été plusieurs jours entre la vie et la mort, il recouvra peu à peu la santé. On a vu quelles précautions la Reine et les seigneurs de son entourage durent prendre pour lui éviter toute émotion. Chastellain dit à ce propos : « Vous peut assez souvenir qu'en l'hiver passé le Roy avoit esté malade durement, et lui attribuait-on mal incurable en une jambe qui tousdis couloit et rendoit matières incessamment, qui le mettoit à fin[3]. » Ce mal de jambe persista : il y est fait allusion dans un document en date du 15 novembre 1459[4].

1. Thomas Basin, t. I, p. 312.
2. Lettre du Roi à Chabannes, 20 septembre 1455. Voir aux *Pièces justificatives.*
3. Chastellain, t. III, p. 444. Voir plus haut, p. 166-71.
4. Interrogatoire de Guillaume de Tyercain. Ms. fr. 15537, f. 169. — Nous trouvons la mention suivante, à la date d'avril 1459, dans le compte de l'argenterie : « Pour III aulnes toile bourgeoise delivrée à Jehan Mareschal, chaussetier et varlet de chambre

Nous avons vu que, au mois de juin 1460, Pie II disait à un ambassadeur milanais qu'il était informé que Charles VII était très gravement malade et en péril de mort[1]. Dès cette époque c'était un fait avéré que le Roi était infirme et qu'il n'avait que peu de temps à vivre[2]. Dans un procès en date du mois de janvier 1461, on parlait de l'état maladif du Roi[3]. Au commencement de cette année, sa maladie prit un caractère alarmant, et sa vie fut pendant quelques jours en danger[4]. Charles VII n'en continua pas moins de s'occuper des affaires de l'État : le 21 mars il donnait réponse, de sa propre bouche, à l'ambassadeur de son fils ; dans le courant d'avril et de mai, il signait de sa main de nombreuses lettres patentes ou missives[5]. Mais sa santé restait fort ébranlée : un agent de Sforza écrivait de Saint-Omer, le 8 mai, à son maître : « Les astrologues ont fait savoir au duc de Bourgogne que le Roi est en grand péril de mort ; il ne peut échapper que par miracle, et sa vie ne saurait se prolonger au-delà du mois d'août[6]. » Nous constatons cependant que, au mois de mai, Charles VII donna audience aux ambassadeurs des princes d'Orient et que, à la fin de juin, il présidait encore les séances du Conseil.

Il y avait à la Cour une femme qui, tout effacé que pût être son rôle, comparé avec celui qu'elle avait eu dans les premières années de sa faveur, n'en continuait pas moins à avoir une grande influence, et poursuivait ses intrigues intéressées.

du Roy nostre sire, pour fere IX chausses à laceure par derrière et une faulse porte pour servir audit seigneur à une jambe qu'il avoit malade. » (Archives, KK 51, f. 36 v°.) — Le 3 mars 1459, on achète un quartier de fin blanchet, « pour faire audit seigneur ung chaussons jusques à my jambe. » (*Idem*, f. 16.)

1. Voir plus haut, p. 283.

2. Voir la note 2 de la p. 283.

3. « Oultre dit que les Bourguignons gouverneroient le royaulme, qu'ils avoient monseigneur le Daulphin, et le Roy estoit fort malade. » — « Dement le langaige tenu. Dit qu'il ne dit oncques que les Bourguignons gouverneroient le royaulme, ne que le Roy fust malade ; mais, quant auroit dit que le Roy avoit esté malade, n'en devroit estre detenu en procès, car on scet assez qu'il a esté, dont tous ses subgetz ont esté fort desplaisans. » Archives, X2a 28, au 27 janvier 1461.

4. Dépêche de Camulio du 3 mars 1461, citée plus haut, p. 322.

5. Lettres patentes des 10 janvier, 11, 13, 20, 21 mars et 2 avril ; lettres missives des 19 avril, 2, 7, 15 et 30 mai 1461.

6. Dépêche citée plus haut, p. 334, note 5.

A l'époque où nous sommes parvenus, Mademoiselle de Villequier n'était plus favorite qu'en titre, car elle avait délaissé le Roi, devenu infirme et valétudinaire, pour un prince jeune et plein d'avenir, François, comte d'Étampes, duc de Bretagne depuis le 28 décembre 1458. Le duc séjournait souvent à la Cour, et Antoinette devait, après la mort de Charles VII, le suivre en Bretagne et devenir sa maîtresse en titre. C'est par cette femme, courtisane vénale et sans pudeur, que le Dauphin était le mieux renseigné sur ce qui se passait à la Cour : il entretenait avec elle une correspondance secrète [1]. Quand il vit que ses plans échouaient devant la fermeté de son père, et que la vie n'était point encore éteinte dans ce corps usé et amaigri, il résolut de porter les derniers coups par la délation et le mensonge.

Il fit à dessein tomber entre les mains d'un valet de chambre du Roi une lettre écrite à Antoinette, où, après l'avoir remerciée des avertissements qu'elle lui donnait, il ajoutait : « J'ai eu semblablement des lettres du comte de Dammartin, que je feins de haïr, qui sont semblables aux vôtres. Dites-lui qu'il me serve toujours bien, en la forme et manière qu'il m'a toujours écrit par ci-devant ; je penserai aux matières de quoi il m'a écrit, et bientôt il saura de mes nouvelles [2]. » Le valet de chambre, au lieu de remettre la lettre à Mademoiselle de Villequier, alla la porter au comte du Maine, lequel la montra au Roi. « Je ne puis penser, dit celui-ci au comte du Maine, « que le comte de Dammartin me veuille faire quelque lâche « tour. » Mais le comte du Maine, qui détestait Chabannes, obtint, dit-on, qu'il fût exilé à Saint-Fargeau [3]. Le Roi, voulant être fixé sur les prétendues relations du comte de Dammartin

1. « Laquelle dame aymoit le Dauphin et tenoit son party occultement, et luy faisoit sçavoir des nouvelles de Court. » (*Chronique martinienne*, f. CCCVI.)

2. « Ma damoyselle, gectez ces lettres au feu, disait le Dauphin en terminant, et me faictes sçavoir s'il vous semble que je doyve gueres demourer en l'estat où je suis. Escript à Genappe le trentiesme jour d'aoust (sans doute *avril*). » — *Ainsi signé* : « Le vostre, LOYS. » — Cette lettre était de la main du Dauphin, et ne portait la signature d'aucun secrétaire. (*Chronique martinienne*, fol. CCCVI.)

3. C'est au moins ce que dit la *Chronique martinienne*, un peu suspecte, puisque cette partie a été rédigée par un serviteur de Chabannes.

avec le Dauphin, envoya tout exprès un cordelier à Genappe, et acquit bientôt la certitude, par le rapport de secrétaires du prince qui étaient d'intelligence avec la Cour, que jamais le comte n'avait écrit au Dauphin. Chabannes fut aussitôt rappelé[1]. D'autres bruits, habilement répandus par le Dauphin, firent croire au Roi qu'il y avait des traîtres jusque dans son entourage. Son médecin Adam Fumée fut enfermé par son ordre dans la grosse tour de Bourges ; un de ses chirurgiens aurait eu le même sort s'il n'avait pris la fuite : il se réfugia à Valenciennes, dans le voisinage du Dauphin, semblant par là confirmer les soupçons conçus contre lui[2].

Au commencement de juillet, l'état du Roi s'aggrava. L'inquiétude fut grande à la Cour. On crut que la mort était proche, et le vide commença à se faire autour du souverain. Au bout de quelques jours, une amélioration survint ; le Roi put assister à la messe, et l'on se rassura[3]. Pourtant, à partir du 10, des prières publiques furent ordonnées : chaque jour, à Saint-Étienne de Bourges, on disait une messe pour sa guérison, et l'on fit des processions solennelles à Bourges et à Paris[4].

Quelle était la nature de la maladie ? Charles VII souffrait d'un mal étrange dans la bouche[5] et dut subir l'extraction d'une dent. Cette opération détermina une fluxion et un abcès[6]. Dans l'état d'affaiblissement où il était — et l'on dit que le

1. Même source.

2. C'est du moins ce qu'affirme Thomas Basin, t. I, p. 312.

3. « Questo se sa certo che, hoggi viii di, la Maestà Soa fu alla messa, et era opinione certa che'l dovesse esser guarito. » Dépêche de Camulio du 25 juillet. Archives de Milan. — Même nouvelle dans une dépêche du 26. Dans sa dépêche du 20, Camulio écrivait : « Al Delfin frequentano li messi per la malatia del Re de Franza, et han tutti li suoi opinioni che el Re de Franza non li deba più delegare a questa volta (come) ha fatto altri tempi et in altre malatie. » Cf. lettre du comte de Saint-Pol au Dauphin, en date du 20 juillet. *Preuves de Mathieu d'Escouchy*, p. 410.

4. Raynal, *Histoire du Berry*, t. III, p. 48-49 ; *Preuves de Mathieu d'Escouchy*, p. 451. — De son côté, le Dauphin faisait des prières, mais dans une tout autre intention. « Et non he pelegrinagio in questi paesi unde non sia de quelli del Delfin per tali preghi et oratione. » Dépêche de Camulio du 20 juillet.

5. Nous voyons par le compte de l'argenterie que, dès le mois d'octobre 1458, on chapelle le pain de bouche du Roi. Archives, KK 51, f. 69.

6. L'affection survenue dans la bouche remontait au 9 juillet ; c'est ce qui résulte d'une dépêche de Camulio, en date du 20 juillet : « Uno he venuto qui persona propria, partita a li nove del presente da la Caria, chi dice el Re de Francia haver havuto ma-

poison n'y fut point étranger [1], — avec un sang vicié et cette plaie de nature cancéreuse qu'il avait à la jambe depuis plusieurs années, le moindre mal pouvait entraîner une issue fatale. Le comte du Maine réunit les membres du Conseil, et leur fit jurer que, si le Roi revenait à la santé, ils s'emploieraient de leur mieux à réconcilier le Dauphin avec son père. Il fut convenu qu'on écrirait à Louis pour l'informer de l'état alarmant du Roi. La lettre qui lui fut adressée portait la date du 17 juillet, et la signature de tous les membres du Conseil présents à Mehun.

« Plaise vous savoir, notre très redouté seigneur, disaient les conseilers du trône, que certaine maladie est, puis aucun temps en ça, survenue au Roi votre père, laquelle premièrement a commencé par la douleur d'une dent, dont à cette cause il a eu la joue et une partie du visage fort chargée, et a rendu grande quantité de matière, et a été sa dite dent après arrachée, et la plaie curée, en manière que, tant pour ce que aussi par le rapport que les médecins nous faisoient chaque jour, nous avions ferme espérance que bref il dût venir à guérison. Toutefois, pour ce que la chose est de plus longue durée que ne pensions, et que, comme il nous semble, il s'affoiblit plus qu'il n'avoit coutume, nous, comme ceux qui après lui vous désirons servir et obéir, avons délibéré de vous écrire et faire savoir, pour vous en avertir, comme raison est, afin de sur tout avoir tel avis que votre bon plaisir sera [2]. »

de denti et esser guarito. L'altro di, à Brocelle, domandandome io al vescovo de Tornai che ho il statutto de Bergonia, el me disse che al vero el Re de Franza havia havuto una doglia a una mascella, et che se diceva essergli apostemato le gengive da una masca. » Archives de Milan.

1. La croyance à l'empoisonnement se rencontre chez deux auteurs contemporains : « Eodem anno (1460) prædictus rex Franciæ, sumto veneno, pene desperatus est de vita sua ; sed, suffragante sibi divina clementia, post modicum tempus convaluit. » (Zantfliet, dans *Amplissima collectio*, t. V, col. 501.) — « Nec sine veneni suspicione mors ipsa contingit : quod ipse adhuc æger decumbens, sæpissime questus fuisse dicitur. Sed et hanc suspicionem non modicum adauxit, quod nullum aut minimum de ejus obitu dictus Delphinus luctum duxit, sed ei, qui primo ad se de hoc nuntium attulit, tanquam sibi jucundissima portasset nova, donaria dedit non contemnenda. » (Thomas Basin, t. I, p. 311.)

2. Copie du temps, ms. fr. 20855, f. 21 ; édité par Duclos, p. 237-39. — La lettre est signée par le comte du Maine, le comte de Foix, le chancelier, Jean monseigneur de Lorraine, Chabannes, Jean d'Estouteville, Mathelin Brachet, Tanguy du Chastel, Jean Bureau, Guillaume Cousinot, etc.

Cette lettre produisit une vive sensation à la cour de Genappe : on la considéra comme l'arrêt de mort du Roi. « L'opinion de la mort ou de l'état mortel du Roi de France, écrivait Camulio, est appuyée sur de nombreux signes : d'abord la nouvelle que l'envoi de l'armée qui devait aller en Angleterre est suspendu, ensuite le rassemblement des seigneurs de France en si grande hâte, enfin la lettre qu'ils ont adressée à Monseigneur le Dauphin, ce qu'ils n'auraient pas fait si le cas n'avait point été tel [1]; » et il annonçait que le Dauphin était aussitôt parti pour Avesnes, pour être prêt à prendre la route de Reims, où se ferait le couronnement [2].

Cependant l'état du Roi empirait; dès le lendemain du jour où la lettre précitée avait été envoyée, on le regardait comme désespéré [3]. Ici, les témoignages des contemporains sont contradictoires. A entendre le chroniqueur officiel Jean Chartier, le Roi, ayant été informé qu'on voulait l'empoisonner, « ficha tellement ledit empoisonnement en son cœur que oncques puis n'eult joye ne santé ; il se desconforta tellement qu'il delaissa le mengier par l'espace de huit jours ou environ, pour ce qu'il n'osoit se fier à nul de ses gens. Ne pour chose que ses physiciens lui dirent, il ne vouloit menger ni prendre aucune refection, et jusque à ce que ses physiciens lui dirent que s'il ne mangeoit il estoit mort. Et adonc mist paine de menger, mais ne peult, car ses conduits estoient jà tous rettraitz [4]. » D'après l'historien du comte de Foix, les choses se seraient passées autrement : « Et veullent dire aucuns, et c'est l'oppinion de plusieurs, que, parce que on l'avoit adverti que il se prenist garde quelz gens le serviroient en son menger, il entra dès lors en une si grande seuspicion et

1. Dépêche de Camulio du 25 juillet.
2. Même dépêche. — Le 26, Camulio écrit encore : Serissi etiam de li exercitamenti in che sonno tutti quelli del Delfin, chi a peregrinagio per pregar del Re de Franza, chi per le bone terre del paise per metterse in puncto, et le quale cose tutte se facevano alla scoperta, como el Re de Franza de chi se diceva essere malato fosse passato in tutto. »
3. « Par avant plus de six jours dès lors qye on n'y esperoit plus de vie. » *Histoire du comte de Foix.* Ms. fr. 4992, f. 103.
4. Jean Chartier, t. III, p. 113.

deffiance que à la plus grant paine du monde le povoit-on faire menger; et si petit qu'il voullust manger en sa maladye, jamais il ne voullut prendre par mains de nul serviteur qu'il eust ne d'aultre fois que monseigneur le comte de Foix luy mesme, de sa propre main, le lui baillast et administrast... Et est à penser que sa maladie le destraignoit et luy estoit si dure et tant oppressive que le manger lui estoit en ce point fastidieux[1]. »

D'autres témoignages contemporains nous apprennent qu'il était survenu un abcès dans la mâchoire qui rendait toute alimentation impossible[2].

La maladie du Roi se prolongea jusqu'au 22 juillet. Malgré une faiblesse croissante, Charles VII avait gardé toute sa connaissance. « Quel jour est-ce? » demanda-t-il aux religieux qui l'entouraient. — « Sire, lui répondirent-ils, il est le jour de la « glorieuse Magdaleine. » — « Ah! reprit-il, je loue mon Dieu « et le remercie de ce qu'il lui plait que le plus grand pécheur « du monde meurt le jour de la pécheresse. » Il se confessa, reçut le saint viatique et l'extrême onction, et prit ses dernières dispositions. Il demanda à être enterré à Saint-Denis, dans la chapelle où reposaient son père et son grand-père; il recommanda à Chabannes de servir fidèlement le *petit seigneur* son fils[3]. Une autre parole doit être recueillie. Comme Chabannes l'exhortait à prendre quelque nourriture, disant que, s'il se défiait de quelqu'un, il lui fit faire son procès et le fît

1. Ms. fr. 4992, f. 101.

2. « Et questo è proceduto ad uno infirmita molto terribile che hauto il prelibato Re, fusse una massella. » Lettre de Carlo de Vrolis, podestat d'Annone, à Sforza, 30 juillet. — « Passo di questa vita de una postema che egli era venuta su una masella. « Lettre du chancelier Cico de Calabria à Otto de Caretto, ambassadeur près du Pape, 1er août. — « Mori a una ora di notte, di una postema che gli vienne nella mascella » *Cronica di Bologna* (d'après une lettre du duc de Milan), dans Muratori, t. XVIII, col. 739. — « Passa de questa vita per mal naciutoli in bucca, il quale è devenuto a taglio, et per l'extremo dolore, non ha may potuto mangiare. » Lettre d'Abraham Ardizzi à Sforza, 4 août. — Les trois lettres citées se trouvent aux Archives de Milan, *Francia dal... al 1470*. — Sur la nature du mal qui emporta Charles VII, voir, aux *Notes supplémentaires*, l'avis d'un praticien très éminent, le docteur Notta, qui a bien voulu, sur notre demande, se livrer à l'examen de la question.

3. « Les assistens qui estoient en la chambre du Roy, après avoir ouy ces parolles, leur sembla qu'ils ne véoient plus le Roy, mais seulement son sercueil. » *Chronique martinienne*, f. CCCVI v°.

tirer à quatre chevaux, le Roi répondit : « Je remets la vengeance de ma mort à Dieu[1] ! » Charles VII expira le mercredi 22 juillet 1461, entre midi et une heure; il avait cinquante-huit ans, cinq mois et un jour[2].

Dans les derniers jours de juillet, le convoi royal s'acheminait vers Paris. Sur un « chariot branlant », recouvert de velours noir avec une grande croix de velours blanc, et traîné par cinq chevaux, était placée l'image du Roi, « tout au plus près de sa semblance, vestu et paré en habit et estat royal. » Une longue robe et un manteau de velours bleu, fourré d'hermines et de menu vair, et semé de fleurs de lis d'or, recouvrait cette image, qui portait une couronne d'or, garnie de pierreries, avec le sceptre royal et une main de justice en argent. A la suite du chariot, venaient le duc d'Orléans, le comte d'Angoulême, le marquis de Saluces, Charles de Gaucourt, seigneur de Chasteaubrun, le seigneur de Rochefort, le bailli de Touraine Antoine d'Aubusson et le prévôt de l'hôtel Jean de la Gardette, d'autres seigneurs encore, puis grand nombre de serviteurs du feu Roi, « rendans de piteux cris et lamentacions par tout leur chemin. » La douleur du peuple répondait à celle des familiers du Roi, « car publiquement on le pouvoit bien nommer Charles le Bien Servy et Bien Amé. »

Le convoi arriva le mercredi 5 août au soir, à l'église Notre-Dame des Champs, aux faubourgs de Paris, où un service solennel fut célébré le lendemain. Dans l'après-midi, on se rendit processionnellement à Notre-Dame, où furent dites les vigiles des morts, en présence du duc d'Orléans, des comtes d'Eu et de Dunois, du grand maître des arbalétriers Jean d'Estouteville, de l'amiral de Bueil, du maréchal de Lohéac, etc. Une grand'messe fut célébrée le jeudi par Louis d'Harcourt, patriarche de Jérusalem. Après l'offrande, maître Jean de Chasteaufort prononça l'oraison funèbre du feu Roi, en prenant pour texte ces paroles : *Memento judicii mei, Domine.* Il dit

1. *Chronique martinienne*, l. c.

2. Ce jour même, Marie d'Anjou, de Chinon où elle résidait, écrivit à son fils une lettre, entièrement autographe, qui nous a été conservée. On la trouvera aux *Pièces justificatives*.

comment le Roi s'était confessé et avait reçu la sainte Eucharistie, en grande dévotion; il ajouta que, tandis qu'on lisait la passion de l'évangile selon saint Jean, à ces mots : *inclinato capite emisit spiritum,* le Roi avait rendu son âme à Dieu. A trois heures, le cortège se mit en marche vers l'église de Saint-Denis, dont la nef avait été tendue de satin noir, avec une voûte de toile bleue ornée de fleurs de lis. Le corps fut déposé dans une chapelle tendue de velours. Le vendredi 7, le patriarche de Jérusalem présida la cérémonie. Singulière ironie du sort ! le sermon fut prononcé, au milieu des lamentations populaires, par maistre Thomas de Courcelles, docteur en théologie, l'un des juges de Jeanne d'Arc. Puis on porta le corps dans la chapelle mortuaire où reposaient Charles V et Charles VI. Quand il eut été déposé dans la fosse, après que l'officiant eut jeté sur le cercueil la première pelletée de terre, un héraut d'armes s'approcha, et, inclinant sa masse d'armes, dit d'une voix émue : « Priez pour l'âme du très excellent, très « puissant et très victorieux prince le Roy Charles, septiesme de « ce nom ! » Il y eut un moment de silence, interrompu seulement par les sanglots des assistants. Puis le héraut releva sa masse d'armes, en criant : « Vive le Roi ! » Et les secrétaires répondirent par le cri de « Vive le Roi Louis[1] ! »

On vient de voir comment mourut Charles VII. Transportons-nous auprès d'un autre lit de mort. Nous apercevons un moribond tellement maigre et défait qu'il fait pitié à tous ceux qui l'entourent; sa faiblesse est si grande qu'il peut à peine porter la main à sa bouche; un instant il a perdu la parole, mais il l'a recouvrée, et il garde toute sa connaissance. On lui dit qu'il va mourir et qu'il est temps de se mettre en état de paraître devant Dieu : « Je ne suis pas si malade que vous pensez, » répond-il. Pourtant il se confesse, reçoit les derniers sacrements et appelle auprès de lui son fils, ce Dauphin qu'il n'avait point vu depuis plusieurs années et que, par dé-

1. Voir, sur les obsèques de Charles VII, la relation officielle reproduite par Mathieu d'Escouchy, t. II, p. 424-44; le récit de Jean Chartier, t. III, p. 114-21 et les extraits du compte des obsèques dans *Supplément aux Preuves de Mathieu d'Escouchy*, p. 59-79.

fiance, il faisait garder étroitement. Il lui adresse ses dernières recommandations; il l'engage à tenir le royaume en paix, et à ne point congédier les serviteurs du trône, comme lui-même l'avait fait à son avènement. Il meurt enfin, après une existence troublée, où il n'avait guère connu le repos ni la sécurité, dans ce château hérissé de grilles, de barres de fer, de broches dont il avait fait une forteresse, et où il s'était enfermé, en proie à des craintes incessantes et à des terreurs « sauvages »[1].

Ce moribond, c'est le fils de Charles VII, c'est Louis XI.

L'heure de la justice vengeresse avait sonné.

On a dit avec raison : « C'est aux contemporains à juger les choses et les hommes de leur temps[2]. » Le jugement des contemporains doit-il être le jugement de la postérité ? Assurément, c'est d'après leurs actes qu'il faut apprécier le caractère des rois, et l'histoire, mieux informée, a toujours le droit de casser des arrêts trop complaisamment rendus. Mais n'oublions pas que les anciens prononçaient sur la dépouille mortelle de leurs princes s'ils estimaient qu'elle fût ou non digne des honneurs de la sépulture, et cette sentence était celle de la postérité. Les sujets de Charles VII auraient-ils hésité à accorder ces honneurs à leur maître ? Les regrets unanimes qui éclatèrent à sa mort ne peuvent laisser aucun doute à cet égard. Ce fut un deuil universel[3]. Peu de rois ont été pleurés autant que le fut Charles VII ; ajoutons que fort peu ont été autant loués par leurs contemporains. Il ne sera pas sans intérêt de recueillir, en terminant, ces témoignages, qui contrastent si étrangement avec le langage de nos modernes historiens.

Ce sont d'abord les nations étrangères qui célèbrent à l'envi les louanges de Charles VII, et rendent hommage à l'ascendant de sa couronne. Pour elles, il est le « grand Roi de l'Oc-

1. Commines, t. II, p. 255-271.
2. Le P. Lacordaire, *Mémoire pour le rétablissement de l'ordre des Frères prêcheurs*, p. 161.
3. Voir les *Complaintes sur la mort de Charles VII*, Mss. fr. 2861, f. 205 et 5735, f. 1 ; *Nouvelles Recherches sur Henri Baude*, p. 17-22, et les *Vigilles de la mort du Roy Charles VII*, par Martial d'Auvergne.

cident[1] » le « Roi des Rois », le « seigneur de la mer et de la terre[2], » le « grand Roi » par excellence[3]. Qu'on entende les ambassadeurs saxons paraissant à la cour de France en 1459[4], ou les ambassadeurs florentins venant saluer le nouveau Roi[5], c'est le même concert de louanges et d'admiration. Charles VII est l'objet de l'estime universelle, et sa puissance est justement redoutée[6]. « Le Roi est puissant à merveille et est de « grande conduite, disait le comte de Charolais, et n'y a Roi « au monde aujourd'hui qui tant face à craindre[7]. » Ses ennemis eux-mêmes ne peuvent s'empêcher de faire son éloge : « Je le tiens si puissant, si sage et si prudent, » répondait le duc de Bourgogne au Dauphin qui lui demandait un secours armé pour chasser les mauvais conseillers de son père, « qu'il « saura bien réformer ceulx de son Conseil, sans qu'il soit be- « soin que autrui s'en doive mêler[8]. »

1. Poème du Rhodien Georgillas, cité par Egger, *Revue des Cours publics*, du 20 août 1861.

2. Lettre du sultan d'Égypte (Math. d'Escouchy, t. I, p. 122). — Discours des ambassadeurs d'Orient (Du Clercq, p. 172).

3. A Mantoue, les Vénitiens voulurent attendre, pour prendre un parti, de connaître « la délibération du Grand Roi. »

4. Voir ci-dessus, p. 207.

5. Voici le langage tenu par Philippe de Medicis, archevêque de Pise, dans sa harangue à Louis XI, le 30 décembre 1461 : « Caroli itaque Regis tempora sua virtute et prestantia felicissima fuere, ubi justitiam, fortitudinem, temperentiam, que maxime Regi conveniunt, coluit et observavit; tantum enim hic glorie, tantum fame et conditionibus apud mortales Sue Majestati prestiterunt, ut cum gloriosis Regibus et genitoribus suis maxima virtute certaverit; nam, ubi pacis tempora fuerunt, nullus mitior, ubi vero belli nullus firmior atque constantior fuit. Consideravit namque Regis justi et fortis esse propulsare injurias, magnanimi vero et mansueti ignoscere deliquentibus; et cum regnum ejus dilaniatum et fractum et undique scissum atque divisum, cum teneram ageret etatem, conspiceret, relicta adolescentia, tantum regnum, tantam civium, incolarum et subditorum multidudinem, quos varii fluctus, diverseque tempestates circumquaque gentium distraxerant atque jactarant, mirabili celeritate unum in corpus redigit, composuit, confirmavit, et priscorum more, omnia jure, omnia legibus juste et æque factitantem, se in omnes facilem, humanum, clementem, liberalem atque magnificum et subditorum salutis acquietis vigilem et studiosum prestavit. » Desjardins, *Négociations diplomatiques de la France avec la Toscane*, t. I, p. 119-20.

6. « Aymé tant de ses subjectz comme des nacions estranges. » (Baude, p. 13.) — « Cremu et redouté en tous ses environs. » (Chastellain, t. II, p. 183.) — « Craint et doubté de ses voisoins. » (Le Fèvre de Saint-Remy, p. 559.) — « Le plus puissant Roy, le plus craint, le plus amé et le plus redoubté de tous les aultres Roys et haulx hommes, tant de la universelle chrestienté comme aussi de toutes les aultres regions et nacions barbares..... » (*Histoire du comte de Foix*, ms. fr. 4992, f. 101.)

7. Chastellain, t. III, p. 426.

8. Mathieu d'Escouchy, t. II, p. 333.

Ce sont les chroniqueurs hostiles à la France qui font entendre un concert d'éloges où la louange devient même parfois hyperbolique. Georges Chastellain, l'historiographe de Philippe le Bon, en cent endroits de ses nombreuses productions, appelle Charles VII le « Roi très clair et luisant, » le « Roi émerveillable et prodigieux, » le « Roi plus exalté par vertus que par fortune » et « que nom, non seulement, mais fait glorifie, » le « Roi tout laborieux, Roi sur tous Rois, » le « grand Roi des merveilles, » le « plus sage et le plus glorieux Roi, tout compris, et le plus clair et plain de hauts faits qui guères ait été depuis Charlemagne ; » il lui prodigue les épithètes de « second Auguste, » de « nouveau César triomphant sur le monde, » d' « autre Charlemagne victorieux, occupant la terre de sa renommée[1], » etc. L'évêque Guillaume Fillastre, l'un des conseillers du duc de Bourgogne, célèbre aussi les vertus et les hauts faits de Charles VII, et le proclame le Roi le plus magnanime qui ait régné depuis Charlemagne[2]. Jean Le Fèvre, seigneur de Saint-Remy, le hérant bourguignon qui, sous le nom de Toison d'Or, apparaît si souvent dans l'histoire du temps et vint tant de fois, comme ambassadeur, à la cour de Charles VII, écrit : « En telle renommée et gloire regna jusques à la mort ; et qu'il soit vray que depuis trois cents ans n'eust Roy en France qui mieulx se gouverna que luy[3]. »

Plus sobres dans les expressions, les chroniqueurs français sont unanimes à vanter la sagesse, la prudence, la clémence, la bonté, l'affabilité, la générosité de Charles VII ; ils louent son grand sens, la finesse de son esprit, sa bravoure ; ils nous le montrent sans cesse occupé du bonheur de son peuple, prenant un soin vigilant des affaires de l'État, possédant à fond cette science si rare mais si nécessaire chez les souverains, la science des hommes[4]. Pour eux, aucun prince ne fut

1. Georges Chastellain, t. IV, p. 15 ; t. VI, p. 420, 421, 431, 437, 456 ; t. VII, p. 324, note, etc.

2. « Dont je puis conclure que telle magnanimité est trouvée en luy que je ne sçayse, depuis Charlemaigne, a regné Roy en France ouquel elle soit pareille trouvée, veues ses depressions et ressourse. » *Histoire de la Toison d'Or*, Ms. fr. 2621, f. 401.

3. *Chronique*, t. II, p. 366.

4. Je pourrais placer une note à chaque épithète ; qu'il me suffise de constater que tout ce qui suit est appuyé sur les témoignages les plus nombreux et les plus autorisés.

plus fidèle à ses devoirs[1], plus jaloux de l'honneur de sa couronne, plus exempt de vices[2]. Il est — c'est un auteur bourguignon qui le proclame — un « exemple de hautes perfections[3]. »

La même unanimité se retrouve dans les jugements non plus sur le personnage royal, mais sur les résultats du règne[4].

Écoutons Georges Chastellain :

« Luy de son royaume tout desolé, tanné et deschiré comme un desemparé et demoli à tous les costés, miné en ses fondemens, et en toutes ses beautés et magnificences mis à ruine, sans labeur, sans peuple habitant, sans marchandise et sans justice, sans règle et sans ordre, plein de larrons et de brigans, plein de povreté et de mesaise, plein de violence et d'exaction, plein de tirannie et d'inhumanité, et qui mesmes avoit son royal throne et siège gisant par terre, tombé et enversé ce dessus dessoubs, scabeau des pieds des hommes, foulure des Anglois et le torchepied des sacquemans[5], il, en grand sens et labour, en toute frequente pourvision necessaire, par vertu, par diligence, par conseil et par remède, le remit en justice et en paix, le remit en ordre et en règle, le repeupla d'hommes et de labour, le ramena à franchise et à richesse; et tout ce qu'il y avoit de mal il l'extirpoit et le dechassoit dehors; et tout ce qui estoit de profit, de gloire et de salut, tout y faisoit recroistre et renaître par abondance; et tellement qu'en recouvrant son royaume tout à luy par sens et par armes, ce qu'oncques n'avoit esté vu en autre, il en fit le royaume de benediction, le royaume de justice et de seurté, le royaume de cremeur et de souverain honneur du monde. Et lui, cause et procureur de tous

1. « Cellui Roy eut en soy toutes les bonnes taches et haultes vertus qui doivent estre en prince terrien. » Voir tout le passage, dans *Le Jouvencel*, t. I, p. 27-28.

2. « Vuide de vices, » dit H. Baude, dans ses *Regrets et complaintes*, l. c., p. 18. Pour le panégyriste, la débauche, on l'a vu, n'est point un vice.

3. Chastellain, *Advertissement au duc Charles*, t. VII, p. 324, note.

4. On ne nous reprochera point de taire ici les quelques notes discordantes qui peuvent se rencontrer chez les auteurs contemporains : nous croyons avoir, dans ce livre, fait assez équitablement la part du blâme. Les plus sévères, d'ailleurs, comme Chastellain et Thomas Basin, en se faisant accusateurs, sont souvent en contradiction avec eux-mêmes : ainsi le premier quand il accuse Charles VII de « muableté, diffidence et envie » — c'est ici le *bourguignon* qui se trahit ; — et le second quand il parle de l'oppression que Charles VII aurait fait peser sur le peuple, de sa facilité à donner les emplois et les charges, et du peu de fidélité à tenir certaines promesses.

5. *Sacquemans*, brigands, pillards.

ces hauts biens, s'acquit triumphale gloire et louenge sur tous les Roys de la terre[1].

Écoutons Henri Baude : le ton du panégyriste ne diffère guère de celui de l'adversaire :

« Et tellement conduisit ses œuvres, et en si grant justice et police, que, en bref temps et sans grant effusion de sang, il recouvra tout son royaume. En quoy faisant les laboureurs ne laissoient point de labourer ne à eulx tenir en leurs maisons, car les gens d'armes ne leur faisoient aucunes exactions, ne cause n'en avoient; et si n'eusent osé, car ils estoient bien paiez. Par quoy, vingt ans avant son trespas, lui et son peuple vesquirent en paix et transquillité, aimé tant de ses subjectz comme des nacions estranges (*étrangères*) qui venoient souvent devers lui à conseil pour le different de leurs questions, et ce pour la grant justice qu'il tenoit. Craint des bons et des mauvais : des bons qui craignoient mal faire, de paour qu'il ne vint à sa congnoissance; des mauvais qui craignoient sa justice. Obey de ses vassaulx et subjects, et bien servy de ses serviteurs, vielz, saiges et bien morigenez, qui savoient sa condicion telle qu'il vouloit que chacun eust ce qui lui appartenoit. Et trespassa en vieil âge. Et après son decès, fut en grant solempnité, pleur et lamentacion ensevely honorablement, et à grans regretz de gens de tous estatz, qui encores dure, en l'église Saint-Denis en France, avec ses predecesseurs[2]. »

Écoutons Thomas Basin, évêque de Lisieux :

« Charles fut remarquable par sa prudence, son honnêteté et sa modération. La meilleure preuve, c'est que, jeune encore quand il parvint au trône, son père étant mort sous la domination des Anglais et des Bourguignons qui occupaient la plus vaste et la meilleure partie du royaume..., il finit par chasser ses ennemis de tout le royaume et par reconquérir des provinces que les Anglais regardaient comme leur bien propre. Après ces victoires, remportées par un secours spécial du ciel, il sut gouverner avec tant de sagesse, qu'il laissa à son fils dans un état florissant ce même

1. Chastellain, *Œuvres*, t. VII, p. 325, note. Nous choisissons, entre plusieurs autres, ce remarquable passage, parce qu'il est moins connu.
2. *Nouvelles recherches*, etc., p. 13.

royaume qu'il avait trouvé épuisé, affaibli, presque désert, dépeuplé par de si longues guerres et de si lourds impôts [1]. »

Ouvrons enfin certaines chroniques manuscrites du temps; nous retrouverons les mêmes appréciations :

« Après ledit Charles VIe, regna Charles, VIIe de ce nom, renommé le très-saige, victorieux et bien servy, tant pour la sapience de luy et le bon conseil qu'il avoit tousjours, comme pour les grandes et merveilleuses victoires qu'ilz obtint sur ses ennemis, sans grande effusion de sang [2]... »

« En ce point myst tout son reaume en paix et myst bonne ordenance en ses gens d'armes, tielemant que marchandise corroit par tout son reaume. Il fut bégnin prince tant qu'il vesquit. Jamès ne consantit mort de hommes, et amoyt justice sur toute chouse et gens de bon gouvernement [3]. »

« Ledit Roy Charles septiesme trouva son royaume bien empeschié de ses enciens ennemys les Anglois. Mais, par l'aide divin et de sa bonne chevalerie, il les en chassa dehors... Et tellement qu'il laissa à son décès son Royaume en aussi bonne paix, justice et transquillité qu'il feust depuis le Roy Clovis premier crestien [4]. »

Le même concert d'éloges se retrouve, soit dans la note du greffier de la Cour des comptes enregistrant la mort de Charles VII [5], soit dans les discours prononcés aux États de Tours en 1484 [6].

1. *Histoire de Charles VII et de Louis XI*, t. III, p. 193.
2. Chronique abrégée finissant à l'avènement de Louis XI. Ms. fr. 4943, f. 47.
3. Ms. f. 4985, f. 9 v°. Interpolation de l'*Armorial du Hérault Berry*, citée par M. Vallet : *Armorial de France composé par Gilles Le Bouvier dit Berry*, p. 36.
4. Chronique abrégée jusqu'à Louis XII. Ms. fr. 4951, fol. 22 v°-23.
5. « Die mercurii vigesimo secundo julii a. D. 1461, qua solemnizatur in sancta Dei Ecclesiâ festum B. M. Magdalenæ, commendandæ recordationis, inclitus et christianissimus princeps Carolus, nominis hujus septimus, Francorum Rex, pacis et justiciæ zelator pius et mitis, nec non solùm subditis, verum etiam in inimicis et malivolis clemens, in castro Magduni super Ebram, in pago Biturcæ, circa horam post meridiem novissimum reddens suspirium, obdormivit in Domino, qui celestium agminum interventu sibi misericorditer propicietur regnum istud, quod annis obtinuit trigentis nonis et ultra omni se dato dissidio prosperum relinquens et quietum, cujus examine corpus delatum in ecclesia Beatissimæ martiris et Francorum appostoli Dyonisii, prope Parisius, regio more, die sabbati octava augusti proxime sequente inhumatur. » Archives, P 2299, f. 213, d'après le *Mémorial* L, f. 161 v°.
6. « Revolvite cunctarum gentium reges qui, viventium memoria respublicas gubernandas habuere : et nullum reperietis qui Carlo septimo veniat comparandus. Is enim

Il faut bien tenir compte de cet imposant ensemble de témoignages et se rendre à l'évidence des faits. Si Charles VII a été jugé par les historiens modernes d'une façon peu équitable ; si son caractère a été mal apprécié, c'est que le personnage royal était insuffisamment connu, c'est qu'il n'avait point été envisagé à la lumière des documents contemporains.

Quoi qu'on puisse penser de la faiblesse de Charles VII durant les premières années de son règne ; quelques réserves qu'on puisse faire au sujet de ce qu'on a appelé son lâche abandon de Jeanne d'Arc et son ingratitude envers Jacques Cœur ; quelque sévère que soit le blâme qu'on doive lui infliger pour le scandaleux débordement de ses mœurs dans la dernière partie de son règne, il est impossible de ne point reconnaître chez ce prince un sens droit et un esprit judicieux ; un sentiment profond de la dignité de sa couronne et des intérêts de son peuple ; une rare perspicacité à reconnaître les talents et les aptitudes, et à s'entourer des plus habiles et généralement des plus dignes de confiance. Son intervention personnelle active et éclairée dans les affaires de l'État, durant la seconde moitié de son règne, ne saurait être mise en doute, pas plus que son soin vigilant à assurer le repos et le bien-être de ses sujets, son amour sincère de la justice, sa volonté ferme et persévérante de faire régner l'ordre et la discipline dans son armée. Il eut toujours une attention scrupuleuse à pour-

primum justitia summa fuit. Officiarios numero et stipendiis necessariis diffinivit, et eos officiarios qui meritis et virtute præstarent. Non erogationes fecit superfluas, non pensiones nisi admodum paucas, et magno gravique examine. Nullo unquam tempore apud eum habuere locum delatores, non confiscationum captores. Nullis denique accusationibus facilis ingressus patuit. Nihil tamen leviter et inconsulto fiebat ; sed quæque res mature et longa discussione conclusa, constabat immota omnino firma, et minime retractanda, nisi forsan maxima et utilissima ratione. Sub ejus piissimo regno, sancta mater Ecclesia multa sanctitate, multaque religione floruit. Nobilitas suis in dignitatibus et privilegiis conservata est. Plebis opulentiam et tranquillitatem sub eo laudare non est necesse. Omnes autem regni subditi, ut paucis omnia complectar, summa politia regebantur, omnes summa pace gaudebant. Ejus autem virtutes plenius post ejus tristem obitum compertas habuimus : et primum sensimus ejus regni suavissimum jugum, cum optimis pessima tempora successerunt.... Nec quæ prædicto regis merita vos latent, cum per totam codicis seriem, cum tantis laudibus efferatis, ac omnimode ejus facta, constitutiones et mores censeatis imitandos. » Discours de Jacques de Viry, juge de Forez. *Journal des États généraux tenus à Tours en 1484*, par Jehan Masselin, dans la *Collection des Documents inédits*, p. 350 et suiv. Cf. p. 366-380, 438, 570, 677.

voir les offices d'hommes honnêtes et capables. Il témoigna d'un désir généreux et parfois immodéré de récompenser les services rendus. Son inviolable fidélité à tenir la moindre de ses paroles était proverbiale. On doit vanter sa dignité grave, jointe à une affabilité pleine de charmes; sa tempérance; sa clémence égale à son humanité. Il fit preuve d'une prudence qui ne laissait rien au hasard, d'une rare énergie dans les circonstances difficiles, d'une suite dans les desseins qui lui assura le succès quand la fortune ne conspira pas contre lui. Il montra de la bravoure à l'occasion, bien qu'il n'eût point la passion des armes. En toutes choses, il ne se départit jamais d'une sage modération qui lui assura l'amour de ses sujets, l'estime de ses alliés et même de ses ennemis. Ce sont là des qualités vraiment royales et qui peuvent effacer plus d'une tache.

Certains esprits prévenus diront peut-être que tout cela ne constitue point la vraie grandeur et ne suffit point pour assurer la gloire. On n'en doit pas moins assigner à Charles VII une place honorable dans notre histoire. Et si l'on ne va pas jusqu'à lui accorder, avec le P. Daniel, d'avoir été « un des grands princes qui aient porté la couronne de France[1], » on peut dire de lui, avec plus de justesse, ce que Duclos a dit de son successeur : « Tout mis en balance, c'était un Roi[2]. »

1. Le P. Daniel, *Histoire de France*, t. VII, p. 331.
2. Duclos, *Histoire de Louis XI*, t. III, p. 470.

NOTES SUPPLÉMENTAIRES

I

Le Procès d'Otto Castellain.

(Chapitre VII, p. 110.)

Nous réunissons ici les données que les documents du temps nous fournissent sur ce procès.

Castellain et Gouffier furent d'abord emprisonnés au château de Pierre-Assise :

« Pierre de Roussoy, dit le Fauconnier, IIII l. II s. VI d., le 14 avril « (1457), pour avoir les menues necessitez aux festes de Pasques à Lyon, « où ils (*sic*) estoient detenus prisonniers pour le fait du procez de Guil- « laume Gouffier, escuyer, seneschal de Xaintonge, leur maistre, et Otto « Castelan, lors prisonnier au chastel de Pierre Assise[1]. »

« Maistre Pierre de Ligonnes, licentié ès loix, VIII l. X s., 17 may (1457), « pour conduire de Lyon à La Palice Guillaume Gouffier[2]. »

« Jehan de Launoy, escuyer d'escuyerie, LXVIII l. XVI s., en juillet « (1457), en recompense des travaux qu'il a eus à la garde de Guillaume « Gouffier, prisonnier au chastel de Pierre Assise[3]. »

Le procès d'Otto Castellain s'instruisit d'abord à Toulouse, devant le Parlement de cette ville. Trois conseillers : Jean Le Baud, président au Parlement; Mathurin Baudet et Jacques Beson, conseillers, furent désignés comme commissaires « pour le fait de Otto Castellan[4]. » Puis Charles VII évoqua la cause devant le grand Conseil, et fit transférer Otto Castellain de Toulouse à Tours.

1. Huitième compte de Mathieu Beauvarlet. Cabinet des titres, 685, f. 192 ; cf. f. 190 v°.
2. *Id.*, *ibid.*, f. 192.
3. *Id.*, *ibid.*, f. 191.
4. *Id.*, *ibid.*, f. 192 v°. On trouve dans le même compte (f. 191 v°) la mention suivante, qui paraît se rapporter à l'affaire d'Otto Castellain : « Jacques Beson et Pierre Alignon, à chascun XX l. t., en septembre, pour estre venu de Toulouse à Souvigny et pour retourner à Toulouse. »

« Guillaume Vigier, escuyer, seigneur de la Valette, pour ses des-
« pens à Tolose, luy huitiesme, en attendant que les gens du Parle-
« ment luy eussent delivré Otto Castellan et Pierre Lentremont, pri-
« sonniers, qu'il a amené à Tours, XXXVII l.[1]. »

« Guillaume Vigier, escuyer, seigneur de la Valette, pour sa des-
« pense de huit hommes et huit chevaux pour amener seurement de
« Tolose à Tours Otto Castellan, argentier du Roy, et Pierre Lantre-
« mont, prisonniers, VIIxx XVII l.[2]. »

Le 11 avril 1459, Charles VII écrivait au Parlement de Toulouse pour lui enjoindre de déléguer deux conseillers à Tours, afin de poursuivre le procès, de concert avec les membres du Conseil désignés à cet effet; ces deux conseillers devaient être rendus à Tours le 1er mai[3]. Les comptes nous apprennent que, dès le 26 avril, ils étaient à leur poste. On remarquera que, dans tous ces documents, il n'est plus question de Guillaume Gouffier. Le procès s'instruit contre l'argentier du Roi, et contre Varry Castellain et Pierre Perrin, dit Lentremont, ses complices; Gouffier a été jugé et condamné par le grand Conseil[4].

« Jacques de Heriçon, conseiller à Tolose, pour avoir vacqué à Tours
« et à Chinon, avec autres conseillers, aux procez desdiz prisonniers
« du 26 avril 1459 au 22 juin, VIIIxx XIII l.[5]. »

« Jehan de Graille (?), escuyer, pour louages de chevaux et mulles
« pour apporter de Tolose à Tours le procez de Otto Castelan, Varry
« Castelan, et Lantremun, et pour sa despense, XXII l.[6]. »

Quels sont les juges? Nous venons de voir que Jacques de Heriçon est l'un d'entre eux[7]. Les comptes mentionnent les suivants :

« Me Guillaume Blanchet, conseiller au Parlement, pour avoir vacqué
« au procez d'Otto Castelan du 1er mai au 18 juin (1459), VIIxx VII l. —
« Me Jehan Chambon, conseiller au Parlement, *idem, idem.* — « Me Hé-
« bert Malenfant, conseiller au Parlement de Tholose, *idem* du 26 avril
au dernier juillet, IIc IIIIxx V *l.*[8]. »

D'autres documents nous apprennent que Jean Le Baud, président, et Pierre Varinier, conseiller au Parlement de Toulouse, figurèrent au nombre des juges avec leur collègue Hébert Malenfant[9]. En outre, Guil-

1. Cabinet des titres, 685, f. 208 v°.
2. *Id.*, *ibid.*, f. 212.
3. *Pièces originales*, 701 : CASTELLAIN, n° 23; éd. *Jean de Reilhac*, t. I, p. 81, note. — De Montbazon, en février ou mars 1459, Charles VII avait envoyé Jean de Grente, écuyer, à Toulouse, « touchant le fait du procès d'Otto Castellan, et de là en Armagnac. » Cabinet des titres, 685, f. 212.
4. Dans des lettres des trésoriers de France du 17 mai 1458, il est parlé de la « privacion d'offices et condempnacion nagaires faiz et prononcez contre lui par les gens du grant Conseil. » *Pièces originales*, 1366 : GOUFFIER, n° 18.
5. Cabinet des titres, 685, f. 210.
6. *Id.*, *ibid.*, f. 211.
7. Voir en outre deux documents des 30 juin 1459 et 12 avril 1460 dans *Pièces originales*, 1514 : HERIÇON, nos 4 et 6.
8. Troisième compte de Robert de Molins. Cabinet des titres, 685, f. 201 v°. — Voir en outre, pour Malenfant, *Pièces originales*, 1812 : MALENFANT, n° 5.
9. Rôle des parties ordonnées à être payées sur l'aide de 114,000 l. octroyé au Puy en décembre 1460. Ms. fr. 20198, f. 79 v°.

laume de Culan, examinateur au Chatelet, procéda à plusieurs informations du 26 décembre 1458 au 10 juin 1459 :

« Me Guillaume Culan, examinateur au Chastelet, pour plusieurs in-« formations qu'il a fait touchant le procez d'Otto Castelan, c l. » — « Me Guillaume de Culan, examinateur au chastelet, du 26 décembre au « 16 juin, IIIc l. l.[1]. »

De Chinon, Castellain fut transféré à Paris, où le procès se poursuivit devant le Parlement.

« Jehan de la Gardette, escuyer, prevost de l'ostel, pour avoir nourri « et entretenu, ès chasteaux de Tours et de Chinon, Otto Castellan et « Pierre Lentremont, prisonniers en justice, quatre archers pour leur « garde, deux hommes pour les servir, et ustencilles, depuis le 14 dé-« cembre 1458 au 16 juin suivant, IIcXXXIII l. V s., et pour les conduire « à Paris, LV l.[2]. »

« Me Jacques Beson, pour faire conduire de Chinon à Paris toutes « les escriptures, livres et papiers touchant le procès d'Otto Castellan « et Pierot Perrin, dit Lentremont, XIII l. XV s.[3] »

Les derniers renseignements que nous rencontrons sont du printemps de 1461, après l'arrêt rendu contre Otto Castellain le 6 septembre 1460 :

« Penultiesme mars (1461) :

« Entre Otto Castellain, à present detenu prisonnier, requerant que, « en ensuivant l'arrest de la Court donné à l'encontre de luy le VIe sep-« tembre dernier, il fust mis hors de prison et emmené hors du royaume, « et le procureur du Roy opposant, d'autre. Finalement fut dit, en en-« suivant ledit arrest, que ledit Castellain sera mis hors du royaume, « non obstant chose proposée par le procureur du Roy[4]. »

« XVe avril LXI :

« Entre Me Jehan Avin, conseiller, etc., requerant que Otto Castellain, « prisonnier, ne soit delivré jusqu'à ce qu'il soit payé du contenu en « certaine cedulle. Dit a esté que, non obstant ladicte requeste, il sera « delivré, sauf audit Avin son action contre qui il appartiendra[5]. »

II

Date d'une lettre du Dauphin au Roi. Genappe, 22 décembre.

(Chapitre XI, p. 211-12)

Nous avons mentionné plus haut une lettre du Dauphin au Roi, que M. Étienne Charavay, dans son recueil des *Lettres de Louis Dauphin*, place à l'année 1456[6].

1. Cabinet des titres, 685, f. 208 et 201 vo.
2. Cabinet des titres, 685, f. 210.
3. *Id.*, *ibid.*, f. 211.
4. Ms. fr. 5908, f. 106.
5. *Idem*, f. 106 vo.
6. *Lettres de Louis XI*, t. I, p. 81.

Quelle est la date de cette lettre?

Nous estimons qu'elle ne peut avoir été adressée à Charles VII en 1456 :

1° Le Dauphin avait écrit à son père le 26 octobre 1456, et, à la même date, il annonçait aux membres du Conseil que le duc de Bourgogne envoyait *présentement* ses ambassadeurs, « par lesquelx, disait-il, nous lui escripvons[1]. »

2° L'ambassade du duc de Bourgogne, composée de Jean de Croy, seigneur de Chimay, Simon de Lalain, seigneur de Montigny, et Toison d'Or, partit le 27 octobre et ne revint près du duc, à Bruxelles, que le 8 janvier 1457[2].

3° Les « très gracieuses lettres » du Roi dont il est parlé ne peuvent avoir été écrites au lendemain de la fuite du dauphin.

4° Ces lettres n'ont pu être apportées par les ambassadeurs du duc, lesquels n'étaient point de retour le 22 décembre.

5° Enfin, la lettre du Dauphin, en date du 22 décembre, est datée de Genappe, et nous avons montré que le Dauphin ne s'y installa qu'à la fin de juillet 1457, après l'arrivée de la Dauphine en Flandre[3].

La lettre du Dauphin ne peut être, ni du mois de décembre 1457, ni du mois de décembre 1459 : il n'y eut pas d'ambassade envoyée par le duc de Bourgogne en décembre 1457, et en décembre 1459 les ambassadeurs de Charles VII étaient à la cour du duc.

Restent les dates de 1458 et de 1460.

A première vue, on pourrait pencher pour la dernière, car nous avons la mention d'une ambassade envoyée, au mois de décembre 1460, par le duc de Bourgogne, et qui se composait de Jean de Croy et de Simon de Lalain. Mais le Dauphin n'a pu charger, le 22 décembre 1460, Croy et Lalain de « poursuivre son fait, » quand, le 13 décembre précédent, il avait écrit à son père pour accréditer auprès de lui Jean Wast, seigneur de Montespedon, qui arriva à Bourges le 3 janvier 1461.

Nous sommes donc ramenés forcément à la date de 1458.

Voyons maintenant si les faits concordent avec le texte de la lettre du 22 décembre.

Les ambassadeurs envoyés par le duc de Bourgogne à Vendôme sont de retour le 2 novembre 1458[4].

A son retour de Vendôme, Jean de Croy se rend à Hal vers le Dauphin, en compagnie du duc de Bourgogne, et y séjourne du 13 au 20 novembre[5].

Le 8 janvier 1459, Jean de Croy, Jean, seigneur de Lannoy, et Toison d'Or partent pour se rendre auprès de Charles VII[6].

Le 7 février suivant, Jean de Croy présente au Roi un long exposé, au nom du Dauphin.

1. *Lettres de Louis XI*, t. I, p. 80 et 83.
2. Archives du Nord, B 2026, f. 176 et 176 v°.
3. Voir plus haut, p. 123.
4. Archives du Nord, B 2034, f. 73 ; B 2030, f. 173 v°, 199 et 201 v°.
5. Archives du Nord, B 2034, f. 73 et 73 v°.
6. *Id.*, *ibid.*, f. 94.

Les indications contenues dans la lettre du 22 décembre sont donc concordantes avec ce qui se passa à ce moment.

Reste une difficulté à résoudre. L'ambassade de janvier 1459 se composait de Jean de Croy et de Jean de Launoy; Simon de Lalain, mentionné dans la lettre du 22 décembre, n'en faisait pas partie.

Mais il faut faire observer que nous ne possédons qu'une copie moderne de cette lettre et que cette copie porte la mention de Simon de *Launoy*. En admettant que l'original donne le nom de Simon de *Lalaing*, comme cela paraît probable, et comme l'imprime M. Charavay, en corrigeant le texte, il peut se faire que, dans l'intervalle du 22 décembre au 8 janvier, il y ait eu une substitution de Jean de Launoy à Simon de Lalain. Nous voyons en effet que, dans les premiers jours de janvier, Simon de Lalain fut désigné pour faire partie de l'ambassade envoyée au pape Pie II, et qu'il partit le 5 janvier[1].

Par tous ces motifs, nous sommes amenés à maintenir la date de 1458, que, en 1875, dans notre étude sur le *Caractère de Charles VII*[2], nous avions assignée à la lettre du 22 décembre.

III

Causes de la mort de Charles VII

Opinion du docteur Notta.

De l'analyse des divers documents que j'ai sous les yeux, il résulte : que Charles VII, après une existence des plus agitées, usé par une vie des plus licencieuses et par des préoccupations morales de toute nature, « qu'il ait esté ou non en dangier d'empoisonnements, ou d'intoxications, » comme l'écrivait en 1451 un grand prélat du temps, était encore très bien portant en septembre 1455, ainsi qu'il l'écrit lui-même à Chabannes : « Mais grâces à Notre-Seigneur, nous sommes très bien guéri et aussi en bonne santé et disposition que fûmes longtemps a. »

C'est peu de temps après que le Roi commence à décliner, et à partir de décembre 1457, il nous est représenté par les chroniqueurs comme infirme et valétudinaire. Son état moral est affecté. Les terreurs qui remontaient à son jeune âge redoublent. Il est vrai qu'un complot tramé contre lui légitimait ces terreurs; mais je ne vois rien, chez les historiens du temps, qui, pendant les quatre dernières années de sa vie, puisse faire supposer qu'il ait été empoisonné. Ainsi, en décembre 1457, il a une indisposition qui dure dix jours. « Il fut si malade qu'on disait tous les jours qu'il était mort. » Qu'est-ce que cela prouve? N'en disait-on pas autant de nos jours de l'empereur Guillaume, aussitôt qu'il avait la moindre indisposition? Ce qui me paraît au contraire évident, c'est que

1. Archives du Nord, B 2034, f. 75 et 93.
2. *Revue des questions historiques*, t. XVII, p. 420.

le Roi, usé par les excès, avait déjà depuis longtemps, en 1458, une cause incessante d'épuisement dans le mal incurable de sa jambe, quelle qu'en fût d'ailleurs la nature.

Les années qui suivent nous montrent le Roi dépérissant chaque jour et souvent tellement faible que l'on croyait qu'il allait s'éteindre. Zantfliet déclare qu'en 1460, après avoir pris du poison (*sumto veneno*) il ne doit la vie qu'à la clémence du ciel. Il me semble qu'une semblable affirmation aurait dû être un peu moins laconique et appuyée sur quelques preuves. Charles VII n'aurait-il pas éprouvé plutôt une de ces recrudescences du mal, si fréquentes dans le cours des affections chroniques et que l'on aurait attribuée au poison, supposition à laquelle l'attitude et le caractère de son fils pouvaient donner quelque créance. On doit en effet s'étonner que, épuisé et malade comme il l'était, Charles VII ait pu impunément absorber le poison et se rétablir si promptement (*post modicum tempus*).

Enfin nous arrivons au mois de juillet 1461. Dans les premiers jours du mois, le Roi souffrait d'*un mal étrange* dans la bouche et dut subir l'extraction d'une dent. Cette opération fut suivie d'une fluxion et d'un abcès.

C'est alors que Charles VII, persuadé qu'on voulait l'empoisonner, refusa, dit-on, toute nourriture, et lorsque, au bout de huit jours, il céda aux instances de son entourage, il ne put avaler et ne tarda pas à expirer.

Quel était ce mal étrange? y avait-il une ulcération cancéreuse? s'agissait-il seulement d'une dent cariée? En tout cas cette extraction de dent n'a pas été une chose ordinaire, puisqu'elle a été suivie d'une fluxion et d'un abcès, qui ont dû s'accompagner d'une vive inflammation de la bouche et des premières voies digestives, inflammation qui, chez un malade aussi débilité, a pu amener certaines complications plus ou moins graves, le muguet, par exemple, et qui, même en dehors de toute complication, expliquerait, sans qu'il soit nécessaire de faire intervenir le poison ou la crainte du poison, l'impossibilité où le Roi se trouvait de prendre quoi que ce fût. Nous voyons tous les jours des personnes atteintes de phlegmon de la mâchoire et d'une violente inflammation de la bouche rester plusieurs jours sans pouvoir avaler aucun aliment et ne parvenir à absorber quelques gouttes de liquide qu'au prix d'horribles souffrances. Ne serait-ce pas là le cas de Charles VII? Seulement, épuisé de vieille date, il n'aurait pu supporter une abstinence aussi prolongée; et je serais assez porté à croire, avec les correspondants du duc de Milan, « qu'il est mort d'un apostème qui lui vint dans la mâchoire. » L'apostème aurait été la goutte d'eau qui a fait verser le vase.

Si Charles VII était mort empoisonné ou s'il avait pris du poison pendant les dernières années de sa vie, il me semble qu'en parlant de ses indispositions les historiens auraient eu à noter, au moment de l'empoisonnement, quelque symptôme saillant, comme des douleurs vives ou des vomissements répétés, survenant tout à coup au milieu d'un état de santé excellent; tandis, au contraire, qu'en lisant les chroniques du temps, bien que çà et là il soit question de tentatives d'empoisonnement, on assiste à l'évolution de la déchéance morbide d'un sujet épuisé par la débauche, par les fatigues de toute nature, physiques et morales, et par le mal incurable de sa jambe. Je sais bien que la conduite du Dauphin à l'égard de son père, sa joie non dissimulée au moment de la mort du Roi, l'emprisonnement du médecin de Charles VII sur un simple soupçon, la fuite de son chirurgien, n'ont pas peu contribué à donner une certaine créance aux tentatives d'empoisonnement dont le Roi aurait été l'objet. Sans entrer ici dans la discussion de ces diverses circonstances qui ont dû frapper beaucoup l'esprit des contemporains, je persiste à penser qu'elles ne sont pas suffisantes pour nous autoriser à attribuer la mort du Roi à un empoisonnement ou à un suicide; je suis bien plutôt porté à croire qu'elle a été naturelle.

Dr NOTTA.

PIÈCES JUSTIFICATIVES

I

Le Roi à Jean Dauvet

Mehun-sur-Yèvre, 17 janvier 1455.

De par le Roy.

Nostre amé et feal, nous avons receu les lettres que escriptes nous avez, et fait oyr maistre Pierre Granier par les gens de nostre Conseil sur tous les poins et articles dont nous avez escript. Et, tant par ce que nous escripvez, comme par ce que a dit et remonstré ledit Granier, avons sceu la bonne diligence que avez faicte à l'expedicion et execucion des matières dont par delà avez charge de par nous, dont et des bons avertissemens que nous faictes sur lesdictes matières sommes bien contens. Et, en tant que touche le fait des mines d'argent et de plomb, tant de Pampilieu que de Joz, a semblé, veu vostre advis et ce que par ledit Granier a esté remonstré, que l'entretenement d'icelles est de grant prouffit et utilité à la chose publicque de nostre royaume, et que l'ouvrage d'icelles doit estre entretenu et continué par nous et soubz nostre nom. Et pour la conservacion d'icelles, le grant voiage qui dès piéça a esté advisé et semble estre necessaire, et qui pourra estre fait en sept ou huit années pour six ou sept mil escuz, se doit faire et acomplir, pour les causes qui nous ont esté remonstrées, le plus diligemment et à meilleur compte que faire se pourra, et que en devez faire la delivrance et des matieres estans sur lesdictes mines à nostre procureur à pris raisonnable, en l'acquict et descharge de Jacques Cuer, et ainsi le voulons et ordonnons; et que l'argent qui sera necessaire tant pour ledit voiage que pour l'entretenement desdictes mines soit pris et levé tant sur lesdictes matières de plomb, lait de mine, cuivre, peloux, terriers, regrez et autres matières estans à present èsdictes mines et martinez, comme sur la revenue ordinaire desdictes mines, et ou cas que l'emolument et revenu d'icelles ne pourroit fournir, nous y ferons aidier de noz autres finances ou Lyonnois de tele somme chascun an qu'il y sera advisé.

Et pour ce que Jacques Cuer avoit contraictié compaignie avecques deux autres mineurs leurs vies durant, dont il appert par lettre patente sur ce passée, a semblé que ladicte compaignie doit estre entretenue au moins de cy à huit ou neuf ans, et s'ilz y faisoient difficulté, serons contens, avant que ladicte compaignie demourast, que des deux dixiesmes et demy que nous y prenons, que on leur quittast le demy dixiesme. Et en oultre, pour ce que la revenue desdictes mines, tant en recepte que en despense, n'est pas gouvernée ainsi que besoin seroit, et plusieurs faultes et abuz y pevent estre faiz et commis, il a semblé que nous y devons commettre deux officiers, dont l'un ait la charge du gouvernement desdictes mines et de tenir le compte de la recepte et despense d'icelles, et que l'autre face le contreroole, qui soient gens seurs, residens sur le lieu, et n'aient autre charge, et qu'ilz aient bons gaiges telz qu'ilz se puissent entretenir en nostre service. Et si lesdiz maistres mineurs faisoient difficulté de porter leur part desdiz gaiges, nous sommes contens qu'ilz soient du tout paiez sur nous. Et voulons que ès choses dessusdictes vous besongnez et les appoinctez par tous les meilleurs moiens que verrez estre à faire, au bien de nous et à l'entretenement et continuacion desdictes mines, telement qu'il n'y ait rompture; et que vous commectez èsdiz offices teles personnes souffisans que verrez estre à faire et que sur ce leur baillez voz lettres, lesquelles nous aurons agreables.

Et au regard des mines de cuivre de Chissieu et Saint Pierre la Palu, qui de present sont en chomage, semble que on devroit essayer de les faire continuer et entretenir pour le bien de la chose publicque de nostre royaume; mais, pour ce que n'avons pas bien au vray esté advertiz du prouffit ou dommage qui s'en pourroit ensuir, et que lesdictes mines sont communes avec les Baronnaz de Lyon, voulons que vous informez plus à plain du prouffit ou dommage qui nous en pourroit avenir en les faisant entretenir et continuer, et que sur ce traictiez au mieulx que pourrez avec lesdiz Baronnaz. Et au surplus y donnez la meilleur provision que faire se pourra, au prouffit de nous et de la chose publicque de nostre dit royaume.

Et quant à ce qui nous a esté rapporté par ledit Granier que, en Auvergne, Gevaudan, et ailleurs, y a autres mines ouvertes, desquelles ne nous est paié le dixiesme à nous deu, et que les seigneurs feodaulx les usurpent contre les ordonnances royaulx, nous avons octroyé commission pour en faire information, laquelle faicte sera rapportée par devers nous, et icelle veue y donnerons tele provision qu'il appartendra par raison.

Au regard des XIIIIc l. prinses par le recevour ordinaire de Lyon de la revenue desdictes mines, ou lieu de IIc l. par an à quoy ledit Jacques Cuer avoit composé avec nous pour le dixiesme desdictes mines et autres estans esdiz païs de Lyonnois et Beaujoloiz, et dont il avoit noz lettres patentes données à Montargis le XXIIIIe jour de juillet l'an mil IIIIc XLIIII, expédiées par nostre Chambre des comptes, noz tresoriers et generaulx de noz finances, pour sept années passées, et dont ledit Jacques Cuer disoit avoir lettres de don de nous, et aussi les VIIIc quinctaux de plomb prins d'autre part ésdictes mines par ledit recevour pour lesdiz dixiesmes deuz depuis la condempnacion dudit Cuer, nous voulons que, en quelque manière que la chose soit et en quelque lieu qu'elle doye tumber, soit ès mains de nostre dit recevour du demaine ou du recevour de ladicte amende dudit Jacques Cuer, lesdiz XIIIIc l. t. et VIIIc quintaux de plomb doivent estre reprins dudit recevour ordinaire et baillez à celluí qui par vous sera commis au gouvernement et à tenir le compte desdictes mines, pour emploier et convertir en ladicte despense dudit grant voiage desdictes mines, desquelles XIIIIc l. t. et VIIIc quintaux de plomb avons commandé acquict à la descharge dudit recevour ordinaire et aussi dudit recevour de ladicte amende ou confiscacion dudit Cuer.

Et à ce que nous escripvez des criées et subhastacions desdictes mines, maisons et autres biens immeubles que ledit Jacques Cuer avoit par delà, èsquelles nul n'a voulu mettre enchière, pour doubte des opposicions et adjudicacions des decretz qui estoient commises à noz tresoriers et conseilliers en nostre tresor à Paris, nous avons commise la congnoissance desdictes opposicions et l'adjudicacion desdiz decretz à aucuns de par delà dont vous estez l'un, et sur ce commandé noz lettres patentes telles que en tel cas appartient, et aussi avons commandé noz autres lettres pour le recouvrement des fruictz et levées des terres que avoit ledit Cuer ès païs de Bourbonnois et Rouennois, lesquelles vous envoions par ledit Granier. Si y besongnez en toute diligence, et, au regard desdictes terres de Bourbonnois et de Rouennois, et de l'infraction de nostre main mise en iceulx, procedez y par tous bons termes de justice, et telement que nostre auctorité y soit gardée.

Au regard des marques de Gennes, autresfois vous avons fait savoir et escripre par Otto Castellain, nostre argentier, que nostre entencion est retenir lesdictes marques pour nous au pris qu'elles ont esté mises par les marchans de Montpellier. Si les recevez pour nous et en faictes la delivrance à nostre procureur pour nous, audit pris ou autre tel raisonnable que verrez mieulx estre à fere.

En tant que touche les mil escuz que demande le provost de Montjou sur les biens dudit Jacques Cuer, combien que, par la coustume de nostre royaume, ne soyons tenus paier aucunes debtes sur les biens qui nous viennent par confiscacion, toutesvoiés, en faveur dudit provost, nous vous avons autresfois escript et sommes encores contens qu'il en soit paié, s'il appert clerement de son deu. Et pour ce voulons et vous mandons que vous voiez bien et diligemment son fait, et, s'il vous appert que ladicte somme de mil escuz lui soit deue, que vous la luy faictes paier sur les biens dudit Cuer.

Nous avons aussi entendu que Briçonnet n'a point fait de diligence de recouvrer les dix mil frans du sire de Culant, deuz à cause d'Isnay le vielz, dont ne sommes pas contens, ainsi que lui escripvons. Si voulons et vous mandons que sur ce vous faictes faire toute diligence possible par ledit Briçonnet; autrement ne serons de lui contens.

Donné à Mehun sur Evre, le XVIIe jour de janvier.

CHARLES. J. DE LA LOÈRE[1].

II

Le Roi à ses gens des comptes

Mehun-sur-Yèvre, 27 janvier 1455.

A nos amez et feaulx les gens de nos comptes à Paris.

DE PAR LE ROY.

Nos amez et feaulx, pour ce que, après l'ordre que avons mis peine et diligence de mettre tant au fait de nostre justice que

1. Copie du temps, Archives nationales, dans le Procès-verbal des opérations de Dauvet, KK 328, f. 232.

autres choses pour le bien de la chose publique de nostre royaume, desirons bien mettre ordre telle qu'il appartient au fait du paiement, conduite et entretenement de noz gens de guerre, en la plus seure et convenable forme et manière et à la maindre charge de nostre peuple que possible sera, nous avons avisé de faire chercher, veoir et visiter bien curieusement la forme et manière qui par cy devant a esté tenue ou dit paiement des gens de guerre, du temps de noz predecesseurs, et mesmement des temps du Roy Jehan, du Roy Charles le Quint, nostre ayeul, et de feu nostre très cher seigneur et père, que Dieu absoille, affin de savoir par quelz mains se faisoient les paiemens desdictes gens de guerre; se les tresoriers des guerres ou leurs clercs ou commis bailloient ledit paiement aux cappitaines desdictes gens de guerre ou à leurs clercs, ou se lesdiz paiemens se faisoient par ledit tresorier des guerres ou ses commis aux personnes particulières; s'il y avoit nulz clercs ou commis desdiz tresoriers des guerres presens aux monstres desdictes gens de guerre, et se lesdiz paiemens se faisoient incontinent après lesdictes monstres faictes ou autrement, et comment l'en recouvroit au prouffit de nosdiz predecesseurs les faultes de ceulx qui n'estoient ausdictes monstres ou qui ne servoient ainsi qu'il appartenoit. Et pour ce que en nostre chambre des comptes à Paris toutes telles choses sont et doivent estre enregistrées mieulx que autre part, nous vous mandons que, incontinent, en toute diligence, cherchez et faictes chercher ès registres de nostre dicte chambre, et ailleurs où adviserez qu'il sera affaire, tout ce qui se pourra trouver, touchant ce que dit est et autrement, qui pourroit servir au paiement, conduite et entretenement desdictes gens de guerre; et, le plus tost que possible vous sera, le nous envoiez, extrait par articles, en la meilleure et plus clere forme que pourrez et que adviserez, pour après en faire et ordonner ainsi qu'il appartendra et que nous verrons estre à faire.

Donné à Mehun sur Èvre, le xxviie jour de janvier.

CHARLES.

DE LA LOÈRE[1].

1. Original signé sur parchemin. *Chartes royales*, XVI, n° 355.

III

Le Roi à Antoine de Chabannes

Saint-Florent, 25 avril 1455.

Soient baillées au conte de Dampmartin, grant pennetier de France.

Conte Dampmartin, j'ai receu presentement les lettres que m'avez envoyées de beau cousin de Dunoys, lesquelles je vous renvoye, et me semble que vous devez faire diligence, ainsi que jà avez commencé, car luy mesmes par ses lettres le conseille. Quant à ce que me rescrivez touchant le seigneur de Boussac, advisez ce que vous semblera bon de lui escrire, et le faictes ainsi que advisorez. Aussi je vous envoye les lettres que Ilue le bailly de Montferrant nous a escriptes, affin que advisez ensemble quelle response on luy fera. Dictes à maistre Pierre Doriolle que je luy envoye par ce porteur les lettres du bailly de Rouen toutes signées.

Donné à Saint Florent, le vingt cinquiesme jour d'avril.

CHARLES[1].

IV

Le Roi à Antoine de Chabannes

Mehun-sur-Yèvre, 18 mai 1455.

A nostre amé et feal conseiller et chambellan le conte de Dampmartin, grant pennetier de France.

Nostre amé et feal, depuis vostre partement de devers nous, nostre seneschal de Rouergue nous a escript comme une partie des nobles de sa seneschaussée se sont mys sus, en obeyssant à noz lettres et mandemens que sur ce luy avons adressé, et qu'il y en a d'autres qui n'y ont en riens obey. Par quoy avons commandé noz lettres adressant audit seneschal pour proceder contre eulx ainsi qu'il appartient et selon noz ordonnances. Ledit seneschal nous a envoiées unes lettres, lesquelles le conte d'Armignac luy a escriptes, qu'ilz vous envoyent affin de vous en advertir et que sur

1. *La Chronique martinienne*, f. ccxcviii.

tout ayez bon advis. Et au surplus, en toutes les choses dont vous avons chargé, faictes comme avons bien grant fiance.

Donné à Meung sur Yovre, le xviiie jour de may.

CHARLES.

JEHAN DE LA LOYRE[1].

V

Le Roi à Olivier, sire de Coëtivy

Mehun-sur-Yèvre, 18 mai 1455.

A nostre amé et feal conseiller et chambellan le sire de Coetivy, seneschal de Guienne.

DE PAR LE ROY.

Nostre amé et feal, Jehan de Poulenecque, escuier, homme d'armes de nostre ordonnance, nous a fait remonstrer que, à cause de Amete de Faubournet, sa femme, heritière, comme il le dit, de Girault et Helie de Faubournet, ses oncles, et de Jehan de Faubournet, son père, à certains justes titres et moyens luy competent et appartiennent des cinq parties les troys de l'ostel de Genissac et de ses appendances; maiz que, à l'occasion de ce que la place, avec les fruiz, revenus et emolumens dudit lieu, depuis qu'ilz furent derrenièrement par nous prins et conquit sur noz ennemiz, ont esté et encores sont detenuz en et soubz nostre main, ledit de Poulenecque n'a peu depuis ladicte conqueste ne encores peut joyr de sa porcion qu'il a et lui appartient en ladicte terre, par la manière que dit est. Et pour ce que nous voulons ledit de Poulenecque estre bien et favorablement traictié, pour consideracion des bons et agreables services qu'il nous a faiz par cy devant au fait de noz guerres en mainctes manières, sans ce que, à la cause dessusdicte, il soit tenu en longueur de procès; attendu mesmement qu'il ne se congnoist en fait de plaidoirie, nous vous mandons que, appelé nostre procureur, vous vous informez bien et deuement de et sur ledit droit qu'il pretend avoir en ladicte terre et seigneurie de Genissac; et se vous trouvez qu'il y ait et lui compecte, à cause de sadicte femme, tel droit que dessus ou autre,

1. *La Chronique martinienne*, f. ccxcviii v°.

à bon et juste tiltre, et que en la jouissance d'icelluy il n'ait esté ne soit empesché pour autre cause que dessus est dit, en ce cas le faictes, ensemble sadicte femme, joyr et user paisiblement de leur droit dessusdit que les trouverez avoir et à eulx compecter et appartenir en ladicte terre et seigneurie de Genissac et ses appendances, en leur faisant et administrant sur ce, nostre dit procureur oy, sans longueur de procès, bonne et briefve justice, et expediant ledit de Poulencque au plus toust que possible sera, car nous avons à besoigner de luy en aucunes noz affaires, et le aidant aussi en ses autres faiz de par delà, ainsi que mestier luy sera et bonnement faire le pourrez. Car tel est nostre bon plaisir.

Donné à Mehun, le XVIIIe jour de may.

CHARLES.

DE LA LOÈRE[1].

VI

Le Roi à Antoine de Chabannes

Bois-Sire-Amé, 27 mai 1455.

A nostre amé et feal conseillier et chambellan le conte de Dampmartin, grant pennetier de France.

Nostre amé et feal, nous avons reçeu deux voz lettres, escriptes à Saint Porcin le XXIIe jour de ce moy, faisant mencion de plusieurs choses. Et entres autres que, attendu que estes prest' de mettre à execucion ce qui a esté conclud, vous semble qu'il n'est pas expedient de executer les mandemens que avons [donnez] contre les nobles de la seneschaussée de Rouergue qui ne se sont mis sus, ainsi que ordonné avoit esté. Sur quoy nous semble que vostre advis et oppinion sont bons, et sommes contens que ainsi le facez. Quant à ce que nous escrivez que, à vostre arrivée audit lieu de Saint Porcin, n'avez trouvé de tous les capitaines que esperiez y trouver fors seulement les baillifz de Nœux (*sic* pour Évreux) et de Chaumont, que faictes tirer en avant toutes gens de guerre et mettez paine de les faire conduyre le plus gracieusement que faire se peut, à la des-

1. Original signé sur parchemin. Archives de M. le duc de la Trémoille. — Cette lettre a été publiée en 1871 par M. P. Marchegay : *Lettres-missives originales du chartrier de Thouars*, dans le *Bulletin de la Société archéologique de Nantes*, t. X, p. 170-72.

charge du povre peuple, nous sçavons bien que y avez fait et faictes tout vostre povoir, dont et de vos bonnes diligences sommes bien contens, et avons bien esperance que continuerez de bien en mieulx, ainsi que sçavez que la chose le requiert. Au regard des monstres desditz gens de guerre que dictes estre faictes et que requerez que vueillons provoyer à leur payement en manière qu'ilz n'ayent cause de eux mal gouverner et faire dommaige à noz subjectz, nous envoyons presentement le tresorier des guerres par delà, fourny d'argent pour pourvoir au payement tant des gens des chargez desditz baillifs d'Evreux et de Chaumont pour ce present quartier d'an, comme pour les gens des sires d'Apchon, de Blot et autres que l'en a fait mettre sus par delà. Et avons ordonné audit clerc qu'il se gouverne en ce et face entièrement ce que luy ordonnerez. Si vous y gouvernez, au bien de nous et de la chose publicque, ainsi que verrez estre à faire et comme bien y avons fiance. Et en tant que touche le fait des monstres, vous pourrez aider en ce de Juhes le Chat et de Gonsalle. Quant au maistre de l'artillerie, qui n'estoit encores arrivé devers vous à la façon de vosdictes lettres, combien que par deux fois eussiez envoyé devers luy pour le haster, nous croyons que de ceste heure il soit devers vous, et qu'il a fourny à la charge qui, à son partement de par deça, luy fut baillée.

En tant que touche le fait de Gennes, dont nous escrivez, nous avons bien reçeu les lettres que le bailly de Sens nous a escriptes sur ce, et pour en sçavoir la vostre oppinion nous a semblé que on ne peut riens perdre à ouyr ceulx que pour ceste cause doyvent venir devers vous. Quant à ce que nous escrivez que beau cousin de Clermont vous a escript que sans aucune faulte il sera au jour et lieu qui luy ont esté ordonnez quant il est party de par deça, nous en sommes bien contens, et avons bien esperance que et en ce autres nous affaires (*sic*) il se conduyra au myeulx qu'il pourra. Le sire de Lornay est presentement retourné du lieu où il avoit esté envoyé, et a apporté toutes bonnes nouvelles sur les matières dont il avoit eu charge.

Donné au Boys de Sainete Ame, le vingt septiesme jour de may.

CHARLES.

J. DE LA LOYRE [1].

1. *La Cronique martinienne*, f. ccxcix.

VII

Le Roi à Antoine de Chabannes

Bois-Sire-Amé, 15 juin 1455.

A nostre amé et feal conseillier le conte de Dampmartin, grant pennetier de France.

Nostre amé et feal, nous vous avons naguères escript bien amplement de toutes matières par le prevost des mareschaulx, par luy envoyé la coppie de deux lettres que entendons escrire, c'est assavoir l'unes d'icelles à beau cousin de Cleremont et l'autre à maistre Jehan Bureau. Mais, depuis le partement dudit prevost, nous a semblé qu'il n'estoit pas expedient d'envoyer lesdictes lettres audit cousin ne aussi audit maistre Jehan Bureau en la forme qu'elles estoient, et qu'il y convenoit faire aucunes mutacions, ce que avons fait. Et vous envoyons cy dedans la coppie des lettres que leur escrivons, affin que voyez la mutacion. Et ces choses vous notiffions affin que soyez adverty de tout.

Donné au Boys Sainete Amme, le xve jour de juing.

CHARLES.

CHALIGAUT[1].

VIII

Le Roi à Antoine de Chabannes

Bois-Sire-Amé, 26 septembre 1455.

A nostre amé et feal conseillier le conte de Dampmartin, grant pennetier de France.

Nostre amé et feal, nous avons receu les lettres par maistre Pierre Burdelot que nous avez envoyées et escriptes, et par icelles veu comme beau cousin connestable et de Dunoys estoit jà party pour aller à Genève devers beau cousin de Savoye. Aussi comme les gens d'armes sont prestz pour marchier avant, au cas que besoing en seroit et que par eulx vous fut fait sçavoir. Dont et de voz bonnes diligences avons esté et sommes bien contens de vous. Et

1. *La Cronique martinienne*, f. ccc.

pour ce que par le bailly de Coustantin, lequel est venu naguères vers nous, vous escrivons bien au long des choses dessus dictes, et avec celuy en avons parlé plus à plain pour le vous dire, quant à present ne vous en escrivons plus largement, fors que en noz affaires vous emploiez ainsi que sçavons que en avez bien le desir et voulenté, et que en vous en avons bien singuliere confiance. Et à ce que nous escrivez que avez envoié maistre Pierre Burdelot par deça pour sçavoir au certain de l'estat et disposicion de nostre personne, pour ce que nouvelles ont esté par delà que avons aucunement esté mal disposez, comme naguères vous avons fait escrire bien au long par nous (*sic*) amez et feaulx conseillers maistre Jehan Bureau, tresorier de France, et Pierre Doriolle, nous avons deux ou trois jours estez ung peu mal disposez d'ung costé, mais, graces à Nostre Seigneur, nous sommes très bien gueris, et aussi en bonne santé et disposicion que feusmes longtemps a. Et comme naguères vous avons escript, sommes prestz et bien disposez pour marcher avant et faire tout ce qui seroit pour le bien des matières. Et de nostre disposicion avez peu estre acertené par Jehan d'Amancy, lequel avons envoyé par delà, et en pourrez estre acertené plus à plain par lesditz bailly de Coustantin et maistre Pierre Burdelot. Et pour ce ne vous donnez point de melancolie pour doubte de la disposicion de nostre personne, mais tousjours faictes et vous employez vigoureusement à l'execucion des matières dont vous avons donné charge, comme bien y avons la confiance.

Donné au Boys Saincte Aume, le vingt sixiesme jour de septembre.

CHARLES.

LE COINTE[1].

IX

Le Roi à la ville de Strasbourg

Moncauquier, 10 décembre 1455.

A noz tres chiers et grans amis l'evesque, chevaliers, gentilshommes, gouverneurs et gens de conseil de la cité de Strabourg.

CHARLES, PAR LA GRACE DE DIEU, ROY DE FRANCE.

Très chiers et grans amis, nous avons puis naguères esté adverti que Mathelin de Lescouet, escuier, natif de nostre royaume, est pri-

1. *La Cronique martinienne*, f. ccc.

sonnier, unze ans a ou environ, en vos prisons de Strabourg, et que depuis sa prinse il a esté detenu en prison fermée au pain et à l'eaue, à très grant povreté et misère. Et combien que vous ait souventes foiz fait requerir que le voulsissiez mectre à finance, toutesvoies vous ne l'avez voulu ne voulez faire, ainsi que avons entendu, par quoy sera contraint d'y finer miserablement ses jours. Et pour ce que ledit Mathelin est homme noble et nostre subgiet, et qu'il nous a longuement servy en noz guerres, par quoy vouldrions son fait estre traictié en toute bonne faveur, nous vous prions et requerons bien affectueusement que, attendue la longue detencion dudit Mathelin et la peine et misère que ce pendant il a endurée, aussi les grans despenses que ses parens ont faictes en la poursuite, vous le vueillez, en faveur de nous, mettre à delivre, ou au moins le mettre à finance raisonnable et telle qu'il la puisse paier, et tant y faire qu'il apparçoive nostre prière et requeste lui avoir valu envers vous. En quoy nous ferez plaisir bien agreable.

Donné à Montcoquier en Bourbonnois, le dixiesme jour de decembre.

CHARLES.

LEGOUZ [1].

X.

Le Roi à François Sforza

Montluçon, 19 décembre 1455.

A nostre très chier et amé cousin le conte Francisque Sforza.

CHARLES, PAR LA GRACE DE DIEU, ROY DE FRANCE.

Très chier et amé cousin, nous avons receu voz lectres par maistre Emanuel de Jacob vostre serviteur, porteur de cestes, et oye sa creance, contenant que feu pape Nicolas, dernier trepassé, en son vivant, excita les seigneuries et comunitez des païs d'Ytalie à faire paix ensemble et à cesser de toutes differences qui estoient entre eulx pour mieulx resister au Turq, ennemy de la foy crestienne, et que, pour ladicte cause, et autres plus à plain declarées en ladicte creance, vous avez esté meu de faire paix avec nostre très chier et

1. Original signé sur parchemin. Archives municipales de Strasbourg, AA 1852.

très amé cousin le Roy d'Arragon, et icelle asseurer par mariages d'aucuns voz enfans avec autres des enfans de son filz, en nous notifiant que, en faisant lesdictes aliances et mariages, vous n'avez faiz ne passez aucuns chappitres ou convenances avec ledit Roy d'Arragon oultre ladicte affinité, et que ne vous estes aucunement departi du bon et entier vouloir que vostre feu père et vous avez eu à nous et à la maison de France, ainçois estes disposé de continuer en icellui bon vouloir de bien en mieulx. En quoy vueilliez savoir que nous avons pieça esté advertiz que feu pape Nicolas, en son vivant, excita les princes et seigneuries d'Italye à bonne paix et concorde pour mieulx et plus vertueusement resister à l'entreprinse dudit Turq, ennemy de la foy crestienne, qui a esté bonne euvre et fructueuse. Et au regart de la paix qui faicte a esté par vous avec nostre dit cousin le Roy d'Arragon, et affermée par affinité, nous croyons bien que n'avez pas esté meu d'icelle faire sans cause ; et à ce que nous faites savoir que avez faictes lesdictes affinitez sans vous aucunement departir du bon et entier vouloir que avez à nous et à la maison de France, et que estes disposé de continuer en icellui vostre bon vouloir, nous en sommes bien contens et vous en savons très bon gré, comme ces choses avons fait dire bien à plain à vostre dit serviteur.

Donné à Montluçon, le XIXe jour de decembre.

CHARLES.

DE LA LOÈRE [1].

XI

Le Roi à Jean Dauvet

Montluçon, 16 janvier 1456.

DE PAR LE ROY.

Nostre amé et feal, nous avons ordonné faire tenir l'assemblée des trois Estatz de nostre païs de Languedoc en nostre ville de Montpellier le XXe jour de ce present mois de janvier, et à ce avons commis noz amez et feaulx conseilliers l'evesque de Carcassonne, general de noz finances, Tanguy du Chastel, chevalier, nostre seneschal

1. Original signé à Milan, Bibl. du marquis Trivulci. Traduction italienne contemporaine aux archives d'État à Milan, *Potenze estere. Francia. Corrispondenza con Carlo VII*, etc.

de Beaucaire, vous, et Otto Castellain, nostre argentier, pour nous y servir ainsi que en eulx et vous avons parfaicte fiance. Si voulons et vous mandons que, avant vostre partement, vous surroguez en vostre lieu maistre Pierre Granier pour besongner à Bourges et ailleurs avec Briçonnet touchant l'expedicion de l'arrest de Jacques Cuer, afin que pendant vostre voiage de Languedoc on donne expedicion audit arrest, car nous avons deliberé brief veoir la fin dudit procès. Aussi voulons que incontinant vous en alez audit Montpellier pour estre par delà au jour assigné et passez par le Puy pour avancer l'evesque et autres que trouverez en chemin qui ont accoustumé aler à ladicte assemblée. Et au regard des procès et autres besongnes touchant le fait de Savoie et des Cyprians, lesquelz avez entre mains, nous voulons que les baillez et laissez à nostre amé et feal Tristan Lermite, provost des mareschaulx, et sur le contenu lui en dictes vostre opinion. Nous avons esté advertiz que maistre Pierre Ferrat et Jehan Pasquot, lesquelz ont besongné au fait du procès d'Armignac, sont à Montpellier, et les y trouverez. Si voulons que tout ce que avez touchant la matière portiez avec vous, afin que, quant serez par delà, vous puissiez conferer ensemble de ladicte matière, et faire sur tout entre vous trois vos advis et memoires et nous en escripre pour en ordonner à nostre plaisir. Aussi voulons que se par delà trouvez aucune chose à expedier touchant le procès dudit Cuer et de ses clercs, facteurs et serviteurs, que mectez tout à fin et à expedicion, en manière que plus n'y conviengne retourner, et que tout soit vendu, excepté le fait des marques. D'autre part, pour ce que sommes informez que nostre Court de Parlement à Thoulouse est assez petitement pourveue de procureur et advocat, et que à ceste occasion y avons grans dommages, sommez d'oppinion que, ou cas que eussiez temps et espace de povoir retourner à Paris, que passissiez audit Thoulouse pour vous informer de ce que dit est et nous en faire rapport pour y donner provision convenable, et nous semble bon que remonstrez aux presidens et conseilliers de nostre dicte Court qu'ilz se tiennent ensemble autrement qu'ilz n'ont accoustumé, pour le bien de nous et de justice.

Donné à Montluçon, le xvie jour de janvier.

CHARLES.

Le Cointe[1].

1. Copie du temps aux Archives nationales, KK 328, f. 376.

XII

Le Roi au maréchal de La Fayette

Au Châtellier, 17 mars 1456.

A nostre amé et feal conseillier et chambellan le sire de la Fayette.

De par le Roy.

Nostre amé et feal, nous avons reçeu les lettres que escriptes nous avez, faisans mencion de la manière comment vous vous estes conduit, ainsi que vous avions chargé au partir. Il nous semble que vous estes conduit en bonne façon, selon ce que vous avions ordonné. Et quant à ce que nous avez escript de la venue de maistre Guillaume Girard, et aussi de ce pour quoy il venoit devers nous, tout considéré, il ne semble pas que nostre très chière et très amée compaigne la Royne, ne pareillement nos enfans, puissent venir par deça jusques vers la fin d'avril, pour ce qu'il n'est pas possible que le logiz puisse estre plus tost prest, ainsi que nous avons dit audit maistre Guillaume Girard. Et pour ce, se ilz volent que nostre dicte compaigne ou nos diz enfans ne feussent pas bien là où ilz sont, nous avons advisé que l'on les pourroit retirer vers les lieux de Benegon, Ignay le Chastel, Sagonne, Joy, Champroux, ou aillieurs où vous et eulx adviserez estre pour le mieulx; et sur ce fauldra que l'on face diligence, se le cas le requiert, de choisir les lieux qui sembleront estre les meilleurs; car d'ycy où nous sommes ne povons pas si bien congnoistre les lieux plus convenables comme vous et ceulx qui sont par delà povent faire. Si vous escrivons ces choses afin que soiés advisé de la response que avons faicte au dit maistre Guillaume. Nous avons parlé au dit maistre Guillaume touchant l'estat de nostre filz, ainsi que nous avez escript. Il sera bon, tandis que estes par delà, que vous en enquerez plus au vray, car par chose que de lui en aions oy ne fait oyr, ne aussi par chose que par maistre Guillaume d'Auge en ayons sceu, nous n'en savons que croire, pour ce que, comme vous savez, ilz ont leurs bandes et affections où bon leur semble. Et pour ce, à vostre retour devers nous, nous en pourrés dire ce que en aurés trouvé.

Donné au Chastelar, le XVIIme jour de mars.

CHARLES.

GIRARD [1].

1. Original signé sur papier. Ms. fr. 2886, f. 1.

XIII

Le Roi à la ville de Strasbourg

Au Châtellier, 17 avril 1456.

A nos très chers et grans amis les maistre et consulz de la cité de Strabourg.

CHARLES, PAR LA GRACE DE DIEU, ROY DE FRANCE.

Très chiers et grans amis, nous avons reçeu les lettres que escriptes nous avez, par lesquelles nous faites savoir que, après la reception de noz autres lettres que par avant vous avions escriptes pour la delivrance de Mathelin de Lescouet, vostre prisonnier, avez envoyé vos ambaxadeurs et messaiges devers nostre très chier et amé cousin l'evesque de Strabourg et autres que dites avoir part et interest comme vous à la delivrance dudit de Lescouet, afin que vous, certiffiez du vouloir et entencion des dessusdiz, nous peussiez mieulx respondre à ce que vous avons requis; en nous escripvant par vos dictes lettres que, après ce que aurez sceue leur voulenté, nous ferez response touchant ladicte matière telle que devrons estre contens. Dont et du bon vouloir que avez à nous faire plaisir, vous savons très bon gré et vous en mercions. Vous prians de rechief bien affectueusement que, en continuant en vostre dit bon vouloir, et ayant consideracion à la longue et dure prison que a endurée ledit Mathelin, qui est homme noble, et aux grans despenses que ses parens et amis ont eues et soustenues à la poursuite, vous vueillez ledit Mathelin, en faveur et contemplacion de nous, faire mettre à delivrance, et tenir la main envers nostre dit cousin de Strabourg, auquel de rechief en escripvons que ainsi le vueille faire de sa part, ou le mettre à telle et si moderée finance qu'il la puisse paier; et en ce faire et vous employer, pour amour de nous, tellement qu'il congnoisse à ceste foiz par effect nostre prière lui avoir esté envers vous fructueuse. Et vous nous ferez très agreable plaisir.

Donné au Chastellier près Esbreuille, le XVIIe jour d'avril.

CHARLES.

LE COINTE[1].

1. Original signé sur parchemin. Archives municipales de Strasbourg, AA 1852.

XIV

Le Roi à Antoine de Chabannes

La Palisse, 4 octobre 1456.

A nostre [amé] et feal conseiller et chambellan le conte de Dampmartin, grand pennetier de France.

Nostre amé et feal, nous avons receu les lettres que escriptes nous avez, faisans mencion que belle cousine de Savoye vous a escript que on luy a rapporté que aucuns ont envoyé de par deça pour querir les procès de Guyothin, en quoy, [s'] il estoit baillé, elle auroit bien grant desplaisance. Nous n'avons point sceu que personne soit venu par deça pour querir ledit procès; mais puisque la chose lui tourneroit à desplaisir, si ceulx dont elle se doubte ou autre y envoyeroient, ledit procès ne sera point baillé; et de cela povez seurement acertener; aussi luy en escrivons par ce porteur.

Au surplus, le marechal [de] Savoye nous a escript des nouvelles de par delà, et de la diligence qu'il a mise de nous en faire scavoir sommes bien contens. Et au regard des places dont il nous escript, pour ce que n'avons icy secretaire entendu, nous n'y povons donner expedition; mais, quant nous serons à Lyon, qui sera de demain en huyt jours, nous le plus tard aurons [1] des secretaires et gens de nostre conseil avecques nous; et lors y donnerons telle expedition qu'il ne aura cause de soy douloir, car tousjours nous vouldrions avoir ses affaires et besongnes pour speciallement recommandées.

Depuis vostre partement, n'est riens survenu de nouveau; par quoy, quant à present, ne vous escrivons plus largement, fors que tousjours à nos affaires vous y employez, comme bien y avons la confiance.

Donné à la Palice, le IIIIe jour d'octobre.

CHARLES.

LE COINTE [2].

1. Il faut lire, évidemment « ...en huyt jours, le plus tard, nous aurons... »
2. *La Cronique martinienne*, f. CCCI.

XV

Le Roi à Antoine de Chabannes

Saint-Pourçain, 25 octobre 1450.

A nostre amé et feal conseiller et chambellan le conte de Dampmartin, grant pennetier de France.

Nostre amé et feal, nous avons reçeu vos lettres escriptes à Genève le XXIe jour de ce present moys d'octobre, faisant mencion que, en la façon de vos dictes lettres, XII jours avoit que estiez arrivé par delà, et que depuis n'aviez eu aucunes nouvelles de nous, dont estiez esmerveillé; aussi sont beau cousin et belle cousine de Savoye, qui pareillement nous avoient escript de leur venue par devers nous et se attendoient avoir responce. Desquelles voz lettres, et [de] la diligence que avez fait et faictes [de] besongner par delà ès matières dont vous avons chargé, avons esté et sommes très contens de vous. Et au regard de ce que vous esmerveillez dont ne vous avons fait response, et pareillement audit beau cousin et belle cousine, dès bonne pièce par avant la recepte de voz derrenières lettres, par le messaige mesme que nous envoyastes, nous vous avons rescript bien au long, et pareillement avons fait audit beau cousin et belle cousine; et croyons que de present avez reçeu noz dictes lettres. Mais, pour plus largement vous faire sçavoir toutes choses, avons retenu ung peu plus longuement celui que envoyastes devers nous. Et quant à la venue par devers nous desdiz beau cousin et belle cousine de Savoye, nous en sommes bien joyeux et contens. Et, comme vous avons escript, nous semble qu'elle sera expedient et convenable pour le bien des matières.

Nous sommes au jour d'uy arrivez en ce lieu de Saint Saphorin, et y demourrons pour tout le jour; et demain serons à Vyenne, auquel lieu le gouverneur, les prelatz et plusieurs nobles et gens des trois estatz des bonnes villes du pays du Dauphiné doyvent estre par devers nous.

Et, pour ce que naguères vous avons escript plus au long, quant à present ne vous escrivons plus largement, fors que tousjours à noz affaires vous employez, comme à vous avons fiance.

Donné à Saint Saphorin, le vingt-cinquiesme jour d'octobre.

Nous avons veu bien au long, par voz autres lettres que nous avez escriptes par vostre dit homme, le bon vouloir desditz beau cousin et belle cousine de Savoye, dont sommes bien contens. Et pour ce que esperons que de brief ledit beau cousin sera par deçà, nous deportons pour le present de leur escrire.

Donné comme dessus.

CHARLES. LE COINTE [1].

XVI

Le Roi à Antoine de Chabannes

Vienne, 2 novembre 1456.

A nostre amé et feal conseiller et chambellan le conte de Dampmartin, grant pennetier de France.

Nostre amé et feal, nous avons presentement esté advertis que le bastard d'Armignac et Guarguesalle doyvent en brief venir en ce pays du Daulphiné, auquel avons disposé de donner provision pour le mettre et entretenir en bonne seurté, ainsi que autreffois avoit esté conclud et deliberé, vous estant par deça. Et par especial avons ordonné pour pourveoir bien et honnorablement à l'estat et entretenement de nostre très chière et très amée fille la Daulphine, laquelle tousjours aurons en especiale recommandacion comme nostre propre fille. Et pour ce, comme sçavez ledit bastard d'Armignac et Guarguesalle sont des principaulx qui ont seduit et conseillé nostre dit filz le Daulphin à s'en estre allé hors dudit pays et à tenir les termes qu'il tient, et qui plus empesche sa reduction et le radressement de ceste matière, parlez de par nous à beau cousin de Savoye et que (*sic*) faictes envers luy tellement qu'il envoye incontinent et en toute diligence au Pont de Saissal et autres passaiges de ses pays, jusques vers les marches de Bourgongne, pour sçavoir des nouvelles de leur venue et y mettre si bonnes gardes que s'ils y passent l'on les preigne et amaine l'en par devers nous. Laquelle chose, se faire se peult, povez penser que ce seroit grant bien et abreigement des matières touchant la reduction de nostre dit filz. Nous en escripvons semblablement au mareschal de Savoye, affin qu'il y face diligence de sa part; et n'en avons point escript audit beau cousin, pour ce que croyons que

1. *La Cronique martinienne*, f. CCCI v°.

de brief il sera par deça. Si faictes en ceste matière toute la meilleure diligence que pourrez, et en nos affaires vous employez comme bien y avons la confiance.

Donné à Vienne, le deuxiesme jour de novembre.

CHARLES.

LE COINTE[1].

XVII

Le Roi à Antoine de Chabannes

Vienne, 3 novembre 1456.

A nostre amé et feal conseiller et chambellan le conte de Dampmartin, grant pennetier de France.

Nostre amé et feal, nous avons receu les lectres que escriptes nous avez, par lesquelles nous avons sçeu que, en la façon desdictes lettres, beau cousin de Savoye n'estoit point encore party pour venir par deça, mais qu'il estoit tout deliberé de partir le jour de hyer, qui fut le deuxiesme de ce present moys de novembre, par quoy desirez bien sçavoir qu'il nous plaira que faciez on cas qu'il ne partira ce dit jour. Vous sçavez comme autreffois ledit beau cousin de Savoye nous a fait sçavoir que, si nous approchions des marches de par deça, il auroit bien grant desir de venir devers nous, à laquelle cause et aussi pour ce que à present sa venue nous sembloit estre bien convenable, mesmement pour son bien, nous vous avons envoyé par devers luy pour lui faire assavoir nostre approuchement ès dictes marches de par deça. Et, veu ce que luy et belle cousine de Savoie et vous nous avez par cy devant escript, avons tousjours de jour en jour attendu et esperé sa dicte venue, par quoy avons esté bien content que demourissiez par delà jusques à present pour venir en sa compaignie. Toutesfois, pour ce que avons bien à besongner de vous pour l'expedicion de noz affaires, nous voulons que, si ledit beau cousin de Savoye n'est party ou prest de partir, que incontinent vous en venez. Et touteffois n'oubliez pas de pourveoyer à ce que dernièrement vous avons escript touchant le bastard d'Armignac et Guarguesalle, lesquelz, comme avons esté advertis, doyvent en brief venir en ce pays du Daulphiné. Au surplus, nous sommes arrivés

1. *La Cronique martiniene*, f. CCCIII.

en ceste ville de Vienne. Et combien que François de Tiersant et Cadorat soyent venus par deça, et de par nostre filz le Daulphin ayant fait deffense à plusieurs villes et places qu'on nous obeyst pour ce que en brief leur envoyroit secours, ce neantmoins les officiers, prelatz et gens de leurs (*sic*) villes du pays du Daulphiné sont venus en ceste ville par devers nous, tous très joyeux de nostre venue et de ce que avons deliberé de donner provision et mettre en bonne seurté, ordre de justice et police le fait dudit pays, qui en avoit bien mestier. Et jà avons pourveu à la plupart de toutes les places et quelque soit (*sic*) des principales. Et au regard des autres places èsquelles il y a aucuns estrangiers et des gens du bastard d'Armignac et du seigneur de Montauban, nous avons esté contens qu'elles demourassent entre les mains du gouverneur et de ceulx dudit pays, pourveu que lesditz estrangiers et gens dudit bastard et de Montauban s'en allassent, et que tout soit mys en si bonne seureté que inconvenient n'en puisse advenir. De laquelle chose faire ceulx dudit pays ont esté contens, et aussi de nous asseurer que, se on vouloit mettre et envoyer aucunes gens estrangiers audit pays ou autres à puissance, l'on ne les y recevra point. Et affin de radresser les choses au mieulx, ainsi que l'avons desiré tousjours et desirons, nous avons esté contens que ceulx desditz pays envoyent par devers nostre dit filz luy remonstrer son cas, la doulceur que lui avons tenue, et essayer à le reduyre, les choses dessus dictes touteffois prealablement faictes et le tout mys en bonne seurté. En quoy esperons avoir pourveu et pourveoir par manière que de ce aucun inconvenient n'en adviendra, et que ce sera au bien de la chose publicque et de toutes les parties à qui il touche.

Si vous avons bien voulu escrire ces choses, affin de vous advertir des demainés des matières et de ce qui est advenu depuis que derrenièrement vous escrivismes. Et quant à present ne vous escrivons plus amplement, fors que tousjours en noz affaires vous employez, comme bien y avons la confiance.

Donné à Vienne, le troisiesme jour de novembre.

CHARLES.

LE COINTE[1].

1. *La Cronicque martinienne*, f. CCCIII v°.

XVIII

Le Roi à la ville de Strasbourg

Vienne, 3 novembre 1456.

A noz très chiers et grans amis les bourgois et habitans de la ville de Straboury.

CHARLES, PAR LA GRACE DE DIEU, ROY DE FRANCE.

Très chiers et grans amis, nous tenons que savez assez comme notre très chier et très amé filz le Dauphin de Viennois, à nostre très grant desplaisance, s'est par longue espace de temps esloigné de nous et tenu hors nostre royaume, lequel nostre filz, puis aucun temps en ça, a envoyé par devers nous aucuns de ses gens, à tous lesquels avons fait response que, s'il vouloit venir devers nous, comme bon filz doit envers son seigneur et père, nous estions contens et prestz de le recueillir benignement en nostre bonne grace, lui pardonner et oblier toutes les choses du temps passé, et le recevoir comme bon père doit son bon et obéissant filz. Laquelle chose jusques cy il n'a voulu faire, ainçois a esté si très mal conseillé que tousjours il a persevoré à dire qu'il ne vouloit venir devers nous ne se trouver en nostre presence, qui est chose bien estrange, consideré mesmement que nous, qui tousjours avons désiré par doulceur et benignité le reduire, comme pour son bien et honneur lui feust très neccessaire et prouffitable, avons dit à ses dictes gens, et depuis lui avons escript par lettre signée de nostre main, que s'il faisoit aucunes doubtes ou qu'il eust aucunes craintes ou souspeçons, quant il nous en advertiroit nous l'en assurerions telement qu'il en devroit bien estre content et n'auroit cause de riens doubter. Mais, ce neantmoins, dès si tost qu'il a oy et sceu par le rapport de ses dictes gens ladicte response, de laquelle raisonnablement il se devoit moult esjoir, incontinent s'est soubdainement party et absenté du païs du Daulphiné où il estoit, au desceu de la pluspart de toutes ses gens et de ceulx dudit païs, dont avons esté bien esmerveillez et desplaisans. Et, pour ce que par aventure nostre dit filz, par la suggestion de ceulx qui ainsi dommaigeablement pour lui l'ont conduit et conseillé, vouldroit entreprendre de faire guerre ou porter prejudice ou dommaige à aucuns des princes, seigneurs, villes ou communitez des marches de par delà, lesquels pourroient croire ou ymaginer que ce seroit de nostre sceu, consentement ou permission, nous vous avons bien voulu escripre et faire savoir les choses dessus dictes, pour la singulière amour et affection que tousjours vous avons congneu avoir à nous et à la maison de France, afin que soyez acertenez que, se nostre dit filz ou autres estans ou adherans avecques lui entreprenoient quelque guerre, question ou querelle, ce n'est de nostre sceu, vouloir ne consentement, mais est et seroit à nostre desplaisance.

Donné à Vienne, le troisième jour de novembre.

CHARLES.

DE LA LOÈRE[1].

XIX

Le Roi à ses gens des comptes

Saint-Priest, 10 mars 1457.

DE PAR LE ROY.

Noz amez et feaulx, nous avons entendu que le patriarche d'Anthioche, à son vivant president de noz comptes, est naguères alé de vie à trespas; et pour ce que desirons que oudit office soit pourveu de homme notable et tel que à icellui office appartient, et que, par les ordonnances derrenièrement faictes sur le fait des offices de nostre royaume, est expressement dit que, quant ledit office de president ou ung des offices de maistre de nozdiz comptes seront vacans, vous assemblerez avec vous nostre advocat en Parlement et nostre procureur general et eslirez trois personnes teles que verrez en voz consciences estre dignes et suffisans pour lesdiz offices obtenir et excercer, et, ladicte eleccion faicte, nous envoyerez les noms de ceulx que ainsi aurez esleuz et choisiz pour en prendre l'un ou autrement en disposer ainsi que verrons estre à faire pour le mieulx, nous, en ensuivant ladicte ordonnance, voulons et vous mandons que, appellez avec vous nozdiz advocat et procureur, procedez à l'esleccion dudit office de president de noz comptes, ainsi et par la manière que dit est; et, ce fait, nous envoyez les noms de ceulx que aurez ainsi esleuz pour en prendre et accepter l'un, ou autrement en faire ainsi que bon nous semblera. Et avec ce nous

1. Original signé sur parchemin. Archives municipales de Strasbourg, AA 1852.

faictes savoir se, à la creacion dudit office de president de noz comptes, a esté dit et ordonné que ledit president seroit homme d'eglise, et se ceste ordonnance a tousjours depuis esté bien entretenue, et comment noz predecesseurs ont acoustumé eulx y gouverner quant ledit office a vacqué, pour y avoir tel regard qu'il appartendra. Et faictes qu'il n'y ait faulte.

Donné à Saint Pryet en Daulphiné, le XIX° jour de mars.

CHARLES.

GIRARD[1].

Receues le XXVIII° dudit mois.

XX

Le Roi à ses gens des comptes

Saint-Priest, 29 avril 1457.

DE PAR LE ROY.

Noz amez et feaulx, nous avons receu voz lettres du VIII° jour de ce mois, responsives à celles que paravant vous avions escriptes, par lesquelles vous mandions que, appellez avec vous noz advocaz et procureur en nostre Court de Parlement, esleussiez trois personnes suffisans et ydoines pour tenir et excercer l'office de president de nostre chambre des comptes que souloit tenir feu le patriarche d'Anthioche, et avons veu l'eslection que nous avez envoyée de deux prelaz d'eglise et d'un lay, pour en choisir l'un tel qu'il nous plairoit pour tenir ledit office; aussi avons veu la diligence que avez faicte de sercher les anciens registres et papiers de nostre chambre des comptes sur ceste matière, dont et de la diligence que sur ce avez faite avons esté et sommes bien contens. Et, pour ce que, en la fin de vosdictes lettres, nous escripvez que, se vous eussions mandé que nous eussiez envoyé voz adviz pour savoir lequel est plus expedient et prouffitable pour nous mectre audit office de president homme clerc ou lay, vous en feussiez acquictez, et que sur ce desirons bien savoir qu'il vous en semble, nous voulons et vous mandons que, appelez de rechief avec vous nozdiz advocaz et procureur, advisez ensemble lequel sera plus convenable et prouffitable pour nous de y mectre et ordonner president homme

1. Original signé sur parchemin. Ms. fr. 20855, f. 12.

d'eglise ou lay. Et s'ainsi estoit que la plus grant oppinion se condescendist à homme lay, oudit cas faictes eleccion de trois hommes laiz, telz que, en voz consciences, adviserez propres et convenables pour ledit office, et, ce fait, nous envoyez les noms de ceulx que ainsi aurez esleuz, pour prendre l'un d'iceulx, ou autrement en disposer ainsi que bon nous semblera et que verrons estre à faire.

Donné à Saint Pryot en Daulphiné, le XXIXe jour d'avril.

CHARLES.

CHALIGAUT[1].

Receues le IXe jour de may mil CCCC LVII.

XXI

Le Roi au duc de Bretagne

Saint-Priest, 9 mai 1457.

A nostre très chier nepveu le duc de Bretaigne.

DE PAR LE ROY.

Très chier et très amé nevou, naguères vous avons escript et fait savoir de noz nouvelles par nostre chier et bien amé Raoulin Regnault, escuier, lequel avons envoyé devers vous pour vous veoir, savoir et nous rapporter de l'estat et disposicion de vostre personne, pour ce que avions entendu que estiez mal disposé, dont estions très desplaisans. Toutesfoiz nous avons sceu que à present estes venu en bonne convalescence, dont sommes très joyeux. Depuis le partement duquel Raoulin Regnault, nous avons parachevé de mectre et donner ordre et provision en ce païs du Daulphiné, ainsi que bien en estoit mestier, et que par pluseurs de nostre sang estans entour nous et gens de nostre conseil a esté advisé estre necessaire, et oudit païs avons eu et avons plaine et entière obeissance. Aussi avons expedié les gens de beau frere de Bourgoigne sur les matières pour lesquelles il les avoit envoyé devers nous, et brief esperons envoyer aucuns de noz gens et officiers par delà pour lesdites matières. Au seurplus nous avons veu, par certaines lettres closes que beau cousin le connestable a escript à beau cousin de Dunoys et à l'admiral, que desireriez bien que voulissons prolonger et remectre à ung autre jour la journée qui avoit esté

1. Original signé sur parchemin. Ms. fr. 20855, f. 12.

entreprise pour assembler aucuns de noz officiers et des vostres en nostre ville de Paris, pour mectre à fin les questions d'entre nosdiz officiers et les vostres, tant sur le fait de l'evesque de Nantes que autres choses.

Pour consideracion desquelles choses et de la disposicion en quoy avez esté, par quoy ymaginons bien que ennuyeuse chose vous seroit d'envoyer à present loings de vous aucuns de voz prouchains serviteurs, nous icelle journée avons remise et delayée jusques au premier jour de septembre prouchain venant. Si le vous escripvons, affin que en soyez adverty et que ne vous donnez peine de plus tost envoyer pour la matière dessusdicte. Toutesvoies nous entendons que pendant ledit delay faictes que Jehan Wrest, chevalier, soit absoult de l'excommuniement que ledit evesque de Nantes a fait faire contre luy, et aussi que le faciez joyr des heritages qu'il a ou païs de Bretaigne, ainsi que autresfoiz fut dit et appoincté avec voz gens.

Donné à Saint Priet ou Daulphiné, le IXe jour de may.

CHARLES.

LE COINTE[1].

XXII

Le Roi à Antoine de Chabannes

Montils-les-Tours, 21 décembre 1457.

A nostre amé et feal conseiller et chambellan le conte de Dampmartin, grant pannetier de France, seneschal de Carcassonne et bailly de Troye.

Nostre amé et feal, quant vous nous avez fait demander congé pour aller en voz affaires en Bourbonnois, vous ne nous avez point fait dire en quel temps seriez retourné devers nous. Et pour ce que nostre intencion est de faire venir ici, vers la fin du moys de janvier, de noz gens d'armes de Normandie, et semblablement du pays de Guyenne, pour donner ordre au fait de noz gens d'armes et besongner en noz autres affaires, ausquelles choses faire voulons bien que soyez, nous vous mandons ces choses, affin que facez dilligence de faire vos besongnes si dilligemment que puissiez estre

1. Original signé sur parchemin. Archives de la Loire-Inférieure, E 75.

au temps dessus dit devers nous, ou plus tost se avez achevé voz besoingnes.

Donné aux Moultilz lez Tours, le XXIIIe jour de decembre.

CHARLES.

GOREAU[1].

XXIII

Le Roi à François Sforza

Beaugency, 16 juin 1458.

A nostre très chier et amé cousin le conte Francisque Sforce.

CHARLES, PAR LA GRACE DE DIEU, ROY DE FRANCE.

Très chier et amé cousin, nous tenons que vous savez assez comme les Jennevois sai[2]..... que d'ancienneté la seigneurie de Jennes nous appartient, nous, recongnaissans leur ancien..... desirant..... maintenuz et gardez en paix et justice, ce sont puis nagueres, de leur franche voulenté, remis et..... en nostre..... comme chascun scet, esté longuement separez et distraiz, et en signe de ce ont mises et levées les banières à noz armes sur les portes, places..... de ladicte seigneurie, et d'icelle ont baillée la possession pour et ou nom de nous à nostre très chier et très feal ..... general par delà. Et depuis sont venus devers nous certain nombre des citoyens de nostre dicte ville de Jennes....., de par..... dudit lieu, nous en faire la plenière obeissance. A quoy nous les avons receuz, en entencion de les traicter de..... en avant comme noz bons et obeissans subgiez, et de les garder, preserver et deffendre de toutes vexacions et oppressions indeues. Et pour ce que nous avons esté advertiz que vous ou aucuns des vostres avez donné, depuis ladicte reduction, faveur à aucuns de ceulx de nostre dicte seigneurie de Jennes qui estoient mis hors d'icelle ville et cité pour occasion des differences et parcialitez du temps passé, laquelle chose nous est fort à croire ne que voulsissiés faire chose prejudiciable ne deplaisant à nous, veu que tousjours avez aimé le bien et honneur de la maison de France, nous vous avons bien voulu escripre de ces choses pour vous en advertir, en vous priant et re-

1. *Sic* pour Toreau. — *La Chronique martinienne*, f. CCCIII.
2. Lacunes provenant de l'état défectueux de l'original.

querant bien affectueusement que, pour honneur et contemplacion de nous, vous vueillez nos dictes cité et seignourie de Jennes et les habitans d'icelles traicter et faire traicter par les vostres en toute faveur et doulceur et ainsi que faisons et faire vouldrions ès vostres, en vous employant à reduire en bonne union les dessusdiz ainsi mis hors d'icelle nostre cité, pour occasion desdictes differences et parcialitez. En quoi faisant nous ferez très grant et singulier plaisir. Et pour les causes dessus dictes envoyons presentement devers vous nostre bien amé escuier d'escuierie Raolin Regnault, auquel vous prions que vueillez adjouster plaine foy et creance de tout ce qu'il vous dira de par nous touchant la matière dessus dicte.

Donné à Beaugency, le xvie jour de juing.

CHARLES.

DE LA LOÈRE [1].

XXIV

A Marie de Valois

Vendôme, 3 novembre 1458.

A nostre chère et amée fille Marie de Valois.

Chère et amée fille, pour la grande amour et bonne affection que nous avons à nostre amé et feal conseiller et chambellan le sire de Coectivy et de Taillebourg, seneschal de Guyenne, et confiant que serez bien colloquée et pourvue avec lui, nous avons consenti et accordé le mariage d'entre vous et lui; et en faveur d'icelui vous avons donné douze mille escus pour une fois, et tous les droits que avons sur les places, chasteaux, chastellenies, terres et seigneuries de Royan et de Mornac, en la manière qu'il est plus à plein contenu en nos lettres patentes que avons sur ce octroyées.

Et, pour ce que nous desirons que la chose soit parfaite et accomplie le plus tost que bonnement faire se pourra, nous envoyons presentement par delà nostre amé et feal conseiller et maistre de nos comptes maistre Pierre Doriolle, general de nos finances, porteur de cestes, pour vous conseiller en ceste matière. Si voulons et vous mandons que vous entendiez audit mariage et accomplisse-

1. Original signé, Bibliothèque du marquis Trivulci, à Milan.

ment et perfection d'icelui bien et convenablement, et tout ainsi que par nostre dit conseiller vous sera dit et conseillé, en ajoutant pleine foi et creance à tout ce qu'il vous dira sur ce de par nous.

Donné à Vendosme, le troisiesme jour de novembre.

CHARLES[1].

XXV

Le Roi à François Sforza

Montbazon, 31 janvier 1459.

A nostre très chier et amé cousin le conte Francisque Sforce.

Charles, par la grace de Dieu, Roy de France.

Très chier et amé cousin, nostre bien amé Bourronel de Grimault, qui puis naguères est venu en ambaxade par devers vous de par nos subgetz de nostre cité et seigneurie de Gennes, nous a dit et remonstré que, ou contempt de ce qu'il est venu en ladicte ambaxade et lui estant devers nous, Pierre de Campofregoso, lequel puis naguères s'est montré desobeissant et contraire à nous et nostre seigneurie de Gennes, a prins et fait prendre sur ledit Bourronel l'ostel et place de Corroscun, audit Bourronel appartenant, prins et pillé les biens estans en icelui, et receu et fait recevoir le serement de fidelité des hommes dudit lieu, ou grant prejudice et dommaige d'icelui Bourronel, dont il s'est griefvement complaint à nous, en nous requerant sur ce nostre provision. Et pour ce que, comme l'en dit, icelui de Campofregoso est de par vous porté et favorisé, dont sommes fort esmerveillez et est chose bien estrange que vueillez soustenir ledit de Campofregoso de ainsi travailler et molester ledit Bourronel et autres noz subgetz, ce que ne pourrions bonnement souffrir ne tollerer, nous vous prions et requerons bien acertes que ces choses vueillez faire reparer par ledit de Campofregoso, et icelui faire cesser de doresnavant faire aucun dommaige ou empeschement audit Bourronel ne à aucuns autres noz subgetz; et sur ce vueillez croyre[2] nostre amé et feal le sire de Maupas, bailli de

1. Original, archives de M. le duc de la Trémoille. — Édité par M. Paul Marchegay, *Lettres de Marie de Valois, fille de Charles VII et d'Agnès Sorel, à Olivier de Coetivy, seigneur de Taillebourg, son mari.* Les Roches-Bartaud, 1875, gr. in-8°, p. 31.

2. On avait laissé le nom en blanc; il a été rempli par une autre main.

Berry, lequel envoyons presentement devers vous, de ce qu'il vous dira de par nous touchant ladicte matière.

Donné à Montbason, le dernier jour de janvier.

CHARLES. J. DE REILHAC[1].

XXVI

Le Roi à François Sforza

Razilly, 24 mars 1460.

A nostre très chier et amé cousin le conte Francisque Sforce.

CHARLES, PAR LA GRACE DE DIEU, ROY DE FRANCE.

Très chier et amé cousin, par plusieurs foiz vous avons bien expressement escript et prié que à nostre beau neveu de Calabre et à noz subgetz de nostre cité et seigneurie de Jennes voulsissiez donner toute faveur et aide touchant le bien de nous et de nostre dicte cité et seigneurie de Jennes. A quoy avez fait responce que ainsi le feriez, en vous offrant tousjours à nous faire service. Toutesvoyes, nous avons esté advertiz, et par gens notables et dignes de foy, que vous avez tenu la main avec les Adornes et Campresregoses et leurs complices à faire les entreprinses qui par cy devant ont esté faictes sur nostre dicte cité et seigneurie de Jennes, et que iceulx vous avez tousjours portez et favorisez, et que de jour en jour y persoverez, tant par voyes indeues que autrement. Dont nous avons esté et sommes fort esmerveillez, actendue la confiance que avions ès choses que nous avez souventes foiz escriptes et fait dire par ceulx que pour ceste cause avions envoyé devers vous. Et pour ce que ne pourrions plus ne vouldrions dissimuler telles choses, nous envoyons presentement devers vous nostre amé et feal conseillier et chambellan le bailly de Sens, pour vous dire sur ce nostre vouloir, et afin de savoir par effect comme vous avez entencion de vous demonstrer tel que voulez estre envers nous. Aussi nous avons esté advertiz que vous avez contrarié et contrariez en plusieurs manières nostre beau neveu de Calabre touchant le recouvrement du royaume de Napples, et que, pour empescher ledit recouvrement, y avez envoyé

1. Original signé sur parchemin, avec trace de cachet. Archives de Milan, *Francia. Corrispondenza con Carlo VII*, etc.

de voz gens. Dont nous sommes esmerveillez, actenduz les plaisirs, honnours et biens qui vous ont esté faiz par ceulx de la maison d'Anjou, à vous et aux vostres, qui sont bien notoires. Et, pour ce que ceste matière touche l'onneur de nous et de la maison de France, nous vous en avons bien volu escripre nostre voulenté, qui est telle. Car nostre entencion est de porter aide et soustenir nostre dit beau frère de Secille et nostre dit neveu de Calabre à la recouvrance dudit royaume, et ne pourrions ne vouldrions reputer pour amys et bienvueillans ceulx qui leur yroient au contraire. Par quoy vous prions que vous vueillez deporter de leur donner aucun empeschement, ainçois leur aider ainsi comme raison est et qu'il nous semble que raisonnablement estez tenu de faire, ainsi que ces choses avons dictes audit bailly de Sens pour les vous dire plus à plain de par nous.

Donné à Razilly, le XXIIIme jour de mars.

CHARLES.

J. DE REILHAC [1].

XXVII

Le Roi à ses gens des comptes

L'Isle Bouchard, 6 avril 1460.

DE PAR LE ROY.

Noz amez et feaulx, puis certain temps en ça, pour consideracion des grans, bons et louables services faiz à nous et à la chose publicque de nostre royaume par nostre très chier et amé cousin le conte de Dunois, nous lui avons donné, cedé, transporté et delaissé par noz lettres patentes signées de nostre main, et par l'advis et meure deliberacion d'aucuns seigneurs de nostre sang et des gens de nostre grant conseil, les terres, places et seigneuries de Partenay, Vouvent, Merevent, Chastellaillon et autres que tenoit par don et octroy de nous, en noz païs de Poictou et de Xainctonge, feu nostre cousin Artur, duc de Bretaigne, connestable de France, derrenier trespassé, pour en joir par nostre dit cousin de Dunois et

1. Original signé sur parchemin, avec trace de cachet. Bibliothèque nationale, ms. ital. 1588, f. 46. Édité par Buser : *Die Beziehungen der Mediceer*, etc., p. 401 (assez incorrectement), et par le comte de Reilhac, *Jean de Reilhac*, etc., t. I, p. 59, note 5. — Plusieurs traductions italiennes contemporaines de cette lettre se trouvent aux Archives de Milan, *Francia. Corrispond. con Carlo VII*, etc.

ses hoirs masles, descendans de lui en droicte ligne et loyal mariage, tout ainsi que les avoit et tenoit nostre dit feu cousin de Bretaigne, comme en nos dictes lettres de don et transport est plus à plain contenu, lesquelles ont depuis esté leues et publiées en nostre court de Parlement, et après vous ont esté presentées en nostre chambre des comptes, afin que icelles voulsissiés enteriner. Et sur ce vous en avons escript par nostre amé et feal conseillier maistre Henry de Marle, maistre des requestes de nostre hostel. Mais, comme entendu avons, vous avez fait difficulté de proceder audit enterinement jusques à ce que soiez plus à plain informez des droiz et tiltres desdictes seigneuries et de la valeur d'icelles; et que pour ceste cause avez deliberé envoyer l'un de noz clercs des comptes èsdiz païs pour s'en informer et le vous rapporter. Touchant laquelle informacion icellui nostre cousin a esté, ainsi qu'il nous a dit, très joyeux et content; et nous a supplié et requis très instamment que nostre plaisir soit que ainsi se face, afin que le droit que y avons soit mieulx averé et esclarcy, et que on sache l'estat et valeur où elles sont à present, afin que, se le cas avenoit que lesdictes terres et seigneuries revenissent en noz mains par faulte de hoirs masles en droicte ligne, l'on puisse veoir et congnoistre comment nostre dit cousin les aura gouvernées, et se elles seront augmentées ou diminuées en ses mains. Et pour ce que, au moien de ladicte informacion, l'enterinement desdictes lettres ne doit estre empesché ne retardé, veu que les lui avons données en quelque valeur qu'elles sont ou puissent estre, et nous pevent retourner en faulte de hoirs masles, comme dit est, nous voulons et vous mandons de rechief, bien expressement, que à l'enterinement de nos dictes lettres de don et transport vous procedez incontinant et sans plus y faire difficulté, ne mectre la chose en delay, et sans attendre ladicte informacion; et telement que n'ayons plus cause de vous en escripre. Et, ce non obstant, envoiez tel ou telz que adviserez sur lesdiz lieux desdictes terres et seigneuries, pour faire ladicte informacion à la fin dessusdicte, le plus tost que bonnement faire se pourra. Et en ce ne faites faulte.

Donné à l'Isle Bouchart, le sixiesme jour d'avril.

CHARLES.

J. de Reilhac[1].

1. Original signé sur parchemin. Collection Moreau, 1017, n° 54.

XXVIII

Le Roi à François Sforza

La Salle-le Roi, 23 septembre 1460.

A nostre très chier et amé cousin le conte Francisque.

CHARLES, PAR LA GRACE DE DIEU, ROY DE FRANCE.

Très chier et amé cousin, nous avons receu voz lettres responsives à celles que vous avons escriptes, par lesquelles voz lectres nous acertenez que à Jacques de Walpargue, duquel vous escrivions par nos dictes lectres, ne à Loys son frere, n'avez donné et ne vouldriez donner aucun support, faveur ne aide à l'encontre de nostre très chier et très amé cousin le duc de Savoye, et ne lui avez baillé aucuns de voz gens ne souldoyers, ainçois avez envoié ès places dudit de Walpargue pour faire commandement sur griefves peines à tous les gens et souldoyers, s'aucuns y en avoit, qu'ilz en saillissent hors et audit de Walpargue ne donnassent aucune faveur ou aide. Et avec ce avez fait dire à nostre dit cousin que s'aucuns d'iceulx voz souldoyers donnoient aucun secours ou aide ausdiz de Walpargue à l'encontre de luy, icellui nostre cousin les pugnisse de peine de mort. Desquelles choses avons esté et sommes bien contens et vous en remercions; et avons bien esperance que le ferez ainsi que nous escripvez. Et quant à ce que nous escrivez que avez sceu qu'on nous a donné entendre que, depuis le partement de nostre amé et feal conseillier et chambellan le bailli de Sens, avez incontinent envoyé certain nombre de gens d'armes ou royaume de Naples contre nostre très chier et très amé neveu le duc de Calabre, et que continuelment vous donnez par voyes indirectes tous les troubles et empeschemens que vous povez à l'estat et seureté de nostre ville de Gennes; desquelles choses, par vos dictes lettres, vous excusez, en nous certiffiant que lesdictes choses qu'on nous a donné à entendre ne sont point veritables et que ne l'avez fait et ne vouldriez faire, ne quelque autre chose que sceussiez estre à nostre desplaisance, en nous requerant que n'y vueillons adjouster foy et que sur ce nous vueillons informer, nous avons tousjours eu desir que feissiez telement envers nous et les nostres que eussions cause de continuer envers vous la bonne affection que avons eue et que vous avons par effect monstrée le temps passé, ce que bonnement ne se pourroit faire quant feriez chose qui tourneroit au dommaige de nostre très chier et très amé frere le Roy de Secille et de nostre dit neveu de Calabre, qui de si près nous actiennent que chascun scet, et le fait desquelz, en tant que touche ledit royaume de Napples, nous reputons comme le nostre propre. Ne aussi quant feriez ou traicteriez chose contre l'estat et seureté en nostre obeissance de nostre cité de Gennes. Si vous prions que faites par manière que n'ayons cause de nous douloir, et que congnoissons par effect vostre affection estre telle envers nous comme nous escrivez par vos dictes lectres, dont quant ainsi le ferez serons très joyeux.

Donné à La Sale le Roy en Berry, le xxiiie jour de septembre.

CHARLES.

DE LA LOÈRE[1].

XXIX

Le Roi à François Sforza

Mehun-sur-Yèvre, 19 avril 1461.

A nostre très chier et amé cousin le conte Francisque Sforce.

CHARLES, PAR LA GRACE DE DIEU, ROY DE FRANCE.

Très chier et amé cousin, vous savez la novité puis nagueres advenue en nostre ville de Jennes, depuis laquelle, ainsi que avons entendu, aucuns de voz gens et souldoyers sont entrez en ladicte cité, eulx adherans avecques noz adversaires et faisans guerre à noz gens estans au Chastellet. Desquelles choses ne nous povons assez esmerveiller et nous est bien fort à croyre, actendu ce que par plusieurs foiz nous avez escript et fait savoir par voz gens, et aussi dit aux nostres quant ilz ont esté par delà, touchant le bon vouloir et affeccion que avez à nous et à nostre seignourie, et que jamais n'aviez fait ou pourchassé, ne feriez ou pourchasseriez chose à nous prejudiciable, ainçois desiriez tousjours nous servir et complaire en tout ce qui vous seroit possible. Pour laquelle cause envoyons presentement par devers vous notre amé et feal conseillier et maistre des re-

1. Original signé sur parchemin, trace de cachet en cire rouge. Archives de Milan, *Francia. Corrispondenza con Carlo VII*, etc.

questes ordinaire de nostre hostel maistre Henry de Merle, afin de savoir et estre informé bien au long de vostre vouloir et entencion, et que s'ainsi est que ayez le vouloir envers nous tel que dessus est dit, vous vueillez en toute diligence faire retirer vosdiz gens qui sont audit lieu de Jennes, tant de cheval comme de pié, et donner à ceulx dudit Chastellet tout l'aide et confort effectuel qui vous seront possibles, ou nous mander et faire savoir comme vous vous entendez gouverner envers nous, tant pour le fait dudit Jennes que autrement, afin de au sourplus avoir advis à ce qui sera affaire.

Donné à Mehun, le XIXe jour d'avril.

CHARLES.

J. DE REILHAC[1].

XXX

La Reine au Dauphin

Chinon, 22 juillet 1461.

A mon filz.

Mon fils, vous devés savoir de ceste heure la maladye et inconvenient avenue en la persone de Monseigneur, lequel, comme pensés, est fort faible. Dieu par sa grasse luy soit en aide! Mon fils, mon frère deu Maine et aultres estans avec Monseigneur envoient devers vous le grant senechal pour vous dire l'estat auquel il a lessé mon dit seigneur, et luy hont donné bien ample cherge de parlés à vous. Si vueillez ouir sa creance et ajouter foy, car ils sont toux deliberés de vous servir, et maimement ès afaires desse reaulme cant le cas avendroit. Ou quel cas, mon fis, je vous pry que avissés à y hantrés en bonne et dousse manière, et tellemant que par faulte de bon avis n'i et trouble nulle part, comme ces chosses ay chergé plus à plain vous dire Janilhac, ce porteux, le quel je vous envoye, et ceux toute chosses, je vous pry, haiés regart à voutre honcle mon frère deu Mayne, car il est n..... [2] mon frère, le quel ne peut faillir av..... à vous; et aussi de beau cousin d'Erna..... vous voudroit faire servisse et le sara.....; aussi mon

1. Original signé sur parchemin, trace de cachet en cire rouge, Archives de Milan, *Francia. Corrispondenza con Carlo VII*, etc.
2. Déchirure au bout de la page.

compère de la Borde ne l'a!..... Et pour le pressant ne vous mande au[tre] chosse, pour la hate deu porteux.

Je pryo à Dieu quy vous doint sy bon a[dvis] et consail que Dieu et Monseigneur et tout [le monde] soit comtant de vous.

Escript à Chynon, ce meqredy jour de la Madelayne.

MARYE[1].

1. Original entièrement autographe, sur papier. Ms. fr. 20429, f. 61.

VI

DERNIÈRE LETTRE MISSIVE DE CHARLES VII

Mehun-sur-Yèvre, 15 mai 1461. — Archives de M. le duc des Cars.

De par le Roy

Nre ame et feal Nous avons receu les lettres que par le porteur nous avez escriptes par lesquelles nous faictes bien a plain savoir la disposicion en quoy sont les choses pardela et nous advertissez des provisions qui vous ont semble estre necessaires et convenables pour le bien et conduicte diceles Dont et des bons advertissemens que nous faictes savoir sommes bien contens Au surplus avant la reception de vosd. lettres vous avons bien a plain escript comment nous envoyons pardela nre ame et feal conseiller et chambellan [illegible] bailly de Constantin bien informe de nre vouloir et ayant de povoir souffisant pour besongner esdites matieres selon quil a semble estre a[illegible] et lavons charge de soy tirer devers vous et autres noz officiers et serviteurs estans pardela pour lesd. matieres vous communiquer afin que par ladvis et conseil deulx tous elles soient conduictes et gouvernees par les meilleurs et plus honnorables et prouffitables moiens au bien de nous et recouvrement de nre seigneurie de Gennes que faire se pourra Et vous y employez comme savez que la chose le requiert et que en vous en avons bien la confiance Et nous avons bonne esperance veu la provision que y donnons que moiennant laide de Dieu et vre bonne conduicte les choses prandront bonne fin et conclusion. Donne a Melun sur seyne le quinziesme jour de may

Charles

Reynaut

TABLE DES MATIÈRES

LIVRE VI *(suite)* : CHARLES VII PENDANT SES DERNIÈRES ANNÉES. — 1454-1461

Chapitre III. La cour en 1454 et 1455. — L'expédition contre le comte d'Armagnac.

Dispositions morales de Charles VII; Antoinette de Maignelais, devenue veuve, reste en grande faveur; son rôle à la cour. — Habitudes privées du Roi; soin des affaires; emploi du temps. — Conseillers influents : Dunois, Chabannes, Gaucourt, Gouffier, etc. — La Reine : ses goûts, ses habitudes, son entourage; ses enfants Charles et Madeleine; elle quitte Chinon en 1454 pour aller rejoindre le Roi à Mehun; son installation dans ce lieu, où elle tombe malade; présents faits par la Reine. — Scène d'intérieur de la cour de Mehun. — Nombreuses ambassades en 1454 et 1455; visites de princes. — La santé du Roi s'altère; les complots l'inquiètent; découverte du complot des Écossais; exécution de Robin Campbell; intrigues du Dauphin. — Charles VII se transporte à Bois-Sire-Amé; festin donné par le comte du Maine; visites du duc de Bretagne et d'un chevalier allemand. — Affaire du comte d'Armagnac; expédition dirigée contre lui; ses états sont mis entre les mains du Roi et son procès est instruit devant le Parlement 7

Chapitre IV. La conspiration du duc d'Alençon. — 1455-1456.

Les débuts du duc d'Alençon; il est fait prisonnier à la bataille de Verneuil et combat vaillamment avec Jeanne d'Arc. — Sa révolte; ses intelligences avec les Anglais, avec le Dauphin, avec le duc de Bourgogne. — Il s'adonne à l'astrologie. — Premiers projets de conspiration : le duc fait venir Thomas Gillet; arrivée du héraut Huntington; mission donnée à Huntington et au héraut Pouencé, d'une part, et à Gillet, de l'autre; offres du duc aux Anglais; ses prétentions. — Accueil fait par le duc d'York et les seigneurs anglais à ces propositions. — Le duc d'Alençon envoie Pierre Fortin à Calais, au devant de Pouencé et de Gillet; il veut faire partir un autre messager; retour de Pouencé et de Thomas Gillet. — Nouvelle mission donnée à Edmond Gallet; prétentions croissantes du duc; son envoyé est reçu froidement en Angleterre; mécontentement du duc. — Il fait partir Pierre Fortin pour Calais et renvoie Gallet en Angleterre; voyage du duc à Paris; Fortin révèle sa conspiration; il rejoint le duc, qui, jusqu'au dernier moment, reste dans l'ignorance de la découverte du complot. — Ordre d'arrestation donné par le Roi; Dunois vient trouver le duc et le fait prisonnier. — Le duc est emmené en Bourbonnais; son entrevue avec le Roi; il est emprisonné et l'on instruit son procès. 38

Chapitre V. La fuite du Dauphin. — 1454-1456.

Attitude du Dauphin; ses intrigues; il se brouille avec le duc de Savoie. — Menacé d'une guerre avec le Dauphin, le duc de Savoie est en mauvais termes avec le Roi, qui le presse en vain d'exécuter le traité de Cleppé; négociations à ce sujet; le duc cède enfin et s'en remet à l'arbitrage du Roi, qui rend sa sentence dans l'affaire des nobles. — Le duc demande au Roi de le protéger contre le Dauphin, qui repousse toutes ses ouvertures; Charles VII envoie Dresnay à son fils; conférence d'Annecy, où la pacification est opérée. — Charles VII ne cesse de surveiller le Dauphin et de mettre le duc de Savoie en demeure de remplir ses engagements ; mission donnée à Dunois et à Richemont près du duc ; instructions du Roi à Chabannes ; le Roi s'avance en Bourbonnais pour agir à la fois contre le duc de Savoie et contre le Dauphin. — Le duc de Savoie vient le trouver à Saint-Pourçain et fait sa paix avec lui. — Inquiétudes du Dauphin à l'arrivée du Roi ; il cherche de tous côtés des alliés, et se décide à entrer en négociations avec son père. — Envoi d'un cordelier ; ambassade de Guillaume de Courcillon ; ouvertures faites au nom du Dauphin ; réponse du Roi. — Démarches du Dauphin auprès du duc d'Orléans et d'autres princes ; nouvelle ambassade au Roi : Courcillon et le prieur des Célestins ; exposé de la charge des ambassadeurs ; entrevue particulière du prieur des Célestins avec le Roi ; réponse donnée aux ambassadeurs. — Troisième ambassade du Dauphin : Gabriel de Bernes et le prieur des Célestins ; échec de leur mission ; lettre du Roi au Dauphin. — Louis, affolé, prend la fuite ; lettre qu'il adresse de Saint-Claude à son père avant de gagner la Flandre. 61

CHAPITRE VI. Intervention du duc de Bourgogne dans l'affaire du Dauphin. — 1456.

La retraite du Dauphin à la cour du duc de Bourgogne envenime la situation. — Le duc accueille le Dauphin avec empressement ; honneurs qu'il lui rend. — Attitude du Roi au lendemain de la fuite de son fils ; circulaire qu'il envoie ; mesures de défense ; le Dauphiné est occupé militairement. — États du Dauphiné ; discours du Roi ; les États promettent leur concours et envoient une députation au Dauphin pour l'engager à la soumission. — Relations du Roi avec le duc de Savoie ; instructions qu'il donne à Chabannes, envoyé près de ce prince. — Lettre du Roi au duc de Bourgogne ; il reçoit deux lettres du duc. — Lettre du Roi au Dauphin. — Attitude du duc de Bourgogne ; ses hésitations au premier moment ; il se décide à donner asile au Dauphin. — Réponse du duc à la lettre du Roi ; exposé fait par le chancelier. — Intervention du duc : envoi d'une ambassade ; exposé fait par les ambassadeurs ; réponse que le Roi leur fait donner. — La situation devient très tendue ; dans le Conseil royal, on propose au Roi de prendre l'offensive ; Charles VII s'y refuse 91

CHAPITRE VII. Menaces de rupture avec le duc de Bourgogne. — 1457.

Le duc de Bourgogne décide l'envoi d'une nouvelle ambassade au Roi ; il fait jurer au Dauphin d'observer le traité d'Arras. — Brouille du duc avec le comte de Charolais ; scène violente entre le père et le fils ; intervention du Dauphin ; réconciliation apparente. — Départ de l'ambassade bourguignonne ; ouvertures des ambassadeurs ; réponse que le Roi leur fait donner, après une longue attente. — Intrigues et complots à la cour ; arrestation d'Otto Castellain et de Guillaume Gouffier ; découverte d'une conjuration ourdie pour enlever le Roi. — Froideur témoignée aux ambassadeurs bourguignons ; le Dauphiné est mis en la main du Roi. — Rapport présenté au duc par ses ambassadeurs ; le Dauphin envoie chercher sa femme en Dauphiné ; il s'installe au château de Genappe ; existence qu'il y mène. — Inquiétudes du duc de Bourgogne ; ses démêlés avec les Anglais qui occupent Calais ; conférences à ce sujet ; rapports alarmants qui lui viennent de tous côtés ; il visite les villes de Picardie et y est reçu avec enthousiasme. 112

CHAPITRE VIII. Relations avec la Castille et avec l'Écosse. — Suite des négociations avec le duc de Bourgogne. — 1454-1457.

Henri IV succède en Castille à Jean II ; ambassade qu'il envoie à Charles VII ; ambassade de celui-ci en Castille ; traité de Cordoue. — Nouvelles ambassades de Henri IV en France ; questions litigieuses. — Don Carlos, prince de Navarre, vient trouver le Roi pour le solliciter d'être médiateur dans sa querelle avec son père ; réponse faite à ce prince. — Intervention du roi de Castille dans l'affaire du Dauphin ; réponse donnée à ses ambassadeurs ; on agite la question de la formation d'une armée navale pour agir contre les Anglais. — Relations de Charles VII avec l'Écosse depuis 1451; échange d'ambassades; affaire de la duchesse de Bretagne, Isabelle d'Écosse. — Jacques II demande à Charles VII son appui contre les Anglais. — Situation politique de l'Angleterre; protectorat du duc d'York; état mental et dispositions intimes de Henri VI; ascendant de Marguerite d'Anjou sur son époux; intelligences de la Reine avec Pierre de Brezé. — Nouvelles instances de Jacques II, qui soumet à Charles VII un plan d'attaque; Charles VII envoie un ambassadeur en Écosse pour travailler à une pacification avec l'Angleterre; ce projet n'a pas de suites; nouvelle ambassade de Jacques II; Charles VII est vivement sollicité d'agir à main armée; il s'y refuse. — Dans l'été de 1456, Jacques II prend les armes; il renonce à ses projets d'invasion quand la reine reprend le pouvoir, et signe avec Henri VI une trêve de deux ans. — Expédition de Sandwich. — Le duc de Bourgogne menacé d'une révolte à Liége; arrivée de la grande ambassade française; instructions données aux ambassadeurs; discours de l'évêque de Coutances et de l'évêque d'Arras; ultimatum des ambassadeurs. 127

CHAPITRE IX. L'affaire du Luxembourg. — 1455-1458.

Alliances de Charles VII en Allemagne; il veut s'allier avec le roi de Danemark et le roi de Hongrie. — Traité conclu avec le premier par la médiation du duc Frédéric de Bavière. — Ladislas, roi de Hongrie, revendique la possession du Luxembourg; négociations à ce sujet avec le duc de Bourgogne; la guerre éclate; conclusion d'une trêve. — Ambassade de Charles VII à Ladislas; ouvertures relatives à une alliance et au mariage de Ladislas avec Madeleine de France; intervention du duc Sigismond d'Autriche. — Ambassade de Ladislas à Charles VII; demande d'arbitrage au sujet du Luxembourg; Charles VII agrée le projet de mariage. — Ladislas décide l'envoi d'une ambassade pour conclure son mariage; état des affaires de la chrétienté; efforts de Calixte III en vue de la croisade; divisions dans l'empire; grand rôle joué par le cardinal Carvajal, qui est chargé par le Pape d'assister au mariage. — Départ de la grande ambassade envoyée en France par Ladislas; elle trouve le Roi gravement malade à Tours. — Brillante réception qui lui est faite; audience royale; banquet du comte de Foix. — On apprend la mort de Ladislas; stupeur causée par cet événement; départ de l'ambassade. — Charles VII décide de prendre en sa garde le Luxembourg; il envoie un ambassadeur à Prague pour soutenir la candidature de son fils Charles au trône de Bohême; élection de Georges Podiebrad. — Déclaration faite au duc de Bourgogne, de la part du Roi; effet produit par le message royal; indignation des seigneurs bourguignons; réponse donnée à l'envoyé du Roi. — Occupation d'une partie du Luxembourg par Charles VII; le duc décide qu'il restera sur la défensive. 153

CHAPITRE X. Le procès du duc d'Alençon. — 1456-1458.

Instruction du procès; le duc déclare ne relever que de la Cour des pairs; Charles VII consulte le Parlement; sur l'avis de ce corps, il convoque les pairs à Montargis. — Sommation adressée au duc de Bourgogne; mécontentement de ce prince; il envoie Toison d'Or au Roi. — Exposé de l'ambassadeur; Charles VII autorise le duc à se faire représenter par une ambassade; préparatifs de guerre faits de part et d'autre; désignation d'ambassadeurs par Philippe; dispositions du duc et de son entourage. — Sommation adressée au duc de Bretagne; attitude prise par le nouveau duc; il refuse de comparaître. — Délai apporté à l'ouverture du lit de justice; Charles VII le transfère à Vendôme. — Arrivée du Roi dans cette ville; ouverture du lit de justice; première audience. — Interrogatoire du duc d'Alençon; examen de la procédure. — Discours de Jean Lorfèvre, l'un des ambassadeurs bourguignons; réponse de l'évêque de Coutances. — Discours du duc d'Orléans en faveur de son gendre; discours de l'archevêque de Reims. — Sentence de condamnation; elle est signifiée au duc d'Alençon. 179

CHAPITRE XI. Politique de Charles VII en Allemagne. — La grande ambassade du duc de Bourgogne. — 1458-1459.

Intervention de Charles VII en Allemagne; envoi d'une ambassade à l'empereur et aux ducs Albert et Sigismond d'Autriche; situation de l'empire; caractère de Frédéric III. — Poursuite des desseins du Roi sur le Luxembourg; mission donnée à Thierry de Lenoncourt près du duc Guillaume de Saxe; accueil favorable qu'il reçoit. — Nouvelle ambassade de Lenoncourt; envoi d'ambassadeurs par le duc de Saxe; exposé présenté par eux au Roi; traité portant cession du duché de Luxembourg à Charles VII. — Conséquences de cet acte; dispositions du duc de Bourgogne et du Dauphin; ils comptent sur la mort prochaine du Roi, vu son état maladif, pour les délivrer de leurs embarras. — Le duc désigne des ambassadeurs pour se rendre à la cour de France. — Venue à Bruxelles d'un conseiller au Parlement; mauvais accueil qui lui est fait; paroles menaçantes du duc. — Arrivée de la grande ambassade à Montbazon; discours prononcé par Jean de Croy au nom du Dauphin et au nom du duc; double réponse faite au nom du Roi; insistance des ambassadeurs pour obtenir des explications plus catégoriques; déclaration de Charles VII 193

CHAPITRE XII. Politique de Charles VII en Italie. — L'occupation de Gênes. — Le congrès de Mantoue. — 1454-1459.

La paix de Lodi et la ligue entre les puissances de l'Italie; appréciation de Sforza sur cette ligue; elle est dirigée contre la France. — Ambassades de Charles VII en Italie; ouvertures qui lui sont faites par les Génois; Gênes est menacée par Alphonse V. — Relations de Charles VII avec Sforza; le duc de Milan joue un double jeu. — Le duc de Calabre revient en France avec mission de proposer la cession de Gênes à la France; traité passé par ce prince avec les députés génois; il reçoit le gouvernement de Gênes. — Démarches de Sforza pour parer le coup qui le menace; ambassades de Tibaldo; rapports adressés par l'envoyé milanais. — Nouvelles ambassades de Tibaldo; vaines protestations de dévouement faites par Sforza. — Suite des négociations des Génois avec Charles VII; traité définitif passé à Aix par le duc de Calabre et ratifié à Beaugency par Charles VII. — Nouvelle attaque d'Alphonse V; il meurt sur ces entrefaites; échec du parti hostile à la France à Gênes. — Cosme de Médicis agit auprès de Sforza en faveur de la France; Sforza se déclare pour le fils bâtard d'Alphonse V. — Mort de Calixte III; Pie II donne l'investiture à Ferdinand; démarches de Charles VII en faveur de la maison d'Anjou; elles n'obtiennent aucun succès. — Intrigues de Sforza à Gênes; une ambassade napolitaine vient offrir le trône des Deux Siciles à la maison d'Anjou; popularité du duc de Calabre à Gênes; il envoie une ambassade à Sforza, dont l'attitude devient de plus en plus hostile. — Tentative des Génois rebelles, réprimée par le duc de Calabre; ce prince s'embarque pour le royaume de Naples. — Pie II convoque un congrès à Mantoue; il se rend dans cette ville; impossibilité où il se trouve d'ouvrir le congrès; arrivée des ambassadeurs bourguignons; ouverture du congrès. — Charles VII envoie des ambassadeurs à Venise et à Mantoue; négociations avec la république de Venise; elles échouent. — Arrivée des ambassadeurs français à Mantoue; discours prononcés par les ambassadeurs et par le Pape; lettres du Pape au Roi; clôture du congrès. 220

CHAPITRE XIII. Politique de Charles VII en Angleterre. — Suite des démêlés avec le duc de Bourgogne. — 1458-1459.

Marguerite d'Anjou au pouvoir; elle se réconcilie un moment avec le duc d'York; ouvertures faites par ce prince au Roi, qui les repousse. — Relations du duc de Bourgogne avec le parti Yorkiste; menaces d'invasion des Anglais. — Double négociation ouverte par le gouvernement anglais avec Philippe le Bon et avec Charles VII; Wenlock et Gallet à Mons, puis à Rouen; leurs propositions sont transmises au Roi; réponse qu'il y donne; intelligences secrètes de Wenlock avec la duchesse de Bourgogne. — Philippe le Bon fait ses préparatifs pour résister à une attaque de Charles VII; la guerre paraît imminente. — Naissance de Joachim, fils du Dauphin; lettre du Dauphin à son père; réponse du Roi. — Affaire du Luxembourg; Charles VII agit comme seigneur du duché; échange des ratifications du traité; le Roi songe à donner le duché à son fils Charles; adhésion du duc Guillaume de Saxe à ce dessein. — Démarches multipliées du duc de Bourgogne à la Cour de France; ambassade de Toison d'Or; le duc apprend que le bailli Longueval veut introduire à Amiens des gens du Roi; mission du comte d'Étampes; arrestation du vidame d'Amiens. — La situation en Angleterre; la guerre recommence entre les deux partis; défections dans l'armée Yorkiste, qui se disperse; triomphe de la reine; expédition de Somerset à Calais;

il échoue et reste bloqué à Guines. — Retour de Toison d'Or de son ambassade; au moment de le faire repartir, le duc apprend l'envoi d'une ambassade de Charles VII; arrivée de l'évêque de Coutances. — Discours de l'évêque de Coutances et de l'évêque de Tournai; réplique faite au nom du Roi; réponse du duc sur l'affaire du Luxembourg. — Déclaration des ambassadeurs au Dauphin; réponse de ce prince. 259

CHAPITRE XIV. Rupture imminente entre Charles VII et Philippe le Bon. — 1460.

Succès de la politique royale en Allemagne, en Angleterre et en Italie; le duc de Bourgogne, menacé de toutes parts, compte sur la mort prochaine de Charles VII. — Lettre de Philippe au Roi; lettres du Dauphin à son père; envoi de Toison d'Or; réponse du Roi à cet ambassadeur. — Ambassade des Liégeois; Charles VII les prend sous sa protection. — Relations de Charles VII avec la reine Marguerite par l'intermédiaire de Brezé; celui-ci rend compte au Roi des négociations avec la reine; mesures prises en faveur de celle-ci. — Brusque revirement des affaires en Angleterre : défaite de la reine à Northampton. — Le duc de Bourgogne est toujours menacé du côté du Luxembourg; Charles VII envoie une ambassade aux princes allemands; instructions qu'il donne à ses ambassadeurs; exposé de leur mission. — Nouvelle ambassade de Toison d'Or; délibération sur la conduite à tenir à l'égard du duc; préparatifs militaires. — La bataille de Northampton vient suspendre l'exécution de ces desseins; ambassade de la reine Marguerite à Charles VII; réponse du Roi. — Intrigues de Sforza en Italie; efforts du Roi pour obtenir le concours de la République de Florence; démarches auprès de Sforza et auprès des autres États italiens. — Sforza essaie de se justifier et envoie un ambassadeur au Roi; réponse de Charles VII. — Succès de la campagne du duc de Calabre dans le royaume de Naples. — Concours financier donné par Charles VII au roi René; ambassade du duc de Bretagne en Italie pour soutenir les droits du duc d'Orléans sur le duché de Milan. — Nouvelles plaintes adressées par Charles VII à Sforza; relations de Sforza avec le duc de Bourgogne et avec le Dauphin; traité passé entre Sforza et le Dauphin. — Le duc de Bourgogne envoie une nouvelle ambassade au Roi; elle est contremandée; voyage secret du bâtard de Bourgogne à Paris; délibération du conseil du Roi à ce sujet; arrestation du prévôt de Paris. — Triomphe inattendu de la reine Marguerite 284

CHAPITRE XV. Charles VII et Philippe le Bon sous les armes. — 1461.

Le comte de Charolais fait faire, par le comte de Saint-Pol, des ouvertures au Roi. — Le Dauphin envoie un ambassadeur; réponse de Charles VII; dispositions secrètes de Louis; ses prétentions; confidences qu'il fait à l'envoyé du duc de Milan. — Nouvelle ambassade de Wast; paroles du Roi. — Nouveau message du comte de Charolais; suites de cette négociation. — Attitude du duc de Bourgogne et du Dauphin à la nouvelle du triomphe de la reine Marguerite en Angleterre; leurs relations avec les Yorkistes; victoire de la Reine à Saint-Alban; les Yorkistes en déroute. — Le duc de Bourgogne envoie des ambassadeurs à Charles VII; dispositions secrètes du duc; il est en froid avec le Dauphin. — Démarches de la reine Marguerite auprès du Roi; changement soudain dans sa situation; Édouard d'York est proclamé roi; défaite de Marguerite à Towton. — La situation en Italie; relations du Dauphin avec Sforza, les Florentins, etc.; empressement de Sforza à l'égard du Dauphin; négociations poursuivies par le duc de Bretagne et par le Roi; elles n'aboutissent pas; mauvaise tournure des affaires à Gênes; le gouverneur français évacue la ville et se retire dans le *Castelletto*. — Charles VII envoie une flotte pour secourir la reine Marguerite et se prépare à la guerre contre le duc de Bourgogne. — Inquiétudes de ce prince, qui, dans l'attente d'une mort prochaine du Roi, garde l'expectative; il voit ses pays envahis et l'Angleterre menacée d'une attaque; il se dispose à soutenir au besoin Édouard d'York; le Dauphin et le duc sollicitent une descente des Anglais en France. — Préparatifs de guerre, interrompus par l'état désespéré de Charles VII. — Dernières relations de Charles VII avec l'Italie, l'Aragon, la Castille, l'Allemagne et l'Écosse; ambassade des princes d'Orient et de Marguerite d'Anjou. . 310

CHAPITRE XVI. **L'administration de 1454 à 1461. — Royauté, administration centrale, parlement, états généraux, clergé, noblesse, tiers état, finances, armée, commerce, industrie.**

Grandes réformes de Charles VII ; caractère de ces réformes. — Suppression des aliénations du domaine ; opposition que rencontrent les exceptions à cette mesure. — Libéralités à l'égard des princes du sang ; hommages rendus par les ducs de Bretagne ; procès du comte d'Armagnac. — Changements dans le personnel des grands officiers ; nouveaux éléments introduits dans le Conseil ; importance croissante du grand Conseil ; part personnelle du Roi à ses travaux. — Caractère des réformes judiciaires ; la grande ordonnance d'avril 1454 ; autres règlements pour la justice ; Parlements locaux ; grands jours ; Échiquier de Normandie. — États du Languedoc ; États de Normandie ; États de la sénéchaussée des Lannes. — Relations avec la cour de Rome ; maintien de la Pragmatique ; intervention personnelle du Roi dans les affaires ecclésiastiques ; exemptions ; confirmations de privilèges ; lettres de sauvegarde ; concessions diverses ; dons aux abbayes ; mesures prises à l'égard de l'Université de Paris et d'autres Universités. — Appels de la noblesse sous les armes ; enregistrement des fiefs et arrière-fiefs ; enquêtes à ce sujet ; anoblissements ; légitimations ; autorisations de posséder données à des étrangers ; autorisations de fortifications ; lettres de rémission. — Politique du Roi à l'égard de la Normandie et de la Guyenne ; mesures à l'égard des villes. — Administration financière : Chambre des comptes ; Domaine ; Monnaies ; répartition des tailles, etc. — Administration militaire : enquête sur le mode de paiement des gens de guerre ; l'armée en Normandie ; les francs-archers. — Situation prospère du royaume ; mesures prises pour favoriser le commerce et l'industrie. 316

CHAPITRE XVII. **Charles VII protecteur des lettres et des arts.**

Un Roi sans lettres est « un âne couronné. » — Goûts littéraires de Charles VII ; témoignages des contemporains à cet égard. — « Sages clercs » dont il était entouré : « physiciens », « astrologiens » et lettrés. — Son amour des livres ; il en fait composer ; historiographes et « croniqueurs ». — Livres dédiés au Roi ; livres achetés par lui. — Protection aux écoliers. — Enquête sur la découverte de l'imprimerie. — Travaux exécutés sous son règne ; il embellit ses demeures ; édifices religieux ; édifices civils. — Travaux de sculpture — Les peintres du Dauphin et du Roi ; Jean Foucquet. — Orfèvres du Roi. — Tapisserie commandée par lui. — Sa chapelle ; son premier chapelain Jean Okeghem ; faveur qu'il témoigne aux musiciens 392

CHAPITRE XVIII. **Derniers moments de Charles VII.**

Charles VII livré aux femmes ; séjour dans les châteaux ; luxe croissant du Roi. — Antoinette de Maignelais, maîtresse en titre ; les femmes de l'entourage. — La Reine présente et résignée. — Le Roi préoccupé de sa femme et de son fils Charles ; soin qu'il prend de son dernier né. — Les filles naturelles du Roi ; il marie l'aînée. — Le Roi abreuvé d'amertumes par les intrigues du Dauphin ; complots et arrestations ; les conseillers fidèles et les douteux. — État maladif de Charles VII ; son mal de jambe ; à plusieurs reprises, il est en péril de mort. — Dernier coup porté par le Dauphin : la lettre à Antoinette de Maignelais ; le Roi se croit entouré de traîtres. — Dernière maladie ; symptômes alarmants ; les conseillers du trône avertissent le Dauphin ; état désespéré du Roi ; il croit qu'on veut l'empoisonner ; un abcès dans la mâchoire lui rend toute alimentation impossible ; ses dernières paroles ; sa mort. — Contraste frappant : la mort de Louis XI. — Jugement des contemporains ; jugement final 422

NOTES SUPPLÉMENTAIRES.

I. Le Procès d'Otto Castellain 453
II. Date d'une lettre du Dauphin au Roi. Genappe, 22 décembre. 455
III. Causes de la mort de Charles VII. 457

Pièces justificatives.

I. Le Roi à Jean Dauvet. Mehun-sur-Yèvre, 17 janvier 1455 461
II. Le Roi à ses gens des comptes. Mehun-sur-Yèvre, 27 janvier 1455 464
III. Le Roi à Antoine de Chabannes. Saint-Florent, 25 avril 1455. 466
IV. Le Roi à Antoine de Chabannes. Mehun-sur-Yèvre, 18 mai 1455. 466
V. Le Roi à Olivier, sire de Coëtivy. Mehun-sur-Yèvre, 18 mai 1455 467
VI. Le Roi à Antoine de Chabannes. Bois-Sire-Amé, 27 mai 1455. 468
VII. Le Roi à Antoine de Chabannes. Bois-Sire-Amé, 15 juin 1455 470
VIII. Le Roi à Antoine de Chabannes. Bois-Sire-Amé, 26 septembre 1455. . . . 470
IX. Le Roi à la ville de Strasbourg. Moncauquier, 10 décembre 1455 471
X. Le Roi à François Sforza. Montluçon, 19 décembre 1455 472
XI. Le Roi à Jean Dauvet. Montluçon, 16 janvier 1456. 473
XII. Le Roi au maréchal de La Fayette. Au Châtellier, 17 mars 1456. 475
XIII. Le Roi à la ville de Strasbourg. Au Châtellier, 17 avril 1456. 476
XIV. Le Roi à Antoine de Chabannes. La Palisse, 4 octobre 1456 477
XV. Le Roi à Antoine de Chabannes. Saint-Pourçain, 25 octobre 1456 478
XVI. Le Roi à Antoine de Chabannes. Vienne, 2 novembre 1456. 479
XVII. Le Roi à Antoine de Chabannes. Vienne, 3 novembre 1456. 480
XVIII. Le Roi à la ville de Strasbourg. Vienne, 3 novembre 1456. 482
XIX. Le Roi à ses gens des comptes. Saint-Priest, 19 mars 1457 483
XX. Le Roi à ses gens des comptes. Saint-Priest, 29 avril 1457 484
XXI. Le Roi au duc de Bretagne. Saint-Priest, 9 mai 1457. 485
XXII. Le Roi à Antoine de Chabannes. Montils-les-Tours, 24 décembre 1457 . . 486
XXIII. Le Roi à François Sforza. Beaugency, 16 juin 1458. 487
XXIV. Le Roi à Marie de Valois. Vendôme, 3 novembre 1458 488
XXV. Le Roi à François Sforza. Montbazon, 31 janvier 1459. 489
XXVI. Le Roi à François Sforza. Razilly, 24 mars 1460 490
XXVII. Le Roi à ses gens des comptes. L'Isle Bouchard, 6 avril 1460. 491
XXVIII. Le Roi à François Sforza. La Salle-Le Roi, 23 septembre 1460. 493
XXIX. Le Roi à François Sforza. Mehun-sur-Yèvre, 19 avril 1461 494
XXX. La Reine au Dauphin. Chinon, 22 juillet 1461. 495

Table des Matières 497

ERRATA

(Voir t. I, p. 480 ; t. II, p. 668 ; t. III, p. 544 ; t. IV, p. 464.)

TOME I. — Page XI, ligne 15, au lieu de : *acheter*, lisez : *chanter*.

Pages 254, note 3, 255, ligne 21, et note 7, au lieu de : *Gautier Col*, lisez : *Gontier Col*.

Page 298, ligne 9, au lieu de : *Westminster*, lisez : *Winchester*.

Page 335, avant-dernière ligne, au lieu de : *Westminster*, lisez : *Winchester*.

Page 338, note 1, au lieu de : *Aurea*, lisez : *Doria*.

Page 342, ligne 14 et note 4, au lieu de : *Grimault*, lisez : *Grimaldi*.

Page 370, ligne 28, au lieu de : *Trignac*, lisez : *Treignac*.

Page 380, ligne 2, au lieu de : *Borne*, lisez : *la Borne*.

Page 419, note 1, au lieu de : *Jarge*, lisez : *Jarze*.

Page 419, note 5, au lieu de : *Caulers*, lisez : *Canlers*.

TOME II. — Page 68, en tête, au lieu de : *1414*, lisez : *1424*.

Page 120-21. C'est par erreur que la date de 1423 est ici assignée à une lettre de Charles VII du 8 décembre. Cette lettre est publiée plus loin (page 578) avec la date de 1422, qui est la véritable. Le passage où cette lettre est mentionnée doit donc être supprimé.

Page 170. Comparer ce qui est dit ici des États de 1424, avec le chapitre XVII, page 583. On y rectifie l'erreur qui avait été commise en plaçant à Riom une réunion des États de Languedoc qui ne fut que la seconde session des États de Languedoil.

Page 296, ligne 1, au lieu de : *Gogon*, lisez : *Goyon*.

Page 303, ligne 22, au lieu de : *1439*, lisez : *1438*.

Page 303, ligne 25, au lieu de : *avril*, lisez : *août*.

Page 308, note 1, au lieu de : évêque de *Maguelonne*, lisez : évêque de *Maillezais*.

Page 506, note 1, au lieu de : *Jean* de Levis, lisez : *Antoine* de Levis ; au lieu de : *Philippe*, lisez : *Antoine*.

Page 579, ligne 16, au lieu de : *avril*, lisez : *août*.

Page 592, ligne 2, au lieu de : *avril*, lisez : *août*.

TOME III. — Pages 97, ligne 6, et 259, ligne 16, au lieu de : *Viguier*, lisez : *Vignier*.

Page 105, ligne 10, au lieu de : *Jean* de Chalons, lisez : *Hugues*.

Page 319, en tête, au lieu de : *1418*, lisez : *1438*.

Page 330 : Supprimez ce qui est relatif à la lettre de Campo Fregoso, en date du 25 août 1437, et comparez avec tome IV, p. 244.

Page 353, ligne 9, au lieu de : *Temières*, lisez : *Tomières*.

TOME IV. — Page 17, note 2, au lieu de : *l'Auvergnac*, lisez : *l'Auvergnat*.

Page 20, ligne avant-dernière, au lieu de : *Jean de Maupas, seigneur du Mesnil-Simon*, lisez : *Jean du Mesnil-Simon, seigneur de Maupas*.

Page 25, note 1, au lieu de : *Morsberg*, lisez : *Morsperg*.

Page 41, ligne 21, au lieu de : *Lambach*, lisez : *Dambach*.

Page 214, note 3, ligne 8, au lieu de : *f. 14*, lisez : *f. 44*.

Page 297, note 5, au lieu de : *Woraster*, lisez : *Worcester*.

Page 317, note 4, au lieu de : *Moleyn*, lisez : *Moleyns*.

Page 358, ligne 8, au lieu de : *Catherine*, lisez : *Élisabeth*.

Page 422, dernière ligne. Ce n'est pas le receveur général, mais son père, Jean Barillet, qui fut anobli.

TOME V. — Page 36, ligne 20, au lieu de : *Valognes*, lisez : *Jalognes*.

Page 59, note 3, ligne 8, au lieu de : *ducs*, lisez : *duc*.

Page 62, note 1, ligne 8, au lieu de : *Charles de Ventadour*, lisez : *Louis*.

Page 79, note 2, ligne 6, au lieu de : *Culant*, lisez : *Bueil*, et ligne 7, au lieu de : *seigneur de Castres*, lisez : *comte*.

Page 91, ligne 5, au lieu de : *Chartier*, lisez : *Charrier*.

Page 121, ligne 20, au lieu de : *soit pour Nicolas, soit pour son prédécesseur*, lisez : *soit par Nicolas, soit par son prédécesseur*.

Page 213, ligne 12, au lieu de : *Nicolas*, lisez : *Noël*.

Page 223, ligne 15, au lieu de : *Jacques Jouvenel*, lisez : *Jean Jouvenel*.

Page 301, note 6, au lieu de : *Mauleon*, lisez : *Meulhon*.

Page 421, troisième avant-dernière ligne, au lieu de : *Golont*, lisez : *Golant*.

TOME VI. — Page 112, sommaire, ligne 7, au lieu de : *Dauphin*, lisez : *Dauphiné*.

Page 168, ligne 22, au lieu de : *Marie de Gaucourt*, lisez : *Agnès de Vaux*.

Page 309, ligne 10, au lieu de : *comte* de Northumberland, lisez : *duc*.

TABLE ALPHABÉTIQUE

A

Abbeville, II, 33 *n.*, 443 *n.*; III, 12, 271 *n.*, 341 *n.*, 426, 460, 462; VI, 124-26, 187 *n.*, 265 *n.*, 336 *n.*

Abbiate-Grasso, II, 341-42.

Abel (Regnault), V, 423.

Abolenus, V, 112 *n.*

Abruzzes (les), VI, 241, 301.

Abyssinie, VI, 345.

Abzac (Bertrand d'), III, 455, 456 *n.*

Acart (Pierre), dit Mallesenulles, VI, 435 *n.*

Acciajuoli (Angelo), IV, 245 *n.*; V, 55, 76 *n.*, 127 *n.*, 156-64, 166 *n.*, 196, 198 *n.*, 287-97, 298 *n.*, 304-307, 454; VI, 234 *n.*

Acle (Gilbert), VI, 375.

Acy (Jean d'), III, 430, 474 *n.*

Adam (Jean), VI, 375.

Adda (l'), IV, 228, 250.

Adorni (les), IV, 241; VI, 490.

Adorno (Bernabo), IV, 222-23, 237-40; VI, 239-40.

Adorno (Prospero), VI, 332-33.

Adorno (Raphael), IV, 237-39; V, 148; VI, 239-40.

Adour (l'), V, 48 *n.*

Æneas Sylvius Piccolomini. V° Pie II.

Afrique (l'), VI, 389.

Agalo (Nicolas), V, 414.

Agde (évêque d'). V° Charrier.

Agen, III, 244, 461.

Agenais, I, 259, 356 *n.*; III, 15, 24, 252 *n.*; IV, 400 *n.*

Agram, III, 209.

Agriculture, I, 419-21; II, 640-41; III, 483; IV, 8.

Aich (Jean d'), IV, 35.

Aigle (Angèle de l'), I, 19.

Aiguemortes, II, 76 *n.*, 603; IV, 222; V, 350; VI, 63.

Aigueperse, II, 484; III, 46, 126, 446.

Ailly-sur-Noye, V, 4.

Ailly (Jean d'), vidame d'Amiens, VI, 269, 270 *n.*

Ailly (Pierre d'), cardinal de Cambrai, I, 38, 329; VI, 399.

Ailly (Jacqueline d'), comtesse d'Étampes, IV, 95.

Aix, I, 65, 201; V, 297; VI, 238.

Aix-la-Chapelle, III, 306; IV, 9-10.

Aix (archevêque d'). V° Damien.

Alabat (Guillaume), I, 363 *n.*

Alardeau (Jean), III, 284 *n.*; V, 330.

Albanie (duc d'), V, 395 *n.*

Albano (cardinal d'). V° Foix.

Albano (évêque d'), III, 327.

Albany (duc d'). V° Stuart.

Albenga (évêque d'), IV, 224.

Albergati (Nicolas), évêque de Bologne, cardinal de Sainte-Croix, I, 331; II, 315-318, 335, 438, 440-42, 446, 448-51, 453-54, 461-64, 475, 508-11, 517, 520, 524-25, 526 *n.*, 527, 536, 537 *n.*, 538 *n.*, 541, 544, 555, 557; III, 70, 74, 318-19, 332, 345.

Albert Ier, empereur, IV, 16.

Albert II d'Autriche, roi des Romains, II, 429, 481; III, 296, 303, 306, 363; IV, 10, 76 *n.*, 254, 347, 353; VI, 156.

Albert (Bernard), II, 131 *n.*, 490 *n.*; III, 325.

Albigeois (l'), III, 396, 437.

Albon (Guichard d'), II, 357 *n.*

Albret (Amanien d'), sire d'Orval, IV, 24, 137-38; V, 23, 43-44, 47 *n.*, 263 *n.*, 267-68, 309, 412, 464; VI, 36.

Albret (Charles II, sire d'), I, 5, 34, 35 *n.*, 96, 133, 197 *n.*, 254 *n.*, 260, 295, 375, 412; II, 40-43, 79, 114-19, 122-23, 127, 132, 134, 144, 163, 239, 277, 282-83, 341 *n.*, 391, 408, 564, 635 *n.*, 638; III, 15, 20, 50, 92, 147 *n.*, 210, 233-36, 241, 419; V, 42, 45, 47, 73, 270 *n.*, 277, 464; VI, 34.

Albret (François d'), seigneur de Saint-Bazeille, I, 375 *n.*

Albret (Giraud d'), seigneur de Paypardin, VI, 348.

Albret (Guillaume d'), sire d'Orval, I, 375; II, 13, 76, 114. 115, 118, 147 *n.*, 161, 163, 165, 399 *n.*

Albret (Jean d'), vicomte de Tartas, III, 241.

Albret (Louis d'), évêque d'Aire, VI, 188.

Albret (Jeanne d'), comtesse de Richemont, IV, 101 *n.*

Albret (vicomte de Tartas), III, 233.

Alby, I, 198, 385; III, 20, 40, 44, 440.

Alençon (duché d'), II, 561; VI, 197.

Alençon, I, 25 *n.*, 226, 275, 287, 293; IV, 295, 297, 306; V, 5 *n.*, 8, 27, 36, 330, 443; VI, 41, 45-47, 200, 379.
Alençon (Jean II, duc d'), I, 49, 96, 103, 106, 107, 209, 222, 226, 260, 372; II, 16, 41 et s., 49, 51, 61, 63, 73, 110, 158, 159, 163, 169, 170, 209 et s., 215 et s., 229, 235, 239, 264 *n.*, 272 *n.*, 279 *n.*, 282 et s., 300, 317, 341 *n.*, 355, 398 *n.*, 463, 464, 565; III, 4, 17, 20, 23 *n.*, 46-47, 57 *n.*, 70 *n.*, 116, 118 et s., 123, 124, 127 et s., 138 *n.*, 143, 146, 150, 162, 194 et s., 198-212, 215, 216, 219, 221, 228, 230, 239, 258 et s., 275, 277, 321, 411, 420; IV, 94, 145-46, 152, 183, 407; V, 8, 12, 26, 36, 185 *n.*, 209, 236, 255, 312, 360, 443; VI, 29, 37, 38-63, 65, 74-75, 80, 124, 137, 139 *n.*, 178-98, 205, 208, 335, 348, 350, 371.
Alençon (Pierre, comte d'), VI, 192.
Alençon (René d'), VI, 54.
Alençon (Catherine d'), duchesse de Bavière, I, 66; IV, 408; VI, 349.
Alençon (Catherine d'), fille de Jean II, VI, 41, 50-54.
Alençon (duchesses d'). V° Armagnac; Orléans.
Alençon (le héraut), IV, 145 *n.*
Alet (évêque d'). V° Pompadour.
Alexandre le Grand, VI, 407.
Alexandre V, III, 346.
Alexandrie, IV, 228, 250-51; V, 296, 303, 305, 434-35; VI, 232, 299 *n.*, 322 *n.*
Alexandrie (Égypte), V, 111 *n.*, 113 *n.*
Alignon (Pierre), VI, 453 *n.*
Aligre (baron d'). V° Tourzel.
Alington (William), I, 287.
Allemagne, I, 261-68; II, 42, 325, 336, 345-49, 417, 424, 427-35, 479-80, 482-84; III, 294-306, 302, 317; IV, 12 *n.*, 15, 16, 26, 27 *n.*, 45, 49 *n.*, 54-55, 66, 71, 75, 119 *n.*, 168 *n.*, 195, 257, 262, 267, 269, 334, 341, 344, 353 *n.*, 361 *n.*, 391, 424, 431-32; V, 56, 112 *n.*, 166, 187, 193, 199, 393-94, 397-99, 409; VI, 15, 30, 66 *n.*, 117, 155 *n.*, 156 *n.*, 163, 199-202, 215, 222, 253, 282, 297, 342, 344, 409, 411.
Allemagne (empereurs d'). V° Albert; Frédéric III; Sigismond; Wenceslas.
Allemagne (impératrices d'). V° Cilly; Élisabeth.
Alleman (Louis), cardinal d'Arles, II, 517; III, 341; IV, 29, 268.
Alluets-le-Roi, IV, 424.
Allemand (Sybon), évêque de Grenoble, V, 204 *n.*
Alnwick (William), évêque de Norwich, puis de Lincoln, II, 524, 528; III, 23 *n.*, 91 *n.*, 107; IV, 146, 295, 296 *n.*
Alpes (les), IV, 221, 228, 244; V, 135.
Alphonse V, roi d'Aragon, I, 262, 302, 303, 318, 319; II, 344 *n.*, 417, 488-91, 496, 500, 503; III, 322, 324, 327-29; IV, 140, 204, 221-23, 225 *n.*, 227, 230-31, 234, 239, 246, 248, 339, 350, 374; V, 146-51, 154-60, 164-69, 228, 288-91, 295-96, 299, 302-03; VI, 52, 159 *n.*, 202, 227-35, 238, 240, 243-44, 298, 473.
Alphonse V, l'Africain, roi de Portugal, III, 155.
Alsace, III, 17; IV, 11, 21 *n.*, 26, 27, 33, 34, 36-46, 63-65, 68, 73-74, 126-27, 221, 250, 334, 348, 391; VI, 202.
Altkirch, IV, 25, 29, 31, 36, 46.
Alva (N., comte d'), III, 323.
Amancier (Jean, seigneur d'), 178 *n.*, 298 *n.*, 331, 407-11; VI, 242, 251 *n.*, 471.
Ambarès, V, 278 *n.*
Amboise, I, 98, 102, 231, 232; II, 68, 96, 116 *n.*, 180, 270, 273, 283 et s., 292 et s., 301, 305, 460, 533 *n.*, 596, 598; III, 34 *n.*, 44, 57, 121, 122, 322; IV, 88, 371 *n.*, 388 *n.*; V, 73 *n.*, 120 *n.*; VI, 13 *n.*, 27 *n.*, 28 *n.*, 166, 412. — Église Saint-Florentin à —, VI, 413.
Amboise (châtellenie d'), V, 311.
Amboise (Georges, cardinal d'), II, 254 *n.*, 275.
Amboise (Louis, sire d'), vicomte de Thouars, I, 116, 222; II, 43, 266, 267 *n.*, 269-70, 273, 275, 280, 282, 294, 297, 300, 305, 635 *n.*; III, 189; V, 329 *n.*
Amboise (Pierre d'), seigneur de Chaumont, II, 296, 297, 299, 570; III, 43, 44 *n.*, 119, 122, 127, 132, 147 *n.*, 425; V, 400 *n.*
Amboise (Françoise d'), II, 283.
Amboise (Jacqueline d'), II, 294.
Amboise (Louise d'), V, 66, 80; VI, 10 *n.*
Amboise (Madeleine d'), III, 119 *n.*
Amboise (Marguerite d'), V, 67 *n.*
Amboise (Marie d'), dame de Genlis, VI, 10.
Amboise (Perronnelle d'), comtesse de Tancarville, I, 62; V, 80.
Amédée VIII. V° Savoie.
Amelia (Angelo de), VI, 251 *n.*, 267 *n.*, 302 *n.*
Amiens, I, 26; II, 12, 19, 33 *n.*, 35 *n.*, 71, 72, 75, 333-34, 362, 364, 378 *n.*, 443 *n.*; III, 25 *n.*, 49 *n.*, 50 *n.*, 82, 201 *n.*, 271 *n.*; IV, 118 *n.*, 130, 375, 380, 383; V, 54, 236; VI, 126, 187 *n.*, 269, 419 *n.* — Religieux de Saint-Jean à —, V, 324.
Amiens (évêque d'). V° Beauvoir.
Amiens (bailli d'). V° Brimeu; Longueval.
Amiens (le héraut), IV, 118 *n.*

Amiens (Colas d'), VI, 418.
Ambrières, II, 18.
Amiénois, IV, 380.
Amont (baillage d'), IV, 331 *n.*
Amplepuis, V, 350.
Amurath II, IV, 254; V, 190.
Anaya (Don Diego de), archevêque de Séville, I, 313 *n.*
Anclon (Robert), II, 438 *n.*
Ancy, IV, 53.
Andelle (l'), V, 6.
Andines (Hernauton d'), I, 413.
Andrenet (Philibert), I, 314 *n.*; II, 39, 318-21, 329, 352, 357 *n.*, 439; II, 198, 100.
Andrew (Richard), III, 269.
Anet (seigneurie d'), III, 292 *n.*
Angennes (Jean d'), I, 308 *n.*; II, 394.
Angers, I, 49, 68 *n.*, 70, 77, 317 *n.*, 397, 401; II, 296, 589, 595, 601, 605, 622, 628; III, 29, 45, 46, 117, 118, 121, 125 *n.*, 141, 216, 290, 410; IV, 91 *n.*, 430; V, 67 *n.*, 191, 341; VI, 21, 47, 244 *n.*
Angers (église et chapitre d'), IV, 453; V, 324.
Angers (évêques d'). V° Bueil; Estouteville; Michel.
Angervilles (le sire d'), III, 239.
Angevin (Bernard), seigneur de Rauzan, V, 262 *n.*, 264, 279.
Anglade (Jean, seigneur d'), V, 262 *n.*, 264, 271.
Anglais, I, 24, 34, 42, 49-51, 104, 120, 123 et s., 136 et s., 154 et s., 189 et s., 197, 202, 212, 224 et s., 232, 279, 333, 427 et s.; II, 8, 15, 18-34, 36-39, 42-47, 49, 51-53, 89, 113-14, 151, 173, 208, 213-14, 217, 230-33, 235, 239, 241, 244, 246, 255, 278, 284-86, 311, 369, 371, 377-83, 389, 391-93, 407-10, 414-16, 420, 422, 436-38, 443, 454, 456-591, 491-97, 518, 530-38, 540, 543, 546; III, 4, 12, 16, 19-25, 31, 56, 62, 64-65, 71, 74, 79-80, 83, 88, 90, 92-94, 97, 123, 152, 179-92, 197-198, 210, 231-35, 238-52, 255, 385-86; IV, 17, 18, 37, 41, 83 *n.*, 113-18, 128-29, 144, 158-60, 182-86, 208 *n.*, 214, 217, 254, 305-8, 311, 314 *n.*, 320-22, 327-30, 373, 384-85, 390, 400, 408-9; V, 5, 9, 13, 16, 19, 26-38, 42, 43 *n.*, 53-56, 86, 92 *n.*, 147, 160, 163-64, 181-82, 188, 191, 195, 209, 233-36, 248, 252-67, 271-85, 289, 293-95, 306, 309, 311, 316, 327-31, 347, 358 *n.*, 359, 363-64, 376, 382 *n.*, 393-94, 404-405, 410, 414-15, 419-24, 428, 437-44, 460, 463-64, 467; VI, 29, 32, 40, 42, 48-53, 56-58, 75, 108, 110, 124-25, 129-32, 136, 139-46, 180, 186, 189 *n.*, 193, 215-16, 220-222, 260-62, 273-77, 287, 295, 305, 337, 357, 361, 371, 376, 384, 449-50.
Angleterre, I, 223, 248-61, 263-78, 281-300, 302-304, 311-12, 320-29, 334-36, 338-40; II, 22, 43, 315, 339-40, 362-63, 368, 397, 406, 417-19, 423, 447, 452, 455, 462-65, 491, 493, 509, 511-12, 516, 520; III, 9 *n.*, 28, 30, 73-74, 77-82, 89-91, 102-4, 106-14, 143-44, 146-48, 151-58, 199, 202-5, 218, 224, 225, 232, 234, 235, 242, 245, 247, 248, 250, 252, 257-61, 264-67, 290, 295, 297, 303-5, 317-20, 324, 362, 379; IV, 7, 12, 18, 69, 94, 113, 136 *n.*, 147-48, 156, 162-65, 185-86, 204, 213, 216, 220, 233, 244, 284-87, 291, 293 *n.*, 309, 312, 316, 319, 322-23, 328 *n.*, 331, 362, 365, 387-90, 418-22; V, 3, 28, 38-42, 48-53, 137, 150, 160, 189-96, 199, 201, 219, 229, 254, 262-68, 283, 287-90, 404-415, 426, 428, 439; VI, 41-42, 46, 49-53, 58, 75, 92 *n.*, 124, 126, 136-45, 163, 229, 260-63, 276, 283-88, 290-91, 296, 297 *n.*, 305-28, 333, 336, 340, 353 *n.*, 388, 411, 441.
Angleterre (rois d'). V° Édouard III et IV; Henri IV; Henri V; Henri VI.
Angleterre (reine d'). V° Marguerite.
Angleterre (princesses d'). V° Lancastre.
Angleterre (lord-chancelier d'). V° Beaufort; Bourchier; Stafford; Waynflete.
Angleterre (le grand prieur d'), IV, 296 *n.*
Anglure, II, 46 *n.*
Angoulême, I, 259; II, 57, 561; III, 238; V, 280 *n.*, 465-66.
Angoule (Louis d'), VI, 399.
Angoulême (comte d'). V° Orléans.
Angoulême (comtesse d'). V° Rohan.
Angoulême (le héraut), V, 46 *n.*
Angoumois, I, 356-57; II, 8, 13; III, 238; V, 270.
Angoumois (sénéchal d'). V° Roche (la); Rochefoucauld (la).
Angy, VI, 378.
Anjou, I, 258, 275, 276, 356; II, 8, 13 *n.*, 17 *n.*, 22, 25, 27 et s., 122, 131, 151, 162, 267, 273, 279, 561; III, 30, 110, 235, 291; IV, 17, 103, 167, 168 *n.*, 187 *n.*, 293, 296, 336, 338, 424, 436; V, 92, 335, 341.
Anjou (juge d'). V° Fournier.
Anjou (sénéchal d'). V° Beaumont; Beauvau; Brezé.
Anjou (maison d'), IV, 103, 222, 406; V, 163, 465; VI, 139, 240-41, 256, 298-301, 331, 491.
Anjou (Charles d'), comte du Maine, II, 75, 110, 166, 267, 298, 301, 305, 341 *n.*, 404, 562; III, 7, 17, 33, 41-

43, 47, 51, 52, 57, 63, 64, 69, 73, 82, 122, 145, 158, 165, 168-69, 174, 177, 179, 190, 191, 201, 206, 208-13, 222, 235, 240-41, 252, 265, 272, 275, 277, 296, 325, 353, 397, 401 *n.*, 413, 421-24, 448; IV, 47, 53, 90 et s., 97 et s., 103, 132 et s., 166-67, 183, 188, 193-95, 201, 206, 226, 294, 298 et s., 350, 391, 407, 434 *n.*; V, 12, 23, 75, 82, 185 *n.*, 239, 268, 275 *n.*, 278, 292 *n.*, 421; VI, 16, 25, 29-30, 42, 48, 55, 72, 137, 168-70, 188, 218, 237, 247 *n.*, 261, 269, 295, 308 *n.*, 311-12, 315-17, 323, 351, 376, 435 *n.*, 436-40, 495.
Anjou (Jean d'), duc de Calabre, III, 46, 85, 206, 275; IV, 47, 90, 92, 94, 103, 132 et s., 137 *n.*, 226, 400 *n.*; V, 185 *n.*, 295-96, 414; VI, 200, 202, 234-48, 252-53, 283, 298-302, 305, 315-16, 332, 339, 349, 490-94.
Anjou (Louis I, duc d'), I, 14, 303; V, 288.
Anjou (Louis II, duc d'), roi de Sicile, I, 19, 23, 65, 103, 116, 212, 235, 317; II, 77, 121, 271, 341 *n.*, 562, 566.
Anjou (Louis III, duc d'), roi de Sicile, III, 86; IV, 13 *n.*, 67.
Anjou (René, duc d') et de Lorraine, roi de Sicile, II, 31, 41, 49, 282, 315, 316, 341 *n.*, 387, 408, 432, 433, 438, 481, 487, 506, 507, 522, 554, 561; III, 13, 17, 46, 69, 73, 82 et s., 92, 96, 145, 275 et s., 296, 325, 378; IV, 12 *n.*, 17, 38, 47, 53, 57-58, 66, 69, 79, 83 *n.*, 90 et s., 102 et s., 113, 116, 122-23, 132-35, 145-46, 152, 154, 163 et s., 183-84, 189, 195, 205, 221 et s., 239, 245, 247 *n.*, 270, 273, 275, 284, 294, 298 et s., 333, 391, 410, 438-39; V, 12, 23, 77, 82, 92, 131, 146-49, 161 *n.*, 167 *n.*, 172, 173 *n.*, 185 *n.*, 210 *n.*, 292-307, 312, 335, 341, 455, 464-65; VI, 16, 18-21, 48, 66, 189, 216, 223, 226, 229, 231, 233, 237, 241-45, 247 *n.*, 254-58, 278 *n.*, 298-302, 306, 314, 318, 332, 334, 340, 349, 491.
Anjou (duchesses d'). V° Aragon, Lorraine.
Anjou (Marguerite d'). V° Marguerite.
Anjou (Marie d'). V° Marie.
Annecy, VI, 70.
Annecy (Pierre d'), V, 464-65; VI, 66 *n.*
Annemberg (Perceval de), IV, 369 *n.*
Anneville, IV, 173; V, 309.
Annono (châtellenie d'), V, 171.
Annono (Georges d'), V, 167 *n.*, 172 *n.*, 210 *n.*; VI, 304 *n.*
Anoblissements, I, 380; II, 606-607, III, 192, 457; IV, 422-23; V, 25 *n.*, 330, 455-56; VI, 373-74.
Anse, III, 47 *n.*
Anthon, II, 31, 38.
Anthime, poursuivant, III, 272; VI, 307 *n.*
Antioche (patriarches d'). V° Jouvenel; Moulin (du).
Antoing (le seigneur d'). V° Melun.
Antonin (saint), archevêque de Florence, V, 166 *n.*
Antrain, II, 23.
Anvers, IV, 171 *n.*; V, 239; VI, 261, 417, 419.
Apchier (Béraud, sire d'), II, 80 *n.*, 635 *n.*; III, 396 *n.*
Apchier (François d'), III, 133.
Apchier (Jean d'), III, 133, 411.
Apchon (le sire d'), VI, 469.
Appatis, contribution de guerre, IV, 18, 144.
Appelle, VI, 416.
Ap Thomas (sir William), III, 23 *n.*
Aquilée (patriarche d'), III, 341.
Aquitaine, III, 110; V, 42, 264.
Aquitaine (sénéchal d'). V° Tiptot.
Aragon, III, 322-24; V, 73, 288-90; VI, 36, 244-45, 341, 352, 389.
Aragon (maison d'), VI, 243, 246, 256.
Aragon (rois d'). V° Alphonse V; Ferdinand IV; Jean I; Jean II.
Aragon (reine d'). V° Maria.
Aragon (Alphonse d'), VI, 246.
Aragon (Ferdinand d'), fils naturel d'Alphonse V, IV, 221; VI, 240-47, 255-56, 298-99, 301-315, 318, 330, 333 *n.*
Aragon (Henri d'), I, 312.
Aragon (Jacques d'), I, 317 *n.*
Aragon (Juan d'), I, 312.
Aragon (Pedro d'), I, 312; II, 391.
Aragon (Yolande d'), duchesse d'Anjou, reine de Sicile, I, 14-16, 59, 66, 70, 77, 96, 103 et s., 110, 194, 235, 275-77, 294, 302, 304, 316, 317, 327; II, 8, 17, 38 *n.*, 43, 49, 61, 62, 71, 72, 75, 77, 90-96, 98-106, 109-12, 117-23, 126, 130-31, 138 *n.*, 141, 146, 153, 157-60, 166, 170, 181, 184-86, 228 *n.*, 272, 279-84, 298-99, 302, 318, 352, 355, 398, 403, 463-64, 477, 526, 562-63, 566, 581, 602, 638; III, 36 et s., 41, 64, 65, 82, 250, 277, 279, 421; IV, 91; V, 288; VI, 401.
Aragonais, V, 393.
Aranvilliers (Alison d'), VI, 18 *n.*
Arberg (Jean d'), comte de Valengin, IV, 32.
Arc (Jeanne d'), I, VI, 61, 63; II, 32, 33 *n.*, 36, 37, 202-258, 270, 302 *n.*, 399 *n.*, 401, 402, 484, 518, 594, 606; IV, 49, 52, 147, 423; V, 66 *n.*, 74, 78, 97, 207-8, 219, 286, 353, 421; VI, 39, 58, 158, 194, 414-15, 451.
Arc (Jean d'), II, 256; V, 368-71, 374-75, 382-83.
Arc (Pierre d'), II, 256; V, 368-71, 374-75, 383.

Arceo (Inigo d'), III, 322; V, 289 *n.*; VI, 128.
Arcey (seigneur d'). V° Potiers.
Archevesque (Bertrand l'), seigneur de Soubise, VI, 426.
Ardaines (abbaye d'), V, 36; VI, 137.
Ardennes, II, 13.
Arezzi (Abraham), IV, 236 *n.*, 248 *n.*; V, 209 *n.*; VI, 322, 442 *n.*
Arezia (Laurent d'), I, 319.
Arétin (Léonard), VI, 407.
Argences, V, 7 *n.*, 36.
Argentan, I, 25 *n.*; III, 203; V, 8, 36, 205 *n.*, 335, 350, 414; VI, 43, 56.
Argenteuil, III, 189.
Argentière (col d'), IV, 228.
Argenton, I, 233 *n.*
Argenton (Guillaume, seigneur d'), I, 66, 116; II, 272, 408.
Argonne (Don Fadrique, duc d'), II, 392, 394.
Argouges (Martin d'), I, 360 *n.*
Argovie, IV, 32.
Arguenon (l'), IV, 185.
Argus (vicomte d'). V° Ogilvy.
Arlande (Guillaume d'), I, 356 *n.*
Arlay (le prince d'). V° Orange.
Arles (le cardinal d'). V° Alleman.
Arlon, III, 315-16.
Armagnac (comté d'), II, 561; III, 15, 31; IV, 400 *n.*; VI, 49, 454 *n.*
Armagnac (Bernard VII, comte d'), I, 16, 18, 23, 27, 30, 35 *n.*, 79 *n.*, 133, 197 *n.*, 202, 209, 266, 374, 412, 416 *n.*
Armagnac (Bernard d'), comte de Pardiac, puis comte de la Marche, II, 29, 91, 105, 150-52, 156, 159, 162-69, 173, 212, 284, 393, 463, 464 *n.*, 501, 605; III, 19, 30, 39-40, 44, 50-52, 60, 63, 120, 122, 123, 127, 154, 183, 187, 190, 240-41, 252, 353, 401 *n.*, 424; IV, 407; V, 138; VI, 33-36, 166, 185 *n.*, 188-89, 295, 308 *n.*, 398.
Armagnac (Charles d'), V, 304 *n.*; VI, 349.
Armagnac (Jacques d'), comte de Castres, V, 12, 23, 62, 75, 77, 79 *n.*, 173 *n.*, 277-78, 313; VI, 34-35.
Armagnac (Jean III, comte d'), III, 253 *n.*
Armagnac (Jean IV, comte d'), I, 27; II, 8, 51, 64, 79, 80, 127, 147 *n.*, 150, 151, 159, 163, 168, 173, 275 *n.*, 284, 306, 341 *n.*, 363, 464 *n.*, 531, 561, 600; III, 6, 30, 63, 87, 92, 138 *n.*, 199, 223 *n.*, 234, 236, 240, 244, 246, 248, 249, 252-55; IV, 22 *n.*, 101, 165, 116, 190, 369, 407 et s., 425; V, 313.
Armagnac (Jean V d'), vicomte de Lomagne, puis comte d'Armagnac, III, 20, 23 *n.*, 30, 130, 198, 233 *n.*, 236, 241, 248-49, 252 *n.*; V, 12, 23, 45, 47, 50, 73, 77, 169, 173, 185 *n.*, 270, 312-13, 420, 455; VI, 29, 32-37, 52, 57, 65, 71, 74, 183, 318, 351-52, 371, 466, 474.
Armagnac (Jean d'), vicomte de Fezensaguet, III, 253 *n.*
Armagnac (le cadet d'), II, 34 *n.*
Armagnac (Jean, bâtard d'), dit de Lescun, III, 31, 388, 417; IV, 125; V, 135, 142, 152, 433; VI, 35, 96, 98, 110, 113, 470-81.
Armagnac (Anne d'), dame d'Albret, III, 234 *n.*; VI, 33-35.
Armagnac (Bonne d'), duchesse d'Orléans, III, 234 *n.*
Armagnac (Isabelle d'), III, 246 et s.; VI, 32-35.
Armagnac (Jeanne d'), duchesse de Berry, II, 144-45.
Armagnac (Marie d'), duchesse d'Alençon, III, 234 *n.*; VI, 54, 61, 124 *n.*
Armagnac (Thibaud d'), dit de Termes, V, 380 *n.*
Armagnac (les), routiers, IV, 11.
Armée, I, 423-34; II, 645-49; III, 384 et s.; 410 et s.; IV, 13, 102, 405, 387 et s.; V, 327-29, 343 et s.; VI, 371-72, 384-86, 465, 486.
Arménie (Roi d'), VI, 345.
Arménier (Étienne), II, 370 *n.*; III, 100, 101; IV, 130, 337 *n.*, 338 *n.*, 340, 376.
Armentier (Audonnet), I, 77 *n.*
Arnay-le-Duc, IV, 424.
Arnoul (Léger), V, 330.
Arques, III, 6; V, 18, 143.
Arpajon (Hugues, sire d'), I, 116, 148 *n.*, 375, 413; II, 76, 127, 575, 579 *n.*
Arpajon (Bérengon d'), III, 142 *n.*
Arras, I, 130, 134, 192, 323; II, 47, 52, 64, 74, 238 *n.*, 307, 308, 333, 404, 406, 407, 411, 500, 521-26, 534, 556; III, 3, 68-70, 73, 74, 286, 426; IV, 118 *n.*, 121 *n.*, 122 *n.*; VI, 10, 184, 187 *n.*
Arras (gouverneur d'), III, 149 *n.*
Arras (congrès et traité d'), I, 323; II, 481; III, 9, 26, 31, 67, 68, 69, 70, 72, 81, 85, 87, 91, 96, 99, 100, 101, 113, 145, 146, 160, 195, 209, 223, 229, 257, 258, 263, 264, 280 *n.*, 287, 289, 294, 384, 418, 426, 434, 435, 468; IV, 112-15, 119-20, 123 *n.*, 125, 129, 131-34, 141, 335-36, 340, 374-77, 384; V, 226, 238-39, 246-49; VI, 96, 113, 182-83, 214-24, 265, 275-77, 381, 397.
Arrigoi (Daniel), V, 172 *n.*
Ars-sur-Moselle, IV, 53, 57.
Ars (Gonsalve d'), IV, 400 *n.*; V, 153, 332; VI, 469.
Artagnan (d'), V, 166.
Artezani (J. B. degli), V, 191 *n.*
Artillerie, I, 431; IV, 23, 74; V, 38, 348.
Artois, II, 40, 437, 561; III, 8, 77; IV, 132, 373 *n.*; V, 54, 225; VI, 178 *n.*, 216.

Artois (Charles d'), comte d'Eu, I, 16, 116, 133, 259-60, 372; II, 74, 409, 414, 420, 524; III, 16, 20, 21, 57, 63, 126-27, 131, 141 *n.*, 167, 177, 184, 198, 212, 244, 271; IV, 183, 203, 319, 407; V, 6, 12, 18, 36, 45 *n.*, 71, 77, 173 *n.*, 224, 311, 420, 441-42; VI, 26, 61, 125, 188, 220, 349-50, 443.

Artois (Philippe d'), comte d'Eu, III, 16 *n.*

Artois (Robert d'), VI, 180.

Artois (Bonne d'), comtesse de Nevers, puis duchesse de Bourgogne, II, 18, 81, 327, 348 *n.*, 352, 354, 357-59, 510, 525.

Arthure (Thomas), VI, 375.

Artus (Westre), VI, 375.

Arundel (John, comte d'), IV, 49, 52, 308, 512.

Aschaffenbourg, IV, 269.

Ascough (William, évêque de Salisbury), III, 23 *n.*; IV, 292 *n.*

Asie (l'), VI, 405.

Asse (la dame d'). V° Ferrière.

Assemblées du clergé, III, 356-71, 372-74; V, 203-19.

Assuérus, VI, 276.

Astarac (comté d'), IV, 400 *n.*

Astarac (Jean, comte d'), I, 375; II, 80 *n.*, 118-21, 132 *n.*, 163 *n.*, 282 *n.*, 306, 391; III, 240-41, 254.

Asteley (Jean de), III, 63 *n.*

Astesan (Antoine), VI, 407.

Astesan (Nicolas), VI, 406.

Asti (ville et comté d'), III, 329-30; IV, 208, 220-21, 224-26, 234-36, 242-49, 251, 337, 363; V, 146, 149 *n.*, 172-73, 202, 296, 301, 312; VI, 232, 251, 305, 315, 316 *n.*, 318, 340, 349, 407.

Astrologie, VI, 399.

Athies (Gérard d'), seigneur de Moyencourt, IV, 433 *n.*; V, 421.

Athies (Jean d'), II, 527 *n.*

Athol (le comte d'), I, 335 *n.*

Attendolo (Michel), IV, 230.

Auberoche, IV, 323 *n.*

Aubert (Bernard), V, 288 *n.*

Aubert (Pierre), IV, 24, 388 *n.*

Aubery (Jean), VI, 411.

Aubeterre, V, 43 *n.*

Aubigny, I, 98, 193.

Aubigny-sur-Nère, II, 635.

Aubin (Jean), IV, 293 *n.*

Aubrac, IV, 421.

Aubresque (Henri d'), VI, 414.

Aubriot (Hugues), II, 481.

Aubusson (Antoine d'), seigneur du Monteil, bailli de Touraine, IV, 178-79, 184; V, 58 *n.*, 65, 69, 75, 122, 421-22; VI, 17, 26, 188, 349-50, 354, 425, 443.

Aubusson (Jean d'), seigneur de la Borne, I, 380.

Aubusson (Pierre d'), V, 69.

Aubusson (Renaud d'), V, 69.

Aubusson (Marguerite d'), V, 82.

Auby (Jean d'), IV, 310, 374 *n.*, 376, 383.

Auch (église d'), VI, 358.

Auch (archevêque d'). V° Levis.

Aude (Jacques), III, 273; V, 234.

Aude (Pierre), V, 140 *n.*; VI, 134.

Audley (lord), VI, 270-71.

Audenarde, V, 231.

Auffroy (Pierre), V, 420.

Auge (vicomte d'), 266 *n.*

Auge (Guillaume d'), VI, 308-09, 451, 475.

Augsbourg (évêque d'). V° Schomberg.

Aughen (Jean d'), V, 89.

Aulnay-en-Saintonge, V, 75 *n.*

Aulon (Jean d'), sénéchal de Beaucaire, II, 103, 208 *n*, 210 *n*, 211 *n*, 293 *n.*, 635 *n.*; III, 52, 206, 209; IV, 48 *n.*, 450; V, 47 *n.*, 200, 298 *n.*, 380, 421; VI, 66, 73, 119-20, 362, 390.

Aumale, II, 34, 36.

Aumale (comte d'). V° Harcourt.

Aumale (Louis d'), V, 62 *n.*

Aumont (maison d'), IV, 177.

Aumont (Jacques, seigneur d'), IV, 377, 383.

Aunis, II, 561.

Aunou-sur-Orne, V, 5 *n.*

Aunoy (Jean d'), II, 277 *n.*

Auray, III, 322.

Aure (la vallée d'), VI, 36.

Aure (Tristan d'), évêque de Conserans, VI, 248-49.

Aurea. V° Doria.

Aurebruche (Blanche d'), vicomtesse d'Acy, V, 60 *n.*

Aurigan (Thomas), V, 26.

Aurillac, III, 462; IV, 425; VI, 379.

Auros, III, 27 *n.*, 251.

Aussigny (Thibaud d'), évêque d'Orléans, V, 322.

Aussy ou Auxy (Jean d'), évêque de Langres, IV, 227 *n.*, 257 *n.*, 411; V, 77, 82, 315; VI, 395.

Autriche (duché d'), VI, 165, 201.

Autriche (ducs d'), IV, 9, 13. — V° Albert II; Frédéric III.

Autriche (maison d'), IV, 10-12, 15, 21, 30-33, 36, 40-45, 72, 75, 344-45, 348-52; VI, 116, 159, 173, 199-206, 255, 344.

Autriche (Albert, duc d'), IV, 13 *n.*, 34, 39-46, 64, 123, 341, 346-52, 357-58, 374; V, 398; VI, 31, 199-201, 253, 292.

Autriche (Ernest, duc d'), III, 296, 298.

Autriche (Frédéric, duc d'), † 1439, II, 41, 282, 423, 427-35, 483-84; III, 296, 298, 300, 301, 304.

Autriche (Guillaume, duc d'), I, 318 *n.*

Autriche (Léopold, duc d') dit le beau gendarme, II, 425, 429.

AUTRICHE (Léopold, duc d') dit le gros, II, 425, 427; III, 313, 351.
AUTRICHE (Sigismond, duc d'), II, 428-30, 481; III, 101 *n.*, 300 *n.*, 304-305; IV, 11, 13 *n.*, 34-36, 39-40, 69, 72-76, 94, 224, 346, 352, 359-62, 365-71; V, 186; VI, 31, 67, 158-59, 161, 170, 199-202, 253, 292, 343-44.
AUTRICHE (Anne d'), duchesse de Saxe, III, 296; V, 139; VI, 156, 203-207, 268-69, 278, 342.
AUTRICHE (Catherine d'), marquise de Bade, III, 293; IV, 346-47, 358.
AUTRICHE (Élisabeth d'), reine de Pologne, IV, 353-54, 357; V, 399; VI, 342.
AUTRICHE (duchesses d'). V° BAVIÈRE (Élisabeth et Jeanne de); BOURGOGNE (Catherine de); BRUNSWICK (Anne de); VISCONTI.
Autun, II, 372 *n.*, 514; III, 223 *n.*
Autunois, II, 50; III, 18.
AUVERGNAT (Guillaume l'). V° GENÈS.
Auvergne, I, 96, 201, 356; II, 8, 78, 91, 95, 145, 165, 176, 561, 562, 563 *n.*; III, 44, 104, 124, 125, 235, 396, 445, 446, 450, 475, 476; IV, 179, 210 *n.*, 400 *n.*, 403; V, 89 *n.*, 92 *n.*, 99, 267 *n.*, 312, 320, 338 *n.*; VI, 407, 462.
Auvergne (montagnes d'), VI, 379.
AUVERGNE (sénéchal d'). V° LOUP.
AUVERGNE (Jeanne, comtesse d') et de Boulogne, femme de Georges de la Trémoille, II, 145.
AUVERGNE (Martial d'). V° PARIS.
Auvers, V, 60 *n.*, 83 *n.*
Auvillars, V, 7 *n.*
Auxances, V, 160.
Auxerre (comté d'), III, 99, 213-14; IV, 339-40, 378-79, 384.
Auxerre, I, 28; II, 32, 45, 224, 364, 402, 409, 413-16, 419-20, 444-51, 462, 510 *n.*, 556, 561, 564; IV, 120, 130, 379, 384; V, 221.
AUXERRE (comte d'). V° GIAC.
AUXERRE (Denis d'), V, 77, 108 *n.*, 109, 110 *n.*, 147 *n.*, 120, 122 *n.*; VI, 188, 354.
Auxerrois, II, 14, 37, 50; III, 13; IV, 378.
AUXY (Jean, seigneur et ber d'), IV, 140, 381, 384, 411; V, 222 *n.*
AUZEBOSC (seigneur d'). V° ESTOUTEVILLE.
Avallon, II, 46 *n.*, 48.
AVAUGOUR (seigneur d'). V° BLOIS.
AVAUGOUR (Guillaume d'), I, 66, 71, 97, 149, 166, 171, 197 *n.*, 200 *n.*, 208, 212, 321, 350, 406, 412, 417, 426, 427; II, 72, 85 *n.*, 86, 87, 102, 303, 353, 632; III, 42, 120 *n.*; IV, 388 *n.*, 433 *n.*
AVAUGOUR (Henri d'), archevêque de Bourges, II, 476; III, 352.
AVAUGOUR (Louis d'), I, 116, 351 *n.*; II, 23.
Avesnes, V, 85 *n.*, 332.
Avignon, II, 97, 187; III, 86, 340-345, 475; IV, 425; V, 116; VI, 349.
AVIS (Jean), V, 117 *n.*; VI, 455.
Avranches, II, 14, 26 *n.*; III, 20, 28 *n.*, 117, 118, 120; IV, 186; V, 35, 334, 422.
Avranches (église d'), V, 325.
Axel, V, 245.
AYDIE (Odet d'), bailli de Cotentin, V, 31; VI, 16, 60, 76 *n.*, 80, 471.
AYMIS (Johanne de), VI, 322 *n.*
Azac, II, 607.
Azay-le-Rideau, I, 101; III, 48.
AZAY (la dame d'), V, 86.
Azincourt, I, 58, 105, 116, 260; II, 16 *n.*, 74, 77, 85; V, 34; VI, 39, 194.

B

BABYLONE (sultan de). V° DJAKMAK; INAL.
Bacqueville, V, 305.
Bade, IV, 10; VI, 411.
BADE (Charles, margrave de), IV, 74, 347; V, 394 *n.*; VI, 206, 292, 294, 410-11.
BADE (Georges de), évêque de Metz, VI, 380.
BADE (Jacques, margrave de), IV, 12, 24 *n.*, 26 *n.*, 42, 64, 72 *n.*, 74, 75, 119 *n.*, 346, 349.
BADE (Jean de), archevêque de Trèves, VI, 205, 206, 292, 294.
Baden, V, 398.
Bagé, II, 361.
Bagnols, I, 385.
BAILLET (Jean), V, 117 *n.*
BALA BALACHU (Vincent de), IV, 349 *n.*
BALARD (Jean), I, 111.
BALARIS (Pierre), V, 222 *n.*
Bâle, II, 454, 466-470, 472, 473, 475, 478-482, 508-510, 513 *n.*, 514, 520 *n.*, 523; III, 17; IV, 25-31, 37 *n.*, 43, 52 *n.*, 257, 260, 263, 268, 277, 367-68; VI, 201.
Bâle (concile de), III, 94, 166, 297, 298, 315, 318, 328, 332-339, 341-43, 348, 352-381; IV, 33, 84, 252-53, 255-56, 259, 267-73, 277-78, 281, 369 *n.*; V, 212; VI, 394.
BALE (évêque de). V° REINACH.
BALIZE (Marc), I, 430.
Balinghen (conférence de), I, 254.
BALLARD (Jérôme de), I, 327.
Balme (la), II, 635; IV, 189 *n.*
Bâlois, IV, 27, 29, 30.
BALON (Laurent de), I, 310 *n.*
Balsthal, IV, 28.
BALSTON (John), évêque de Dunkeld, IV, 369.

Bamberg, V., 205.
Ban et arrière-ban, V, 17, 267, 327; 405; VI, 183, 370-71.
Banains (seigneur de). V° Sain.
Bannestroff (Jacob de), IV, 53 *n.*, 54-55.
Bannière de France, IV, 240; V, 52, 284, 412, 467; VI, 187.
Bar (duché de), III, 85, 394, 414; IV, 51, 57, 103 *n.*, 336; V, 335.
Bar-le-Duc, IV, 94, 439.
Bar-sur-Aube, III, 170, 197 *n.*; IV, 49. — Église Saint-Maclou à —, V, 324.
Bar-sur-Seine, II, 38 *n.*, 364, 409, 561, 604; IV, 129, 131, 340, 380; V, 221.
Bar (Édouard III, duc de), I, 13.
Bar (Guy de), I, 313 *n.*, 314 *n.*
Bar (Louis, cardinal de), I, 42, 96, 316, 318.
Bar (Robert de), III, 85.
Bar (Jeanne de), comtesse de Marle, femme du comte de Saint-Pol, III, 173.
Bar (Yolande de), reine d'Aragon, V, 288.
Bar (Jean de), apothicaire du Roi, III, 57, 274 *n.*
Bar (Jean de), seigneur de Baugy, III, 465; IV, 331 *n.*, 400 *n.*, 411, 423; V, 4 *n.*, 15 *n.*, 46 *n.*, 62 *n.*, 77, 86-88, 91 *n.*, 92 *n.*, 99 *n.*, 102 *n.*, 103 *n.*, 129, 338.
Barat (Jean), IV, 422.
Barbasson (seigneur de), III, 271 *n.*
Barbarie, VI, 47.
Barbavaro (Marcolino), IV, 246 *n.*
Barbazan (Arnauld Guilhem, sire de), I, 41, 45 *n.*, 66, 79 *n.*, 91, 114, 115, 148, 149, 166, 208, 212, 350, 356 *n.*, 426; II, 37-41, 48, 125, 126 *n.*, 263, 268, 278, 281; III, 141, 197 n.
Barbazan (Béraud de), sénéchal d'Agenais et de Gascogne, III, 141 *n.*, 497 n.
Barbazan (Jeanne de), I, 376.
Barbezieux, V, 45 *n.*
Barbezieux (seigneur de). V° Roche (la).
Barbedienne (Jean), VI, 18.
Barbin (Blanc), IV, 138 *n.*, 198 *n.*
Barbin (Jean), II, 205 *n.*, 210 *n.*; IV, 104; V, 77, 94, 95 *n.*, 108 *n.*, 109, 118, 120, 122 *n.*, 380 *n.*, 431.
Barcelone, I, 304; VI, 129, 341.
Barde (la). V° Estuer.
Bardouf (Jean), III, 5 *n.*
Baroy (Francisco), V, 131 *n.*
Barillet (Jean), III, 466; V, 87.
Barillet (Jean) dit de Xaincoins, III, 466; IV, 422; V, 66, 86-91, 94-95, 103 *n.*, 105, 129, 310, 312, 337.
Barillet (Pierre), III, 474; V, 87.
Barillet (Jeanne), femme d'Étienne Petit, V, 88.
Barnaire (Jean de), dit Cornillan, II, 175 *n.*
Barneville, I, 275-78.
Baronnatz (Jean), VI, 390, 462.
Baronnatz (Pierre), VI, 390, 462.
Barr, IV, 37.
Barre (Jean de la), III, 465.
Barre (Pierre de la), II, 636.
Barre (Yolande de la), V, 78.
Barres (Pierre des), V, 81 *n.*, 294, 298 *n.*, 402.
Barrois (le), II, 52; III, 13; IV, 398 *n.*, 400 *n.*
Barry (sire de). V° Poitiers (bâtard de).
Bars (Michel), prévôt de Wastines, VI, 43-44.
Barthélemy (Pierre), V, 117 *n.*
Barton (Jean), V, 77, 99 *n.*
Basele, V, 213.
Basile (frère), cordelier, VI, 76-79.
Basin (Jean), V, 330.
Basin (Thomas), évêque de Lisieux, I, LXVII-VIII; IV, 143; V, 6, 7, 17, 20, 21, 136, 204, 214, 267, 336, 367, 427; VI, 355, 422, 436, 449.
Basoges (seigneur de). V° Girard.
Bassens, V, 278 *n.*
Bassompierre (le sire de), IV, 92.
Bastard (Guillaume), I, 363 *n.*
Bastard (Jean), VI, 366.
Bataille (Guillaume), I, 71, 88, 97, 115, 319 *n.*, 426; II, 57, 309 *n.*
Batute (Jean de), III, 243, 247-249.
Baubignon (Jean), IV, 433 *n.*
Baud (Jean Le), VI, 453-54.
Baude (Henri), I, LXVI-VII; IV, 86; VI, 354-56, 393, 411, 440.
Baudenot (Étienne), V, 330.
Baudet (Mathurin), VI, 453.
Baudinais (Robert), IV, 91 *n.*
Baudoche (Poinsignon), IV, 53 *n.*
Baudreyer (Guillaume Le), I, 235 *n.*
Baudricourt (Robert de), bailli de Chaumont, II, 106 *n.*; VI, 158.
Bauffremont (Pierre de), seigneur de Charny, I, 149 *n.*; II, 68, 408, 516 *n.*, 529, 538; III, 19, 206; IV, 95, 100, 116 *n.*, 118 *n.*, 121-25, 130, 137 *n.*, 138, 140, 200, 338, 372; V, 255-56, 259.
Bauffremont (le sire de), II, 516 *n.*
Baugé, I, 222; III, 16 *n.*, 411.
Baugé (bataille de), I, 49, 335, 338, 339, 350.
Baume (Jean de la), I, 157, 161; II, 131 *n.*, 375 *n.*, 619; III, 465.
Baume (Perceval de la), évêque de Belley, III, 325 *n.*
Baus (Guillaume des), I, 283.
Baussigny (le sire de), II, 516.
Baux (Marguerite de), comtesse de Ligny, III, 173.
Baventin (André), I, 430.
Bavière (maison de), V, 162, 206.
Bavière (Ernest, duc de), I, 11, 13.

Bavière (Étienne II, duc de), III, 298 n.
Bavière (Frédéric, duc de), comte palatin du Rhin, V, 394; VI, 153-56, 292-94.
Bavière (Guillaume de), comte de Hainaut, I, 18, 22, 263, 265; II, 425.
Bavière (Henri, duc de), I, 337.
Bavière (Jean de), II, 368.
Bavière (Louis III, duc de), comte palatin du Rhin (✝ 1439), I, 325 n., 337.
Bavière (Louis IV, duc de), comte palatin du Rhin (✝ 1449), III, 78; IV, 13 n., 26 n., 40-42, 46, 64-68, 70-73, 75 n., 123, 266, 269, 270 n., 335, 342, 344, 349; V, 394 n., 398; VI, 153, 157-58.
Bavière (Louis, duc de), dit le Bossu (✝ 1445), I, 316; IV, 34, 72, 360 n.
Bavière (Louis, duc de), dit le Barbu (✝ 1447), II, 349, 429; IV, 34 n., 72, 75, 360 n.
Bavière (Louis, duc de) à Landshut, dit le Riche, VI, 294, 295 n., 344.
Bavière (Louis, duc de) et de Deux Ponts, dit le Noir, IV, 71 n., 264, 292-93.
Bavière (Othon, duc de), III, 317; IV, 64, 349.
Bavière (Robert de), évêque de Strasbourg, IV, 26 n., 41, 64-65, 71-72; V, 391 n.; VI, 476.
Bavière (Catherine de), duchesse d'Autriche, II, 425.
Bavière (Élisabeth de), duchesse d'Autriche, II, 429.
Bavière (Isabeau de). V° Isabeau.
Bavière (Jacqueline de), duchesse de Brabant, I, 22; II, 17, 18, 22, 362-63, 365 n., 425-26, 476.
Bavière (Jeanne de), duchesse d'Autriche, III, 298.
Bavière (Marguerite de), duchesse de Bourgogne, II, 14, 364 n., 425; III, 298 n.; VI, 274 n.
Bayer (Conrard), évêque de Metz, IV, 49-50, 448; VI, 292-93.
Bayer (Henri), IV, 74 n., 76 n., 360.
Bayeux, I, 25; V, 28, 31, 33 n., 34-36, 334-35; VI, 368.
Bayeux (évêque de). V° Castiglione.
Bayonne, I, 312; III, 24, 27 n., 242, 244, 245, 250, 251, 252 n.; V, 41, 43, 46 n., 51-52, 290, 311, 335; VI, 365, 378, 411, 435 n.
Bazadois, I, 259; II, 530; III, 17 n., 251; V, 269.
Bazas, I, 252; II, 13; V, 43-44.
Béarn, III, 15, 253.
Béaux (le bâtard de), III, 130.
Beaucaire, I, 356 n., 357 n., 397 n.; II, 69, 623; III, 165; V, 131; VI, 353, 373, 384.
Beaucaire-en-Rouergue, V, 173.
Beaucaire (sénéchal de). V° Aulon; Chastel (du); Merlhon.
Beauce (la), II, 17, 31, 91; III, 14.
Beauchamp (John, lord), V, 54.
Beauchamp (Richard), comte de Warwick, I, 46, 56, 138, 153-54, 186, 275, 284, 297; II, 24-27, 382, 455 n., 464; III, 10, 11, 21 n., 93, 94; IV, 147.
Beauchamp (Richard), évêque de Salisbury, VI, 289.
Beauchamp (Éléonore), duchesse de Somerset, IV, 329 n.; V, 23.
Beauchamps, IV, 315.
Beauchastel (seigneur de). V° Tournon.
Beauchois (Simon), V, 360 n.
Beaufort (seigneurie de), I, 258; III, 110.
Beaufort (comté de Ferette), IV, 370 n.
Beaufort (Edmond), comte de Mortain, comte et marquis de Dorset, puis duc de Somerset, III, 17, 77; IV, 146, 150, 291, 294-97, 301, 306, 310-32, 455; V, 13, 15-18, 27-28, 33, 37, 48, 54, 86, 264, 401, 406, 420, 438, 442-43; VI, 136, 140, 261.
Beaufort (Henri), duc de Somerset (en 1455), VI, 274, 288-89, 296-97, 309, 325 n., 345.
Beaufort (Henri), évêque de Winchester, cardinal et chancelier, I, 298, 335; II, 22, 235, 247 n., 339, 373, 412, 418-19, 455 n., 462, 464, 535-37; III, 10, 88, 103, 106, 109, 111-13, 143, 153, 259; IV, 115 n., 147.
Beaufort (Jean), comte, puis duc de Somerset; II, 635; III, 16, 19, 28-30, 158, 246, 250, 268; IV, 19.
Beaufort (Jean), duc de Somerset, IV, 310.
Beaufort (Thomas), comte de Dorset, I, 256 n.
Beaufort (Jeanne), reine d'Écosse, I, 335; II, 339-40; IV, 181, 365.
Beaufort (Jean de), président de Savoie, II, 85 n., 422 n.
Beaufort (Louis de), comte d'Alais, I, 376.
Beaufort (Pierre de), comte de Turenne, I, 376; II, 39 n., 165, 266, 289 n.; III, 61, 235.
Beaufort (le seigneur de), II, 492 n.
Beaugency, I, 106, 107 n.; II, 32, 69 n., 171 n., 220, 227; VI, 187, 239.
Beaujeu (seigneurie de), II, 561; IV, 377.
Beaujeu (sire de). V° Bourbon.
Beaujolais, I, 197, 358 n.; II, 17, 46 n., 50, 358; III, 26; V, 99, 312; VI, 390, 463.
Beaulieu (château de), III, 264.
Beaulieu, près Vendôme, IV, 421.
Beaulieu (abbaye de), II, 604-605.
Beaulieu (Le Camus de). V° Verner.
Beaumanoir (Guillaume, sire de), II, 30.
Beaumanoir (seigneur de). V° Dinan.

BEAUMANOIR (le bâtard de), III, 411; V, 269.
BEAUME (Antoine de la), V, 47 *n*.
Beaumesnil, III, 22; V, 7 *n*., 442.
Beaumont (comté de), II, 561.
Beaumont-en-Argonne, II, 31.
Beaumont-en-Auge, V, 192.
Beaumont-en-Veron, IV, 169 *n*.
Beaumont-le-Chétif, I, 227.
Beaumont-le-Roger, III, 22; IV, 144; V, 6, 440.
Beaumont-le-Vicomte, I, 49; II, 20; III, 29, 414.
Beaumont-les-Clermont (abbaye de), IV, 121.
Beaumont-sur-Oise, II, 49; III, 184, 192 *n*.
Beaumont-sur-Sarthe, IV, 434 *n*.; V, 5 *n*.
Beaumont (église de), près Chinon, IV, 370.
BEAUMONT (lord), III, 6, 7, 23 *n*., 93 *n*.; IV, 291.
BEAUMONT (André de), II, 269, 270, 273.
BEAUMONT (Jean, vicomte de), IV, 165.
BEAUMONT (Louis de), seigneur de Valens et de la Forest, sénéchal de Poitou, III, 210, 211, 212, 215, 413 *n*., 425; V, 72, 73 *n*., 77, 237, 247-51, 268, 283, 452; VI, 348.
BEAUMONT (le héraut), III, 272.
Beaune, II, 514; III, 18, 71 *n*., 426; V, 225.
BEAUNE (Jean de), II, 617.
BEAUPÈRE (Jean), II, 522 *n*., V, 361, 380 *n*.
BEAUPOIL (Jean), IV, 418 *n*.
Beauquesne, II, 634.
Beauté-sur-Marne, IV, 173, 388 *n*.
Beauvais, I, 40, 264-65; II, 33, 42, 238, 277, 443 *n*.; III, 7, 98, 138, 411, 462; IV, 329 *n*., 382, 421, 424; V, 4, 6, 369, 371, 374, 378-79, 383.
Beauvais (collège de), V, 360.
BEAUVAIS (évêques de). V° COCHON; HELLANDE.
Beauvaisis, II, 36, 41, 282, 513; III, 16, 183; IV, 328; V, 61 *n*.; VI, 385.
Beauval, 278 *n*.
BEAUVARLET (Mathieu), IV, 385 *n*., 386 *n*.; V, 103 *n*., 337, 341; VI, 374, 406, 436.
BEAUVAU (Antoine de), IV, 178 *n*., 179, 203.
BEAUVAU (Bertrand de), seigneur de Précigny, II, 308 *n*.; III, 42, 268, 276, 425; IV, 18 *n*., 48, 91, 104, 145, 156-57, 159-60, 182, 196, 203, 204, 207, 233, 242, 285 *n*., 290, 293 *n*., 297, 300-303, 307, 329, 331 *n*., 369, 376, 382, 388 *n*. 453; V, 4 *n*., 5 *n*., 12, 15 *n*., 23, 87, 89-92, 94 *n*, 102 *n*, 129, 234, 299-301, 306, 325 *n*., 420; VI, 188, 244, 332 *n*., 400.
BEAUVAU (Jean de), évêque d'Angers, IV, 453-54.
BEAUVAU (Louis de), sénéchal d'Anjou, V, 147.
BEAUVAU (Pierre, seigneur de), I, 97, 148-49, 169, 356 *n*., 412, 426; II, 632; III, 457; IV, 92, 203; V, 23.
BEAUVAU (Pierre de), seigneur de la Bessière, IV, 307; V, 268, 271 *n*., 273, 275 *n*., 276, 281, 421.
Beauvoir, III, 10.
Beauvoir du Marc, I, 417.
Beauvoir en Royans, II, 634.
BEAUVOIR (Aymard de), seigneur de la Palu, I, 417 *n*.
BEAUVOIR (Claude de), seigneur de Chastellux, I, 186, 349; II, 451 *n*.
BEAUVOIR (Frédéric de), évêque d'Amiens, VI, 126, 148 *n*.
BEAUVOIR (Ymbert de), V, 395 *n*.
BEAUVOIR (le sire de), III, 27, 133 *n*.
BEAUVOIR (seigneur de). V° LUXEMBOURG.
Beauzerais (monastère de), III, 454.
Bec (abbaye du), I, 226; V, 324.
BEC (Guillaume du), I, 413.
BECOUR (Jean de), I, 310.
BECQUET (Jean), III, 192 *n*.
Bedford (duché de), VI, 54.
BEDFORD (Jean, duc de), I, 217, 265, 266, 318 *n*.; II, 8, 12, 15, 16 *n*., 17, 18, 20-22, 29-31, 33-36, 38, 45, 53, 56 *n*., 69 *n*., 71, 75, 76 *n*., 159 *n*., 235, 237, 238, 247, 323, 327, 329, 331-335, 352, 360, 362-365, 371, 378, 383, 388, 390, 401, 412, 413, 443, 445 *n*., 446, 447, 449-451, 455, 462, 506, 519, 658-660; III, 3, 6, 155; IV, 97 *n*.; V, 261 *n*., 425; VI, 88, 401.
BEDFORD (duchesse de). V° BOURGOGNE; LUXEMBOURG.
BEDOS (André), II, 121.
BEGAIGNON (Yvon de), I, 413.
BEKYNGTON (Thomas), II, 444 *n*.
BEL (Guillaume), I, 429.
BELART (Jean), doyen du Mans, I, 444 *n*.
BELAY (Jean de), II, 455 *n*.
BELAYO (Jean de), V, 330.
Belgioso, V, 157.
Belgrade, IV, 254; VI, 464.
BELIER (Guillaume), bailli de Troyes, I, 350; II, 161, 209, 451 *n*, 569; IV, 411, 433 *n*.
Belin (château de), VI, 376.
Bellartre, I, 119.
Bellegarde, en Auvergne, IV, 179.
Bellême, IV, 144 *n*.; V, 26.
Bellencontre, V, 443.
Belleville, II, 50, 54, 510 *n*., 514 *n*.
BELLEVILLE (seigneur de). V° HARPEDENNE.
BELLEVILLE (Marie de), dame de Soubise, IV, 89 *n*, 204 *n*., 440-41; V, 58 *n*., 77 *n*.; VI, 426.

Belle-Isle, I, 311.
Bellomer (abbaye de), III, 455.
Belopex (Le Galoys de), VI, 220 *n.*
Benais, IV, 435.
Bénauges, V, 280, 285, 334-35.
Benavente (le comte de), II, 489.
Benegon, VI, 475.
Benoist (Guillaume), II, 379, 388 *n.*; IV, 195-96, 198; V, 184 *n.*
Benoît XIII, I, 262, 318, 328, 367; II, 363-64; III, 345-46.
Bérard (Pierre), IV, 423; V, 74 *n.*, 76 *n.*, 77-78, 91, 106 *n.*, 109 *n.*, 337; VI, 188, 436.
Bergamasque (la), IV, 231; VI, 303.
Bergame, IV, 231, 233-36; V, 303.
Bergerac, V, 43, 267 *n.*, 334-35; VI, 371.
Berghes (Jean de), I, 349.
Bergières (Jacquemin de), VI, 22 *n.*
Berland (Pey), archevêque de Bordeaux, III, 213, 216; V, 49 *n.*, 51, 216; VI, 367.
Berlemont (Jean de), seigneur de Floron, II, 510 *n.*
Bernard (saint), IV, 218.
Bernard (Étienne), dit Moreau, II, 540 *n.*, 607; III, 317 *n.*; IV, 91 *n.*
Bernard (Guy), évêque de Langres, IV, 275, 278; V, 77, 223, 237, 238 *n.*, 251, 336, 344; VI, 134, 188.
Bernard (Jean), archevêque de Tours, II, 300; V, 124 *n.*, 217, 295, 401-402; VI, 26, 128, 166, 254.
Bernard (Raymond), évêque de Tarbes, II, 399 *n.*
Bernardin (saint), V, 192.
Bernay, V, 27, 88, 103, 442, 446.
Berne (comté de), VI, 221.
Berne, IV, 10, 31-33, 75, 345; V, 171, 187-88, 398; VI, 67, 70, 86, 215, 237, 344.
Bernes (Gabriel de), seigneur de Targes, I, 406; II, 632, 635 *n.*, 636; III, 40, 120 *n.*, 131 *n.*, 189 *n.*; IV, 24, 30, 31, 189 *n.*, 230 *n.*; V, 174-77, 456-61; VI, 86-88, 108.
Berneville, V, 9 *n.*, 330.
Berra (Honoré de), V, 149 *n.*
Berruyer (Martin), évêque du Mans, V, 322, 368; VI, 166.
Berry, I, 347, 356; II, 8, 29, 62, 91, 93, 132, 162, 163, 277, 561; III, 17, 44, 47, 57, 166; IV, 173, 205, 393 *n.*, 400 *n.*, 403 *n.*; V, 78, 98; 115 *n.*, 132; VI, 73, 373, 375, 409, 412, 431-32.
Berry (bailli et sénéchal de). V° Escorailles; Goulard; Mesnil-Simon; Saintrailles.
Berry (Jean, duc de), I, 11, 19, 23, 66, 68, 252-53, 259, 422; II, 73; VI, 401, 412-14.
Berry (duchesse de). V° Armagnac.
Berry (Marie de), duchesse de Bourbon, II, 8, 148, 305, 514, 563 *n.*; III, 16 *n.*, 46, 85, 210, 212, 259-60.
Berry (Michel de), I, lxvi *n.*
Berry (le héraut). V° Bouvier.
Berthecourt (Huchon de), II, 262 *n.*
Berthelot (Gilles), VI, 53, 58, 60.
Bertrand (Mathieu), abbé de Saint-Melaine, II, 465 *n.*
Bertrand, roi d'armes d'Artois, III, 153 *n.*, 157 *n.*, 163 *n.*, 201 *n.*, 302 *n.*, 306 *n.*, 307 *n.*
Berwick, II, 336; VI, 136, 139.
Besançon, III, 262, 313, 314; IV, 344-45, 352; VI, 123.
Bescherel (Pierre), évêque de Chartres, V, 201; VI, 396-97.
Besque (Jean Le), V, 61 *n.*; VI, 407.
Beson (Jacques), VI, 453, 455.
Besox (Jean), IV, 314, 319.
Besombes (Guilard de), I, 149 *n.*, 351.
Bessin (le), V, 29, 30.
Bessonneau (Pierre), I, 350, 431; III, 423.
Bessonneau (Perrette), IV, 433 *n.*
Bescher (Jean), IV, 422.
Betons (Marot de), I, 317, 398, 399 *n.*
Beuf. V° Boeuf.
Béziers, I, 200 *n.*, 358, 384; II, 463, 576, 588 *n.*, 594-597, 600; III, 397, 437, 447, 453; V, 192; VI, 362.
Béziers (évêques de). V° Harcourt; Montjoye.
Bidan, écuyer, III, 29 *n.*, 252 *n.*
Bidassoa (la), VI, 129.
Bidouze (la), V, 43 *n.*
Bienne, IV, 32.
Biervliet, V, 231.
Bione (Colart ou Colinet de la), I, 149 *n.*, 200 *n.*, 351 *n.*
Bigorre (comté de), I, 259; II, 120, 563; IV, 400 *n.*
Biot (Guillaume), IV, 181.
Billom, III, 130 *n.*
Binet (Jacques), V, 330.
Birse (la), IV, 28.
Blainville (seigneur de). V° Estouteville.
Blamont (seigneur de). V° Neufchastel.
Blanc (le), I, 149 *n.*
Blanchefort (Guy de), dit le Petit Blanchefort, III, 13, 122 *n.*, 388.
Blanchefort (Jean de), dit le Grand Blanchefort, III, 13, 17 *n.*, 30, 122, 388, 396-97, 411; IV, 24, 388 *n.*, 433 *n.*; VI, 36.
Blanchefort (Louis de), I, 431.
Blanchet (Gérard), II, 293 *n.*, 319, 490, 632, 638; III, 476.
Blanchet (Guillaume), VI, 210-11, 454.
Blanchet (Jean), seigneur des Gueyrois, V, 332.
Blandiac (Jean de), cardinal de Saint-Marc, V, 207.
Blandrate (Jacques de), VI, 23.

Blank (André), évêque de Freisingen, III, 298.
Blanckenheim (comte de). V° Loss.
Blanco (Simon de Norres de), IV, 237 *n.*
Blangy, II, 34, 36.
Blanquefort, III, 15; V, 44, 266, 277, 279, 281; VI, 348 *n.*
Blanzac, V, 466.
Blaye, I, 251; III, 245; V, 45 *n.*, 46-47, 266.
Bleinschwiller, IV, 37.
Bléré, II, 62, 294; IV, 196.
Blésois, II, 8, 131.
Blet (Raoulin du), VI, 375.
Bleterens (Aymard de), III, 431.
Bleterens (Ymbert de), I, 198.
Blois, I, 106, 230, 234, 253; II, 32, 159, 161, 212, 214, 300, 463; III, 57, 119, 121, 161, 201-2, 273, 329; IV, 407 *n.*; V, 289, 334; VI, 11 *n.*, 401.
Blois (comté de), II, 29, 561, 598.
Blois (Charles de), seigneur d'Avaugour, I, 203.
Blois (Jean de), seigneur de l'Aigle, puis comte de Penthièvre et de Périgord, I, 116; II, 114, 159-60, 165, 169; III, 20, 105, 235, 256, 455; IV, 182 *n.*, 186, 408; V, 41, 43, 46, 77, 268, 271, 276, 312, 332.
Blois (Olivier de), comte de Penthièvre, I, 47, 74 *n.*, 116, 202-204; II, 89, 114, 115 *n.*, 159 *n.*, 169, 371, 377.
Blondel (Robert), I, LXVIII-IX; VI, 19-20, 396, 402-405, 432.
Bloreheath (bataille de), VI, 270.
Blosset (le borgne), I, 200 *n.*
Blosset (Guillaume), II, 277 *n.*
Blosset (Rogerin), I, 351 *n.*, 413; II, 181; III, 40 *n.*; IV, 24, 89, 116 *n.*, 189 *n.*; V, 22, 137, 139 *n.*, 198, 421.
Blot (le sire de), VI, 469.
Boccace, VI, 417.
Bochard (Jean), évêque d'Avranches, V, 308; VI, 395.
Bock (Conrad), IV, 44 *n.*
Boeuf (André du), II, 187; III, 107; V, 235.
Boeuf (Étienne du), III, 157.
Boeuf (Michel Le), évêque de Lodève, II, 80, 119 *n.*, 391, 398 *n.*
Bohain, IV, 380, 384; V, 221.
Bohême, III, 299; IV, 68 *n.*, 355; VI, 165, 167, 171-72, 178, 199-205, 221, 278-79, 291-93.
Bohémiens, V, 393.
Boileau (Jean), VI, 389 *n.*
Bois-Sire-Amé, IV, 205; V, 78, 168, 412; VI, 29-31, 37, 71 *n.*, 412, 469-71.
Bois (Guillaume du), dit Willequin, IV, 184 *n.*
Bois (Hugues du), I, 158; II, 446 *n.*
Bois (Jacques du), VI, 124 *n.*
Boisratier (Guillaume de), archevêque de Bourges, I, 117, 197 *n.*, 254 *n.*, 259, 361, 412.
Boisruou (Bertrand de), III, 204.
Boisruffin, I, 431 *n.*
Boisart, III, 486.
Boissière (la), II, 21 *n.*; IV, 188 *n.*
Bologne, II, 355, 469; V, 157, 165.
Bologne (Louis de), franciscain, VI, 345.
Bolomier (Antoine), V, 142-43.
Bolomier (Guillaume), IV, 61, 73, 127, 229.
Bolomier (Pierre), chancelier de Savoie, V, 151 *n.*, 155 *n.*
Boniface IX, III, 345, 346.
Boniface (Guillaume), I, 413.
Boniface (Jean de), IV, 204, 205.
Bonmoulins, V, 5 *n.*
Bonnart (Pierre), II, 84 *n.*
Bonnay (Jean de), sénéchal de Toulouse, I, 200, 357 *n.*, 413; II, 80 *n.*, 121, 161, 289 *n.*, 486.
Bonnay (Philippe de), bailli de Lyon, I, 30.
Bonne Aventure, poursuivant, III, 180.
Bonne Querelle, poursuivant, III, 206 *n.*
Bonneval, I, 49; II, 24, 27.
Bonneval (abbaye de), III, 454; VI, 368.
Bonney (Étienne de), III, 467; V, 337, 343.
Bonney (Naudin de), V, 330.
Bonport (abbaye de), IV, 324 *n.*, 330; V, 439.
Bonpuis (Estevenin de), I, 79 *n.*
Bonrepos (château de), VI, 413.
Bonville (sir William), III, 29 *n.*; IV, 92; V, 279 *n.*
Boppart, IV, 23 *n.*, 72-73, 76, 127.
Boquine (Perrette), femme de Pierre du Puy, IV, 433 *n.*
Borde (seigneur de la). V° Melun.
Bordeaux, I, 253; III, 15, 19, 27 *n.*, 28, 242-47, 249-52; IV, 329; V, 41-52, 75 *n.*, 78, 229, 252, 255, 262-71, 277-85, 293-95, 304, 335, 339, 350, 464, 467-68; VI, 49, 360, 381, 411, 413. — Hôpital Saint-André à —, V, 323. — Hôpital Saint-Jacques à —, V, 324.
Bordeaux (église de), V, 323-24; VI, 366-67. — (Église Saint-Sauveur à), V, 323.
Bordeaux (archevêque de). V° Berland; Greslé.
Bordelais, IV, 328; V, 41-50, 181, 262-71, 279, 281-85; VI, 377.
Borderie (Jean de la), IV, 22 *n.*, 189 *n.*
Borne (seigneur de la). V° Aubusson.
Borny, IV, 53.
Borré (Anjorrant), bailli de Beaugency, VI, 29 *n.*
Borselle (François de), IV, 140.
Borselle (Henri de), seigneur de la Vère, IV, 140.

Boschet (Jean), I, 413.
Bosco, IV, 280; V, 145.
Bosphore (le), V, 391.
Bosredon (Louis de), I, 66, 67.
Bothéon (seigneur de). V° Joyeuse.
Bothéon (Mme de). V° Louvet.
Bouchage (seigneur du). V° Roussillon.
Bouchat (château du), VI, 139.
Boucher (Bureau), I, 112 *n.*
Boucher (Guillaume Le), II, 327.
Boucher (Jean), II, 28.
Boucher (Pierre), V, 365.
Boucicault (sire de). V° Meingre (le).
Boudault (Jean), II, 221 *n.*, 399, 400 *n.*; VI, 307 *n.*
Bougie, VI, 389.
Bouillé (Guillaume), V, 213 *n.*, 358-60, 363-66, 368 *n.*, 374, 382 *n.*
Bouju (Jean), IV, 187, 301 *n.*
Boulay, VI, 172.
Bouleur (Guillaume Le), V, 330.
Bouligny (Regnier de), I, 111, 403, 408 *n.*, 412, 418 *n.*; II, 195, 308 *n.*, 595, 616, 619-20, 632; III, 43, 60, 424, 465, 477; IV, 131, 207 *n.*, 208 *n.*; V, 380.
Boulogne, II, 53, 561; III, 18, 26, 102, 467-69, 171, 262, 264, 391, 394; VI, 141 *n.*, 333 *n.*
Boulonnais, IV, 118 *n.*; VI, 216.
Bourbon-Lancy, II, 383-84.
Bourbon (ducs de), V, 59; VI, 261.
Bourbon (Charles Ier, duc de) en 1433, I, 97, 107, 165, 193, 197 *n.*, 214, 372, 375, 384, 401 *n.*, 412, 431; II, 15, 18, 25, 29, 30, 37 *n.*, 40-41, 46, 49-52, 64, 105, 112, 114, 115, 117-120, 122, 123, 127, 130-132, 138 *n.*, 147-152, 155, 156, 159, 162, 164, 165, 167-169, 173, 175 *n.*, 207 *n.*, 235, 239 *n.*, 264 *n.*, 266, 282, 300, 305, 355, 357 *n.*, 359 *n.*, 360, 362, 370, 371, 383, 384, 387, 388, 391, 393, 408, 413, 414, 420, 440, 462-464, 487, 508, 510, 512, 514, 515, 516 *n.*, 517, 525, 526, 534, 550, 563 *n.*, 565, 566, 579 *n.*, 595, 604, 638; III, 14, 16, 23 *n.*, 27, 33, 41-43, 46-48, 57 *n.*, 60, 61, 63, 64, 68, 70 *n.*, 73, 85, 92, 115, 116, 118, 119, 121, 122, 124, 125 *n.*, 127, 128, 131-134, 138 *n.*, 143, 146, 147 *n.*, 149, 150, 166, 170, 196 *n.*, 198, 200, 201, 210-212, 221, 223 *n.*, 228, 234, 258-260, 353, 401 *n.*, 420; IV, 136, 179, 193, 377, 398 *n.*, 407, 451; V, 59, 82, 94, 101 *n.*, 112, 116, 149, 168 *n.*, 185 *n.*, 312, 357, 399-404, 469; VI, 353.
Bourbon (Charles de), archevêque de Lyon, V, 321-22; VI, 75.
Bourbon (Jacques de), comte de la Marche, roi de Hongrie, I, 318 *n.*; II, 64, 79-80, 150, 288-90, 565, 582.
Bourbon (Jacques de), sire de Préaulx, I, 74 *n.*, 116.
Bourbon (Jean Ier, duc de) en 1410, I, 23, 133, 260, 349, 372; II, 8, 17 *n.*, 147.
Bourbon (Jean II de), comte de Clermont, duc de Bourbon en 1456, II, 258, 260; IV, 24 *n.*, 47, 183, 200, 203, 226, 407; V, 12, 23, 29-36, 52, 62, 72, 75, 77, 82, 112, 173 *n.*, 185 *n.*, 263, 265 *n.*, 268-72, 277, 281, 285, 311-12, 402, 420, 428-29, 455, 463-64; VI, 26, 35-36, 78, 188-89, 237, 244 *n.*, 299 *n.*, 308 *n.*, 314 *n.*, 349, 353, 400, 469-70.
Bourbon (Jean II de), comte de Vendôme, V, 50, 62, 75, 77, 79 *n.*, 173 *n.*, 278; VI, 166, 188.
Bourbon (Jean de), seigneur d'Aubigny, V, 79 *n.*
Bourbon (Louis II, duc de) en 1356, V, 41.
Bourbon (Louis de), comte de Vendôme, I, 116, 349, 372; II, 8, 38, 41, 42 *n.*, 81, 85 *n.*, 91, 100 *n.*, 102 *n.*, 105, 114, 115, 117, 120, 122, 123, 130, 131, 138, 147, 156, 170, 207, 235, 239 *n.*, 282, 291, 360, 367 *n.*, 398 *n.*, 411 *n.*, 465, 494, 497, 525, 534, 562, 565, 568, 648; III, 36, 44, 52, 57, 63, 64, 65, 68 *n.*, 70 *n.*, 73, 84, 104, 105, 116, 118, 119, 128, 150, 154, 198, 202, 212, 221, 228, 258, 259, 268, 275, 276, 321, 353, 399, 424; IV, 18 *n.*, 47, 103, 131, 136, 145, 150, 153, 155-60, 182-83, 200, 407, 410, 437-38; V, 92.
Bourbon (Louis de), comte de Montpensier, II, 40, 41, 131, 146, 562; III, 128, 133, 234; IV, 407.
Bourbon (Louis de), évêque de Liège, VI, 147, 264-65, 285-86.
Bourbon (Pierre de), seigneur de Beaujeu, III, 108; IV, 24.
Bourbon (Eléonore de), comtesse de la Marche, III, 39.
Bourbon (Isabelle de), comtesse de Charolais, V, 399, 401, 403, 469; VI, 27, 93-94, 116.
Bourbon (Marguerite de), I, 375.
Bourbon (Marie de), duchesse de Calabre, III, 85, 206, 277; IV, 99, 101; V, 401.
Bourbon (Alexandre, bâtard de), III, 13, 15, 20, 48, 167, 170, 388, 394, 396, 411, 414, 437, 440.
Bourbon (Guy, bâtard de), III, 133, 388, 397, 411, 414, 437.
Bourbon (Jean, bâtard de), évêque du Puy, V, 318, 323; VI, 363.
Bourbonnais, I, 98, 196, 356 *n.*; II, 17, 18, 358, 440; III, 13, 27, 64, 118, 125-26, 165, 168; IV, 22 *n.*, 400 *n.*; V, 94 *n.*, 312, 399, 435; VI, 60, 62, 73, 75, 96, 234, 407, 423, 429-30, 463-64.

Bourbourg, III, 85.
Bourc (Jean Le), dit Picart, V, 422.
Bourchier (Henri, lord), III, 107.
Bourchier (Thomas), archevêque de Canterbury, chancelier, VI, 52, 54, 143, 289-90.
Bourdeille (Arnauld, seigneur de), I, 357 *n.*
Bourdeille (Élie de), évêque de Périgueux, V, 216, 322, 367.
Bourg (Guyenne), V, 46, 265 *n.*, 266, 311, 334, 350.
Bourg-en-Bresse, I, 251; II, 83, 318, 320-21, 335-36, 362, 440, 507 *n.*; III, 461; V, 167 *n.*, 169 *n.*
Bourg de Compaigne (le), III, 387.
Bourganeuf, IV, 424.
Bourg-Dieu(le), 126 *n.*, 132, 186; III, 454.
Bourgeauville, V, 365.
Bourgeois (Aimé), II, 444 *n.*
Bourgeois (Étienne), II, 445, 453 *n.*
Bourges, I, 122-23, 157, 194, 206, 232, 235-36, 240, 252, 321, 346-47, 357, 397 *n.*, 398 *n.*, 401, 418; II, 55, 58, 60-62, 66, 74, 92-96, 98, 99, 118, 133 *n.*, 134, 135, 137, 138, 147, 164, 165, 167, 168, 184, 188, 239, 240, 265, 303, 308, 319, 340 *n.*, 380 *n.*, 463, 470, 472, 578, 603, 618, 622, 628, 644; III, 6, 47, 48 *n.*, 56, 57, 103 *n.*, 118, 121, 124, 152, 166, 213, 246-47, 224, 443; IV, 83 *n.*, 205, 206, 209, 217 *n.*, 264-68, 296 *n.*, 323 *n.*, 361-62, 392 *n.*, 400 *n.*, 421, 428, 430, 453-54; V, 78, 86, 96-98, 101-102, 106 *n.*, 114, 116, 119, 132, 171, 202-203, 208-209, 212-17, 262 *n.*, 310, 322 *n.*, 324, 338 *n.*, 350, 411-12, 419 *n.*, 452; VI, 26 *n.*, 30, 128, 135, 148, 266 *n.*, 307, 310-12, 336, 339, 344-45, 368-70, 381, 397, 406-408, 412-15, 418-19, 432, 439, 456, 474. — Sainte-Chapelle de —, IV, 81; V, 102; VI, 413-14; — Saint-Ambroise de —, VI, 368; — Saint-Étienne de —, V, 105; VI, 439. — Saint-Sulpice de —, VI, 368; — Notre-Dame du Carmel de —, VI, 369; — Saint-Laurent de —, VI, 368.
Bourges (assemblées de), III, 352-53, 356, 362, 371-75; V, 208-17, 293.
Bourges (archevêques de). V° Boisratier; Coeur.
Bourgogne (duché de), II, 8, 14, 22, 27, 36, 40, 41, 46, 47 *n.*, 50, 51, 59, 70, 268, 282, 320, 327, 335, 357, 444, 561; III, 18, 19, 26-27, 60, 101-102, 167-71, 209, 262-64, 271, 385, 391-93, 394; IV, 12, 23, 26 *n.*, 112, 116-20, 125, 129, 131, 137-40, 191, 333-39, 347-48, 378, 410; V, 150, 224, 398-400, 413; VI, 96, 98, 125, 132, 147-48, 181 *n.*, 202, 265, 315, 325, 479.
Bourgogne (maison de), IV, 338, 344, 349, 351, 353; VI, 116.
Bourgogne (maréchal de). V° Fribourg; Neufchastel.
Bourgogne (Antoine de), duc de Brabant, II, 426; III, 100 *n.*, 306; IV, 132.
Bourgogne (Charles de), comte de Charolais, III, 57, 102, 105, 219; IV, 136, 140, 337, 353-58; V, 222, 241-42, 246, 254-58, 397-404, 407, 412, 469; VI, 12 *n.*, 27, 94, 113-15, 149, 175-76, 185, 223, 261, 265, 310-11, 317, 322-23, 326, 336-39, 446.
Bourgogne (Charles de), comte de Nevers, III, 98, 105, 154, 221, 228, 258, 260; IV, 114, 117, 129, 183, 203, 205, 407, 408; V, 23, 30, 50, 75, 278, 313, 331, 420, 451; VI, 237, 278 *n.*, 350.
Bourgogne (Jean sans Peur, duc de), I, vi, 11-14, 22-29, 35-38, 40, 43, 45, 73-78, 81-84, 96, 104-107, 109, 111, 121, 124-25, 128-150, 179-80, 189, 192, 217, 229, 252, 255, 266, 272, 296, 299 *n.*, 300, 304 *n.*, 305, 306, 309, 310, 314, 316, 321, 322, 349; II, 73, 90, 103, 124, 144, 318, 354, 360 *n.*, 365, 405, 448, 461, 515, 656-57; III, 68, 71, 160, 306; IV, 129, 132, 348, 375; VI, 274 *n.*
Bourgogne (Jean de), duc de Brabant, II, 363-65, 368, 426.
Bourgogne (Jean de), comte d'Étampes, II, 506; III, 25 *n.*, 98, 105, 154 *n.*, 275; IV, 48 *n.*, 118, 119 *n.*, 129, 140, 182 *n.*, 340, 382-83; V, 231, 241-42, 246, 254-55; VI, 92-94, 124-25, 175, 269-70, 308, 336, 338.
Bourgogne (Jean de), évêque de Cambrai, V, 246.
Bourgogne (Philippe le Hardi, duc de), II, 73; IV, 132, 382; VI, 274 *n.*
Bourgogne (Philippe le Bon, duc de), I, 50, 51, 53, 67, 138, 181, 184-85, 190, 192, 210, 327, 339; II, 8, 12, 14, 17-19, 21, 22, 25, 27, 30, 31, 35-43, 45-53, 64, 65, 71, 75, 76 *n.*, 78, 79, 81, 82, 90, 94, 102, 113, 130, 132, 146, 163, 172, 174, 234, 235, 238, 243, 245, 251 *n.*, 266, 282, 294, 295, 300, 305-307, 316, 318, 319-322, 328-335, 348 *n.*, 352-362, 364, 365, 367-375, 378-383, 385-391, 401-407, 410-430, 432, 433-449, 452-455, 457, 459-461, 464, 465, 474 *n.*, 477-483, 487, 491, 494, 500, 506-510, 512-521, 524-527, 529, 531, 534, 537, 539, 541-547, 553, 554, 556-559, 562, 564, 566, 570, 590, 606, 651, 658, 660; III, 8-10, 12, 25 *n.*, 26-27, 32, 33, 41, 57, 60, 63, 67-71, 78-80, 84-90, 95, 96, 98-100, 109, 114, 125-126, 129, 138 *n.*, 143, 144, 149-151, 155, 158-163, 168, 170, 171,

171-76, 194-95, 197, 200-203, 206-211, 219, 222, 223 n., 229, 231, 258, 261-265, 271-273, 275, 293-295, 303-305, 307-316, 327, 370, 381, 391, 418, 427, 429-434, 442, 468; IV, 10, 11, 18 n., 32, 48 n., 53 n., 54, 59, 67-71, 91, 96, 98, 102, 112-17, 120-41, 145 n., 156-57, 173, 182-83, 189, 200, 205, 206, 208, 232, 249, 251, 254-55, 270 n., 275 n., 319, 329, 333-37, 340-59, 362-65, 369-86, 410, 416; V, 43 n., 55-56, 83, 98, 145, 149, 150 n., 163, 167 n., 192 n., 193 n., 195, 204, 220-60, 363, 371 n., 336, 393-417, 445, 452-53, 469-70; VI, 9, 24-27, 31, 39-42, 45, 57-58, 65, 68, 70, 71 n., 89, 93-126, 132 n., 136 n., 137, 144, 147-61, 168, 173-92, 196, 201-225, 231 n., 236-37, 247 n., 250, 257, 260-87, 291-97, 300, 304-10, 314-15, 351, 361, 367, 446, 456, 485.

Bourgogne (Philippe de), duc de Brabant, I, 134; II, 38, 279, 320 n., 355, 382, 425.

Bourgogne (Philippe de), comte de Nevers, II, 8, 18, 352, 372 n., 384 n., 388 n., 513-14, 527.

Bourgogne (duchesses de). V° Artois; Bavière; France; Portugal.

Bourgogne (Agnès de), duchesse de Bourbon, I, 165, 184-85; II, 48, 93, 95, 341 n., 360, 362, 371, 439, 440, 515, 563 n., 576; V, 399-404.

Bourgogne (Anne de), duchesse de Bedford, II, 12, 331-33, 363, 455; III, 264; IV, 97 n.

Bourgogne (Catherine de), duchesse d'Autriche, I, 133; II, 427; III, 313-14, 351; IV, 351.

Bourgogne (Élisabeth de), duchesse de Clèves, III, 174.

Bourgogne (Isabeau de), comtesse de Penthièvre, I, 204.

Bourgogne (Marguerite de), comtesse de Hainaut, I, 134, 265.

Bourgogne (Marguerite de), duchesse de Guyenne, puis comtesse de Richemont, I, 18, 64; II, 30, 85, 112, 152, 161, 297, 325, 326 n., 331, 332 n., 333, 352, 362, 564 n., 660; III, 84 n., IV, 101 n.

Bourgogne (Marie de), duchesse de Savoie, II, 425.

Bourgogne (Antoine, bâtard de), VI, 308, 336.

Bourgogne (Cornille, bâtard de), IV, 364; V, 243.

Bourgogne (Yolande, bâtarde de), *vidamesse* d'Amiens, VI, 269, 270 n.

Bourgon (Guillaume de), I, 387 n.

Bourgueil, II, 30.

Bourguignan (Arnauld Guilhem de), II, 203 n.; III, 411.

Bourguignon (Nicolas Le), IV, 337 n., 341 n.; V, 230.

Bourme (François de la), I, 351 n.

Bournont (Gilles de), III, 284 n.

Bournan (Isabeau de), VI, 427.

Bournan (Jeanne de), dame du Cigne, II, 184; IV, 89 n., V, 80.

Bournasel (Hugues-Mancip, seigneur de), V, 434.

Bournacum (Barthélemy), II, 263 n.

Bourré (Jean), IV, 214; V, 85 n., 184 n.; VI, 77 n., 82 n., 105 n., 113, 317.

Boursier (Alexandre Le), I, 198, 412, 418 n.; II, 131 n., 616.

Boursier (Gérard Le), III, 466; IV, 181, 399 n., 450; V, 151, 168 n., 169, 182 n., 183, 184 n., 204 n., 289 n., 298 n.; VI, 66, 128, 177, 188.

Boursier (Jean Le), seigneur d'Esternay, II, 293 n.; IV, 277-78, 281, 414; V, 46, 76 n., 88, 289 n., 337-38, 342 n., 407 n., 408-11, 413 n., 468-69; VI, 60, 148, 150 n., 179 n., 261, 296 n.

Boussac, IV, 424.

Boussac (le maréchal de). V° Brosse.

Bouteiller (Charles Le), I, 116, 136.

Boutet (Étienne), VI, 22 n.

Boutet (Guillaume), III, 58.

Boutet (Jean), IV, 110 n., 481.

Bouteiller. V° Butler.

Boutier (Guillaume), évêque de Saint-Malo, III, 141 n.

Boutot (Robinet de), IV, 178 n.

Bouverie (Jean de le), VI, 286 n.

Bouverie (Robert de la), VI, 274 n.

Bouvier (Gilles Le), dit le Hérault Berry, I, lv; III, 52, 468; IV, 15-16; VI, 400, 402, 404, 407, 410.

Bouvier (Raoul Le), chanoine d'Arras, III, 70 n.; V, 236.

Boves, VI, 338 n.

Boyau (Louis), I, 220.

Boymer (Richard), V, 423.

Boyser (Étienne), V, 330.

Boz (Albert), III, 330.

Bra, IV, 236 n.

Brabant, III, 78-80, 308-310, 313; IV, 127, 132, 336, 347-48, 353 n., 356, 381; VI, 103, 106, 111, 126, 147.

Brabant (ducs de). V° Bourgogne.

Brabant (Godefroy de), IV, 132.

Brabant (Henri de), IV, 132.

Brabant (Jean de), IV, 132.

Brabant (Philippe de), comte de Saint-Pol, I, 42, 107, 126, 140 n., 184, 251; II, 22, 47-50, 320 n., 355, 368 n., 527, 534.

Brabant (duchesse de). V° Bavière.

Brabant (Marguerite de), comtesse de Flandre, VI, 274 n.

Brabant (Philippe, bâtard de), VI, 333 n.

Bracher (Mathelin), seigneur de Mon-

tagu, sénéchal de Limousin, V, 267 *n.*; VI, 188, 370, 427, 440 *n.*
Bracon (château de), III, 84.
Bragny, III, 197 *n.*
Bramantino, IV, 83 *n.*, VI, 417.
Brancas (Nicolas de), évêque de Marseille, IV, 270 *n.*, 275 *n.*; VI, 243, 245.
Brandebourg (Albert, margrave de), IV, 34, 42, 68 *n.*, 256, 342, 346, 349, 361 *n.*; V, 394 *n.*, 398; VI, 162, 205 *n.*, 206, 291-95.
Brandebourg (Frédéric, électeur de), VI, 205 *n.*, 206.
Brandebourg (Jean, margrave de), IV, 349, 360 *n.*; VI, 206.
Brandebourg (Barbe de), duchesse de Mantoue, VI, 206.
Brandebourg (N.., de), mariée à Henri Podiebrad, VI, 291-95.
Brandolino (Robert), VI, 303, 340.
Brandolino (Tiberto), VI, 246.
Brankowich (Étienne), despote de Rascie, II, 350.
Branlart (Jacques), I, 125 *n.*
Braque (Bernard), I, 419 *n.*, 420 *n.*; II, 632.
Braque (Germain), III, 471 *n.*; IV, 308 *n.*
Braque (Jeanne de), II, 139 *n.*
Braquemont (Guillaume de), IV, 423.
Braquemont (Louis de), I, 201 *n.*
Braquemont (Robert de), amiral, I, 30, 46, 106, 115, 197, 259, 287, 308, 312, 347, 350.
Brasdefer (Catherine), VI, 425 *n.*, 430.
Brasdefer (Marguerite), VI, 425 *n.*, 430.
Bray (pays de), III, 8; V, 8, 12.
Bray-sur-Seine, I, 78, 162, 164, 173, 184 *n.*; II, 33, 42 *n.*, 235, 239; III, 49.
Breçiano (Alphonse de), IV, 145.
Brecy, VI, 421.
Brecy (Philibert de), V, 421.
Brederode (le seigneur de), V, 251 *n.*
Bredouille (Regnauld), V, 378.
Brezy (Miles de), IV, 245 *n.*; V, 82 *n.*; VI, 397, 399.
Brehal (frère Jean), V, 363-67, 368 *n.*, 371, 374-87.
Brescia, I, 341; IV, 283-84, 336.
Brescian (le), V, 303; VI, 303.
Brequit (Ogier de), V, 48, 49 *n.*
Bresse, II, 507; III, 26; V, 168, 169 *n.*, 171 *n.*, 434-35; VI, 65, 68-69.
Bressuire, III, 211, 236.
Bretagne, I, 258; II, 23, 25, 68 *n.*, 72 *n.*, 73, 78, 79, 89, 181, 335; III, 35, 110, 260; IV, 185-87, 216 *n.*, 286, 311-13, 315-16, 322, 326, 336, 388, 424; V, 4, 5 *n.*, 9-11, 29 *n.*, 35, 54, 268 *n.*, 278, 313-14, 438, 448; VI, 39 *n.*, 56, 132-35, 143, 180, 350-52, 486.
Bretagne (Arthur de), comte de Richemont, connétable de France, puis duc de Bretagne, I, 70, 207, 317, 373; II, 12, 17-19, 21, 23-25, 28-30, 43, 44, 49, 51, 60, 61, 65 *n.*, 72-76, 100, 101, 103-107, 109-111, 114, 115, 117, 120, 142, 143, 146-149, 151-154, 156-159, 162, 163-170, 172, 198, 222, 223, 233, 256, 268-270, 276, 279, 283, 284, 296, 298, 300, 304, 306, 307, 332-333, 335, 348 *n.*, 352, 355, 359, 360, 365, 368, 372, 374-77, 380, 383-90, 415, 444 *n.*, 456, 464, 513-15, 516 *n.*, 518 *n.*, 519, 522, 525, 534, 540 *n.*, 544, 557 *n.*, 561, 567, 569, 582-584, 589, 591, 605, 617, 638, 652, 659, 660; III, 6, 7, 8, 20, 21, 41, 52, 57 *n.*, 63, 64, 68 *n.*, 70, 71 *n.*, 84, 105, 111, 112, 121, 122, 123, 135, 147 *n.*, 169, 241, 275, 435, 466; IV, 52, 57, 90, 91, 101, 182 *n.*, 183-186, 331 *n.*, 391, 393, 406, 407; V, 4, 5 *n.*, 9-11, 28-38, 41, 55 *n.*, 71, 77, 94, 173 *n.*, 235-36, 239, 266, 311, 330, 346, 420, 428-29, 443, 455; VI, 26, 50, 61, 71 *n.*, 72, 74 *n.*, 75, 124, 185-87, 197, 347-52, 353 *n.*, 396, 470, 485, 491.
Bretagne (François I, duc de), II, 273 *n.*, 279, 283, 527; III, 211-12, 261-62, 265-67, 275, 320-21, 419; IV, 145-46, 152, 182-83, 187, 195, 263, 311, 315-16, 318-19, 323-25, 327-31, 336, 367, 388 *n.*, 406; V, 4, 5 *n.*, 9-10, 28-29, 35, 62, 70, 149, 313, 438-39, 443-44; VI, 134.
Bretagne (François II, comte d'Étampes, puis duc de), III, 419; V, 273, 278; VI, 78, 188, 218, 302, 314, 327, 331-32, 351, 438.
Bretagne (Gilles de), II, 362 *n.*; III, 263, 268, 320, 321; IV, 102 *n.*, 184-86, 216 *n.*, 323; V, 70-71.
Bretagne (Jean VI, duc de), I, 23, 29, 47, 54, 68, 77, 96, 103, 105, 106, 107, 109, 110, 111, 113, 124, 157, 193, 202, 204-206, 224, 275, 295, 296, 340, 373; II, 8, 12, 17, 21, 23-27, 29; 30, 42-44, 69 *n.*, 71-73, 76 *n.*, 77-83, 88, 89, 95, 97, 98, 102, 109, 112-115, 118, 122, 151, 153, 154, 158, 160, 163, 190, 271, 272, 279, 282, 283, 316, 318 *n.*, 331, 334, 335, 348 *n.*, 352, 356, 357 *n.*, 359, 361 *n.*, 362, 367-373, 377-383, 385, 391, 393, 394, 401, 415, 417, 442 *n.*, 443, 444 *n.*, 456, 462-465, 480, 494, 510, 518, 582, 585, 602, 605, 651; III, 26, 29, 44, 63, 89, 91-93, 116, 119, 128, 138 *n.*, 146, 148, 156, 158, 162, 194, 195, 200-201, 208, 210-212, 214-218, 223-28, 230, 234, 235, 258-262, 321; IV, 104, 184, 408; VI, 40.
Bretagne (Pierre II, duc de), II, 283; III, 63, 353; IV, 182; V, 9, 10, 35 *n.*,

62, 70-71, 77, 185 *n.*, 222 *n.*, 268 *n.*, 313-14, 448; VI, 31, 48, 55, 62, 74, 134, 185, 350, 485-86.
Bretagne (Richard de), comte d'Étampes, I, 106, 226, 229; II, 51, 52, 72 *n.*, 105, 106, 117, 272, 344 *n.*, 355, 461, 513, 527, 562; III, 419; V, 208.
Bretagne (duchesses de). V° Écosse; France.
Bretagne (Blanche de), comtesse d'Armagnac, III, 234 *n.*
Bretagne (Isabelle de), I, 68, 206; II, 77, 231.
Bretagne (Marguerite de), VI, 134.
Bretagne (Marie de), épouse du maréchal de Rochefort, II, 43 *n.*, 283.
Bretagne (Marie de), VI, 134.
Bretagne (le héraut), II, 43 *n.*, 283; III, 91 *n.*
Bretails (Louis de), V, 265 *n.*
Breteuil, II, 38 *n.*, 52; III, 123 *n.*; V, 6, 440.
Breteuil (vicomte de). V° Fayel.
Brétigny (traité de), I, 249, 258, 259.
Breton (Huet), VI, 18 *n.*
Breton (Guillaume Le), II, 460.
Bretonneau. V° Champdenier.
Bretons, IV, 24; V, 35, 150, 273, 275; VI, 29, 133.
Breuil (le), V, 7 *n.*
Breuil (Guillaume du), II, 579.
Breuil (Louis du), VI, 428.
Breuil (Nicolas du), III, 456; VI, 128, 132 *n.*, 232 *n.*, 268, 342-43.
Breval (seigneurie de), III, 202.
Brézé (Jacques de), VI, 434.
Brézé (Jean de), II, 52; III, 21, 167, 168, 184, 185, 292, 411.
Brézé (Pierre de), seigneur de la Varenne, grand sénéchal de Normandie, I, lxiv, 294; II, 297-99, 570; III, 21, 25, 43, 44 *n.*, 122, 124, 167, 184, 237 *n.*, 268, 272, 275-76, 291-93, 322, 425; IV, 18, 20, 38, 48-50, 57, 58, 69, 61, 64, 67, 91 *n.*, 93, 101-103, 107 *n.*, 110, 122, 124, 134 *n.*, 155, 164 *n.*, 184, 187 *n.*, 189-91, 194-99, 201, 203, 208-16, 230 *n.*, 242, 244 *n.*, 290, 300-308, 314, 331 *n.*, 338-39, 362, 388 *n.*, 391, 418 *n.*, 437-38, 440-43, 448; V, 4, 5, 12, 15 *n.*, 21-22, 29-30, 32, 34, 41, 60 *n.*, 67, 71-72, 74 *n.*, 77, 82, 86, 88 *n.*, 102 *n.*, 140, 234 *n.*, 266, 319, 349, 420-21, 424-25, 430-43; VI, 26, 50, 59-60, 72, 138-39, 145-46, 171, 261, 285-91, 314, 327-28, 430, 495.
Brézé (Robert de), IV, 24.
Briançon, V, 135.
Briçonnet (Pierre), V, 117, 130; VI, 464, 474. V° Buissonnet.
Briçonnie (Gérard de la), évêque de Saint-Pons de Tomières, III, 353.
Bridoré (château de), VI, 8, 26.
Brie (la), II, 13, 27, 36 *n.*, 39, 561; III, 477; VI, 372.
Brie-Comte-Robert, I, 106, 107 *n.*, 108, 123; III, 7, 61, 116 *n.*, 166 *n.*
Briffaut (Nicolas), II, 366 *n.*
Briffer, III, 436 *n.*
Brilhac (Guy de), VI, 303 *n.*
Brimeu (David de), seigneur de Roubais, II, 352 *n.*, 408, 527; IV, 123 *n.*
Brimeu (Jean de), bailli d'Amiens, II, 453 *n.*; III, 153 *n.*
Brion (Guérin, seigneur de), II, 370 *n.*
Brion (Louis, seigneur de), V, 23, 73 *n.*, 421.
Briot (Hugues), III, 301.
Brioude, I, 198.
Briouze (baronnie de), V, 422.
Briquebec, V, 30, 444.
Brisach, IV, 34, 42.
Brisgau (le), VI, 200.
Brisson (Mathurin), VI, 133 *n.*
Brissonnet (Bertrand), VI, 185-86, 206 *n.*
Bristol (golfe de), VI, 336.
Brocquière (Bertrandon de la), II, 357 *n.*; III, 96, 98, 125-27, 174 *n.*, 406; IV, 200, 337-38; V, 98.
Broglie, V, 8.
Bromster (Henri), évêque de Ross, II, 444 *n.*
Broon (Olivier de), IV, 12 *n.*, 48, 388 *n.*
Brosse (Jean de), seigneur de Sainte-Sévère et de Boussac, maréchal de France, II, 38-42, 91, 123, 130, 142, 161, 219, 263, 266, 275 *n.*, 277, 282, 293 *n.*, 568; IV, 424.
Brosse (Jean II de), seigneur de Sainte-Sévère et de Boussac, V, 268, 271; VI, 466.
Brosses (vicomte de). V° Chauvigny.
Brou, I, 227, 229.
Brouwershaven (bataille de), II, 22, 373.
Brown (Thomas), évêque de Norwich, III, 23 *n.*
Bruck (Hans), IV, 23 *n.*
Bruère-l'Aubespine, V, 101 *n.*
Bruges, II, 373, 415; III, 12, 99, 100, 144 *n.*, 162, 163, 215 *n.*; IV, 115 *n.*, 116 *n.*, 117, 118 *n.*, 123-24, 337 *n.*, 333, 344 *n.*, 352, 372; V, 100, 221 *n.*, 242, 254-55, 410; VI, 48, 55-57, 121, 174, 178 *n.*, 260, 266 *n.*, 312 *n.*, 340 *n.*
Brun (Pierre), abbé de Saint-Augustin de Limoges, I, 357 *n.*
Brun (Jean Le), I, 310 *n.*
Bruseval (Colard de), II, 569.
Brunswick (Guillaume, duc de), II, 435; IV, 342; VI, 157.
Brunswick (Othon, duc de), I, 317 *n.*
Brunswick (Anne de), duchesse d'Autriche, II, 429.

Brusac (Gautier de), II, 239 *n.*, III, 13, 17 *n.*, 133 *n.*, 190, 388, 394, 396-97, 411; IV, 24; VI, 374.
Brusac (Jean de), VI, 374.
Brusac (Pierre de), III, 17 *n.*, 133 *n.*, 388; IV, 24.
Bruxelles, II, 425; III, 158, 206, 272 *n.*; IV, 116, 122-23, 130, 188, 212, 331, 338 *n.*, 341 *n.*, 350, 370 *n.*, 371; V, 227; VI, 94, 101, 104-106, 112-13, 123, 148 *n.*, 184 *n.*, 210-11, 250 *n.*, 264, 265 *n.*, 271 *n.*, 280, 295 *n.*, 322-26, 456.
Buch (le captal de). V° Foix.
Buchan (comte de). V° Stuart.
Buckingham (duc de). V° Stafford.
Bude, VI, 163.
Budé (Dreux), III, 197 *n.*; IV, 423; V, 85 *n.*, 331, 448, 451; VI, 200, 239 *n.*
Bueil (Antoine de), VI, 431.
Bueil (Hardouin de), évêque d'Angers, I, 77 *n.*; II, 85 *n.*; III, 368.
Bueil (Jacques de), VI, 66 *n.*
Bueil (Jean, sire de), amiral de France, I, LXX; II, 296-301, 466 *n.*, 570; III, 43, 44 *n.*, 147 *n.*, 189, 190, 425; IV, 23, 25, 28, 30, 120, 126, 191-96, 198; V, 22 *n.*, 60 *n.*, 61 *n.*, 66, 72, 75, 77, 79, 83 *n.*, 88, 91, 102 *n.*, 118 *n.*, 160, 178-80, 183 *n.*, 268, 271, 276, 278, 281 *n.*, 283, 309, 315, 343, 420, 452; VI, 16, 26, 29 *n.*, 40 *n.*, 46-47, 95-96, 105, 188, 308 *n.*, 354, 400, 434, 436, 443, 485.
Bueil (Louis de), III, 7, 14, 388, 394, 396; IV, 24, 100, 189, 198, 203; V, 91 *n.*
Bueil (Anne de), V, 66.
Bueil (Marguerite de), II, 247 *n.*
Bugey, V, 168, 169 *n.*
Builhoms (Jean des), VI, 390.
Burdelot (Jean), II, 185; V, 78.
Burdelot (Pierre), VI, 72, 170-71.
Bulgnéville, II, 281-82.
Burat, V, 130 *n.*
Bureau (Gaspard), III, 423; IV, 388 *n.*, 423; V, 38.
Bureau (Gérard), VI, 338 *n.*
Bureau (Jean), III, 41 *n.*, 179, 188, 242, 423, 425; IV, 48, 103, 423, 428, 448; V, 37-38, 43 *n.*, 45, 49, 77, 86, 117 *n.*, 183 *n.*, 271, 277-78, 282, 285, 331, 337, 422; VI, 34, 79, 188, 197, 245 *n.*, 308, 323, 354, 432, 436, 440 *n.*, 470-71.
Bureau (Pierre), V, 322.
Burelle (Jeanne), V, 82 *n.*
Bures (forêt de), V, 422-23.
Burgia (baronnie de), V, 288.
Burley (William), IV, 119.
Bury Saint-Edmunds, IV, 291, 293 *n.*
Busca (Carlo de), I, 327 *n.*
Buschuisses (Floris de), III, 310 *n.*
Bussnano (Conrad de), évêque de Strasbourg, IV, 36.
Bussières (Jacquemin de), IV, 35 *n.*, 71, 73, 74 *n.*, 200 *n.*, 360 *n.*, 361.
Butler (James), comte d'Ormond, IV, 92; V, 412.
Butler (John), fils du comte d'Ormond, IV, 92; V, 412.
Butler (sir Ralph), lord Sudeley, III, 23 *n.* IV, 155, 165; V, 151.
Buxières (Regnier, seigneur de la), I, 356 *n.*
Buzançais (traité de) en 1412, IV, 18.
Buzay (abbé de). V° Gondron.

C

Cabassol (Pierre de), II, 121.
Cabrières, III, 397.
Cadart (Jean), I, 22, 116, 197 *n.*, 198, 354, 412, 417; II, 70, 79, 102, 103 *n.*, 129, 154, 317, 558 *n.*; VI, 396.
Cade (Jack), V, 48.
Cadillac, V, 266, 277-80, 285, 467.
Cadouin (monastère de), III, 451.
Caen, I, 25; II, 45; III, 110, 293; V, 7, 27, 28, 33 *n.*, 36-37, 60, 205 *n.*, 266, 327, 335, 341, 422, 427; VI, 27, 48, 137, 278 *n.*, 338 *n.*, 372 *n.*, 379, 391, 435 *n.* — Abbaye de Saint-Étienne à —, V, 36; VI, 369.
Cagny (Perceval de), I, LXIX; VI, 39.
Cahors, II, 530.
Caignecx (N... de), V, 453.
Caille (Jean), I, 94 *n.*, 95, 96 *n.*
Caillet (Mathieu), V, 330.
Cailly (Guy de), II, 221.
Calabre (Charles, duc de), I, 317.
Calabre (duc de). V° Anjou.
Calabre (duchesse de). V° Bourbon.
Calabria (Cicho de), V, 191 *n.*; VI, 233 *n.*, 412 *n.*
Calais, I, 138, 140, 260; II, 18, 31, 39, 42, 53, 169, 453, 462-65, 507; III, 8, 9, 10 *n.*, 77, 79, 97, 99, 103, 104, 106, 110, 111, 112, 114, 144, 153 *n.*, 155, 157, 158, 159, 198, 199, 248, 250, 270, 271, 272, 276; IV, 113, 115 *n.*, 157; V, 37, 53-56, 195-96, 254, 257-58, 264, 266, 280 *n.*, 391, 401; VI, 40-51, 53, 59-60, 124-25, 145-46, 182 *n.*, 186, 260, 270-71, 275, 288-90, 327, 333-35.
Calaisis, II, 561.
Calixte III, II, 252; V, 131, 370-71, 383, 413; VI, 86-89, 109, 143, 162-65, 230, 240-41, 248, 365, 369.
Calonne (Émerance de), abbesse de Saint-Antoine, II, 45 *n.*
Camail (ordre du), V, 103.
Cameron (Jean de), III, 190 *n.*
Cambrai, III, 105, 163, 207; IV, 421; VI, 148 *n.*

Cambrai (cardinal de). V° Ailly.
Cambrai (évêque de). V° Bourgogne; Gavre.
Cambray (Adam de), I, 117 n., 206; II, 85 n., 367 n., 414 n., 441, 442 n., 525, 632; III, 37 n., 106, 424, 484.
Cambray (Ambroise de), VI, 83.
Cambray (Étienne de), évêque d'Agde, III, 450; V, 62 n., 77, 91 n., 99 n., 102 n., 119-20, 314, 322, 338; VI, 188.
Cambray (Jean), IV, 205.
Cambrésis, II, 40; III, 13, 169, 175.
Cambridge, IV, 201.
Camoys (Roger, baron de), V, 268, 279-85, 467.
Campanie (la), VI, 301-302.
Campbell (Robin), VI, 28.
Campion (Bertrand), I, 116, 308 n., 309, 351 n., 407 n.; II, 336 n.
Campion (Jean), I, 118, 156.
Campo Fregoso. V° Fregoso.
Camulio (Prosper de), VI, 304-307, 311 n., 314-17, 327-30, 332 n., 333 n., 335-38, 422, 435, 439 n., 440 n., 441.
Camus (Hennequin Le), II, 375 n.
Canale, V, 165.
Candale (bois de), V, 270.
Candeil (abbaye de), III, 454; IV, 421.
Candes, I, 77 n.; IV, 237 n.
Candes (Saint-Martin de), V, 401 n.
Candillon (Colinet), I, 422.
Canlers (Jacques de), I, 419 n.
Canterbury, IV, 145; VI, 145 n.
Canterbury (traité de), I, 266.
Cany (la dame de). V° Esquies.
Caours (Guillaume de), II, 287.
Capdenac, III, 30; IV, 407, 409, 425.
Capdorat. V° Poisieu.
Capeluche, I, 37.
Capendu, I, 385.
Capistran (saint Jean de), VI, 164.
Capitourlan, V, 273.
Capranica (Dominique, cardinal), II, 473; VI, 227.
Caqueran (le borgne), I, 418; II, 58, 342 n.
Carafa (Scipion), IV, 215.
Caramanie (prince de), VI, 380.
Caravaggio, V, 149.
Carbon-Blanc (le), V, 178 n.
Carbonnel (Jean), V, 421; VI, 328.
Carbonnel (Pierre Le), I, 407 n.
Carcassonne, I, 34, 201, 204, 206, 356 n., 357 n., 358; II, 76, 582, 587 n., 594-95, 623; III, 252 n., 438, 443 n., 460; V, 203 n., 331, 342; VI, 362, 378.
Cardot (Guillaume), I, 347 n.
Carentan, I, 31; V, 9-10, 28-31, 266, 309, 334-35, 443-44.
Caresme (Pierre), I, 431.
Caretto (Nicolas del), marquis de Savone, I, 338 n., 428 n.
Caretto (Spineta del), VI, 232 n.
Caretto (Galeotto del), marquis de Finale, IV, 241; V, 148; VI, 242, 247.
Caretto (Jean del), marquis de Finale, VI, 232 n.
Caretto (Mathieu del), évêque d'Albenga, II, 513.
Carlat, III, 387.
Carlier (Gilles), doyen de Cambrai, II, 477 n., 509; III, 290.
Carmagnola, I, 341.
Carmain (Arnaud de), seigneur de Negrepelisse, I, 357 n.
Carmain (Hue, vicomte de), II, 80 n., 120, 289 n., 391-92.
Carmain (Jean de), II, 120.
Carné (Roland de), III, 200 n., 211; V, 35 n.
Caros (Pierre), VI, 375.
Carpentras, VI, 247 n., 251 n., 267 n., 302 n.
Carret (du). V° Caretto.
Carreto (Otto de), VI, 283, 442 n.
Carruyer (N... Le), III, 5.
Cars (seigneur des). V° Perusse.
Carsignan (Jean), V, 424 n.
Carvajal (Jean, cardinal), IV, 255-56, 269; VI, 163-65, 200.
Carville (Morelet de), I, 413.
Casal Maggiore, IV, 230.
Casale, V, 167 n.
Casières, III, 244 n.
Casillac (Bernard de), évêque d'Albi, III, 40, 454, 459.
Casimir IV, roi de Pologne, IV, 355 VI, 172-73.
Cassel, III, 85; IV, 115 n.; VI, 210-11, 333 n.
Castaigne, trompette du Dauphin, II, 445 n.
Castel San Giovanni, V, 107.
Castel (frère Jean du), VI, 408.
Castel (Jean de), II, 300 n.
Casteldon (Merigon de), III, 396.
Castellain (Otto), III, 418 n.; V, 87, 108-110, 117-22, 130-31; VI, 119-20, 236, 302, 453-55, 461, 474.
Castellain (Pierre), I, 200 n.
Castellain (Pierre), VI, 375.
Castellain (Varry), VI, 454.
Castelletto (le), à Gênes, VI, 234, 332-333.
Castello, VI, 229 n.
Castello Nuovo, VI, 299 n.
Castelnau, III, 15; V, 277, 279 n.
Castelnaudary, V, 334.
Castelsarrazin, I, 421.
Castiglione, V, 150.
Castiglione (Branda, cardinal de), évêque de Lisieux, II, 100.
Castiglione (Jean de), évêque de Cou-

lances, puis de Pavie, IV, 92 ; V, 20, 24, 398.
Castiglione (Zanon de), évêque de Bayeux, IV, 143 ; V, 20.
Castillans, VI, 128-29.
Castille, I, 257, 301-13, 319-20, 325-26, 339-41 ; II, 309-12, 391-95, 488-89 ; III, 250-52, 318, 322, 324 ; IV, 104, 270 ; V, 180, 279, 288-90 ; VI, 126-29, 132, 341, 389.
Castille (rois de). V° Jean II ; Henri IV.
Castillon, III, 242 ; V, 46, 266, 271-77, 281, 463-64, 467.
Castillon (Charles de), seigneur d'Albaigne, III, 122 n., 164 n., 238, 241 n., 242, 245, 270 n., 284 n. ; V, 100 n.
Castres, III, 441.
Castres (comté de), II, 561.
Castro (Lazare de), IV, 237.
Catalans, IV, 239 ; VI, 121 n., 256.
Catalogne, V, 116, 117 n., 159-161, 287.
Catherine de France, reine d'Angleterre, I, 43, 47, 66, 154, 255, 284 ; IV, 147.
Catneuil (Pierre de), VI, 20, 432.
Cauchon (Jean), II, 56 n.
Cauchon (Pierre), évêque de Beauvais, puis de Lisieux, II, 31 n., 190 n., 231 n., 243 n., 246-48, 251, 528-32 ; III, 107 ; V, 357, 361-64.
Caudebec, I, 37 ; III, 6, 15 ; V, 18, 25, 441 ; VI, 370.
Caumont (Gaston de), seigneur de Lauzun, II, 19 n.
Caune (seigneur de), III, 241.
Cauvisson, II, 110, 562.
Caux (bailliage de), V, 422.
Caux (pays de), II, 13, 48 ; III, 5, 6, 8 n., 12, 16 ; IV, 314 ; V, 319 ; VI, 48.
Caux (bailli de). V° Havart.
Cavaillon (Guinel de), II, 436.
Caval (Nicolas), V, 365, 377 n.
Cayeu (Hugues de), évêque d'Arras, II, 408, 527.
Caylar (seigneur du). V. Sommières.
Cayras (châtellenie de), I, 418.
Cayrol (Guillaume), abbé de Saint-Crespin, V, 373.
Célestins (ordre des), IV, 421 ; V, 324-25 ; VI, 23, 368-69.
Celle (le prieur de la), II, 381.
Cellier (Jean du), chancelier de Bretagne, VI, 350.
Cerezuela (don Juan), archevêque de Tolède, II, 489.
Cernais (Martin de), II, 490 n.
Cervo (le), IV, 228.
Cesarini (Julien), cardinal de Saint-Ange, II, 468, 469, 475 ; III, 332 ; IV, 274, 277, 314.
Chaalis (abbaye de), III, 451 ; V, 324.
Chabannes (Antoine de), comte de Dammartin, grand pannetier de France, II, 36, 40 ; III, 13, 17 n., 21 n., 26, 27 n., 117, 118, 122, 133, 173, 184, 189 n., 230, 264, 386 n., 388, 396, 397, 411 ; IV, 24, 28, 86 n., 170 n., 177 n., 179 n., 191-99, 388 n., 395 n., 411 ; V, 22 n., 23, 68 n., 72, 107-108, 114 n., 117 n., 118, 120, 127 n., 140, 315, 420-21, 433-36 ; VI, 16, 24, 29 n., 35-36, 49, 71-75, 98, 229, 237, 295, 308 n., 316, 341, 348, 371 n., 385, 436-40, 466-71, 477-81, 486-87.
Chabannes (Jacques de), grand maître de France, III, 48, 58, 117-18, 123 n., 126 n., 127, 133, 230, 368, 409, 410 ; IV, 198, 207 n. ; V, 23, 29, 45, 47, 72-74, 77, 140 n., 167-68, 178-79, 268-73, 276-77, 281, 311, 315, 433-36 ; VI, 66 n.
Chabot (Jacquet), V, 86.
Chailloué, V, 5 n.
Chailly (Denis de), II, 632, 634 ; III, 499 ; IV, 308 n. ; V, 12.
Chaise-Dieu (monastère de la), VI, 369.
Challant (Amé de), seigneur de Varey, III, 325.
Chalais, V, 270-71.
Chaldéens, 253.
Chalences (Selongey ?), IV, 61 n.
Chalençon (Guillaume de), évêque du Puy, II, 164, 359 n.
Chalençon (Louis, seigneur de), I, 351 n. ; II, 139-40, 164, 367.
Chalençon. V° Polignac.
Chaligaut (Charles), III, 497 n. ; V, 91 n., 336, 449, 451-52, 455, 476 ; VI, 470, 484.
Chaligaut (Miles), II, 574.
Chalon, II, 50, 327, 333, 352 ; III, 223 n., 262 n., 263, 327.
Chalon (évêques de). V° Germain ; Rolin.
Chalon (Hugues de), comte de Tonnerre, II, 319 ; III, 105.
Chalon (Jean de), prince d'Arlay, II, 415.
Chalon (Jean de), seigneur d'Arguel, V, 149 ; VI, 181 n.
Chalon (Louis de), comte de Tonnerre, I, 116, 287, 376 ; II, 16.
Chalon (Louis de), comte de Genève et prince d'Orange, I, 28, 34, 121, 326 ; II, 31, 39, 295, 422, 448, 486, 500, 503 ; VI, 89-90, 100-101, 180 n., 352.
Chalon (le hérault), I, 283.
Châlons, I, 308 n. ; II, 32, 40 n., 52, 228, 236, 260, 277, 285, 319, 612 ; III, 49 n., 71 n., 172, 258, 285 ; IV, 53 n., 61, 94, 95, 103-107, 108 n., 111, 131, 133, 135, 138, 141, 143, 155, 169, 172, 180-81, 189, 192, 205, 226-27, 335, 371, 375, 382, 401 n., 421, 434, 439 ; V, 214 ; VI, 388.
Chalons (Jean), IV, 203.

Chalus (Gilbert de), I, 356 *n.*
Chalusset, III, 387.
Chambellan (Guillaume), IV, 310 *n.*, 314, 317 *n.*
Chambellain (N...), III, 395 *n.*
Chamberlain (sir William), III, 19.
Chamberlain (Marguerite), IV, 92.
Chambes (Jean de), seigneur de Montsoreau, III, 425, 448, 450 ; IV, 238, 241 *n.*; V, 62 *n.*, 72, 74 *n.*, 77, 84, 93, 99 *n.*, 163 *n.*, 176-77, 283, 458-59; VI, 26, 251-54, 308 *n.*, 332, 330 *n.*
Chambes (Pierre de), IV, 180 ; V, 168 *n.*
Chambéry, I, 278; II, 361, 371, 506, 507 *n.*, 509; IV, 223 *n.*; V, 142, 144.
Chambly, III, 184.
Chambon (château de), III, 126.
Chambon (Jean), V, 117 *n.*; VI, 454.
Chambrais, I, 31 ; III, 8; V, 8.
Chambre des comptes, I, 418; II, 618; III, 432, 465; IV, 426-29, 434; VI, 260, 381-84, 483-85, 491-92.
Chambre (Crespin), IV, 198 *n.*
Chambre (Cristy), II, 575; IV, 179-80.
Chambre (Nicole), III, 204; IV, 166 *n.*, 180-81, 193, 203, 369; V, 63.
Champagnac, VI, 379.
Champagne, I, 97, 104 ; II, 8, 14, 20, 27, 31, 36 *n.*, 37-41, 46, 48, 52, 256, 263, 265-67, 278, 561; III, 22, 71 *n.*, 124, 169-70, 173, 176, 226, 232, 396, 476-77; IV, 13, 48 *n.*, 400 *n.*, 435, 445-46; V, 95 ; VI, 357, 372, 385.
Champagne (Baudoin de), seigneur de Tucé, I, 221 ; II, 163; IV, 145 *n.*; 233, 242, 245; V, 140 *n.*
Champdivers (Guillaume de), I, 77 *n.*, 140 *n.*, 293, 323 *n.*
Champdivers (Henri de), I, 312 *n.*
Champdivers (la dame de), I, 312 *n.*
Champdivers (Odette de), II, 506; VI, 426.
Champdenier (Jean de), commandeur d'Issenheim, VI, 161, 199-202.
Champeaux (Guillaume de), évêque de Laon, I, 198, 239, 397, 416 *n.*; II, 19 *n.*, 61, 69, 80, 118-19, 123, 131, 132 *n.*, 287-91, 392, 416 *n.*, 582, 616, 618-19; III, 23 *n.*, 199, 236, 379, 430 *n.*, 447, 448, 465, 474 *n.*; V, 99 *n.*
Champoibaut (Adam de), I, 200 *n.*, 412; II, 262 *n.*
Champouillon (commandeur de). V° Vivonne.
Champigny, IV, 369; VI, 121 *n.*, 266, 271 *n.*, 423, 430.
Champlitte, III, 171.
Championays (Léonard), II, 132 *n.*
Champroux, VI, 475.
Chancellerie royale, I, 347-48; II, 569 : III, 317-18, 425.
Chancey (Richard de), II, 384 *n.*, 451 *n.*
Chanoy (Michaut de), VI, 335, 336 *n.*
Chantelle (Pierre de), I, 319 *n.*, 413; II, 357 *n.*, 635 *n.*
Chantelou, V, 443.
Chantepleurs (Charles de), IV, 222, 227 *n.*
Chantocé, II, 272; IV, 102 *n.*, 185.
Chaources (Guy de), seigneur de Malicorne, IV, 24, 189 *n.*, 269 *n.*, 275 *n.*
Chapelain (Guillaume), I, 428 *n.*
Chapelains du Roi, VI, 419.
Chapelais (Jean), II, 272 *n.*
Chapelle Saint-Denis (la), III, 51.
Chapelle (Jean de la), VI, 22 *n.*
Chaperon (Auvergnas), IV, 164 *n.*, 284 *n.*
Chaperons (Mme des), VI, 11.
Chapitault (Simon), V, 375, 377 *n.*, 382, 384.
Chaponay (Aymar de), II, 367 *n.*
Chappes, II, 38 *n.*, 42 *n.*, 46 *n.*
Chapuis (Jean), II, 446 *n.*
Chardon (Henri), III, 239 *n.*
Chardon (Jean), III, 239 *n.*
Charenton, I, 33, 90, 106, 107; III, 7.
Charité (la), I, 53 ; II, 36, 128, 215; III, 103 *n.*, 166, 208; IV, 22, 388 *n.*; V, 407, 410.
Charlemagne, IV, 82 *n.*, 356 ; V, 229; VI, 255, 447.
Charleroi, VI, 147.
Charles le Chauve, IV, 16.
Charles V, I, 262, 302 ; II, 434, 436 ; III, 18; IV, 391, 393 *n.*, 405; V, 41, 60; VI, 30 *n.*, 274 *n.*, 400-401, 414, 444, 465.
Charles VI, I, 3, 4 *n.*, 5 *n.*, 16, 23, 36, 47, 48, 51, 57, 124, 130, 134, 150, 196, 217, 241, 255, 258-60, 264, 266, 271-75, 283, 292-93, 296-97, 303, 304, 309, 310, 331, 341, 396, 397, 402, 403, 424-25, 432; II, 11, 54-56, 57 *n.*, 74, 144, 318, 340, 406; IV, 132, 147, 224, 360 *n.*, 406; V, 191 ; VI, 30 *n.*, 302, 400-401, 404, 414, 426, 444, 455.
Charles VII. Naissance du comte de Ponthieu, I, 3-4 ; son baptême, 5 ; élevé somptueusement, 6-10 ; composition de la maison du jeune prince, 8, 9 ; sa première enfance, 11-13 ; ses fiançailles avec Marie d'Anjou, 14-16; il quitte Paris pour résider près de la reine Yolande, 16; séjourne en Provence, 16-17 ; est nommé capitaine du château de Vincennes, 17; séjourne en Anjou, 17-19 ; devient duc de Touraine, 19 ; entre au Conseil en septembre 1416, 19 ; devient Dauphin, 20 ; situation du royaume, 56-59 ; isolement de Charles, 59 ; influence de sa belle-mère la reine Yolande, 59 ; ses gouverneurs, 59-62 ; son confesseur, 63 ; ses conseillers, 63-66 ; reçoit le duché de Berry et le comté de Poitou, 68 ; quitte Paris, 69 ; fait

son entrée de joyeux avènement à Tours, 69 ; se rend en Anjou, 70 ; est investi de la lieutenance générale, 70-71 ; se rend à Rouen pour apaiser une sédition, 71-72 ; fait son entrée solennelle dans cette ville, 72 ; se rend à Paris, où il préside le Conseil, 73 ; son rôle politique, 74 ; réponse qu'il fait au héraut du duc de Bourgogne, 75 ; est de nouveau investi de la lieutenance générale, 75-76 ; entre en négociations avec le duc de Bourgogne, 79 et s. ; favorable à la pacification, 85-86 ; s'enfuit de Paris, où triomphe la faction bourguignonne, 87 ; son bon sens, son énergie, 90 ; tente un retour offensif sur Paris, 90-92 ; s'établit à Bourges, 93 ; organise la résistance, 93-94 ; son ardeur, 95-96 ; réunit ses gens de guerre, 96 ; met ses places en état de défense, 97-98 ; écrit aux habitants de Lyon, 98-101 ; entre en campagne, 101 ; se présente inutilement devant Tours, 101 ; emporte d'assaut le château d'Azay-le-Rideau, 101-102 ; refuse de rentrer dans Paris sur l'invitation de la reine Isabeau, 102 ; consent pourtant à reprendre les négociations, 103 ; propositions dont il prend l'initiative, 103-105 ; intervention du duc de Bretagne, 105-107 ; traité de Saint-Maur, 108, 472-73 ; refuse d'accepter le traité, conclu en dehors de sa participation, 111 ; établit à Poitiers le siège du Parlement, 112 ; personnel de son gouvernement, 113 et s. ; entre en campagne, 119 ; marche sur Sully et force La Trémoille à la soumission, 119 ; fait le siège de Tours, 120 ; prend le titre de Régent, 120, 473-74 ; pourvoit aux commandements militaires, 121-122 ; concentre ses forces à Sancerre, 122 ; s'avance jusqu'à Montargis, 122 ; entre en négociations avec les Parisiens, 123-24 ; propose une trêve de trois ans au duc de Bourgogne, 125 ; conclut une trêve de trois mois, 126 ; conférence de Meulant, 127 ; mauvaise foi de Jean sans Peur, 131 et s. ; traité secret de ce prince avec les Anglais, 137 et s., 474-75 ; entretien du Dauphin et de Jean sans Peur au Ponceau Saint-Denis, 143-44 ; nouvelle entrevue, 145 ; traité de Pouilly, 146-49 ; réconciliation avec le duc de Bourgogne, 150 ; approbation du traité de Pouilly par Charles VI, 150-52 ; relations de Jean sans Peur avec le Dauphin, 155-56 ; le Dauphin exécute les engagements pris à Pouilly, 156-57 ; se rend à Montereau, 159 ; attend vainement le duc, 161 ; manifeste envoyé au nom du Dauphin et du duc, 161-62 ; le duc se décide à venir à Montereau, 163 ; préparatifs de l'entrevue, 164-66 ; arrivée du duc, 167 ; son entretien avec le Dauphin, suivi d'une altercation, 168-71 ; il met la main sur son épée et tombe mort sous les coups des seigneurs dauphinois, 170-71 ; conduite du Dauphin, 173 ; l'attentat n'a point été prémédité, 173-78 ; II, 651-58 ; attitude du Dauphin après le meurtre, I, 179-80 ; il écrit au duc Philippe, 181-83 ; reçoit de lui un ambassadeur, 190 ; retourne en Berry, 193 ; écrit aux habitants de Paris, 194-95 ; part pour le Midi, 196 ; son voyage triomphal, 197 et s. ; sièges de Nîmes et du Pont Saint-Esprit, 201 ; sa participation à l'attentat des Penthièvre contre le duc de Bretagne, 202-208 ; changements dans l'entourage du Dauphin ; prépondérance du président Louvet, 207-208 ; le Dauphin se remet en campagne, 209-10, et se replie sur le Berry après la mort du comte de Vertus, 211 ; faveur du chancelier Robert Le Maçon, 212-14 ; séjour à Mehun-sur-Yèvre, 215-216 ; le Dauphin se porte au devant du comte de Buchan et de l'armée d'Écosse, 217 ; est ajourné à la table de marbre à Paris, déclaré déchu du trône, et banni du royaume, 218, 324 ; il en appelle à son épée, 218 ; tient conseil à Selles le 25 janvier 1421, 219 ; reçoit à Poitiers les chefs de l'armée d'Écosse, 220 ; apprend la victoire de Baugé, 220-21 ; s'avance vers la Normandie, 222 ; fête à Tours les capitaines écossais et les défend contre les attaques dont ils sont l'objet, 222 ; donne au comte de Buchan l'épée de connétable, 222 ; remet sa maison sur le pied de guerre, 223 ; négociations avec le duc de Bretagne, 224 ; traité de Sablé, 224-26 ; le Dauphin se met en campagne, 227 ; prend plusieurs places, 227 ; annonce ses succès aux habitants de Tours, 227-28 ; marche sur Chartres, 228 ; brusque retraite, 229 ; transformation qui s'opère chez le Dauphin, 230 ; il ne prend plus part aux opérations militaires, 231 ; il s'établit à Bourges, 232 ; prodigalité dans ses dépenses, 233-34 ; se rend à Limoges, 233 ; son mariage, 235-36 ; faveur croissante du président Louvel, 237-39 ; voyage à La Rochelle ; accident survenu au Dauphin, 239-41 ; il retourne à Mehun, où il apprend la mort de Charles VI, 241 ; portrait du

Dauphin pendant sa régence, 241 et s.; sa piété, 243-45; se fait recevoir chanoine de Saint-Martin, 69; de Loches, 119; va en pèlerinage à Notre-Dame du Puy, 202 et s.; sa bonté, 245; sa générosité, 245-46; 411-18; ses défauts, 246-47; sa politique extérieure, 248-313; son administration pendant sa régence, 314-434; sa maison, 317-51; sa correspondance, 332-33, 360, 435-70.

Situation de la France à l'avènement de Charles VII, II, 8-11; il est proclamé Roi à Mehun-sur-Yèvre, 54-55; son ardeur et sa confiance en Dieu, 56; paraît disposé à payer de sa personne, 57; fait part des événements à ses bonnes villes, 58-60, 63, 79; leur annonce la naissance du Dauphin, 60; baptise son fils, 61; entre en négociations avec le duc de Bourgogne par l'intermédiaire du duc de Savoie, 319-36; se rend en Touraine et préside une réunion d'États généraux, 62; son entrée de joyeux avènement à Tours, 62; préside une nouvelle réunion d'États généraux, 63-64; son entourage; le *parti des aventuriers*, 64-70; ses projets de campagne, 70; est tenu systématiquement éloigné des opérations militaires par ses conseillers, 70; ses relations avec le duc de Bretagne, 71-76, 352-65; se rend à Angers; son entrevue avec le comte de Richemont, 76-77, qui accepte l'épée de connétable, 78; son voyage en Auvergne, 79-80; grande assemblée à Chinon, 81-84; Richemont, connétable et maître du pouvoir, 84-88; lutte d'influences à la Cour, 89-91; Louvet domine le Roi, 96; Richemont prend les armes, 91, et occupe Bourges, 92; Charles VII marche contre lui, 93; relations avec la ville de Tours, 93-95; retraite vers la Touraine, 96; Yolande vient le rejoindre et obtient le renvoi de Louvet, 96; triomphe du connétable, 98-99; humiliation du Roi, 99-102; retraite de Tanguy du Chastel et des autres conseillers suspects à Richemont, 102-103; Richemont place le sire de Giac auprès du Roi, 103; circulaire constatant la prise de possession du pouvoir par le connétable, 104-106; le connétable notifie son arrivée au pouvoir, 106-109; entrevue du Roi avec le duc de Bretagne; traité de Saumur, 111-15; négociations avec le duc de Bourgogne, 368-84; États généraux à Poitiers et à Mehun, 117 et s.; situation du pouvoir royal, 118-20; rendez-vous militaire à Issoudun, 121; séjour à Montluçon, où se tient une réunion d'États, 122; faveur de Giac, 122-25; dons faits à Robert Le Maçon, à Barbazan et à Gaucourt, 125-26; altercation à la Cour entre les seigneurs, 126-28; Giac devient comte d'Auxerre, 129; voyage à Montluçon, 130; négociations avec le duc de Bourgogne, 384-90; réunion d'États, 130-32; arrestation de Giac par ordre du connétable, 132-33; il est mis à mort, 137; mécontentement du Roi, qui s'apaise bientôt, 138; faveur de Le Camus de Beaulieu, 140; le connétable ordonne de le faire disparaître, 142; fureur du Roi qui, à son corps défendant, reçoit La Trémoille des mains du connétable, 142; portrait de la Trémoille, 144-46; retraite de la reine Yolande, 146; Charles VII en Poitou, 146-47; il récompense les vainqueurs de Montargis, 147; arrestation du chancelier Martin Gouge par le comte de Clermont, 148-49; coalition du connétable et du comte de Clermont contre La Trémoille, 150; leur prise d'armes, 151-52; attitude du Roi au milieu de ce conflit, 153-56; proclamations du connétable et du comte, 156-57; tentative d'enlèvement de La Trémoille, 157; le duc d'Alençon, sorti de prison, vient trouver le Roi, 158; le Roi occupe Chinon, résidence de la comtesse de Richemont, 161; convoque les États à Chinon, 162; entre en campagne contre les princes, 163; marche sur Bourges, occupé par les comtes de Clermont et de Pardiac, 164-68; négociations avec ces deux princes, 166-67; le roi leur donne des lettres d'abolition, 167-68; entre dans Bourges et convoque les États généraux, 168-69. États généraux tenus à Chinon, 170-74, 592-94; sollicitude du Roi pour la défense d'Orléans, assiégé par les Anglais, 173-75; situation désespérée du royaume, 175-76. Accusations contre la jeunesse du Roi, 177-201; le Roi et la Reine, 184-87; nombreux enfants, 187; habitudes religieuses du Roi, 187-89; détresse financière, 193-95; explication de l'effacement de la personne royale, 200-201; arrivée de Jeanne d'Arc à la Cour, 203-204; confiance du Roi dans la Providence, 204-205; il se décide à accueillir la Pucelle, 205-206; réception de Jeanne, 207-208; le *secret du Roi*, 208-209; le Roi fait examiner Jeanne, 210-11; lui donne rang de chef de guerre et une maison militaire, 211-12; annonce aux villes ses premiers succès, 213-14; va au-devant de la Pucelle après la délivrance d'Orléans, 214 ; ses hésitations à entreprendre le voyage de Reims, 215-16; donne des armoiries à Jeanne, 218; annonce la prise de Jargeau et la victoire de Patay, 220-21 ; refuse à la Pucelle de pardonner au connétable, 222-23 ; finit par céder aux instances de Jeanne et marche sur Reims, 223-24 ; campagne du sacre, 224-28 ; sacre du Roi, 228-29 ; les deux points de la mission de Jeanne accomplis, 230-32 ; Jeanne a-t-elle été trahie? 232-34 ; suite de la campagne, 234-38 ; dons faits à la Pucelle, 236-37 ; échec devant Paris, 238 ; retraite sur la Loire, 239 ; négociations avec le duc de Bourgogne, 400-423 ; anoblissement de la Pucelle, 239 ; la Pucelle prisonnière, 240 ; Charles VII a-t-il abandonné Jeanne d'Arc? 241-58 ; esquisse de son caractère à cette période, 259-63 ; ascendant de La Trémoille, 263-64 ; le Roi à la discrétion de La Trémoille, 265 ; correspondance du Roi avec les habitants de Reims, 265-66 ; il manifeste l'intention de reprendre les opérations militaires, 266-68 ; complot contre la Trémoille, 268-73 ; pourparlers avec le duc de Bretagne, 271-73, 282-84 ; négociations avec le duc de Bourgogne, 439-54 ; Charles VII donne des lettres d'abolition à La Trémoille, 274-75 ; tient des réunions d'États, 279-80 ; s'occupe de la délivrance de la Hire, prisonnier des Anglais, 285-86 ; complot contre le Roi, 287-91 ; fin du gouvernement de La Trémoille, 292-95 ; complot contre la Trémoille, 296-97 ; il est arrêté, 297 ; faveur de Charles d'Anjou, 298 ; changements dans le personnel du gouvernement, 299-300 ; déclaration du Roi aux états de Tours, 301 ; confiance qu'il témoigne à la Reine, 302 ; la lignée royale, 302-303 ; négociations avec le duc de Bourgogne par l'intermédiaire du duc de Bretagne, 462-66 ; le Roi se rend à Vienne et y tient une réunion d'États, 304-305 ; rentrée en grâce du connétable, 304 ; active correspondance du Roi, 306 ; pourparlers avec le duc de Bourgogne, 307, 506 et s. ; intervention du concile de Bâle, 508 et s. ; conférences de Nevers, 514-18 ; congrès d'Arras, 519-59 ; traité d'Arras, 547-63 ; Charles VII se décide à ratifier ce traité, III, 66-73 ; il choisit le duc de Bourgogne pour parrain d'un de ses fils, 33, 95 ; est sollicité par les Parisiens de venir dans la capitale, 33-34 ; accueil qu'il fait à la Dauphine, 34-38 ; assiste au mariage du Dauphin, 36-38 ; constitue la maison de son fils, 39-40 ; état de la Cour en 1436, 41-43 ; relations avec le duc de Bourgogne, 95-97 ; intervention du Roi près du duc en faveur du roi René, 83-85 ; voyage du Roi en Auvergne, 44-45 ; expédition contre Rodrigue de Villandrando, 15, 45-48 ; campagne du Roi, 48-49 ; siège de Montereau, 49-50 ; entrée solennelle dans Paris, 51-54 ; enthousiasme populaire, 54-55 ; nouveau voyage à Paris, 62-63 ; le Roi préside l'assemblée du clergé où est rédigée la Pragmatique sanction, 352-55 ; il préside à Orléans la réunion des États généraux où est décidée la réforme de l'armée, 63-66, 401-409 ; négociations avec l'Angleterre, 89-94 ; mariage de Catherine de France avec le comte de Charolais, 101-106 ; conférences de Gravelines, 102-114 ; intrigues du duc de Bourbon, 115-120 ; la Praguerie, 118 et s. ; énergie du Roi pour comprimer la révolte, 121 et s. ; il se met à la poursuite des princes, 125 ; négocie avec eux, 127-32 ; son entrevue avec les princes et le Dauphin, 132-33 ; il leur donne abolition, 133 ; transformation opérée chez le Roi, 135-42 ; il n'y a chez lui aucun vice, 136 ; réquisitoire de l'évêque Jouvenel des Ursins, 136 et s. ; relations avec Philippe le Bon, 143 et s. ; dispositions de ce prince, 144 et s. ; le Roi s'occupe de la délivrance du duc d'Orléans, 148 ; la duchesse de Bourgogne prend l'affaire en main, 153 et s. ; traité de libération approuvé par le Roi, 157 ; le duc d'Orléans à la Cour de Philippe, 159-63 ; mécontentement du Roi, 163-64 ; expédition du Roi en Champagne, 166 et s. ; mesures énergiques prises par lui, 170-71 ; le Roi en Lorraine, 171-72 ; la duchesse de Bourgogne vient trouver le Roi à Laon, 174-75 ; Charles VII poursuit son expédition : prise de Creil, 176-77 ; siège de Pontoise, 177-93 ; part personnelle du Roi aux opérations, 181-82 ; ténacité avec laquelle il poursuit son entreprise, 187-88 ; prend part à l'assaut, 190-92 ; coalition du duc de Bourgogne avec les princes contre le Roi, 194-208 ; assemblée de Nevers, 208-212 ; négociations avec le Roi, 212-223 ; réponse du Roi aux remontrances des princes, 223-31 ; expédition du Roi en Guyenne, 232-52 ; il préside aux opérations du siège de La Réole, 240 ; règle l'affaire de la comtesse de Comminges, 252-54 ; châtie le comte d'Armagnac, 30-31,

255; nouvelles intrigues du duc de Bourgogne, 257-64; négociations pour la paix avec l'Angleterre, 265-76; traité de Tours, 276-78; la légende d'Agnès Sorel, 279-93; sa liaison avec le Roi ne peut être antérieure à 1443, 290-91.

La France au lendemain de la trêve, IV, 7-9; le Roi sollicité par l'empereur Frédéric III de lui fournir un secours contre les Suisses, 11-12; but qu'il se propose en acceptant, 13-17, 51; intrigues à la Cour, 19-21; campagne du Dauphin en Suisse, 21-46; campagne du Roi en Lorraine, 47-62; négociations avec Frédéric III pour l'évacuation de l'Alsace, 62-66; traités avec les princes allemands, 66-69; séjour et fêtes à Nancy, 77-79, 90-94; séjour et fêtes à Châlons, 95-111; coup d'état du Roi à Châlons, 103; il pardonne au comte d'Armagnac, 104-105; maladie et mort de la Dauphine, 106-11; relations du Roi et du duc de Bourgogne depuis le traité d'Arras, 112-28; conférences de Reims et de Châlons, 128-41; négociations avec le duc d'York pour le mariage de son fils avec une fille du Roi, 142-43; grande ambassade envoyée en Angleterre, 145-63; nouvelle ambassade, 163-68; la Cour à Razilly, 169 et s.; portrait d'Agnès Sorel, 170-74; nature de son influence, 174; ses conséquences, 175-76; les *mignons du Roi*, 177; Charles VII ordonne une enquête sur la mort de la Dauphine, 181-82; reçoit l'hommage du duc de Bretagne, 182-83; mot du Roi à ce sujet, 183; pas d'armes et joutes, 183-84; rôle du Roi dans l'affaire de Gilles de Bretagne, 184-87; intrigues du Dauphin, 188-92; complot contre le Roi, 192-97; le Roi ordonne une enquête, 197-98; reproche à son fils sa conduite, 198-99; le Dauphin quitte la cour, 199-201; la cour aux Montils-les-Tours, 202-205; nouvelles joutes, 203; la Cour à Bois-Sire-Amé, 205; entretien du Roi avec Jacques de Lalain, 206; joutes à Bourges, 207; nouveau complot du Dauphin contre le Roi, 207-208; rôle de son agent Guillaume Mariette, 209; arrestation de Mariette, 211; son procès, 212-13; le crédit de Brezé menacé, 213; il demande des juges, 214; il reçoit des lettres de rémission, 215; Agnès Sorel intervient dans le procès de Brezé, 215-16; son voyage à Jumièges, 217; sa mort, 217-18; intervention du Roi en Italie, 220 et s.; il s'intitule *seigneur de Gênes*, 222, 230; soutient les droits du duc d'Orléans sur le duché de Milan, 249; prend en main l'affaire de la pacification de l'Église, 256-83; témoignage rendu à Charles VII par Nicolas V, 281-82; négociations avec l'Angleterre pour la reddition du Maine, 284-303; le Roi s'avance vers Le Mans, 303; force les Anglais à remplir leurs engagements, 304-8; proteste contre la violation de la trêve, 309-28; se prépare à la lutte, 329-32; traite avec le duc de Bretagne, 330; déclare la guerre à l'Angleterre, 330-32; ses alliances contre le duc de Bourgogne, 333-35; son attitude à l'égard de Philippe, 335-37; ses relations avec le duc, 339-41; intervient dans la querelle entre le duc de Clèves et l'archevêque de Cologne, 342-44, 364-65; négocie le mariage d'Éléonore d'Écosse avec Sigismond, duc d'Autriche, 365-70; assiste au mariage de la princesse, 370; difficultés croissantes avec Philippe le Bon, 371-75; conférence de Paris, 375-84; le Roi fait connaître au duc l'état de ses relations avec les Anglais, 381-85.

Charles VII prépare la campagne de Normandie, V, 3-4; entre en Normandie, 7; est reçu avec enthousiasme, 7, 13; se dispose à attaquer Rouen, 8-11; préside au siège de Château-Gaillard, 12; marche sur Rouen et attaque la ville, 13-14; reçoit des ouvertures des habitants, 14-15; s'installe à Sainte-Catherine, 17; y reçoit le duc de Somerset, 17; fait son entrée dans Rouen, 19 et s.; son costume, 20; paroles qu'il adresse à Brezé, 21; son étendard, 22; son éloge par Talbot, 24; se rend à la cathédrale, 24; séjourne à Rouen, 24-25; continue sa campagne, 25; prend part au siège d'Harfleur, 25-26; s'installe à Jumièges pendant le siège d'Harfleur, 26; se rend à Alençon, 27; apprend la descente de Kyriel, 27; nomme le comte de Clermont lieutenant général, 29; bataille de Formigny, 31 et s.; le Roi fait attaquer Vire, 35; refuse de prendre aucun repos, 36; assiège Caen, 36; arrive devant Falaise, 37; achève sa conquête, 38; ordonne des processions et des messes d'actions de grâce, 38; récompenses données par lui, 419-26; prêts contractés à cette occasion, 426-30; lettre de Guillaume Cousinot sur la campagne de Normandie, 437-44; prépare la campagne de Guyenne, 40-41, 44-45; reste éloigné du théâtre de la guerre, 45; conquête de la Guyenne, 45 et s.; le Roi aunonce la prise de Bordeaux, 51, et celle de Bayonne, 52-53 ; ordonne des actions de grâce, 53 ; veut attaquer Calais, 53 et s.

Charles VII remplace Agnès Sorel par Antoinette de Maignelais, 58 ; marie Antoinette à son favori André de Villequier, 59-61 ; fêtes à Montbazon, 62-63 ; révolution qui s'opère chez le Roi, 64 ; les favoris : Gouffier, La Rochelle, Aubusson, Levis, 65-70 ; intervention du Roi dans l'affaire de Gilles de Bretagne, 71 ; le Roi aux Montils-les-Tours, 71 ; son entourage, 72-73 ; il est tout à ses plaisirs, 74 ; séjour dans les châteaux, 74-76 ; nouvel hiver aux Montils, 76-77, avec la Reine, 77 ; été dans les châteaux de Touraine et de Berry, 78-79 ; étrennes données par le Roi de 1452 à 1454, 79-82 ; mort d'André de Villequier, 83 ; nombreux complots à la cour, 86-87 ; arrestation de Xaincoins, 87-92 ; disgrâce de Bertrand de Beauvau, 91-92 ; du sire de Culant, 92-94 ; procès de Jacques Cœur, 95-126 ; sentence rendue contre lui, 124 ; motifs de la condamnation, 126 et s. ; évasion de Jacques Cœur, 130 ; indulgence du Roi pour ses enfants, 131-32 ; rapports de Charles VII avec le Dauphin, 134 ; il s'inquiète des menées de son fils, 136 ; reçoit de lui des ouvertures au sujet de son mariage, 136 et s. ; réponse qu'il lui fait, 137 et s. ; apprend que le Dauphin épouse Charlotte de Savoie, 141 ; envoie un ambassadeur au duc de Savoie, 141 et s. ; intervient en Italie en faveur du duc d'Orléans, 145 et s. ; fait ravitailler Finale, 148 ; mécontent du duc de Savoie, 151 et s. ; sollicité par les Florentins et Sforza de contracter alliance, 156 ; reçoit un ambassadeur florentin, 157 et s. ; réponse qu'il lui fait, 158-59 ; favorable à cette alliance, 160 ; signe le traité, 161-62 ; écrit à Sforza, 162-63 ; desseins qu'on lui prête en Italie, 163-65 ; se décide à intervenir en faveur de Sforza, 166, et à châtier le duc de Savoie, 168 ; ses négociations avec ce prince, 168-70 ; marche contre lui, 171 ; lettre qu'il reçoit à ce moment de Jacques de Chabannes, 433-36 ; ses relations avec Sforza et les Florentins, 172 ; mesures qu'il prend à l'égard du Dauphin, 173 ; reçoit une ambassade de son fils, 174 ; réponse qu'il donne, 174-75 ; suite des négociations avec le Dauphin, 175 et s. ; conclut un traité avec le duc de Savoie, 180-81 ; reçoit une nouvelle ambassade du Dauphin, 181 et s. ; rompt les négociations sur le refus de celui-ci de se soumettre, 184-85 ; conclut une alliance avec les cantons Suisses, 185-87 ; écrit à l'empereur de Constantinople, 191 ; reçoit des communications du cardinal d'Estouteville, 193-94 ; refuse de le recevoir comme légat, 194 ; projette de reprendre Calais, 197-98 ; se décide à recevoir le cardinal, 196-98, qui vient le trouver à Tours, 199 ; réponse du Roi à la proposition d'une paix avec l'Angleterre, 199 ; ses rapports avec le Saint-Siège au sujet de la Pragmatique, 200 et s. ; convoque des assemblées du clergé, 203 et s. ; nomme des commissaires pour la réforme de l'Université, 207 ; ses relations avec le cardinal d'Estouteville au sujet de l'assemblée de Bourges, 208 et s. ; préside l'assemblée, 213, où apparaît la Pragmatique de saint Louis, 213-16 ; envoie une ambassade au Pape, 217 ; réponse de Nicolas V, 217-19 ; relations du Roi avec le duc de Bourgogne, 220 et s. ; il se décide à lui envoyer une ambassade ; instructions qu'il donne, 223 et s. ; reçoit une ambassade du duc relativement à un projet de croisade, 228-29 ; sollicité par les Gantois d'intervenir dans leur querelle avec le duc, 229 et s. ; ambassade qu'il reçoit du duc, 229 et s. ; se décide à revendiquer la possession des villes de la Somme, 233 et s. ; envoie dans ce but des ambassadeurs, 237 et s. ; échoue dans sa revendication, 240 et s. ; mécontent de la façon dont ses ambassadeurs ont conduit l'affaire des Gantois, 252 ; intervient de nouveau, 252 et s. ; rappelle ses ambassadeurs, 259 ; reçoit une ambassade des Gascons, 262 ; réponse qu'il leur fait, 263 ; se préoccupe de repousser une invasion anglaise en Normandie, 266-67 ; apprend l'invasion de la Guyenne, 267 ; mesures qu'il prend, 267-68 ; accueille avec joie la victoire de Castillon, 276 ; marche sur Bordeaux, 278 ; reçoit des offres de soumission des Gascons, 279 ; part qu'il prend aux opérations militaires, 280 ; fait le siège de Bordeaux, 282 ; accueille des propositions de soumission et accorde aux Bordelais des lettres d'abolition, 284 ; médailles frappées en souvenir de ses victoires, 285-86 ; ses relations avec l'Aragon et avec la Castille, 288 ; est sollicité par le roi René d'intervenir en Italie, 291-92 ; ses relations avec les Florentins et avec Sforza, 292-93 ;

reçoit une nouvelle ambassade des Florentins, 295-96; autorise le roi René à entrer en Lombardie, 297; ses relations avec le duc de Savoie, 298; requiert ce prince de livrer passage à René, 299-300; ses relations avec Sforza, 301-306; mécontent du brusque retour de René, 306-307. — Accusations dont il a été l'objet au sujet de la réhabilitation de Jeanne d'Arc, V, 353 et s.; ordonne de procéder à une information sur le procès de condamnation, 359 et s.; fait agir le cardinal d'Estouteville, 363 et s.; décide que des consultations sur le procès seront rédigées, 366-68; fait intervenir la famille de Jeanne, 368 et s.; obtient un rescrit de Calixte III, 370; instruction du procès de réhabilitation, 371 et s.; sentence rendue par les juges, 382 et s.; véritable caractère de la réhabilitation, 388-89. — Situation glorieuse du royaume, 391; le Roi sollicité de participer à une croisade contre les Turcs, 394 et s.; se plaint au sultan de Babylone des mauvais traitements dont les Franciscains sont victimes, 395; réponses qu'il fait aux ouvertures du duc de Bourgogne au sujet de la croisade, 397, 406-13; intervient dans l'affaire du mariage Bourbon-Charolais, 400 et s.; ses tentatives pour reprendre Calais, 404; ses mesures pour repousser une invasion anglaise, 405; sollicité par Calixte III de prendre part à la croisade, 413; reçoit du Pape la rose d'or, 413; fait bon accueil à un ambassadeur grec, 414-15; anecdote du « saint homme » venu pour presser le Roi d'entreprendre la croisade, 415-16.

La cour en 1454-55, VI, 7-32; expédition contre le comte d'Armagnac, 32-37; conspiration du duc d'Alençon, 38-60; le Roi le fait arrêter, 60 et s., et comparaître devant lui, 62-63; il se décide à châtier son fils rebelle, 64 et s., et veut contraindre le duc de Savoie au respect des traités, 65 et s.; s'avance en Bourbonnais pour obliger le Dauphin à la soumission, 73; s'y installe, 75; reçoit des ambassadeurs de son fils, 76 et s.; réponses qu'il leur fait, 78 et s.; nouveaux pourparlers, 81 et s.; ultimatum du Roi, 87-88; il apprend la fuite de son fils, 89, qui se rend à la cour de Bourgogne, 90; attitude du duc, 92 et s.; mesures prises par le Roi en Dauphiné, 95 et s.; exposé qu'il fait aux États, 96-97; parole qu'on lui prête, 99; sa correspondance avec le duc de Bourgogne, 99 et s.; envoie un ambassadeur à ce prince, 99, 103-105; reçoit de lui une ambassade, 105 et s.; réponse qu'il donne aux ambassadeurs, 107-10; mesures contre le duc de Bourgogne, 111; modération du Roi à l'égard de ce prince, 111; reçoit une nouvelle ambassade du duc, 116; réponse qu'il lui fait, 117-19; complots contre le Roi, 119-21; il fait arrêter Castellain et Gouffier et instruire leur procès, 119, 236-37; met le Dauphiné en sa main, 121; autorise le départ de la Dauphine, 122; menace le duc d'une attaque, 124-25; intervention en faveur du Dauphin du roi de Castille, 131-32, et du roi d'Écosse, 141; le Roi est sollicité par le roi d'Écosse de le seconder contre les Anglais, 139 et s.; il s'y refuse, 142-43; il entreprend l'année suivante l'expédition de Sandwich, 144-46; inquiétude du duc de Bourgogne, 147; ambassade du Roi au duc, 148-52; politique de Charles VII en Allemagne, 153-54; il s'allie avec le roi de Danemark, 154-56; négocie le mariage de sa fille avec Ladislas, roi de Hongrie, 158 et s.; importance de ce mariage, 162; situation des affaires d'Orient, 162-64; instances faites par le Pape à Charles VII au sujet de la croisade, 163-65; ambassade de Ladislas, 165 et s.; sa réception par Charles VII, 167-68; on apprend la mort de Ladislas, 169; émotion du Roi, 171; il prend en sa garde le Luxembourg, 171-72; il présente son fils Charles comme candidat au trône de Bohême, 172-73; envoie un ambassadeur au duc de Bourgogne, 173; mécontentement du duc, 174 et s.; occupation de Thionville par le Roi, 177; procès du duc d'Alençon, 179 et s.; le Roi consulte le Parlement, 180; convoque la Cour des pairs à Montargis, 180; invite le duc de Bourgogne à venir siéger, 181 et s.; invite également le duc de Bretagne, 185-86; convoque le ban et l'arrière-ban, 183; transfère le lit de justice à Vendôme, 187; discours prononcés, 190 et s.; sentence du Roi, 195-97; intervention en Allemagne, 199-202; négociations avec le duc et la duchesse de Saxe, 203-206; réception d'une ambassade saxonne, 206; traité portant acquisition du Luxembourg, 207; attitude du duc de Bourgogne, 208-210; sa fureur à la réception d'un envoyé du Parlement, 210-11; arrivée d'une ambassade du duc, 211; discours des ambassadeurs, 212-18; réponse que le Roi leur fait donner, 218-25; relations de Charles VII avec

Sforza, 229; ouvertures qu'il reçoit du doge de Gênes, 229; duplicité de Sforza, 230-32; négociations pour l'abandon de Gênes à la France, 233; traité passé par le duc de Calabre, 233-34; ambassade de Sforza au Roi, 234-37; plaintes du Roi à Sforza sur son attitude, 237-38; traité définitif pour l'occupation de Gênes, 238-39; arrivée à Gênes du duc de Calabre, 239; mort d'Alphonse V, 240; le Roi prend en main la cause du roi René, 241-43; attitude hostile de Sforza, 243; négociations de Charles VII avec le nouveau roi d'Aragon, 244; traité conclu, 245; relations du Roi avec les États italiens, 245-47; sédition à Gênes, réprimée par le duc de Calabre, 247-48; congrès de Mantoue, 248 et s.; ambassade du Roi à Venise, 251-53, et à Mantoue, 253 et s.; discours de ses ambassadeurs, 255-57; lettres de Pie II à Charles VII, 257-58; ouvertures du duc d'York au Roi, qui les repousse, 261; ambassade anglaise à Rouen, 261-63; le duc de Bourgogne s'attend à une rupture, 263-66; naissance d'un fils du Dauphin, 266; échange de lettres entre le Dauphin et le Roi, 266-67; relations du Roi avec le duc de Saxe, 268-69; perplexité du duc de Bourgogne, 269; la reine Marguerite s'empare du pouvoir en Angleterre, 270-71; ambassade du Roi au duc, 272; discours de l'évêque de Coutances et de l'évêque de Tournai, 272-77; discussion relative au Luxembourg, 278-79; déclaration des ambassadeurs au Dauphin, 280; offres faites au Roi par ce prince, 282; le duc de Bourgogne est de plus en plus menacé, 282-83; il compte sur la mort prochaine du Roi, 283; il écrit au Roi, 283-84; lettres du Dauphin au Roi, 284-85; nouvelle ambassade du duc, 285; réponse qu'il reçoit, 285; Charles VII reçoit une ambassade des Liégeois, qu'il prend sous sa sauvegarde, 285-86; ses relations avec la reine Marguerite, 287-89; défaite de la reine à Northampton, 290; relations du Roi avec le duc de Saxe, 291-92; il reçoit des lettres de Sigismond d'Autriche, 292; il envoie des ambassadeurs aux princes allemands, 292-95; délibération du conseil sur la rupture avec le duc de Bourgogne, 295-96; Marguerite implore l'assistance du Roi, 296; réponse de celui-ci, 296-97; ses relations avec Florence, 297-98; avec Sforza, 298-301; succès du duc de Calabre dans le royaume de Naples, 301-302; secours financier donné par le Roi au roi René, 302; ambassade du duc de Bretagne à Venise, 302-303; nouvelles plaintes du Roi à Sforza, 303; relations de Sforza avec le Dauphin et avec le duc de Bourgogne, 304; traité passé entre le Dauphin et Sforza, 306; ambassadeurs envoyés par Philippe à la cour de France, 308; espions bourguignons à Paris; mesures prises par le Conseil royal, 308; triomphe de la reine Marguerite, 309; Charles VII reçoit des ouvertures du comte de Charolais, 310-11; réponse qu'il donne, 311; reçoit une lettre du Dauphin et un ambassadeur de ce prince, 312; répond de sa propre bouche à Wast, 312-13; vues secrètes du Dauphin, 314 et s.; nouvelle ambassade de Wast, 317-19; nouvelle réponse du Roi, 319-22; continuation des négociations du comte de Charolais avec le Roi, 322-23; le Roi y coupe court, 323; victoire de la reine Marguerite, 325; dispositions du duc de Bourgogne, 325-27; la reine Marguerite sollicite l'appui du Roi, 317; elle subit une défaite complète, 328; négociations du Roi en Italie, 331; il se décide à l'ajournement de ses projets, 331-32; son échec à Gênes, 332-33; il prépare l'envoi d'une flotte en Angleterre et fait des armements contre le duc de Bourgogne, 333; le Dauphin et le duc comptent sur la mort prochaine du Roi, 334-35; ambassade du duc en France, 335; il surveille les mouvements de l'armée royale, 336; lui et le Dauphin sollicitent une intervention des Anglais contre Charles VII, 337; le Roi appelle les nobles et les francs-archers sous les armes, 338; Philippe est à la veille d'être attaqué, quand arrivent les nouvelles de l'état désespéré du Roi, 339; dernières relations de Charles VII avec les divers États, 339 et s.; il reçoit une ambassade des princes de l'Orient, 345; scandaleux débordements du Roi dans ses dernières années, 422 et s.; entourage féminin, 424 et s.; mal moral, 434-36; affection incurable, 437; dernière maladie, 439 et s.; derniers moments, 441-43; convoi et funérailles, 443-44; jugements des contemporains, 446 et s.; appréciation du caractère de Charles VII, 451-52.

Portrait du Roi, IV, 79 et s.; — effigies qui sont restées de lui, IV, 80-83; VI, 32; — la journée du Roi, III, 58-59; VI, 14-15; — sentiment élevé qu'il a de ses devoirs, II, 260-61 ; — regarde la royauté comme un sacerdoce, IV, 406 ; — soucieux de la dignité royale, III, 70-71 ; IV, 88 ; — sa piété, I, 243-45 ; II, 187-89 ; 304-305 ; III, 54-55, 58-60, 142, 192-93 ; VI, 12-13 ; — sa bravoure, III, 50, 55, 190-91 ; — sa prudence, VI, 111 ; — sa clémence, II, 262 ; III, 50, 141-42 ; VI, 16 ; — son affabilité, II, 260 ; III, 59 ; IV, 54-55 ; VI, 24-25, 31-32 ; — sa bonté, I, 245 ; II, 260 ; III, 60-61, 192, 230, 420-22 ; — sa générosité, I, 245-46 ; 411-18 ; II, 278 ; III, 141 ; — sa tempérance, IV, 87 ; VI, 436 ; — sa compassion pour le peuple, II, 261 ; VI, 111 ; — se rend toujours accessible, III, 170 ; IV, 193 ; — inaccessible seulement par intervalles, VI, 14 ; — fort subtil, IV, 209 ; — soin qu'il prend des affaires de son royaume ; III, 140-41 ; VI, 14-15, 354-56 ; — souci qu'il a de ses serviteurs, IV, 85 ; VI, 15 ; — sait récompenser les services rendus, II, 262-63, 285-86 ; V, 25, 419-20 ; — sa fidélité à sa parole, IV, 85 ; V, 18 ; — son amour pour les lettres, IV, 84 ; VI, 393 et s. ; — entouré de savants et de lettrés, VI, 396 et s. ; — assiste à la représentation d'un mystère, VI, 400 ; — aime passionnément les livres, 400, 402, 407-408 et suiv. ; — en fait composer, 402 et suiv. ; — entretient des étudiants dans les universités, 408-409 ; — s'intéresse à la découverte de l'imprimerie et veut l'introduire dans son royaume, 409-11 ; — travaux qu'il fait exécuter, 412 et suiv. ; ses peintres, III, 000 ; VI, 414 et s. ; — ses orfèvres, 418-19 ; — sa passion pour la musique, 419-21 ; — danse avec la jeune reine de Sicile, II, 304 ; — aime l'exercice du cheval, IV, 86 ; jeux qu'il affectionne, IV, 86 ; — assiste à un combat à outrance, III, 63 ; — autorise un combat judiciaire, IV, 403 ; prend part à des joutes, IV, 93, 99-101, 430 ; — préside un pas d'armes, IV, 181 ; — son costume, III, 52 ; IV, 81-82 ; — maladies du Roi, III, 56-57 ; VI, 6, 14 n., 27, 72, 322, 334, 436 et s., 471 ; — tentatives d'empoisonnement, II, 287 ; III, 56-57 ; VI, 439-40 ; — causes de sa mort, 457-59 ; — affecté des complots tramés contre lui, VI, 27-28, 60, 431-36, 439 ; — sa garde, III, 44 ; IV, 179-80, 192 ; VI, 431 n. ; — son serment habituel, IV, 85, 210 ; VI, 25, 120.

Ses rapports avec la Reine, II, 184-87, 301-303 ; III, 55-57, 289-90 ; IV, 88-89, 206 ; VI, 17, 21, 23, 44, 430-31 ; — avec ses enfants, II, 302-303 ; III, 39-40, 120 ; VI, 431-32 ; — son affection pour le Dauphin, IV, 41, 106, 188 ; — sa tristesse lors de la fuite de ce prince, VI, 99 ; — son affection pour Marguerite d'Anjou, IV, 93-94, et pour la Dauphine Marguerite d'Écosse, 106 et s. ; — accueil qu'il fait aux princes du sang, III, 57 ; IV, 100 ; à des chevaliers étrangers, IV, 205-206 ; — sait rendre justice à ses adversaires, VI, 25.

Mœurs déréglées du Roi, III, 284 et s. ; IV, 170-75, 217-19 ; VI, 7-12, 25, 29-30, 422-25 ; — blâmé sous ce rapport par certains contemporains, IV, 175 n. ; — ses filles naturelles, III, 288 ; VI, 432-34 ; — ses mignons, III, 177 et s. ; ses maîtresses présumées, VI, 428-30 ; — accusations portées à tort sur sa conduite privée durant sa jeunesse, I, 178-84 ; sur son amour des plaisirs, 190-97 ; sur son inertie, 197-201 ; sur sa conduite avec Jeanne d'Arc, II, 232 et s. ; 240-58 ; prétendue influence d'Agnès Sorel, III, 270-93 ; — ses défauts, I, 246-47 ; II, 198-200 ; III, 136-39 ; IV, 86 ; — aime à résider dans ses châteaux, IV, 170-71, 295 ; VI, 8, 13, 27, 423-24 ; — a des répugnances invincibles, IV, 87 ; — son inertie, II, 223, 261, 268, 298-99 ; — son manque de confiance dans la Providence, II, 215-17, 228 ; — influences funestes subies par lui, I, 208, 239 ; II, 65 et s., 123-24, 130-31, 140-42 ; — sa trop grande faiblesse à l'égard de ses favoris, II, 125, 153, 190-200, 217, 263-64, 274-76 ; VI, 17 ; — mot du roi sur Bedford, II, 237 ; paroles qu'il adresse au duc de Bourbon, III, 119, et au Dauphin, 132-33 ; mots sur le duc de Bretagne, IV, 183 ; sur le comte de Charolais, VI, 312 ; sur le connétable de Richemont, 361 ; dernière parole, 443 ; mot attribué par erreur au Roi, IV, 13 ; surnom qu'il donne à Dunois, VI, 72.

Sa libéralité à l'égard des princes du sang, II, 562-63, 565-66 ; III, 118-22 ; IV, 406-408 ; V, 311-13 ; VI, 12-13 ; — sa libéralité à l'égard de ses serviteurs, I, 411-18 ; II, 276-77, 280-81, 634-38 ; III, 141-42, 192, 457, 477 ; IV, 177-79 ; V, 419-22 ; — sa fidélité à l'égard de ses vieux conseillers, II, 125-26, 129, 154-55, 305 ; — sa fermeté à l'égard des rebelles, III, 45 et s., 121-35, 170, 173, 236-37 ; VI, 28, 33 et s., 56-63 ; — égards qu'il témoigne à ses ennemis, II, 221, 226 ; V, 10.

Éloges de Charles VII : par Jeanne

d'Arc, II, 248; par Jean Jouvenel des Ursins, 260, 299; par le comte de Suffolk en 1444, IV, 153; par le duc de Bourgogne, VI, 185; par le duc d'Orléans, 198; par les ambassadeurs saxons, 206-207. — Jugements portés sur lui par ses sujets, II, 227, 260-61; par ses ennemis, II, 226; par des étrangers, VI, 31; par ses contemporains, 444 et s.; par les historiens depuis le XVIe siècle, I, IX-L; — choisi pour arbitre par des princes étrangers, VI, 67, 314-15.

Administration de Charles VII; pendant sa régence, I, 344-434; de 1422 à 1435, II, 560-649; de 1435 à 1444, III, 417-448; de 1444 à 1449, IV, 387-436; de 1449 à 1453, V, 308-50; de 1453 à 1461, VI, 346-91; ses grandes réformes, vº *Armée, Finances, Justice.* — Part personnelle qu'il prend à la réforme de l'armée, III, 65-66, 293 et s.; IV, 387-91; — attentif à réprimer les excès des gens de guerre, III, 45 et s.; 140-41, 167 et s., 235-37; IV, 387 et s.; VI, 36, 468-69; — protection qu'il accorde aux lettres et aux arts, VI, 392-421.

Relations extérieures de Charles VII: avec la Papauté, I, 279-82; II, 327-31; 368-69; II, 313-18, 342-45, 365-66, 438-39; 488, 602-604; III, 327-28, 332-83; IV, 44, 252-83; 256-83; V, 189-219; VI, 241 et s., 248-58; — avec le concile de Bâle, II, 467-79; III, 332; — avec l'Allemagne (empire), II, 345-50, 480-83; III, 291-300; IV, 9-10, 15-17, 34-46, 62-76, VI, 199-202, 291-95; — avec les Princes électeurs, III, 317; IV, 64-76, 257, 261, 264, 349, 355, 360-65; — avec l'Angleterre, I, 274-78, 283-300; III, 91-94, 103-14, 147-59, 197-200, 204-206, 215, 218, 224-25, 265-78; IV, 18-19, 142-68, 284-332; VI, 259-63, 287-89, 296-97, 327-28; — avec l'Aragon, I, 303-4, 310; II, 490-91; III, 324-25, 327-29; V, 288-89; VI, 244-45, 310-11; — avec les ducs d'Autriche, II, 423-35, 483-84; III, 295, 300-301, 304-5; IV, 346, 349, 359-71; V, 365-71; VI, 199-202, 343-44; — avec la Castille, I, 302-13, 319-20, 325-26, 339-40; II, 309-12, 391-95, 488-89; III, 250-52, 321-24; IV, 270; V, 288-90; VI, 127-32, 341-42; — avec l'empereur de Constantinople, III, 342-43; — avec le Danemark, VI, 154-56, 344; — avec l'Écosse, I, 305-13, 320-21, 334-36; II, 34-36; 336-40, 395-99, 491-504; III, 318-21; IV, 365-71; V, 365-71; VI, 132-44; — avec le sultan d'Égypte, V, 100; — avec les marquis de Ferrare, ducs de Modène, II, 485-86; III, 330; VI, 302-303, 331-32; — avec Florence, III, 327; IV, 240, 244-45; V, 150-73, 288-307; VI, 242 et s., 297-98; — avec Gênes, I, 337; III, 330; IV, 41, 222-23, 227, 237-44; VI, 229-30, 233-48; — avec le roi de Hongrie, IV, 254; VI, 158-73, 199-200; — avec Liège, II, 424; III, 196; IV, 365; VI, 285-87; — avec les ducs de Milan, I, 341-42; II, 340-42, 486-88; III, 329-30; IV, 41, 120-27, 230-36, 244-51, 337; V, 145-73, 287-307; VI, 230-48, 298-303, 332-33, 339-40; — avec le marquis de Montferrat, III, 330; V, 302-303; — avec la Navarre, II, 490-91; VI, 129-30; — avec la Savoie, I, 278-79, 307, 313-18, 325, 339; II, 318-36, 352-67, 491-501, 504-508; III, 325-27; IV, 227-30, 249, 257-79, 303; V, 141-81; VI, 65-74; — avec les ducs de Saxe, IV, 266, 270; V, 361-65; VI, 203-208, 267-69, 291-95; 342-43; avec la Suisse, IV, 29-33, 75; V, 185-88; VI, 344; — avec Venise, II, 485; IV, 245; VI, 251-53, 331-32.

Correspondance de Charles VII: avec les Papes, I, 330; II, 313-14, 316, 344, 523; III, 338, 344, 364, 369, 374; IV, 262, 268, 273-74, 276; V, 129, 200-203, 217-19; — avec le Concile de Bâle, II, 471-72, 476-77; III, 339, 363-64; — avec les empereurs d'Allemagne, II, 345-47; III, 298; IV, 62-63, 75, 274-75, 446; — avec les ducs d'Autriche, III, 304; IV, 346, 349, 366-67, 371, 446; — avec les princes Électeurs, III, 317-18; IV, 75; — avec les rois d'Angleterre, I, 291-92; IV, 287-89, 296, 304-6, 312-14, 316, 320-21, 327, 456-57; — avec les rois de Castille, II, 394; — avec les rois d'Écosse, II, 494, 500; IV, 290, 365-66; — avec les rois de Hongrie, IV, 76, 254; — avec le duc de Savoie, I, 197, 314-15; II, 420-22; IV, 249, 451; V, 454, 464; — avec le duc de Milan, VI, 472, 487-95; — aux divers autres souverains, II, 350; IV, 342-43; — aux divers princes et seigneurs étrangers, I, 332-33; II, 392, 394; IV, 340, 320-21, 326, 455; — avec la ville de Londres, IV, 290; — avec la ville de Strasbourg, VI, 471, 476, 482; — avec les princes du sang, I, 157, 159, 181-83, 191; V, 448, 469; VI, 485; — avec les grands vassaux, maréchaux, chanceliers, gouverneurs de Province, etc., I, 448, 452, 456-58, 460, 464, 467, 470; II, 88; III, 491-95, 498; V, 456, 465; VI, 466-70, 473-87; — avec ses conseillers (Con-

seil, Chambre des comptes, Parlement), I, 180, 414-17, 434, 438, 447; II, 58; IV, 413, 448; V, 448-55, 465, 468; VI, 464, 473, 483-85, 491; — avec les chapitres ecclésiastiques, IV, 451, 453; — avec ses capitaines, I, 112; III, 395, 495, 515, 519; — avec ses ambassadeurs, II, 500-501; V, 461; — avec divers officiers royaux, I, 414; III, 489, 509, 513; V, 448, 450-51; VI, 457; — avec divers seigneurs, V, 452; VI, 452; — avec sa fille naturelle Marie de Valois, VI, 488; — avec les villes, I, 94, 98, 112, 124, 152, 161, 180, 194-95, 220, 227-28, 231-32, 360, 437-71, *passim*; II, 59-60, 63, 79, 88, 97, 104, 105, 203, 215, 220, 227, 265-68, 280-81, 285-87, 292, 300-301, 306, 335-36, 435, 485, 578, 581-84, 589, 592, 596-600; III, 121, 125, 134, 189, 309, 434-35, 442, 496-537, *passim*; IV, 388, 403, 444-80; V, 444-66, *passim*.
CHARLES VIII, VI, 421.
CHARLES IV, empereur, I, 261-62; IV, 59.
CHARLES, dit le Mauvais, roi de Navarre, VI, 180.
CHARLES KNUTSSON, roi de Suède, VI, 155.
CHARLES (Simon), II, 72 *n.*, 94, 95, 367 *n.*, 428, 430-33, 477, 479, 480, 484, 485; III, 99, 237 *n.*, 336, 338-39, 465-66; IV, 286; V, 380 *n.*
Charlieu, II, 327; III, 131, 166, 443.
CHARLOTTE DE SAVOIE, dauphine de France, V, 135, 139-43; VI, 213, 266-67, 281, 284, 312, 335 *n.*, 456, 479.
Charlus, II, 612.
CHARLUS (seigneur de). V° VENTADOUR.
Charny, III, 11, 49.
CHARNY (seigneur de). V° BAUFFREMONT.
Charolais, I, 54; II, 17, 27, 39, 50, 130, 320, 327, 357, 439, 561; III, 18; IV, 117-18, 132, 138.
CHAROLAIS (comte de). V° BOURGOGNE.
CHAROLAIS (bailli de), II, 99. IV, 126.
CHAROLAIS, héraut d'armes, II, 514 *n.*
CHAROLAIS (le héraut), maréchal d'armes de Brabant, VI, 270 *n.*
CHARPENTIER (Robert Le), II, 262 *n.*
CHARRIER (Guillaume), IV, 433 *n.*; V, 88.
CHARRIER (Jacques), V, 88 *n.*, 90-91.
Charroux (Allier), III, 126.
Charroux (Vienne), I, 119; V, 334, 348.
Charte aux Normands, VI, 359, 363, 370 *n.*, 377.
CHARTIER (Alain), I, LV, LXX, 118, 242, 379, 390, 412 *n.*, 420 *n.*, 432 *n.*, 433 *n.*, 434; II, 237, 250 *n.*, 344-49, 372-75, 396-97; III, 51; IV, 90; VI, 392-93, 400, 421 *n.*
CHARTIER (Guillaume), évêque de Paris, I, 118, 197 *n.*, 234, 448; II, 181, 515, 617-18, 621; III, 336, 460; IV, 216 *n.*, 319; V, 207, 322, 370-78, 381-87; VI, 26, 188, 254-55, 405, 408-409.
CHARTIER (Jean), grand chantre de Saint-Denis, I, LI-LII; II, 55, 123; IV, 218; V, 25 *n.*, 348, 427; VI, 441.
CHARTIER (Jean), receveur des tailles, II, 274.
Chartrain (pays), II, 17, 20, 24, 29, 30, 49; III, 24, 237 *n.*
Chartres, I, 25-27, 50, 69, 74, 227, 228, 275, 350 *n.*; II, 35 *n.*, 45, 378 *n.*, 443, 495, 613; III, 5, 25, 167, 225, 261 *n.*, 441, 443, 461; IV, 165, 201 *n.*, 424; V, 71, 93 *n.*, 201-205, 208, 213-14, 334, 349; VI, 242, 388.
Chartres (comté de), II, 91, 92, 561.
Chartres (assemblées de), IV, 420; V, 204 et s.
CHARTRES (bailli de). V° SEREUSNE.
CHARTRES (évêques de). V° BESCHEBIEN; DAUPHIN; ILLIERS; LEMOINE.
CHARTRES (Regnault de), archevêque de Reims, chancelier de France, I, 65, 74 *n.*, 117, 230, 268, 274, 276, 278, 334, 335, 339; II, 41, 80, 85 *n.*, 90, 108, 110, 147, 155, 161, 193 *n.*, 239 *n.*, 250, 280, 308 *n.*, 318 *n.*, 359 *n.*, 362, 367 *n.*, 390, 396, 397, 398 *n.*, 414 *n.*, 441, 451 *n.*, 453 *n.*, 454, 460, 461 *n.*, 506, 514, 516 *n.*, 525, 528, 569, 570, 579, 603, 632, 634; III, 36-38, 42, 70-73, 84, 104-106, 108, 152, 153 *n.*, 154, 157 *n.*, 159, 276, 371, 378, 429; IV, 410; V, 384.
CHARTRES (Isabeau de), II, 110, 506 *n.*
Chartreux, IV, 420-21; V, 14, 323; VI, 369.
CHASLAR (Élie du), II, 262 *n.*
Châsse de saint Martin, à Tours, VI, 419.
Chassenay, V, 72 *n.*
Chasteaubelin, II, 514 *n.*
CHASTEAUBELIN (le héraut), III, 157 *n.*, 163 *n.*, 176 *n.*, 206 *n.*, 208 *n.*, 219 *n.*, 260 *n.*; IV, 115 *n.*, 134 *n.*
CHASTEAUFORT (Jean de), VI, 443.
Chasteaulezart, II, 514 *n.*
CHASTEAUVILLAIN (seigneur de). V° THIL.
CHASTEL (Guillaume du), III, 184.
CHASTEL (Jean du), III, 124 *n.*
CHASTEL (Jean du), archevêque de Vienne, V, 176.
CHASTEL (Pierre du), VI, 421.
CHASTEL (Tanguy du), I, 18, 30, 32, 41, 67, 79 *n.*, 87, 88 *n.*, 90 *n.*, 91, 97, 114-15, 119, 121, 127, 144, 148 *n.*, 149, 157, 160, 163, 165, 167, 168, 171, 174, 200 *n.*, 206, 222, 230, 321 *n.*, 350, 359 *n.*, 412, 414, 415, 416 *n.*, 417 *n.*, 428 *n.*, 433; II, 12 *n.*, 65, 68-69, 70, 72 *n.*, 75, 78, 79, 85 *n.*, 87, 89, 90, 100, 102, 103, 130, 155, 281, 290, 305, 317, 356, 558 *n.*, 568,

624 n., 636, 651, 652, 653; III, 58, 165, 328, 304, 431, 449, 465, 485; IV, 238, 241 n., 275, 375-76; V, 99 n., 109 n., 131, 317-18; VI, 353, 433, 473.
Chastel (Tanguy du), neveu du précédent, grand écuyer, V, 268 n., 421; VI, 353, 400, 440 n.
Chastellain (Georges), I, lxii-iv, lxviii; IV, 87, 97, 122 n., 131 n., 141, 172-73, 177, 200, 339; V, 227 n., 394, 427; VI, 10, 12, 394, 421 n., 436, 447-49.
Chastellier (Jacques du), évêque de Paris, II, 451 n.; III, 51, 54, 429.
Chastellier (Simon du), III, 260 n.
Chastellux (seigneur de). V° Beauvoir.
Chastenier (Jean), I, 395, 397, 418; II, 308 n., 494, 497, 619, 635 n.; III, 30, 424, 465.
Chastillon (Jacques de), seigneur de Dampierre, II, 404; III, 105, 103, 424.
Chastillon (Jean), VI, 374.
Chat (Jules Le), VI, 469.
Chateaubriand (le seigneur de), II, 137, 159 n., 359 n.
Chateaubrun (seigneur de). V° Gaucourt; Naillac.
Châteaucarlier, III, 477.
Château-Chinon, II, 358; III, 420; V, 400-401, 469.
Château-du-Loir, II, 21 n.; V, 40.
Châteaudun, I, 50, 229; IV, 407 n.
Château-Gaillard, I, 42, 153; II, 36, 37, 39, 263 n.; V, 12, 83 n., 95 n., 444.
Château-Gontier, II, 294; III, 29, 202, 411; IV, 328 n.
Château-Landon, III, 11, 49.
Château-L'Hermitage, II, 21 n.
Châteauneuf-en-Mâconnais, II, 358.
Châteauneuf-sur-Loire, II, 32.
Chateauneuf (André de), IV, 203 n.
Chateauneuf (Claude de), IV, 179.
Chateauneuf (seigneur de). V° Seaume.
Chateauneuf (Charlotte de), IV, 377.
Château-Renard, I, 175.
Châteauroux, I, 233 n.; II, 644; III, 200; IV, 400 n.
Château-Thierry, I, 49; II, 33, 235; III, 462; V, 173.
Chateauverdun (Jacques Arnauld de), seigneur de Sainte-Camelle, III, 142 n.
Château-Villain, II, 635.
Châtelaillon, I, 406; II, 279; VI, 491.
Châtellerault, II, 30, 99, 100, 101 n., 103, 151-52, 280; V, 334; VI, 25, 373.
Châtellier, VI, 74 n., 76, 78, 86, 88, 128, 423, 429 n., 431, 475-76.
Châtenois, IV, 41.
Châtillon, I, 75, 428 n.; II, 15, 47, 318-19.
Châtillon-en-Bresse, V, 157.
Châtillon-sur-Indre, III, 45.
Chatillon (seigneur de). V° Laval.
Chatillon (dame de). V° Gamaches.
Chatre (Georges de la), V, 315.
Chatre (Philippe de la), II, 569; III, 424; V, 315.
Chaucer (Thomas), I, 276.
Chaucer (Alice), comtesse de Salisbury, puis duchesse de Suffolk, II, 48 n.; IV, 92.
Chaumont, III, 67, 171; IV, 49, 51, 340, 382; V, 225; VI, 374.
Chaumont-en-Bassigny, II, 35 n., 250 n., 430.
Chaumont-la-Guiche, II, 50.
Chaumont (bailli de). V° Saint-Belin.
Chaumont-Quitry (Guillaume de), I, 45, 115, 219, 350, 376; II, 636; IV, 411.
Chaumont (seigneur de). V° Amboise.
Chaumont (dame de). V° Breil.
Chauny, II, 443 n.; III, 420; IV, 338.
Chaussetier (frère Jacques), V, 378-79.
Chausson (Geoffroy), II, 514 n.; V, 137, 139 n.
Chauvigny, II, 152.
Chauvigny (Guy de), vicomte de Brosse, II, 635 n.
Chazeron (Jean, seigneur de), V, 338 n.
Chef-de-bois, III, 36.
Chenart (Jean), dit Gresille, VI, 120-21.
Cheneteau, V, 60 n.
Chenonceaux, I, 202, 203.
Cherasco, IV, 236 n.
Cherbourg, II, 144; III, 28, 93, 101; IV, 19; V, 27, 37-38, 53, 309, 318, 427-29, 444, 447; VI, 29, 57, 413.
Cherewynde (Philip), III, 234 n.
Chesne (Denis du), I, 149 n., 351, 412; II, 277 n.
Chesneau (Étienne), V, 73 n.; VI, 400 n.
Chesneau (Raoul), IV, 433 n.
Cheux, V, 36.
Chevalier (Étienne), III, 425; IV, 82 n., 103, 145, 219 n., 329, 339, 410 n., 433 n., 443, 445-46; V, 62 n., 65 n., 71 n., 80, 88, 91 n., 117 n., 118 n., 337, 450; VI, 80, 188, 288-90, 295, 308 n., 318, 354, 400, 417, 436.
Chevalier (N..., femme d'Étienne), VI, 80.
Chevalier (Jacquet), VI, 18 n., 21 n.
Chevalière (Jeanne), VI, 20.
Chevredens (Jean), IV, 418 n.
Chevrier (Jean), IV, 400 n.
Chevenon, II, 358.
Chevery (Jean de), II, 366, 373, 381.
Chevreuse, I, 30; III, 10, 14, 476.
Chevrot (Jean), évêque de Tournai, III, 98, 103, 161, 260; IV, 350-51; V, 241-42, 245 n., 246; VI, 274 n.
Chicheby (Regnault de), V, 377 n., 378.
Chichester (évêque de), I, 284; III, 302. — Cf. Moleyns.

CHIESA (Andrea della), II, 342.
CHIESA (Godofredo della), II, 342 *n.*
Chillon, IV, 229 *n.*
CHILLON (Hugues de), I, 431 *n.*
Chinon, I, 101, 106, 149, 210, 224, 230-31, 247 *n.*, 345, 359, 397, 401, 428 *n.*; II, 19, 23, 24, 30, 32, 42, 62, 76-77, 81, 84, 88, 109, 113, 146, 153, 159-162, 170-71, 182 *n.*, 186-87, 195 *n.*, 197 *n.*, 198 *n.*, 204, 205, 209, 211, 212, 214, 250, 263, 268, 272 *n.*, 277-78, 281-87, 291, 296-97, 300-301, 307, 362, 397, 401, 431, 439, 440, 463, 470, 484, 522 *n.*, 563, 564, 577, 581, 592, 595, 600, 623, 628; III, 63, 266, 402; IV, 52, 75 *n.*, 169-70, 180-84, 187, 190-91, 213, 217, 230, 237 *n.*, 257, 287 *n.*, 323 *n.*, 330, 337, 349, 388 *n.*, 398 *n.*, 400, 423, 434; V, 7, 72 *n.*, 86, 100 *n.*, 113 *n.*, 379; VI, 17-22, 39, 42, 244, 272 *n.*, 285, 289 *n.*, 292 *n.*, 344 *n.*, 364, 412, 423, 430, 435 *n.*, 454-55, 496.
Chinon (châtellenie de), II, 563.
Chiny (comté de), III, 306, 307, 308, 310, 311, 316; IV, 21 *n.*; V, 78, 83, 117, 118 *n.*, 209, 455; VI, 207, 265 *n.*, 268 *n.*
Chio (île de), V, 131.
Chissay, V, 83.
CHISSÉ (Guichard de), III, 237 *n.*, 273 *n.*; IV, 388 *n.*
CHISSÉ (Richard de), I, 541 *n.*
Chissieu, VI, 390, 453.
Chissoux, V, 83 *n.*, 311.
CHISSY (Jean de), V, 153 *n.*
Chizé, VI, 373.
CHIZOY (Adam de), II, 262 *n.*
Choisy, II, 37.
Cholet, III, 120 *n.*
CHRISTOPHE DE BAVIÈRE, roi de Danemark, VI, 154.
CHRISTIERN Ier, roi de Danemark, IV, 351; VI, 154-56, 206, 221, 249, 344, 389.
CHOUE (Pierre La), II, 271 *n.*
CHUFFART (Jean), chanoine de Notre-Dame de Paris, I, LVII.
CHUPEREL (Oudart), III, 375; IV, 319, 376.
Chypre (île de), IV, 214, 274.
CHYPRE (rois de). Vo HUGUES, JEAN III.
CHYPRE (cardinal de). Vo LUSIGNAN.
CHYPRE (Anne de), duchesse de Savoie, II, 506; V, 135, 151, 153, 168; VI, 72-73, 98, 231, 477-80.
Chypriotes, V, 151, 168; VI, 73, 474.
CIBOULLE (Robert), III, 369, 376; IV, 227 *n.*, 257 *n.*, 259; V, 207, 367.
CIGNE (Alexandre du), IV, 206.
CIGNE (Jean du), I, 200 *n.*, 247, 251 *n.*; IV, 89 *n.*
CIGNE (Mme du). Vo BOURNAN.
CILLY (le comte Ulrich de), IV, 353, 357-58; VI, 156 *n.*, 164.
CILLY (Barbara de), impératrice d'Allemagne, III, 297.
CITEAUX (Jean, abbé de), II, 468.
Civray, V, 311; VI, 371.
Clain (le), VI, 389.
Clairac, III, 242.
Clairvaux (abbaye de), VI, 366, 369.
CLAMANGES (Nicolas de), III, 372 *n.*, 373.
Clamecy, IV, 117.
CLAMECY (Gilles de), prévôt de Paris, II, 454 *n.*
Clarence (duché de), VI, 54.
CLARENCE (Georges, duc de), I, 31 *n.*, 49, 217, 252-53, 283, 298, 303, 335; II, 74, 330; III, 155.
CLARET (Guillaume), I, 200, 351 *n.*; IV, 178 *n.*, 180.
Claris, IV, 368.
Clarté-Dieu (monastère de la), VI, 368.
CLAUDE (saint), VI, 401.
CLAVEURIER (Maurice), II, 67, 618.
CLERS (Simon de), abbé de Saint-Nicolas d'Angers, II, 476.
CLÉMENT VII, I, 317.
Cleppé, V, 65 *n.*, 78, 175, 180-82, 187, 299, 456-57, 461, 465; VI, 65, 73.
CLERBOUT (Jean), I, 6 *n.*, 10; III, 471 *n.*
CLERC (Étienne Le), V, 330.
CLERC (Jean Le), I, 110 *n.*
CLERC (Perrinet Le), I, 32.
CLERCQ (Jean du), abbé de Saint-Vaast, II, 551.
CLERCQ (Jacques du), seigneur de Beauvoir, I, LX-LXI.
Clercy, II, 46 *n.*
CLÈRE (Georges, seigneur de), IV, 400 *n.*; V, 21, 332, 338 *n.*
CLÈRE (frère Louis La), VI, 23.
Clergé de France, I, 371; II, 604-605; III, 452-55; IV, 344-83, 452-55; V, 202-203, 208-209, 213; VI, 365-70.
Clermont (comté de), II, 561, 563 *n.*
CLERMONT (comte de). Vo BOURBON.
CLERMONT (évêques de). Vo COMBORN; GOUGE.
Clermont-en-Argonne, IV, 133, 135, 137, 333.
Clermont-en-Beauvaisis, I, 46 *n.*; II, 46 *n.*, 49.
Clermont-Ferrand, I, 202, 357, 360, 363; II, 577; III, 44, 61, 125, 131, 133, 167 *n.*, 461; IV, 424; V, 334.
Clermont-Lodève, V, 113 *n.*
Clermont-Soubiran, III, 240, 438.
CLERMONT (Antoine de), seigneur de Surgères, II, 27; IV, 24, 178.
CLERMONT (Aynard de), IV, 189 *n.*; V, 433.
CLERMONT (Jacques de), seigneur de Dampierre, IV, 48, 89 *n.*, 178-79, 194, 203, 204, 400; V, 4 *n.*, 5.
CLERMONT-LODÈVE (Pons-Guillaume, seigneur de), V, 332.

Cerval, IV, 334 *n*.
Cléry, II, 608; V, 325; VI, 12 *n*.
Clèves (duché de), IV, 344 *n*.
Clèves (Adolphe, duc de), IV, 70, 95, 341-45, 355, 361 *n*., 362, 364-65, 374.
Clèves (Adolphe de), seigneur de Ravestain, VI, 93 *n*., 105.
Clèves (Jean, damoiseau puis duc de), II, 506, 524, 527; III, 174; IV, 95, 98, 342-45; V, 241; VI, 250, 336.
Clèves (Anne de), III, 106.
Clèves (Catherine de), duchesse de Gueldres, III, 305; III, 351.
Clèves (Marie de), duchesse d'Orléans, III, 144, 160, 212, 214, 238; IV, 94, 98-99, 339 *n*.; V, 400-401.
Cley (John), VI, 52.
Clifford (Henri, lord), V, 54; VI, 309.
Clifton (Thomas, lord), III, 188; V, 279.
Clinchamps, V, 5 *n*.
Clion (Thomas de), IV, 241 *n*.
Clisson (Olivier de), connétable de France, I, 263.
Clisson (Marguerite de), comtesse de Penthièvre, I, 202-204.
Cloet (Godefroy), IV, 376.
Clos (Jean du), V, 424.
Cloué, V, 324.
Clovis, VI, 451.
Cluony (Henri de), II, 384 *n*.
Cluny (abbaye de), III, 454.
Cluny (Jean de), VI, 68 *n*., 105, 148 *n*.
Clux (Hartung van), I, 327, 337, 338 *n*.; III, 295.
Cluys (Antoine de), III, 141 *n*.
Cluys (Jean de), évêque de Tulle, II, 393.
Coaisnon (Alain), II, 271 *n*., 451 *n*., 465 *n*.
Coarraze (Bernard de), II, 80 *n*., 121, 132 *n*.
Cobham (Éléonore), duchesse de Glocester, II, 368 *n*.; IV, 291-92.
Coblenz, IV, 73; VI, 203, 268, 291, 293, 312-43.
Cobourg, VI, 205 *n*.
Cochon (Pierre), évêque de Lisieux, V, 369-71, 374-78, 383-84.
Cochon (Pierre), I, LXVI.
Coëtivy (Alain, cardinal de), évêque d'Avignon, III, 256, 336, 378, 465; V, 368 *n*.; VI, 86-87, 163, 366.
Coëtivy (Christophe de), IV, 48.
Coëtivy (Olivier de), sénéchal de Guyenne, IV, 388 *n*.; V, 52, 75, 102 *n*., 262, 265; VI, 378, 432-34, 467, 488.
Coëtivy (Prégent, seigneur de), amiral de France, I, 50 *n*., 116, 206, 251 *n*., 413; II, 13, 14, 145 *n*., 279, 281, 296-99, 304, 306 *n*., 570; III, 21, 43, 44 *n*., 118, 124, 147 *n*., 178, 179, 190, 205, 241, 246, 375, 419, 423, 425, 449, 451; IV, 20, 48, 93, 102, 185-87, 304, 325, 329, 423, 437-38; V, 10, 29, 31, 33, 35 *n*., 38, 53 *n*., 72, 75, 309, 315, 420; VI, 400, 432-33.
Coëtquis (Philippe, cardinal de), archevêque de Tours, II, 153, 210 *n*., 343, 398 *n*., 476, 484 *n*.; III, 37 *n*., 296, 352, 354, 366; VI, 394.
Coeur (Geoffroy), V, 128, 132, 431-32.
Coeur (Henri), chanoine de Bourges, V, 102, 128, 132.
Coeur (Jacques), I, VI; III, 431, 449-50, 457, 476, 486-88; IV, 83 *n*., 103, 190 *n*., 205, 211, 219 *n*., 238-40, 242-44, 259, 275, 278, 411; V, 15 *n*., 22, 37, 40 *n*., 47 *n*., 59 *n*., 60 *n*., 62 *n*., 65 *n*., 71, 75-77, 83 *n*., 86-88, 95-110, 140, 148, 153, 209, 317, 318 *n*., 325 *n*., 341, 419 *n*., 420, 426-36, 445-46; VI, 15, 119, 389-90, 425 *n*., 430 *n*., 451, 461-64, 474.
Coeur (Jean), archevêque de Bourges, V, 96 *n*., 102, 106, 119-20, 123 *n*., 124, 128, 132, 322, 431-32.
Coeur (Nicolas), évêque de Luçon, V, 102.
Coeur (Pierre), V, 96.
Coeur (Ravant), V, 131 *n*., 132, 431-32.
Coeur (Juliette), femme de Jacquelin Trousseau, V, 102.
Coglais (Thomas), II, 465 *n*.
Cognac, IV, 328, 435 *n*.; V, 42.
Coignac, poursuivant d'armes, IV, 19 *n*.
Cointe (Le), secrétaire, VI, 471, 474-81, 486.
Cokeseye (Hue), IV, 92.
Col (Gontier), I, 254 *n*., 255, 259, 275.
Colart, fou du Roi, VI, 430.
Colas (Jean), III, 120 *n*., 427.
Colin (Jacquet), II, 61 *n*.
Collione (Bartolomeo), IV, 251; V, 294 *n*.
Collemain (Louis), VI, 399.
Colles (Walter), III, 205.
Coller (Guillaume), dit Bois-Guillaume, V, 377 *n*.
Collignon (Jean de), IV, 60.
Collonges, IV, 379.
Colmar, IV, 26, 38, 39 *n*.
Colocza (archevêque de), VI, 165.
Cologne, IV, 362-64; VI, 155 *n*.
Colombières, V, 9 *n*.
Colombiers, poursuivant d'armes, V, 221 *n*.
Colonna (le cardinal), I, 318.
Combelongue, IV, 421.
Comberel (Hugues de), évêque de Tulle, puis de Poitiers, I, 112 *n*., 118, 417 *n*.; II, 19, 308, 618; III, 42, 60, 157, 424.
Comborn (Jacques de), sire de Treignac, I, 230; II, 85 *n*., 90, 99.
Comborn (Jacques de), évêque de Clermont, IV, 268; V, 198.
Comborn (Pierre de), évêque de Tulle, V, 198.

Comborn (Marguerite de), V, 69.
Combour (Guichard de), seigneur du Val en Limousin, VI, 375.
Combourg (Jean de), sire de Rochefort, VI, 425.
Combraille, II, 358.
Côme, IV, 228.
Commarieu (seigneur de). V° Courtiambles.
Commerce, I, 421-23; II, 641-45; III, 483-87; IV, 434-35; V, 98, 348-50; VI, 155, 380-89.
Commercy, IV, 94.
Commercy (châtellenie de), III, 172.
Commercy (le damoiseau de), II, 48, 52; IV, 29 *n.*
Commercy (seigneur de). V° Sarrebruck.
Comminges (comté de), III, 30, 253-55; IV, 400 *n.*, 409; VI, 35.
Comminges (comte de). V° Foix.
Comminges (Marguerite, comtesse de), III, 253, 254, 255.
Comminges (Jean Rogier de), seigneur de Terride, II, 119 *n.*
Commines (Jean de), III, 75 *n.*
Commines (Philippe de), I, LXVIII; IV, 191.
Compains (Blanche de), IV, 89 *n.*; V, 58 *n.*
Compagnies d'ordonnance, IV, 391-400.
Compey (Jean de), V, 150, 153 *n.*; 168; VI, 70.
Compiègne, I, 33, 52, 130; II, 13-15, 37-39, 233 *n.*, 235, 238, 241, 250, 266, 278, 408, 411, 570, 608; III, 22, 163, 176, 177 *n.*, 181, 270, 436 *n.*, 462; IV, 446; V, 17, 61 *n.*, 259 *n.*, 277 *n.*, 333, 336, 354-57; VI, 111, 267 *n.*, 379.
Comtat Venaissin, V, 140, 183.
Comte (Denis Le), V, 375, 382 *n.*
Conches, II, 36; III, 21, 25, 167, 248; IV, 328, 330 *n.*; V, 4, 438-39.
Concile de Bâle. V° Bâle.
Concile de Constance. V° Constance.
Concile de Reims, VI, 367.
Concressault, II, 635.
Condé-sur-Noireau, V, 425.
Condolmerio (François, cardinal), patriarche de Constantinople, III, 338, 378.
Condom, II, 564; III, 244 *n.*, 461.
Condomois, IV, 400 *n.*
Conflans, I, 107; II, 435; IV, 410.
Conflans-Sainte-Honorine, III, 184-89, 205.
Confolens, III, 256.
Conquet (le), II, 339 *n.*
Conseil (grand), I, 317; II, 567-70; III, 421-26; IV, 411; VI, 15-16, 354-55.
Conserans (André, évêque de), III, 328. — Cf. Aure.
Constance, III, 363; IV, 10; V, 398; VI, 344.
Constance (concile de), I, 38; III, 355-56, 376; IV, 267.
Constantin, empereur, V, 229.
Constantin XII Paléologue, V, 190, 391, 414.
Constantinople, III, 333, 340, 367; IV, 97, 254; V, 190, 390-92, 414; VI, 162-63, 409.
Constantinople (empire de), IV, 253-54.
Constantinople (patriarche de). V° Condolmerio.
Conte (Jean Le), VI, 61.
Conte (Thierry Le), II, 19 *n.*, 488.
Contes. V° Coutes.
Conteras (Juan Martinez de), II, 312.
Convyn (frère Jean), V, 11, 25 *n.*, 423 *n.*
Coppin, trompette, II, 445 *n.*
Coppini (François), évêque de Terni, VI, 290, 291 *n.*, 324-25, 331 *n.*, 335 *n.*, 337 *n.*
Coq (Jean), III, 210, 212.
Coq (Guillaume Le), V, 27 *n.*
Corald, III, 301.
Corbeil, I, 33, 39, 107, 143, 144, 146, 150, 154, 173; II, 33, 443, 454, 556; III, 51, 61, 116, 134, 160 *n.*, 410; IV, 398 *n.*
Corbie, II, 33 *n.*, 443 *n.*; IV, 421; VI, 338 *n.*
Corbie (Guillaume de), VI, 170.
Corbie (Philippe de), I, 79 *n.*
Cordebeuf (le sire de), III, 133 *n.*
Cordebeuf (Merlin de), V, 80, 81; — sa femme, *id.*
Cordes, II, 612; III, 459.
Cordier (Étienne), V, 227 *n.*
Cordoue, VI, 128-29.
Corquilleray (Pierre de), IV, 180.
Cormeilles (abbé de). V° Segré.
Cormery, V, 78 *n.*
Cornajols (Raymond), II, 262 *n.*
Cornillo (Jean), archidiacre de Cuença, III, 321.
Cornouailles (comté de), VI, 337.
Corny, IV, 53.
Corpatrick (Thomas), I, 233.
Coroscun, VI, 489.
Corvin (Mathias), roi de Hongrie, VI, 199-201.
Cosne, I, 53, 239; V, 91 *n.*, 132.
Cossa (Jean), baron de Grimaldi, IV, 92, 270 *n.*, 273; V, 157 *n.*, 293-97, 303, 401-403; VI, 245.
Côte Saint-André (la), IV, 212.
Cotebrune (Jean, sire de), I, 149 *n.*
Cotentin, IV, 318 *n.*; V, 9-10, 28-29, 36-37, 53 *n.*, 60, 309, 414; VI, 48, 260.
Cotis (Guillaume), III, 427 *n.*
Cotta (Pierre), V, 304 *n.*
Coucy, I, 34 *n.*; II, 561; III, 92, 140, 160, 202 *n.*; IV, 141 *n.*, 407.
Coucy (Jean de), I, 245.

Couches (le seigneur de), VI, 181 *n.*
Coudray (château du), à Chinon, II, 206 *n.*, 207, 207 ; IV, 194 ; VI, 423, 435 *n.*
Coudray-Montpensier (le), II, 209 *n.*
Coudre (Perrenet de la), IV, 389 *n.*
Coudun, II, 37 *n.*, 245.
Coué (Mery de), IV, 194.
Coulanges (le sire de), I, 54.
Coulches, III, 168.
Couleurs du Roi, I, 199-200; VI, 414.
Coulommiers, IV, 33, 235.
Countayna (baronnie de), V, 288.
Couran (le seigneur), V, 434.
Courbefy, III, 395, 396.
Courcelles (Guillaume de), IV, 217 *n.*, V, 23.
Courcelles (Jacques de), II, 606.
Courcelles (Jacques de), seigneur de Saint-Liébaud, IV, 89 *n.*
Courcelles (Louis de), V, 68.
Courcelles (Philippe de), bailli de Dijon, IV, 130, 340.
Courcelles (Pierre de), IV, 179, 399 *n.*, 400 *n.* ; V, 425.
Courcelles (Thomas de), II, 251 *n.*, 538 ; III, 353, 372 ; IV, 257 *n.*, 268, 275, 278 ; V, 378 ; VI, 254, 444.
Courcillon (Guillaume de), IV, 126; V, 177 *n.* ; VI, 76, 86, 318-19.
Courcillon (Jeanne de), IV, 89 *n.*, 204 *n.*; V, 58 *n.*
Couronne (abbaye de la), près Angoulême, V, 465-66.
Couronne (sainte), VI, 31.
Court (Dimanche de), IV, 24, 140, 141 *n.*, 377, 383 ; V, 422.
Courtenay (Edouard), I, 275.
Courtiamble (Jacques de), seigneur de Commarien, I, 107, 313, 314 *n.* ; II, 319-21, 351 *n.*, 357 *n.*, 370 *n.*, 384 *n.*, 387 *n.*
Courtin (Guillaume), IV, 285 *n.*
Courville, III, 25.
Courtonne, I, 31 ; V, 7 *n.*, 442.
Courtrai, IV, 118 *n.*, 380 ; VI, 181 *n.*
Cousin (Jean), IV, 321, 324 *n.*, 332 ; V, 449-50.
Cousinot (Guillaume), chancelier du duc d'Orléans, I, lxv, 415.
Cousinot (Guillaume), seigneur de Montreuil, I, lxv ; III, 189, 415 *n.* ; IV, 103, 145, 163-65, 181, 207, 214 *n.*, 285, 288, 289 *n.*, 290, 293, 296-300, 303 *n.*, 310-11, 314-16, 321, 323-25, 327, 328 *n.*, 329 *n.*, 331 *n.*, 411, 454-55 ; V, 4 *n.*, 5 *n.*, 20, 22, 60 *n.*, 74 *n.*, 222, 420-21, 437-44 ; VI, 59-60, 133, 145, 188, 254, 256, 299 *n.*, 308 *n.*, 311, 323, 354, 400, 430, 440 *n.*, 466.
Cousinot (Pierre), II, 577, 603.
Coustaue (Guiot), II, 635 *n.*
Cousteaux (château de), VI, 376.
Coutances, I, 31 ; V, 9-10, 27 *n.*, 38 *n.*, 335, 373, 443 ; — bailliage de —, III, 110; — hôpital de —, V, 324.
Coutances (évêques de). V° Castiglione ; Olivier.
Coutances (le hérant), III, 96.
Coutes (Jean de), dit Minguet, I, 331 *n.*; II, 336 *n.*
Coutes (Louis de), II, 209 *n.* ; V, 380.
Coutras, V, 43 *n.*
Couvran (Geoffroy de), V, 27 *n.*, 30.
Couvran (Olivier de), IV, 12 *n.*, 48.
Couvreur (Simon Le), VI, 81-83, 86-88, 108.
Couzay (Hugues de), V, 77, 108, 110 *n.*, 117 *n.*, 118, 120, 122 *n.*
Coventry, VI, 143, 271, 289 *n.*
Coventry (évêque de), I, 138.
Coytelles (Guillaume de), II, 632.
Cracovie (N., prévôt de), II, 527.
Crail (Daudonnet), I, 57, 97; IV, 139.
Cramaud (Simon de), cardinal de Reims, I, 117.
Crammach (Jean de), évêque de Caithness, puis de Brechin, I, 320 ; II, 338 *n.* ; III, 36.
Craon, III, 411.
Craon (Jeanne de), I, 62.
Craon (Marguerite de), dame de Sainte-Maure, V, 61 *n.*
Cranstoun (Thomas de), VI, 134.
Chassay (Jean de), I, 351 *n.*
Cravant, II, 14, 16 *n.*, 42 *n.*, 48, 58.
Crécy-en-Brie, II, 33, 235; III, 419.
Crécy (bataille de), VI, 39 *n.*, 190.
Creil, I, 33, 40, 81, 368; II, 14, 33, 36, 49, 420 ; III, 8, 17, 22, 60, 176, 177, 180, 184, 434, 475 ; V, 59 ; VI, 412.
Crema, V, 303.
Crémieu, I, 397 *n.*, 401 *n.*, 403 *n.* ; II, 628 ; V, 303 ; VI, 303.
Crémone, I, 341.
Crépy, I, 46, 52; II, 49, 235, 238.
Créquy (Jean, seigneur de) et de Canaples, II, 47 ; III, 271, 316 *n.*; IV, 95, 140; V, 255; VI, 336.
Créquy (Jeanne de), IV, 98.
Crespin (Jean), seigneur de Mauny, IV, 411; V, 67.
Crespin (Jean), évêque de Laon, VI, 188.
Crespin (Jeanne), dame de la Varenne, femme de Pierre de Brezé, IV, 201, 218; V, 82.
Cressenon, II, 634.
Crest, VI, 110.
Crète (archevêque de). V° Valaresi.
Crèvecœur, V, 7 *n.*, 442.
Crèvecoeur (Jacques, seigneur de), II, 452, 520 ; III, 71 *n.*, 97 *n.*, 101, 103.
Crèvecoeur (N..., dame de), III, 105.
Crichton (sir George), III, 321.
Crichton (John), VI, 133.

Crichton (William, lord), chancelier d'Écosse, II, 340 n.; III, 320; IV, 360; VI, 133.
Croces-lès-Bourges, I, 96 n.
Croisette (la), II, 40 n.
Croix (Philippe de), II, 333 n.
Croix (André de la), IV, 118.
Croix (Thibaud de la), I, 200 n., 410 n.
Cronemberch, VI, 172.
Cros (Gabriel du), VI, 375.
Crotoy (le), I, 52, 53; II, 9, 53; III, 12; IV, 381; VI, 38-39.
Croy (Antoine, sire de), I, 53; II, 37 n., 48, 515, 516 n., 527, 538; III, 196, 197 n., 316 n.; IV, 121 n., 139-40, 350; V, 221, 237-38, 241, 246-47, 255, 258, 411-13, 452-53; VI, 31, 74, 103, 113-15, 181, 264, 305, 311, 322-23, 326-27, 335 n., 338.
Croy (Jean de), seigneur de Chimay, III, 13, 68, 70 n., 71, 97 n., 98, 275; IV, 123 n., 138 n., 139-40, 376; V, 221, 223, 228, 237-38, 241, 246-47, 411, 452-53; VI, 24, 92, 105, 112-17, 210-18, 224, 250, 264, 307, 311, 322-26, 335, 456-57.
Croy (Philippe de), seigneur de Sempy, VI, 114-15.
Cruzy, IV, 380.
Cuença (N., archidiacre de), III, 321 n., 322.
Cugnac (Antoine de), II, 280.
Cuisery, III, 259.
Culan (Guillaume de), V, 95 n.; VI, 455.
Culant (Charles, seigneur de), grand-maître de France, IV, 24, 182, 203, 290 n., 314, 319, 324 n., 327, 329 n., 331 n., 411, 450; V, 4 n., 7, 12, 14, 22 n., 23, 36-37, 43, 60 n., 62 n., 72, 87-88, 91-94, 102 n., 140 n., 268, 269 n., 315, 400 n., 420, 437 n., 438, 442; VI, 461.
Culant (Louis, seigneur de), amiral de France, I, 116, 201, 350, 356 n.; II, 58, 59, 86, 100, 123, 127, 128, 130, 239 n., 263, 293 n., 304; III, 27, 30, 190, 241, 264, 423; V, 92, 94.
Culant (Philippe de), seigneur de Jalognes, maréchal de France, III, 27, 30, 190, 241, 264, 423; IV, 23, 41, 44, 65, 117, 182, 203; V, 8, 12, 14, 36, 43, 92, 102 n., 267-68, 271, 277, 442; VI, 352.
Culant (le bâtard de), IV, 388 n.
Culou (Jacquelin), V, 106 n.
Cuningham (Robert), VI, 27-29.
Cuningham (Thomas), VI, 29 n.
Curally (frère Jean de), II, 395 n.
Curson (Richard), V, 25.
Curte (Sceva de), V, 155 n., 166 n.
Curton, V, 311.
Cusa (Nicolas, cardinal de), IV, 256; V, 193, 199; VI, 163.
Cusquel (Pierre), V, 365, 377 n.
Cusset, II, 358; III, 131-32.

D

Dacier (Jean), abbé de Saint-Corneille, II, 474.
Daillon (Jean de), seigneur de Fontaines, II, 513 n.; IV, 21, 189 n., 190 n., 194-98; V, 102 n., 137 n.
Dago, fou suivant la Cour, VI, 18 n.
Dalstein (Adam de), seigneur de Maizembourg, VI, 159-61, 165, 267.
Damas (Guillaume de), seigneur de Digoine), III, 18.
Dambach, IV, 37, 41.
Damien (Roger), dit Robert, archevêque d'Aix, IV, 259-63; 268-69, 274; V, 200-201, 322.
Dammartin, II, 237.
Damoisel (Jean Le), V, 130 n.; VI, 374.
Damoiselle (Benoîte La), fille naturelle, VI, 374.
Dampierre-sur-le-Doubs, IV, 25.
Dampierre (Hector de), IV, 444-45.
Dampierre (seigneurs de). V° Chatillon; Rivière (la).
Dampmartin (Bureau de), I, 79 n.
Dameson (Jean), V, 15.
Danemark, V, 393; VI, 154-55, 206, 215, 221, 389.
Danemark (Rois de). V° Christiern; Christophe.
Dangu, V, 443.
Danicier. V° Annecy.
Dané (Gobault), II, 262 n.
Daniel, secrétaire, V, 360.
Danois (Ravant Le), III, 471 n.; V, 96-97, 116.
Darnetal, V, 14.
Darney, IV, 49, 129.
Daudonnet. V° Crail.
Dauphin d'Auvergne (Bérand III, comte), I, 376; II, 23, 69, 76, 96, 120, 122, 367 n., 370, 632.
Dauphine d'Auvergne (Jeanne), II, 127; V, 331.
Dauphin (Robert), évêque de Chartres, puis d'Albi, I, 319; II, 359 n., 528; III, 40; V, 331.
Dauphin (le héraut), V, 143.
Dauphiné, I, 30, 46; II, 31, 38, 39, 96, 176, 263, 561, 622-25; III, 44, 60, 124, 134; IV, 109 n., 199, 201, 207, 211, 245, 256 n., 341, 429; V, 127, 131, 136, 140, 141 n., 142 n., 167, 174, 176-77, 185, 201, 204, 433-34, 456, 459; VI, 50, 61, 72, 75, 78, 88, 95-98, 102-10, 117-18, 121-22, 148, 213, 219, 235, 277 n., 281, 315, 318, 329, 340, 348, 371-72, 378, 383, 423, 478-82, 485.
Dausque (Gilbert), V, 230 n.

DAUVET (Jean), procureur général, IV, 138, 376, 441; V, 77, 126 *n.*, 129-31, 223, 227 *n*, 237-41, 245-52, 336, 443 *n.*, 430; VI, 73, 189, 362, 356, 390, 436, 460 et s., 473-74.
DAVID (le roi), V, 226; VI, 191.
Dax, III, 24, 27 *n.*, 242, 244, 245, 251; V, 47, 51, 344, 334-35; VI, 365, 368, 378, 411.
Decize, II, 512 *n.*, 514; III, 212 *n.*; VI, 379.
DENIS (Perrenet), IV, 134 *n.*
DERNELEY (le seigneur de). V° STUART.
DÉSERT (Guillaume du), V, 365.
DESLANDES (Pierre), III, 471 *n.*
DESPOIS (Louis), III, 29 *n.*
Deventer, VI, 94 *n.*, 100.
Devonshire (comté de), VI, 270.
DEX (Geoffroy), IV, 53 *n.*, 54-5.
Dieppe, II, 53; III, 5, 25, 30, 263, 265, 269 *n.*, 271, 411, 460, 462, 476; IV, 22 *n.*, 116, 131-32, 321, 329 *n.*; V, 4, 8, 40 *n.*, 221-22, 239, 266-67, 334, 346, 442-43; VI, 145, 263 *n.*, 298, 379.
DIGNADAM, II, 353 *n.*
Digne, V, 191.
DIGNE (évêque de). V° TURELURE.
Dijon, I, 158, 184, 398; II, 47, 50, 81, 295, 318, 319, 320, 352, 372 *n.*, 387 *n.*, 402, 425, 444, 445, 446, 460, 507 *n.*, 514, 518, 519; III, 18, 70, 71 *n.*, 84, 97 *n.*, 168, 209-12, 223 *n.*, 260, 262, 263 *n.*, 315-16; IV, 23, 119-20, 122, 124-26, 130, 226, 375; V, 43 *n.*, 400 *n.*, 402, 406 *n.*; VI, 92, 265, 278 *n.*
DIJON (bailli de). V° COURCELLES.
DIJON (Jean de), II, 138 *n.*, 139 *n.*
Dinan, II, 26; III, 266; IV, 187; V, 28.
DINAN (Jacques de), seigneur de Beaumanoir, II, 568; III, 423.
DINAN (le vicomte de), II, 78.
DINAN (Françoise de), IV, 185.
DINTEVILLE (Pierre de), IV, 308 *n.*, 400 *n.*, V, 95 *n.*, 466.
Diois (comté de), II, 96, 564, 565; IV, 189, 223, 230.
DIRHILL (Thomas), vicomte d'Alençon, IV, 295, 297.
DISOISE (Antoine), VI, 245 *n.*
DJAKMAK, sultan d'Égypte, V, 100, 125, 395, 426; VI, 446 *n.*
Dol, V, 28.
Dôle, II, 46 *n.*, 50.
Domaine royal, I, 390, 407, 414-18; II, 561-64, 634, 638-39; III, 418-19, 467-68, 478; IV, 426-28; V, 308; VI, 347-48.
Dombes (pays de), II, 51; V, 401.
DOMER (Jean), I, LXX; VI, 405-406.
Domfront, V, 37, 335, 344, 427-28; VI, 45, 48, 53 *n.*, 54, 59, 197.
Domme, I, 202 *n.*, 224; II, 77, 382; III, 23; IV, 320 *n.*
Domène (châtellenie de), I, 415, 417.
DOMMESSENT (Louis), III, 144, 163, 259 *n.*, 275; IV, 130, 339 *n.*, 341 *n.*
Domremy, II, 236, 237, 256; III, 171; IV, 49; V, 377-79.
DONATI (Pietro), évêque de Padoue, III, 338.
DONIN (Frédéric, seigneur de), VI, 159.
Donziois, I, 121; II, 17, 320, 327, 357.
Donzy, IV, 424.
Dordogne (la), V, 43, 46, 268, 269 *n.*, 271-72, 275.
Dordrecht, II, 387, 388, 389; VI, 400.
DORIA (Baptiste), VI, 238.
DORIA (Barthélemy), VI, 333 *n.*
DORIA (Benoît), IV, 237-38, 242-43; V, 300 *n.*; VI, 238.
DORIA (Casan), I, 338.
DORIA (Louis), VI, 283 *n.*
DORIA (Marc), VI, 333 *n.*
DORIA (Théodore), IV, 237.
DORIOLE (Pierre), V, 84, 94 *n.*, 117 *n.*, 118 *n.*, 338, 443 *n.*; VI, 16 *n.*, 27 *n.*, 72, 79, 188, 206, 295, 308 *n.*, 351, 432-34, 436, 466, 471, 489.
Douai, III, 13, 98; IV, 123 *n.*; V, 234 *n.*; Église Saint-Amé à —, V, 325.
DOUCEREAU (Jean), VI, 373.
DOUCEREAU (Maurice), VI, 261, 288, 289 *n.*, 291 *n.*, 327.
DOUGLAS (Archibald IV, comte de), I, 71, 222, 238, 306, 320, 335; II, 15 *n.*, 63, 338, 339 *n.*, 340 *n.*, 563.
DOUGLAS (Archibald V, comte de Wigton, puis de), I, 200 *n.*, 320, 321 *n.*, 332-36, 406 *n.*; II, 276 *n.*, 563 *n.*; III, 320.
DOUGLAS (James), III, 321.
DOUGLAS (James, comte de), VI, 135, 139.
DOUGLAS (William), I, 310, 333 *n.*, 334 *n.*; III, 321.
DOUJAT (James), V, 89 *n.*
Doullens, II, 515, 534.
DOULX (Pierre), III, 124 *n.*
Dourdan, IV, 382; V, 421.
Douvres, II, 453, 462; III, 75; IV, 145.
DRESNAY (Regnault de), bailli de Sens, puis gouverneur d'Asti, IV, 48, 107 *n.*, 108 *n.*, 110 *n.*, 181, 187, 189 *n.*, 196, 198 *n.*, 247-51; V, 145, 158, 167, 173, 292, 295, 296 *n.*; VI, 68-69, 229, 232 *n.*, 244 *n.*, 299-300, 302 *n.*, 469, 490-93.
DREUIL (seigneur de). V° QUIERET.
Dreux, I, 27, 50, 231; II, 31 *n.*, 564; III, 14, 234 *n.*, 411, 462; IV, 328 *n.*; V, 18.
DREUX (comte de). V° ALBRET.
DREUX (Robert de), baron d'Esneval, V, 331.
DREUX (Guillaume), II, 93-94.
DREUX (Pierre), VI, 133.
DRUMMOND (William), I, 336 *n.*

Dufay (Guillaume), VI, 420.
Dumbarton, II, 499, 501; III, 35.
Dumferline, I, 335 *n.*
Dun-le-Roi, II, 89 *n.*, 109, 133, 275, 561; III, 418, 485; VI, 379, 391.
Duns (Conrad de), archevêque de Mayence, I, 337.
Dunkeld (évêque de). Vº Balston.
Dunkerque, III, 85; VI, 144 *n.*
Dunois (comté de), II, 20, 561.
Dunois (comte de). Vº Orléans.
Duras, V, 47, 334.
Duretal, III, 396.
Durfort (Aimery de), seigneur de Duras, V, 269 *n.*
Durfort (Galhard de), seigneur de Duras, I, 35 *n.*; V, 49 *n.*, 262 *n.*, 264, 277, 279, 281, 284.
Durham (évêque de), I, 255 *n.*, 256 *n.*

E

Ebersheim, I, 37.
Ébreuil, III, 61, 126; VI, 74 *n.*, 88.
Échiquier de Normandie, VI, 361.
Écluse (l'), I, 251; II, 368; III, 10; IV, 116 *n.*; VI, 105 *n.*, 144 *n.*, 379.
Écorcheurs, III, 13 et s., 25 *n.*, 26, 102, 168 *n.*, 259, 381-401; IV, 26 et s., 117, 120, 122.
Écossais, IV, 24, 192; VI, 415.
Écosse, I, 305-13, 321-22, 331-36; II, 34-36, 336-40, 395-99, 491-501; III, 35, 81, 318, 319, 320; IV, 181, 365, 384, 433 *n.*; V, 45 *n.*, 83, 180, 253 *n.*, 342, 393; VI, 27 *n.*, 126, 132-35, 139-41, 142-44, 296, 309, 325 *n.*, 344-45, 388.
Écosse (rois d'). Vº Jacques.
Écosse (reine d'). Vº Beaufort.
Écosse (Annebelle d'), VI, 135.
Écosse (Éléonore d'), duchesse d'Autriche, IV, 180-81, 202-205, 359, 362, 365-71; V, 186; VI, 202, 292, 343-44.
Écosse (Isabelle d'), duchesse de Bretagne, III, 321; IV, 110 *n.*; VI, 133-35.
Écosse (Jeanne d'), IV, 181-82, 202-205, 366; V, 82.
Écouché, V, 60 *n.*, 61 *n.*, 309, 428.
Éden (Guillaume), doyen de Nantes, II, 72 *n.*
Édimbourg, VI, 345 *n.*
Édouard III, roi d'Angleterre, I, 250; III, 270; V, 42.
Édouard IV, 142; VI, 50-54, 58, 270, 289-90, 324-28, 334-38.
Édouard, le prince noir, V, 42.
Édouard, roi de Portugal, III, 80, 91.
Éger, VI, 291 *n.*
Église gallicane, I, 365-70; II, 602-604; III, 332 et s., 344 et s., IV, 420-22; V, 215; VI, 370.
Église grecque, III, 333 et s., 365; IV, 258.
Églisottes (les), V, 43 *n.*
Eguisheim, IV, 36.
Égypte (sultans d'). Vº Diakmak; Inak.
Ehingen (Georges d'), IV, 83; VI, 31-32.
Eichstadt (Jean d'), IV, 348 *n.*
Elbeuf, III, 187.
Élisabeth de Luxembourg, reine de Hongrie, femme d'Albert II, III, 297, 306, 308-10, 316.
Ely (évêque d'), IV, 146.
Elye (Jean), I, 431.
Embrun, VI, 121 *n.*
Embrun (archevêque d'). Vº Gelu; Girard.
Emprunts, I, 391, 406, 408; II, 632-33, 638; III, 475-77; IV, 433-34; V, 341-43, 426-30, 450.
Engelhard (Henri), IV, 70, 72 *n.*, 73 *n.*, 127-28, 207 *n.*, 208 *n.*, 259 *n.*, 264, 266, 270, 361-65.
Enghien (Englebert d'), V, 332.
Enghien (Marie d'), dame de Cany, I, 236.
Enjorran (Pierre), II, 193 *n.*
Ennery, III, 181, 183.
Enriquez (Jean), I, 319.
Ensisheim, IV, 31-36, 42-45, 223 *n.*
Entre Deux Mers, V, 47, 49, 278, 334, 467.
Épaules (Richard aux), seigneur de Sainte-Marie, V, 423-25.
Épernay, II, 33, 46; III, 70 *n.*, 475.
Epfig, IV, 37.
Épinal, IV, 43, 49, 52, 59, 61-63, 423, 447-48; V, 330, 468 *n.*; VI, 380.
Épinay, III, 7.
Épine (Notre-Dame de l'), IV, 108.
Époisses, IV, 116.
Éragny, III, 186.
Érard (Guillaume), II, 247, 248, 251 *n.*, 523, 528 *n.*, 538.
Erbach (Thierry d'), archevêque de Mayence, III, 317; IV, 34 *n.*, 68 *n.*, 78, 256, 349; V, 394 *n.*
Erlant (Nicole), VI, 105 *n.*
Ernay, IV, 400.
Enquinvilliers (Jacquet d'), IV, 179.
Erstein, IV, 37.
Ervy, II, 40 *n.*; IV, 378.
Escaillon (le sire d'), II, 363.
Escaut (l'), IV, 15-16; V, 213.
Esch, III, 315; VI, 172.
Esch (Jean d'), IV, 22 *n.*, 23 *n.*, 25-27 *n.*, 53 *n.*
Eschainvilliers (Gilles d'), I, 356 *n.*
Eschau, IV, 37.
Escorbier (Macé), VI, 408.
Escouchy (Mathieu d'), I, lviii-lix; V, 427.
Escoxailles (Louis d'), I, 65-66, 97, 116, 122 *n.*, 141, 145, 149, 157, 159, 163, 166, 321, 336 *n.*, 359 *n.*
Escurolles (château d'), III, 126.

Esse (Mansard d'), bailly de Vitry), I, 70.
Espagne, II, 65; IV, 433 *n.*; V, 45 *n.*, 52, 56, 73, 83 *n.*, 101 *n.*, 201, 278, 391, 401 *n.*, 417 *n.*; VI, 19, 112-13, 260, 310.
Espagnols, IV, 21, 373; V, 393; VI, 121 *n.*
Espally, II, 19 *n.*, 55, 80, 316.
Espinasse (Étienne de l'), IV, 21, 388 *n.*, 399 *n.*, 411; V, 47 *n.*
Espinay (Robert d'), II, 78.
Espinay (Simon d'), II, 78.
Espine (Marie de l'), II, 181; IV, 89 *n.*
Esponville (Marguerite d'), dame de Montagu, V, 82; VI, 127.
Esquerra (Sancho), II, 312, 394.
Essarts (Cardin des), V, 237 *n.*, 247.
Essarts (Martin des), V, 336.
Essarts (Philippe des), V, 79 *n.*
Essay, V, 8, 27, 330, 443; VI, 50, 53-57.
Estaing (Guillaume d'), II, 80 *n.*, 278, 635 *n.*
Estaing (Guillot d'), sénéchal de Rouergue, VI, 35-36, 128, 466.
Estaing (Guy d'), II, 121.
Estampes (Guillaume d'), évêque de Montauban, V, 199, 322.
Estampes (Jean d'), évêque de Carcassonne, III, 337, 450, 457, 465; IV, 259; V, 62 *n.*, 77, 99 *n.*, 109 *n.*, 120, 317-18, 322, 343, 445, 473.
Estampes (Jean d'), évêque de Nevers, IV, 260; V, 322, 343.
Estampes (Jean d'), VI, 303 *n.*
Estampes (Robert d'), II, 632; V, 343.
Estampes (Robert d'), V, 343.
Este (Nicolas d'), marquis de Ferrare, II, 70, 305, 463, 485 *n.*, 486; III, 330.
Este (Borso d'), marquis de Ferrare, duc de Modène, V, 166; VI, 240, 251, 302-303, 314.
Este (Hercule d'), VI, 301.
Estelle, V, 137 *n.*
Estissac (Amaury d'), III, 30, 40, 60, 120 *n.*; IV, 24, 35 *n.*, 196-97, 207 *n.*, 208 *n.*; V, 66 *n.*, 173 *n.*, 186 *n.*
Estissac (Maurigon, sire d'), II, 146 *n.*, 289 *n.*
Estivet (Guillaume d'), V, 369, 374-75, 383.
Estivet (Jean d'), II, 231 *n.*
Estouteville (Blanchet d'), seigneur de Villebon, V, 421.
Estouteville (Jean, seigneur d'), I, 349; V, 191.
Estouteville (Jean d'), III, 192.
Estouteville (Guillaume, cardinal d'), évêque de Digne, puis archevêque de Rouen, III, 368, 369; IV, 221, 453; V, 77, 121, 160 *n.*, 166 *n.*, 172 *n.*, 178-79, 182-83, 189-97, 207-11, 213, 217 *n.*, 219, 325-26, 358, 363-66, 368 *n.*, 375, 381, 414-15, 459; VI, 67, 369.
Estouteville (Jean d'), seigneur de Blainville, puis de Torcy, grand maître des arbalétriers, III, 26, 125; IV, 48, 103, 107, 182, 339, 384-85, 386 *n.*; V, 8 *n.*, 17, 22 *n.*, 37, 69 *n.*, 62 *n.*, 72-73, 77, 79, 176-77, 183 *n.*, 191, 222, 224, 278 *n.*, 283, 310, 315, 332, 397, 420, 442, 449, 458-59, 465-66; VI, 24, 26, 36, 188, 206, 308, 354, 374, 400, 436, 440 *n.*, 444.
Estouteville (Louis, seigneur d'), grand bouteiller, II, 28, 97, 158 *n.*; IV, 111; V, 191, 315, 331, 422, 443; VI, 188.
Estouteville (Robert d'), prévôt de Paris, III, 192; IV, 12 *n.*, 24; VI, 61, 309.
Estuer (Jacques d'), seigneur de la Barde, VI, 323, 324 *n.*, 334 *n.*
Étampes, I, 30; II, 20, 354-55.
Étampes (comté d'), II, 561-62; IV, 382.
Étampes (comte d'). V° Bourgogne; Bretagne.
Étampes (comtesse d'), V° Ailly.
Étampes (bailli d'), V° Mazis.
Étaples, II, 53.
États d'Artois, V, 407 *n.*
États du duché de Bourgogne, V, 406 *n.*
États du comté de Bourgogne, V, 407.
États du Dauphiné, VI, 109.
États généraux, III, 401 et s., 441-42.
États de Languedoil, I, 359-64, 405; II, 568, 577-601, 631; III, 434-36, 442-43, 472.
États de Languedoc, I, 358, 405; II, 579, 582-601, 631; III, 436-41, 447, 472; IV, 117-19; V, 267 *n.*, 317-18; VI, 361-63, 389, 473.
États de Normandie, IV, 287 *n.*; V, 318-20, 327; VI, 53 *n.*, 363-65.
États de Savoie, VI, 74.
États généraux de Tours, VI, 451.
États provinciaux, I, 96, 357-59, 361, 396, 405; II, 581, 588, 600, 601; III, 445-46, 450-51; IV, 403; V, 320; VI, 365.
Étendards, IV, 22; V, 51-52.
Étrépagny, II, 35-36.
Eu, V, 222; VI, 336, 350, 379.
Eu (comte d'). V° Artois.
Eugène IV, pape, II, 438, 440 *n.*, 469, 470, 475-479, 488, 518, 520, 522, 536, 537, 603, 604; III, 84, 91, 146-47, 166, 327-28, 332-35, 338-44, 353-59, 362-65; IV, 17, 44, 66, 69, 222, 252-61, 264, 270, 272, 279, 282 *n.*, 310, 313, 314 *n.*, 360, 451; V, 115, 121, 191-92, 200-205, 210, 212, 249, 322 *n.*; VI, 416.
Eure (l'), IV, 435; V, 349; VI, 388.
Eusitius (saint), VI, 21.
Évaux, forteresse, III, 126.
Everbode (abbé d'), V, 228.
Evesham (le moine d'), I, 250 *n.*
Évreux, I, 296; II, 34, 131, 564; III,

5, 25, 454, 459 ; IV, 48 *n.*, 285-86, 303 *n.*, 326, 422, 455 ; V, 4-7, 378, 425, 441-42 ; VI, 379. — Église Saint-Sauveur à —, VI, 413.
Évreux (comte d'), V° Brezé.
Évreux (évêque d'), V° Floques.
Évreux (bailli d'), V° Floques.
Évreux (Jeanne d'), III, 270.
Évringham (Thomas), V, 274.
Exeter (duc d'). V° Holland.
Exmes, V, 8.
Eyczingeb (Oswald), VI, 165.
Eyczinger (Ulrich), VI, 156 *n.*
Eymet, III, 15.
Eypecat (Pierre), I, 351 *n.*
Eyrieu, IV, 212.
Eyton (Fouques), IV, 294-95, 301-304, 307, 311 *n.* ; V, 441.

F

Fages (Bouzon de), II, 28, 174 *n.*
Fagnan (Jean de), III, 379.
Falaise, I, 276 ; V, 7, 37, 40, 341, 423, 427-28.
Falaise (châtellenie de), I, 415, 417 ; III, 123 *n.* ; IV, 189 *n.*
Fanhop (lord), III, 23 *n.*, 159.
Farnberg (le), IV, 25.
Farnburg, IV, 25, 28.
Falstolf (Jean), II, 20, 29 ; III, 3, 4, 23 *n.* ; IV, 310 *n.*
Faubournet (Girault de), VI, 467.
Faubournet (Élie de), VI, 467.
Faubournet (Jean de), VI, 467-68.
Faubournet (Anette de), VI, 467-68.
Fauche (la), IV, 49 *n.*
Faucigny (baronnie de), IV, 230.
Faucomberge (lord), V° Nevill.
Fauguernon, V, 7 *n.*, 442.
Fautrier (Jean), doyen de Thonon, V, 177 *n.*
Faux-visages (les), IV, 286.
Favé (Jean de), V, 365.
Fayel (Jean de), vicomte de Breteuil, I, 268.
Fayette (Charles de la), IV, 179.
Fayette (Gilbert Motier, seigneur de la), maréchal de France, I, 30, 49, 128, 197 *n.*, 226, 230, 275-76, 349, 399 *n.*, 412-15 ; II, 15, 16, 85, 100, 122, 123, 130, 145, 148 *n.*, 264 *n.*, 299, 304, 336 *n.*, 515, 516 *n.*, 525, 540 *n.*, 568, 632, 636 ; III, 65, 70 *n.*, 117, 424, 442 ; IV, 48, 232, 268, 275, 391, 400 *n.* ; V, 12, 22, 235-36 ; VI, 431, 475.
Fécamp, III, 8 ; V, 8, 442. — Abbaye de —, V, 325.
Feldkirch, V, 186.
Félix V (l'antipape), V° Savoie.
Fenestrange. V° Finstingen.
Fenin (Pierre de), I, LVII-LVIII.
Fenstingen (Sivery de), IV, 22 *n.*, 25 *n.*
Ferdinand IV, roi d'Aragon, I, 303, 304, 312.
Fère (la), II, 45 ; III, 160.
Ferlin (Alain), III, 133.
Fermen (Jean), VI, 40 *n.*, 41 *n.*, 55, 57, 60.
Ferrare, V, 165-66.
Ferrare (concile de), III, 344, 353, 354, 355, 366. — V° Florence.
Ferrare (marquis de), V° Este.
Ferrat (Pierre), VI, 474.
Ferrebouc (François), V, 375, 382 *n.*
Ferrette (comté de), IV, 348, 370 *n.*
Ferrière (Marguerite de la), dame d'Asse, II, 181.
Ferrybridge (bataille de), VI, 328.
Ferté-Bernard (la), I, 246 ; II, 23, 29 *n.* ; IV, 328 *n.* ; V, 5 *n.*
Ferté-Fresnay (la), V, 7 *n.*, 442.
Ferté-Hubert (la), II, 32.
Ferté-Milon (la), II, 235.
Ferté Saint-Aubin (la), I, 126 *n.*
Feschal (Olivier de), I, 116 ; II, 236 *n.*
Feurs, V, 171 *n.*, 178, 181, 185, 187 *n.*, 298, 435, 456, 465.
Fèvre (Cardinet Le), V, 423.
Fèvre (Étienne Le), V, 413 *n.* ; VI, 14 *n.*, 213 *n.*, 308 *n.*, 312 *n.*, 354.
Fèvre (Guillaume Le), dit Verjus, I, 100 *n.*
Fèvre (Jean Le), évêque de Démétriade, V, 377 *n.*
Fèvre (Jean Le), seigneur de Saint-Remy, connu sous les noms de *Charolais* et de *Toison d'Or*, I, LX ; II, 452 *n.*, 518 *n.* ; III, 74-76, 78, 97, 98, 201, 206-7, 259, 261, 265, 271-72 ; IV, 118, 120, 125, 339 ; V, 83, 221, 228, 365, 396-97 ; VI, 26, 94, 105, 116 *n.*, 122, 177, 182-84, 210-11, 218, 224, 265, 269, 271, 285, 295, 307, 336, 447.
Fèvre (Julien Le), II, 275 *n.*, 573 ; III, 457.
Fez (émir de), VI, 389.
Fezensaguet (vicomte de). V° Armagnac.
Fiesco (Antoine-Marie de), IV, 238, 241.
Fiesco (Jean-Antoine de), IV, 222, 237, 241 ; VI, 239, 248.
Fiesco (Jean-Louis de), comte de Lavagna, IV, 238-39, 241.
Fiesco (Jean-Philippe de), IV, 238, 241 ; VI, 233.
Fiesco (Louis de), I, 280, 281, 368.
Figeac, II, 623, 628 ; III, 240.
Filelfe (François), V, 395 *n.*
Fillastre (Étienne), I, 66 *n.*
Fillastre (Guillaume), cardinal de Saint-Marc, I, 4 *n.*, 55 *n.*, 81, 92, 93 *n.*, 96 *n.*, 102, 107, 282, 306, 328, 330 ; II, 475.
Fillastre (Guillaume), évêque de Ver-

dun, puis de Toul, puis de Tournai, II, 151 *n.*, 437 *n.*; III, 149 *n.*; IV, 59, 124, 130, 312; V, 204 *n.*, 345, 398, 399 *n.*; VI, 117, 182, 274-76, 307, 338, 366-67, 447.
Filleul (Étienne), II, 639.
Filleul (Jeanne), IV, 89 *n.*, 90 *n.*; V, 58 *n.*
Finale, V, 100, 103 *n.*, 148.
Finale (marquis de). V° Careito.
Finances, I, 389 et s., 408-11, 418-19; II, 615 et s., 639-40; III, 463 et s., 478 et s.; IV, 426-31; V, 316, 338 et s.; VI, 381-84.
Fink (Hermann), VI, 420.
Finstingen (Jean de), IV, 35 *n.*, 38 *n.*, 71, 73, 76, 92; VI, 109, 202.
Flamands, IV, 123; V, 230.
Flandre, I, 258; II, 47, 50, 561; III, 8, 77-80, 84, 85, 102, 103, 110, 113-14, 144 *n.*, 148, 162; IV, 105, 124, 131, 133, 135, 181, 337, 347-48, 372, 373 *n.*, 380, 381; V, 48, 54, 224-25, 227, 232, 237-42, 252, 403, 407; VI, 43, 45 *n.*, 121, 123, 126, 131, 184 *n.*, 210, 265, 271, 278 *n.*, 285, 312 *n.*, 325, 340, 379, 419.
Flandre (Louis, comte de), VI, 274 *n.*
Flandre (Louis, deuxième comte de), VI, 274 *n.*
Flandre (Marguerite de), duchesse de Bourgogne, II, 425; VI, 274 *n.*
Flavigny, II, 47 *n.*
Flavigny (le seigneur de), IV, 92.
Flavy (Charles de), III, 476.
Flavy (Guillaume de), II, 53; III, 476.
Flèche (la), II, 29; III, 202; VI, 46.
Fleurance, II, 564.
Fleur-de-Lis, poursuivant, II, 267 *n.*
Fleurigny, IV, 203.
Fleury (Jean), vice-amiral de France, VI, 353.
Fleury (Jean de), évêque de Luçon, II, 296.
Fleury (le cardinal de), II, 298.
Fléville (Werner de), IV, 76 *n.*, 92, 260 *n.*
Floques (Guillaume de), évêque d'Évreux, V, 24.
Floques (Robert de), dit Floquet, bailli d'Évreux, III, 5, 11 *n.*, 17 *n.*, 21 *n.*, 25, 27 *n.*, 167-68, 184, 264, 455; IV, 48, 118, 138 *n.*, 196, 400 *n.*, 423; V, 4 *n.*, 5, 17, 32, 266, 420-21, 439-42; VI, 19 *n.*, 145, 177, 374, 468-69.
Florence, III, 327; IV, 234, 240, 244-45; V, 127, 145-48, 154-72, 196, 287, 291-97, 304-306, 414, 462, 464; VI, 233, 240, 242, 245, 249, 330.
Florence (république de), IV, 233, 245; VI, 227, 229, 297, 301 *n.*, 329-30, 242-43, 250.
Florence (concile de), III, 366-67, 377; IV, 253.
Florenga, III, 316.
Florentins, IV, 225 *n.*, 234, 245 *n.*; V, 147, 292-93, 304-307, 454-55; VI, 234 *n.*, 235, 240, 243, 298.
Florio (Francesco), VI, 416.
Foires, I, 421; II, 614; III, 485-86; IV, 435; V, 350; VI, 387-88.
Foix (comté de), VI, 350.
Foix (collège de), VI, 370.
Foix (Archambault de), sire de Navailles, I, 149 *n.*, 161-65, 170-71, 374; II, 325.
Foix (Gaston IV, comte de), IV, 91, 93, 100, 103, 104, 131, 182, 184, 195, 203, 328 *n.*, 329 *n.*, 410; V, 5 *n.*, 12 *n.*, 42, 47-48, 52, 73, 102 *n.*, 149, 185 *n.*, 268-72, 277-78, 290, 437, 464; VI, 26, 129-30, 166-68, 188, 208 *n.*, 237, 245 *n.*, 297 *n.*, 315, 350, 354, 365, 435 *n.*, 436, 440 *n.*, 441-42.
Foix (Gaston de), comte de Longueville, I, 153-54; II, 19 *n.*, 335.
Foix (Gaston de), captal de Buch, I, 374; V, 48-49, 262 *n.*
Foix (Jean, comte de), I, 196, 200, 357, 374, 375 *n.*, 396; II, 8, 12, 19, 24, 51, 60, 88, 114, 117-122, 126-131, 151, 163, 173, 290, 291, 300, 306, 310 *n.*, 334, 352, 391, 463, 464, 561, 563, 591, 592 *n.*, 594, 597, 599, 606, 620, 628 *n.*; III, 20, 40, 223, 244 *n.*, 245, 252-54.
Foix (Jean de), comte de Candale, V, 262 *n.*, 463-64.
Foix (Mathieu de), comte de Comminges, I, 107; II, 12, 32, 51, 114, 115, 117, 118, 119, 122, 123, 130, 131, 132 *n.*, 138, 287, 288, 289 *n.*, 306, 391, 561, 638; III, 240-41, 252-55.
Foix (Pierre de), cardinal d'Albano, II, 475.
Foix (Pierre de), vicomte de Lautrec, V, 268; VI, 26.
Foliano (Conrad de), V, 167 *n.*
Foncières (Philippe de), VI, 414.
Fontaine-l'Évêque, VI, 147.
Fontaine Notre-Dame en Valois (monastère de), V, 323-24.
Fontaine (Guérin de), I, 41.
Fontaine (le seigneur de), VI, 147.
Fontaine (Jacques de la), V, 115 *n.*
Fontaines (Louis de), V, 174, 183.
Fontaines (seigneur de). V° Daillon.
Fontarabie, VI, 129.
Fontenay-le-Conte, II, 85 *n.*, 264; III, 120 *n.*, 212 *n.*; IV, 407, 424.
Fontenay (Catherine de), V, 425.
Fontenay (Marguerite de), V, 425 *n.*
Fontenil (Pierre de), II, 174 *n.*, 280; IV, 12 *n.*, 310, 321, 324-25, 389 *n.*, 400 *n.*, 433 *n.*, 455; V, 22.
Forest (Jean), V, 131 *n.*
Forest (Robert), I, 310 *n.*

FORESTIER, VI, 435 *n.*
FORESTIER (Jean), V, 108 *n.*
Forez (le), I, 356 *n.*; II, 17, 426; III, 47, 131; IV, 317, 400 *n.*; V, 130, 171, 312; VI, 407.
FOREZ (bailli du). V° VERT.
FORGET (Jean), VI, 20 *n.*
Formigny (bataille de), V, 31 et s., 70, 72, 331.
FORTE EPICE. V° PAILLY.
FORTIN (Guillaume), V, 5 *n.*
FORTIN (Guy), V, 330.
FORTIN (Pierre), VI, 53, 59-61.
FOSCARI (François), doge de Venise, II, 477, IV, 40, 215 *n.*
FOSCO (Angelo), cardinal de Saint-Marc, II, 475.
FOUCAUD (Pierre de), I, 200.
FOUCAULT (Aubert), II, 597 *n.*
FOUCAULT (Jean), V, 110.
FOUCQUET (Jean), IV, 82, 85, 171; V, 406; VI, 189 *n.*, 416-18.
Foug, I, 316.
Fougères, II, 40 *n.*, 46, 279 *n.*; IV, 322-30, 385, 455; V, 4, 9-10, 150, 437-39; VI, 62, 194.
FOUGEROLLES (Artuse de), V, 79 *n.*; VI, 428-30.
FOULCAUT (Patrix), VI, 27 *n.*, 375, 426.
FOULIS (William), archidiacre de Saint-Andrews, III, 321 *n.*
FOULQUES NERRA, comte d'Anjou, V, 61.
FOURNIER (Guillaume), VI, 395.
FOURNIER (Jean), juge d'Anjou, I, 77 *n.*; III, 42; IV, 285 *n.*; V, 77.
FOUS (fête des), VI, 367.
FOX (Richard), moine de Saint-Alban, IV, 292 *n.*
FRANBERGER (Jean), II, 428, 430, 431, 433, 484 *n.*; III, 300; IV, 30, 361; VI, 375.
FRANC (François Le), V, 414 *n.*
FRANC (Guillaume Le), V, 331; VI, 398.
FRANC (Thomas Le), dit le Grec, V, 82, 414 *n.*; VI, 236, 398, 408.
FRANCE (maison de), IV, 102, 225 *n.*; V, 408-409; VI, 34, 167, 201, 212-13, 217, 228-33, 252, 267, 272, 298-99, 473, 483, 487, 491.
FRANCE (Dauphins de). V° JEAN; LOUIS.
FRANCE (Charles de), duc de Berry, IV, 170, 201; V, 82, 413; VI, 18-20, 22 *n.*, 89, 172-73, 187, 195, 199, 203, 208, 266, 268, 294, 311, 395, 398-99, 431-32, 475.
FRANCE (Jacques de), fils de Charles VII, II, 303, 481; III, 56, 57 *n.*, 279 *n.*, 296; IV, 88.
FRANCE (Jean de), fils de Charles VII, II, 187; III, 56.
FRANCE (Joachim de), fils du Dauphin Louis, VI, 266, 284.
FRANCE (Philippe de), fils de Charles VII, III, 33, 56, 95-96, 279 *n.*
FRANCE (Catherine de), comtesse de Charolais, II, 187, 303; III, 57, 102, 105, 106, 214; IV, 188, 337-38; V, 222; VI, 223, 265.
FRANCE (Isabelle de), I, 249.
FRANCE (Jeanne de), duchesse de Bretagne, I, 207; II, 279 *n.*, 296; VI, 400.
FRANCE (Jeanne de), comtesse de Clermont, puis duchesse de Bourbon, IV, 143, 200, 203; V, 82, 98, 112, 400, 402, 469-70.
FRANCE (Madelaine de), IV, 89 *n.*, 143; V, 82; VI, 18-21, 122, 158-71, 202-3, 224, 261.
FRANCE (Marguerite de), comtesse de Flandre, VI, 274 *n.*
FRANCE (Marie de), religieuse, III, 57 *n.*, 63.
FRANCE (Michelle de), duchesse de Bourgogne, I, 103, 183; II, 331, 355, 518-19.
FRANCE (Radegonde de), II, 187, 189, 303, 430, 481, 541 *n.*; III, 36, 101 *n.*, 298; IV, 11, 30, 36, 76, 77, 94, 360 *n.*, 366; V, 98.
FRANCE (Yolande de), princesse de Piémont, II, 279, 303; III, 44, 101 *n.*; V, 145, 152, 169, 180, 431; VI, 72-73, 266, 269.
Francfort, IV, 35 *n.*, 46 *n.*, 75, 76, 82, 255-56, 261, 264, 365 *n.*; V, 398-99, 406, 408-409; VI, 294.
Franche-Comté, IV, 24, 121, 123-24, 126, 129, 137, 334, 378; V, 225, 397, 406 *n.*; VI, 89, 181 *n.*
FRANCHE-COMTÉ, hérault d'armes, II, 513 *n.*; III, 74, 153 *n.*, 157.
FRANCHOMME (Pierre), I, 314 *n.*
Franciscains, V, 395; VI, 369.
Francs-archers, IV, 401-404; V, 267-68, 346-47; VI, 371, 385-86.
FRÉDÉRIC III, empereur d'Allemagne, III, 261, 262, 298, 300, 301, 302, 305, 306, 309, 312, 313, 315, 316, 330, 331, 372; IV, 9-11, 14, 21 *n.*, 25 *n.*, 30, 31 *n.*, 33-36, 39-44, 50, 52, 56, 60-76, 119 *n.*, 221, 224, 253-56, 259, 261, 264, 266, 269, 274-77, 298, 301-302, 331, 337, 344-57, 360, 364, 368, 371, 374, 446-47; V, 139 *n.*, 145 *n.*, 146, 149, 155 *n.*, 162, 165-67, 171 *n.*, 180, 367 *n.*, 396, 398, 414, 451; VI, 92 *n.*, 154, 156, 164-65, 199-200, 215, 222, 250, 278-79, 294.
FREGOSI (les), V, 161 *n.*; VI, 490.
FREGOSO (Janus de Campo), doge de Gênes, III, 330; IV, 237-44.
FREGOSO (Louis), VI, 340.
FREGOSO (Paul), archevêque de Gênes, VI, 332-35.
FREGOSO (Pierre de Campo), doge de Gênes, V, 294 *n.*, 300 *n.*, 302, 304; VI, 229-48, 489-90.

Fregoso (Thomas de Campo), doge de Gênes, I, 337-38; IV, 222, 237.
Fresnay-le-Vicomte, II, 268; V, 27.
Fresnay-l'Évêque, III, 461; IV, 424.
Fresnel (Pierre), évêque de Lisieux, puis de Noyon, I, 81, 259.
Fresnoy (Henri de), II, 488.
Fretard (Olivier), II, 29; V, 114 *n.*
Friboys (Noel de), I, lxxi; V, 213; VI, 105-6.
Fribourg, IV, 367-68; V, 186; VI, 66 *n.*
Fribourg-en-Uechtland, VI, 202.
Fribourg (Jean, comte de), seigneur de Neufchastel, maréchal de Bourgogne, I, 165; II, 51, 500; III, 168, 171, 263.
Fribourg (le héraut), V, 306 *n.*
Frige, VI, 405.
Frionet, IV, 48 *n.*
Frise (la), III, 163; IV, 348, 353 *n.*, 356, 373 *n.*; VI, 92.
Froder (Guillaume), VI, 407.
Frogenhall (Richard), bailli d'Alençon, IV, 297.
Froidmantel, IV, 171.
Froissart (Jean), V, 41.
Froment, secrétaire, V, 448.
Fromentières (Guy de), VI, 20, 431.
Fromentières (Jean de), V, 87.
Fronsac, V, 46, 47 *n.*, 51, 266, 268, 278, 466.
Frontin, VI, 407.
Frotier (Pierre), I, 60, 88 *n.*, 140 *n.*, 160, 171, 208, 226, 238, 350, 412, 431, 433; II, 65-67, 86, 87 *n.*, 90-93, 102, 103, 150 *n.*, 558 *n.*, 564; IV, 375; V, 21, 61 *n.*, 62 *n.*, 83 *n.*, 102 *n.*, 331.
Frotier (Prégent), baron de Preuilly, V, 83 *n.*; VI, 431.
Fulham, IV, 160.
Fumée (Adam), VI, 398, 439.
Fumel, III, 15.
Fumel (Taudonnet de), III, 167 *n.*
Fuzelier (Jean Le), III, 157 *n.*
Fuzil, poursuivant d'armes, II, 514 *n.*, 518 *n.*; III, 218 *n.*; VI, 178 *n.*

G

Gabourreau (Pierre), V, 109, 110 *n.*
Gacé, V, 127 *n.*, 131-32, 442.
Gachault, IV, 105-06.
Gaëte, III, 328.
Gaillac, II, 564.
Gaillardet, V, 277, 280.
Gaillon, II, 15; III, 461; IV, 80 *n.*
Galata, V, 391.
Galerain (Jean), VI, 110 *n.*
Gallardin, I, 228; II, 25, 48.
Galles (pays de), VI, 290, 291 *n.*, 296, 325, 337.
Gallet (Edmond), VI, 41 *n.*, 53-57, 137, 139 *n.*, 394 *n.*
Gallet (Louis), IV, 310 *n.*, 314, 317 *n.*, 319-20; VI, 53, 55, 261-62.
Gallet (Simon), VI, 289.
Gallois de Vaussemain (le), IV, 180.
Galloway (évêque de). V° Spence.
Gamaches (Guillaume de), I, 116; II, 569.
Gamaches (Jean de), II, 634.
Gamaches (Philippe, sire de), I, 45 *n.*, 50, 52, 148 *n.*; II, 67 *n.*, 120 *n.*; III, 30; 60; V, 62 *n.*
Gamaches (Philippe de), abbé de Saint-Denis, V, 373; VI, 188.
Gamaches (Blanche de), dame de Châtillon, III, 30; IV, 89 *n.*; V, 80; VI, 22.
Gamaches (Marie de), IV, 177.
Ganay, avocat, V, 431-32.
Gand, I, 184; II, 9 *n.*, 37 *n.*; III, 99, 101, 102, 163; IV, 131-35, 335 *n.*, 370 *n.*, 374 *n.*; V, 229-33, 238-46, 250-60, 394; VI, 81 *n.*-83 *n.*, 157, 266 *n.*
Gannat, III, 131 *n.*; V, 368 *n.*; VI, 77-78, 129, 234, 379, 406 *n.*
Gara (Nicolas de), comte palatin de Hongrie, I, 263; II, 347.
Garatoni (Christophe), III, 333.
Garcie (Martin), IV, 398 *n.*; V, 47 *n.*
Garde du Roi, I, 429-31; IV, 179-80, 192-93, 198; V, 21, 60 *n.*, 68, 72, 86, 107, 423; VI, 27-28, 135, 434 *n.*
Garenne (Jean de la), prévôt de l'hôtel, V, 267 *n.*; VI, 28 *n.*, 73, 119, 188, 443.
Garet. V° Caretto.
Garges (Regnault de), II, 80 *n.*, 262 *n.*
Garguesalle (Jean de), VI, 97-98, 479.
Garivel (François), V, 380 *n.*
Garivel (Jean), II, 209 *n.*
Garnier (Michel), III, 174 *n.*
Garonne (la), V, 47, 278.
Garsiis (Louis de), chanoine de Bologne, II, 524, 541.
Garter, roi d'armes d'Angleterre, III, 23, 28, 80 *n.*, 202, 203; IV, 168, 182, 203, 287, 295-96, 305, 306, 318.
Gascogne, II, 532; III, 15, 110; IV, 22 *n.*, 398 *n.*, 400 *n.*; V, 41, 348; VI, 327.
Gascons, V, 42, 44, 274 *n.*, 276, 284-85, 279-81, 463-64; VI, 365.
Gassay. V° *Gacé*.
Gassias (John), III, 29 *n.*
Gast (Louis), bailli de Meaux, I, 356 *n.*
Gâtinais, II, 17; III, 48; IV, 400 *n.*
Gaucourt (Charles de), seigneur de Châteaubrun, VI, 17, 30, 354, 443.
Gaucourt (Raoul, sire de), I, 240; II, 16, 39, 42 *n.*, 44, 50, 51, 85 *n.*, 126, 147, 153, 155, 161, 163, 165, 171 *n.*, 174 *n.*, 208 *n.*, 209 *n.*, 263, 267 *n.*, 282, 289, 304, 306 *n.*, 408, 415, 422, 428, 452, 453 *n.*, 481, 484 *n.*, 486,

632, 638; III, 15 *n.*, 20, 26, 43, 84 *n.*, 121, 127, 142, 166-67, 211, 216, 218, 219, 265, 271 *n.*, 273 *n.*, 309, 301, 327, 328, 329, 364; IV, 21 *n.*, 39, 40 *n.*, 145, 221, 224, 310-11, 331 *n.*, 337, 369, 371, 388 *n.*; V, 4, 7, 12, 72, 77, 79, 91 *n.*, 118 *n.*, 145 *n.*, 223-24, 266, 291 *n.*, 315, 356, 380, 442; VI, 16, 17 *n.*, 24, 66, 70, 188, 427, 436.
Gaucourt (Isabelle de), II, 181, 506 *n.*
Gaucourt (Marie de), dame de Beauchâtel, V, 82 *n.*; VI, 427.
Gaucourt (dames de). V° Precilly; Vaux.
Gauffredi (Guillaume), VI, 374.
Gauquelin (Guillaume), dit Sablé, IV, 145 *n.*
Gaure (comté de), II, 568.
Gauvigneau (Macé), VI, 119 *n.*
Gave (Matheline de la), dame de Mirandol, II, 126 *n.*, 154, 181.
Gavray, V, 10, 26, 311.
Gavre, V, 231, 260.
Gavre (Jean de), évêque de Cambrai, II, 527.
Gaya-Gareva, I, 303 *n.*
Gayet (Gilbert), V, 215.
Gazeau (Guillaume), IV, 178-80.
Gazelle (Jeanne), V, 58 *n.*
Gere (Nicolas), archidiacre de Bayeux, II, 316.
Geispoltzheim, IV, 37.
Gelu (Jacques), archevêque d'Embrun, puis de Tours, I, 106, 108, 111, 117, 312, 319-20; II, 91, 189, 195 *n.*, 217 *n.*, 310 *n.*
Geluse (Jean), I, 156.
Genappe, VI, 115-16, 123, 126, 166, 200, 304 *n.*, 314, 325-26, 438 *n.*, 439, 441, 456.
Gençais, II, 65, 66, 140, 157, 158 *n.*, 263, 279.
Genciens (Jean), II, 617; III, 171, 474 *n.*; V, 317.
Genciens (Pierre), I, 112 *n.*, 395, 399, 410 *n.*; II, 617, 624 *n.*
Gênes, I, 338; IV, 44, 200, 201, 208, 222-23, 227, 230, 242-43, 322-23, 328, 331-45, 363; V, 100, 116, 117 *n.*, 138, 140, 146-49, 155, 161-69, 291, 295, 298-304, 392-93; VI, 227-56, 283, 287 *n.*, 298-303, 306, 312 *n.*, 315-18, 331-34, 339 *n.*, 340, 375, 464, 469, 487, 493-95.
Gênes (Barthélemy de), des frères mineurs, IV, 254 *n.*
Genès (Guillaume), dit l'Auvergnat, IV, 17 *n.*, 85 *n.*; V, 134 *n.*, 331; VI, 421 *n.*
Genès (Guillaume), V, 331.
Genève, IV, 228, 230 *n.*, 257, 269 *n.*, 270, 276-77, 363; V, 59 *n.*, 100, 142, 178, 298; VI, 69, 71, 73 *n.*, 470.
Genève (comte de). V° Chalon.
Geneviève (sainte), IV, 215.
Genevois (Étienne), évêque de Saint-Pol, VI, 102 *n.*
Genissac, VI, 467-68.
Génois, VI, 229, 233, 239, 245, 248, 334, 339-40, 487-90.
Gens de guerre (désordres des), I, 432-34; II, 646-49; III, 385-91; IV, 13, 22 *n.*, 24, 29, 37, 39, 58, 65, 117, 121, 126, 338-39, 444-46; V, 347-48; VI, 216, 222, 385.
Gensac, V, 43, 271.
Gentils (Jean Le), V, 213 *n.*
Georges (bannière de saint), V, 463.
Géorgie (prince de), VI, 315.
Gérard (Thomas), III, 25 *n.*
Gerbe (Jean), II, 617.
Gerberoy, II, 52; III, 7, 19; IV, 328, 330 *n.*; V, 4, 138-39.
Gerberoy (bailli de), V, 412.
Gère (Bernard de), III, 206 *n.*, 223 *n.*
Gerino (Ulric), VI, 110.
Germain (Jean), évêque de Châlon, puis de Nevers, II, 251 *n.*, 445, 451 *n.*, 509; IV, 205, 372; V, 195 *n.*, 228, 242 *n.*, 407-408.
Germanicus, IV, 85 *n.*, 86.
Gerson (Jean Charlier, dit), I, 198, 243; II, 303; V, 381; VI, 359.
Gervays (Philippe), VI, 28 *n.*
Gévaudan, I, 393; II, 591, 601, 634; VI, 402.
Giac (Pierre de), I, 149 *n.*, 155, 163, 165, 193; II, 25, 91, 93, 103, 117, 118, 119, 122-25, 128-30, 132 *n.*, 133, 134, 135 *n.*, 136 *n.*, 137, 138-40, 146, 153, 567, 591, 652; V, 70.
Giac (dames de). V° Isle-Bouchard; Naillac; Peschin.
Gien, I, 122 *n.*, 175, 211; II, 28, 85 *n.*, 224, 277, 412, 551, 561-62; III, 39 *n.*, 47, 49, 213, 214; IV, 129.
Gien (comté de), IV, 382.
Gillain (Jean), IV, 115 *n.*
Gilles (Pierre), VI, 121.
Gillet (Thomas), VI, 15-16, 50-54.
Gillier. V° Guillier.
Giffart (Olivier), V, 275 *n.*
Girard (Guillaume), VI, 131, 475, 484.
Girard (Jean), archevêque d'Embrun, IV, 269 *n.*, 275 *n.*; V, 177 *n.*
Girard (Jean), I, 313; II, 21 *n.*
Girard (Jean), docteur ès lois, II, 343, 357 *n.*, 381.
Girard (Joachim), II, 499, 501, 503.
Girard (Laurent), V, 84, 237.
Girard (Regnault), seigneur de Bazoges, II, 244, 284, 493-501; III, 35-38, 103, 107.
Girardeau, secrétaire, IV, 444, 448.
Giresme (Nicole de), V, 331-32, 395; VI, 188.

Giresme (Raymond de), V, 331.
Giresme (Regnault de), VI, 336.
Giresme (Sinade de), II, 267 *n.*
Girbault (Louis), V, 32, 275.
Gironde (la), V, 46, 50, 272 *n.*, 278, 461; VI, 263 *n.*
Gisors, I, 41, 153; II, 5, 6, 7, 8, 17, 24; V, 425, 444.
Glaréan, VI, 420.
Glaris, IV, 10, 32.
Glascow, IV, 360.
Glascow (l'archidiacre de), VI, 141.
Glasgow (N., évêque de), II, 509.
Glesquin (Yvon), II, 72.
Gleiches (le comte de), III, 312; VI, 160.
Glendower (Owen), I, 251.
Glocester (duché de), VI, 51.
Glocester (Humfroy, duc de), I, 138, 239, 298; II, 17, 18, 21, 362-65, 374, 391, 462, 522 *n.*, 528 *n.*; III, 8, 10, 76, 77, 78 *n.*, 88, 102, 153, 155, 158, 170, 180; IV, 147-48, 151, 153, 155, 201-03; V, 331.
Glocester (Antigone de), V, 331.
Glocester (Reginald, abbé de), IV, 306, 314, 319.
Gobert (Jean), archidiacre de Langres, I, 327.
Godard (Jacques), III, 91 *n.*
Godart (Jean), II, 462 *n.*, 463 *n.*
Godart (Pierre), V, 97 *n.*
Godeau (Pierre), V, 89.
Godet (Robert), V, 95 *n.*
Goedhals (Henri), I, 154.
Gozisac (Pierre de), II, 78 *n.*
Golant (Roger de), roi d'armes de Normandie, V, 141-43, 421-22; VI, 183, 187.
Gombault (Guillaume), vicomte de Rouen, V, 424.
Goncourt, V, 225.
Gonnelle (Jeanne), V, 77 *n.*
Gomont (monastère de), III, 455.
Gonesse, I, 238.
Gonsalez (Jean), I, 431.
Gonzague (Jean-François), seigneur, puis marquis de Mantoue, II, 311.
Gonzague (Louis de), marquis de Mantoue, VI, 205.
Gonzague (Dorothée de), femme de Galéas-Marie Sforza, VI, 205.
Gonet (Pierre), V, 25 *n.*
Gorlitz (duché de), III, 310.
Gorlitz (Jean, duc de), III, 306.
Gorlitz (Élisabeth, duchesse de), III, 307-12, 314-16; IV, 331; VI, 156.
Gorquem, poursuivant, III, 149 *n.*, 158 *n.*
Gorremont (Pierre de), I, 107 *n.*
Gorze (abbaye de), III, 455; IV, 400 *n.*, 421.
Gosquin (messire). V° Musnier.
Gosset (Jean), I, 386 *n.*
Gouffier (Jean), I, 413; III, 457.
Gouffier (Guillaume), sénéchal de Saintonge, IV, 174 *n.*, 178, 180, 206, 215, 217 *n.*, 218; V, 65-67, 70, 77, 79 *n.*, 84, 87, 91, 103, 108, 109, 118 *n.*, 131 *n.*, 309; VI, 8 *n.*, 10 *n.*, 17, 119-20, 236-37, 353, 426, 453-54.
Gouge de Charpaigne (Guillaume), évêque de Poitiers, V, 116.
Gouge de Charpaigne (Martin), évêque de Clermont, I, 65 *n.*, 66, 79 *n.*, 82, 117, 119, 144, 206, 239, 348; II, 61, 64, 78 *n.*, 79, 85 *n.*, 90, 110, 119, 123, 145, 149, 199, 274 *n.*, 317, 319, 330 *n.*, 360, 361; III, 44, 147, 224.
Gough (Mathew), III, 4, 25 *n.*; IV, 24, 38, 41, 118, 185, 287, 290, 294-95, 300-305, 307, 311 *n.*; V, 26, 28, 30-34.
Goulard (Bertrand de), I, 339.
Goulard (Giraud de, bailli de Berry), III, 13.
Gourdon, IV, 409, 424-25.
Gournay-en-Bray, V, 8, 335, 443.
Gournay-sur-Aronde, II, 37, 38 *n.*; V, 59.
Gournay-sur-Marne, II, 40 *n.*
Goux (Pierre de), IV, 319, 372, 374 *n.*, 376, 383; V, 220 *n.*; VI, 325, 335, 336 *n.*
Gower (Richard), V, 422.
Gower (Thomas), V, 38, 428.
Goyon (Guillaume), évêque de Luçon, II, 206.
Grâce-Sainte-Marie (abbaye de), V, 324.
Graille (Jean de), VI, 454.
Grancey, II, 50.
Grand (frère Jacques Le), I, 8.
Grandmont (abbaye de), I, 371; V, 192, 323.
Grandmont (seigneur de). V° Martel.
Grandval (Artaud de), abbé de Saint-Antoine, I, 330, 342; II, 311, 347, 399 *n.*
Grange (Charlot de la), VI, 409.
Grange (Jean de la), V, 221 *n.*
Granges (les), IV, 25 *n.*, 125, 334 *n.*
Granier (Pierre), V, 109 *n.*; VI, 461-63, 474.
Grantmont (Bertrand de), V, 43 *n.*
Grantmont (François, seigneur de), V, 333.
Granville, III, 8, 25; IV, 12 *n.*, 187, 313, 315, 321, 400 *n.*, 424, 435; V, 9; VI, 41, 52, 54, 57, 435 *n.*
Gras (Robert Le), vicomte de Pont-Audemer, V, 330.
Grasset (Perrinet), II, 128, 130, 373, 374 *n.*, 375 *n.*
Grasset (Regnault de), V, 331.
Gravelines, III, 19, 62, 104, 112, 113, 114, 143, 150, 152, 159, 197, 218, 224-25; V, 258 *n.*; VI, 114 *n.*, 270 *n.*

Gravelle (la), II, 14, 29, 59, 64, 636.
GRAVILLE (Jean, sire de), grand maître des arbalétriers, I, 38; II, 16, 21 *n.*, 123, 147 *n.*, 174, 263, 272 *n.*, 280; III, 36, 51; V, 315.
GREBAN (Simon), VI, 421 *n.*
Grèce (la), IV, 378; V, 220.
Grecs, IV, 253-54; V, 395; VI, 409.
GRÉGOIRE XI, pape, V, 215.
Grenade (royaume de), VI, 31, 131.
Greneterie (abbaye de la), V, 321.
Grenoble, II, 577, 622; V, 131, 142; VI, 40, 86, 102 *n.*
GRENOBLE (évêque de. V° ALLEMAND.
GRENOBLE (le héraut), V, 27 *n.*
GRENTE (Jean de), VI, 451 *n.*
GRESILLE. V° CHENART.
GRESLÉ (Blaise), archevêque de Bordeaux, IV, 260; V, 77, 89, 108 *n.*, 222 *n.*; VI, 66, 70, 159.
Grestain (abbaye de), V, 26.
Greux, IV, 49; VI, 378.
GREY (Richard, seigneur de), I, 255 *n.*, 256 *n.*, 287.
GREYSTOCK (Ralph, lord), IV, 92.
GRIFFIN (Robert), I, 310 *n.*
GRIGNON (N..., sire de), II, 121.
GRIGNOLS (seigneur de). V° TALLEYRAND.
GRILLE (François), III, 470 *n.*
GRIMALDI (Alvaire de), IV, 227 *n.*
GRIMALDI (Antoine), VI, 233.
GRIMALDI (Baptiste), VI, 233.
GRIMALDI (Bonard de), VI, 247, 489.
GRIMALDI (Hugues de), I, 353.
GRIMALDI (Philippe de), I, 338, 342; IV, 227 *n.*
GRIMESTON (Edward), III, 207 *n.*; IV, 326 *n.*, 459.
GRINION (Jean), V, 109 *n.*
GRISELAINE (Jean), V, 330.
GROBNET (Guillaume), II, 405 *n.*
GROIN (Hélion Le), V, 47 *n.*
GROLÉE (Guy de), I, 83 *n.*, 278.
GROLÉE (Humbert, sire de), I, 30, 209, 356 *n.*; II, 267 *n.*, 357 *n.*, 635.
GROLÉE (Jean de), prévôt de Montjou, IV, 71, 228, 257 *n.*, 260 *n.*, 277; V, 183; VI, 464.
GROUCHET (Richard du), V, 365.
GROUCHY (Jean de), III, 5.
GRUEL (Guillaume), I, LVIII.
GRUEL (Raoul), II, 359 *n.*, 541.
Gruillier (pour *Auvilliers*), V, 112.
Gruselles, IV, 380.
GRUTHUSE (Louis de la), VI, 323 *n.*, 337 *n.*
GRUTHUSE (le héraut), VI, 337 *n.*
Gué de Mauny (le), I, 371.
GUÉ (Jean du), évêque d'Orléans, IV, 451.
GUEHO (Pierre), II, 127.
Gueldres (duché de), IV, 358 *n.*
GUELDRE (maison de), VI, 261.
GUELDRE (Arnould d'Egmont, duc de), II, 524-26; III, 78, 208, 214, 303, 314 *n.*; IV, 128, 342, 350; VI, 153.
GUELDRE (duchesse de). V° CLÈVES.
GUELDRE (Marie de). V° MARIE.
GUELLES (Pierre de), II, 514 *n.*
GUEMENÉE (seigneur de). V° ROHAN.
Guérande (traité de), I, 203.
Guerbigny, II, 38 *n.*
Guerche (la), II, 358; III, 29; V, 74, 76, 83 *n.*; V, 47 *n.*, 63-64; VI, 8.
GUÉRIN (Guillaume), archidiacre de Poitiers, I, 112 *n.*
GUÉRINET (Léonard), V, 109, 110 *n.*, 118.
Guernesey (île de), V, 53 *n.*, 405; VI, 270, 328.
GUESCLIN (Bertrand du), II, 45, 143; III, 111; VI, 407.
GUESDON (Laurent), V, 424 *n.*; VI, 374.
GUETEVILLE, greffier, V, 432.
GUETTHUIN (Richard), III, 7 *n.*
Guiche (château de), V, 43.
GUIDAS (Fouquet), III, 124; IV, 388 *n.*; V, 73, 80, 102 *n.*, 311; VI, 27 *n.* — Sa femme, V, 73, 80.
GUIDOBONI (Antoine), IV, 248 *n.*
Guierche (la), III, 16; V, 5 *n.*
Guildo (le), IV, 185-87.
GUILLEBAUT (Jean), II, 456 *n.*
GUILLAUME-LE-CONQUÉRANT, VI, 289 *n.*
GUILLIER (Étienne), III, 191 *n.*, 192 *n.*; V, 76.
GUINART (Guillaume), V, 182 *n.*
Guines, II, 432, 561; III, 110, 112; IV, 157; VI, 271, 288, 296.
Guise, I, 34 *n.*, 53, 401; II, 9, 15, 17, 57 *n.*, 420, 561.
Guise (comté de), I, 316.
GUISE (Annette de), IV, 89 *n.*, 107 *n.*, 108 *n.*, 181, 189 *n.*
GUISE (Jeanne de), IV, 89 *n.*, 108 *n.*, 181, 189 *n.*
GUTENBERG (Jean), VI, 409.
GUY (Nicolas), V, 330.
Guyenne, I, 251; II, 8, 13, 19, 34 *n.*, 39, 40 *n.*, 415, 530, 532, 592, 595, 597, 599, 619; III, 14, 15, 19, 23, 27, 28, 29, 56, 108, 112, 232, 233, 246, 250-52, 276; IV, 91, 156-58, 433 *n.*; V, 40-55, 71; 74-75, 78, 117 *n.*, 121, 138-39, 153, 157, 181-82, 195, 213, 252, 259 *n.*, 261-71, 274, 281, 289, 293, 309, 311-12, 327-30, 333-34, 338-41, 345, 405, 460, 461, 467-68; VI, 32, 41, 49, 56, 66, 97, 120, 139, 142, 145, 196, 342, 348, 356-57, 360-61, 365, 370, 373, 376-77, 384-85, 411, 432, 486.
GUYENNE (duc de). V° LOUIS.
GUYENNE (duchesse de). V° BOURGOGNE.
GUYENNE (sénéchal de). V° COËTIVY.
GUYENNE (le héraut), V, 171 *n.*

H

Habert (Nicolas), évêque de Nîmes, II, 399 *n.*
Hacqueville (Jacqueline de), IV, 89 *n.*
Hacqueville (Marguerite de), IV, 89 *n.*, 108 *n.*, 110 *n.*
Haguenau, IV, 37, 61 *n.*, 72 *n.*
Haiche (Noël Le), III, 271 *n.*
Haillan (le), V, 44.
Hainaut, II, 18, 20, 21, 363, 364, 368, 424, 426, 427 *n.*; III, 13, 78, 79, 149, 169, 175; IV, 99, 117-18, 132, 137, 139, 336, 347, 353, 356, 373 *n.*; V, 225; VI, 112, 117.
Hainaut (comté de). V° Bavière.
Hainaut (comtesse de). V° Bourgogne.
Haimolde (Jacquemin). V, 332.
Hal (Notre-Dame de), VI, 115, 184, 456.
Halé, avocat, V, 108 *n.*, 123 *n.*, 431-32.
Hallé (François), VI, 148, 354.
Hallé (François), premier valet tranchant, VI, 272.
Halmestadt (Martin de), IV, 22 *n.*, 25 *n.*
Halwill (Thierry de), IV, 35.
Ham, II, 52, 513; IV, 380, 384; V, 221, 224.
Hambie, V, 9 *n.*
Hamel (Amaury du), V, 424 *n.*
Hamel (Simon du), V, 4 *n.*
Hamelin (Barthélemy), I, 363.
Hames, VI, 333 *n.*
Hangest (Jean de), seigneur de Genlis, IV, 93; V, 78 *n.*, 102 *n.*, 421; VI, 10, 11 *n.*, 155, 296 *n.*, 323, 400. — Sa femme. V° Amboise.
Hannefons (Jean), IV, 321, 325, 455; V, 15.
Haplincourt, II, 48.
Haranvillier (Robert de), IV, 48 *n.*, 398 *n.*
Haraucourt (Charles de), IV, 161 *n.*
Haraucourt (Jacques de), IV, 93.
Haraucourt (Louis de), évêque de Toul, IV, 61, 92.
Harcies (Jacques de), VI, 147.
Harcourt, III, 17 *n.*; V, 6, 8, 88 *n.*, 421, 440-43.
Harcourt (comté d'), II, 531.
Harcourt (Christophe d'), II, 85, 91, 99, 117, 210, 216, 239 *n.*, 267 *n.*, 272, 275 *n.*, 277, 280, 304, 308 *n.*, 398 *n.*, 403, 408, 411 *n.*, 414, 441, 442 *n.*, 453 *n.*, 460, 506, 514, 515, 516 *n.*, 525, 540 *n.*, 569, 632, 636; III, 42-44, 68 *n.*, 70 *n.*; IV, 180 *n.*; V, 235 *n.*
Harcourt (Guillaume d'), comte de Tancarville, III, 147 *n.*, 154 *n.*, 241, 353; IV, 48, 103, 182, 184, 218, 423; V, 12, 23, 62, 72, 74 *n.*, 75, 78, 79 *n.*, 331, 420.
Harcourt (Jacques d'), V, 50, 53, 376; II, 8.
Harcourt (Jean VII, comte d'), IV, 423.
Harcourt (Jean d'), comte d'Aumale, I, 49, 51 *n.*, 72, 73 *n.*, 79 *n.*, 183, 190, 209, 376, 412, 414 *n.*; III, 8, 14, 16, 58, 59, 64, 72 *n.*, 317, 353, 355; V, 60 *n.*
Harcourt (Jean d'), évêque de Paris, I, 93.
Harcourt (Jean d'), évêque de Tournai, puis archevêque de Narbonne, III, 79 *n.*, 98, 105, 106, 151 *n.*, 157, 159, 161.
Harcourt (Louis d'), archevêque de Narbonne et patriarche de Jérusalem, III, 457; IV, 423; V, 74 *n.*, 77, 121 *n.*, 151, 153 *n.*, 208-10, 315, 322, 346, 405 *n.*; VI, 26, 51, 59-60, 261, 290 *n.*, 443-44.
Harcourt (Mathieu d'), III, 457; V, 72-73, 107.
Harcourt (Robert d'), baron de Bosworth, IV, 92.
Harcourt (Isabelle d'), dame de Villars, I, 377; V, 401.
Harcourt (Jeanne d'), comtesse de Namur, I, 136 *n.*; III, 105, 157 *n.*, 174; IV, 95 *n.*, 171.
Harcourt (Marguerite d'), V, 191.
Harcourt (Marie d'), comtesse de Dunois, V, 23, 310, 451-52.
Hardouin (Jean), III, 457; IV, 411, 428; V, 62 *n.*, 77, 81, 88, 237; VI, 188, 354, 371, 423 *n.* — Thomasse, sa femme, V, 81; VI, 423 *n.* — Jeanne, sa fille, VI, 423 *n.* — Marie, sa fille naturelle, VI, 374.
Harenthal (Pierre), III, 39.
Harfleur, I, 260, 264-66; II, 33, 167, 183, 410, 474; III, 6, 16, 20, 21, 157, 165; V, 25, 222, 266, 335, 341, 468-69.
Hargimont, IV, 139.
Harpedenne (Jean de), seigneur de Belleville, I, 415 *n.*; II, 161, 168 *n.*, 293 *n.*, 560; VI, 426.
Haussart (Alain), II, 91 *n.*, 101 *n.*, 111 *n.*
Harsy (le seigneur de), III, 71 *n.*
Hautais (Christian), II, 437.
Hautin (Martin), VI, 373.
Havart (Georges), V, 95 *n.*, 102 *n.*, 207; VI, 188, 251, 354.
Havart (Jean), bailli de Caux, puis de Caen, I, 116; II, 263, 280, 617, 634 *n.*; III, 40, 272 *n.*; IV, 18, 114, 163-65, 285, 288, 289 *n.*, 290, 293 *n.*, 296-99, 301, 303 *n.*, 310, 312, 326 *n.*, 327, 328 *n.*, 454-57; V, 5 *n.*, 23, 60 *n.*, 267 *n.*, 337, 465 *n.*
Havart (Jean), homme d'armes de la garde, VI, 375.

Havenal (Hance), VI, 375.
Haveron (Antoine), V, 204 *n.*, 220 *n.*; VI, 304 *n.*
Haye (la), III, 105 *n.*
Haye-Descartes (la), V, 74.
Haye-Pesnel (la), IV, 315 *n.*
Haye-du-Puits (la), V, 9 *n.*
Haye (Jacques), VI, 41, 45 *n.*, 53, 59-60.
Haye (Jean de la), III, 466; IV, 166 *n.*
Haye (Thibault de la), I, 217 *n.*, V, 224.
Hayelineau (château de), VI, 375.
Hesse (Henri von), IV, 353-56.
Hesse (Guillaume von), IV, 354-55.
Heidelberg, IV, 123; VI, 294 *n.*
Heinsberg (Jean de), évêque de Liége, II, 526-27, 544-45; III, 78; IV, 67, 138-39, 256, 340, 365, 374; VI, 153, 285.
Hélie (Riquelot), II, 267 *n.*
Helies (Pierre), VI, 373.
Helies (Thomas), VI, 373.
Hellande (Guillaume de), évêque de Beauvais, V, 378, 383; VI, 188.
Hély (Jean de), III, 196 *n.*
Hennebont, VI, 39 *n.*
Hennes (Pierre), VI, 418.
Henri IV, roi d'Angleterre, I, 132, 138, 302, 304, 305 *n.*; III, 317; IV, 171 *n.*, 184.
Henri V, roi d'Angleterre, I, 17, 24, 27, 35, 38-40, 43, 46-52, 54, 78, 105 *n.*, 126, 132-34, 138-42, 143 *n.*, 153-57, 186, 194, 217, 223, 228, 230, 254-56, 258, 260, 264, 266-69, 271, 274-76, 283, 292-97, 299 *n.*, 300, 302-304, 309, 316, 321-22, 325, 327, 331, 334-39, 372, 374-75; II, 13 *n.*, 17, 22, 520; III, 155 *n.*; IV, 147; V, 20; VI, 12, 376.
Henri VI, roi d'Angleterre, II, 8, 22, 23 *n.*, 27, 30, 31, 39, 44 *n.*, 47, 51, 56 *n.*, 423, 433, 437, 438-50, 451 et s., 462 et s., 471, 477, 494, 500, 506-12, 516-18, 521-23, 526, 529 et s., 536, 537, 558, 561; III, 4, 6-10, 12, 22, 23, 28, 74-80, 82, 87-93, 94 *n.*, 103, 104, 107-14, 119, 120, 144 *n.*, 148, 149, 152-54, 156-60, 198, 199, 204, 205, 215, 234, 235 *n.*, 242 et s., 250, 251, 259 *n.*, 262, 266, 268-71, 274, 276-78, 303-5, 324; IV, 14, 20, 38 *n.*, 69, 92, 114, 115, 132, 144-45, 147, 149-58, 160-68, 185, 200, 206, 260, 270-71, 276, 285-89, 290-99, 300-10, 311-20, 321-29, 331, 381, 383, 389-90, 408, 417 *n.*, 439, 455-56; V, 18, 27, 48-49, 53-56, 137, 167 *n.*, 192-96, 199-200, 236, 262, 264, 268 *n.*, 271, 363, 401-6, 410, 414, 423, 425, 438, 463; VI, 13, 37-38, 41, 47-56, 75, 136-39, 143, 144 *n.*, 146, 155, 194, 216, 223, 247, 257, 261, 263, 270, 275, 283, 287, 289-91, 297 *n.*, 298, 309, 324-25, 376, 402 *n.*
Henri III, roi de Castille, I, 302.
Henri IV, roi de Castille, VI, 31-32, 126-32, 154, 249, 341-42.
Henriquez de Castelle (Martin), VI, 374-75.
Heraumont (Jean de), V, 142-43.
Herbert (Jean), IV, 268 *n.*, 273, 314.
Heriçon (Jacques de), VI, 454.
Herisson (Pierre), I, 351 *n.*
Hermentier (Antoine), II, 121.
Hermentier (Antoinet), II, 121.
Hermine (le héraut), II, 271 *n.*
Heron (Macé), I, 418, 429; II, 618; III, 466.
Hérouville, III, 183.
Hersant (Martin), VI, 418-19.
Hesdin, II, 368, 434, 439 *n.*; III, 10, 149 *n.*, 155, 156 *n.*, 206 *n.*, 207, 209, 310; IV, 370 *n.*, 376; VI, 123 *n.*, 124, 132 *n.*, 338 *n.*
Hesperange, VI, 172.
Hesse (maison de), VI, 205 *n.*, 206.
Hestray (Isabeau de), IV, 89 *n.*; V, 58 *n.*
Heudicourt, V, 365.
Heuzelle (Job), VI, 375.
Hieze (Claiz de), III, 271 *n.*
Hire (La). V° Vignoles.
Hispanus (Jacob), évêque de Minturnes, V, 203-205.
Hochberg (Guillaume de), marquis de Rothelin, IV, 10-11, 24-26, 42, 71, 348, 350-51; VI, 180 *n.*
Holdile (Robert), dit Huntington, héraut d'armes, VI, 46-52.
Holland (Henri), duc d'Exeter, VI, 46, 271, 291 *n.*
Holland (John), duc d'Exeter, I, 228, 257, 298; IV, 146, 150.
Hollandais, VI, 55.
Hollande, II, 424, 426, 427 *n.*; III, 78, 79, 80, 99, 163; IV, 114, 122, 123 *n.*, 127, 131, 336, 347-48, 353, 356, 373 *n.*; V, 56, 243, 413; VI, 92, 100, 144 *n.*, 216, 221, 266, 325.
Holsecker (André), IV, 348 *n.*
Holyrood, III, 320.
Hommel (le), V, 9 *n.*
Hoseche (Robin), VI, 375.
Honfleur, I, 275, 276; III, 8, 203; IV, 305; V, 18, 25-26, 121, 424; VI, 145, 413.
Hongrie, IV, 68 *n.*, 254; V, 140, 190, 399; VI, 124 *n.*, 159, 162-67, 171, 199-201.
Hongrie (Rois de). V° Bourbon; Corvin (Mathias); Ladislas; Louis Ier.
Honorie (André de), I, 317 *n.*
Honorius III, pape, V, 122 *n.*
Hoo (Thomas), chancelier anglais, III, 23-24; IV, 48 *n.*, 92, 145, 286, 302-305; VI, 46.
Hoquedé (Aimery de), abbé de Saint-Thierry de Metz, IV, 368.

Horable (le mont), V, 273.
Horesort (Copin de), VI, 375.
Horn (le comte de), III, 80.
Hospital (François de l'), I, 419 *n*.
Hospital (Pierre de l'), II, 271 *n*.
Hotot (Guillaume de), abbé de Cormery, II, 343, 344.
Houdain, V, 331.
Houdeville. Vº Wideville.
Hougue-Saint-Vaast (la), I, 25.
Houllefort (May de), VI, 124 *n*.
Houppeville (Nicolas de), V, 365, 377 *n*.
Houssart (Gaulchier), V, 423.
Hugues de Lusignan, roi de Chypre, II, 523 *n*., 527.
Hugues (Guillaume), archidiacre de Metz, II, 523, 543-45; III, 139 *n*.
Hull (Edward), III, 245; IV, 92.
Hull (John), I, 303 *n*.
Hull (Marguerite), IV, 92.
Humières (André, seigneur de), III, 209, 211, 212, 219; IV, 95, 123 *n*., 130, 140; V, 228, 245 *n*., 258 *n*.
Hungerford (Walter, lord), I, 276, 287; II, 514, 528; III, 23 *n*., 107.
Huntingdon (John, comte de), I, 44 *n*.; II, 528, 534; III, 10, 23, 123, 233, 234 *n*., 241, 456.
Huntington, Vº Hololle.
Hunyade (Jean), IV, 254; VI, 164.
Hurtaut (Adam), III, 443 *n*.
Huss (Jean de), IV, 267 *n*.
Hussites, I, 337.
Hutin (Pierre), II, 61.
Hyères (îles d'), IV, 243.

I

Iguay-le-Châtel, VI, 475.
Ile de France, I, 30, 41; II, 38, 39, 40, 536, 561; III, 7, 21, 22, 128, 166 *n*., 184; VI, 357, 385.
Illac, V, 270.
Illiers, I, 227, 229.
Illiers (Florent d'), II, 165; V, 6, 422.
Illiers (Miles d'), évêque de Chartres, IV, 230 *n*., 263 *n*., 360 *n*.; V, 205, 207; VI, 242, 248, 250 *n*., 251.
Impôts, I, 391-92; II, 631; III, 444, 464-65, 472-74; IV, 431-33; V, 310-20, 338; VI, 361-65.
Imprimerie (découverte de l'), VI, 400-10.
Inal, sultan d'Égypte, VI, 380.
Indre (l'), VI, 8.
Industrie, I, 422-23; II, 644-45; III, 487-88; IV, 435-36; V, 350; VI, 391.
Infanterie. Vº Francs-archers.
Ingrande, IV, 102 *n*., 185.
Innsbruck, II, 431-33, 435, 481; IV, 70, 366, 368; VI, 202.
Islande, III, 81; V, 48, 56; VI, 289.
Isabeau de Bavière, reine de France, I, 3, 7, 8, 11-13, 23, 26, 28-30, 45, 65-68, 75-76, 184, 186, 304 *n*., 391, 394; II, 146; III, 83; IV, 34 *n*., 360-61.
Isenbourg (Dietrich d'), archevêque de Mayence, VI, 205-206, 292-93.
Isle (Gaston, seigneur de l'), V, 277, 279 *n*.
Isle-Adam (seigneur de l'). Vº Villiers.
Isle-Bouchard (l'), VI, 293 *n*., 492.
Isle-Bouchard (Catherine de l'), comtesse de Tonnerre, II, 61, 124, 181.
Isle-Jourdain (l'), III, 30; IV, 190 *n*., VI, 319.
Isnay-le-Vieil, VI, 464.
Issenheim, IV, 14; VI, 161.
Issenheim (commandeur d'). Vº Champdenier.
Issigeac, III, 45.
Issoudun, I, 122 *n*., 233 *n*.; II, 58 *n*., 93, 94, 120-22, 129, 147, 164, 186, 205, 589, 600, 610; III, 97, 478; IV, 173, 435; V, 63, 310. — chapelle de Saint-Cire à —, V, 324.
Italie, II, 431; IV, 201, 202, 220-26, 228, 231-34, 236, 242-47, 250, 334, 337, 341; V, 145-47, 152, 155-57, 160-67, 171 *n*., 183, 186, 190-93, 197, 209, 291-93, 297-307, 303-04, 390, 434; VI, 92 *n*., 226-35, 240, 246, 249-53, 283, 297-302, 307, 314-16, 326, 329-33, 339, 473.
Italiens, V, 146.
Ivenheim (Jean de), IV, 88 *n*.
Ivry, II, 15, 16; IV, 315.
Ivry (seigneur d'). Vº Orgecy.

J

Jacob (Emmanuel de), VI, 12 *n*., 73 *n*., 231 *n*., 300-301, 472.
Jacquelin (Jean), V, 222 *n*., 231 *n*.
Jacques Ier, roi d'Écosse, I, 334-35; II, 396, 397, 399, 423, 424, 474, 491-501, 564; III, 35, 78, 278, 319-20.
Jacques II, roi d'Écosse, IV, 53 *n*., 69, 290, 362, 365-71; VI, 26-28, 31, 132-44, 151, 155, 249, 290, 314.
Jacques III, roi d'Écosse, VI, 314, 397.
Jacqueville (Hélion de), I, 25.
Jahan (Jean), VI, 22 *n*.
Jaillet (Pierre), IV, 443.
Jalle (ruisseau de la), V, 44.
Jansson (Guillaume), VI, 410-11, 419.
Jansson (Nicolas), VI, 410-11.
Janville, II, 31.
Jamelin (Pierre), V, 422-23.
Jasaillac (Pierre de), V, 79, 103 *n*.; VI, 405.
Jardin (Pierre), I, 116.
Jargeau, I, 114, 210-11, 217 *n*.; II, 24, 25 *n*., 32, 220, 265, 268, 230 *n*.; IV, 148; VI, 30.

Jablot (Colin), II, 96 n.
Jarretière (ordre de la), IV, 322-23, 327.
Jars (prairie du), à Châlons, IV, 109.
Jarze (Jean), I, 419 n.; II, 67.
Jasse (Guillaume), VI, 414.
Jaucourt (Guy de), seigneur de Escharnoul, II, 357 n., 359 n., 374 n., 401, 439, 451 n.
Jaul (Nicolas Le), V, 228.
Jean le Bon, IV, 175 n., 230; VI, 104, 465.
Jean, dauphin de France, duc de Touraine, I, 18-21; IV, 132; VI, 396.
Jean I, roi d'Aragon, I, 303.
Jean II, roi d'Aragon, I, 302, 304, 309, 312, 326, 331.
Jean II, roi de Castille, I, 302; II, 310, 311, 312, 391, 392, 394, 395, 443, 474, 502; III, 78, 252, 320-24; IV, 69, 97, 104, 145-46, 152, 266, 270, 400; V, 45 n., 105 n., 289-90, 296; VI, 127.
Jean II, roi de Navarre, puis d'Aragon, I, 304, 326; III, 322-23; V, 288-90; VI, 129-31, 244-45, 249, 340-41, 389.
Jean I, roi de Portugal, I, 304.
Jean de Lusignan, roi de Chypre, III, 88, 330; IV, 244.
Jean Paléologue, empereur de Constantinople, III, 333, 342; IV 253; V, 191.
Jeanne Enriquez, reine d'Aragon, VI, 341.
Jehan (Gilbert), V, 81; VI, 418.
Jersey (île de), V, 53 n., 405; VI, 328.
Jérusalem, IV, 67, 339 n.; V, 228, 395.
Jeune (Guillaume Le), seigneur de Contay, IV, 95.
Jeune (Jean Le), évêque de Thérouanne, IV, 221.
Jeux, IV, 80 n.; VI, 19.
Jobert (Pierre), V, 59 n., 106 n., 110-21, 129.
Jodogne (Jean de), II, 174; V, 74, 330; VI, 396.
Joffroy, II, 360 n.
John (sir Lewys), III, 23 n.
Jolis, chevaucheur, II, 207 n.
Jolivet (Robert), abbé du Mont-Saint-Michel, II, 412.
Joigny, I, 28, 50; II, 40; IV, 379.
Joigny (comte de), Vº Trémoille.
Jonage (seigneurie de), II, 636.
Jonvelle, IV, 24.
Jonvelle (seigneur de), Vº Trémoille.
Jonvelle (dame de), Vº Amboise; Rochebaron.
Jonzac, V, 43 n.
Joreze (Jean), II, 462 n.
Jossart (Jean), seigneur de Chastillon, V, 222 n.
Josseaume (Guillaume), II, 660.
Jossequin, Vº Mesnier.
Joucelin (Guillaume), V, 73 n.; VI, 400 n.
Jouffroy (Jean) doyen de Vergy, puis évêque d'Arras, II, 515 n.; III, 25 n., 27 n., 209, 211, 212, 219 n., 261 n., 263, 264, 275; IV, 67 n., 339, 373 n.; V, 323, 398; VI, 126, 148 n., 150-51, 250.
Jouge (Luc de), III, 41 n., 87.
Jouguet (Jean), IV, 293 n.
Jourdainville (Jean de), VI, 413.
Joutes, IV, 92-93, 97-101, 178 n., 184, 203, 206, 439; V, 63.
Jouvelin (Joachim), VI, 179.
Jouvenel des Ursins (Guillaume), seigneur de Treignel, chancelier de France, III, 128; IV, 48, 103, 181, 183, 197, 209, 323 n., 330, 332, 410, 437-38; V, 12, 15, 22, 77, 79, 85, 90, 102 n., 121, 224, 278 n., 313, 325 n., 414-15, 421, 465-66; VI, 49, 75, 78-79, 83, 87, 166-67, 188, 196, 252 n., 254, 308 n., 311, 350, 400, 436, 440 n.
Jouvenel des Ursins (Jacques), archevêque de Reims, puis évêque de Poitiers et patriarche d'Antioche, III, 65-67; IV, 131, 145, 151-54, 157-58, 160-61, 164 n., 207 n., 238, 239 n., 241 n., 243 n., 257-59, 267-68, 275-80, 285, 290 n., 337, 362, 398 n., 411; V, 88, 99 n., 124 n., 130, 204; VI, 380-84, 400, 483-84.
Jouvenel (Jean), I, lvi, 90, 118.
Jouvenel des Ursins (Jean), évêque de Beauvais, puis de Laon, puis archevêque de Reims, I, lvi, lix, lxx, 90; II, 198-99, 260, 277-78, 290, 302-3, 463, 488, 572, 595, 652; III, 23 n., 62 n., 135-41, 370, 389-90; IV, 84, 106, 175 n., 176 n., 237 n., 340 n., 376, 418; V, 104 n., 202-206, 210-14, 223, 227 n., 321, 370-87; VI, 188, 193, 367, 393, 400, 402.
Jouy (Marie de), V, 59.
Joy, VI, 475.
Joyeuse (Louis de), seigneur de Bothéon, I, 238; II, 182.
Joyeuse (Randon de), gouverneur du Dauphiné, II, 357 n., 622 n., 632, 634.
Joz-sur-Tarare, VI, 390, 461.
Jubois (Jean), V, 97 n.
Jude (Jacques Le), IV, 433 n.; V, 269 n.
Juliers (duché de), II, 426; IV, 342, 353 n.
Juliers (Gérard, duc de), IV, 69, 342-43; VI, 153.
Jully, II, 38 n., 42 n.
Jumeaulx (étang de), V, 311.
Jumièges (abbaye de), IV, 217-19; V, 20, 57, 58 n., 65, 203 n., 308-309, 324; VI, 414.
Jumont (Jacques de la), IV, 414.
Jupilles, IV, 196-97.
Jurasson (Colas), VI, 435 n.
Jusiers (prieuré de), IV, 280.

Jussy, IV, 53.
Justice, I, 352 et s.; II, 571-77; III, 426 et s.; 431-34; IV, 370, 412-16; V, 316; VI, 356-61.
Juze (Jacob), VI, 375.

K

Kauquerer (Bernard de), II, 27.
Kayserberg, IV, 38.
Kemp (John), archevêque d'York et cardinal, I, 276; II, 524, 527-29, 536-37; III, 28, 91 *n.*, 107, 108, 112, 225; IV, 155, 158-61.
Kennedy (Hue), II, 493, 495, 501.
Kennedy (John), prieur de Saint-Andrew, VI, 141.
Kent (N... comte de), I, 46, 207.
Kirckmichael (Jean de), évêque d'Orléans, II, 198 *n.*, 398 *n.*, 471, 476.
Kermoysan (Tugdual de), III, 25 *n.*; V, 38.
Kerouséré (Alain de), archidiacre de Léon, III, 320 *n.*
Kingston, IV, 148.
Knorre (Pierre), prévôt de Wetzlar, VI, 206-7, 268, 293, 342-43.
Kœur, IV, 75, 94, 143 *n.*, 343 *n.*
Kokenitz (Janon de), IV, 364.
Kunig (Jean), IV, 29 *n.*, 34 *n.*
Kiburg (comté de), VI, 202.
Kyriel (Thomas), II, 36, 46 *n.*; III, 4, 8, 11, 16, 198; V, 27-34; VI, 146 *n.*

L

Labbé (Alain), II, 462 *n.*
Labbé (Charles), I, 101, 351 *n.*, 413.
Labecque (Nicolas de), II, 487 *n.*
Ladislas, roi de Hongrie, I, 318 *n.*
Ladislas, le Posthume, roi de Hongrie et de Bohême, IV, 68 *n.*, 76, 83 *n.*, 127, 254, 349, 353, 355, 357; V, 139, 394-99; VI, 31, 117, 122, 150-75, 178 *n.*, 186, 201-206, 215, 221-22, 278.
Ladvenu (frère Martin), II, 247 *n.*, 248 *n.*; V, 361, 365, 377 *n.*
Lagny, I, 34, 131; II, 40 *n.*, 45, 237, 280, 293 *n.*, 634; V, 355, 357.
Laigle (sire de). V° Blois.
Lairé (Robert de), I, 116, 166, 171, 350 *n.*
Lalain (Guillaume, seigneur de), IV, 93.
Lalain (Jacques de), IV, 93, 98-101, 205-207, 439; V, 101 *n.*, 228, 243.
Lalain (Simon de), seigneur de Montigny, III, 163 *n.*; IV, 122 *n.*; V, 331, 399 *n.*, 406-7, 410; VI, 24, 27, 105, 116 *n.*, 117, 307, 325, 335, 339, 456-57.
Lalande (Arnaud de), dit Lestrac, III, 17 *n.*, 190; IV, 24.
Lalande (N... de), dit Lestrac, III, 17 *n.*, 190.
Lalement (Hance), VI, 18 *n.*
Lallier (Michel de), II, 13 *n.*, 573; III, 7.
Lambert (Jean), VI, 419.
Lamelun. V° Lomellini.
Lancastre (Édouard de), fils de Henri VI, VI, 291 *n.*, 296, 309, 324, 337.
Lancastre (Jean, duc de), II, 330.
Lancastre (Blanche de), duchesse de Bavière, III, 317.
Lancastre (Catherine de), reine de Castille, I, 302, 388 n.
Lancastre (Philippine de), reine de Portugal, III, 94.
Lancelot du Lac, VI, 408.
Lande (Guillaume de la), I, 336 *n.*
Lande (Jean de la), V, 262 *n.*, 264.
Lande (Tristan de la), II, 271 *n.*
Landes, III, 24.
Lando (Fernand Manuel de), II, 395 *n.*
Landsee (Louis de), IV, 362, 366 *n.*, 369 *n.*
Langeais, VI, 21 *n.*
Langlandis (Richard de), I, 310 *n.*
Langeac (Jean de), sénéchal d'Auvergne, I, 356 *n.*; II, 124, 125, 261 *n.*, 635 *n.*; III, 130.
Langoiran, V, 335.
Langon, V, 266, 277.
Langres, II, 46 *n.*, 507; III, 171; IV, 22, 23 *n.*, 35 *n.*, 49, 120-23, 129, 131, 135, 137, 340, 378, 424; V, 121 *n.*, 222, 421; VI, 125.
Langres (évêques de). V° Aussy; Bernard; Vienne.
Languedoc, I, 28, 41, 46, 97, 121, 357, 358, 383, 385, 405; II, 8, 19, 64, 65, 78, 96, 97, 117, 155, 169-172, 265, 267, 280, 290-92, 301, 302 *n.*, 561, 565, 579, 582, 583, 587, 588, 591-601, 606, 616-619, 623, 624, 630-632, 634, 639, 640; III, 10, 19, 40, 41, 45, 57, 60, 65, 90, 125, 128, 165, 413, 430, 431, 437, 438, 440, 441, 447, 448, 461, 465, 472, 474, 475, 476, 485; IV, 257, 399, 418-19, 424-25, 427, 432; V, 71 *n.*, 88 *n.*, 92 *n.*, 99, 100, 106, 111-21, 129, 131, 316-18, 330, 337-38, 429-30; VI, 73 *n.*, 360, 474.
Languedoïl, I, 363 *n.*; II, 39, 117, 120, 163, 169-171, 286, 292, 306, 577-580, 588, 590, 592, 593, 595-599, 601, 616, 618 *n.*, 619 *n.*, 632; III, 430-44, 447, 465, 473; IV, 391, 399, 417-18; V, 45 *n.*, 88, 267 *n.*, 316, 337-39, 342, 445; VI, 302 *n.*
Lannes (sénéchaussée des), VI, 375-78.
Lannes (sénéchal des). V° Petilo.
Lannoy (Guillebert de), II, 479 *n.*; III, 145 *n.*; IV, 116 *n.*, 122 *n.*, 330, 374 *n.*
Lannoy (Hugues de), seigneur de Santes,

I, 51, 53, 123, 323 *n.*; II, 331, 332, 333 *n.*, 412, 415, 416, 452 *n.*, 454-459, 460 *n.*, 462, 521 *n.*, 526 *n.*, 527, 556; III, 78-86, 101, 102, 145 *n.*, 161; IV, 113, 140.
Lannoy (Jean, seigneur de), II, 556 *n.*; VI, 210-11, 224, 270 *n.*, 291, 323 *n.*, 456-57.
Lannoy (Jean de), VI, 453.
Lantel (le seigneur de), II, 80 *n.*
Lanville-les-Mareillac (prieuré de), V, 468.
Laon, II, 40 *n.*, 48, 49, 53, 234, 319, 402 *n.*, 644 *n.*; III, 173-76, 197, 201; IV, 434, 444, 446; V, 68; VI, 382.
Laon (évêque de). V° Champeaux; Jouvenel.
Laonnais, I, 43, 46; II, 42, 44, 39 *n.*, 513; III, 169.
Lapostolle (Denis), IV, 218.
Larche, III, 395.
Larcher (Jean), I, 218.
Lasseur (Gilles Le), III, 343; V, 317.
Lastic (le sire de), III, 133 *n.*
Latran (concile de), IV, 267.
Laufenburg, IV, 29 *n.*
Laumosne (Étienne de), V, 408 *n.*
Launay, IV, 181, 205.
Launay (Guillaume de), archidiacre de Meaux, I, 142 *n.*
Launoy (Macé de), V, 337, 345-46.
Laurence (Jean), VI, 373.
Lausanne, IV, 277-81, 368.
Lausanne (concile de), IV, 279-80.
Lausanne (évêques de). V° Palu; Saluces.
Lautrec, IV, 425.
Lauzun, III, 15.
Lauzun (seigneur de). V° Caumont.
Laval, I, 10, 30, 86.
Laval (châtellenie de), IV, 196, 207 *n.*
Laval (maison de), IV, 193.
Laval (André de), seigneur de Lohéac, maréchal de France, II, 218-20, 302; III, 7, 20, 122, 124, 151 *n.*, 189-90, 241, 423; IV, 48, 93, 205, 325, 400 *n.*; V, 10, 77, 268, 314; VI, 26, 35-36, 95, 105, 145 *n.*, 295, 308, 400, 436, 441.
Laval (Gilles de), seigneur de Rais, maréchal de France, II, 30, 264 *n.*, 257 *n.*, 282, 305, 568; IV, 102 *n.*
Laval (Guy XIV, comte de), II, 218-20, 235, 271-72, 282, 302; IV, 145, 150, 153, 182, 187, 201-206; V, 62, 138, 314, 423; VI, 188.
Laval (Guy de), seigneur de Loué, III, 441 *n.*; IV, 91 *n.*; V, 147, 297.
Laval (Jean de), III, 131 *n.*
Laval (Louis de), seigneur de Châtillon, III, 30, 241; IV, 181, 183; VI, 283 *n.*, 302, 332-33.
Laval (Jeanne de), comtesse de Vendôme, III, 38; VI, 19 *n.*
Laval (Jeanne de), reine de Sicile, V, 82; VI, 18.
Laval (Louise de), VI, 18.
Lavardin, IV, 304, 307, 312, 367 *n.*
Lavaur, III, 19 *n.*, 30.
Lavedan (N., sire de), II, 132 *n.*
Lawder (Édouard de), II, 397.
Lazare (Durand), V, 379.
Lazisky (Nicolas), grand archidiacre de Pologne, II, 523.
Leclerc (Jean), V, 112 *n.*
Lectoure, III, 247; IV, 409; VI, 34-36.
Leer (Olivier), I, 116, 351 *n.*; II, 635 *n.*
Legat (Patris), I, 310 *n.*
Legouz, secrétaire, V, 469, 472.
Leguisé (Jean), évêque de Troyes, II, 607.
Leicester, I, 132, 134, 141; II, 159 *n.*; V, 53.
Leicester (conférences de), I, 255.
Lelais (Théodore de), V, 357-68.
Lemaire (Jean), V, 377 *n.*
Lemoine (Thibaud), évêque de Chartres, III, 327, 328.
Lenfant (Jean), IV, 317 *n.*, 321, 324 *n.*, 325-27, 332, 455.
Lenfant (Louis), IV, 310 *n.*
Lenoncourt (Philippe de), IV, 92.
Lenoncourt (Thierry de), bailli de Vitry, IV, 92; VI, 171-72, 203-205, 268, 287, 291-94, 342.
Lens (Charles de), I, 149 *n.*, 164, 349.
Lentremont. V° Perrin.
Léodepart (Lambert de), V, 98 *n.*
Léodepart (Marie de), femme de Jacques Cœur, V, 99, 101, 106, 109 *n.*, 124.
Léon (évêque de). V° Rue (la).
Léonard (frère). V° Wilzkeret.
Léonard (Souffre), II, 121.
Leorier (Guillaume), IV, 106 *n.*, 107 *n.*, 181.
Leorier (Jean), III, 30.
Lermite (Tristan), prévôt des maréchaux, II, 47 *n.*; IV, 388 *n.*; V, 434; VI, 29, 73 *n.*, 171, 188, 385, 470.
Leschaidie (Georges de), III, 264 *n.*
Lescouet (Mathelin de), VI, 471-72, 476.
Lescouet (Roland de), VI, 353 *n.*
Lescun (Jean de). V° Armagnac.
Lescun (Mathelin de), VI, 375.
Lescuyer (Jean), V, 342 *n.*
Leshlanchen (Berthault de), IV, 87 *n.*
Lesmo, capitaine, II, 174 *n.*
Lesparre (baronnie de), V, 309.
Lesparre (Jean de), IV, 398 *n.*
Lesparre (Renaud de), I, 35 *n.*
Lesparre (seigneur de). V° Albret; Montferrand.
Lestang (Bertrand de), V, 137 *n.*
Lestrac. V° Lalande.
Letac (Jean de), I, 306.
Levant (le), V, 115.
Level, IV, 205 *n.*

Levis (maison de), IV, 178.
Levis (Antoine de), seigneur de Vauvert, puis comte de Villars, I, 377 ; V, 69-70, 76 *n.*, 333 ; VI, 400.
Levis (Jean de), seigneur de Vauvert, IV, 203, 245 *n.* ; V, 58 *n.*, 65, 69-70, 76-77, 79 *n.*, 102 *n.*, 118 *n.*, 121 ; VI, 17, 26, 188, 353, 426.
Levis (Philippe de), sire de Roche, comte de Villars, I, 35, 97, 377 ; II, 110, 120 ; IV, 192.
Levis (Philippe II de), archevêque d'Auch, II, 110, 120, 509, 523 ; V, 322.
Levis (Philippe III de), archevêque d'Auch, V, 322 ; VI, 35, 299 *n.*
Levrault (Geoffroy), VI, 312.
Lévy (château de), III, 102 *n.*
Leynfale (Roland), I, 281.
Lézinnes, III, 46 *n.*, 47.
Lhermite (Pierre), V, 368.
Lhermite. V° Lermite.
Lhoye (Simon de), II, 369 *n.*
Lhuillier (Jean), V, 51 *n.*
Libourne, V, 46-47, 75 *n.*, 266, 276, 278-79, 330, 334-35, 467 ; VI, 378.
Lichtoun (Henri), évêque d'Aberdeen, II, 397.
Lidoire (la), rivière, V, 272.
Liège, II, 124 ; III, 196 ; IV, 128, 139 ; VI, 147, 153, 215, 221, 285-86, 292.
Liège (évêques de). V° Bourbon ; Heinsberg.
Liégeois, III, 196 ; IV, 128 ; VI, 147, 221, 265, 285-87.
Liénau (château de), VI, 375.
Liestal, IV, 25, 28.
Ligeac (Jean), VI, 388 *n.*
Lignières (Jean de), II, 128.
Ligny (comte de). V° Luxembourg.
Ligny (comtesse de). V° Baux.
Ligonnes (Pierre de), VI, 453.
Ligueil (monastère de), IV, 421.
Lihons-en-Santerre, IV, 118.
Lila. V° Isle.
Lille, II, 43, 332, 434, 442, 444 ; III, 84, 90 ; IV, 116, 119, 123 *n.*, 124, 334 *n.*, 370 *n.* ; V, 234 *n.*, 245, 250, 251-55, 258-59, 350, 397 ; VI, 187 *n.*
Lillebonne, III, 8, 19.
Limbourg (duché de), II, 427 *n.*, 479 ; IV, 330, 348, 356, 373 *n.*, 381.
Limoges, I, 233 *n.*, 357, 387, 397 *n.*, 401 ; II, 165, 463, 628 ; III, 58, 59, 104 *n.*, 223, 230, 256, 290, 445, 460 ; VI, 369.
Limoges (vicomté de), IV, 408.
Limousin, I, 421, 356-57 ; II, 8, 165, 530, 561, 581, 588, 601 ; III, 421, 445, 458-61 ; IV, 22 *n.*, 159, 400 *n.*, 418 *n.* ; V, 88, 92 *n.*, 320, 338 *n.*, 341 ; VI, 375, 378.
Limousin (sénéchal de). V° Bracher.
Limpurg (Gottfried von), évêque de Wurtzbourg, IV, 361 *n.*
Linange (le comte de), IV, 92.
Linaye (Gérard de), V, 76 *n.*
Lincluden, VI, 324.
Lincoln (évêque de). V° Alnwick.
Lindsay (David), VI, 133, 134 *n.*
Linlithgow, II, 397 *n.*
Lipa (Henri de), maréchal de Bohême, VI, 165.
Lippe (Bernard de), IV, 342.
Lippe (Simon de), IV, 342.
Lisieux, V, 6-7, 310, 334-38, 365, 373, 442, 449 ; VI, 59. — Église de —, V, 321.
Lisieux (évêques de). V° Basin ; Cauchon.
Lisle-en-Périgord, VI, 378.
Littemont (Jacob de), V, 81 ; VI, 418.
Livarot, V, 7 *n.*, 442.
Livourne, V, 165.
Lizac (Jean de), III, 323 ; IV, 247 ; V, 207 *n.*
Loches, I, 119, 122, 190, 193, 231, 397 *n.*, 401, 428 *n.*, 429 ; II, 58, 59, 62, 76, 147, 151, 163, 164, 198 *n.*, 215, 286, 291, 295, 308, 394 *n.*, 463, 563, 596, 623, 628 ; III, 44, 57, 122, 166 *n.* ; IV, 211, 217-18 ; V, 58 *n.*, 59 *n.*, 73 *n.*, 324-25, 453 ; VI, 197, 369, 394 *n.*, 412, 414. — Église Notre-Dame de —, 324-25 ; VI, 13 *n.*, 369.
Loches (châtellenie de), II, 563.
Lodève, V, 192.
Lodi, IV, 228, 250 ; V, 157, 435.
Lodi (paix de), VI, 227-33.
Loère (Jean de la), IV, 422, 450-51 ; V, 450, 456, 465 ; VI, 436, 464-69, 473, 483, 489.
Logempré, V, 6, 441.
Loges de Marchais (abbaye des), V, 323.
Loges (Jean des), V, 424 *n.*
Lohéac (le maréchal de). V° Laval.
Loigny, V, 423, 425, 442.
Lolony (comte de). V° Luxembourg.
Loir (le), VI, 388.
Loire (la), II, 34 ; III, 485 ; IV, 22 *n.*, 118, 400 *n.*, 417 *n.*, 435 ; V, 7 ; VI, 21, 388.
Loisel (Jean), V, 313.
Lomagne (vicomte de). V° Armagnac.
Lombardie, II, 65 ; IV, 20, 104 *n.*, 221, 224, 243, 249, 251, 374 ; V, 149-50, 156, 163, 171 *n.*, 302 *n.*, 306, 342 ; VI, 44, 66, 226, 248, 300.
Lomellini (Antoine), IV, 237.
Lomellini (Napoléon), IV, 227, 237.
Lomethiant, en Berry, VI, 375.
Londres, III, 76 ; IV, 146, 150, 160, 290 ; V, 48, 404, 406 ; VI, 51, 55, 136-37, 259-60, 263, 290, 291 *n.*, 323-25, 328.
Londres (traité de), IV, 162, 285, 293-94.

LONGCHAMP (Brunet de), IV, 400 *n.*; V, 90 *n.*
LONGCHAMP (Huguenin de), IV, 372 *n.*
Longchamps (abbaye de), V, 208; VI, 308.
LONGUEIL (Jean de), VI, 179.
LONGUEVAL (Arthur de), bailli d'Amiens, VI, 260.
LONGUEVAL (Regnault de), II, 22 *n.*
Longueville (comté de), III, 16, 419; V, 309, 365, 377 *n.*
LONGUEVILLE (comte de). V° FOIX.
LOPPIER (Henri), II, 319.
LORAILLE (Thomas de), IV, 321, 324 *n.*
LORÉ (Ambroise de), I, 41, 54 *n.*, 116, 121; II, 21, 28-30, 44, 45, 239 *n.*; III, 55, 142, 185, 186.
LORENZO (le moine), VI, 324 *n.*
LORFÈVRE (Jean), V, 221, 399 *n.*; VI, 190.
LORFÈVRE (Pierre), IV, 123.
LORIOL (Jacques de), III, 325 *n.*
Lormont, V, 271, 280-83, 467.
LORNAY (Antoine de), III, 272 *n.*; IV, 125; V, 187 *n.*, 304, 307.
LORNAY (Claude de), V, 153.
LORNAY (Jean de), V, 168 *n.*, 171 *n.*, 186-87; VI, 66, 71, 409.
Loroux (monastère du), IV, 422.
Lorraine, I, 58; II, 31, 126, 433; III, 17, 86, 290; IV, 17, 40 *n.*, 51, 52 *n.*, 59, 66, 77, 91, 103, 124, 221, 333, 398 *n.*, 400, 437, 448; V, 335; VI, 90, 199-200.
LORRAINE (Antoine de), comte de Vaudemont, II, 41, 573; III, 17, 172, 184, 187-88, 229; IV, 381; V, 335; VI, 123 *n.*, 148 *n.*
LORRAINE (Charles I, duc de), I, 43, 53, 316; II, 41, 382.
LORRAINE (Charles II, duc de), I, 316, 326.
LORRAINE (Ferry de), IV, 91, 93, 184; V, 12, 300.
LORRAINE (Jean de), IV, 91, 384; V, 12, 23; VI, 145, 440 *n.*
LORRAINE (Catherine de), IV, 12 *n.*
LORRAINE (Isabelle de), duchesse d'Anjou et de Lorraine, reine de Sicile, I, 316-17; III, 275 et s., 281, 287, 290; IV, 12 *n.*, 17, 79, 89, 91, 95, 99, 101; V, 312, 330.
Lorris, IV, 424.
LOSS (Gérard de) comte de Blanckenheim, IV, 67, 69, 126-28, 203, 260 *n.*, 343, 360, 361 *n.*, 365; VI, 154.
LOTHAIRE (l'empereur), IV, 356.
Lothiers (duché de), II, 427 *n.*; IV, 356, 358, 381.
LOUCELLES (Jean de), IV, 319, 400 *n.*
Loudun, II, 151, 562; V, 334.
LOUÉ (seigneur de). V° LAVAL.
LOUET (James), VI, 302 *n.*
LOUIS Ier, le Débonnaire, VI, 255.
LOUIS (saint), I, 261; III, 348-49; IV, 59, 82, 158; V, 213-17.
LOUIS X, le Hutin, VI, 303, 377.
LOUIS, Dauphin de France, duc de Guyenne, I, 4, 13, 14, 18, 21, 64; II, 74.
LOUIS Dauphin, depuis Louis XI, II, 60 *n.*, 61, 302, 303, 367, 397-99, 483, 494-95, 502; III, 19, 25, 26 *n.*, 30, 31, 34, 37, 38, 44, 45, 49, 50, 52, 55, 58, 60, 65, 112, 118-34, 138, 145-50, 154, 156, 158, 177-78, 191, 213, 220, 223, 235, 237 *n.*, 239, 241, 255, 271, 272, 277, 353; IV, 12-15, 21-46, 51, 53 *n.*, 62, 64, 65, 71-75, 79, 86 *n.*, 90, 93 *n.*, 96, 102, 108 *n.*, 109-10, 116-21, 124-26, 131-35, 151, 153, 181-82, 188-201, 207-17, 223-33, 236, 238-41, 243-49, 256 *n.*, 269 *n.*, 270, 273, 275, 279, 338-41, 355, 363, 366, 388 *n.*, 389-91, 394 *n.*, 429, 433, 438-39, 445; V, 66 *n.*, 77, 85-87, 92 *n.*, 93, 115, 122-23, 127-29, 134-44, 151, 155, 157, 164 *n.*, 167-85, 188, 196, 204, 214-216, 233, 234 *n.*, 255, 296, 299-304, 414, 431, 433-36, 456-61; VI, 16, 28-29, 42, 47-50, 58, 64 *n.*, 66 *n.*, 68-71, 74-89, 91-123, 126, 131-32, 141, 148-52, 166, 167 *n.*, 176, 187, 189 *n.*, 195, 198, 200-202, 208-22, 230, 235-40, 250 *n.*, 262-67, 273-86, 297, 300, 304-13, 348, 351-53, 371, 375, 378, 395-96, 410, 418, 421, 435-41, 444-45, 455-57, 470-83, 495-96.
LOUIS XII, VI, 41.
LOUIS XIII, V, 66; VI, 364 *n.*
LOUIS XIV, VI, 12 *n.*
LOUIS XV, II, 298; IV, 84 *n.*
LOUIS Ier, roi de Hongrie, III, 296.
LOUP (Blain), seigneur de Beauvoir, sénéchal d'Auvergne, IV, 388 *n.*; V, 140 *n.*, 402 *n.*, 422.
Louppy-le-Château, IV, 61, 94.
Lourdes, II, 120, 563.
Louvain, IV, 334 *n.*, 337; VI, 90, 92, 123.
LOUVAIN (Pierre de), IV, 48; V, 45, 102 *n.*, 268; VI, 336.
LOUVET (Jean), président de Provence, I, 63-65, 113, 117, 119, 148, 149, 166, 197 *n.*, 200 *n.*, 207, 208, 212, 222, 226, 236-39, 275, 321, 406, 412, 414-417; II, 29, 64, 65, 67, 75, 78, 85, 87 *n.*, 90, 92, 96, 97, 100, 101, 102, 103, 126, 149, 154, 155, 180 *n.*, 185, 194, 290, 558 *n.*, 567, 591, 617, 632, 633, 639, 651, 654, 660; III, 41 *n.*, 42 *n.*, 43, 69 *n.*, 72 *n.*, 73 *n.*, 86-90, 97 *n.*, 116 *n.*, 135; V, 70.
LOUVET (Jeanne) dame de Bothéon, II, 180-83.

LOUVET (Marie) dame de Vaubonnais, femme du Bâtard d'Orléans, I, 236; II, 181.
LOUVE (Nicole), IV, 53 *n.*, 54-58.
LOUVE (Thiebault), IV, 53 *n.*, 54-5.
LOUVEL (Jean), abbé de Saint-Magloire, V, 373.
Louviers, I, 37, 204; II, 36, 39 *n.*, 40 *n.*, 42, 44, 254; III, 21, 167, 460; IV, 48 *n.*, 285-86, 312-15, 318-20; 381, 383, 455; V, 4, 7, 11 *n.*, 12, 88 *n.*, 423, 438, 441-45; VI, 53.
Louvigny (château de), VI, 375.
Louvre (capitaine du), V, 67.
LUBIN. V° RAGUIER.
LUCÉ (Artaud, sire de), II, 119, 391.
LUCÉ (Guillaume de), évêque de Maillezais, I, 198, 331, 412, 416 *n.*, 418 *n.*; II, 616 *n.*; III, 42, 424.
LUCÉ (Jean, sire de), V, 331.
LUCÉ (Thibaud de), évêque de Maillezais, II, 80 *n.*, 308 *n.*; III, 424, 465; IV, 104, 201 *n.*, 369-70, 418; V, 62 *n.*, 77, 99 *n.*, 118 *n.*, 136 *n.*, 139-41, 312 *n.*; VI, 26.
Lucerne, IV, 10, 32.
Lucheux, II, 48.
LUÇON (évêques de). V° COEUR; FLEURY; GOYON; MARTINEAU.
Lucques, IV, 228; VI, 240.
Lude (le), II, 21 *n.*, 29 *n.*, 62.
Lugny, III, 196 *n.*
LUILLIER (Jean), I, 419 *n.*; II, 453 *n.*; V, 380 *n.*
LUNA (don Alvaro de, connétable de Castille), II, 392, 395, 489; III, 322.
Lunéville, IV, 71.
LUPPÉ (Pierron de), I, 52.
Lure, IV, 25, 122, 125.
Lusignan, I, 111; II, 76, 147, 152, 158, 198 *n.*, 204; III, 237, 256, 265-66; IV, 388 *n.*, 422; V, 47, 66 *n.*, 73 *n.*, 75-78, 107-10, 114, 124, 127 *n.*, 285; VI, 370, 411-12.
Lusignan (châtellenie de), IV, 422; V, 332.
LUSIGNAN (Hugues de), cardinal de Chypre, II, 304, 509, 510, 517, 520, 523, 525-29, 530-37, 55?, 557; III, 74.
LUSIGNAN. V° HUGUES; JEAN.
LUTZELSTEIN (Jacques, comte de), IV, 22 *n.*, 45; VI, 154.
LUX (Jean), IV, 267 *n.*
Luxembourg, IV, 126-28, 342, 344, 353-55, 361, 364, 365 *n.*, 373 *n.*, VI, 156, 177.
Luxembourg (duché de), II, 426, 433-34; III, 201, 205, 306-309; IV, 11, 21 *n.*, 66, 70, 117, 333-34; V, 258, 400 *n.*, VI, 90, 117, 149, 156-61, 165, 171-75, 203-208, 259 *n.*, 264-68, 277-79, 285, 291-94, 312-14.
LUXEMBOURG (Jacques de), V, 35-36.
LUXEMBOURG (Jean de), seigneur de Beaurevoir, puis comte de Ligny, I, 25, 43, 51-53; II, 13, 16, 31, 38, 46 *n.*, 47-48, 52, 143, 149 *n.*, 243, 308, 404, 408, 411-14, 419-20, 453, 527, 534, 556 *n.*; III, 12, 14, 19 *n.*, 79, 92, 94, 169; V, 363.
LUXEMBOURG (Louis, cardinal de), évêque de Thérouanne, puis archevêque de Rouen, chancelier de Henri VI, II, 51, 247, 413 *n.*, 446, 454; III, 6 *n.*, 23, 79 *n.*, 180 *n.*, 203, 205, 265.
LUXEMBOURG (Louis de), comte de Saint-Pol, III, 26, 169, 173, 179, 186-88; IV, 90-92, 97-101, 137 *n.*, 226, 384-85; V, 4, 6, 8, 12, 23, 62, 237-47, 251, 420, 441-42, 452-53; VI, 24, 124, 149, 220, 310-17, 322-23, 352.
LUXEMBOURG (Pierre de), comte de Ligny, puis de Saint-Pol, II, 41, 47-48.
LUXEMBOURG (Catherine de), comtesse de Richemont, IV, 101.
LUXEMBOURG (Élisabeth de), duchesse de Brabant, II, 426.
LUXEMBOURG (Élisabeth de), reine de Hongrie. V° ÉLISABETH.
LUXEMBOURG (Isabelle de), comtesse du Maine, III, 174, 275; IV, 97; V, 25.
LUXEMBOURG (Jacqueline de), duchesse de Bedford, IV, 97.
LUXEMBOURG (Jeanne de), I, 5.
LUXEMBOURG (Jean de), bâtard de Saint-Pol, III, 259, 271; IV, 122 *n.*, 123 *n.*, 140; V, 254-55, 258, 411, 417 *n.*
LUXEMBOURG (Jean de), Messin, IV, 53 *n.*, 54-55.
LUXEMBOURG (le héraut), IV, 115 *n.*, 122 *n.*, 124 *n.*
Luxeuil, IV, 15, 25, 121.
Luynes, IV, 380; V, 117 *n.*
LUYNES (le connétable de), V, 66.
LUYRIEUX (Charles de), I, 5.
LUYRIEUX (Lancelot, seigneur de), V, 135 *n.*
Luzarche, I, 140 *n.*
LYNDEWOODE (William), II, 523, 528; III, 153 *n.*
Lyon, I, 107, 347, 357 *n.*, 382, 387, 394, 397 *n.*, 403 *n.*; II, 15, 51, 58, 65 *n.*, 80, 92, 93 *n.*, 98-99, 134-37, 141, 148, 152, 157, 162, 300, 301, 305, 309, 581, 599, 611, 622, 626; III, 27 *n.*, 44, 61, 99, 125, 178, 460, 486; IV, 12 *n.*, 15, 201 *n.*, 205, 211-13, 212, 247, 257, 265, 267-70, 277, 283 *n.*, 295, 355, 391 *n.*, 393, 378, 430, 449-53; V, 100, 101 *n.*, 104, 108 *n.*, 132, 150, 163, 167, 171, 178-80, 193 *n.*, 196, 198, 220, 293, 298, 335-36, 367 *n.*, 380 *n.*, 435-36, 444, 459, 463, 466-68; VI, 66, 70 *n.*, 71 *n.*, 75, 95-96, 102 *n.*, 105, 112, 119, 131, 159, 161, 235-36, 250 *n.*, 379, 453, 477. — Église de —, V, 176, 180.

Lyon (archevêques de). V° Bourbon; Talaru; Vassal.
Lyon (Ambroise de), V, 81.
Lyon (Jacques de), VI, 418.
Lyon (Jean de), V, 81.
Lyon (Gaston du), VI, 300, 304, 314 *n.*, 320.
Lyon, roi d'armes, VI, 141.
Lyonnais, I, 41, 46, 97 *n.*, 121, 196, 356; II, 8, 15, 58, 64, 561, 600, 601; III, 26; IV, 245, 400 *n.*; V, 99, 167 *n.*, 267 *n.*; VI, 332 *n.*, 390, 463.

M

Macau, V, 265 *n.*
Macet (Amé), II, 310.
Machefer, III, 395.
Machet (Gérard), évêque de Castres, I, 63, 116, 197, 243, 244, 245 *n.*; II, 210, 251 *n.*, 317; III, 42, 44 *n.*, 354, 424; IV, 104; V, 102 *n.*; VI, 394-95.
Mâcon, I, 356 *n.*, 398 *n.*; II, 18, 46 *n.*, 50, 81, 327, 355, 357-60, 364, 409, 426, 513 *n.*, 549-50, 561, 564, 628; IV, 130, 138, 377-78; V, 221-24; VI, 71. — Église de —, IV, 180.
Mâcon (comté de), IV, 119, 129.
Mâcon (bailliage de), IV, 377-78, 383.
Maçon (Robert Le), I, 63, 64, 71 *n.*, 87-90, 112-13, 117, 118 *n.*, 140, 206-208, 212, 230, 239, 317; II, 85, 111, 123, 124, 125, 147, 149, 155, 156, 159, 161, 166, 198 *n.*, 210, 216, 225, 271 *n.*, 277, 280, 632, 652-58; III, 42, 131.
Mâconnais, I, 121, 356; II, 14, 17, 39, 40 *n.*, 50, 59, 64, 320, 327, 357, 410, 512; III, 13, 18; IV, 117, 119, 132, 138, 378.
Macy (Hemonnet de), V, 380 *n.*
Madelaine (sainte), VI, 442, 450 *n.*
Madrid, II, 488-89.
Madrid (traité de), III, 321.
Magdebourg, IV, 68 *n.*
Mahomet II, VI, 464.
Maignelais (Antoinette de), femme d'André de Villequier, II, 183 *n.*; VI, 8-11, 23, 25, 29-30, 168, 236-37, 424-25, 429, 436-38.
Maignelais (Catherine de), IV, 171.
Maignelais (Jeanne de), VI, 425.
Maillé, I, 115.
Maillé (Charles de), IV, 308 *n.*
Maillé (Hardouin de), I, 60, 63-65; II, 155, 209, 488; III, 30, 154 *n.*
Maillé (Robinet de), I, 349.
Maillezais, I, 111.
Maillezais (évêques de). V° Lucé.
Mailly, III, 13.
Mailly-la-Ville, II, 48.
Mailly-le-Châtel, II, 27, 42 *n.*, 48; III, 99.
Mailly (Jean de), évêque de Noyon, III, 98 *n.*; V, 378; VI, 188.
Maine, I, 27, 29, 50, 121, 209, 258, 275, 276; II, 8, 13, 14, 16, 20, 21, 24, 25, 28, 29, 36, 40, 42, 46, 49, 273, 561, 588, 649; III, 15, 110, 270, 291, 418, 421; IV, 164-68, 284-86, 289, 293-95, 299, 301-302, 307, 314, 388, 422, 436; V, 5, 26, 347; VI, 357.
Maine (le), rivière, VI, 388.
Maine (comte du). V° Anjou.
Maine (le héraut), V, 40 *n.*, 250; VI, 263.
Maistre (frère Jean Le), V, 369, 374, 383.
Maioris (Jean), chanoine de Saint-Martin, II, 303; III, 39; VI, 20 *n.*, 395.
Malaisé (Pierre), VI, 398.
Malbury, VI, 178.
Male (Basset de), IV, 370 *n.*
Malenfant (Hébert), VI, 454.
Malepenains (Nicolas de), V, 332.
Maleret (Philibert de), I, 413.
Malesherbes, III, 10.
Malestroit (Jean de), évêque de Nantes, chancelier de Bretagne, II, 24, 27 *n.*, 283, 378 *n.*, 379-83, 386-88, 465; III, 201 *n.*
Malestroit (Jean de), V, 63.
Malestroit (Guillaume de), évêque de Nantes, IV, 115 *n.*
Malines, I, 192; VI, 325 *n.*
Malipiero (Pasquale), doge de Venise, VI, 251-52, 300 *n.*
Mallière (Robert), I, 118, 156, 112; II, 540 *n.*; III, 103, 107.
Malo (le héraut), II, 78 *n.*
Malortie (Richard de), V, 30, 334, 434; VI, 18.
Malortie (N... de), VI, 118.
Mameror (Sébastien), I, lxx.
Man (île de), IV, 292 *n.*
Manche (la), VI, 126, 260.
Manchon (Guillaume), II, 247 *n.*, 248 *n.*, V, 357, 361, 365, 375, 377 *n.*
Mandre (Gautier de la), IV, 115 *n.*
Manequin (Jean), II, 390.
Manfredi (Astorre), IV, 251.
Manimes (Louis de), III, 264 *n.*
Manne (Étienne de), V, 132 *n.*
Mans (le), II, 20, 21, 31; III, 272, 273, 274; IV, 166-67, 213, 275 *n.*, 294, 296-311; V, 147; VI, 18.
Mans (évêque du). V° Beaurepen.
Mante (Jacques de), II, 636.
Mantes, I, 30, 41, 86 *n.*, 87 *n.*, 220, 294, 296; II, 562; III, 21, 189, 205; IV, 286, 288 *n.*, 328; V, 4, 7, 72 *n.*, 93 *n.*, 334, 420, 442.
Mantoue, VI, 249-50, 253, 304, 366, 446 *n.*
Mantoue (congrès de), VI, 248-56.
Mantoue (seigneur de). V° Gonzague.
Manuel (Don Juan), VI, 128 *n.*, 131.
Manuel (Don X...), archevêque de Séville, VI, 131 *n.*

MANZE (Jean de), chanoine de Lyon, III, 353.
MAR (le comte de), I, 238, 331-33; II, 70.
MARAIS (Charles des), II, 53; III, 10 *n.*, 12 *n.*; VI, 145.
Marans, II, 283.
MARCEL (Aymerigot), III, 387.
MARCELLO (Jacques-Antoine), IV, 231.
MARCHANT (Aimery), II, 618; III, 427 *n.*
Marche (la), I, 356-57; II, 561, 565; III, 51; IV, 400 *n.*, 425; V, 88, 92 *n.*, 320.
MARCHE (comtes de la), V, 69. — V° ARMAGNAC; BOURBON.
MARCHE (comtesse de la). V° BOURBON.
MARCHE (Antoine de la), I, 157.
MARCHE (Olivier de la), I, LVI; III, 71, 285, 292; IV, 79, 96.
Marchenoir, II, 29 *n.*, 32.
Marchiennes (abbaye de), III, 451.
Marcigny-les-Nonnains, II, 385 *n.*, 440; III, 15, 236; IV, 340, 378, 383; V, 221, 244.
MARCILLÉ (Guillaume), II, 71.
Marckolsheim, IV, 40, 41.
MARCONNAC (Jean de), VI, 375.
Marcoussis, I, 30; II, 12.
MARCY (André de), VI, 244.
Mardigny, IV, 53.
MARE (Thomas de la), I, 123.
MARECHAL (Louis), seigneur d'Appinac, V, 332.
Marennes, V, 61, 83 *n.*, 310, 350.
Marentin (baronnie de), VI, 388.
MARESCHAL (Jean), VI, 436 *n.*
MARESCHAL (Georgette), V, 77 *n.*
MARESCHAL (Jeanne), VI, 20.
MARESCHAL (Marie), V, 77 *n.*
MARESTS (Arnaud des), III, 474 *n.*
MARESTS (Arnould des), dit de la Palu, V, 82 *n.*; VI, 399.
Mareuil, III, 15, 236.
MAREUIL (Geoffroy, sire de), sénéchal du Limousin, puis de Saintonge, I, 357 *n.*, 394 *n.*, 399 *n.*; II, 67, 408; III, 15.
MAREUIL (Jeanne de), V, 61 *n.*
MARGUERIN (André), V, 365, 377 *n.*
MARGUERITE D'ANJOU, reine d'Angleterre, III, 260, 269, 278, 305; IV, 70, 91, 93-94, 114, 287-88, 327, 430, 457; V, 405-406; VI, 137-40, 143-44, 210, 223, 259-63, 270-71, 277 *n.*, 278 *n.*, 283, 287-88, 333, 337, 338 *n.*, 345.
MARGUERITE D'ÉCOSSE, Dauphine, II, 396-99, 402-501; III, 35 *n.*, 36-38, 129, 275, 320; IV, 79, 89-90, 94, 96-97, 99, 101, 105 *n.*, 106-15, 131, 177, 179-81, 189, 190 *n.*; V, 82, 86, 312; VI, 397, 414, 425.
MARIA (Doña), reine d'Aragon, I, 304, 312; III, 322; V, 288.
MARIE (la Sainte Vierge), V, 396; VI, 13, 76, 94, 266, 408, 417.
MARIE D'ANJOU, reine de France, I, 66, 235; II, 60-62, 68, 111, 180-88, 279 *n.*, 299, 301-303, 403, 563; III, 36-38, 41, 45, 47, 55, 58, 82, 96, 105-6, 147, 250, 265, 277, 279, 289-91; IV, 11-13, 79, 88-90, 94-97, 99, 105, 106 *n.*, 107 *n.*, 111, 131, 142-44, 147, 149, 153-54, 163-64, 170, 172, 175 *n.*, 178-82, 188, 195, 203, 205, 308 *n.*, 338, 370; V, 78, 81-82, 88, 288, 330, 416-17, 425; VI, 9 *n.*, 17-24, 36, 44, 167-71, 289-91, 296-97, 309, 311, 317, 323-28, 395-97, 400, 418-19, 425-31, 475, 495-96.
MARIE DE GUELDRES, reine d'Écosse, III, 206-209, 212, 222; IV, 95, 350, 352, 371, 384; VI, 323, 337.
MARIE (Thomas), V, 365.
MARIÉ (Guillaume Le), II, 617.
MARIETTE (Guillaume), IV, 209-15, 344; V, 175, 234 *n.*, 457.
MARIETTE (Henri), IV, 213 *n.*
Marigny, II, 46 *n.*
MARIGNY (Pierre de), I, 218.
MARION l'ouvrière, VI, 430 *n.*
MARK (Adolphe de la), VI, 113.
MARK (Éverard de la), IV, 138-39, 377, 383.
MARK (Jean de la), VI, 375.
Marle, III, 173.
MARLE (comtesse de). V° BAR.
MARLE (Arnauld de), I, 112 *n.*; II, 78 *n.*, 85 *n.*; V, 207.
MARLE (Guillaume de, doyen de Senlis), I, 112.
MARLE (Henri de), I, 79, 239, 348; V, 77, 335, 336 *n.*; VI, 188, 354, 402, 495.
Marlenheim, IV, 46.
MARLIANI (Raymond de), V, 410 *n.*, VI, 16 *n.*
MARLIANO (Otto de), IV, 230.
Marmande, III, 24, 251, 252.
Marmoutiers, I, 26, 110, 244; III, 72.
Maronites, IV, 253.
Marsan (vicomté de), V, 48, 49 *n.*
Marseille, IV, 237-38, 241; V, 100, 102, 131, 146, 300.
MARSEILLE (évêques de). V° BRANCAS; SEYSSEL.
Marseillette, I, 385.
Marsilly, III, 485.
MARTAINSVILLE (N... de), V, 423.
MARTAINSVILLE, poursuivant d'armes, V, 221 *n.*
MARTEL (Guillaume), sire de Basqueville, I, 259.
MARTEL (Guillaume de), seigneur de Grandmont, I, 413-16.
MARTEL (Martillet de), I, 83 *n.*, 276.
Martignas, V, 270.
Martigny-le-Comte, III, 196 *n.*
Martigny-les-Nonnains, I, 197.

MARTIGNY (Pierre de), IV, 180.
MARTIN (saint), III, 72.
MARTIN IV, pape, V, 215.
MARTIN V, pape, I, 77, 81, 279-81, 300 *n.*, 318, 325, 328-31, 353, 360-68; II, 148, 313-18, 342-45, 351, 358, 361, 365, 438, 467, 602-604; III, 348.
MARTIN (Colin), V, 343, 450.
MARTIN (Jehannet), IV, 341 *n.*
MARTINEAU (Aymeri), II, 497, 499, 500, 501, 503; V, 342 *n.*
MARTINEAU (Elie), II, 295 *n.*
Marvajols, I, 396.
MARZELIÈRE (Pierre de la), V, 422.
MASCON (Roulin de), III, 501-509.
MASSÉ (Jean de), III, 63 *n.*
MASSELIN (Robert), II, 281.
Massiac, I, 198 *n.*
MASSIEU (Jean), II, 248 *n.*; V, 361, 365, 377 *n.*
Massillargues, II, 110, 562.
MASSON (Jean), V, 105, 111 *n.*
Maubuisson (abbaye de), III, 179, 185-86, 190-91, 454.
MAUGART (Philippe), II, 453, 527, 554; IV, 122 *n.*, 130.
MAUGER (Jean), II, 378 *n.*
MAUGIER (Pierre), V, 373-75, 382 *n.*
Maulevrier (comté de), IV, 189, 195.
Mauléon, II, 279; V, 9, 42, 437.
MAULÉON (Jean, seigneur de), II, 121, 132 *n.*
MAULOUÉ (Jean), II, 643.
Mauny, V, 32.
MAUNY (seigneur de), IV, 381; V, 17.
MAUPOINT (le prieur), I, LXIX.
MAUREGARD (Étienne de), I, 79.
Maures, IV, 424; VI, 31, 128, 131.
MAURICE (saint), III, 72.
MAURIENNE (évêque de). V° ESTOUTEVILLE.
MAURISIS (Louis de), II, 317, 318.
Mayence, III, 302, 375; IV, 65 *n.*, 71-73; VI, 157, 409, 411.
MAYENCE (archevêques de). V° DUNE; ERBACH; ISENBOURG.
Mayenne, II, 21.
Mayenne-la-Juhez, IV, 307.
MAYNO (Georges del), V, 157 *n.*, 161 *n.*, 202 *n.*
Mazères, II, 19 *n.*, 290.
MAZIS (Jean des), dit Campans, bailli d'Étampes, V, 421.
MEAULX (Jacques), III, 427 *n.*
Meaux, I, 46 *n.*, 52, 97, 113, 121, 356 *n.*; II, 443; III, 10, 17, 19, 20, 60, 61, 67, 112, 436; IV, 381, 389, 418, 424; V, 334. — Église de —, VI, 308.
Meaux (le marché de), III, 61; IV, 424.
MEAUX (évêques de). V° MEUNIER (Le); VERSAILLES.
MEAUX (bailli de). V° GAST.
MEAUZE (Jean de), seigneur de Maugouverne, V, 208 *n.*
MEDICIS (Côme de), IV, 14, 15 *n.*, 225 *n.*, 245 *n.*, 254 *n.*; V, 148, 156, 293 *n.*; VI, 227, 234 *n.*, 240, 243, 333 *n.*
MÉDICIS (Philippe de), archevêque de Pise, VI, 146 *n.*
Medina del Campo, III, 323.
Méditerranée (mer), IV, 15; VI, 389.
Méloe, III, 15; V, 265-66, 269-72, 277, 281, 464, 467.
MEEL (Olivier de), V, 71.
Mehun-sur-Yèvre, I, 194, 211, 215, 217, 235, 241; II, 23, 55, 58 *n.*, 62, 76, 94, 117, 118, 122, 123, 126, 130, 170, 181, 185, 186, 239, 265, 309, 312, 344, 372 *n.*, 373 *n.*, 566, 578, 587, 589, 590, 610, 631, 648; III, 461; IV, 22, 265, 293 *n.*, 406 *n.*; V, 78, 97 *n.*, 130, 168 *n.*, 174, 209, 262 *n.*, 408, 435; VI, 21-24, 27, 322-25, 341, 384 *n.*, 396, 401, 411-13, 421, 440, 450 *n.*, 465-67, 495. — Église Notre-Dame de —, VI, 369.
MEINGHERNE (Frédéric de), V, 396 *n.*
MEINGRE (Jean Le), sire de Boucicaut, maréchal de France, I, 338, 349; IV, 223; V, 66.
Meinnes, V, 91 *n.*
Meisieu, I, 413-14.
Melgate, III, 109.
Melle, II, 65, 66; III, 123; VI, 373.
MELLEIN (Henri), IV, 84; VI, 415.
Melun, I, 32, 45 *n.*, 47, 83, 84, 87, 88 *n.*, 90, 93, 97, 98, 113, 122, 123, 146, 210, 212, 325, 356 *n.*, 382; II, 33, 35 *n.*, 39, 266, 277, 611, 628, 654; III, 51, 462; IV, 171, 244 *n.*, 422, 435; V, 86, 130 *n.*; VI, 62, 368, 412. — Église Notre-Dame à —, IV, 422; VI, 13 *n.*, 368, 413.
MELUN (Jean de), seigneur d'Antoing, I, 149 *n.*; IV, 122 *n.*; V, 221, 224.
MELUN (Philippe de), seigneur de la Borde, II, 164, 569; VI, 496.
MELUN (Catherine de), II, 301 *n.*; IV, 89 *n.*
MELUN (Prégente de), IV, 89 *n.*, 90 *n.*, 107 *n.*, 108 *n.*, 204 *n.*; V, 58 *n.*, 425.
MENARD (Quentin), II, 352, 446, 437 *n.*, 479, 511, 516 *n.*, 520, 521, 526 *n.*
Ménestrels, VI, 121.
Menetou, V, 109 *n.*; VI, 425 *n.*
MENOU (Pierre de), I, 373.
MENOU (Isabeau de), III, 157.
MENTHON (Pierre de), I, 83 *n.*
MENTON (Pierre de), VI, 70.
MENYPENNY (Guillaume de), seigneur de Concressault, III, 321 *n.*; IV, 301, 303 *n.*, 336, 368, 371; V, 252-55, 405 *n.*, 521-22; VI, 133-34, 140, 180 *n.*
• *Mer noire* (la), IV, 254; V, 392.
MERBURY (Jean), V, 425.
MERBURY (Richard), bailli de Troyes, IV, 143; V, 4 *n.*, 425.

Mercadier (Sauton de), III, 388, 477; IV, 423.
Mercatello (Nicolas de), II, 314.
Meriadec (Hervé de), V, 222 *n.*, 400 *n.*; VI, 27.
Mérichon (Jean), I, 118, 331 *n.*, 418.
Merimont (Remy de), VI, 340 *n.*, 341 *n.*
Merle (Jean de), II, 29.
Merqcoiose (Regnault de), I, 79 *n.*
Méru, I, 27.
Mervent, VI, 491.
Méry, II, 38 *n.*
Meschinot (Jean), VI, 421 *n.*
Meslay, I, 69.
Messant (Colin), V, 453-54.
Mesnil (manoir du), près Jumièges, IV, 218.
Mesnil (Hervé du), I, 116.
Mesnil (Jean du), I, 116, 149 *n.*, 351 *n.*
Mesnil (Jean du), capitaine de Lusignan, IV, 388 *n.*; V, 73 *n.*, 78.
Mesnil (Jean du), V, 330.
Mesnil (Jean du), V, 374 *n.*
Mesnil (Thibaud du), VI, 21 *n.*
Mesnil-Simon (Jean du), seigneur de Maupas, sénéchal de Berry, IV, 20, 48, 183, 203, 307, 388 *n.*; V, 102 *n.*, 402, 470; VI, 247, 272, 312 *n.*, 376, 489.
Mesnil (Jeanne du), I, 8.
Messenes (Jean de), IV, 180 *n.*
Messin (pays), IV, 53 et s.
Messins, IV, 17, 54, 55, 58, 60-61, 128.
Metz, II, 256, 435; IV, 17, 27 *n.*, 43, 52 et s., 60, 62, 70-71, 77, 101, 108 *n.*, 109 *n.*, 122-23, 128 *n.*, 206, 333, 391, 400 *n.*, 437-38; VI, 123. — Abbaye de Saint-Arnoul à —, VI, 368.
Metz (siège de) en 1444-45, IV, 17, 52-58.
Metz (évêques de). Vº Bade; Bayer.
Metz (archidiacre de). Vº Hugues.
Metz (Jean de), VI, 374.
Metz (Jeanne de), VI, 374.
Meulant, I, 30, 41, 43, 52, 86 *n.*, 87 *n.*, 127, 158, 298, 322; II, 12, 58; III, 90, 187; IV, 288 *n.*, 424, 443; V, 72 *n.*, 310, 451-52.
Meulant (Thomas de), II, 607.
Meulhon (châtellenie de), I, 238, 406, 416.
Meulhon (Guillaume de), sénéchal de Beaucaire, I, 30 *n.*, 65 *n.*, 66, 116, 201, 276, 327, 329, 356 *n.*; II, 19 *n.*, 80 *n.*, 370 *n.*, 579 *n.*
Meulhon (Guillaume de), V, 304 *n.*, 434; VI, 90 *n.*
Meulhon (Pierre de), V, 433-34.
Meung-sur-Loire, I, 211; II, 32, 140 *n.*, 227; IV, 47 *n.*, 317 *n.*
Meunier (Jean Le), évêque de Meaux, V, 207.
Meurirac (Jean), dit Bobes, VI, 40 *n.*
Meurin (Baude), VI, 329-30.
Meurin (Jean), VI, 307 *n.*
Meurs (Frédéric, comte de), II, 527, 546; III, 78; IV, 341 *n.*
Meurs (Thierry de), archevêque de Cologne, I, 266, 337; II, 488; III, 78, 158, 302, 317; IV, 64, 67-70, 73, 75 *n.*, 127, 255, 264-70, 334-35, 341-44, 349, 355, 361 *n.*, 362-65, 374; VI, 153, 264, 294.
Meuse (la), IV, 15-16, 53 *n.*
Meysieu, IV, 189 *n.*
Mezières-sur-Meuse, V, 451.
Mezo, II, 293 *n.*
Miatre (Jean), IV, 374 *n.*
Michalowic (Henri de), VI, 165.
Michel (saint), VI, 13.
Michel (Jean), évêque d'Angers, 327 *n.*, 368, 369; IV, 453; V, 191.
Michon, folle de la Reine, VI, 18.
Midi (Nicolas), III, 54 *n.*
Mioet ou Migien (Pierre), II, 247 *n.*; V, 365, 377 *n.*
Mignon (Jean), V, 131 *n.*
Migrot (Bertrand), V, 423.
Milan, I, 341; II, 477, 487; IV, 224, 228, 230, 232, 235, 240, 249, 251, 339, 363, 451-52; V, 163-64, 166, 203, 332; VI, 229, 237, 245, 251, 298, 406.
Milan (duché de), V, 138, 146-48, 150, 154-55, 170, 435; VI, 303.
Milan (ducs de). Vº Sforza; Visconti.
Milanais, IV, 225, 228, 234, 245, 254, 337, 339, 363; V, 145-50; VI, 70.
Milet (Jean), I, 110.
Milet (Pierre), V, 380 *n.*
Milhau, II, 607; III, 46, 241, 486.
Millet (Jacques), V, 57; VI, 400, 407, 409, 421 *n.*
Milly, III, 168.
Milly (seigneur de). Vº Saint-Julien.
Mines, III, 487; VI, 390-91, 461-63.
Mimenses (évêque de). Vº Hispanes.
Mirabel, I, 397 *n.*, 403 *n.*
Mirandol, I, 417.
Miraumont (Robert, seigneur de), VI, 93.
Mirebeau, III, 123.
Mirecourt, IV, 49.
Miremont (Jean de), V, 331.
Misnie (marquis de), IV, 68 *n.*, 344 *n.*
Mogonsquin. V. Oecons.
Moers (Henri von), évêque de Munster, III, 303.
Moine (Thibaud Le), II, 381.
Moïse, 154.
Moissac, III, 454, 460.
Moisy (Jean de), II, 451 *n.*
Molesmes (Jean de), IV, 376, 383; V, 220-23, 227, 445-46.
Moleyns (Adam), évêque de Chichester, II, 622 *n.*; III, 269; IV, 146, 162-63, 165, 200, 285 *n.*, 288-90, 292 *n.*, 305-7, 312-15, 317 *n.*, 319; V, 48.

MOLEYNS (Robert, lord), V, 463.
MOLIÈRE (Cagnon de la), III, 133 n.
MOLINEAUX (Jacquemin de), IV, 325 n.
MOLINEUX (Nicolas), IV, 295, 298-99, 300.
MOLINIER (Jean), II, 624 n.
Molsheim, V, 26 n., 46.
Monaco, VI, 247.
MONCADA (don Raymond de), III, 324.
Moncé (Notre-Dame de), III, 454.
MÖNCH DE LANDSCRONE (Bernard), IV, 28.
Monchaux, II, 48, 51.
MONDON (Jean de), VI, 376.
MONDOVI (évêque de), Vº SEGAUD.
Monnaies, I, 382-404, 408; II, 616, 620-30; III, 468-71; IV, 429-31, 433 n.; V, 335, 338-39; VI, 382.
MONNET (Jean), V, 380.
Mons, II, 18 n., 22; VI, 105 n., 112, 261, 264.
Mons (duché des), IV, 353.
Mons-en-Vimeu (bataille de), I, 50.
Monstierame, V, 67 n.
MONSTRELET (Enguerrand de), I, LIII-LV.
MONT (Gilles du), VI, 133 n.
MONT (Pierre du), ou de MONT-DIEU, évêque de Brescia, III, 265, 277, 371 n., 378-79.
Montagnac, I, 384; II, 607, 608; III, 485; V, 112.
MONTAGU (Thomas), comte de Salisbury, I, 49, 226, 255 n., 256 n., 284, 287; II, 12, 13, 15, 20, 22 n., 23-24, 31, 32, 39 n., 659; III, 77; IV, 92, 146.
MONTAGU (Alice), comtesse de Salisbury, II, 18 n.; IV, 92.
MONTAGU (seigneur de), Vº NEUFCHASTEL.
Montaguillon, II, 15.
MONTAIGU (Gilles, cardinal de), V, 207.
MONTAIGU (Girard de), évêque de Paris, I, 76, 79 n.
MONTALEMBERT (Pierre de), IV, 179; V, 95.
Montargis, I, 93, 122, 124 n., 350 n.; II, 27, 28, 29, 45, 85 n., 147, 265, 268, 276, 277, 278, 297, 385 n., 393, 460 n., 564, 610, 611, 614, 656; III, 10, 14 n., 418; IV, 48 n., 49, 388 n., 425, 445; VI, 180-87, 208, 411, 463.
Montauban, I, 259, 384; II, 636; III, 24, 249-51, 290, 323, 460; IV, 425; V, 273, 275.
MONTAUBAN (évêques de), Vº ROCHE-FONTENILLES, ESTAMPES, ROSIER (du).
MONTAUBAN (Arthur de), V, 71.
MONTAUBAN (Jean, seigneur de), VI, 96, 113, 481.
MONTAUBAN (Raymond de), II, 636.
Mont-aux-Malades (abbaye du), près Rouen, V, 423.
MONTAUT (Jean de), sire de Bénac, I, 85 n.
Montbard, II, 320.
Montbazon, IV, 317 n., 323 n.; V, 44, 45 n., 61-63, 70-71, 74, 78, 83, 91 n., 95, 137, 313, 428, 449; VI, 26, 135, 206, 211, 280, 364, 370, 423, 454 n., 491.
Montbéliard, I, 84 n., 85; II, 427, 433; III, 18, 22 n., 23, 25, 45, 62, 120-21, 122 n., 125-26, 131, 133, 135, 137, 139, 334 n., 389 n.
Montberon, I, 41, 209.
MONTBERON (François de), V, 114.
MONTBERON (Jacques de), I, 79 n., 101.
MONTBERON (Robert de), évêque d'Angoulême, VI, 26.
MONTBERON (Jeanne de), IV, 80 n., 178-9, 204; V, 58 n.
Montcauquier, VI, 73 n., 472.
Montchauvet (seigneurie de), III, 292.
Montcuq, II, 636.
Montdidier, II, 363, 409, 412, 414 n., 550, 564; III, 436; IV, 382.
MONTDURER (Étienne de), V, 213 n.
Montdoubleau, II, 21 n., 24, 27, 29 n.; III, 411; V, 328 n.
Montecatin, V, 86.
MONTEJEAN (Jean, seigneur de), I, 65, 66 n.; II, 85 n.; III, 127; IV, 24.
MONTEJEAN (Regnauld de), I, 69, 74 n., 116, 351 n.
Montélimart, II, 488, 628.
MONTENAY (Guillaume, sire de), I, 116, 124, 148 n.; III, 123 n.
Montereau, I, 44, 45 n., 62, 79, 150, 159-64, 173, 179, 180-82, 184 n., 187, 193, 208, 322, 327; II, 65, 69, 235, 320, 322, 323, 326, 354, 360, 369, 405, 448, 549, 555, 656; III, 11, 14, 49, 56, 68, 97, 98; IV, 87, 129, 375, 388 n., 407 n.; V, 21 n., 326, 342; VI, 412.
Montereau (meurtre de), I, 128-78; 180-82, 187, 208, 322; II, 651-58; III, 68, 97; IV, 87, 120, 136, 375.
MONTEMOIS (Jean de), seigneur de Puymorin, VI, 375.
MONTESCLÈRE (Jean de), II, 174 n.
MONTESPEDON (Jean de), dit Wast; † 1436, V, 98 n.; VI, 101.
MONTESPEDON (Jean de), dit Wast, V, 137 n.; VI, 113, 312-22, 332 n., 456.
Montferrand, II, 306, 607; III, 116 n., 125, 127; V, 43 n., 311, 334, 467; VI, 360, 379.
MONTFERRAND (bailli de), VI, 466.
MONTFERRAND (Bérard de), II, 76 n., 332 n.
MONTFERRAND (Béraud de), VI, 376.
MONTFERRAND (Bertrand, sire de), V, 2, 9 n., 264, 280, 464; VI, 376.
MONTFERRAND (Pierre de), soudic de la Trau, seigneur de Lesparre, V, 262-63, 275, 281; VI, 348, 361.

Montferrat (marquisat de), IV, 228.
Montferrat (château de), V, 278, 280-81.
Montferrat (Jean-Jacques Paléologue, marquis de), II, 34, 385-87; III, 330; IV, 228, 233, 236, 249; V, 154-58, 167, 172, 293-98, 301, 302, 305 *n.*, 435, 462, 465; VI, 227, 244.
Montferrat (Guillaume de), V, 154, 158, 167, 172, 293-98, 303, 434-35, 462; VI, 26, 303.
Montfort, II, 10 *n.*, 561. — Notre-Dame de —, V, 325.
Montfort (comté de), V, 314.
Montfort (comte de). V° Bretagne.
Montfort (Guillaume de), évêque de Saint-Malo, II, 271.
Montfort (Jean de), VI, 180.
Montfourat, V, 43.
Mongascon (seigneur de). V° Tour (la).
Montgaguier (N... de), II, 544.
Montgomery (Jean de), III, 75 *n.*, 205; IV, 29 *n.*, 388 *n.*
Montgon (Antoine de), V, 422.
Montguyon, V, 45.
Montier-la-Celle (abbaye de), III, 169.
Montiéramey (Jean, abbé de), II, 319.
Montiéraulier (Louis de), seigneur de Neufville, 5, 424-25.
Montignac-le-Comte, IV, 328 *n.*
Montigné (Guérin), VI, 423 *n.*
Montigny-sur-Canne, IV, 425.
Montigny (Jean de), V, 368.
Montils-les-Tours, II, 267 *n.*; III, 272-75; IV, 47, 88, 163, 169, 203-205, 323 *n.*, 444, 450-51; V, 60, 71, 73-78, 83, 91 *n.*, 92 *n.*, 122-23, 141, 209, 223, 285, 450, 453; VI, 17, 18 *n.*, 20 *n.*, 26, 42, 133, 167, 171, 183, 351, 356, 385, 412, 423, 430, 487.
Montivilliers, III, 6, 21; V, 18, 25-26, 335, 341; VI, 206, 207 *n.*
Montjay, II, 40 *n.*
Montjeu (Philibert de), évêque de Coutances, II, 509.
Montjou (prévôt de). V° Grolée.
Montjoye (Guillaume de), évêque de Saint-Papoul, puis de Béziers, I, 314 *n.*; II, 391, 398 *n.*; III, 198, 474; V, 215.
Montjoye (Louis de), I, 314 *n.*
Montlaur (Hector, sire de), II, 76, 121, 636 *n.*
Montlay (Jean de), IV, 339 *n.*
Montléon (Joachim de), IV, 338 *n.*, 341 *n.*
Montlhéry, I, 25, 27, 30, 37, 113; II, 12.
Montluçon, II, 118, 122, 130-32, 160-62, 170, 186, 291, 384, 583, 588, 590, 631, 618; III, 61; V, 335; VI, 430, 473-74.
Montluel, II, 81-82, 88, 361, 367, 371-72; VI, 68.
Montluel (la Bâtie de), II, 636.
Montmarault, III, 46.
Montmayeur (Gaspard de), maréchal de Savoie, II, 85 *n.*
Montmédy, VI, 172.
Montmirail, I, 49, 217, 246; III, 48.
Montmirat (Jacques, seigneur de), IV, 180 *n.*
Montmorency (Denis de), V, 323.
Montmorency (Jean II, baron de), I, 376; II, 567 *n.*; V, 421.
Montmorency (Louis de), V, 421.
Montmoret (Étienne de), I, 116, 244, 350; IV, 411; VI, 395.
Montmorillon, III, 419; IV, 178; V, 130.
Montmorin (Jean de), II, 319, 343, 573; III, 120 *n.*, 326 *n.*, 466; V, 99 *n.*
Montmorin (Jean de), seigneur de Nades, VI, 420.
Montmorin (Pierre de), I, 98, 356 *n.*, 396; II, 336 *n.*, 384 *n.*, 635.
Montmort (Jacques de), II, 510 *n.*
Montoire, près Lavardin, IV, 367 *n.*
Montorgueil (château de), VI, 328.
Montpazier, V, 43 *n.*
Montpellier, I, 201, 307 *n.*; II, 122, 186, 392, 582, 588, 596, 612, 624, 628; III, 44, 140, 148, 450, 461-62; IV, 241 *n.*, 418-20, 424, 430-31; V, 100, 101 *n.*, 109, 112, 113 *n.*, 114, 117, 270 *n.*, 276 *n.*, 317-18, 334, 430; VI, 360 *n.*, 361-63, 389, 398, 464, 473-74.
Montpensier (comte de). V° Bourbon.
Montpezat (Amanieu, sire de), II, 80.
Montreuil, II, 616; III, 110; V, 334.
Montreuil-Bonnin, II, 685.
Montrichard, I, 98; II, 291; III, 44, 122, 124; V, 78, 122, 167 *n.*, 209; VI, 21, 180.
Montrouge, I, 25 *n.*
Mont-Saint-Michel (le), I, 49, 210, 244; II, 8, 20, 23, 25, 26, 49, 158 *n.*, 463, 531, 535, 601; III, 111-12, 400; IV, 205, 312, 321, 400 *n.*, 424; V, 9-10, 35, 324, 422.
Mont-Saint-Michel (abbé du). V° Jolivet.
Mont-Saint-Vincent, II, 50.
Montsaugeon, III, 461.
Montsoreau (Jean de), 200 *n.*
Montsoreau (seigneur de). V° Chambes.
Montuey, III, 460.
Moras (Thomas), II, 14.
Morat, IV, 368.
Moravie (Josse, margrave de), III, 306; IV, 21.
Morella (château de), VI, 341.
Moret, I, 163, 164.
Morchesne (Odart), II, 330 *n.*, 349.
Morel (Laurent), V, 330.
Morgan (Philippe), I, 153, 276, 277, 287, 288, 290-91.

Morier (Simon), III, 169 *n.*
Moric, V, 350.
Morillon (Hervé), abbé de Saint-Germain des Prés, V, 373.
Mornac, VI, 433, 489.
Morsa de Bais (Urbain de), évêque d'Utrecht, IV, 374.
Morspero (Pierre de), IV, 11, 22 *n.*, 25 *n.*, 45.
Mortagne, II, 363, 426 *n.*, 550.
Mortain, IV, 310, 315, 320, 322; V, 26, 443.
Mortain (comté de), II, 110, 562; V, 437.
Mortain (comte de). V° Anjou; Beaufort.
Mortemart (seigneur de). V° Rochechouart.
Mortemer (seigneur de). V° Taveau.
Mortemer (Jean de), seigneur de Couhé, V, 332.
Mortimer (Hugues), I, 255 *n.*
Morvilliers (Philippe de), III, 97.
Moselle (la), IV, 53, 128.
Mote (Bérard de la), seigneur de Roquetaillade, V, 40 *n.*
Moterelle (Jeanne), VI, 18 *n.*
Mothe-Sainte-Heraye (la), V, 76 *n.*
Mothe-sur-le-Rhône (la), I, 46, 52.
Motte (la), V, 9 *n.*
Motte (Antoine de la), V, 61 *n.*
Motte (Jean de la), V, 426.
Motte (Pierre de la), V, 342.
Moulin (Denis du), archevêque de Toulouse, puis évêque de Paris et patriarche d'Antioche, I, 407 *n.*; II, 91, 122-23, 308 *n.*, 314, 317, 319, 367 *n.*, 370, 488-89; III, 42, 44 *n.*, 60, 84 *n.*, 98, 341, 352, 424, 429, 430 *n.*, 474 *n.*
Moulin (Pierre du), archevêque de Toulouse, V, 317.
Moulins, I, 107; II, 25, 132, 383-84; III, 131, 149 *n.*; V, 78, 82, 182 *n.*, 184, 267 *n.*, 403, 404, 461-62; VI, 184, 349.
Moulins-Engilbert, II, 36 *n.*, 81, 514.
Moulins (le sire des). V° Moleyns.
Mourres (Philippe), I, 160.
Moussaye (Roland de la), III, 200 *n.*
Moustier-sur-Saulx, III, 173.
Moustier (Jean du), II, 617.
Moutier-Neuf (abbaye de), III, 454.
Moutiers-sur-le-Lay, VI, 388.
Mouy (seigneur de). V° Soyecourt.
Mouzon, I, 397 *n.*, 398, 401; II, 9, 13; VI, 378.
Mouzon (monastère de Notre-Dame de), V, 324.
Mouzon (le), rivière, V, 45 *n.*
Moy (Colart, sire de), V, 73 *n.*, 421.
Moy (Catherine de), II, 375 *n.*
Moyencourt, V, 73 *n.*
Mozac (abbaye de), VI, 368.
Mulhouse, IV, 36.
Mundeford (Osbern), IV, 205-07, 304, 310, 312-14, 316, 319-20; V, 6 *n.*, 420, 441.
Munster (évêque de). V° Moers.
Murat (Pierre de), III, 396.
Mureaux (les), IV, 424.
Muret, III, 254.
Murer (Nicole), III, 305.
Musique (la), IV, 85; VI, 419-21.
Musnier (Philippe), dit Jossequin, I, 149 *n.*, 163, 166, 192 *n.*, 193.
Musnier (Vincent Le), VI, 18 *n.*
Mussy, II, 42 *n.*, 47, 460.
Mutlenz, IV, 28.
Muy (Jean de), II, 67 *n.*
Myrox (le seigneur de) [pour Miremont?], V, 434.
Mystères (représentations de), V, 23, 73, 400; VI, 400.

N

Nades (château de), 102 *n.*, 428-30.
Naillac (Guillaume de), évêque de Conserans, II, 80 *n.*
Naillac (Jean de), seigneur de Chasteaubrun, II, 568.
Naillac (Jeanne de), dame de Giac, II, 124.
Namur, II, 38 *n.*; IV, 121 *n.*, 137, 353 *n.*, 373 *n.*; VI, 123.
Namur (comté de), II, 40, 424-27, 437; III, 80; IV, 130.
Namur (comtesse de). V° Harcourt.
Nanesy (Jean), V, 222 *n.*
Nancy, IV, 26 *n.*, 44, 45, 52, 57, 60-67, 74, 77, 79, 89-95, 102, 104, 105, 107, 125-28, 130, 142-44, 172, 189, 205-6, 224-26, 346, 390, 393, 426, 428, 439, 446-48; V, 452.
Nangis, II, 235.
Nasterre (Philippe de), III, 101.
Nantes, I, 106; II, 44, 72, 78 *n.*, 83, 89, 353, 356, 366; III, 201-2; IV, 182; V, 28.
Nantes (évêque de). V° Malestroit.
Nanteuil (Notre-Dame de), VI, 21.
Nanton (Jean de), archevêque de Sens, II, 85 *n.* (et non Melun).
Naples, IV, 222, 225 *n.*, 231, 239, 330; V, 140, 148, 155, 158, 165, 166 *n.*, 228, 291-92; VI, 229, 240-48, 252-53, 255-56, 283 *n.*, 299-302, 339, 349, 490, 493-94.
Narbonne, I, 54, 201; II, 186, 212 *n.*, 608; III, 123, 462; VI, 379.
Narbonne (vicomté de), IV, 410.
Narbonne (archevêque de). V° Harcourt.
Narbonne (Guillaume, vicomte de), I, 54 *n.*, 121, 148 *n.*, 166, 197 *n.*, 200 *n.*, 219, 227, 230, 374, 375, 412; II, 16, 140 *n.*
Narbonne (vicomte de). V° Tinières.
Nardeccio (Thomas de), II, 344-46; III, 344, 364.

Nassau (le comte de), II, 526-27 ; IV, 361.
Nassau (Adolphe de), IV, 361.
Naulle (Bertrand de), V, 132 *n.*
Nautaire (Bernard), V, 117 *n.*
Navailles (Jean de), II, 119 *n.*, 548.
Navailles (seigneur de). Vº Foix.
Navarre, II, 490 ; III, 30 ; V, 288-91 ; VI, 129-30.
Navarre (Roi de). Vº Jean II.
Navarre (Don Carlos de), prince de Viane, IV, 206 ; V, 288-90 ; VI, 129-31, 134, 340-41.
Navarre (Blanche de), reine de Castille, II, 490 ; III, 322 ; VI, 128.
Navarre (Eléonore de), comtesse de Foix, VI, 129.
Navarre (Isabelle de), comtesse d'Armagnac, II, 80 ; III, 249.
Navarre (Jeanne de), II, 73 ; IV, 184.
Navigation, II, 642-44 ; III, 484-85 ; IV, 435 ; V, 319 ; VI, 388-89.
Neaufle, V, 314.
Nehou (baronnie de), V, 60, 83 *n.*
Nerbonne (Jean de), V, 270 *n.*
Négrepelisse, IV, 435.
Négrepelisse (seigneur de). Vº Carmain.
Nemours, I, 175 ; III, 11, 49.
Nemours (duché de), II, 71, 426 ; VI, 129.
Neremenr (Jean), IV, 423.
Nerly (Jean de), II, 618.
Nesle, II, 15, 16 *n.*
Nesle (Guy de), seigneur d'Offemont, I, 121 ; II, 452 ; III, 98.
Nesson (Pierre de), VI, 421 *n.*
Neuerbourg, VI, 172.
Neufbourg (Jean de), VI, 419.
Neufchastel (Jean de), sire de Montagu, I, 149 *n.*, 172, 184, 349 ; II, 16 *n.* ; IV, 119, 350-51.
Neufchastel (Thibaud, seigneur de), I, 149 *n.*, 305.
Neufchastel (Thibaud de), seigneur de Blamont, maréchal de Bourgogne, III, 26, 263 ; IV, 22 *n.*, 26 *n.*, 32, 116, 119, 121-22, 126, 130-37, 191-92, 334 *n.*, 351, 377 ; V, 252 ; VI, 90, 92, 101, 106, 270 *n.*, 291, 323 *n.*
Neufchâteau, II, 256 ; III, 171 ; IV, 133-37, 333.
Neufchâtel, II, 444 ; V, 8, 311, 335, 350, 425, 442 ; VI, 349.
Neufville (Guillaume, dit Le Moine de), I, 192 *n.*, 314 ; II, 359 *n.*
Neuilly, V, 9 *n.*
Neuport, VI, 144 *n.*
Neustadt, IV, 43 *n.*
Neuveville, (la), IV, 32.
Neuville, III, 186.
Neuville-en-Laonnais, II, 40 *n.*
Nevers, I, 398 *n.* ; II, 52, 439, 514, 517, 541, 546 ; III, 140, 215-17, 225, 258 ; IV, 411, 424 ; V, 400-401 ; VI, 40.
Nevers (comté de), II, 357, 385 *n.*, 425, 513 ; VI, 350.
Nevers (évêques de). Vº Estampes ; Germain.
Nevers (comte de). Vº Bourgogne.
Nevers (comtesse de). Vº Artois.
Nevill (Georges), évêque d'Exeter, VI, 325 *n.*
Nevill (Richard), comte de Salisbury, III, 77 ; VI, 140, 270, 289-90.
Nevill (Richard), comte de Warwick, VI, 52, 54, 58, 124-25, 145 *n.*, 182 *n.*, 250, 270-71, 288-90, 291 *n.*, 297 *n.*, 314 *n.*, 323-30, 337.
Nevill (William), lord Fauconberg, III, 181, 183 ; IV, 319, 330 *n.* ; V, 410, 439.
Nice, IV, 237-42 ; V, 169 *n.*
Nice (comté de), V, 136.
Nicolas V (Thomas Parentucelli, dit de Sarzane), IV, 218 *n.*, 239, 256, 259 *n.*, 261-63, 267, 269-82, 340 *n.*, 373 *n.*, 374 ; V, 102 *n.*, 104 *n.*, 115, 121, 125, 131, 147, 162-65, 178, 180, 183, 189-99, 202-12, 216-19, 228, 293-97, 303, 307, 363, 368 *n.*, 370, 391-94, 398, 406, 409-10, 414 ; VI, 32-34, 227-29, 365, 417, 472-73.
Niedernai, IV, 41.
Niepce, VI, 116.
Nieppe (bois de), III, 85.
Nieul, VI, 388.
Nieul (prieuré de), III, 36.
Niort (Michel), V, 288.
Nimes, I, 186, 201, 383-85, 608, 630 ; II, 186, 608, 630 ; III, 44 ; IV, 398 *n.*, 424 ; V, 191, 323 ; VI, 379.
Nimes (évêché de), V, 323.
Nimes (évêques de). Vº Harert ; Soreau.
Niort, I, 111, 283, 382 ; II, 23, 147, 162, 567, 608, 623 ; III, 36, 119-20, 123, 128, 215-16, 228, 236, 460 ; V, 110 ; VI, 42.
Nivelle, VI, 148 *n.*
Nivernais, I, 52, 121, 122 ; II, 13, 17, 62, 80, 320, 327 ; III, 27 ; IV, 117, 306 *n.*, 309 *n.*, 400 *n.* ; V, 336.
Noblesse, I, 374-80, 424-26 ; II, 605-607 ; III, 455-59 ; IV, 397, 422-23 ; V, 327-33 ; VI, 35, 370-76.
Nocé (Johanne della), V, 172 *n.*
Nocy (Pierre de), VI, 181 *n.*
Noé (Hugues de), I, 60, 61, 115, 149, 163, 166, 208, 360, 412 ; II, 155, 276, 304 ; III, 43, 44 *n.*, 48, 60, 142, 124 ; V, 99 *n.*
Nogent (seigneurie de), I, 258 ; II, 13, 19 *n.*, 31, 33, 409-10 ; III, 110.
Nogent (Aube), VI, 348.
Nogent-le-Bernard, V, 5 *n.*
Nogent-le-Roi, I, 71 ; IV, 388 *n.* ; V, 349-50.

Nogent-le-Rotrou, II, 20, 29 *n.*, 42 *n.*; VI, 197, 378.
Nogent-sur-Eure, I, 227.
Nogaret (Bertrand de), I, 200.
Noidest (Jean de), II, 321 *n.*, 387 *n.*
Noir (Antoine), V, 132 *n.*
Noir (Hugues), V, 132 *n.*
Noir (Rostaing), V, 132 *n.*
Noirlac (monastère de), V, 324.
Noirmoutiers, II, 608, 612.
Nonancourt, II, 15.
Nonette (château de), VI, 62.
Nonne (Gilles), V, 332.
Norbury (Henri), V, 28, 34-35.
Nore (Thomas), VI, 435 *n.*
Norfolk (Thomas, duc de), III, 107, 111; VI, 328.
Normandie, I, 54, 153; II, 12, 15, 17 *n.*, 19, 22, 25, 34, 35 *n.*, 36, 39, 40, 41, 59, 70, 216, 239 *n.*, 462, 531, 535, 536, 541, 561; III, 4, 6, 8 *n.*, 9 *n.*, 11, 13, 14, 16, 20, 21, 25, 27, 28, 77, 82, 91, 92, 93, 110, 111, 112, 155, 167, 177-183, 276; IV, 114, 156-58, 186, 208, 216, 218, 287 *n.*, 308-11, 315, 320, 322, 328, 329 *n.*, 381; V, 6-7, 11, 35-36, 38-41, 45 *n.*, 53-54, 65, 66 *n.*, 67, 69-70, 83 *n.*, 86, 88, 90 *n.*, 93, 96, 103, 129, 136-37, 181-82, 213, 221, 233, 236, 239, 248, 252, 266, 267 *n.*, 289, 308-12, 316-20, 327, 330, 333 *n.*, 335-38, 341, 343-50, 376, 405 *n.*, 419-29, 441-47, 460, 468; VI, 8 *n.*, 32, 41-43, 48, 50, 54, 56, 59, 75, 97, 132, 133 *n.*, 139, 142-46, 179, 193-94, 215-16, 220, 261, 263 *n.*, 287, 289 *n.*, 336-38, 353 *n.*, 357-65, 369-78, 382, 385, 398, 402, 404, 411, 413, 486.
Normandie (Basse-), I, 25, 31, 37, 41, 121, 209; II, 23-24, 45 *n.*, 49, 51, 122, 378 *n.*; III, 6, 8, 20; V, 7, 9, 12, 26, 29, 266, 443.
Normandie (Haute-), I, 31, 37, 41; III, 5-6, 8.
Normandie (grand sénéchal de). V° Brezé.
Normandie (roi d'armes de). V° Golant.
Normands, V, 4, 5 *n.*; VI, 48, 50, 263 *n.*, 288 *n.*, 363-65, 376.
Normant (Nicolas Le), V, 330.
Normanville (Michel de), I, 429.
Norry (Jean de), archevêque de Sens, puis de Vienne, I, 117; II, 509, 600; III, 42, 43; IV, 182.
Northampton (bataille de), VI, 290, 293.
Northumberland (Henri, duc de), VI, 136, 309.
Norwège, V, 393; VI, 206, 311, 389.
Norwich (évêques de). V° Alnewick; Brown.
Noseroy, V, 397; VI, 352.
Nosse (Jean), V, 113.
Notre-Dame de Beauvoir (monastère de), IV, 421.
Notre-Dame de la Délivrance, près Coutances, V, 38 *n.*
Notre-Dame du Bourg-Dieu, II, 132.
Notre-Dame du Carmel (monastère de), près Dax, VI, 368.
Notre-Dame du Carmel (monastère de), près Melun, VI, 368.
Nouatre, V, 61 *n.*
Nouveauville (Pierart de), II, 387 *n.*
Novare, IV, 228, 249; V, 435; VI, 27 *n.*, 239 *n.*
Novarre (évêque de). V° Visconti.
Novarre (Étienne de), II, 522 *n.*
Novarrais, V, 150 *n.*
Novelompont (Jean de), dit de Metz, II, 204 *n.*, 205, 212 *n.*, 256; V, 379.
Noves (Guiotin de), VI, 477.
Novi, IV, 234-36.
Noyelle, II, 9, 13.
Noyelle (Baudouin de), III, 271 *n.*
Noyelle (le seigneur de), II, 452.
Noyers, II, 46 *n.*
Noyon, II, 443 *n.*; III, 163, 176, 177 *n.*; IV, 382, 416; V, 360, 365 *n.*; VI, 398.
Noyon (église de), VI, 368.
Noyon (évêque de). V° Mailly.
Nuyron, III, 244 *n.*
Nuits, II, 514.
Nuremberg, II, 434, 468; III, 299; IV, 21, 31 *n.*, 33, 35, 37 *n.*, 39-40, 43 *n.*, 49, 64, 73, 221, 224, 261, 264, 342, 345, 353, 360, 361 *n.*; V, 398; VI, 113, 258.
Nysart (Jacques), VI, 179.
Nyons, I, 416-17.

O

Occident, IV, 253.
Occons (Jean d'), dit Moresquin, I, 314 *n.*
Ocronville (Raoulet d'), I, 429 *n.*
OEuvres (maîtres des), VI, 411.
Officiers (grands) de la couronne, I, 349-50, II, 567-69; III, 422-24; IV, 410-11, 449; V, 314-15; VI, 352-53.
Ogier (Robin), IV, 403 *n.*
Ogilvy (sir Patrick), vicomte d'Angus, II, 174 *n.*, 397.
Ogilvy (sir Walter), III, 36.
Oiron, V, 66, 310.
Oise (l'), IV, 331, 418, 435; V, 4.
Oisy, II, 15.
Okeghem (Jean), V, 81; VI, 395-96, 419-21.
Oldenbourg, IV, 63 *n.*
Oldhalle (sir William), III, 23 *n.*
Oléron (île d'), V, 61, 83 *n.*, 310.
Olivet, près Orléans, II, 32.
Olivier de Longueil (Richard), évêque

de Coutances, cardinal, V, 14-16, 216, 322, 370-71, 381-87 ; VI, 26, 75, 134, 148-50, 155, 158, 166, 188, 191-92, 207, 209, 213 *n.*, 269, 272-74, 283-84, 308 *n.*, 312, 354, 360, 384, 436.
Onffroy (Robert), V, 330.
Oran (émir d'), VI, 389.
Orange (prince d'). V° Chalon.
Orbec, V, 6 *n.*, 412.
Orfèvres, V, 81 ; VI, 418-19.
Orgecy (Pierre d'), seigneur d'Ivry, I, 259.
Orient, IV, 253, 373, V, 100, 228 ; VI, 162, 247, 345, 389, 437.
Orkney (Guillaume, évêque d'), I, 310 *n.*
Orkney (Henry, comte d'), amiral d'Écosse, III, 36, 38.
Orléanais. I, 350 ; II, 8, 24.
Orléans, I, 50, 110 ; II, 21, 31, 32, 33, 39 *n.*, 173, 174 *n.*, 175, 196, 197 *n.*, 206, 211, 212, 213, 217, 220, 221 *n.*, 227, 230, 240, 256, 270, 271, 277, 293, 437, 463, 605, 608, 611, 628 ; III, 61, 117, 136, 166, 462 ; IV, 49, 433 *n.* ; V, 140, 208-209, 354-57, 371, 373, 378 *n.*, 379-80, 384, 387 ; VI, 39, 360, 373, 409. — Bastille Saint-Loup à — II, 213. — Chapelle de Saint-Aignan à —, V, 324.
Orléans (duché d'), II, 20, 426, 561.
Orléans (évêques d'). V° Aussigny ; Gué (du) ; Kirckmichael.
Orléans (Charles duc d'), II, 8, 20, 31, 341, 416, 420, 520, 532, 533, 536, 539, 565 ; III, 63, 73, 82, 83, 86-94, 104, 106, 109-113, 116, 121, 144, 146, 147 *n.*, 149-155, 157-164, 174, 201-204, 207-209, 212, 218, 221, 227, 234, 238, 239, 259, 261, 262, 272-73, 277, 321, 329 ; IV, 18-21, 48 *n.*, 94, 104, 113-14, 180, 220-21, 224-25, 232, 235, 248-51, 337-41, 374, 406-7, 439, 451 ; V, 34, 77, 102 *n.*, 103, 145, 147-50, 153 *n.*, 173, 185 *n.*, 289 *n.*, 312, 400-401, 407-12, 455 ; VI, 11 *n.*, 27, 39, 81, 187, 192-93, 218, 231, 237, 254, 261, 302, 314, 327, 331, 335, 349, 400, 443-44, 461.
Orléans (Jean d'), comte d'Angoulême, I, 116, 133, 253, 372 ; II, 341 *n.*, 414, 463, 485 ; III, 73, 86 ; IV, 18-21, 100-102, 132, 134, 182-83, 221, 406-7 ; V, 45, 46 *n.*, 50, 77, 173 *n.*, 278, 312 ; VI, 187-88, 251, 302, 374, 400, 443.
Orléans (Louis I, duc d'), I, 12, 13, 128, 174, 212, 230, 253, 260, 372-73 ; II, 340, 448-50, 457-59, 463-65, 471, 521, 526 ; III, 70 ; IV, 21 *n.*
Orléans (Philippe d'), comte de Vertus, I, 16, 30, 47, 77 *n.*, 95, 107, 116, 119, 122, 133, 209-11, 235, 372 ; II, 62, 69 ; VI, 396.
Orléans (duchesses d'). V° Armagnac, Clèves ; Visconti.
Orléans (Jeanne d'), duchesse d'Alençon, I, 226 ; II, 565 ; III, 199.
Orléans (Marguerite d'), comtesse d'Étampes, I, 226 ; IV, 408 ; V, 208.
Orléans (Marie d'), VI, 331.
Orléans (Jean, bâtard d'), comte de Dunois, I, 208, 226, 236-38, 372 ; II, 28, 29, 31 *n.*, 40 *n.*, 44, 53, 54, 205 *n.*, 206 *n.*, 215 *n.*, 216 *n.*, 219, 226 *n.*, 236 *n.*, 263, 266, 280, 286, 293 *n.*, 304, 307, 408, 506, 562, 565, 567, 568 ; III, 4, 5, 8, 14 *n.*, 20, 25, 26, 41-43, 52, 63, 65, 69, 73, 82, 83, 85, 89-94, 104-106, 116, 118, 119, 126, 142, 147, 152, 156, 157 *n.*, 159, 160, 167, 202, 203, 210, 216, 218, 219, 238, 265, 268, 271 *n.*, 276, 322, 330, 419, 422, 476 ; IV, 18-20, 47 *n.*, 48 *n.*, 100 *n.*, 104, 144, 189, 206, 214, 270, 275 *n.*, 277-78, 286, 290, 293, 297, 300-4, 307, 308 *n.*, 329, 331, 376, 382, 388 *n.*, 439 ; V, 4-22, 25-27, 36-37, 45-52, 60 *n.*, 62, 72-77, 86, 88 *n.*, 91, 92 *n.*, 94, 103, 141, 150, 153 *n.*, 166 *n.*, 173 *n.*, 181 *n.*, 234, 266, 289, 308-18, 342, 380, 405 *n.*, 419-20, 429 *n.*, 440-43, 455, 468 ; VI, 16, 24, 26, 27 *n.*, 49, 60-62, 71-72, 74 *n.*, 75, 76 *n.*, 80, 102 *n.*, 135, 166, 187-88, 209, 220, 247 *n.*, 249 *n.* ; 269, 278 *n.*, 348, 350, 354, 400, 436, 444, 466, 470, 485, 491-92.
Orléans (Jean d'), fils naturel du comte d'Angoulême, VI, 374.
Ormond. V° Butler.
Orne (l'), V, 36.
Orry (Guillaume), seigneur des Roches, I, 70 *n.*, 357 *n.*
Orsini (Giordano), cardinal de Sainte-Sabine, I, 81, 107, 287, 293, 308 *n.* ; II, 475.
Orsini (Jean-Antoine), prince de Tarente, VI, 302.
Orsini (Latino), archevêque de Ravenne, V, 199 *n.*
Orsini (Ludovico), cardinal-archevêque de Turin, V, 135 *n.*, 137.
Orsini (Marino), archevêque de Tarente, V, 231 *n.*
Orthe, III, 244.
Orval (seigneur d'). V° Albret.
Orval (le héraut), V, 44 *n.*
Orville, III, 10, 14 ; IV, 61 *n.*
Osnabruck, IV, 342.
Ostende (Georges d'), I, 323 *n.* ; II, 333 *n.*
Ostende (Jacques d'), V, 396 *n.*
Ostrevant (comté d'), V, 225.
Otterbuux (Nicolas de), 369.
Ouhart (Thibaud), I, 116, 351.
Oxford (Robert, comte d'), III, 107.

Oye, VI, 124.

P

Pacy, II, 46 *n.*, 47.
Paderborn, IV, 342.
Padoue, V, 165.
Padoue (évêque de), Vº Donati.
Pagnin (Philippe), V, 330.
Paresse (Alizon La), VI, 430.
Paige (Gérardin Le), VI, 430 *n.*
Pailly (Jacques de), dit Forte-Épice, III, 13, 99, 413.
Painteur (Nicolas Le), V, 361.
Palatio (Job de), V, 166 *n.*, 167 *n.*, 292 *n.*
Paléologue. Vº Jean; Montferrat.
Palerme (archevêque de), Vº Tudino.
Palisse (la), I, 196, 197 *n.*; III, 35; V, 171, 456, 460; VI, 453, 477.
Paloczy (Ladislas), VI, 165, 167.
Palu (François de la), seigneur de Varembon, VI, 68.
Palu (Louis de la), évêque de Lausanne, II, 471.
Pamiers (Jean, évêque de), II, 119 *n.*
Pampelieu, V, 132; VI, 390, 461.
Pampelune, VI, 130.
Panassac (Galobie de), II, 375; III, 124 *n.*, 166, 167, 184, 190, 411.
Panois, V, 431.
Paranty (Jacques de), IV, 369 *n.*
Paray-le-Monial, II, 383.
Parcault (Robert), IV, 181 *n.*
Pardiac (comte de), Vº Armagnac.
Paris, I, 22, 24, 25, 31-38, 42, 48-51, 68, 69, 81, 82, 84-88, 96, 102, 113, 184, 189, 346; II, 9, 12, 14, 17 *n.*, 18, 22, 26, 31, 33, 34, 35, 37, 45, 49, 50, 53, 233, 235, 237, 238, 239 *n.*, 307, 333 *n.*, 304, 411, 412, 413, 443, 519, 611; III, 7, 9-11, 17, 20, 33, 34, 49, 51, 138, 163, 178, 459, 462, 466, 480; IV, 20, 48 *n.*, 49, 81, 94, 132-33, 145 *n.*, 165, 213, 275 *n.*, 308 *n.*, 371, 375-77, 382, 388-89, 401, 412, 416, 421, 424, 430, 434-35, 439, 449; V, 13 *n.*, 51 *n.*, 65, 100, 207, 209, 220 *n.*, 233 *n.*, 240, 253, 267, 326, 334, 340, 348-50, 356-59, 368, 371-73, 378 *n.*, 431, 451; VI, 19-20, 28, 33, 53 *n.*, 58-61, 125, 148, 179, 215, 220, 266, 285, 308, 332, 351, 357-60, 363, 368, 383, 391, 397, 401, 418, 439, 450 *n.*, 455, 463, 465, 474, 486. — Église Notre-Dame à —, V, 13 *n.*, 203 *n.*, 204 *n.*, 367; VI, 444. — Sainte chapelle de —, V, 342; VI, 360, 411, 413, 421. — Église des Augustins à —, VI, 413. — Hôpital du Saint-Sépulchre à —, VI, 368. — La Bastille à —, I, 87-92; II, 116; IV, 213, 388 *n.* — Le Châtelet à —, I, 89; V, 326. — Palais des Tournelles à —, I, 87. — Hôtel Saint-Paul à —, I, 87; VI, 412. — Hôtel du Petit Musc à —, I, 87. — Le Louvre à —, I, 86; VI, 62, 413-14. — Le Grand-Pont à —, VI, 413. — Porte Baudoyer à —, I, 91; VI, 58-59. — Porte Saint-Antoine à —, I, 91; VI, 58-59. — Hôtel de l'Étoile, à —, VI, 58-59. — Hôtel de l'Ours, à —, VI, 58-59. — Hôtel de Nesle, à —, IV, 182 *n.*
Paris (évêques de), Vº Chartier; Chastellier (du); Montaigu; Moulin (du).
Paris (prévôts de), Vº Chastel (du); Clamecy; Estouteville.
Paris (Jean), V, 117 *n.*
Paris (Jean de), V, 17.
Paris (Martial de), dit d'Auvergne, I, lii-liii; VI, 393, 408-9.
Parlement de Grenoble, II, 577.
Parlement de Paris, I, 353; III, 426-29; IV, 140-41, 379-82, 412-17; V, 43 *n.*, 115, 122, 132, 216-17, 224-25, 237, 316, 326-27, 407, 431-32; VI, 37, 180-82, 210-11, 217, 220, 223, 266, 275, 277, 278 *n.*, 295-96, 351-61, 381, 455, 492.
Parlement de Poitiers, I, 352-56; II, 571-77; III, 427-28.
Parlement de Toulouse, I, 353-55; II, 576-77; III, 429-31; IV, 432; V, 122; VI, 87, 125, 360, 374, 453-54, 474.
Parme, I, 341; IV, 228; VI, 303.
Parmentier (Willequin), III, 223 *n.*
Parr (Agnès), IV, 92.
Parthenay, II, 158, 161, 268, 283, 296-97, 307; IV, 424; V, 11, 28; VI, 348, 491. — Église Sainte-Croix à —, VI, 368.
Parthenay (Jean II, sire de), I, 70 *n.*, 347 *n.*; II, 43 *n.*, 562.
Parthenay (Michel de), IV, 315-16, 319, 325; V, 422.
Parthenay (le héraut), IV, 302.
Pasquerel (Jean), II, 208-9, 228; V, 380.
Pasquot (Jean), VI, 474.
Passau (évêque de), VI, 165.
Passavant, IV, 334 *n.*
Patarin (Laurent), VI, 188.
Patay, II, 32, 42 *n.*, 220-22; V, 370; VI, 39.
Patin (Jean), V, 374 *n.*
Pau (Éléonore de la) ou de Paul, II, 181-81; V, 78.
Paul (saint), V, 385; VI, 276.
Pavie, IV, 228, 250; V, 150 *n.*, 303.
Pavie (évêque de). Vº Castiglione.
Paviot (Pierre), IV, 180, 203 *n.*; V, 425.
Payve (Jean), IV, 423; V, 454.
Pays-Bas, IV, 11.
Paz (le docteur Alfonso de), VI, 128 *n.*, 131.
Pazzi (Antoine del), V, 146.

Pechl (Jean), IV, 366.
Pelham (John), I, 255 *n.*
Pelle (Antoine du), I, 387 *n.*
Peintres, IV, 84-85; V, 81; VI, 414-17.
Pelaut (frère Jacques), I, 123-24.
Peloubde (Étienne), IV, 205 *n.*, 433 *n.*; V, 342 *n.*; VI, 400.
Peloubde (Perceval), V, 73 *n.*, 134 *n.*; VI, 412 *n.*
Pendran (Hugues de), V, 130 *n.*
Penhoët (Jean de), amiral de Bretagne, II, 71 *n.*, 85 *n.*, 283.
Pennedepie, III, 8.
Penthièvre (comte de). V° Blois.
Perac (du). V° Perrier.
Percaut (Pierre), IV, 434 *n.*
Perceval (Guillaume), III, 123 *n.*
Perche (comté du), I, 41, 121, 275; II, 29, 561; V, 5, 12, 26, 423; VI, 197, 357.
Perche (Pierre du), V, 82 *n.*
Perdiac, IV, 400 *n.*
Perelade (Moreton de), II, 14.
Pergaud (Jean), III, 633.
Périgord, I, 259, 357; II, 430, 561; III, 20, 61, 93, 276; IV, 157, 200, 408, 425; V, 43 *n.*, 276 *n.*, 341; VI, 378.
Périgord (comte de). V° Bretagne.
Périgueux, II, 623; IV, 200, 425.
Périgueux (évêque de), V° Bourdeille.
Péronne, I, 33; II, 37, 363, 409, 426 *n.*, 560, 564; IV, 118 *n.*, 119 *n.*, 382; VI, 126, 148 *n.*, 187 *n.*, 338 *n.*
Perotte (Nicolas), VI, 373.
Pérouse, IV, 281; VI, 249.
Perreux, I, 197; III, 131.
Perrier (Jourdain du), IV, 257 *n.*, 263 *n.*
Perrigaud (Nicolas), I, 327.
Perrin (Pierre), dit Lentremont, VI, 454-55.
Perriner, chevaucheur, IV, 326 *n.*
Perronne (Étienne), V, 113 *n.*
Perse (roi de), VI, 345.
Perth, II, 397, 492; III, 34.
Perusse (Gautier de), seigneur des Cars, VI, 188.
Perusse (Ranulphe de), évêque de Mende, III, 453.
Peschin (Jacques du), I, 149, 157, 163.
Peschin (Jeanne du), dame de Giac, I, 163, 166, 193.
Pestel (Guy, sire de), I, 319 *n.*; II, 319.
Petel (Tassin), II, 498.
Petit (Étienne), III, 466; V, 88 *n.*, 99 *n.*, 109 *n.*, 318, 330, 337, 429-30.
Petit (Jean), I, 38 *n.*, 349.
Petit (Nicolas), VI, 252 *n.*, 254-55, 299 *n.*
Petit (Yvonnet), II, 610.
Petit Cadet (le), fou de la Reine, VI, 18.
Petilo (Robin), sénéchal des Lannes, IV, 388 *n.*; V, 47 *n.*, 332, 422; VI, 378.
Petiot, chevaucheur, II, 534 *n.*
Petra (Andreas de), archevêque de Rhodes, IV, 253.
Pézenas, II, 186; III, 45; V, 112; VI, 362.
Phares (Simon de), VI, 394, 400.
Philippe-Auguste, I, 261; V, 214.
Philippe III, le Hardi, V, 215, 332.
Philippe IV, le Bel, I, 261; III, 350; IV, 16.
Philippe V, le Long, IV, 59.
Philippe VI de Valois, I, 95, 261, 384; IV, 132; VI, 377.
Philippe (Yves), V, 82 *n.*; VI, 398.
Picardie, I, 41, 46, 51, 121; II, 8, 13-16, 33, 40, 45, 47, 51-52, 235, 416, 512-13, 561; III, 20, 95 *n.*, 77, 78, 149; IV, 12 *n.*, 48 *n.*, 116-19, 132, 171, 395; V, 4, 6, 54, 67, 225, 405 *n.*; VI, 124-26, 142, 147, 178 *n.*, 220, 264, 333, 338, 357.
Picart (Guillaume Le), VI, 19 *n.*
Picart (Jean Le), I, 115; III, 44 *n.*, 465; IV, 51 *n.*, 418, 428; V, 88, 103 *n.*, 337, 343.
Piccinino (Jacopo), VI, 230, 301.
Picquigny, IV, 380; VI, 270.
Picement (Pierre), VI, 418.
Pidaler (Benoît), I, 353.
Pie II (Æneas Sylvius de' Piccolomini), pape, II, 253, 403 *n.*, 473; III, 286, 318, 319, 326 *n.*; IV, 11, 14, 162 *n.*, 190 *n.*, 191, 255-56; V, 217 *n.*, 392-95; VI, 158, 162 *n.*, 169 *n.*, 241-42, 248-58, 265, 283, 290, 299-301, 305, 324, 331, 333 *n.*, 352, 365-66, 437, 457.
Piédru (Pierre), évêque de Tréguier, II, 465 *n.*
Piémont, II, 381, 387 *n.*; IV, 228.
Piémont (prince de). V° Savoie.
Pierre (saint), V, 325, 383.
Pierre (château de la), I, 415.
Pierre (Isambard de la), V, 360, 365.
Pierre-Assise (château de), V, 104; VI, 119, 453.
Pierrefite, IV, 75 *n.*
Pierrefonds, I, 57.
Pierelatte, V, 183.
Pierre-Perthuis, II, 48.
Piffault (Blanchet), V, 330.
Pinos (Laurent), évêque d'Auxerre, II, 509, 514-15, 552.
Piombino, V, 148.
Pirou, V, 9 *n.*
Pithiviers, II, 27 *n.*
Pise (Bertholet de), II, 428 *n.*
Place (Pierre de la), V, 276 *n.*
Plaine (Gérard de), V, 222 *n.*; VI, 265 *n.*
Plaisance, IV, 228, 250; V, 303.
Plessis (Jean du), III, 71 *n.*
Plessis-de-Roye, I, 33.

Pleurs, II, 46 *n.*
Plobsheim, IV, 37.
Ploërmel, III, 201.
Pluscallec (Henri de), I, 351 *n.*, 406.
Pluscallec (Jean de), I, 351 *n.*
Pluscallec (Maurice de), III, 236-37, 320 *n.*
Plymouth, III, 29 *n.*
Pô (le), IV, 228.
Pocaire (Richard), bailli de Senlis, II, 271.
Pocquières (Jean de), I, 110 *n.*
Podaire (Jean), I, 314 *n.*
Podiebrad (Georges), roi de Bohême, V, 367 *n.*; VI, 159 *n.*, 172-73, 199-200, 203, 206, 278-79, 291, 293, 342-43.
Podiebrad (Henri), 291 *n.*
Podiebrad (Hyenick), VI, 291 *n.*
Podiebrad (Zdenka), VI, 291 *n.*
Poher (Jean), III, 391 *n.*
Poignant (Jean), II, 127.
Poignant, avocat, VI, 351.
Poisieu (Aymar de), dit Capdorat, V, 24, 35 *n.*, 189 *n.*; V, 141 *n.*; VI, 97-98, 110, 481.
Poissy, III, 185, 186, 187; IV, 94, 424.
Poitevin (Robert), IV, 108, 110 *n.*, 181, 219 *n.*; V, 65 *n.*, 71 *n.*; VI, 397.
Poitiers, I, 46, 111-12, 202, 209-10, 220, 224, 249, 335, 347, 352, 357, 397, 401; II, 21, 55, 62, 65 *n.*, 67, 78, 90-93, 98-101, 108-111, 116, 117, 122, 141, 142, 152, 156, 157, 170, 185, 210, 211, 230, 306, 360, 370 *n.*, 463, 563, 570, 571, 583-85, 587, 596, 597, 605, 607, 608, 618, 622, 628, 631; III, 36, 56, 58, 124, 125, 256, 266, 419, 434, 435, 453-54, 460, 462; IV, 103 *n.*, 418 *n.*, 420 *n.*; V, 46 *n.*, 78, 97, 108, 109 *n.*, 124, 130, 198 *n.*, 205, 334, 336, 348, 354, 357, 371, 379, 384, 468 *n.*; VI, 360, 369, 389 *n.*, 397, 409, 412, 415, 435 *n.* — Église Saint-Hilaire à —, II, 188; VI, 13. — Chapitre de Sainte-Radegonde à —, V, 324.
Poitiers (évêques de). Vo Combarel; Gouge; Jouvenel.
Poitiers (Charles de), seigneur de Saint-Vallier, II, 96, 282 *n.*, 305, 565; IV, 238, 241-42.
Poitiers (Jean de), seigneur d'Arcey, III, 70 *n.*, 71 *n.*; V, 221.
Poitiers (Jean de), évêque de Valence, I, 160, 163; II, 565 *n.*, 651, 656-58.
Poitiers (Louis II de), comte de Valentinois, II, 564, 565 *n.*
Poitiers (Guillaume, bâtard de), seigneur de Barry, IV, 238, 240-41; V, 181-82; VI, 99 *n.*, 194.
Poitou, I, 41, 122, 347, 356-57; II, 8, 44 *n.*, 66, 108, 146, 151, 152, 157, 162, 280, 282, 284, 295, 296, 306, 533, 535, 561, 581, 588, 592, 601; III, 110, 120, 419, 435, 489; IV, 158, 393 *n.*, 400 *n.*, 403, 418 *n.*, 422, 424, 443, 448; V, 68 *n.*, 268 *n.*, 320, 329 *n.*, 332, 340-41, 348, 350, 405 *n.*; VI, 8, 143, 375-76, 378, 424 *n.*, 491.
Poitou (sénéchaux de). Vo Beaumont; Brezé; Frotier; Vivonne.
Pole (William de la), comte, puis duc de Suffolk, I, 50; II, 11, 17, 20, 23, 24, 27, 31 *n.*, 220 *n.*, 378 *n.*, 457-59, 464-65, 524, 528, 659-60; III, 77, 90-92, 259, 271, 273-75; IV, 18-19, 79, 92, 100 *n.*, 115 *n.*, 142-59, 161-67, 289-93, 323, 324 *n.*, 439; V, 48; VI, 41.
Polet (frère Pierre), V, 368 *n.*
Polignac (Pierre-Armand de Chalançon, vicomte de), I, 121, 376; II, 139, 164.
Pologne (roi de). Vo Casimir IV.
Pollot (Jean, sire de), II, 424 *n.*
Polvoir (James), II, 184; VI, 414-15.
Polynote, VI, 416.
Pompadour (Élie de), évêque d'Alet, puis de Viviers, III, 326; IV, 258, 260, 275, 278, 281, 411, 450; V, 77, 87 *n.*, 168 *n.*, 169, 183, 298 *n.*, 322; VI, 66, 74, 188, 390.
Pompe (Pierre de), I, 387 *n.*
Pomeilhac (Palamède de), V, 332.
Ponceau-Saint-Denis (le), I, 43, 143, 153, 173, 177.
Poncher (Jean de), I, 401 *n.*, 419 *n.*; II, 617; IV, 433 *n.*
Poncher (Martin de), IV, 433 *n.*
Pons, V, 311.
Pons (Jacques, sire de), II, 272 *n.*; III, 236, 237, 242; IV, 183, 423; V, 61, 310.
Pont-à-Mousson, IV, 17, 56-57.
Pont-Audemer, V, 25 *n.*, 27, 38, 330, 334, 347 *n.*, 421-25, 441-42; VI, 378-79.
Pont-de-Beauvoisin, VI, 68.
Ponts-de-Cé, II, 78.
Pont-de-Charenton, III, 116 *n.*
Pont-de-l'Arche, I, 37, 38, 71, 293; III, 21, 180, 187, 189 *n.*; IV, 312, 322, 328, 330 *n.*; V, 4, 6, 8, 11-15, 439-41, 444.
Pont-de-Meulant (le), III, 4-6.
Pont-de-Saint-Cloud (le), III, 116 *n.*
Pont-de-Seyssel (le), VI, 98, 179.
Pont-de-Veyle, II, 51, 361, 510 *n.*, 512.
Pont-d'Ouve, V, 424, 444.
Pont-l'Evêque (Calvados), V, 6, 442.
Pont-l'Evêque (Oise), II, 37.
Pont-Saint-Esprit, I, 46, 201, 397 *n.*; II, 293 *n.*, 623, 628; III, 48. — Hôpital du —, V, 324.
Pont-Saint-Pierre, V, 6.
Pont-Sainte-Maxence, I, 33; II, 33, 38 *n.*, 49, 503.
Pont-sur-Seine, II, 40 *n.*, 46.

Pont (Thierry du), V, 422-23.
Pontailler (Guy de), seigneur de Talemer, I, 166 ; III, 70 n., 71 n.
Pontanus (Paul), V, 366, 368.
Pontarlier (le héraut), VI, 187 n., 209 n., 269.
Pontgibaud, III, 461.
Ponthieu, I, 50, 60, 61 ; II, 13, 35 n., 50, 516, 550, 564 ; III, 13, 82, 110, 168 ; IV, 118 n., 131-32, 158, 381-82.
Pontoise, I, 27, 32, 39, 43, 44, 87, 127, 150, 154 ; II, 45, 333 n. ; III, 7, 10, 17, 22, 177-83, 185, 187-89, 193, 462, 538 ; IV, 329 n., 422 ; V, 4, 326, 350, 425 ; VI, 379. — Église Notre-Dame de, — V, 325.
Pontorson, I, 44 ; II, 25, 26, 30, 141, 147 n., 153-54 ; IV, 144, 311 n.
Pontremoli (Nicodème de), V, 148 n., 155 n., 165, 166 n., 297 n. ; VI, 240.
Popham (sir John), II, 524, 528 ; III, 23 n., 93.
Porc (Pierre Le), II, 21, 29.
Porc Espy (le héraut), III, 91 n., 104 n.
Porcher (Pierre), II, 470 n.
Porcien (comté de), II, 561 ; III, 92.
Porchester, IV, 323 n.
Poré (Martin), évêque d'Arras, I, 323 n.
Poriquet (Jean), V, 423.
Port-Saint-Ouen, IV, 324 n., 327 n., 330 ; V, 15-16.
Port-Sainte-Foy, V, 43 n.
Porte (Raoul de la), I, 366-67.
Porte (Antoinette de la), VI, 423 n.
Portier (François), V, 173 n.
Porto-Fino, VI, 239.
Portugal, IV, 354, 357 ; V, 139, VI, 159.
Portugal (rois de). V° Alphonse ; Edouard ; Jean.
Portugal (reine de). V° Lancastre.
Portugal (Béatrix de), dame de Ravestain, VI, 93.
Portugal (Catherine de), IV, 353-57 ; VI, 159 n., 202.
Portugal (Éléonore de), impératrice d'Autriche, V, 139, 165 ; VI, 202.
Portugal (Isabelle de), duchesse de Bourgogne, II, 413 ; III, 80 n., 91, 99, 102-106, 109-114, 143, 144, 146, 148, 149, 153, 154, 156, 158, 159, 174, 175, 195 n., 197, 198 n., 199, 201, 206 n., 218, 223 n., 224, 229, 258, 261, 262, 271, 285, 286, 311, 313 ; IV, 95-97, 105, 110 n., 115, 122, 123 n., 130-38, 141, 155, 226, 337, 338 n., 350-51, 354 n., 357, 381-82 ; V, 103, 139-40, 257-58, 399, 401, 445-46 ; VI, 55, 92-94, 114-16, 184-85, 262-63, 338.
Portugal (Jeanne de), reine de Castille, VI, 128.
Postel (Robert), I, 206.
Pot (Guiot), V, 230 ; VI, 68 n.
Pot (Philippe), V, 401-403 ; VI, 115-16.
Pot (Regnier), I, 107 n., 149 n., 154, 190, 191 ; II, 67 n.
Potel (Jean), V, 222 n.
Potis (Nicolas), I, 112 n.
Poucques, V, 260.
Pouancé, II, 44 ; III, 29, 132 ; VI, 60.
Pouancé (le héraut), VI, 44-55, 60.
Pouille (la), VI, 47, 241, 301.
Pouilly, I, 45, 67, 150-52, 157, 177, 300, 310, 312, 330, 353 ; II, 65 n., 446, 512.
Poulencque (Jean de), VI, 467.
Poulengy (Bertrand de), II, 204 n., 205 ; V, 319.
Pouvoir. V° Polvoir.
Pouzauges, III, 120 n.
Pouzauges (seigneur de). V° Thouars.
Pragmatique Sanction de saint Louis, III, 318-19 ; V, 213-17 ; — de Charles VII, III, 352-61, 368-74, 376-83 ; IV, 353, 420 ; V, 190, 200-10, 321, 459 ; VI, 256-57, 335 n., 365-66.
Prague, VI, 162, 166, 172, 203.
Praguerie (la), III, 20, 23, 48, 119-142, 167, 232 ; IV, 191 ; VI, 40, 402.
Prattelen, IV, 28.
Préaulx (abbaye de), V, 27.
Préaulx (seigneur de). V° Bourbon.
Précigny (seigneur de). V° Beauvau.
Préel (Jean de), dit Pymor, III, 35 n.
Prégent (Jean), II, 462-63 n., 465 n.
Prémontrés, IV, 421.
Pressigny, V, 83, 405 n., 469 ; VI, 8, 68, 370.
Prêtre Jean (le), roi d'Abyssinie, VI, 345.
Preuilly, VI, 8.
Preuilly (baronnie de), V, 83.
Preuilly (Antoine, seigneur de), II, 66.
Preuilly (seigneur de). V° Frotier.
Preuilly (Marguerite de), II, 66, 67 n.
Preuilly (Marie de), II, 67 n.
Preux (les neuf), VI, 407, 410.
Prevosteau (Guillaume), V, 375-76, 382.
Prez (Guillaume des), grand fauconnier, I, 310.
Prie (Antoine, seigneur de), grand pannetier, II, ~~494~~, 513 n., 509 ; VI, 111, 188.
Prie (Jean, seigneur de), grand pannetier, I, 350 ; III, 119, 127, 132, II 494
Prieur (Jean), dit Maubruny, II, 262 n.
Prieuse (Guillaume), II, 56 n.
Prissey, VI, 378.
Procide, V, 431.
Proisy (Jean de), II, 57 n.
Prométhée, VI, 417.
Provence, I, 258 ; II, 352 ; IV, 103, 227, 238 n., 239 n., 243, 246, 247 n. ; V, 112, 116, 117 n., 121, 146, 149, 155, 296-97 ; VI, 234, 238, 396.
Provins, I, 40, 42, 125, 126, 157, 297, 310 ; II, 33, 45, 235, 239, 287, 604.

Preigne-au-Pot (la), II, 67.
Puicelsi, II, 612.
Puiset (le), II, 31.
Puisignié, IV, 189 *n.*
PUJOLZ (Guillaume des), V, 331.
PUSTERLA (Pierre de), V, 167 *n.*
PUYER (Jacques), II, 497, 500.
Puy (le), I, 202, 235, 396, 401, 403 *n.*; II, 55, 79, 623, 631, 639, 647; III, 26, 60, 105 *n.*, 140, 253, 438, 462, 485; IV, 421, 424-25; V, 318, 324-25, 334; VI, 363, 391, 454 *n.*, 474.— Église Notre-Dame du —, IV, 421; VI, 13 *n.*
Puy (évêché du), V, 323.
PUY (évêques du). V° BOURBON; CHALENÇON.
Puy-la-Roque, V, 331.
PUY (Pierre), IV, 214 *n.*; V, 85 *n.*
PUY (Benoît du), IV, 361 *n.*
PUY (Colin du), VI, 419.
PUY (Girardin du), V, 81 *n.*
PUY (Guichard du), I, 247.
PUY (Jean du), VI, 414.
PUY (Pierre du), seigneur de la Gaudrée, IV, 433 *n.*
PUY DU FOU (Jean du), V, 265 *n.*
PUY DU FOU (Pierre du), dit le Gallois, I, 351 *n.*; III, 36.
PUYGIRAULT (Ythier de), V, 106 *n.*, 109 *n.*
Pyrénées (les), V, 288.

Q

Quatre Métiers (pays des), V, 244.
QUATREBARBES (Guillaume), I, 351 *n.*
Queensborough, VI, 263.
Quercy, I, 259, 357 *n.*; II, 530; III, 61, 252, 276; IV, 157, 408; V, 331-35.
QUERCY (sénéchal de). V° SALIGNAC.
QUERMONT (Jean de), II, 374 *n.*
Quesnoy-le-Comte, VI, 338.
QUESNOY (Robert du), VI, 125.
QUESTEL (Martin), III, 338.
QUEU (Alain Le), archidiacre d'Angers, IV, 91 *n.*
QUICHERAT (M. Jules), cité, V, 355-58, 388.
QUIEFDEVILLE (Guillaume de), I, 112 *n.*, 308 *n.*, 330; II, 309 *n.*, 337, 391-95.
QUIÉRET (Gauvain), seigneur de Dreuil, VI, 330 *n.*
Quillebeuf, V, 331.
Quinquempois (château de), VI, 375.
Quint, II, 636.
Quirieu, II, 635; IV, 189 *n.*; VI, 118.

R

Rabastens, II, 564, 608.
RABATEAU (Jean), II, 211, 453 *n.*; III, 65, 425, 427 *n.*; IV, 54-55, 122, 131, 437-38.
RABINEL (Jean Le), V, 330.
RABOT (Jean), II, 375 *n.*
RADCLIFFE (John), II, 523, 528.
RADEFORT (Henri), VI, 435 *n.*
RAFANEL (frère Jean), II, 8, 318 *n.*
RAFFIN (Bernard), V, 330.
RAGUIER (Antoine), III, 177 *n.*, 179 *n.*, 466-67; IV, 22 *n.*, 285 *n.*; V, 234 *n.*, 337; VI, 268.
RAGUIER (Hémon), I, 117, 412, 418; II, 268, 272, 338, 424 *n.*, 617; III, 464.
RAGUIER (Lubin), II, 296, 632.
RAIS (seigneur de). V° LAVAL.
Rambercourt-aux-Pots, IV, 61.
Rambouillet, II, 20, 30, 31.
Rambures, II, 40.
RAMBURES (Jacques, seigneur de), VI, 188.
RAMPSIDEN (Georges de), VI, 31.
RAMPSTON (Thomas), sénéchal de Guyenne, III, 233 *n.*; 235, 241.
Ranches, II, 65, 66 *n.*
RANSEFORT (Laurent), V, 426.
RAOULET (Guillaume), III, 33.
RAOULET (Jean), I, LXIV; II, 9, 55-56.
RAPHAEL (le Sanzio), IV, 83 *n.*
RAPIOUT (Jean), I, 299.
RAPOLSTEIN (le seigneur de), II, 350 *n.*
RASCIE (despote de), VI, 200. — Cf. BRANKOWICH (Georges, et non Étienne), ci-dessus.
Ratisbonne, IV, 43 *n.*; V, 392, 396-99, 400, 408; VI, 160.
RAVENEL (Jean de), IV, 24, 180; V, 73, 78.
RAVENNE (archevêques de). V° ROVERELLO; ORSINI.
Rave .sburg, V, 398.
RAYMON (Jean), V, 142-43, 181 *n.*
Razilly, IV, 169-70, 178 *n.*, 181-86, 187 *n.*, 193-94, 237 *n.*, 288, 323 *n.*, 325-26, 456-57; V, 59, 191 *n.*; VI, 268 *n.*, 412, 423, 491.
RAZILLY (Jean), seigneur de, IV, 169.
Ré (île de), I, 356; II, 612; III, 35, 461; VI, 378.
Reading, III, 144 *n.*
REATE (Thomas de), V, 304 *n.*, 306 *n.*; VI, 20, 27 *n.*, 65 *n.*
RÉAULTE (La), V, 133 *n.*
RÉAUTE (Jean de la), VI, 312 *n.*, 354.
REBREUVES (Antoine de), VI, 10.
REBREUVES (Jacquet de), VI, 11 *n.*
REBREUVES (Blanche de), VI, 10, 11 *n.*
REDOLET (Jean), III, 141 *n.*
Redon, II, 44, 378.
REDYA (Laurent de), I, 200 *n.*
REFFUGE (Pierre du), VI, 188, 354.
RÉGENTE (Mlle la), VI, 11.
REGNART (Jean), V, 215.
REGNAULT (Guillaume), IV, 118.
REGNAULT (Mathieu), II, 384.
REGNAULT (Pierre), III, 168; IV, 139, 377.

Regnault (Raoulin), IV, 35 *n.*, 247 *n.*, 273, 293 *n.*, 306, 341 *n.*, 453; VI, 173-75, 177, 232 *n.*, 241 *n.*, 485, 488.
Regneville, V, 9 *n.*, 443.
Reilhac (Jean de), VI, 436, 490-91.
Reims, II, 32, 33, 35 *n.*, 36, 37 *n.*, 52, 56 *n.*, 70, 206, 215-217, 224, 227-231, 234, 235, 239 *n.*, 240, 266, 277, 278, 280-82, 285, 286, 319, 362, 401, 403 *n.*, 404, 435, 612; III, 70 *n.*, 71 *n.*, 105, 157 *n.*, 167, 172, 395-96, 461-62; IV, 13, 95, 128-31, 388, 398 *n.*, 424, 434, 444-46; V, 204, 354-57, 370, 384; VI, 30, 208, 330, 370, 441.
Reinach (Frédéric de), évêque de Bâle, IV, 29-31.
Religieux de Saint-Denis (le), auteur anonyme de la chronique connue sous son nom, I, LXIV.
Rely (Martin, dit le bon de), IV, 433 *n.*; V, 73 *n.*; VI, 421.
Remeneuil (Bertrand de), II, 333 *n.*, 356 *n.*
Remiremont, IV, 421.
Remorgny (Alexandre de), I, 310 *n.*
Rennes, II, 23, 43, 284, 379 *n.*, 381; III, 201; V, 40, 41 *n.*, 35 *n.*
Renty (le seigneur de), VI, 265 *n.*
Renyerse (Étienne), I, 419 *n.*
Réole (la), I, 27, 252; III, 24, 245; IV, 425; V, 43 *n.*, 75.
Ressons, II, 37 *n.*
Rethel (le comte de), II, 372 *n.*, 388 *n.*
Rethelois, II, 41, 42 *n.*, 384 *n.*, 385 *n.*, 425.
Revel (Guillaume), VI, 407.
Rheinfelden, IV, 29.
Rhin (le), IV, 17, 26, 29, 32, 41, 128, 188 *n.*, 190, 355, 365; VI, 411.
Rhin (limite du), IV, 15-16, 26-27, 35 *n.*, 41, 52, 62.
Rhinau, IV, 37, 41.
Rhodes, IV, 254; V, 69, 113 *n.*, 395 *n.*
Rhodes (chevaliers de), V, 305.
Rhodes (archevêque de). V° Petra.
Rhône (le), V, 131, 171; VI, 77, 79, 82, 87.
Ribemont, III, 173.
Riberac, V, 266 *n.*
Ribes (André de), dit le bâtard d'Armagnac, II, 151.
Ricarville (Guillaume, sire de), II, 44, 281; V, 31, 380 *n.*; VI, 197.
Richard II, roi d'Angleterre, VI, 42, 402.
Richemont, VI, 172.
Richemont (comte de). V° Bretagne.
Richemont (comtesse de). V° Bourgogne.
Richemont (Jacquette de), III, 457.
Rickingale (John), évêque de Chichester, I, 284.
Rieux (Marie de), vicomtesse de Thouars, II, 269, 283.
Rigaud (Guillaume), III, 325 *n.*
Rimini, IV, 277 *n.*
Rinel (Jean de), III, 93, 107, 205.
Riolay (Nicolas), V, 172 *n.*, 192 *n.*
Riom, II, 79, 170, 229 *n.*, 623, 631; III, 59, 60, 104 *n.*, 131 *n.*, 460.
Rions, III, 27 *n.*; V, 43 *n.*, 47, 51, 266, 280, 285.
Ripaille, III, 326.
Ripault (Guillaume), III, 466, 467.
Riquier (Jean), II, 218 *n.*; V, 365.
Rivau (château du), VI, 423.
Rive-de-Gier, I, 198 *n.*
Rivière-Thibouville (la), I, 31; V, 7 *n.*, 442.
Rivière (Berthelot de), V, 205 *n.*
Rivière (Poncet ou Ponchon de), IV, 179, 215, 388 *n.*
Rivière (Adam de la), IV, 48.
Rivière (Charles de la), comte de Dammartin, II, 295 *n.*, 549.
Rivière (Jean de la), chancelier de Bretagne, V, 313.
Rivière (Perette de la), dame de la Rocheguyon, III, 36, 105; IV, 89 *n.*, 96 *n.*, 201, 204; V, 80, 102 *n.*; VI, 22.
Rivoire (Sibuet), II, 636.
Roanne, III, 47, 131.
Robert III, roi d'Écosse, I, 305.
Robin (Jean), IV, 423.
Robinet, fou suivant la Cour, VI, 18.
Robinet, clerc, VI, 403-404.
Roche (baronnie de), V, 70.
Roche (la), III, 123.
Roche (comté de la), VI, 207, 208 *n.*
Roche-Bernard (la), II, 271 *n.*
Roche-Chalais (la), V, 43.
Roche-Guyon (la), I, 42, 153; V, 8 *n.*, 9, 443.
Roche-Pouguy (la), II, 66.
Roche-Saint-Quentin (la), V, 78, 454.
Roche-Solutré (la), II, 46 *n.*
Roche-Tesson (la), II, 575.
Roche (André de la), I, 247 *n.*
Roche (Guiot de la), III, 236, 238.
Roche (Jean de la), sénéchal de Poitou, II, 163, 169; III, 124, 292, 395.
Roche (Nassot de la), VI, 373.
Roche (Pierre de la), IV, 361 *n.*
Roche (seigneur de). V° Levis.
Roche (Mlle de la), II, 181.
Rochebaron (Antoine de), VI, 307, 325, 335, 336 *n.*
Rochebaron (la demoiselle de), II, 361. (C'est Jacqueline d'Amboise, fille d'Ingerger d'Amboise, seigneur de *Rochecourbon*.)
Rochechouart (Foucault de), II, 607.
Rochechouart (Geoffroy, vicomte de), I, 70 *n.*; IV, 180 *n.*
Rochechouart (Guy de), III, 198.
Rochechouart (Jean, vicomte de), II, 399 *n.*, 464 *n.*

Rochechouart (Jean de), seigneur de Mortemart, II, 277, 280, 408 ; III, 43.
Rochechouart (Louis de), seigneur de Breylande, V, 331.
Rochechouart (Jean, bâtard de), V, 331.
Rochedragues (Chatard de), I, 413.
Roche-Fontenilles (Bernard de la), évêque de Montauban, III, 454.
Rochefort, II, 20, 31, 275 *n.*, 281, 293 *n.*, 399 ; IV, 139 ; V, 66, 94 *n.*, 310 ; VI, 345.
Rochefort-sur-Charente, V, 83 *n.*
Rochefort (Bertrand de), I, 413.
Rochefort (Charles, seigneur de), VI, 93.
Rochefort (Guillaume de), II, 461 *n.*
Rochefort (Jean de), VI, 374.
Rochefort (Pierre de), seigneur de Rieux, maréchal de France, I, 62, 420 ; II, 52, 283, 513 *n.*, 608 ; III, 4-6, 8, 16, 429.
Rochefort (sire de), V° Combourg.
Rochefort (le héraut), V, 137 *n.*
Rochefoucauld (la), V, 276, 280 *n.*, 464.
Rochefoucauld (Aymard de la), seigneur de Montbazon, V, 61, 74, 78.
Rochefoucauld (Guy, seigneur de la), V, 61 *n.*
Rochefoucauld (Jean, seigneur de la, sénéchal d'Angoumois, III, 457 *n.* ; V, 74 *n.*, 421 ; VI, 376.
Rochefoucauld (Jean de la), seigneur de Barbezieux, II, 607 ; III, 397.
Rochelle (La), I, 239-41, 244, 321, 355, 356, 397 *n.*, 401 ; II, 27, 55, 338, 339, 415, 463, 494, 495, 497, 500, 501, 502, 612, 622, 628 ; III, 25 *n.*, 35, 36, 461-62, 485 ; IV, 87, 401, 421, 424, 430 ; V, 61, 83 *n.*, 84, 278, 282, 310, 350 ; VI, 8 *n.*, 29, 379. — Église Saint-Barthélemy à —, IV, 421.
Rochelle (Jeanne), IV, 89 *n.*, 204 *n.* ; V, 58 *n.*, 77 *n.* ; VI, 427.
Roches-Tranchelion (les), IV, 87 *n.*, 330-31 ; V, 5, 60 ; VI, 286, 289 *n.*, 412.
Rochester, IV, 145.
Rochester (évêque de), III, 153 *n.*, 302.
Rochette (Louis de Bovent, dit de la), V, 65, 67-69, 74 *n.*, 84 ; 93.
Rochette (Louis de la), V, 69.
Rocque (Pierre), V, 108 *n.*, 109, 110 *n.*
Rodeburn (Thomas), évêque de Saint-David's, II, 524, 528 ; III, 107.
Rodemach, VI, 172.
Rodemach (le seigneur de), IV, 135 ; VI, 165, 173.
Rodez, III, 30, 46, 462.
Rodez (comté de), I, 36, 198, 356.
Rodez (évêché de), V, 324.
Roger (Jean), VI, 429.
Roger (Robert), II, 488.
Rogue (Lancelot), I, 351 *n.* ; II, 14, 635 *n.*
Rogue (Marguerite), V, 81 *n.*
Rohan (Alain, vicomte de), II, 159 *n.*, 272 ; III, 89.
Rohan (Alain de), comte de Porhoet, II, 108, 110, 359 *n.*
Rohan (Charles de), II, 159 *n.*
Rohan (Louis de), seigneur de Guemenée, IV, 145 *n.*
Rohan (Marguerite de), comtesse d'Angoulême, III, 89.
Roi très chrétien (titre de), I, 370 ; IV, 277, 406 *n.* ; VI, 192.
Roichère (Claude), II, 360 *n.*
Roignon (le), V, 91 *n.*
Rois (office des), IV, 405-6 ; VI, 364 *n.*, 392.
Rois Mages (les), IV, 82.
Rolant (Adam), III, 204 ; V, 78, 139 *n.*, 408.
Rolin (Antoine), seigneur d'Aymeries, VI, 114.
Rolin (Guillaume), seigneur de Beauchamp, VI, 68 *n.*, 70 *n.*
Rolin (Jean), évêque de Chalon, II, 509.
Rolin (Louis), V, 331.
Rolin (Nicolas), chancelier de Bourgogne, I, 149 *n.*, 154, 163, 217-18 ; II, 319, 320, 321, 327, 328, 329, 365, 420, 445, 447, 448, 451 *n.*, 452 *n.*, 453 *n.*, 460, 461, 516 *n.*, 524, 527, 541, 545, 554 ; III, 68, 70, 97, 98, 105, 110, 113, 158, 161, 196, 316 ; IV, 350-51, 375-76 ; V, 241-42, 245 *n.*, 246, 254-57, 331, 407, 410-13 ; VI, 31, 103, 105, 112-15, 174-75, 205 *n.*
Romaignac, VI, 379.
Romains, VI, 407.
Romans, I, 393, 397 *n.*, 403 *n.* ; II, 628 ; IV, 208 *n.* ; VI, 81, 82 *n.*
Romarin, héraut du Dauphin, I, 123.
Rome, I, 330, 368, 370 ; II, 343, 366 *n.*, 488, 602-603 ; III, 334, 339, 350, 358, 361, 377, 380-83 ; IV, 83, 221, 253-57, 273, 276, 279, 339, 373 *n.* ; V, 18, 37, 100, 103 *n.*, 131, 148, 159, 165-66, 178, 190-202, 206, 210-17, 228, 286, 362, 366-68, 391 ; VI, 46, 140, 227, 248-49, 299, 334, 366, 407, 416-17.
Romée (Isabelle), V, 368-75, 382-83.
Romorantin, I, 119 ; II, 174 *n.*, 219 ; V, 401, 476.
Roncheville (baronnie de), III, 8 *n.*
Roos (Robert), III, 198, 234 *n.*, 243, 245, 248, 249, 269 ; IV, 92, 145, 305-7, 312-13, 319.
Roos (Thomas, lord), VI, 271.
Roque (Simon), I, 403 *n.*
Roquemaure, I, 61.
Roque-Piros (Archambaud La), III, 133 *n.*
Roquesezière (châtellenie de), I, 385 ; III, 134 ; IV, 173, V, 65, 66 *n.*
Roquetaillade (seigneur de). V° Mote (la).

Rose (Philippe de la), V, 365.
Rosheim, IV, 41, 42, 44.
Rosier (Bernard du), évêque de Bazas, puis de Montauban, et archevêque de Toulouse, III, 130, 443; V, 215-16, 322; VI, 406-407.
Rosnivinen (Guillaume de), IV, 411; V, 102 *n.*
Rosnivinen (Jean de), I, 351 *n.*; II, 297; IV, 86 *n.*, 411; V, 333.
Rosny (Catherine de), VI, 428.
Rosny (Jeanne de), V, 77 *n.*, 82; VI, 425 *n.*, 428.
Ross (évêque de), I, 305; III, 159.
Rostaing (Jean), V, 332.
Rostren (Yvonnet), chevaucheur, VI, 21 *n.*
Rote (Hans), IV, 31 *n.*
Rote (Johann), VI, 169 *n.*
Rothelin (marquis de), V° Hochberg.
Rothsay (le héraut), VI, 135, 139.
Rothembourg sur le Neckar, IV, 36 *n.*
Rotterdam, II, 368.
Rouannais (le), VI, 463-64.
Rouault (Abel), V, 27, 29.
Rouault (Joachim), III, 40, 173; IV, 24, 139, 377, 383, 388 *n.*, 389 *n.*, 398 *n.*, 400 *n.*; V, 29-30, 45, 266-68, 271, 273, 282-83; VI, 36, 145, 428, 436.
Roubais (seigneur de), V° Brimeu.
Roubaix, V, 246.
Roucin (le), IV, 24.
Roucy (Jean de), évêque de Laon, I, 66, 81.
Rouen, I, 37-40, 71-73, 323, 357 *n.*; II, 23, 31, 34, 56 *n.*, 140, 254, 333 *n.*, 611-12; III, 5-12, 21, 23, 27, 104 *n.*, 205; IV, 18, 94, 100 *n.*, 144, 285-87, 303, 305, 310, 313, 317 *n.*, 318 *n.*, 321-25; V, 5 *n.*, 6-25, 38, 41, 60, 90, 93, 103, 108 *n.*, 203-207, 221-22, 252, 266-67, 319, 330, 334-37, 341, 349-50, 353, 357-61, 371-78, 380-83, 387, 414, 420-26, 441-44; VI, 48, 59, 119 *n.*, 145, 261-62, 288 *n.*, 290 *n.*, 360, 363-64, 368, 377, 379, 391, 401, 421 *n.*, 424, 435 *n.* — Hôpital du Roi à —, V, 324. — Couvent de la Rose Notre-Dame à —, V, 324.
Rouen (archevêques de). V° Estouteville; Luxembourg; Roussel.
Rouen (bailli de). V° Cousinot.
Rouergue (le), I, 250; II, 302 *n.*, 601, 634; III, 30, 252 *n.*; IV, 172, 190, 399, 400 *n.*, 408-9; V, 65, 66 *n.*, 77, 92 *n.*, 169, 173, 313; VI, 36, 71, 74 *n.*, 371, 376, 468.
Rouergue (sénéchal de). V° Estaing.
Rouffach, IV, 36.
Rouffignac (Guyot de), V, 100 *n.*
Rougé (Le Galois de), VI, 303 *n.*
Rougemont (Robert de), V, 422, 424.
Roumare (forêt de), V, 423.
Rouquette (château de la), V, 43.
Rouvre (Fouquet du), III, 142 *n.*
Rousseau (frère Jean), VI, 24 *n.*
Roussel (Raoul), archevêque de Rouen, II, 78 *n.*; IV, 312, 319; V, 15, 21.
Roussel (Robert), V, 368 *n.*
Rousselet, IV, 323 *n.*
Roussillon (Guillaume de), seigneur du Bouchage, I, 148, 407, 416.
Roussoy (Pierre de), VI, 453.
Routiers, I, 428; II, 646-49; IV, 9.
Rouville (Jean de), 303 *n.*
Rouville (N..., sire de), II, 451 *n.*
Rouvres (Robert de), évêque de Séez, puis de Maguelonne, I, 364 *n.*; II, 72, 123, 147, 267 *n.*, 272 *n.*, 277, 304, 398 *n.*, 408; III, 42, 44, 255 *n.*, 425; IV, 104, 182; V, 62 *n.*, 72 *n.*, 77, 82, 102 *n.*, 118 *n.*
Rouvroy (Gilles de), dit de Saint-Simon, bailli de Senlis, II, 268, 451 *n.*; IV, 24; V, 331; VI, 188.
Rouvroy (Mathieu de), V, 331.
Roux (Martin), V, 89, 91, 337, 342.
Roux-Malart (Jeanne de), IV, 89 *n.*
Roux (Jean Le), V, 14-15, 25 *n.*, 330, 337, 423.
Rouxi (le comte de), V, 434.
Roverello (Bartolomeo), archevêque de Ravenne, V, 199, 414-15.
Rovray (Jean de), VI, 407.
Roxburgh, VI, 290, 344.
Roy (Syffon), sire du Solier, IV, 222 *n.*, 227 *n.*
Roy (André Le), II, 620; V, 89.
Roy (Jean Le), V, 108 *n.*; VI, 148, 155, 272.
Royan, III, 242; VI, 433, 489.
Royas (Don Sanche de), archevêque de Tolède, I, 309.
Royaumont (abbaye de), III, 184.
Royauté, I, 344-45; III, 417-18, IV, 405-6; VI, 192, 346-48.
Roye, II, 363, 409, 426 *n.*, 550, 564; IV, 382.
Roye (Guy, seigneur de), VI, 93, 187 *n.*
Rualmesnil, IV, 51.
Rubeis (Angelo de), VI, 207 *n.*
Rue, II, 13, 53; III, 12 *n.*; IV, 115 *n.*
Rue (Alain de la), évêque de Léon, I, 144, 327, 329.
Rugles, V, 7 *n.*, 442.
Ruilly (Philippe de), III, 427.
Ruffec, I, 119; III, 237-38.
Rupelmonde, V, 243.

S

Sablé, I, 49, 224, 240; II, 8, 71, 112; III, 225; IV, 208.
Sac (Jean), I, 109 *n.*
Sachier (Jean), III, 124 *n.*
Sagonne, VI, 475.

SAHUES (Jacques de), vicomte de Domfront, VI, 56-60.
SAIGNET (Guillaume), II, 344, 347.
Sailly, II, 46.
Sainçoins, III, 166 *n*.
Sains, V, 59 *n*.
Saint-Aignan, II, 218, 273, 308; III, 17, 57; IV, 421; VI, 19, 21.
Saint-Aignan (chapitre de), IV, 422.
Saint-Alban, V, 403.
Saint-Alban (batailles de), VI, 136, 261, 325.
Saint-Amand, II, 35 *n*., 363, 426 *n*., 450; V, 240.
Saint-André de Villeneuve, I, 387 *n*.; II, 68, 636.
Saint-André-les-Avignon, I, 397 *n*.; II, 131, 608, 622, 628; III, 421; V, 101, 106.
SAINT-ANGE (cardinal de). V° CESARINI.
Saint-Antoine (en Lorraine), IV, 17.
Saint-Antoine de Viennois (abbaye de), II, 604.
SAINT-ANTOINE DE VIENNOIS (abbé de). V° GRANDVAL.
SAINT-ANTOINE DE VIENNOIS (commandeur de), IV, 14, 27, 37, 39 *n*., 42 *n*.
SAINT-AUBERT DE CAMBRAI (abbé de), IV, 374.
Saint-Aubin, II, 76.
Saint-Aubin du Cormier, IV, 325 *n*.
Saint-Austrille, près Bourges, IV, 421.
SAINT-AVIT (Bertrand de), I, 342; V, 92 *n*.
SAINT-BABIN (Jean de), III, 424.
SAINT-BELIN (Geoffroy de), bailli de Chaumont, IV, 48, 58, 93; V, 268; VI, 268, 468-69.
Saint-Benoît-sur-Loire, II, 221 *n*., 223.
Saint-Bertin (église de), V, 221.
Saint-Blaise, IV, 53.
Saint-Bris, IV, 379.
Saint-Calais, II, 21 *n*.
SAINT-CALIXTE (cardinal de). V° SÉGOVIE; TORQUEMADA.
Saint-Célerin, I, 62; II, 24, 49; V, 5 *n*.
Saint-Chamond, I, 198 *n*.
Saint-Chaffroy (abbaye de), IV, 422.
Saint-Chef, II, 608.
Saint-Claude, VI, 80, 107-188.
Saint-Clément (gués de), V, 28-29.
Saint-Cloud, I, 33, 42 *n*., 74; II, 411.
Saint-Colomban (château de), IV, 250.
SAINT-CORNEILLE (abbé de). V° DACIER.
SAINT-CRESPIN (abbé de). V° CAYROL.
SAINT-DAVID'S (évêque de). V° HODEDODEN.
Saint-Denis, I, 39, 44, 46, 76, 166; II, 34, 37, 238, 307, 308, 411, 412, 413 *n*., 414 *n*., 443, 503; III, 4, 5, 7, 16, 63, 177-78, 184, 187; IV, 80; V, 355; VI, 413.
Saint-Denis (abbaye de), IV, 422; V, 324; VI, 406, 442, 444, 450 *n*.
SAINT-DENIS (abbé de). V° GAMACHES.
Saint-Denis en Vaux, I, 387 *n*.; VI, 388.
Saint-Denis le Gast, III, 7.
SAINT-DENIS (Jean de), V, 330.
SAINT-DIÉ (Hance de), VI, 44.
Saint-Dizier, IV, 40 *n*.
Saint-Émilion, V, 46, 275-76, 311, 334-35; VI, 578.
Saint-Étienne en Dauphiné, IV, 213.
Saint-Fargeau, VI, 438.
Saint-Florent (Cher), VI, 466.
Saint-Florent (prieuré de), près Castillon, V, 273.
Saint-Florent-les-Saumur, I, 62; VI, 39.
Saint-Florent-les-Saumur (abbaye de), II, 112.
Saint-Florentin, I, 71; II, 40 *n*.; IV, 379.
Saint-Flour, I, 198; III, 46.
Saint-Gall (canton de), VI, 202.
Saint-Gengoux, II, 35 *n*., 385 *n*., 549; IV, 377.
Saint-Georges (seigneurs protecteurs de), IV, 238.
Saint-Georges (Banque de) à Gênes, V, 392; VI, 239.
SAINT-GEORGES (seigneur de). V° VIENNE.
SAINT-GERMAIN DES PRÉS (abbé de). V° MORILLON.
Saint-Germain en Laye, I, 236; III, 7, 14 *n*., 19, 22; V, 425.
Saint-Germain-sous-Cailly, III, 8.
Saint-Goëry (église de), à Épinal, IV, 50, 421.
Saint-Hilaire le Vouhis, II, 293 *n*.
Saint-Hippolyte, IV, 37, 41, 188.
SAINT-HONORAT (abbé de), II, 509.
Saint-Jacques (bataille de), IV, 23 *n*., 28-29, 31.
Saint-Jacques en Galice, VI, 53.
Saint-James de Beuvron, II, 23, 122, 154; IV, 144, 311-15, 320, 322; V, 437, 443.
Saint-Jean d'Angely, II, 604, 607; III, 56, 218, 237, 461, 462; IV, 425, 435; V, 51 *n*., 75, 76 *n*., 334, 417 *n*.; VI, 379.
Saint-Jean de Jérusalem (religieux de), II, 604; IV, 260, 420; V, 69; VI, 363.
SAINT-JEAN DE JÉRUSALEM (le prieur de), IV, 295 *n*.
Saint-Jean de Losne, II, 426 *n*.
Saint-Jean du Liget, IV, 420.
Saint-Jouin de Marnes, V, 350; VI, 388. — Église de —, II, 189.
SAINT-JULIEN (Jean de), seigneur de Milly, II, 452 *n*.
Saint-Junien, II, 612. — Église de —, VI, 368.

Saint-Laon de Thouars (abbaye de), IV, 421.
Saint-Laurent des Eaux, IV, 87 *n.*
Saint-Laurent du Pont, I, 443-44.
Saint-Laurent-les-Mâcon, II, 361.
Saint-Liébaut, II, 38 *n.*
Saint-Léonard, II, 189, 614; VI, 378.
Saint-Lô, II, 14, 34; V, 9, 10 *n.*, 27 *n.*, 34-35, 443; VI, 391.
SAINT-LÔ (Richard, abbé de), V, 373.
Saint-Loubès, III, 245.
Saint-Loubouer, VI, 365.
SAINT-LORP (Jean de), II, 80 *n.*
Saint-Macaire, I, 252; III, 27 *n.*; V, 43 *n.*, 47, 266, 280, 334; VI, 379.
SAINT-MAGLOIRE (abbé de). V° LOUVEL.
Saint-Mahé, IV, 185.
Saint-Maixent, I, 144; II, 147, 608; III, 122 *n.*, 123, 124, 148, 448, 460, 461, 462; IV, 407; V, 76 *n.*, 157, 330, 334; VI, 373.
Saint-Maixent (abbaye de), V, 325.
Saint-Malo, II, 382.
Saint-Mansuy (abbaye de), IV, 421; V, 324.
SAINT-MARC (cardinal de). V° BLANDIAC; FILLASTRE; FOSCO.
Saint-Marcel-les-Pont-Saint-Maxence (abbaye de), III, 453.
Saint-Marcou, II, 234.
SAINT-MARS (Rue de), III, 148 *n.*, 273.
Saint-Martin de Candes, IV, 200, 288.
Saint-Martin des Champs (abbaye de), V, 192, 324; VI, 443.
Saint-Martin-le-Gaillard, I, 44.
SAINT-MARTIN (Thomas de), V, 53 *n.*
Saint-Maur des Fossés, I, 109-111, 113, 117, 146, 151.
SAINT-MAXIMIN (Aignan de), VI, 373.
Saint-Médard de Soissons (abbaye de), IV, 421.
Saint-Mégrin, IV, 328; V, 42.
SAINT-MELAINE (abbé de). V° BERTRAND.
SAINT-MESMIN (Jean de), V, 348.
Saint-Michel (abbaye de), près Rouen, V, 365.
SAINT-MICHEL. V° KIRCKMICHAEL.
Saint-Mihiel, III, 162; IV, 75 *n.*, 94.
Saint-Nicolas du Port (abbaye de), IV, 52, 61, 421.
SAINT-NICAISE (abbé de), II, 554.
SAINT-NICOLAS D'ANGERS (abbé de). V° CLERS.
Saint-Omer, II, 455; III, 64, 84, 103, 106, 109, 152, 154, 157 *n.*, 160, 161, 162, 170, 201, 202 *n.*, 259, 426, 460; VI, 327, 334-35, 336 *n.*
Saint-Ouen de Léry (église de), IV, 319.
Saint-Palais, V, 102.
SAINT-PAPOUL (évêque de). V° MONTJOYE.
Saint-Pierre de Moissac (abbaye de), III, 454.
Saint-Pierre de Remiremont, IV, 421.
Saint-Pierre-le-Moustier, I, 356 *n.*, 396; II, 36, 239, 265, 358, 385 *n.*, 561; III, 166; IV, 388 *n.*
Saint-Pierre-les-Vifs, IV, 135.
Saint-Pierre-la-Palu, VI, 390, 462.
Saint-Pierre-sur-Dives, V, 36.
SAINT-PIERRE (Jean de), I, 303 *n.*
SAINT-PIERRE (Ogerot, seigneur de), III, 91 *n.*, 92 *n.*; IV, 317 *n.*
Saint-Pol, IV, 370 *n.*; VI, 102 *n.*
SAINT-POL (évêque de). V° GENEVOIS.
SAINT-POL (comtes de). V° BOURGOGNE; BRABANT; LUXEMBOURG.
SAINT-POL (comtesse de). V° BAR.
SAINT-PONS DE TOMIÈRES (évêque de). V° BRICONNIE (La).
Saint-Pourçain, I, 98, 394, 397 *n.*, 401, 403 *n.*; II, 622, 628; III, 127, 166; IV, 22 *n.*, 430; V, 96, 104, 298 *n.*, 331, 336; VI, 36, 73-74, 140, 468.
Saint-Prest, I, 227.
Saint-Priest (château de), VI, 117, 120, 122, 141, 236, 383, 423, 430, 484-86.
SAINT-PRIEST (Jean de), II, 357 *n.*
SAINT-PRIEST (le sire de), II, 636; III, 133 *n.*
Saint-Quentin, I, 130, 398 *n.*; II, 33, 37, 56, 57, 443 *n.*, 550; III, 163; IV, 22 *n.*, 118, 130-31; VI, 126, 148, 187 *n.*
SAINT-REMESY (Guillaume, sire de), II, 121.
SAINT-REMI (Nicolas de), V, 213 *n.*
Saint-Riquier, I, 50; II, 443 *n.*, 516, 550, 660.
Saint-Romain-les-Blaye (abbaye de), V, 324.
SAINT-ROMAIN (Jacquet de), IV, 400 *n.*
SAINT-ROMAIN (Jean de), V, 253, 256-57, 298 *n.*
Saint-Satur de Bourges, IV, 420.
Saint-Sauveur, IV, 123.
Saint-Sauveur-le-Vicomte, I, 31 *n.*; V, 36, 60, 83 *n.*, 103, 309, 444.
Saint-Sauveur (religieuses de), à Évreux, III, 454.
Saint-Sauveur de Beauvais (église de), IV, 421.
SAINT-SEINE (Guillaume de), VI, 265 *n.*
Saint-Seurin, faubourg de Bordeaux, III, 15.
Saint-Sever, III, 24, 241, 242 *n.*, 244 *n.*; IV, 433 *n.*; V, 269; VI, 378, 414.
Saint-Sever (forêt de), V, 339.
SAINT-SIMON. V° ROUVROY.
Saint-Sornin, II, 152 *n.*
Saint-Sulpice (châtellenie de), II, 636.
Saint-Symphorien d'Auzon, I, 198, 206, 413; II, 305, 636; III, 61; IV, 189 *n.*; VI, 97, 106, 117, 280, 478.

Saint-Theodfrid (abbaye de), VI, 368.
Saint-Thierry de Metz (abbé). V° Hoquedé.
Saint-Thierry de Reims, IV, 435.
Saint-Urbain, VI, 388.
Saint-Vaast (abbaye de), II, 543-44, 553.
Saint-Vaast (abbé de). V° Clercq (du).
Saint-Vaast la Hogue, I, 252.
Saint-Valéries (Pierre de), II, 210 *n.*; VI, 399.
Saint-Valery, I, 52, 53 *n.*; II, 47, 48, 50, 51; III, 12.
Saint-Vallier (seigneur de). V° Poitiers.
Saint-Victor, V, 424.
Saint-Vincent, II, 52.
Saint-Wandrille (abbé de), V, 364 *n.*
Saint-Wulfran (église de), à Abbeville, III, 391 *n.*
Saint-Yon (Garnier de), VI, 400.
Sainte-Baume (la), VI, 23.
Sainte-Catherine, près Bordeaux, V, 50.
Sainte-Catherine de Bacheneufve, VI, 26 *n.*
Sainte-Catherine de Fierbois, II, 212, 218; V, 74.
Sainte-Catherine du Val des Écoliers (monastère de), IV, 421.
Sainte-Catherine-les-Rouen (abbaye de), I, 30 *n.*; V, 17-19.
Sainte-Claire de Corbie (Religieuses de), IV, 421.
Sainte-Colombe-les-Sens, VI, 387.
Sainte-Colombe (monastère de), au diocèse de Sens, VI, 368-69.
Sainte-Colombe (prieuré de), près Vienne, VI, 369.
Sainte-Croix aux Mines, IV, 74.
Sainte-Croix (cardinal de). V° Albergati.
Sainte-Foy, V, 43.
Sainte-Geneviève (abbaye de), à Paris, VI, 368.
Sainte-Hermine, III, 236.
Sainte-Madelaine de Bourges (église), IV, 421.
Sainte-Madelaine de Mézières (église), IV, 421.
Sainte-Marie de Loudun, IV, 421.
Sainte-Marie de Porte Saint-Jean (monastère de), près Sens, VI, 368.
Sainte-Marie (Moreau de), II, 401 *n.*
Sainte-Maure, V, 61.
Sainte-Menehould, III, 418; IV, 388 *n.*, 435; V, 92 *n.*
Sainte-Radegonde (monastère de), à Poitiers, VI, 369.
Sainte-Sabine (cardinal de). V° Orsini; Savoie (Amédée VIII, duc de).
Sainte-Sevère (seigneur de). V° Brosse.
Sainte-Suzanne, II, 24; IV, 144; VI, 40 *n.*
Sainte-Trinité (abbaye de), près Rouen, VI, 368.
Sainte-Victoire (Lac de), II, 524.
Saintes, II, 463; III, 218; IV, 328 *n.*; V, 50 *n.*
Saintier (Jean), II, 84 *n.*
Saintonge, I, 259, 356-57; II, 8, 295, 399, 415, 531, 561, 564, 588, 601; III, 14, 15, 120; IV, 22 *n.*, 159, 393 *n.*; V, 68 *n.*, 83 *n.*, 124, 340, 343, 405, 450; VI, 8, 17 *n.*, 109, 110 *n.*, 119 *n.*, 143, 345, 424 *n.*, 432-33, 491.
Saintonge (sénéchaux de). V° Gouffier; Mareuil.
Saintrailles (Poton, seigneur de), maréchal de France, I, 41, 45 *n.*, 50, 52, 326; II, 9, 22 *n.*, 39, 40 *n.*, 42, 53, 163, 165, 174, 175 *n.*, 308, 410, 464 *n.*, 513 *n.*, 534, 569; III, 7, 11, 11 *n.*, 15, 21, 52, 117, 121, 141, 184, 186, 189 *n.*, 388, 394, 411, 419; IV, 48, 93, 139 *n.*, 203, 207, 308 *n.*, 377, 400 *n.*, 437-38; V, 22, 26, 37, 43, 47 *n.*, 49 *n.*, 72, 73 *n.*, 112 *n.*, 265 *n.*, 268, 277, 357, 421, 464; VI, 353.
Saix, III, 325 *n.*
Saix (Jean du), seigneur de Banains, III, 325 *n.*
Sala (Pierre), II, 208 *n.*, 217 *n.*, 253.
Salamonique (Mathieu), V, 113 *n.*
Salazar (Jean de), III, 21 *n.*, 30, 130, 190, 388, 419; IV, 24, 28, 423.
Salberch (Jean), I, 310 *n.*
Sale (Jean de la), VI, 341 *n.*
Salignac (Raymond de), sénéchal de Quercy, I, 357 *n.*; II, 636.
Salignac (Marguerite de), IV, 89 *n.*, 90 *n.*, 110 *n.*, 189 *n.*; V, 58 *n.*; VI, 426.
Saligny (N..., seigneur de), II, 451 *n.*
Saligny (Marguerite de), dame de Randan, II, 139.
Salins (le héraut), IV, 125, 126, 139, 320; VI, 116 *n.*
Salisbury (évêques de). V° Ascough; Beauchamp.
Salisbury (comtes de). V° Montagu; Nevill.
Salisbury (comtesses de). V° Chaucer; Montagu.
Salisbury (le bâtard de), V, 279.
Salle-le-Roi (château de), VI, 412, 424, 494.
Saluces (marquisat de), V, 180.
Saluces (Georges de), évêque de Lausanne, V, 152 *n.*, 153 *n.*
Saluces (Louis, marquis de), V, 434; VI, 166, 188, 443.
Saluces (Richarde de), II, 485 *n.*
Salvetat (la), III, 15.
Salzbourg, V, 367 *n.*; VI, 31.
San Pier d'Arena, VI, 340.

SANAC (Chausse de), IV, 24.
Sancerre, I, 90 *n.*, 122 ; III, 166 *n.*; IV, 421.
SANCHY (Sancho de), I, 46 *n.*
Sandwich, II, 22; VI, 55, 144-46, 290, 374.
SANGLIER (Guillaume), IV, 189 *n.*
SANGLIER (Jean), III, 40 *n.*; IV, 24, 189 *n.*, 107.
SAN SEVERINO (Louis de), IV, 235.
SANTES (seigneur de). V° LANNOY.
Santerre (le), I, 49; IV, 118 *n.*
Saone (la), 10, 15; V, 171.
SAONNE (Jean, seigneur de), V, 15.
Sardaigne, VI, 229 *n.*
SARDI (Lotto), évêque de Spolète, III, 140.
Sarlat, IV, 424.
Sarno (bataille de), VI, 301.
SARRE (Jean de), I, 401.
SARREBRUCK (Robert de), seigneur de Commercy, III, 12, 172; IV, 24, 61.
Sarry-les-Chalons, IV, 95, 105 *n.*, 106 *n.*, 108 *n.*, 145, 177 *n.*, 307 *n.*; V, 86.
Sarthe (la), VI, 388.
SASSENAGE (Claude de), II, 635.
SAU (Perruche de la), II, 338.
SAUCOURT (le seigneur de), VI, 10.
Saulieu, II, 385 *n.*
SAULX (Robert de), I, 330.
Saumur, I, 70, 77 *n.*, 110-11, 224, 235, 247 *n.*, 347 *n.*; II, 24, 25 *n.*, 101 *n.*, 110 *n.*, 112, 115, 122, 141, 160-61, 170, 185, 279-82, 368, 370 *n.*, 378 *n.*, 380, 562, 585-86, 596, 631, 642; III, 207, 235, 236, 290, 291, 305; IV, 20, 184, 187, 428; V, 67 *n.*; VI, 80.
SAUVAGE (Pierre), II, 34; VI, 401.
Sauveterre, V, 47, 334.
SAUZAY (Jean de), III, 427 *n.*; VI, 170.
Saverne, IV, 38.
Saverdun (château de), III, 253.
SAVEUSE (Hector de), I, 26.
SAVEUSE (Jean de), II, 300; III, 152 *n.*, 201 *n.*
SAVEUSE (Philippe, seigneur de), V, 222, 224, 397, 421, 441-42; VI, 93.
SAVEUSE (Robert de), III, 202 *n.*, 208 *n.*, 211.
Savigny-sur-Braye, II, 21 *n.*
Savigny (abbaye de), V, 323-24.
Savoie, II, 8, 88, 318 *n.*, 370 *n.*, 401, 405-406; IV, 104, 192, 227, 233, 247 *n.*, 257-58, 260, 264 *n.*, 274, 277, 339, 363; V, 68 *n.*, 108 *n.*, 137, 141-45, 149 *n.*, 152, 157, 167, 168 *n.*, 180, 186, 201, 300, 394, 398, 434; VI, 66 *n.*, 68, 70-71, 73, 299, 329, 474.
SAVOIE (cardinal de), V, 460.
SAVOIE (chanceliers de). V° BOLOMIER; TOUR (la).
SAVOIE (maréchaux de). V° MONTMAYEUR; SEYSSEL.
SAVOIE (Amédée VII, comte de), IV, 230.
SAVOIE (Amédée VIII, duc de), I, 42, 53, 83, 93, 107, 278, 313-16, 330; II, 14, 17-19, 22, 39, 42 *n.*, 49, 81, 83, 87 *n.*, 88, 113-14, 163, 315, 318-24, 326-29, 332, 335-36, 348, 351-53, 355-60, 362, 367, 369-72, 381-84, 385 *n.*, 386-90, 401, 405, 413, 414, 419-22, 425, 427, 439-40, 456, 463, 471, 477, 480 *n.*, 486-87, 508-10, 513 *n.*; III, 41 *n.*, 43, 86-90, 328, 371-72, 378, 383; IV, 67, 70, 208, 252-53, 255-64, 267-81, 344, 363; V, 135, 137, 141, 144-53, 181 *n.*, 193.
SAVOIE (Amédée de), prince de Piémont, IV, 363; V, 152-53, 169, 180, 434; VI, 72-73, 244 *n.*, 260, 299 *n.*, 331.
SAVOIE (Louis, duc de), III, 26, 27, 44, 263, 325-28; IV, 32, 104, 189, 223, 227-30, 233, 236, 242, 248-49, 257-59, 263-64, 267-69, 270 *n.*, 272-73, 277, 280, 337, 345, 340, 363, 367, 409, 451-53; V, 65 *n.*, 78, 135-46, 150-58, 163, 165 *n.*, 167-73, 178-88, 196, 219, 201-93, 298-99, 398, 434-35, 454-55, 461, 464-65; VI, 27, 29 *n.*, 32, 64-74, 97-98, 103, 195, 227, 231-32, 237, 244, 299 *n.*, 303, 304 *n.*, 305, 307, 315, 316 *n.*, 318, 326, 329-31, 478-80, 493.
SAVOIE (Louis de), comte de Genève, VI, 135.
SAVOIE (Philippe de), IV, 229 *n.*; VI, 166, 188.
SAVOIE (Bonne de), II, 401.
SAVOIE (Charlotte de). V° CHARLOTTE. (Ajoutez : VI, 98, 100, 122-23, 151.)
SAVOIE (Marguerite de), reine de Sicile, puis duchesse de Bavière, II, 304; III, 13 *n.*, 86-89, 325; IV, 13 *n.*
SAVOIE (Marguerite de), V, 298 *n.*
SAVOIE (Marie de), duchesse de Milan, II, 486; IV, 363.
SAVOIE (duchesses de). V° BOURGOGNE; CHYPRE.
Savone, V, 304; VI, 230, 302, 340.
SAXE (maison de), VI, 162, 206.
SAXE (Albert de), fils de l'électeur Frédéric, VI, 291 *n.*
SAXE (Éric, duc de), II, 483.
SAXE (Frédéric, duc et électeur de), II, 483; III, 315 *n.*; IV, 68, 70, 73, 75 *n.*, 126-28, 264, 268, 270, 334-35, 342, 349, 361-64; V, 135 *n.*, 309; VI, 153, 205 *n.*, 291 *n.*
SAXE (Guillaume, duc de), III, 307-16; IV, 68, 70, 73, 126-28, 207 *n.*, 208 *n.*, 268-69, 334, 342-44, 349, 355, 361 *n.*, 363-64, 374; V, 135 *n.*; VI, 153, 156, 173, 203-7, 253, 268-69, 278, 282, 294-95, 342-43.
SAXE (Sigismond, duc de), II, 483.

SAXE (Anne de), IV, 362; V, 399.
SAXE (Marguerite de), VI, 203.
Scale's Cliff, VI, 271.
SCALES (Thomas, lord), II, 49, 512; III, 5, 181; VI, 291 *n.*
SCEPEAUX (Yves de), IV, 131; V, 141 *n.*, VI, 188, 352.
SCHENCK DE HUMEN (Jean), VI, 206-7.
Schlestadt, IV, 37-38, 41, 72 *n.*
SCHLICK (Gaspard), III, 297, 299; IV, 353, 355, 357-58.
SCHOMBERG (Pierre de), évêque d'Augsbourg, IV, 35, 39 *n.*, 44, 63.
SCHWARTZENBERG (Walter de), IV, 41 *n.*
Schwytz, IV, 10, 32, 368.
Scone (abbaye de), II, 340.
SCOT (Thomas), II, 424 *n.*
SCROPE (Henri, lord), I, 255 *n.*, II, 492.
SCROPE (Jean, lord), IV, 293.
SCUDENOST (Gautier), II, 359 *n.*
Sculpteurs, VI, 414.
SEAUME (Jean), seigneur de Châteauneuf, II, 336 *n.*, 618.
Seclin, V, 258.
Secondigné, VI, 348.
Sedan, VI, 375.
Sées, I, 25 *n.*; III, 4; V, 8, 36, 335, 412; VI, 46.
SEGAUD (Aymeri), évêque de Mondovi, IV, 14 *n.*, 30 *n.*
Ségovie, I, 309, 311; VI, 129.
SÉGOVIE (Jean de), cardinal de Saint-Calixte, III, 372; IV, 29.
SEGRÉ (Constantin), abbé de Cormeilles, V, 373.
SEGUIN (Guillaume), V, 194.
SEGUIN (frère Jean), V, 380 *n.*
SÉGUINAT (Jean), I, 164-65; II, 300 *n.*
SEGURA (Alphonse de), doyen de Tolède, IV, 275, 277, 278-79.
Seille (la), IV, 53.
Seine (la), II, 20, 33, 49, 619; III, 7, 11, 26, 426; IV, 418, 435; V, 6-8, 26, 41, 45 *n.*, 337, 349, 404 *n.*, 442; VI, 349, 388.
Seine-Port, II, 46.
SEL (Robert de), VI, 72.
Selles, I, 217, 219, 220, 360-63; II, 19, 58, 62-64, 89, 90, 96, 164, 174 *n.*, 219-20, 265, 579-81, 631; III, 462; VI, 19, 21, 22 *n.*
SELLIER (Jean Le), V, 95 *n.*
Semblançay, VI, 40, 197, 319.
Semur, II, 47 *n.*, 446-48; III, 97 *n.*; IV, 22 *n.*, 226 *n.*
SENÈQUE, cité, VI, 190.
Senlis, I, 16, 331, 300; II, 33, 235-38, 277, 411-12, 570, 608, 613; III, 4, 22, 63 *n.*, 163, 402; IV, 13 *n.*, 380, 398 *n.*, 418 *n.*; V, 357; VI, 39.
SENLIS (bailli de). V° POCAIRE.
Senonches, II, 20.
Sens, I, 115, 397 *n.*; II, 35 *n.*, 268-69, 271, 277, 480, 608, 628; III, 49, 67; IV, 18 *n.*, 51, 122, 130, 340 *n.*, 399 *n.*, 435; V, 225; VI, 368.
Sens (bailliage de), IV, 370; VI, 374.
Sens (évêché de), VI, 369.
Sens (chapitre de), V, 325.
SENS (archevêques de), V° NANTON; NORRY.
SENS (bailli de), V° DRESNAY; TROISSY.
Septfonds, III, 316.
Sept-Saulx, II, 228.
SERNEZ (Mathieu de), V, 331.
SERNEZ (Odille de), V, 331.
Serre (châtellenie de), II, 63.
SETON (Thomas), I, 200, 310, 421, 351 *n.*, 430.
Séverac, III, 30; 408-9.
SEVERAC (Amaury de), maréchal de France), I, 41, 54, 115, 230, 289 *n.*, 349, 416-17, 428, 433; II, 13, 58, 65, 85 *n.*, 126, 127, 129, 151, 336 *n.*, 568, 634; IV, 409.
SEVERAC (Guy, baron de), II, 127 *n.*
SEVERAC (Jeanne de), II, 127.
SEVILLE (archevêque de). V° MANUEL.
SEVILLE (le héraut), VI, 131-32.
SEVINEAU (Jean), V, 80, 139 *n.*; VI, 419.
SEYMBARBE (Thomas de), V, 442.
SEYNT-JOHN (John), I, 303 *n.*
SEYSSEL (Claude de), évêque de Marseille, VI, 11.
SEYSSEL (Jean de), maréchal de Savoie, III, 325; VI, 65 *n.*, 71, 98, 477, 479.
Sezanne, II, 15.
Sezia (la), IV, 228.
SFORZA (Alexandre), VI, 302.
SFORZA (Attendolo), I, 318; VI, 245, 473.
SFORZA (Bosio), VI, 302, 332 *n.*
SFORZA (Charles), V, 164 *n.*
SFORZA (Galéas-Marie), VI, 206, 335.
SFORZA (François), duc de Milan, IV, 15 *n.*, 225 *n.*, 231 *n.*, 240 *n.*, 245 *n.*, 246-51, 254 *n.*; V, 127, 135, 145, 148-73, 192 *n.*, 193 *n.*, 196, 287, 291-307, 410 *n.*, 414, 435, 455, 462; VI, 12 *n.*, 16, 26, 27 *n.*, 65, 68, 70, 73 *n.*, 74 *n.*, 110, 226-51, 267, 269, 283, 297-307, 314-17, 322 *n.*, 324-35, 339-40, 408, 437, 472-73, 487-95.
SHAKESPEARE, cité, VI, 12.
Sheen, IV, 165.
SHORTHOSE (sir Gadifer), V, 44, 49 *n.*, 50.
SHOTTESBROOKE (Robert), II, 518.
Shrewsbury, V, 54 *n.*
SHREWSBURY (comte de). V° TALBOT.
SHREWSBURY (comtesse de). V° BEAUCHAMP.
Sicile, III, 85; IV, 204 *n.*, 221-22, 339 *n.*; V, 147, 163, 288; VI, 202.
SICILE (roi de). V° ANJOU (René, duc d').
SICILE (Reine de). V° ARAGON.
SICILE (Jeanne de), reine de Naples, I, 317.

Sicile-Duras (Jeanne de), reine de Naples, I, 317-18.
Sienne, II, 472; V, 165; VI, 249, 265 *n*.
Sierck (Arnold de), III, 310.
Sierck (Jacques de), archevêque de Trèves, I, 337; III, 295, 307-309, 312, 314, 316, 317; IV, 64, 66-70, 73, 76 *n*., 120, 135, 205, 207 *n*., 255, 261 *n*., 264-70, 334-35, 344, 349, 355, 360-65; V, 391.
Sierck (Philippe de), prévôt de Trèves, VI, 153, 157-58, 165, 203, 313.
Siffridi (Jean), chancelier du duc de Saxe, VI, 206-7.
Sigismond, empereur d'Allemagne, I, 18, 84 *n*., 188, 262-68, 272-74, 278, 325, 337; II, 428-30, 433-34, 475-83; III, 77, 79, 91, 204-07, 209, 302, 306, 312; IV, 221 *n*., 347-48.
Silésie (duc de), VI, 162.
Sillay, IV, 434 *n*.
Sillé-le-Guillaume, II, 20, 49.
Silleur (Jean de), chevalier milanais, III, 466; IV, 230 *n*.
Simon (Jean), V, 207; VI, 73 *n*.
Simonetta (Ange), IV, 231 *n*.
Simonetta, capitaine italien, VI, 302.
Skene, III, 92.
Sisteron, V, 297.
Soderini (Nicolas), V, 301 *n*.
Soest, IV, 344, 364-65.
Soier (Pierre), II, 84 *n*., 92 *n*.
Soissons, I, 33, 130; II, 33, 38 *n*., 236; IV, 48 *n*.; V, 373.
Soissons (comté de), II, 561; III, 149, 160.
Soissons (bailli de). V° Tillay.
Soissons (Valeran de), seigneur de Moreuil, V, 24; VI, 93.
Soleure, IV, 10, 31, 32.
Sologne (la), I, 50.
Somerset (duc de). V° Beaufort.
Somerset (le bâtard de), V, 279.
Somme (la), II, 53; III, 26; IV, 331, 380; V, 4; VI, 124, 147, 187 *n*.
Somme (villes de la), IV, 113; V, 233-41, 246-49, 412; VI, 183.
Sommières, I, 52, 384; IV, 407 *n*.; V, 104, 105.
Sommières (Bernard de), seigneur du Cayla, III, 336 *n*.
Sorbier (le bâtard), III, 411.
Soreau (André), IV, 174 *n*.
Soreau (Charles), IV, 174 *n*., 179.
Soreau (Geoffroy), évêque de Nîmes, puis de Châlons, IV, 174 *n*.; V, 322; VI, 26, 188.
Soreau (Jean), seigneur de Condom, IV, 171, 174 *n*., 179; V, 59 *n*., 72, 315; VI, 353.
Soreau (Louis), IV, 174 *n*.; V, 207 *n*.
Sorel (Agnès), II, 185, 191-92; III, 280-293; IV, 21, 190, 195, 207-9, 215-219, 440; V, 26, 57-59, 63-65, 71 *n*., 75, 102, 106, 110-11, 115, 127, 310, 447 *n*.; VI, 9, 397, 400, 409 *n*., 414, 417-18, 423 *n*., 432.
Sorea (Gaillardet de), II, 126 *n*.
Sot (Jean Le), IV, 374 *n*., 376.
Souabe, IV, 10, 31; VI, 294.
Soulac, III, 15; V, 265.
Sourzac, III, 242.
Souterraine (la), I, 233 *n*., 387.
Southwark, II, 339.
Souvigny, III, 166; VI, 453 *n*.
Soyecourt (Louis de), seigneur de Mouy, bailli de Vermandois, II, 57 *n*., 513 *n*.; III, 133 *n*.; V, 73 *n*., 441; VI, 62, 287, 421.
Spanheim, VI, 156 *n*.
Spencer (Hue), bailli de Cotentin, V, 28, 30.
Spens (Thomas de), évêque de Galloway, IV, 369; VI, 134-35.
Spinola (Jean-Antoine de), IV, 237.
Spinola (Pierre), VI, 239.
Spinola (les), IV, 241.
Spire, IV, 23 *n*., 27, 42 *n*., 44 *n*., 46 *n*., 72 *n*.; VI, 158.
Spolète (évêque de). V° Sardi.
Sprever (William), II, 528; III, 153 *n*.
Squarza (Andreas), IV, 243.
Stanlawe (Jean), IV, 310 *n*.
Stafford (Humphrey, comte de), duc de Buckingham, III, 93, 107; IV, 150, 291, 293; V, 137; VI, 48.
Stafford (Jean), évêque de Bath, puis archevêque de Canterbury, chancelier, III, 75, 202 *n*., 204; IV, 149-52, 291.
Stafford (Robert), V, 18 *n*.
Starhemberg (le comte de), IV, 35.
Starrenberg (Rüdiger de), VI, 165.
Stauffenberg (Wersich de), IV, 346 *n*.
Stein (Berthold von), IV, 348 *n*.
Sternberg (Zdenek de), VI, 165.
Stewart (Jean), prévôt de Methern, III, 36.
Stirling, I, 335 *n*.; II, 503; VI, 138.
Stokes (John), I, 287, 325 *n*.
Stones (Thomas), III, 25 *n*.
Stotzheim, IV, 37.
Stourton (sir John), III, 23 *n*.
Strasbourg, II, 429; IV, 14, 15 *n*., 24 *n*., 26 *n*., 27, 33, 36-46, 53 *n*., 61, 65, 72 *n*., 119 *n*.; VI, 380, 471-72, 476, 482-83.
Strasbourg (évêques de). V° Bavière; Bussnang.
Stuart (James), comte de Buchan, I, 49, 217, 222, 224, 226, 230, 271 *n*., 333-36, 350, 406 *n*.; II, 15 *n*., 16, 63, 71, 337-38, 567; IV, 179.
Stuart de Derneley (John), I, 217, 223, 320, 321 *n*., 333; II, 58, 120, 127, 130-31, 147 *n*., 158-59, 174, 280, 337, 339 *n*., 295-97, 504; III, 395.

STUART (Murdoch), duc d'Albany, I, 331; II, 339.
STUART (Robert), duc d'Albany, I, 305-9, 320, 331.
STUART (Walter), II, 338.
STUART (William), III, 395.
Stura (le val), IV, 228.
Stuttgart, IV, 82-83.
Säckingen, IV, 29 *n.*
Suède, V, 393; VI, 206.
SUÈDE (roi de). V° CHARLES KNUTSON.
SUFFOLK (duc de). V° POLE.
Suisse, IV, 21 *n.*, 33-34, 66, 189, 191, 221; VI, 67, 202.
Suisse (expédition de) en 1444, IV, 9 et s., 21 et s.
Suisses, IV, 9-12, 27-34, 35 *n.*, 40, 44, 71, 188, 223, 229 *n.*, 234, 345, 349, 367; V, 171, 185-88; VI, 200, 202, 344.
Sully, I, 41, 119; II, 129, 145, 220, 221, 240, 265, 267 *n.*, 269, 274, 275, 300, 385 *n.*, 595.
SULLY (Guillaume de), IV, 170.
SULLY (Marie de), II, 144.
SULLY (le héraut), II, 293 *n.*
Sundgau, IV, 348.
SUREAU (Pierre), II, 20 *n.*
SURGÈRES (Jacques de), I, 370.
SURGÈRES (seigneur de). V° CLERMONT.
SURGÈRES (Mme de), VI, 18 *n.*
SURIENNE (François de) dit l'*Arragonnais*, bailli de Chartres, III, 14, 23 *n.*, 25; IV, 308 *n.*, 322-27; V, 424-25.
SURYE (Philibert de), IV, 360.
Suse, V, 300.
SUTTON (John) baron de Dudley, III, 153 *n.*, 198; IV, 160, 200, 203, 288-90, 293, 295 *n.*, 296 *n.*
SUZE (Alabre de), IV, 377, 383.
Syrie, V, 220.

T

TABQUEL (Nicolas), V, 365.
Taillebourg, I, 406; III, 237, 461; IV, 102 *n.*, 328 *n.*; V, 50 *n.*, 51, 68 *n.*, 75-76, 95 *n.*, 107, 108 *n.*, 194, 334, 348, 451-52; VI, 432-34.
TAILLEFER (Simon), II, 424 *n.*
TAINTURIER (Michel), V, 111 *n.*, 112 *n.*, 123.
TAINTURIER (Pierre), V, 109 *n.*, 117 *n.*, 123.
TALARU (Amédée), archevêque de Lyon, II, 445, 470 *n.*, 471-72, 475; III, 296, 326, 353; VI, 399.
TALBOT (John), comte de Shrewsbury, II, 30, 42 *n.*, 47, 49, 221 *n.*, 572; III, 6, 10, 11, 12, 16, 19, 21, 24, 25, 61, 180-83, 185, 186, 187, 189; IV, 92, 146, 150, 310 *n.*, 312, 319, 324; V, 5, 6, 13-14, 18, 23-24, 37, 54, 78, 181, 252, 260-75, 421, 440-43, 463; VI, 41.
TALBOT (John), vicomte Lisle, V, 268, 275, 463.
TALBOT (N...), neveu de Talbot, V, 463.
TALLEMOND (N..., abbé de), II, 399 *n.*
TALENT (le héraut), IV, 115 *n.*
TALLEYRAND (François), seigneur de Grignols, II, 337.
Talmond, III, 462.
Tamise (la), VI, 263 *n.*
Tancarville, II, 531, 535; III, 6, 11; V, 18.
TANCARVILLE (comte de). V° HARCOURT.
TANCARVILLE (comtesse de). V° AMBOISE.
Tancré (le), II, 613.
Tarascon, I, 201; II, 61 *n.*, 102; V, 131.
TARENTE (Louis de), I, 347 *n.*
TARENTE (prince de). V° ORSINI.
TARENTE (archevêque de). V° ORSINI.
Tartas, III, 16, 23-24, 213, 225, 233, 234 *n.*, 238, 241, 255; IV, 433 *n.*
TASTON (Pierre de), doyen de Saint-Seurin, V, 263.
TAUMIER (Jean), II, 570, 618; III, 465.
TAVEAU (Guillaume), sire de Mortemer, I, 79 *n.*, 116.
TAVEAU (Jean), sire de Mortemer, I, 200 *n.*
Tennie, II, 20.
Teramo, V, 367 *n.*
TEREZKA (Burian), VI, 165 *n.*
TERMES (Thibaud de), II, 174 *n.*, 393 *n.*
Termonde, V, 227 *n.*, 241-42; VI, 116, 266 *n.*
TERNANT (Philippe, seigneur de), II, 37, 516 *n.*; III, 100, 129 *n.*, 158, 168, 271 *n.*, 316 *n.*; IV, 116 *n.*, 118, 120, 140.
TERRANT (Jean de), III, 71 *n.*, 97 *n.*, 98.
Terre-de-Labour, VI, 129.
Terre Sainte, IV, 254; V, 417; VI, 31, 342.
TESSON (Raoul), VI, 56-57.
TESTE (Jean), évêque d'Agde, II, 399 *n.*
Theis, I, 415, 417.
Thenon, III, 20.
Thérouane (évêché de), IV, 130; V, 323; VI, 323.
THIBAULT (Gobert), II, 241 *n.*, 224 *n.*; V, 380 *n.*
THIBAULT (Jean), VI, 411.
THIBOUST (Robert), IV, 181; V, 234; VI, 188
THIBOUVILLE (Germain de), I, 223; VI, 399.
THIEMBRONNE (le sire de), I, 52.
THIERRY (Gautier), V, 377 *n.*, 378.
THIERRY (Jean), V, 106 *n.*, 116, 119-21.
THIERRY (Regnault), I, 116, 351; V, 82 *n.*, 331, 380 *n.*; VI, 396.
THIL (Guillaume de), seigneur de Châteauvillain, II, 46 *n.*, 48, 50, 295, 461, 613; III, 457 *n.*

THIL (le seigneur de), VI, 210.
Thionville, III, 315; VI, 157, 159 *n.*, 171, 173, 177, 268, 279, 293.
THISSAC ou CEISAC (Thomas), II, 462 *n.*
THOISY (Geoffroy de), II, 375 *n.*, 438 *n.*
Thonon, II, 370; V, 177 *n.*
Thorigny, V, 9 *n.*, 26.
THOU (Colinet de), VI, 40 *n.*, 41 *n.*, 42 *n.*
Thouars, II, 161; IV, 421; VI, 360, 369. Église Saint-Laon à —, VI, 369.
THOUARS (vicomte de). V° AMBOISE.
THOUARS (vicomtesse de). V° RIEUX.
THOUARS (Miles de), seigneur de Pouzauges, I, 64, 116.
Thouarcé, II, 124.
Thurgovie, IV, 11; VI, 202.
Thuringe, IV, 68.
Thury, V, 26. Célestins de —, V, 321.
THURY (Jacques, seigneur de), I, 116, 148 *n.*
TIBALDO DE BOLOGNE (Thomas), IV, 231-36, 246-47; VI, 96 *n.*, 234-37, 468.
TIBÈRE, VI, 40.
TIBERGEAU (Jean), V, 268 *n.*
TIERCAIN (Guillaume de), VI, 486 *n.*
Tiers-état, I, 381 et s., II, 607-14; III, 459-62; IV; V, 333 et s.; VI, 376-80.
TIERSANT (François de), VI, 98, 481.
TIFERNAS (le rhéteur), VI, 409.
TILLAY (Jamet de, bailli de Vermandois, III, 124, 255 *n.*; IV, 20, 48, 49 *n.*, 102 *n.*, 105 *n.*, 106 *n.*, 107-11, 172 *n.*, 181-82, 308 *n.*, 388 *n.*; V, 86, 345.
TILLAY (Olivier de), évêque de Léon, II, 602 *n.*
TILLAY (Agnette de), V, 82 *n.*
TILLAYE (Jean de la), I, 309 *n.*
TIPHAINE (Jean), V, 312.
TIPTOFT (Jean), sénéchal d'Aquitaine, I, 303, 375 *n.*
TIRECOQ (Jean), II, 357 *n.*, 444 *n.*, 518 *n.*
TIREL (Guillaume), dit Taillevant, VI, 30 *n.*
Titre *par la grâce de Dieu*, IV, 336, 381, 384, 408-10.
Toison d'or (ordre de la), IV, 140-41, 337, 339, 374; VI, 24, 40, 121 *n.*, 174, 327, 334-35.
TOISON D'OR. V° FÈVRE (Le).
TOISY (Jean de), IV, 122 *n.*
Tombe (la), I, 119, 146, 151-52.
Tombelaine, V, 35.
Tonneins, III, 15, 24.
Tonnerre, IV, 378-79.
Tonnerre (comté de), II, 47, 561; IV, 141 *n.*
TONNERRE (comte de). V° CHALON.
TONNERRE (comtesse de). V° ISLE-BOUCHARD.
Tonnerrois, III, 13.
TORCHEFELON (Jean, sire de), II, 381, 486.
Torcy, II, 34, 36.
TORÉAU (Guillaume), I, 112 *n.*, 118, 347 *n.*, 401 *n.*; II, 616, 620, 624.
TORÉAU (Guillaume), V, 109, 110 *n.*, 115 *n.*; VI, 70, 220, 244 *n.*, 299 *n.*, 300 *n.*, 486.
TORQUEMADA (Jean de), cardinal de Saint-Calixte, IV, 29 *n.*
TORRE (Antonio della), VI, 324 *n.*
TORSAY (Jean, sire de), grand maître des arbalétriers, I, 66, 71, 97, 115, 230, 246, 347, 414, 416 *n.*, 417 *n.*, 426; II, 83, 91, 568.
Tortone, IV, 228, 250; VI, 299 *n.*
Touche (la), II, 24.
Toul, I, 316; IV, 52, 59-63, 94, 421, 447; V, 370, 377 *n.*; VI, 410.
Toul (église de), V, 324.
TOULONGEON (André de), I, 349.
TOULONGEON (Antoine de), maréchal de Bourgogne, I, 149 *n.*; II, 40, 59, 318 *n.*, 320 *n.*, 321 *n.*, 329 *n.*, 370 *n.*, 372, 384, 385 *n.*, 401.
TOULONGEON (Claude de), VI, 333 *n.*
TOULONGEON (Jean, seigneur de), I, 149 *n.*, 186; II, 384, 635.
Toulouse, I, 198, 200, 347, 353, 357 *n.*, 358, 397 *n.*; II, 579, 607-8, 613, 623, 628; III, 30, 60, 110, 240, 252-55, 290-91, 431, 433, 440, 462; IV, 314 *n.*, 424, 430; V, 99 *n.*, 113 *n.*, 270 *n.*, 317; VI, 360-61, 368, 384 *n.*, 391, 453-54; — Église de —, VI, 368; — Collège de —, VI, 368.
TOULOUSE (archevêques de). V° MOULIN (du); ROSIER (du).
TOURNIÈRE (Jean de la), V, 270 *n.*
Touques, I, 24 *n.*, 275; V, 8 *n.*, 72 *n.*
Tour-de-Brou (la), V, 61, 310.
Tour-du-Pin (la), II, 607; VI, 69 *n.*
TOUR (Bertrand, seigneur de la), comte d'Auvergne, I, 376; II, 635 *n.*
TOUR (Bertrand de la), seigneur de Montgascon, III, 241; IV, 93, 183, 193, 203, 411; V, 23, 72, 73 *n.*, 79 *n.*, 118 *n.*; VI, 26, 36, 188.
TOUR (Henri de la), IV, 25 *n.*
TOUR (Jacques de la), chancelier de Savoie, IV, 257 *n.*; V, 143, 170, 178.
TOUR (Vanchelin de la), II, 432, 433, 435.
TOUR (Blanche de la), femme de Guillaume d'Avaugour, IV, 433 *n.*
Touraine, I, 120, 258, 347, 356; II, 8, 25, 62, 77, 80, 96, 131, 141, 162, 305, 415, 562-63, 588, 592, 601, 648-49; III, 14, 27, 45, 110, 166 *n.*; IV, 169 *n.*, 245 *n.*, 286, 314 *n.*, 369, 393 *n.*, 403 *n.*, 425; V, 40, 47 *n.*, 63, 78, 129 *n.*, 187, 222 *n.*, 268 *n.*, 405 *n.*, 436, 469; VI, 134, 197, 431-32.
TOURAINE (baillis de). V° AUBUSSON; AVAUGOUR; BEAUVEAU.

TOURAINE (le héraut), III, 104 n. ; IV, 58.
TOURBERIES (Elle de), V, 108, 110 n., 118, 120, 122 n. ; VI, 188, 197.
Tournai, I, 398 n. ; II, 9 n., 59, 61-63, 79, 88, 117, 213, 363, 369 n., 370 n., 374-75, 387, 426 n., 463, 550, 608-9, 628 ; III, 460, 462 ; IV, 20, 121 n., 124, 137, 181, 380, 401, 430-31 ; V, 240, 244, 253, 257, 259 n., 335-36, 339 ; VI, 126, 148 n., 149, 272 n., 306, 380.
TOURNAI (évêques de). Vº CHEVROT ; FILLASTRE.
Tournaisis, II, 35 n., 426, 550, 561.
TOURNAY (Alix de), IV, 89 n. ; V, 58 n.
TOURNELLE (Guillaume La), II, 401 n.
TOURNEMINE (Gilles), seigneur de la Hunaudaye, V, 273, 275.
TOURNON (Charles de), seigneur de Beauchastel, VI, 427.
TOURNON (Odet de), seigneur de Beauchastel, I, 116.
Tournus, I, 54 ; II, 327.
TOUROULDE (Marguerite La), V, 380.
Tours, I, 26, 41, 69, 70, 111, 222, 275, 310, 382, 386-87, 397, 401, 431-33 ; II, 62-63, 72 n., 78, 80 n., 81, 88, 90, 92-95, 99-101, 110 n., 141, 159-60, 163, 170, 174 n., 186, 194, 212, 214-15, 220, 301, 305-308, 367 n., 370 n., 463, 522, 578, 585, 588-89, 592, 595, 600, 601, 607, 622, 628, 631, 646-48 ; III, 14 n., 15 n., 33, 36, 44, 45, 55, 57, 61, 71, 72, 105, 117, 206, 273, 274, 461, 462 ; IV, 12 n., 19, 76, 88, 94, 116, 156-57, 162, 181, 201, 203, 205, 213, 214 n., 227 n., 233, 235-36, 241 n., 245 n., 247 n., 260, 284, 290, 303 n., 306, 308 n., 310 n., 317 n., 321, 323 n., 360, 367 n., 370 n., 375, 388 n., 389 n., 393 n., 399 n., 400 n., 418, 424, 430, 436, 439, 443 ; V, 41, 45, 61, 64 n., 71-77, 83 n., 85 n., 87-95, 108, 117, 122, 124, 129 n., 139 n., 160, 163 n., 166 n., 167 n., 181 n., 196, 199, 207, 231 n., 281 n., 296-97, 312, 336, 350, 454 ; VI, 20 n., 21, 26 n., 44, 134, 166, 171, 174, 186, 197, 213 n., 245, 363, 369, 375, 391, 400, 408, 412, 414, 418-19, 430, 451-55, — Église cathédrale à —, IV, 421. — Église Saint-Martin à —, IV, 83 n. ; V, 102, 128, 203 n., 368 ; VI, 12 n., 13 n., 20 n., 170, 207, 369, 395. — Église Saint-Gratien à —, V, 368. — Abbaye de Saint-Julien à —, VI, 108.
Tours (traité de), IV, 18, 104 n., 114-16, 142, 284, 290.
TOURZEL (Pierre de), baron d'Allègre, II, 295 n.
TOUSTAIN (Jean), VI, 374.
TOURMOVILLE (frère Jean), V, 340.
Towton (bataille de), VI, 328, 334 n.
Trainel, II, 38 n.
TRAJAN, VI, 419.
TRANCHELION (Helion de), VI, 428.
TRANSTAMARRE (Henri de), I, 302.
TRAPP (Jacques), VI, 159, 161, 165, 168.
TRAVERSE (Guillaume), VI, 374, 398, 408, 430.
TRÉAL (Bertrand de), II, 462 n.
TRÉBIZONDE (empereur de), VI, 345.
TREC (Henri du), I, 431.
TREIGNAC (seigneur de). Vº COMBORN.
TRÉMOILLE (Georges, sire de la), grand chambellan de France, I, 66, 79, 119, 149 n., 377 ; II, 29, 43, 48, 128-75, 198-99, 209, 220-24, 232, 234, 239, 259, 263-83, 287-301, 300 n., 362, 393 n., 399 n., 401, 402, 408, 415, 445, 459-60, 472, 475 n., 560, 568, 570, 571, 598, 619, 632, 633 n., 638, 652 ; III, 23 n., 32, 41, 42, 43, 119, 127, 128, 132, 133 n., 136, 140, 149 n., 199, 222, 228, 236, 237 n., 259, 279, 291, 477 ; IV, 178 n., 183, 196 ; V, 61, 70 ; VI, 347.
TRÉMOILLE (Georges de la), seigneur de Craon, VI, 113, 376.
TRÉMOILLE (Guy de la), comte de Joigny, I, 47 n.
TRÉMOILLE (Jean de la), seigneur de Jonvelle, I, 184 ; II, 18, 269, 294, 364, 401 n., 439, 461 ; III, 168.
TRÉMOILLE (Louis de la), comte de Joigny, III, 188, 224 ; VI, 180-81.
TRÉMOILLE (Isabeau de la), II, 295.
TRÉMOILLE (le bâtard de la), III, 40 ; IV, 183.
Trèves, II, 124, 426 ; III, 316 ; IV, 64-68 ; VI, 157.
TRÈVES (archevêques de). Vº BADE ; SIERCK.
Trévières, V, 31-32.
Trévise, V, 367 n.
Trévoux, II, 336 n. ; III, 47.
TREZ (Balthazar de), V, 332.
TREZ (Gasparin de), V, 332.
TRICIO (Antoine de), VI, 231.
TRINGANT (Guillaume), I, LXX ; II, 668.
Trinité de Poitiers (abbaye de la), IV, 420 n.
TRIPAUT (Guillot), V, 106 n.
TRIVULCE (le comte Jacques), VI, 303.
TROCHELLES (Adenet de), II, 633 n. ; III, 396.
TROCON (Jean), doyen de Beauvais, II, 314.
TROISSY (Jean de), bailli de Sens, II, 462 n., 516 n.
TROLOP (André), VI, 45 n., 270.
TRONCHIENNES (N..., abbé de), VI, 245.
TRONSON (Jean), archidiacre de Bruxelles, IV, 130 ; V, 322.

TROTTI (Giovanni), IV, 251.
Troupes étrangères, I, 420-31 ; II, 645-46 ; IV, 24.
TROUSSEAU (Artault), vicomte de Bourges, IV, 205 ; V, 102.
TROUSSEAU (Jacquelin), V, 102, 128.
TROUSSEAU (Jacques), I, 361 n.
TROUSSEAU (Jean), III, 40 n.
TROUSSON (Jean), IV, 100 n. Cf. TRONSON.
TROUVÉ (Germain), III, 98 n., 99.
Troyes, I, 24 n., 25, 28, 44, 46, 47, 76-78, 157-59, 115, 185, 189, 304, 330, 331, 338, 346, 372, 398 n. ; II, 13, 32, 35 n., 40 n., 46-47, 227, 238, 277, 284-85, 319, 442 n., 461, 612, 628-29, 643 ; III, 49, 67, 169 ; IV, 49, 51, 53 n., 120, 430, 434-35 ; V, 38 n., 67 n. ; VI, 374.
Troyes (traité de), I, 240 ; II, 8, 27 n., 71, 75, 331, 332, 334, 362 n., 448, 521, 541, 542 ; IV, 286, 287 n.
TROYES (évêque de). V° LEGUISÉ.
TROYES (baillis de). V° BELIER ; MERBURY.
TUCÉ (seigneur de). V° CHAMPAGNE.
TUCÉ (Jeanne de), dame de Saint-Michel, IV, 89 n., 108-110, 181.
TUDERT (Jean), doyen de Paris, puis évêque de Châlons, I, 106, 117-18, 275, 287 ; II, 148, 239 n., 319, 404, 408, 411 n., 414 n., 415 n., 451 n., 486, 525, 540 n., 554, 555, 619 ; III, 113, 427 n., 429, 466.
TUDERT (Jean), IV, 181 ; V, 71 n., 77, 92 n., 108, 110 n., 118, 120, 122 n., 234, 298 n. ; VI, 65, 180, 188, 213 n., 245 n., 354.
TUDINO (Nicolas de), archevêque de Palerme, III, 341.
Tulle, IV, 433 n.
TULLE (évêques de). V° CLUYS ; COMBEREL ; COMBORN.
TULLIÈRES (Pierre de), III, 120 n. ; V, 213 n.
TULLIÈRES (Robert de), I, 30 n., 275-78.
TUNIS (Kalife de), VI, 389.
TUR (Guillaume Le), I, 366 ; II, 67, 148, 393, 573, 618 ; III, 157, 198.
Turcs, IV, 253-54, 373 ; V, 69, 113 n., 120, 190-92, 195, 228-29, 303, 307, 390-92, 395 n., 399, 406, 407, 414-15 ; VI, 55 n., 79, 89, 102, 141, 158, 161-62, 164, 171, 176, 200-201, 228, 241, 248, 252 n., 255-58, 298, 472-73.
TURELURE (Pierre), évêque de Digne, V, 357.
Turenne (vicomté de), IV, 421.
TURENNE (vicomte de). V° BEAUFORT.
Turin, V, 299 n.
TURIN (archevêque de). V° ORSINI.
Turquie, V, 412 ; VI, 107-108, 200.
Tusseau, VI, 423.
Tyrol, IV, 34, 40, 346, 370.

U

Ubrils, I, 417.
Udine, VI, 248.
Ulm, II, 482 ; V, 398.
Université de Caen, V, 319, 327.
Université de Nîmes, V, 327.
Université d'Orléans, VI, 370.
Université de Paris, I, 366-67 ; III, 375, 455 ; IV, 382, 416-17 ; V, 203, 204 n., 205 n., 207, 213 n., 326-27, 359-60, 363, 371 ; VI, 251, 256, 308, 369-70, 375.
URFÉ (le sire d'), III, 133 n.
Unterwalden, IV, 10, 32, 368.
Uri, IV, 10, 32, 368.
URGEL (le comte d'), I, 303.
URSINS (cardinal des). V° ORSINI.
Useld, VI, 172.
Ussé, IV, 191.
Ussy-l'Évêque, IV, 378.
UTENHOVE (Henri), III, 102, 114 n., 202 n., 206 n.
Utrecht, IV, 341 n. ; V, 413 ; VI, 101.
UTRECHT (évêque d'). V° MOERS.
Urtubie, VI, 129.
Uzès, III, 44.

V

VACHE (Jean), I, 380.
VACHÈRES (Fouquet de), V, 172, 293.
VAGAN, IV, 213 n.
VAGUER (Heliot de), V, 112 n.
Vailly, II, 33.
VAILLY (Nicolas de), VI, 19 n., 20.
VAILY (Jean de), I, 79 n., 81, 112, 118, 268, 274, 287, 352 ; II, 100 n., 148, 275, 594 ; III, 427 n.
VAIR (famille du), IV, 423.
Val-de-Lièvre, IV, 66, 74.
VALARESI (Fantino), archevêque de Crète, III, 72, 338, 343, 353, 371-72.
VALÉE (Henri), II, 360 n.
Valence (royaume de), V, 288 ; VI, 245, 311.
Valence (Dauphiné), V, 134, 183, 184 n., 433, 435 ; VI, 65 n., 76 n.
VALENCE (évêque de). V° POITIERS.
VALENCE (Guillaume, bâtard de), V, 433-34, 460.
VALENTINOIS (Guillaume, bâtard de), II, 121.
Valenciennes, I, 22 ; IV, 121 ; VI, 148 n., 439.
VALENTE, astrologue, VI, 334 n.
Valentinois (comté de), I, 121, 396 ; II, 401, 488, 564 ; IV, 189, 193, 223, 230 ; V, 137 n.
VALENTINOIS, poursuivant, III, 103 n.
VALERAN (Jean), trésorier d'Avranches, V, 179 n.
VALERMENGES (Guillaume de), II, 262 n.
Valladolid (traité de), I, 302, 309 ; II, 489.

Valleran (Jean de), II, 262 *n.*
Valmont, I, 266.
Valognes, V, 10, 27-29, 36, 331-35, 441.
Valois (comté de), I, 52 ; II, 426, 561.
Valois (maison de), VI, 402.
Valois (Charlotte de), fille naturelle de Charles VII, V, 75 *n.* ; VI, 432, 434.
Valois (Jeanne de), fille naturelle de Charles VII, VI, 432, 434.
Valois (Marguerite de), fille naturelle de Charles VI, II, 293 *n.*, 566-67 ; VI, 426.
Valois (Marie de), duchesse de Calabre, I, 317 ; IV, 102 *n.*
Valois (Marie de), fille naturelle de Charles VII, III, 279 *n.*; V, 75 *n.*; VI, 432-34, 488-89.
Valois (le héraut), III, 261 *n.* ; IV, 312, 314, 316-17, 320, 322.
Valpergue (Boniface de), III, 17 *n.*, 190 ; IV, 225, 233, 235, 245 *n.*, 247, 388 *n.* ; V, 179 *n.*, 266 *n.*
Valpergue (Jacques de), V, 172 ; VI, 303-304, 307, 314, 329, 493.
Valpergue (Louis de), III, 133 *n.*, 411 ; V, 167 *n.*, 172; VI, 493.
Valpergue (Théaulde de), bailli de Lyon, II, 91, 281, 282, 342 *n.*, 513 *n.*, 525, 534 ; III, 31, 263 *n.*; IV, 226, 231-35, 245; V, 21, 46 *n.*, 60 *n.*, 72, 140 *n.*, 268, 285; VI, 36.
Van den Driessche (Jean), V, 223 *n.*, 226-27.
Van der Eec (Adrien), IV, 356-7.
Van Eyck (Jean), IV, 81.
Vannes, V, 71.
Varaville, VI, 388.
Varengnes (Jean de), I, 406 *n.*
Varennes (seigneur de la). V° Brezé.
Varennes, V, 334.
Varennes (Antoine de), I, 196, 200 *n.*, 351 *n.*
Varie (Guillaume de), IV, 423 ; V, 119, 128, 131-32.
Varie (Simon de), V, 108.
Varinier (Pierre), VI, 454.
Varlop (Henri de), VI, 418.
Varna (bataille de), IV, 254.
Vasque (Pietre), V, 396 *n.*
Varey (seigneur de). V° Chalant.
Vassal (Geoffroy), archevêque de Vienne, puis de Lyon, II, 590 *n.*, 618 ; III, 43, 44 *n.*, 268, 378, 425, 449; IV, 226.
Vaubonnais (seigneurie de), I, 417; IV, 189 *n.*
Vaucelles (faubourg de) à Caen, V, 36.
Vaucelles (Marguerite de), V, 425.
Vaucouleurs, II, 26, 31 *n.*, 206, 231, 256 ; III, 171, 172 ; IV, 16, 423 ; V, 377-79 ; VI, 158.
Vaudemont (comte de). V° Lorraine.
Vaudois d'Arras, VI, 361.
Vaudreuil, IV, 317 *n.*
Vaudrey (Philibert de), II, 359 *n.*, 367-70 *nn.*, 345 *n.*, 513 *n.*
Vaudrey (Pierre de), II, 514, 518 *n.*, 524 *n.* ; III, 260 *n.* ; IV, 110 *n.*
Vaujour (Croix de), V, 26.
Vauldrey (Jean de), III, 219.
Vaulx (Robinet de), III, 202 *n.*
Vaures (bâtard de), I, 46 *n.*
Vauvert-les-Paris (Notre-Dame de), VI, 369.
Vauvert (seigneur de). V° Levis.
Vaux, IV, 53.
Vaux (abbaye des), IV, 422 ; VI, 368.
Vaux (Jean de), V, 109 *n.*
Vaux (Pasquier de), évêque d'Évreux, III, 455.
Vaux (Agnès de), dame de Chasteaubrun, V, 82 ; VI, 17, 29-30, 168, 425 *n.*, 427.
Vaux (Colette de), dame de Gaucourt, IV, 371 ; V, 80.
Vaux (Marguerite de), 89 *n.*
Vauxains, V, 266 *n.*
Vavasseur (Jean Le), I, 407 *n.*
Velasquez de Cuellar (le docteur Ortuño), VI, 128 *n.*
Velay, I, 96, 396 ; II, 561, 601 ; IV, 398 *n.* ; V, 332.
Velu (Jean de), seigneur de Foujou, V, 331.
Velseck (Léonard de), IV, 369 *n.*
Venables, IV, 324 *n.*, 330.
Vendel (François de), seigneur de Lesbauxmaye en Poitou, VI, 375.
Vendôme, I, 50, 69, 229, 245 ; II, 27, 561 ; III, 273 ; IV, 308 *n.*, 421 ; V, 7 ; VI, 63, 187, 189, 204-205, 208, 214, 217, 219, 223, 242, 245, 261 *n.*, 279, 411, 417, 434, 456, 489.
Vendôme (comté de), V, 26.
Vendôme (comte de). V° Bourbon.
Vendôme (Jean de), vidame de Chartres, III, 141 *n.*
Vendôme (Jeanne de), dame de Mortagne, V, 106, 107, 114, 126.
Vendômois, II, 12, 24, 29, 91 ; V, 328 *n.*
Venette-les-Compiègne, II, 420.
Venise, II, 485 ; IV, 227, 234, 240 *n.*, 245, 349 ; V, 146-49, 151, 154-60, 164, 166-67, 173, 302, 303, 392-93, 414, 435 ; VI, 26, 245, 250-53, 287 *n.*, 299, 302-3, 314, 329-31.
Vénitiens, IV, 230-31, 234, 245 ; V, 145, 149, 293-300, 434-35, 455 ; VI, 226, 228, 235, 299 *n.*, 305.
Vens (en Languedoc), VI, 388.
Ventadour (Jacques, comte de), I, 246-47, 376, 413 ; II, 46.
Ventadour (Louis), seigneur de Charlus, V, 62 *n.* ; VI, 36.
Ventura (François), V, 157 *n.*, 201.
Verbiger (Falconet de), VI, 373.

Vercelli, VI, 305.
Verdelet (Guillemin), VI, 22 *n*.
Verdun, II, 610; III, 171; IV, 52, 53 *n*., 59-63, 331, 421.
Verdun (traité de) de 843, IV, 16.
Verdun (évêque de). V° Fillastre.
Vere (Robert), V, 28, 31, 33 *n*., 34.
Vere (Borsèle de la), VI, 144 *n*.
Vergy (doyen de). V° Jouffroy.
Vergy (Antoine de), I, 164, 165; II, 14, 27, 31 *n*., 47, 355, 451 *n*.; IV, 120.
Vergy (Jean de), I, 165, 172; II, 50.
Vergy (Jean, bâtard de), IV, 49; 423; VI, 374.
Verjus. V° Fèvre (Le).
Verjus (Simon), III, 40 *n*.
Vermandois, I, 43, 46 *n*., 49; II, 3, 35 *n*., 39, 42, 420; V, 445; VI, 357.
Vermandois (bailliage de), III, 67.
Vermandois (baillis de). V° Soyecourt; Tillay.
Vernace (Antoine de la), IV, 222 *n*., 227 *n*.
Vernade (Louis de la), VI, 361 *n*.
Vernage (Hélion de), IV, 180.
Vernembourg (le comte de), III, 207 *n*.; VI, 173.
Vernet (Jean du), dit Le Camus de Beaulieu, II, 139-42, 153, 569, 591.
Verneuil, II, 15-17, 19 *n*.; III, 4, 6, 225; IV, 324; V, 5-7, 31, 58 *n*., 334-35, 425, 440-42; VI, 38, 197.
Verneuil (bataille de), II, 15-17, 20, 71-72, 76, 127, 158; VI, 43, 190, 194.
Verges, II, 358.
Vernois (Étienne Le), II, 187.
Vernon, I, 41; II, 332; III, 180, 205; IV, 18 *n*., 172; V, 7, 419-20, 423, 425, 442; VI, 370.
Vernon (Laurent), II, 635.
Vernon (Robin), VI, 375.
Vernou en Touraine, VI, 423.
Veroil (Jean de), VI, 171, 202-04.
Vérone, VI, 253.
Verrat ou de Veirat (Pierre), I, 102 *n*.
Vers, VI, 101.
Versailles (Pierre de), évêque de Meaux, puis de Digne, I, 90, 221; III, 146, 353.
Versbilles (Guidon de), V, 368.
Vert (Amé), bailli de Forez, I, 356 *n*.
Verte Tente (compagnons de la), V, 252.
Vertouil, III, 238; VI, 376.
Vertus (comté de), II, 561.
Vertus (comte de). V° Orléans.
Vexin (le), III, 10.
Veys (les), V, 29-30.
Vézelay, II, 385; IV, 379.
Vézelay (Alexandre, abbé de), III, 353.
Vezon (Antoine), I, 314 *n*.
Vic (Guillaume de), V, 234, 253.
Vichy, III, 131.
Viellez (Le Gallois de), III, 457 *n*.
Vienne, II, 51, 280, 301-5, 316, 631; 42, 60; V, 182, 184 *n*., 400; VI, 06-98, 102 *n*., 158, 163, 201, 235 *n*., 369, 478-83.
Vienne (Autriche), III, 315; IV, 255-56, 269, 345, 353, 355-56, 365 *n*., 375; V, 367 *n*.; VI, 237 *n*., 258.
Vienne-les-Jargeau, I, 211, 214.
Vienne (archevêché de), V, 176.
Vienne (archevêques de). V° Chastel; Nory; Vassal.
Vienne (Guillaume de), seigneur de Saint-Georges, I, 109 *n*., 149 *n*., 164-65; II, 319, 321 *n*., 352 *n*., 355; III, 171; VI, 374, 435 *n*.
Vienne (Herman de), V, 82 *n*.; VI, 398.
Vienne (Julien de), VI, 435 *n*.
Vienne (Philippe de), évêque de Langres, III, 188; IV, 129.
Vienne (Claude, bâtard de), VI, 374.
Viennois (le héraut), V, 434.
Vierville (Philippe de), II, 78 *n*.
Vierzon, I, 212 *n*.; II, 62, 95, 96, 265, 631; VI, 21.
Vigenère (Jean), V, 59 *n*., 331.
Vigevano, V, 210 *n*.
Vigier (Guillaume), seigneur de la Valette, VI, 121 *n*., 454.
Vigier (Jean), cordelier, II, 267 *n*.
Vigier (Jean), VI, 233 *n*.
Vigneron (Jean), I, 386.
Vignier (Jean), huissier d'armes, III, 97, 101 *n*., 103 *n*., 104 *n*., 105 *n*., 125 *n*., 149 *n*., 212 *n*., 250, 260 *n*.; IV, 341 *n*., 376 *n*.
Vignolles (Étienne de), dit La Hire, I, vii, 41, 45 *n*., 49, 52, 226; II, 9, 17, 28, 30, 39, 42, 48, 49, 52, 53, 120, 147, 163, 165, 171 *n*., 174, 191, 192 *n*., 195, 196, 197, 254, 255 *n*., 280, 285, 286, 287, 288, 291, 308, 464 *n*., 531; III, 5, 6, 7, 8, 11, 13, 17 *n*., 20, 98, 141, 166, 168, 169, 173, 184, 189 *n*., 190, 388, 400, 419, 474; IV, 178 *n*.
Vignolles (Estevenot de), le jeune, IV, 24.
Vignory, IV, 49 *n*.
Vilaines (Jean de), V, 434.
Village (Jean de), V, 100, 109, 113 *n*., 131, 446 *n*.
Villamarino (Bernard, marquis de), VI, 229-30, 239, 247.
Villandrando (Rodrigue de), II, 39, 50, 291 *n*., 486; III, 10, 15, 44, 45, 46, 47, 48, 117, 170, 232, 388, 395, 396, 397.
Villandraut, V, 277.
Villanova, V, 302, 302.
Villars, II, 358.
Villars (comte de). V° Levis.
Villars (Raymond, sire de), II, 21 *n*., 23, 165, 174 *n*., 175 *n*.
Villarnoul (seigneur de). V° Jaucourt.
Villeblanche (Henri de la), IV, 145 *n*., 338 *n*.

Villebousie, V, 40 *n.*
Villebresme, II, 584.
VILLEBRESME (Jean de), I, 118, 197 *n.*, 200 *n.*, 287.
Villedieu, III, 202; V, 10, 64 *n.*, 76-77, 333, 338, 346.
Villedieu-de-Comblé, V, 110.
Villefranche-en-Beaujolais, V, 215 *n.*; VI, 147.
Villefranche-en-Rouergue, I, 397 *n.*, 401, 403 *n.*; II, 50, 608, 623, 628; V, 222.
Villefranche, près Nice, IV, 243.
Villejuif, I, 27.
VILLEMOR, V, 466.
Villeneuve-l'Archevêque, II, 47 *n.*
Villeneuve d'Agen (église de Saint-Étienne, à), IV, 421.
Villeneuve-la-Comtesse, II, 575; V, 141 *n.*
Villeneuve-le-Roi, I, 47, 50, 210; II, 38 *n.*; IV, 129, 379, 384.
Villeneuve-les-Avignon, II, 186, 597, 631; V, 323.
VILLENEUVE (André de), I, 401.
VILLENEUVE (Eynard de), II, 162.
VILLENEUVE (Jean de), I, 431; II, 401.
VILLEQUIER (André, seigneur de), IV, 177-78, 196, 203; V, 23, 59-65, 68-69, 74-79, 83-86, 103, 179, 309-311, 315, 420; VI, 8-9, 17, 353.
VILLEQUIER (Antoine de), VI, 8.
VILLEQUIER (Arthur de), VI, 8.
VILLEQUIER (Robert, seigneur de), IV, 177.
VILLEQUIER (Antoinette de), dame de Vauvert, IV, 177; V, 58 *n.*, 69-70, 76, 79-80; VI, 426.
VILLEQUIER (Jeanne de), V, 68-69; VI, 425 *n.*
VILLEQUIER (Marguerite de), dame du Monteil, IV, 89 *n.*, 107 *n.*, 177, 179; V, 58 *n.*, 69, 79-80; VI, 23, 425-26, 428 *n.*
VILLERS (Jacques, seigneur de), II, 384 *n.*
Villersexel, IV, 25 *n.*
Villes (mesures prises en faveur des), I, 381-88, 426-27; II, 607-14; III, 459-62; IV, 59-61, 424-25; V, 334-37; VI, 378-80.
VILLEROY (Jacqueline de), V, 58 *n.*
VILLIERS (Jacques de), I, 200 *n.*, 413.
VILLIERS (Jacques de), seigneur de l'Isle-Adam, VI, 220.
VILLIERS (Jean de), seigneur de l'Isle-Adam, I, 32, 33, 44, 86, 87, 154, 157 *n.*, 349; II, 14, 16 *n.*, 47, 413 *n.*; III, 4, 7, 10, 99.
VILLIERS (Blanche de), II, 262 *n.*
VILLIERS, poursuivant d'armes, III, 180.
Villy, III, 315.
Vimeu (le), I, 52; II, 40, 45; III, 13; IV, 382.
Vimy (aujourd'hui *Neuville-sur-Saône*), III, 26, 27, 263.
Vincennes, I, 53, 67, 69 *n.*; II, 411, 413 *n.*; III, 77, 116 *n.*, 134 *n.*, 410; V, 72 *n.*; VI, 412.
VINCENT (Jean), IV, 376.
Vintimille, V, 300.
VIOLE (Aignan), V, 380 *n.*
VIOLET (Jean), I, 212 *n.*
Vire, I, 31; V, 10, 26, 28, 35, 330, 335, 422.
Vire (la), V, 29-30.
VIRGILE, cité, VI, 190.
VIRIEU (Antoine de), IV, 423.
VIRIEU (Pierre de), II, 566.
Virton, III, 315.
VIRY (Jacques de), juge de Forez, VI, 451 *n.*
VISCONTI (Bartolomeo), évêque de Novarre, II, 474.
VISCONTI (Jean Galéas), I, 341; 221 *n.*, 248-50.
VISCONTI (Jean-Marie), I, 341.
VISCONTI (Philippe-Marie), duc de Milan, I, 339, 341-42; II, 18, 336, 340-43, 456-57, 463, 481-87; III, 81, 329, 330; IV, 40, 44, 97, 102, 200, 221-42, 245-49, 363; V, 150.
VISCONTI (Blanche-Marie), duchesse de Milan, II, 340; IV, 24-5; V, 157, 164, 171 *n.*, 303.
VISCONTI (Valentine), duchesse d'Orléans, I, 236, 341; IV, 221, 248.
VISCONTI (Viridis), duchesse d'Autriche, II, 429.
VISEU (évêque de), II, 524.
VISTE (Benoît Le), I, 125.
VITREY (Thierry de), VI, 423 *n.*, 448 *n.*
Vitry, II, 9, 17; III, 67; IV, 51, 53 *n.*, 59, 108 *n.*; VI, 202, 342.
Vitry-en-Perthois, II, 38 *n.*
VITRY (Gilles de), III, 470-71.
VITRY (Michel de), I, 13.
VITRY (Thibaud de), II, 618; III, 427 *n.*
Vivarais, I, 121, 396; II, 601.
VIVIEN (Gaucher), III, 471 *n.*
VIVIES (Jean), III, 427 *n.*
Vivier (château du), VI, 423.
Viviers, IV, 421; V, 87, 140 *n.*, 429.
Viviers (église de), VI, 368.
VIVIERS (évêque de). V° POMPADOUR.
Vivonne, II, 152 *n.*
VIVONNE (André de), sénéchal de Poitou, I, 357 *n.*; II, 99, 269-70, 273.
VIVONNE (Jean de), commandeur de Champ-Guillon, I, 66 *n.*, 70 *n.*, 347 *n.*
VLIEGHE (Guiselin), II, 587.
Voisines, II, 40 *n.*
VOISINES (Nicolas de), II, 337.
Vorly, IV, 205 *n.*
VOUHER (Georges de), VI, 99-105, 263 *n.*
Vouillé, VI, 388.

Vouvent, VI, 491.
Vrolis (Carlo de), VI, 442 *n.*
Vuillerines (Étienne de), II, 374 *n.*
Vulcop (Conrad de), VI, 415-16.
Vulcop (Henri de), IV, 85; VI, 21, 416.

W

Waes (pays de), V, 246.
Waesmunster, V, 241, 244.
Wakefield (bataille de), VI, 300.
Waldenbourg, IV, 28 *n.*
Waldshut, IV, 29 *n.*
Wattighoffen, IV, 26, 29.
Wangen, IV, 41.
Warwick (comte de). V° Beauchamp.
Walasee (Reinprecht de), III, 298.
Ware (Henri), I, 252 *n.*
Warout (Mathurin), I, 380.
Wasselonne, IV, 41.
Wasselot (Pierre), V, 70 *n.*
Wastines, VI, 43-44.
Waterby (Charles), III, 159.
Waterton (Robert), I, 255 *n.*
Wavrin (Jean de), seigneur du Forestel, I, LXIX; IV, 423.
Waynflete (William), évêque de Winchester, chancelier VI, 144.
Weinbourg, IV, 38.
Welp, VI, 100.
Wells (Leo, lord), VI, 47.
Wenceslas, empereur d'Allemagne, I, 341 *n.*; III, 306, 345; IV, 21 *n.*
Wenlock (Jean), III, 252 *n.*, 269; VI, 41, 52, 261-63.
Werdes (Jean de), dit Lescot, III, 298, 299, 300.
West (Thomas), III, 29 *n.*, 252 *n.*
Westminster, II, 335, 532 *n.*; III, 6, 158; IV, 94, 150, 160, 185, 201; VI, 328.
Westphalie, IV, 68, 355, 365.
Wexio (Nicolas, évêque de), II, 508, 523, 528.
Whitingham (Robert), III, 198.
Wideville (Richard), comte de Rivers, VI, 41, 46-47, 50-53, 59.
Wiège, II, 15.
Wight (île de), I, 265, 398 *n.*; V, 53 *n.*
Willoughby (Robert, sire de), II, 24 *n.*, 31 *n.*, 44, 512; III, 4, 5; IV, 92.
Wilton (Étienne), III, 78 *n.*, 153 *n.*, 157, 198, 207 *n.*
Wilzkehel (Léor de), V, 367 *n.*
Winchester (cardinal de). V° Beaufort.
Windsor, IV, 160, 290 *n.*
Willeren, V, 245.
Woestine (Gilles de la), IV, 376.
Wrest (Jean), VI, 486.
Wurtemberg (comtes de), IV, 10, 135, 269; VI, 206.
Wurtemberg (Louis, comte de), IV, 23, 340.
Wurtemberg (Ulric, comte de), IV, 23, 42, 64, 334, 340; V, 394 *n.*, 398; VI, 204, 202-03.
Wurtzbourg, IV, 361 *n.*
Wurtzbourg (évêque de). V° Limburg.

X

Xaincoins. V° Barillet.
Xaintrailles. V° Saintrailles.

Y

Yèvre, I, 210.
Yonne (l'), III, 7, 426; V, 337; VI, 349.
York, II, 330; V, 204; VI, 324.
York (cardinal d'). V° Kemp.
York (Edmond d'), comte de Rutland, VI, 270, 300.
York (Édouard d'), IV, 142. V° Édouard IV.
York (John d'), VI, 325.
York (Richard, duc d'), III, 8, 9 *n.*, 10, 11, 20, 23, 28 *n.*, 77, 180-87, 202-205, 259, 261, 262, 265; IV, 94, 97, 142-43, 313; V, 48, 258, 404-406; VI, 41, 47-55, 136, 138-44, 259-61, 263, 270-71, 283, 289, 297, 309, 327, 330.
York (William d'), VI, 325.
Yron, V, 91 *n.*
Ypres, I, 134, 141, 255; IV, 118 *n.*
Ysalguier (Peroton), II, 119 *n.*
Yvry, III, 10.

Z

Zélande, II, 425-26, 427 *n.*; III, 70 *n.*, 80, 163; IV, 114, 127, 131, 140, 336, 347, 353, 356, 373 *n.*; VI, 46.
Zevenberghe, II, 387 *n.*
Zideveur (Lambert de), IV, 349 *n.*
Zierikzée, II, 387 *n.*
Zimmermann (Louis), IV, 30 *n.*
Zofingen, IV, 32.
Zoug, IV, 10, 32, 308.
Zudelaire (Guillaume de), IV, 370.
Zurich, II, 429; IV, 9-12, 25, 28, 31-33; V, 308; VI, 202.
Zutphen (comté de), II, 426.

OMISSIONS

RELEVÉES AU COURS DE L'IMPRESSION

AUDE (évêque d'). Vº CAMBRAY.
ARMAGNAC (Marie d'), duchesse d'Alençon, VI, 37, 192-97.
ARRAS (évêque d'). Vº JOUFFROY.
AUVERGNE (sénéchal d'). Vº LANGEAC.
BEAUVAIS (évêque de). Vº JOUVENEL.
BOURGOGNE (maréchal de). Vº TOULONGEON.
CANTERBURY (archevêques de). Vº BOURCHIER; CHICHELEY; KEMP; STAFFORD.
Chastellier (château du), II, 385 *n*.
CHICHELEY (Henri), archevêque de Canterbury, I, 153, 284, 298.
COCHON (Pierre), évêque de Beauvais, II, 246-47.
DIGNE (évêque de). Vº VERSAILLES.
ÉVREUX (évêque d'). Vº VAUX.
LAON (évêque de). Vº ROUCY.
LÉON (évêque de). Vº TILLAY.

RENNES, ALPH. LE ROY, IMPRIMEUR BREVETÉ.

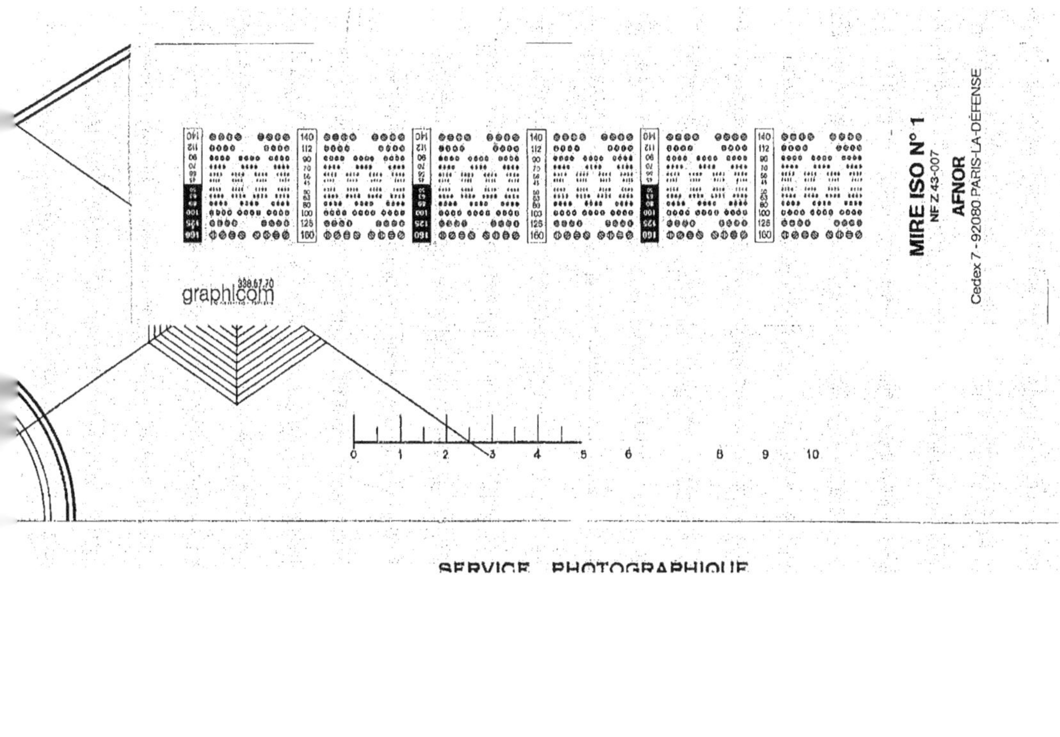

SERVICE PHOTOGRAPHIQUE

www.ingramcontent.com/pod-product-compliance
Lightning Source LLC
Chambersburg PA
CBHW060259230426
43663CB00009B/1516
* 9 7 8 2 0 1 2 5 4 9 0 8 1 *